Mönchtum – Kirche – Herrschaft
750–1000

Mönchtum – Kirche – Herrschaft 750–1000

Herausgegeben von
Dieter R. Bauer, Rudolf Hiestand, Brigitte Kasten,
Sönke Lorenz in Zusammenarbeit mit dem
Institut für Geschichtliche Landeskunde und
Historische Hilfswissenschaften
der Universität Tübingen

Redaktion
Nicola Becker und Eva Hamer

Jan Thorbecke Verlag Sigmaringen
1998

Für die finanzielle Unterstützung der Drucklegung danken die
Herausgeber
der Gerda Henkel Stiftung
der Geschwister Boehringer Ingelheim Stiftung für
Geisteswissenschaften
der Stiftung der Württembergischen Hypothekenbank für Kunst und
Wissenschaft
der Vereinigung der Freunde der Universität Tübingen
(Universitätsbund)
der Universität Düsseldorf

Mönchtum - Kirche - Herrschaft 750 - 1000 / hrsg. von Dieter R. Bauer... -
Sigmaringen: Thorbecke, 1998
   ISBN 3-7995-7140-X

Dieses Buch ist aus säurefreiem Papier hergestellt und entspricht den Frankfurter Forderungen zur Verwendung alterungsbeständiger Papiere für die Buchherstellung.

Gesamtherstellung: M. Liehners Hofbuchdruckerei GmbH & Co. Verlagsanstalt, Sigmaringen
Printed in Germany · ISBN 3-7995-7140-X

Inhaltsverzeichnis

Josef Semmler
zum 65. Geburtstag

Vorwort

Im September 1993 veranstaltete die Akademie der Diözese Rottenburg-Stuttgart zusammen mit dem Institut für Geschichtliche Landeskunde und Historische Hilfswissenschaften der Universität Tübingen ein Symposion, mit dem Kollegen, Schüler und Freunde Professor Dr. Josef Semmler anläßlich seines 65. Geburtstages ihre Verbundenheit und ihren Dank für jahrzehntelanges Zusammenwirken und eine Vielzahl von Anregungen zum Ausdruck bringen wollten.

Statt einer Festgabe, die leicht heterogenen Charakter annehmen kann, sollte das Symposion wie die frühmittelalterliche *confabulatio* die Möglichkeit bieten, die Auseinandersetzung mit Problemen, die dem Jubilar nahestehen, in einer größeren Runde gemeinsam zu führen. Zwar reicht das wissenschaftliche Interesse von Josef Semmler, wie die in vierzig Jahren entstandenen Publikationen ausweisen, von der Völkerwanderungszeit bis ins 17. Jahrhundert. Doch schien es für einen solchen Gedankenaustausch ertragreicher, von einigen Schwerpunkten seines Wirkens ausgehend die eingegrenzte Themenstellung zu wählen, die sich im Titel des Symposions und des nun die einzelnen Beiträge wiedergebenden Bandes „Mönchtum – Kirche – Herrschaft 750–1000" widerspiegelt.

Der Epoche von der Mitte des 8. Jahrhunderts bis zur Jahrtausendwende gilt das Interesse Josef Semmlers seit langem in besonderem Maße. In ihr wurden entscheidende Prägungen für den Verlauf der abendländischen Geschichte in Staat und Kirche ausgebildet. Unter Pippin und dem *pater Europae* Karl dem Großen faßte das fränkische Reich den größten Teil der lateinisch-christlichen Völker zusammen und legte den Grund für eine bleibende kulturelle Einheit des lateinischen Westens – auch wenn die politische Einheit bald zerbrach. Als besonders wirkmächtig erwies sich dabei die enge kirchliche Bindung der Karolinger an den hl. Petrus bzw. das römische Papsttum, in der freilich schon die Polarität angelegt war, die im Hochmittelalter zu den großen Auseinandersetzungen um Kaiser und Papst führte, und die Reformbemühungen für Mönchtum und Kanoniker – alles Themen, die immer wieder vom Jubilar angesprochen worden sind, der hier selber zum Ende seiner akademischen Lehrtätigkeit neue Gedanken zu der Bedeutung des fast genau vierzig Jahre vorher von seinem Lehrer Theodor Schieffer ins Zentrum gerückten anderen *pater Europae* Winfrid-Bonifatius zur Diskussion stellt.

Die Texte der einzelnen Beiträge erscheinen weitgehend in der auf dem Symposion vorgetragenen, nur unmittelbar im Anschluß um Anmerkungen und Literaturhinweise ergänzten Form. Redaktionsschluß war 1994. Für die Drucklegung gilt der

2

Dank der Herausgeber dem Thorbecke Verlag und den Mitarbeiterinnen und Mitarbeitern des Tübinger Instituts für Geschichtliche Landeskunde, Oliver Auge, Christoph Eberlein, Christina Garagozzo, Gerhild Löffler, Regina Keyler, Gerald Maier, Jürgen M. Schmidt, Miriam Zitter und ganz besonders Frau Nicola Becker und Frau Eva Hamer für die Mühen der redaktionellen Betreuung.

Im Frühjahr 1997

Dieter R. Bauer, Rudolf Hiestand, Brigitte Kasten, Sönke Lorenz

Bonifatius, die Karolinger
und „die Franken"

von

Josef Semmler

Kaum ein Thema dürfte sich besser als Beitrag zu einer Tagung über das Thema „Mönchtum – Kirche – Herrschaft 750–1000" eignen als das, mit dem Theodor Schieffer vor fast 50 Jahren den Mainzer Studienanfänger erstmals konfrontierte: Bonifatius. Möge das Nachstehende eine des verehrten Lehrers würdige Memoria sein[1].

I.

Im Frühjahr 723 erschien Bonifatius – vielleicht zum zweitenmal[2] – am Hofe des Hausmeiers Karl Martell[3]. Der in Hessen und Thüringen erfolgreiche Missionar war am 30. November 722 von Papst Gregor II. zum Bischof geweiht worden; der Pontifex maximus hatte ihn und alle seine Untergebenen bei dieser Gelegenheit in die *familiaritas* des Hl. Stuhles aufgenommen[4]. Der Tradition und dem Ritus gemäß, die innerhalb des römischen Metropolitanbezirkes galten, reichte Bonifatius im Gegenzug dem Konsekrator sein Glaubensbekenntnis ein[5] und legte dem hl. Petrus in die Hände des Papstes den bischöflichen Amtseid ab[6]. Ohne die Gewissenslast abschätzen zu können, die er sich damit auflud, versprach Bonifatius, mit Bischöfen, die

---

[1] Die das gewählte Thema behandelnde oder tangierende Literatur kann ob ihrer überbordenden Quantität im folgenden nur in exemplarischer Auswahl genannt werden; die Belege begnügen sich tunlichst mit Verweisen auf die jeweils einschlägigen Quellen.

[2] Über ein mögliches erstes Treffen Ende 722 T. SCHIEFFER, Winfrid-Bonifatius und die christliche Grundlegung Europas (²1972), S. 143; doch vgl. dazu Vita Gregorii abbatis Traiectensis, MGH SS 15, S. 70.

[3] Vita Bonifatii auctore Willibaldo, hg. von W. LEVISON, Vitae sancti Bonifatii, MGH SS rer. Germ. (1905), S. 30.

[4] Ebd., S. 29 f.

[5] Vgl. W. LEVISON, England and the Continent in the eighth century (1946), S. 233 f.

[6] Liber diurnus Nr. 75, 76, hg. von T.E. ab Sickel, Liber diurnus pontificum Romanorum (1889), S. 79 ff.; Liber diurnus Romanorum pontificum, hg. von H. FOERSTER (1958), S. 374–378.

Leben und Wirken nicht nach den *instituta sanctorum patrum* ausrichteten, keine
Verbindung und (kirchliche) Gemeinschaft aufnehmen und unterhalten zu wollen,
sondern zu versuchen, sie von ihrem Weg abzubringen oder dem Papst Bericht zu
erstatten[7]. Gregor II. stellte dem Neugeweihten die übliche bischöfliche Amtsvoll-
macht aus, die die Instruktionen der römischen Kirche für angehende Bischöfe re-
sümierte[8]. In zwei Empfehlungsschreiben, die er Bonifatius aushändigte, umriß der
Papst den speziellen Auftrag des Missionsbischofs: *ut plebibus Germaniae gentis ac
diversis in orientali Reni ... parte consistensibus praedicando verbum salutis vitam
provideat sempiternam ... et ... erroneos ... corrigat ... atque ... ex apostolicae sedis ...
doctrina informet et in ... catholica fide permanere instituat*[9]. Eines dieser Schreiben
war an den *dux* Karl Martell adressiert, worin der Papst bat, der Hausmeier möge
Bonifatius in seiner Aufgabe unterstützen und ihn gegen etwaige Widersacher in
Schutz nehmen[10]. Karl Martell empfing den Bischof geziemend und unterstellte ihn,
der päpstlichen Bitte stattgebend, seinem Schutz (*mundeburdium et defensio*), der
ihn gegen Anfeindungen und ungesetzlichen Zugriff absicherte und ihm nötigenfalls
den Rechtszug an das Gericht des Hausmeiers ermöglichte[11].

Karl Martell, vom Erbe der pippinidischen Machtstellung ausgeschlossen, hatte es
nicht nur verstanden, sich gegen die von Pippin dem Mittleren bestimmten Erben
durchzusetzen, sondern auch die Anerkennung als gesamtfränkischer Hausmeier zu
erringen[12], der dem *regnum Francorum* den König setzte[13]. Im gleichen Jahr, da er
Bonifatius seinem Schutz unterstellte, führte Karl Martell einen Schlag gegen kon-
kurrierende Verwandte und beschränkte damit das arnulfingische Erb- und Herrschaftsrecht auf seine eigene Familie[14]. 725 starb indes seine Gattin, die Mutter seiner
Söhne Karlmann und Pippin[15]. Auf seinem damals unternommenen Feldzug gegen
Bayern[16] fand sich die Nachfolgerin in der Person der agilolfingischen Prinzessin

[7] MGH Epp. sel. 1, S. 28 f. Nr. 16; zu dieser Sonderklausel SCHIEFFER, Winfrid-Bonifatius (wie
Anm. 2), S. 144 f.
[8] JW 2161 = MGH Epp. sel. 1, S. 31 f. Nr. 18; Vita Bonifatii auctore Willibaldo, hg. von
LEVISON (wie Anm. 3), S. 30.
[9] JW 2160 und 2162 = MGH Epp. sel. 1, S. 30 f. und 34, Nr. 17 und 20.
[10] JW 2162 = MGH Epp. sel. 1, S. 34 Nr. 20.
[11] MGH Epp. sel. 1, S. 37 f. Nr. 22; vgl. I. HEIDRICH, Titulatur und Urkunden der arnulfingischen Hausmeier, AfD 11/12 (1965/66), S. 126 ff.; DIES., Die Verbindung von Schutz und Immunität, ZRG Germ. 90 (1973), S. 10 ff.; W. OGRIS, s.v. Munt, Muntwalt, HRG 3 (1984), Sp. 750–
761, vgl. bes. Sp. 752–756.
[12] Vgl. die zusammenfassende Darstellung bei R. SCHIEFFER, Die Karolinger (1992), S. 34–40.
[13] Liber historiae Francorum, MGH SS rer. Merov. 2, S. 327 f.
[14] Vgl. J. SEMMLER, Zur pippinidisch-karolingischen Sukzessionskrise 714–723, DA 33 (1977),
S. 33 f.
[15] Annales Alamannici ad a. 725, hg. von W. LENDI, in: Untersuchungen zur frühalemannischen
Annalistik (Scrinium Friburgense 1, 1971), S. 149; Annales Mosellani ad a. 725, MGH SS 16, S. 494;
Annales Petaviani ad a. 725, MGH SS 1, S. 9.
[16] Chronicarum Fredegarii continuationes, MGH SS rer. Merov. 2, S. 175; Annales Tiliani ad a.
725, MGH SS 1, S. 8; Annales Iuvavenses maiores ad a. 725, MGH SS 1, S. 87.

Swanahild[17]. Sie schenkte Karl Martell bald einen dritten Sohn[18], an dem die Eltern sehr hingen[19] und den sie dem Gebet des Bonifatius anvertrauten[20].

Ein solch familiäres Verhältnis des *princeps Francorum*[21], der bereits *regni Francorum tenebat monarchiam*[22], zu Bonifatius sollte auf die Dauer nicht bestehen bleiben. Denn so wie Gregor II. des Bonifatius Auftrag präzisiert hatte, entsprach er in bezug auf die *gentes* bzw. *plebes Germaniae* östlich des Rheines[23] dem päpstlichen Auftrag, den einst Willibrord für Friesland erhalten hatte[24]. Die konkrete Anweisung aus Rom für die Thüringer und den *Germaniae populus*, Bonifatius als ihren Vater zu betrachten und ihm eine *domus* zu erbauen, außer den *ecclesiae* auch *episcopia* zu installieren[25], lief auf die Errichtung einer Kirchenprovinz mit Bonifatius an der Spitze hinaus[26]. Seine Anfragen in Rom[27], die Einweisung von Mitarbeitern in missionarische und pastorale Sprengel, die Verurteilung von Geistlichen, die er für amtsunwürdige Häretiker hielt[28], die Ratschläge, die ihm zugingen[29], zeigen zur Genüge, daß Bonifatius gewillt war, die Funktionen des Metropoliten zu übernehmen. *Pseudodoctores* und *adolatores* entfesselten dagegen eine vehemente Kampagne, die selbst vor einem freilich gescheiterten Attentat nicht zurückschreckte[30]. Diejenigen fanden sich zusammen, mit denen keine kirchliche Gemeinschaft zu halten Bonifatius am

---

[17] Vgl. J. JARNUT, Untersuchungen zur Herkunft Swanahilds, der Gattin Karl Martells, Zeitschrift für bayerische Landesgeschichte 40 (1977), S. 245–249.

[18] Annales regni Francorum inde ab a. 741, hg. von F. KURZE, MGH SS rer. Germ. (1895), S. 3; Annales Mettenses priores ad a. 731, hg. von B. VON SIMSON, MGH SS rer. Germ. (1905), S. 32.

[19] Vgl. Vita Pardulfi abbatis Waractensis, MGH SS rer. Merov. 7, S. 14 f.

[20] MGH Epp. sel. 1, S. 77 f. Nr. 48.

[21] Chronicarum Fredegarii continuationes, MGH SS rer. Merov. 2, S. 175 f.; Vita Eucherii episcopi Aurelianensis, MGH SS rer. Merov. 7, S. 50; JW 2251 = MGH Epp. sel. 1, S. 71–74 Nr. 45; Heidrich, Titulatur und Urkunden (wie Anm. 11), S. 85 weist mit Recht darauf hin, daß es sich ausschließlich um Fremdbezeichnungen handelt.

[22] Translatio Germani episcopi Parisiaci vetustissima, MGH SS rer. Merov. 7, S. 422; dazu U. NONN, Vom maiordomus zum rex. Die Auffassung von Karl Martells Stellung im Spiegel der Titulatur, Rheinische Vierteljahresblätter 37 (1973), S. 107 ff.

[23] JW 2160 und 2162 = MGH Epp. sel. 1, S. 30 f. und 34 Nr. 17 und 20; vgl. L. DUCHESNE, Liber Pontificalis 1, 2 (1886), S. 397.

[24] Vgl. Vita Wilfriedi episcopi Eboracensis, MGH SS rer. Merov. 6, S. 220; Beda, Chronica, MGH Auct. ant. 13, S. 316; DERS., Historia ecclesiastica gentis Anglorum, hg. von C. PLUMMER, Venerabilis Baedea opera historica 1 (1896), S. 299 und 302 f.; vgl. LEVISON, England (wie Anm. 5), S. 59–64; W.H. FRITZE, Universalis gentis confessio (Frühmittelalterliche Studien 3, 1969), S. 81–84; zusammenfassend A. ANGENENDT, Das Frühmittelalter (1990), S. 268 ff.

[25] JW 2163, 2168 und 2170 = MGH Epp. sel. 1, S. 33 und 41–44 Nr. 19, 24 und 25.

[26] Vgl. R. KAISER, Bistumsgründung und Kirchenorganisation im 8. Jahrhundert, in: Der hl. Willibald – Klosterbischof oder Bistumsgründer?, hg. von H. DICKERHOF u.a. (Eichstätter Studien NF 30, 1990), S. 56–60.

[27] JW 2168 und 2174 = MGH Epp. sel. 1, S. 41–47 Nr. 24 und 26.

[28] Vita Bonifatii auctore Willibaldo, hg. von LEVISON (wie Anm. 3), S. 33 f.

[29] MGH Epp. sel. 1, S. 38 ff. Nr. 23.

[30] Vita Gregorii abbatis Traiectensis, MGH SS 15, S. 71.

Petrusgrab bei der Bischofsweihe geschworen hatte[31], die ohne gültige Weihe im Konkubinat oder im Ehebruch lebten, als *falsi episcopi, pseudosacerdotes* auftraten und ihm folglich als *seductores,* wenn nicht gar als *scismatici* oder als *haeretici* galten[32]. Sie schwärzten Bonifatius bei Karl Martell an und erschwerten oder verweigerten ihm und seinen Schülern den Zugang zum Hof des Hausmeiers[33]. Ihre unbewiesene Behauptung, Bonifatius sei des Bischofsamtes unwürdig[34], begründeten sie mit dem uns heute nicht fremden Argument, er sei Ausländer (*peregrinus*)[35]. Doch über xenophobe Emotionen hinaus bemühten sie auch das Kirchenrecht: Das Gebiet, in dem Bonifatius wirke, gehöre zu einer längst installierten Diözese[36]. Wurde Papst Gregor II. deswegen bei Karl Martell vorstellig, damit der Hausmeier jenen Bischof zum Schweigen bringe[37], seinen Nachfolger auf der *cathedra Petri* mußte Bonifatius selbst darauf aufmerksam machen, von ihm Gemaßregelte, ja Abgesetzte appellierten an den Hl. Stuhl, um sich von Rom in ihrem *episcopale ministerium* bestätigen zu lassen; er selbst hoffe doch sehr, daß der Papst seine, des Bonifatius, Urteile und Maßnahmen ratifiziere[38]. Und doch mußte der Papst mehrfach dem Missionsbischof versichern, solche Appellationen hätten bei ihm keinen Erfolg[39]. Einige Beschwerdeführer kehrten allerdings aus Rom zurück und behaupteten, der Pontifex maximus habe des Bonifatius Sentenz kassiert[40].

Gregors III. Pontifikatsantritt im Frühjahr 731 veranlaßte Bonifatius, eine Delegation nach Rom zu schicken, die dem neuen Papst eine Gruß- und Ergebenheitsadresse übermitteln und um die Erneuerung der vom Vorgänger gewährten *familiaritas* nachsuchen sollte. Gregor III. gewährte die Bitte[41]. Zugleich verlieh er dem Plan

---

[31] MGH Epp. sel. 1, S. 28 Nr. 16. Den gesellschaftlichen Verkehr mit diesen Gegnern hatte Gregor II. Bonifatius im Interesse seines Auftrages erlaubt: JW 2174 = MGH Epp. sel. 1, S. 44–47 Nr. 26.

[32] Vita Bonifatii auctore Willibaldo, hg. von LEVISON (wie Anm. 3), S. 37 f.; JW 2174, 2274, 2286 und 2291 = MGH Epp. sel. 1, S. 45 ff., 120–125, 172–180 und 194–204 Nr. 26, 60, 80 und 87; MGH Epp. sel. 1, S. 80–86, 132–138, 191–194 und 205 f. Nr. 50, 64, 65, 86 und 90.

[33] Vita Gregorii abbatis Traiectensis, MGH SS 15, S. 70.

[34] Da Bonifatius zu diesem Zeitpunkt bereits Bischof war, wird man den Vorwurf mangelnder Idoneität mit der Vita Gregorii abbatis Traiectensis, MGH SS 15, S. 71, auf den episcopatus sublimissimus gradus, die Verwaltung der metropolitana sedes beziehen dürfen.

[35] Vita Gregorii abbatis Traiectensis, MGH SS 15, S. 71.

[36] Sollte F. STAAB, Noch einmal zur Gründungstradition des Erfurter Petersklosters, Mitteilungen des Vereins für die Geschichte und Altertumskunde von Erfurt 54 (NF 1) (1993), S. 35 f., mit seiner kaum gesicherten These, Bischof Rigobert von Mainz (um 705/20) sei an der Gründung eines Klosters auf dem Petersberg zu Erfurt beteiligt gewesen, recht behalten, hätte sich der Mainzer Bischof sogar auf einen rechtsbegründenden Präzedenzfall berufen können.

[37] JW 2168 = MGH Epp. sel. 1, S. 41 ff. Nr. 24.

[38] MGH Epp. sel. 1, S. 80–86 Nr. 50.

[39] JW 2264, 2271 und 2274 = MGH Epp. sel. 1, S. 86–92, 105–108 und 120–125 Nr. 51, 58 und 60.

[40] JW 2239, 2271 und 2274 = MGH Epp. sel. 1, S. 49–52, 105–108 und 120–125 Nr. 28, 58 und 60.

[41] Vita Bonifatii auctore Willibaldo, hg. von LEVISON (wie Anm. 3), S. 34 f. Das in JW 2239 = MGH Epp. sel. 1, S. 49–52 Nr. 28 angekündigte Privileg ging wohl verloren; vgl. H. MORDEK,

des verstorbenen Papstes Nachdruck und organisatorischen Rahmen: Er übersandte Bonifatius das Pallium[42] und erhob ihn zum Erzbischof. Die von Bonifatius bislang de facto geübten metropolitanen Funktionen erfuhren somit ihre juristische Bestätigung, zumal sie Gregor III. durch die Befugnis spezifizierte, möglichst unter Assistenz zweier oder dreier Mitbischöfe jenen Gemeinden, die entsprechend zahlenstark geworden seien, bischöfliche Oberhirten zu weihen. Obzwar Karl Martells Name in des Papstes Antwortschreiben fällt[43], verschwendete Gregor III. keinen Gedanken daran, ihm Bonifatius' Beförderung mitzuteilen[44]. Nachdem des Bischofs missionarisches Wirken so reiche Erfolge gezeitigt hatte[45], verfügte Bonifatius nun über die Vollmacht, die Kirche seines Sprengels organisatorisch zu strukturieren. Daß der Hausmeier daran mitwirken sollte, war von seiner Seite nicht vorgesehen; Bonifatius sollte sich erst ein gutes Jahrzehnt später eingestehen, daß er seinen Aufgaben *sine patrocinio principis Francorum* nicht voll gerecht werden könne[46]. Gregor III. verband sein Ernennungspatent mit einer Reihe von Antworten auf Anfragen, die Bonifatius noch an den Vorgänger gerichtet hatte[47]. Um Auskünfte in kirchenrechtlichen Fragen, die er als Metropolit zu entscheiden hatte, besonders in Problemen des noch keineswegs allgemein verbindlich kodifizierten Eherechts, wandte sich Bonifatius in der Folgezeit an angelsächsische Korrespondenten[48]; von insularen Freunden erbat er sich auch Kopien biblischer Bücher, kanonistischer und exegetischer Traktate[49], nicht ohne das von seinen Briefpartnern erwartete Fürbittgebet für sich und die ihm Anvertrauten anzumahnen[50].

Die ihm verliehenen metropolitanen Vollmachten vermochte Bonifatius zu diesem Zeitpunkt und Jahre danach noch nicht umzusetzen: Man möchte vermuten, daß seine Widersacher, aber auch militärische und politische Zwänge Karl Martell davon abhielten, dem Missionserzbischof die unabdingbare Unterstützung zu gewähren[51]. Um so mehr fällt auf, daß Bonifatius wohl 733/35 in Bayern eine Predigt-

---

Rom, Byzanz und die Franken im 8. Jahrhundert, in: Person und Gemeinschaft im Mittelalter. FS für Karl Schmid (1988), S. 142 ff.

[42] Vgl. O. ENGELS, Der Pontifikatsantritt und seine Zeichen = Segni e riti nella chiesa altomedievale occidentale (Settimane di studio del Centro Italiano di Studi sull'Alto Medioevo 33, 1987), S. 732–744.

[43] JW 2239 = MGH Epp. sel. 1, S. 49–52 Nr. 28.

[44] Vgl. SCHIEFFER, Winfrid-Bonifatius (wie Anm. 2), S. 151.

[45] H. LÖWE, Pirmin, Willibrord und Bonifatius. Ihre Bedeutung für die Missionsgeschichte ihrer Zeit, in: Kirchengeschichte als Missionsgeschichte 2, hg. von K. SCHÄFERDIEK (1978), S. 208–213.

[46] MGH Epp. sel. 1, S. 129–132 Nr. 63.

[47] JW 2239 = MGH Epp. sel. 1, S. 49–52 Nr. 28.

[48] MGH Epp. sel. 1, S. 55–59 Nr. 32–34.

[49] Ebd., S. 54 und 58 f. Nr. 30 und 34.

[50] Ebd., S. 54–58 und 63 Nr. 30, 31, 33 und 38.

[51] Vgl. K. HEINEMEYER, Die Gründung des Klosters Fulda im Rahmen der bonifatianischen Kirchenorganisation, Hessisches Jahrbuch für Landesgeschichte 30 (1980), S. 17 f.

und Visitationsreise unternimmt, einen Schismatiker verurteilt und dessen der Häresie verfallene Anhänger wieder auf den rechten Weg bringt[52]. Kurz zuvor war Karl Martell gegen Bayern gezogen[53], hatte dort, wenn nicht alles trügt, die agilolfingische Doppelherrschaft womöglich durch Mord[54] zugunsten der Gesamtherrschaft Herzog Hugberts beseitigt,[55] der des Bonifatius Wirken wenn nicht angeregt[56], so doch gebilligt haben mag. Ob der Einfluß der Agilolfingerin Swanahild bei Karl Martell damals schon ausreichte, daß der fränkische Hausmeier diesen ersten Eingriff des Bonifatius in Bayern deckte oder förderte[57], bleibt eine offene Frage, zumal Karl Martell seinen Militärschlag mit langobardischer Unterstützung geführt hatte[58]. Wer die damals anstehende Weihe des Bischofs Vivilo von Passau durch Gregor III. in Rom veranlaßte, läßt sich gleichfalls nicht mehr klären[59]. Ebenso wird es stets ein Geheimnis bleiben, wer gegen Ende der dreißiger Jahre des 8. Jahrhunderts die alexandrinische Osterfestberechnung in den Kirchen des Frankenreiches durchzusetzen sich bemühte[60] und damit den *paschalis sacratissimus ordo* völlig zerrüttete[61]: Karl Martell und/oder Bonifatius mit oder gegen den fränkischen Episkopat.

Obwohl Bonifatius 737/38 zum dritten Mal lange Monate in Rom weilte[62], legt keine Quelle nahe, daß er etwas mit Gregors III. 739/40 an Karl Martell abgesandten Hilfegesuchen[63] zu tun hatte, durch die der Papst den fränkischen Hausmeier gegen die drohende langobardische Invasion mit dem Angebot der Schlüssel des Petrusgrabes und der Absicht, sich ggf. aus dem byzantinischen Reichsverband zu lösen, zu

[52] Vita Bonifatii auctore Willibaldo, hg. von LEVISON (wie Anm. 3), S. 35 f.
[53] Annales s. Amandi ad a. 728, MGH SS 1, S. 8.
[54] Vitae Corbiniani episcopi Baiuvariorum, MGH SS rer. Merov. 6, S. 586 und 626.
[55] Annales s. Ruperti Salisburgensis ad a. 729, MGH SS 9, S. 768; Vita Corbiniani episcopi Baiuvariorum retractata, MGH SS rer. Merov. 6, S. 626; vgl. J. JAHN, Ducatus Baiuvariorum (Monographien zur Geschichte des Mittelalters 35, 1991), S. 106–110, 116 f. und 121.
[56] Vgl. SCHIEFFER, Winfrid-Bonifatius (wie Anm. 2), S. 169.
[57] Vgl. W. STÖRMER, Die bayerische Herzogskirche, in: Der heilige Willibald – Klosterbischof oder Bistumsgründer?, hg. von H. DICKERHOF u.a. (Eichstätter Studien NF 30, 1990), S. 123.
[58] Paulus Diaconus, Historia Langobardorum, MGH SS rer. Lang., S. 187; vgl. J. JARNUT, Genealogie und politische Bedeutung der agilolfingischen Herzöge, MIÖG 99 (1991), S. 10 ff.
[59] JW 2251 = MGH Epp. sel. 1, S. 71–74 Nr. 45. Als amtierender Bischof von Passau ist Vivilo bereits 739 bezeugt: M. HEUWIESER, Die Traditionen des Hochstifts Passau (Quellen und Erörterungen zur bayerischen Geschichte NF 6, 1930), S. 2 f. Nr. 2; vgl. E. BOSHOF, Die Regesten der Bischöfe von Passau 1 (1992), Nr. 1 und 2, sowie F.-R. Erkens, Die Ursprünge der Lorcher Tradition im Lichte archäologischer, historiographischer und urkundlicher Zeugnisse, in: Das Christentum im bairischen Raum von den Anfängen bis ins 11. Jahrhundert, hg. von E. BOSHOF/H. WOLFF (Passauer Historische Forschungen 8, 1994), S. 448 ff.
[60] Vgl. B. KRUSCH, Die Einführung des griechischen Paschalzyklus im Abendland, NA 9 (1884), S. 138.
[61] Chronicarum Fredegarii continuationes, MGH SS rer. Merov. 2, S. 179.
[62] Vita Bonifatii auctore Willibaldo (wie Anm. 3), S. 36 f.; MGH. Epp. sel. 1, S. 66 Nr. 41.
[63] Liber Pontificalis 1, 2, hg. von L. DUCHESNE, S. 420; JW 2250 und 2252 = MGH Epp. 3, S. 476–479 Nr. 1 und 2; Chronicarum Fredegarii continuationes, MGH SS rer. Merov. 2, S. 178 f.

mobilisieren versuchte[64]. Im Gegenteil, auf seiner Rückreise nach Norden machte Bonifatius bei dem Invasor, dem Langobardenkönig Liutprand, Station[65]. Die Gegengesandtschaft Karl Martells rekrutierte sich aus Kirchenmännern Neustriens bzw. Unbekannten[66].

Gregor III. bestätigte, offenbar in rechtlich relevanter Form, die Bonifatius von seinem Vorgänger verliehene Legation und ernannte ihn zu seinem Vikar[67]. Wie die dem aus Rom Scheidenden mitgegebenen päpstlichen Empfehlungsschreiben lehren, galten Legation und Vikariat unbeschränkt für die Lande östlich des Rheins[68], zielten jedoch speziell auf den bonifatianischen Wirkungsbereich in Hessen und Thüringen[69]. Während der Papst Bayern und Alemannien in den bonifatianischen Auftrag einbezog[70], dachte Bonifatius seinerseits daran, die Mission auch nach Sachsen zu tragen[71].

Mit ihrem Bericht über den sensationellen Gesandtschaftsaustausch zwischen dem karolingischen Hausmeier und dem Lateran zu Rom unterbricht die offiziöse Fortsetzung der Chronik des sog. Fredegar[72] die Darstellung des Endes der Karriere Karl Martells, innerhalb derer siegreiche Heimkehr vom Feldzug in der Provence, Erkrankung (cap. 21), Herrschaftsteilung (cap. 23), Vorzeichen des Todes, Todeskrankheit und Hinscheiden (cap. 24) sicherlich zusammengehören[73]. Seit mehr als einem Jahrhundert zieht die Forschung alle diese Vorgänge und Ereignisse in die Jahre 739–741 zusammen[74]. Die beiden Herrschaftsteilungsprojekte, die Karl Martell gegen Ende seines Lebens entwarf, setzt sie einmütig ins Todesjahr des Erblassers[75],

---

[64] Vgl. dazu P. CLASSEN, Italien zwischen Byzanz und dem Frankenreich, Vorträge und Forschungen, hg. vom Konstanzer Arbeitskreis für mittelalterliche Geschichte 28 (1983), S. 85–115, hier: S. 100–104.

[65] Vita Bonifatii auctore Willibaldo, hg. von LEVISON (wie Anm. 3), S. 37.

[66] Chronicarum Fredegarii continuationes, MGH SS rer. Merov. 2, S. 179; JW 2252 = MGH Epp. 3, S. 477 ff. Nr. 2.

[67] MGH Epp. sel. 1, S. 66, Nr. 41; dazu SCHIEFFER, Winfrid-Bonifatius (wie Anm. 2), S. 173 f.

[68] JW 2245 = MGH Epp. sel. 1, S. 67 f., Nr. 42.

[69] JW 2246 = MGH Epp. sel. 1, S. 68 f., Nr. 43; Vita Bonifatii auctore Willibaldo, hg. von LEVISON (wie Anm. 3), S. 39.

[70] JW 2247 = MGH Epp. sel. 1, S. 70 f. Nr. 44.

[71] MGH Epp. sel. 1, S. 74 ff., Nr. 46 und 47.

[72] Vgl. U. NONN, s.v. Fredegar (Fredegar-Chronik), LexMA 4 (1989), Sp. 884.

[73] Vgl. dieselbe Stoffanordnung in den Annales Mettenses priores, hg. von V. SIMSON (wie Anm. 18), S. 30 ff. – Zur Abhängigkeit dieser späteren Quelle von den Continuationes des sog. Fredegar: N. SCHRÖER, Die Annales Mettenses priores. Literarische Form und politische Intention, in: Geschichtsschreibung und geistiges Leben im Mittelalter. FS für Heinz Löwe (1978), S. 145 f. und 151 f.

[74] Vgl. T. BREYSIG, Jahrbücher des fränkischen Reiches 714–741 (1869), S. 87–103; zuletzt SCHIEFFER, Die Karolinger (wie Anm. 12), S. 46–49.

[75] H. HAHN, Jahrbücher des fränkischen Reiches 741–752 (1863), S. 13–19; zuletzt G. WOLF, Grifos Erbe, die Einsetzung König Childerichs III. und der Kampf um die Macht – zugleich Bemerkungen zur karolingischen Hofhistoriographie, AfD 38 (1992), S. 1 ff. Nur M. BECHER, Zum

weil die einzige Quelle, die von beiden berichtet, die Annales Mettenses priores, sie beide zum Jahr 741 vermelden[76]. Erchanberts Breviarium regum Francorum, das keineswegs auf den Dreiklang *gloria, laus et honor Karolinis* gestimmt ist[77], erzählt den Herrscherwechsel von Karl Martell zu seinen Söhnen folgendermaßen: *Memoratus princeps consilio optimatum rege petito atque persuaso illoque nolente tandem consentiente duabus filiis suis Carlomanno et Pippino regnum divisit Francorum; ac statim sua secuta infirmitate vitam finivit anno 741*[78]. Karl Martells Nachfolgeplan zugunsten seiner Söhne aus erster Ehe wurde demnach dem König vorgelegt, der sich zuerst ablehnend verhielt, überredet werden mußte und nur zögernd seine Zustimmung gab. Von März/April 737 bis in die zweite Hälfte des Februar 743 durchlief das merowingische *regnum Francorum* ein Interregnum[79]. Schenkt man der Nachricht des Breviarium Glauben, dann ergab sich auf dem Märzfeld des Jahres 737 die letzte Gelegenheit, das Projekt der Herrschaftsteilung mit den *optimates*[80] und dem König zu verhandeln. Denn König Theuderich IV. starb in der zweiten Aprilhälfte ebendieses Jahres 737[81]. Daß die Zustimmung des merowingischen Herrschers zur Entscheidung des Hausmeiers und führender Adliger eingeholt und Theuderich IV. seine Ablehnung nur widerstrebend zurückgenommen haben soll, will gar nicht zu dem Bild passen, das etwa Einhard von den letzten Merowingern entwarf, wonach der König nur die *species dominantis* vortäuschte[82], und das das Breviarium selbst dahingehend exemplifizierte, daß die von den Hausmeiern ausgestellten Urkunden mit Namen und Regierungsjahr des im Vergleich zu den *anteriores reges* in seiner *dignitas* geminderten merowingischen Königs datiert worden seien[83]. Soweit die Urkunden Theuderichs IV. in ihrer vorliegenden Form erkennen lassen, erteilte dieser Merowinger sehr wohl selbständig Privilegien an Kirchen[84] und verfügte sogar

Geburtsjahr Tassilos III., Zeitschrift für bayerische Landesgeschichte 52 (1989), S. 9 ff., läßt anklingen, daß dem nicht so gewesen sein muß.

[76] Annales Mettenses priores ad a. 741, hg. von V. SIMSON (wie Anm. 18), S. 31 f.

[77] Vgl. W. WATTENBACH u.a., Deutsche Geschichtsquellen im Mittelalter. Vorzeit und Karolinger 3 (1957), S. 349 f.

[78] Erchemberti Breviarium regum Francorum, MGH SS 2, S. 328.

[79] Vgl. B. KRUSCH, MGH SS rer. Merov. 7, S. 507.

[80] Daß der Teilungsplan mit den optimates beraten wurde, berichten übereinstimmend die Chronicarum Fredegarii continuationes, MGH SS rer. Merov. 2, S. 179, die Annales Mettenses priores ad a. 741, hg. von V. SIMSON (wie Anm. 18), S. 31, und das Breviarium regum Francorum, MGH SS 2, S. 328.

[81] G. CHEVRIER/M. CHAUME, Chartes et documents de Saint-Bénigne de Dijon. Prieurés et dépendances des origines à 1300 (1986), S. 58 f. Nr. 21; K. GLÖCKNER/A. DOLL, Traditiones Wizenburgenses (1979), S. 275 ff., 180 ff. und 217 f. Nr. 241, 8 und 37 sowie W. LEVISON, Das Nekrologium von Dom Racine und Chronologie der Merowinger, NA 35 (1910), S. 50 f.

[82] Einhard, Vita Karoli Magni, hg. von O. HOLDER-EGGER, MGH SS rer. Germ. (⁶1911), S. 3; vgl. auch Chronicon Laurissense breve, hg. von H. SCHNORR VON CAROLSFELD, NA 36 (1911), S. 27 f.

[83] Breviarium regum Francorum, MGH SS 2, S. 328.

[84] M. GYSSELING/A.C.F. KOCH, Diplomata Belgica ante annum millesimum centesimum scripta 1 (Bouwstoffen en Studien voor de Geschiedenis en de Lexicografie van het Nederlands 1,1,

im Königsgericht über Besitzkomplexe[85]. Zumindest einem Kloster sagte er seinen Schutz zu und nahm die Funktion der letzten Appellationsinstanz an, was er mit dem Königssiegel bekräftigen ließ[86]. Aus besonderem Anlaß[87] gewährte er auf Bitten Karl Martells dem Kloster Saint-Denis das Wahlprivileg[88]. Sollte er auch bei der Regelung der Nachfolge Karl Martells gefragt worden sein, dann hätte die Position des Hausmeiers in den mittdreißiger Jahren des 8. Jahrhunderts ihren Charakter als vom König verliehenes Amt noch nicht ganz eingebüßt[89]. Im vorliegenden Fall war die Einwilligung Theuderichs IV. wohl erst recht erforderlich, sollte doch das Hausmeieramt nach Jahrzehnten wieder geteilt werden[90], wodurch eine Spaltung des *regnum Francorum* durchaus in den Bereich des Möglichen rückte[91].

Eine solche Befürchtung war grundlos: Karl Martells erste Nachfolgeordnung wurde nicht realisiert, obwohl der amtierende Hausmeier sie dadurch bekräftigte, daß er nach Theuderichs IV. Tod seinen zweitgeborenen Sohn Pippin zum Langobardenkönig Liutprand schickte, damit dieser Pippin durch Adoption zum Königssohn erhebe[92].

1950), S. 24–27 Nr. 11 und 12; MGH DD regum Francorum e stirpe Merowingica 1, S. 201 f. spuria Nr. 95 (der dort postulierte Königsschutz ist freilich spätere Interpolation; vgl. I. HEIDRICH, Die urkundliche Grundausstattung der elsässischen Klöster, St. Gallens und der Reichenau in der ersten Hälfte des 8. Jahrhunderts (Vorträge und Forschungen 24, 1977), S. 33 ff).

[85] P. J. GEARY, Aristocracy in Provence. The Rhône bassin at the dawn of the Carolingian age (Monographien zur Geschichte des Mittelalters 31, 1985), S. 40–78, hier S. 74 ff. § 56.

[86] I. M. PARDESSUS, Diplomata, chartae ... ad res Gallo-Francicas spectantia 2 (1849), S. 323–327 Nr. 514; dazu E. Ewig, Beobachtungen zu den Klosterprivilegien des 7. und 8. Jahrhunderts (Spätantikes und fränkisches Gallien 2, Beihefte der Francia 3,2, 1979), S. 424 ff.

[87] Vgl. J. SEMMLER, Saint-Denis. Von der bischöflichen Coemeterialbasilika zur benediktinischen Königsabtei, in: La Neustrie. Les pays au Nord de la Loire de 650 à 850, hg. von H. ATSMA (Beihefte der Francia 16,1–2, 1989), 2, S. 91 f.

[88] J. HAVET, Oeuvres 1 (Paris 1896), S. 242–246 Nr. 6 = MGH DD Merov. 1 (wie Anm. 84), S. 82 f. Nr. 93.

[89] Zum ursprünglichen Amtscharakter der Position des fränkischen Hausmeiers s. I. HEIDRICH, Les maires de palais neustriens du milieu du VIIe au VIIIe siècle, in: La Neustrie (wie Anm. 87), 1, S. 217 ff.; DIES., Die Urkunden Pippins des Mittleren und Karl Martells. Beobachtungen zu ihrer zeitlichen und räumlichen Streuung, in: Karl Martell in seiner Zeit, hg. von J. JARNUT u.a. (Beihefte der Francia 37, 1994), S. 30 f.; vorher schon P.J. FOUACRE, Observations on the outgrowth of Pippinid influence in the regnum Francorum after the Battle of Tertry (687–715), Medieval Prosopography 5,2 (1984), S. 11 f.

[90] Pippin der Mittlere brachte als erster das gesamtfränkische Hausmeieramt an seine Familie; Karl Martell mußte die Zusammenführung erneut vornehmen; vgl. Liber historiae Francorum, MGH SS rer. Merov. 2, S. 323; J. FLECKENSTEIN s.v. Hausmeier, LexMA 4 (1989), Sp. 1974 f.

[91] Im Frühjahr 739 rechnet der Erblasser Abbo im Alpen-Rhône-Raum mit mehreren *domni principes*, die er beschwört, die Bestimmungen seines Testaments umsetzen zu lassen: GEARY, Aristocracy (wie Anm. 85), S. 40–78.

[92] Paulus Diaconus, Historia Langobardorum, MGH SS rer. Lang., S. 183; dazu jetzt J. JARNUT, Die Adoption Pippins durch König Liutprand und die Italienpolitik Karl Martells, in: Karl Martell in seiner Zeit (wie Anm. 89), S. 217–226.

Ließ Karl Martell bei diesem seinem Vorgehen Bayern unberücksichtigt, so verlor er das Herzogtum der Agilolfinger nicht aus den Augen; dafür dürfte schon seine zweite Gattin Swanahild gesorgt haben. 728 stand er mit seinem Heere in Bayern[93], wo er die Herrschaftsverhältnisse geordnet zu haben scheint, indem er Hugbert als Herzog installierte[94]. Damit waren Voraussetzungen geschaffen, die es Bonifatius ermöglichten, in Ausweitung seines Auftrags seine Aktivitäten als Glaubensbote auf Bayern auszudehnen. Dort bestehende Gemeinden visitierte der Missionsbischof. Er exkommunizierte den ketzerischen Schismatiker Eremwulf und entsetzte ihn, der sich augenscheinlich der von Bonifatius vertretenen kanonischen Ordnung nicht einfügen wollte, auf einer Provinzialsynode (?) seines Amtes[95].

735/36 starb Herzog Hugbert[96], zuletzt im gesamten bayerischen Herzogtum anerkannt. Sein Nachfolger wurde Odilo[97]. Da nach Erkenntnissen der jüngeren Forschung Odilo der alemannischen Linie der Agilolfinger entstammte[98], dürfte die Zustimmung der fränkischen Reichszentrale zum Wechsel Odilos von Alemannien nach Bayern[99] vonnöten gewesen sein. Karl Martell soll sie erteilt haben[100]. Mit Recht vermutet man hinter dieser Entscheidung des Hausmeiers wiederum den Einfluß Swanahilds[101], der Verwandten des neuen Bayernherzogs[102].

Aus Bayern zu seinen Gefährten in Mission und Seelsorge nach Hessen und Thüringen zurückgekehrt, errichtete bzw. restaurierte Bonifatius Kirchen und besetzte sie mit geeigneten Geistlichen. Mitten aus diesem Aufbauwerk heraus unternahm der Missionsbischof 737 seine dritte Romreise, während derer er die *familiaritas*, die ihn

---

[93] Annales Petaviani ad a. 728, MGH SS 1, S. 8; vgl. auch Ado von Vienne, Chronicon, MGH SS 2, S. 318.

[94] Vita Corbiniani episcopi Baiuvariorum, MGH SS rer. Merov. 6, S. 587; Annales Mettenses priores ad a. 729, hg. von V. SIMSON (wie Anm. 18), S. 26; Annales s. Rudberti Salisburgensis ad a. 729, MGH SS 9, S. 768; vgl. jedoch K. REINDEL, Grundlegung. Das Zeitalter der Agilolfinger (bis 788), in: Handbuch der bayerischen Geschichte 1 (²1981), S. 163.

[95] Vita Bonifatii auctore Willibaldo, hg. von LEVISON (wie Anm. 3), S. 35.

[96] Vita Corbiniani episcopi Baiuvariorum, MGH SS rer. Merov. 6, S. 587; vgl. JAHN, Ducatus (wie Anm. 55), S. 116 f.

[97] Notitia Arnonis, hg. von F. LOŠEK, Mitteilungen der Gesellschaft für Salzburger Landeskunde 130 (1990), S. 82; vgl. J. JARNUT, Studien über Herzog Odilo (736–748), MIÖG 85 (1977), S. 273–278.

[98] Vgl. zuletzt J. JARNUT, MIÖG 99 (1991), S. 12 f.; W. STÖRMER s.v. Odilo, LexMA 6 (1993), Sp. 1351.

[99] Sollte die Notiz der Notae Wessofontanae, MGH SS 15, S. 1025, auf diesen Transfer Bezug nehmen: *Odilo prius rex postea Bavaria in provincia redacta dux?*

[100] Annales Mettenses priores ad a. 741, hg. von V. SIMSON (wie Anm. 18), S. 33: *Odilo ... ipsum ducatum suum quod (!) largiente olim Carolo principe habuerat a dominatione Francorum ... subtrahere nitebatur.*

[101] Vgl. JAHN, Ducatus (wie Anm. 55), S. 126 ff., sowie SCHIEFFER, Die Karolinger (wie Anm. 12), S. 42 f.

[102] Annales qui dicuntur Einhardi ad a. 741, hg. von KURZE (wie Anm. 18), S. 3.

mit dem Hl. Stuhl verband, zu vertiefen gedachte[103]. Von Papst Gregor III. brüder-
lich aufgenommen, beriet er sich nicht allein mit dem Pontifex maximus über die
Weiterführung seines Auftrages[104], sondern besuchte auch die zahlreichen römischen
Kirchen und scharte Römer und Rompilger aus dem Frankenreich, aus Bayern und
den angelsächsischen *regna* um sich, um sie zu unterweisen[105]. Aus ihrem Kreis warb
der Papst persönlich seinem Legaten Mitarbeiter für die *cura animarum* nördlich der
Alpen[106].

Währenddessen unternahm Karl Martell, wie es scheint im Bunde mit den Wilzen[107], von der Lippemündung in den Rhein her einen Vorstoß gegen die Sachsen[108].
Damit entlastete er die hessischen und thüringischen Grenzregionen gegenüber
Sachsen[109], indem er Teile der sächsischen *gens* zu Geiselstellung und Tributzahlung
zwang[110]. Bonifatius scheint in dieser militärischen Operation und ihren vermeintlichen oder tatsächlichen Erfolgen die unabdingbare Voraussetzung erblickt zu haben,
die es ihm erlaubte, sein Missionsfeld in Sachsen auszuweiten[111]. Der Papst gab ihm
die erforderlichen Empfehlungsschreiben mit, gerichtet an Geistliche[112], Adel und
Volk im hessisch-thüringischen Hinterland des ins Auge gefaßten Missionsgebietes[113], aber auch an die Altsachsen selbst[114]. Ausdrücklich unterstrich Gregor III., daß
des Bonifatius Auftrag die Aufrichtung der kirchlichen Organisation in Hessen und
Thüringen, die Beseitigung der Mängel in Glaube und Moral sowie die Abschaffung
paganer Bräuche impliziere[115]. Die zu Bekehrenden rief er auf, das Evangelium anzunehmen, sich von den Götzen und ihren Bildern abzuwenden, um zum Christus-
glauben zu gelangen[116]. Bonifatius selbst richtete an seine angelsächsischen Landsleute die dringliche Bitte, für das Gelingen des Bekehrungswerkes bei den blutsver-

---

[103] Vita Bonifatii auctore Willibaldo, hg. von LEVISON (wie Anm. 3), S. 36.

[104] MGH. Epp. sel. 1, S. 66 Nr. 41; JW 2245 und 2246 = MGH Epp. sel. 1, S. 67 ff. Nr 42 und 43.

[105] Vita Bonifatii auctore Willibaldo, hg. von LEVISON (wie Anm. 3), S. 37.

[106] JW 2245 = MGH Epp. sel. 1, S. 67 Nr. 42; Vita Willibaldi episcopi Eistettensis, MGH SS 15,
S. 103 f.; Vita Wynnebaldi abbatis Heidenheimensis, MGH SS 15, S. 108 f.

[107] Annales Mettenses priores ad a. 789, hg. von V. SIMSON (wie Anm. 18), S. 77 f.; vgl. M.
LINTZEL, Karl Martells Sachsenkrieg im Jahre 738 und die Missionstätigkeit des Bonifatius
(Ausgewählte Schriften 1, 1961), S. 90 f.

[108] Chronicarum Fredegarii continuationes, MGH SS rer. Merov. 2, S. 177.

[109] Vita Gregorii abbatis Traiectensis, MGH SS 15, S. 69.

[110] Annales Alamannici ad a. 738, hg. von LENDI (wie Anm. 15), S. 150; Annales Petaviani ad a.
738, MGH SS 1, S. 9; Annales Mosellani ad a. 738, MGH SS 16, S. 494; Annales Mettenses priores
ad a. 738, hg. von V. SIMSON (wie Anm. 18), S. 30.

[111] Vgl. JW 2251 = MGH Epp. sel. 1, S. 71–74 Nr. 45.

[112] JW 2245 = MGH Epp. sel. 1, S. 67 f. Nr. 42.

[113] JW 2246 = MGH Epp. sel. 1, S. 68 f. Nr. 43.

[114] JW 2164 = MGH Epp. sel. 1, S. 35 f. Nr. 21; zum Datum H. JAKOBS, Germania pontifica 4
(1978), S. 15 Nr. 31 mit Literatur.

[115] JW 2246 = MGH Epp. sel. 1, S. 68 f. Nr. 43.

[116] JW 2164 = MGH Epp. sel. 1, S. 35 f. Nr. 21.

wandten Sachsen inständig zu beten[117]. Sein Amtsbruder in Leicester teilte ihm kurz darauf mit, er habe sich mit seinem Klerus in Meßfeier und Gebet des bonifatianischen Anliegens angenommen[118].

Zur Ausführung gelangte der umsichtig konzipierte Plan nur ansatzweise: Bonifatius konnte große Missionserfolge nach Rom melden[119]. Karl Martell zog eiligst in die Provence ab[120], wo des Hausmeiers Halbbruder Childebrand mit der ihm übertragenen Abrechnung mit dem *dux* Maurontus[121] nicht recht fertig wurde[122]. Bonifatius aber folgte sehr gerne der Einladung des bayerischen Herzogs Odilo, um das Wort Gottes zu verkünden, die kirchliche Organisation zu erneuern, Geistliche, deren Lehre und unmoralischer Lebenswandel die Gläubigen irritieren mußte, abzuberufen[123]. Diesen Auftrag hatte Gregor III. dem Missionserzbischof zusätzlich erteilt. Der Papst richtete ein entsprechendes Beglaubigungsschreiben an die Bischöfe in der *provincia* der Bayern und in Alemannien, die er mit Namen anspricht[124]. Er trug ihnen auf, den kanonischen Synodenturnus aufzunehmen, *gentilitatis ritus et doctrina* durch die *norma sanctae catholicae et apostolicae Dei ecclesiae* abzulösen, vagabundierende irische, häretische und amoralische Kleriker aus ihren Reihen auszuschließen, Bonifatius an seiner, des Papstes Stelle als ihren Lehrer und kirchlichen Vorgesetzten aufzunehmen, seiner Einladung zu einer Synode nach Augsburg oder an die Donau Folge zu leisten[125]. Obwohl der Papst zwischen dem politisch geschlossenen bayerischen Dukat (*provincia Baioariorum*) und den noch unsicheren Herrschaftsverhältnissen in Alemannien[126] unterschied, faßte er alles Gebiet südlich der Donau, soweit er es von Herzog Odilo beherrscht glaubte, als künftigen kirchlichen

---

[117] MGH Epp. sel. 1, S. 63 und 74 f. Nr. 38 und 46

[118] Ebd., S. 76 Nr. 47.

[119] JW 2251 = MGH Epp. sel. 1, S. 71–74 Nr. 45.

[120] Annales Alamannici ad a. 739, hg. von LENDI (wie Anm. 15), S. 150; Annales Petaviani ad a. 739, MGH SS 1, S. 9; Annales Mosellani ad a. 739, MGH SS 16, S. 455.

[121] Vgl. R. COLLINS, Deception and misinterpretation in early eighth century historiography: two case studies, in: Karl Martell in seiner Zeit (wie Anm. 89), S. 240 f.

[122] Chronicarum Fredegarii continuationes, MGH SS rer. Merov. 2, S. 178; Annales Mettenses priores ad a. 739, hg. von V. SIMSON (wie Anm. 18), S. 30.

[123] Vita Bonifatii auctore Willibaldo, hg. von LEVISON (wie Anm. 3), S. 37 f.

[124] Nur einer von ihnen, Phyphylo kann mit Sicherheit Passau zugewiesen werden (vgl. oben Anm. 58). Liudo wirkte im Salzburger Raum (Breves Notitiae, hg. von F. LOŠEK, Mitteilungen der Gesellschaft für Salzburger Landeskunde 130 (1990), S. 114). Wiggo amtierte wohl in Regensburg (J. SEMMLER, Zu den bayrisch-westfränkischen Beziehungen in karolingischer Zeit, Zeitschrift für bayerische Landesgeschichte 29 (1966), S. 349 ff.). Adda (Heddo) gehörte nach Straßburg (P. WENTZKE, Regesten der Bischöfe von Straßburg 1 (1908), Nr. 39; JAHN, Ducatus (wie Anm. 55), S. 137 f.). Rydoltus ist vorerst nicht unterzubringen (vgl. A. HAUCK, Kirchengeschichte Deutschlands 1 (1954), S. 465).

[125] JW 2247 = MGH Epp. sel. 1, S. 70 f. Nr. 44.

[126] Zur politischen Situation Alemanniens J. JARNUT, Alemannien zur Zeit der Doppelherrschaft der Hausmeier Karlmann und Pippin, in: Beiträge zur Geschichte des regnum Francorum, hg. von R. SCHIEFFER (Beihefte der Francia 22, 1990), S. 57–60.

Sprengel ins Auge[127]. Im Gegensatz zu dem Projekt der hessisch-thüringischen Kirchenprovinz sollte sich dieser Sprengel gleichsam von unten her konstituieren[128]. Denn wenigstens in Bayern gaben politische Ordnung[129] und ein noch nicht einmal ein Vierteljahrhundert alter päpstlicher Organisationsplan[130] Suffraganbistümer vor. Bonifatius bestätigte mit Genehmigung Herzog Odilos und (wohl eines Teiles) des bayerischen Adels diese *parrochiae*[131] und setzte ihnen Bischöfe, die er geweiht bzw. konfirmiert hatte[132]. Damit war die bayerische Herzogskirche entstanden[133], der die politische Entwicklung freilich verwehrte, nach Alemannien hinüberzugreifen. Die vom Papst vorgesehene Initiationssynode fand nie statt; Gregor III. selbst untersagte es seinem Vikar, durch Übernahme eines festen Bischofssitzes sich mit der Position eines residierenden Metropoliten zu begnügen[134].

Da er damit die kirchliche Neuorganisation in Süddeutschland in ihren Grundzügen fürs erste als abgeschlossen erachtete, kehrte Bonifatius im Sommer 740[135] in sein hessisch-thüringisches Arbeitsfeld zurück, zu den dort lebenden Gläubigen, ihren Gemeinden und Kirchen[136].

Die bonifatianische Neuordnung der bayerischen Kirche und die damit verbundene Stärkung der Stellung des vom fränkischen Hausmeier und seiner Umgebung gestützten Herzogs stieß keineswegs auf ungeteilte Gegenliebe. *Emuli* verjagten Odilo, der die Flucht (*peregrinatio*) ergriff, sich nach der Francia wandte. Er begab sich zu „König" Pippin – so die Quelle[137] – zu Karl Martell – so die jüngste Forschung[138] –, suchte Zuflucht bei der Hofcamarilla im Umkreis Karl Martells – so werden wir sagen dürfen. Er blieb dort *multis diebus*, d.h. vom Frühsommer 740 bis spätestens Ende März 741[139]. Er knüpfte Beziehungen zu Karl Martells Tochter Hil-

---

[127] Ähnlich JAHN, Hausmeier und Herzöge, in: Karl Martell in seiner Zeit (wie Anm. 89), S. 337 f.; vgl. auch E. BOSHOF, Agilolfingisches Herzogtum und angelsächsische Mission. Bonifatius und die bayerische Bistumsorganisation von 739, Ostbairische Grenzmarken 31 (1989), S.18 ff.

[128] Vgl. KAISER, Bistumsgründung (wie Anm. 26), S. 60 ff.

[129] Vgl. K. REINDEL, Salzburg und die Agilolfinger, in: Virgil von Salzburg. Missionar und Gelehrter, hg. von H. DOPSCH/R. JUFFINGER (1985), S. 66–70.

[130] JW 2153 – MGH LL 3, S. 451–454; zusammenfassend dazu JAHN, Ducatus (wie Anm. 55), S. 73 ff., sowie KAISER, Bistumsgründung (wie Anm. 26), S. 53–56.

[131] JW 2251 = MGH Epp. sel. 1, S. 71–74 Nr. 45.

[132] Vita Bonifatii auctore Willibaldo, hg. von LEVISON (wie Anm. 3), S. 38.

[133] STÖRMER, Herzogskirche (wie Anm. 57), S. 124 ff.

[134] JW 2251 = MGH Epp. sel. 1, S. 71–74 Nr. 45.

[135] Im Juli 740 ist Bonifatius zuletzt in Eichstätt nachweisbar; Vita Willibaldi episcopi Eistettensis, MGH SS 15, S. 104.

[136] Vita Bonifatii auctore Willibaldo, hg. von LEVISON (wie Anm. 3), S. 39.

[137] Breves Notitiae, hg. von LOŠEK (wie Anm. 124), S. 112.

[138] JAHN, Hausmeier und Herzöge (wie Anm. 127), S. 338 ff.

[139] Zeitpunkt und Dauer des Aufenthalts Odilos in Francia werden fixiert von der letzten Bezeugung des Herzogs in Bayern (Vita Willibaldi episcopi Eistettensis, MGH SS 15, S. 104) einerseits, der Geburt Tassilos III. im Jahre 741 andererseits (Annales Iuvavenses maximi ad a. 741,

trud, die nicht ohne Folgen blieben[140]. Im Frühjahr 741 kehrte Odilo nach Bayern zurück, um das Herzogsamt wieder zu übernehmen, was ihm, wie unsere einzige Quelle erkennen läßt, nicht aus eigener Kraft gelang[141]. Bewerkstelligten fränkische Waffen Odilos zweiten Amtsantritt, dann stellt sich die Frage, wer sie einsetzte bzw. führte. Karl Martell scheidet nach allem, was wir wissen, aus[142]. Die bruchstückhaften Quellenaussagen lenken den Blick auf Pippin, des Hausmeiers Zweitgeborenen[143], dessen Interessen vielleicht bereits über die Grenzen Burgunds[144] hinausreichten, leistete er doch tatkräftige Hilfe, als Odilo im Jahre 741 Mönche aus dem Inselkloster Reichenau in seine Neugründung Niederaltaich[145] einwies[146], während er ungefähr gleichzeitig (?) sechs bayerischen *principes* das konfiszierte Kirchengut des Hochstifts Auxerre übergab[147].

Von seinem letzten Feldzug in den Süden zurückgekehrt, begann Karl Martell zu kränkeln[148]. Sein Zustand muß sich derart verschlimmert haben, daß man ihn zeitweise kaltstellen konnte[149]. Ohne jeglichen Zweifel war es Swanahild, die agilolfingische

MGH SS 30, S. 732; Annales Altahenses maiores ad a. 741, hg. von E. VON OEFELE, MGH SS rer. Germ., (²1891), S. 1).

[140] Breves Notitiae, hg. von LOŠEK (wie Anm. 124), S. 118; vgl. auch Vita Hludowici imperatoris, MGH SS 2, S. 618 und M. BECHER, Tassilo (wie Anm. 75), hier: S. 4–10.

[141] Breves Notitiae, hg. von LOŠEK (wie Anm. 124), S. 112: *Inde reverso et accepto ducatu suo tradidit ... (Odilo) ...*

[142] Annales Petaviani ad a. 740, MGH SS 1, S. 9: *Sine hoste fuit hic annus*; desgleichen Annales Alamannici ad a. 740, hg. von LENDI (wie Anm. 15), S. 151, und Annales Mosellani ad a. 740, MGH SS 16, S. 494.

[143] Vgl. JAHN, Ducatus (wie Anm. 55), S. 131 ohne Belege.

[144] Chronicarum Fredegarii continuationes, MGH SS rer. Merov. 2, S. 179.

[145] Zur Gründung Niederalteichs zuletzt JAHN, Ducatus (wie Anm. 55), S. 195–199.

[146] Breviarius Urolfi, hg. von H. TIEFENBACH, Die Namen des Breviarius Urolfi, in: Ortsname und Urkunde. Frühmittelalterliche Ortsnamenüberlieferung, hg. von R. SCHÜTZEICHEL (Beiträge zur Namensforschung NF. Beiheft 29, 1990), S. 87: ... *quando (Odilo) casam Dei aedificare iussit et de Alemannia duodenos monachos per commeatum Pippini regis et Eddone episcopo donante adducit ad* (Niederaltaich). Meine eigene Einordnung der Gründung Niederaltaichs: Das Klosterwesen im bayerischen Raum vom 8. bis zum 10. Jahrhundert, in: Das Christentum im bairischen Raum (wie Anm. 59), S. 310 f., muß entsprechend richtiggestellt werden.

[147] Gesta episcoporum Autissiodorensium, MGH SS 13, S. 395; vgl. J. SEMMLER, Die Aufrichtung der karolingischen Herrschaft im nördlichen Burgund, in: Aux origines d'une seigneurie ecclésiastique. Langres et ses évêques VIIIe–XIe siècles (1986), S. 33.

[148] Chronicarum Fredegarii continuationes, MGH SS rer. Merov. 2, S. 178.

[149] ChLA 15, Nr. 598 = MGH D Pippin III 6: *ante hos annos quando Carlus fuit e[iect]us*. Das entscheidende Wort *eiectus* (vgl. H. WOLFRAM, Die neue Faksimile-Ausgabe der originalen Karolingerurkunden bis 800, MIÖG 96 (1988), S. 133–138, hier S. 135) ist durch ein Loch im Pergament des Originals beschädigt, muß folglich konjiziert werden. Die von allen Herausgebern des Diploms tradierte Konjektur ist gedeckt durch den urkundlichen Bericht über einen ähnlich gelagerten Vorgang: ChLA 13, Nr. 565 = MGH DD Merov. 1 (wie Anm. 84), S. 44 Nr. 48: Der von einer Synode verurteilte Bischof Chramlinus von Embrun ... *de suprascripto episcopatu aeiectus*. Zu diesem Fall H. MORDEK, Bischofsabsetzungen in spätmerowingischer Zeit, in: Papsttum, Kirche und Recht im Mittelalter. FS für Horst Fuhrmann (1991), S. 36–44.

Gemahlin, die ihren Gatten in ihrem Sinne zu beeinflussen wußte und ihn schließlich
von den Schalthebeln der Macht entfernte: Als Karl Martell wenige Wochen vor
seinem Tod[150] dem Kloster Saint-Denis, in dem er beigesetzt werden wollte[151], eine
letztwillige Verfügung zukommen ließ, unterzeichneten den Schenkungsakt zum
Zeichen ihrer Zustimmung neben einer Reihe von Grafen und Klerikern nur die
inlustris matrona Sonechildis und sein Sohn Grifo, nicht dagegen Karls Söhne aus
erster Ehe[152]. Swanahild konnte es wagen, mit Hilfe des Grafen Gairefred von Paris
ihre Hand auf einen Teil der Einkünfte zu legen[153], die der Abtei Saint-Denis vom
jährlichen Dionysius-Markt und seinem Umsatz zustanden[154]. Vor allem aber erreichte sie, daß Karl Martell, ohne seine *optimates* zu konsultieren, seine spätestens
im Frühjahr 737 getroffene Regelung der Erb- und Herrschaftsnachfolge umstieß
und für Swanahilds Sohn Grifo eine *terna portio* aus Teilen Neustriens, Austrasiens
und Burgunds inmitten der den älteren Söhnen zugedachten Herrschaftsbezirke
zusammenfügte[155]. Für die Stieftochter Hiltrud jedoch arrangierte Swanahild die
Verbindung mit ihrem Verwandten Odilo[156], so daß mit dessen mit Hiltrud gezeug-
tem Sohn ggf. ein weiterer Erbe bereitstand[157].

Als diese Entwicklung sich anbahnte, ordnete Bonifatius die kirchlichen Verhältnisse im bayerischen Herrschaftsbereich Herzog Odilos. Es ist schlechterdings kaum
vorstellbar, daß dieses Reformwerk nicht von positiven Signalen seitens des hausmeierlichen Hofes in seiner damaligen Zusammensetzung begleitet war[158]. Gleichsam
im Windschatten dieser „Bavarian connection" und des von ihr herbeigeführten
Umschwungs[159] bereitete Bonifatius die Gründung der mitteldeutschen Bistümer vor:
Vor dem 21. Oktober 741, an welchem Tag er seinem Schüler Willibald die Bi-

---

[150] Als Todestag Karl Martells geben die Quellen den 15. bzw. 22. Oktober 741 an; vgl.
W. LEVISON, A propos du calendrier de saint Willibrord, in: Aus rheinischer und fränkischer
Frühzeit (1948), S. 343.

[151] Chronicarum Fredegarii continuationes, MGH SS rer. Merov. 2, S. 179.

[152] MGH DD Merov. 1 (wie Anm. 84), S. 101 f. Nr. 14; vgl. HEIDRICH, Die Urkunden (wie
Anm. 89), S. 31 f.

[153] ChLA 15 Nr. 598 = MGH D Pippin III 6. Wir interpungieren die entscheidende Stelle mit
K.F. WERNER/H.J. SCHÜSSLER, Die fränkische Reichsteilung von Vieux-Portiers (742) und die
Reform der Kirche in den Teilreichen Karlmanns und Pippins. Zu den Grenzen der Wirksamkeit
des Bonifatius, Francia 13 (1985), S. 47–112, hier: S. 56 Anm. 71: ... *ante hos annos, quando Carlos
fuit e[iect]us, per Soanachylde cupiditate et Gairefredo Parisius comite insidiante* ...

[154] Vgl. SEMMLER, Saint-Denis (wie Anm. 87), S. 93.

[155] Annales Mettenses priores ad a. 741, hg. von V. SIMSON (wie Anm. 18), S. 32.

[156] Chronicarum Fredegarii continuationes, MGH SS rer. Merov. 2, S. 180.

[157] Vgl. M. BECHER, Tassilo (wie Anm. 75), S. 9 ff.

[158] So schon H. LÖWE, Bonifatius und die bayerisch-fränkische Spannung, in: Zur Geschichte
der Bayern, hg. von K. BOSL (Wege der Forschung 60, 1960), S. 306 f.

[159] Diesen Umschwung und seine Auswirkungen scheint auch Bonifatius zu spüren bekommen
zu haben, berichtet er doch beiläufig dem Papste, die Germaniae populi seien *aliquantulum
percussi vel correcti* worden: MGH Epp. sel. 1, S. 81 Z. 16 f. Nr. 50.

schofsweihe[160] erteilte[161], hatten seine Gefährten Burchard[162] und Witta[163] die bischöfliche Weihegewalt empfangen, so daß sie ihm bei Willibalds Konsekration assistieren konnten[164]. Die unerläßliche Zustimmung des zuständigen weltlichen Herrschers zur rechtsförmlichen Errichtung und Dotation der diesen Neubischöfen zugedachten Diözesen[165] war im Gegensatz zu Bayern in den letzten Tagen Karl Martells nicht zu erhalten, und die sukzessiven, sich teilweise widersprechenden Nachfolgeordnungen des Hausmeiers ließen die Frage unbeantwortet, wer im hessisch-thüringischen Missionsfeld des Bonifatius an Karl Martells Stelle trete. Daß Grifo, den Vater und Mutter einst dem Gebet des Bonifatius empfohlen hatten, vielleicht die *potestas* in Thüringen übernehme, hatte Bonifatius augenscheinlich erfahren, bat er doch ihn um Schutz und Unterstützung für sich und seine Untergebenen in dieser Region. Mitten im Text geht der an Grifo gerichtete Brief in die Anrede an die *filii carisssimi* über[166], was M. Tangl einleuchtend damit erklärt, daß Bonifatius „annähernd gleichlautende Schreiben" auch an die anderen Erben Karl Martells gerichtet haben muß[167]. Der Legat dürfte indes zu diesem Zeitpunkt doch gewußt haben, daß kraft der ersten Sukzessionsordnung Karl Martells am wahrscheinlichsten Karlmann als Teilherrscher in Hessen-Thüringen in Frage kam[168]. Bonifatius jedoch wartete den Herrschaftsantritt der präsumtiven Erben des Hausmeiers nicht ab, er bat den gerade ins Amt gelangten Papst Zacharias, die *episcopales sedes* in Würzburg, Büraburg und Erfurt *propria carta auctoritate apostolatus* durch je ein *praeceptum sancti Petri* resp. *apostolicae sedis* zu bestätigen[169]. Der Pontifex maximus kam – freilich erst mehr als ein Jahr später – der Bitte nach, bestätigte die Bischöfe und Bischofssitze zu Büraburg und Würzburg und sanktionierte ihren Bestand und Umfang[170].

[160] Die Streitfrage, ob Willibald für Erfurt oder für Eichstätt geweiht wurde, soll hier nicht noch einmal aufgerollt werden; vgl. G. PFEIFFER, Erfurt oder Eichstätt? Zur Biographie des Bischofs Willibald, in: FS für Walter Schlesinger 2 (Mitteldeutsche Forschungen 74,2, 1974), S. 137–161; O. ENGELS, Die Vita Willibaldis und die Anfänge des Bistums Eichstätt, in: Der heilige Willibald (wie Anm. 57), S. 180 ff.

[161] K.U. JÄSCHKE, Die Gründungszeit der mitteldeutschen Bistümer und das Jahr des Concilium Germanicum, in: FS für Walter Schlesinger 2 (wie Anm. 160), S. 87–99; P. BACH, Die Bistumsgründungen des Bonifatius, Würzburger Diözesangeschichtsblätter 54 (1992), S. 40 f.

[162] Vita Bonifatii auctore Willibaldo, hg. von LEVISON (wie Anm. 3), S. 44; JW 2266 = MGH Epp. sel. 1, S. 94 f. Nr. 52.

[163] JW 2265 = MGH Epp. sel. 1, S. 93 f. Nr. 52.

[164] Vita Willibaldi episcopi Eistettensis, MGH SS 15, S. 105.

[165] Für das Bistum Würzburg stellte der Hausmeier Karlmann den Grundstock der Dotation bereit: BM 2768, in: Württembergisches Urkundenbuch (1849), S. 101 f. Nr. 87.

[166] MGH Epp. sel. 1, S. 77 f. Nr. 48.

[167] M. TANGL, Studien zur Neuausgabe der Briefe des heiligen Bonifatius und Lullus 2 (Das Mittelalter in Quellenkunde und Diplomatik 1, 1966), S. 199.

[168] Chronicarum Fredegarii continuationes, MGH SS rer. Merov. 2, S. 179.

[169] MGH Epp. sel. 1, S. 80–86 Nr. 50.

[170] JW 2264, 2265 und 2266 = MGH Epp. sel. 1, S. 89–95 Nr. 51, 52 und 53.

Vor dem in einer Quelle postulierten Herrschaftsantritt der Söhne Karl Martells aus erster Ehe[171] stand die unausweichliche Auseinandersetzung mit dem vom Vater als Miterben nachgeschobenen Halbbruder Grifo, den seine Mutter Swanahild gedrängt haben soll, sich des Gesamterbes des verstorbenen Hausmeiers zu bemächtigen[172]. Karlmann und Pippin kamen mit ihren jeweiligen Anhängern überein, ebendies mit militärischen Mitteln zu verhindern, ggf. Grifo gefangenzusetzen und ihn dadurch zu hindern, seine und seiner Mutter Pläne zu realisieren[173].

Auf die Kunde vom Aufmarsch der Brüder hin stob die um Swanahild gescharte Hofpartei auseinander: Swanahild sorgte mit willigen Helfern dafür, daß ihre Stieftochter Hiltrud rasch zu Herzog Odilo nach Bayern gelangte, der sie nunmehr rechtsförmlich zur Ehefrau nahm – angeblich zum Leidwesen ihrer Brüder[174]. Sie selbst zog sich mit ihrem Sohn Grifo und ihren und Grifos Parteigängern in die *civitas* Laon zurück, von den Kräften der Stiefsöhne belagert. Bald erkannte Grifo die Aussichtslosigkeit weiteren Widerstandes, er ergab sich den Halbbrüdern[175]. Diese scheinen sich in diesem Moment getrennt zu haben: Karlmann setzte Grifo in Chèvremont gefangen und wies Swanahild ins Kloster Chelles ein[176]. Während er so im Kernraum der karolingischen Macht (*domi*) die angestrebte Ordnung wiederherstellte[177] und vielleicht in diesem Operationsrahmen Theodoald, den einst von Pippin dem Mittleren als Nachfolger berufenen Hausmeier[178], als lästigen Mitbewerber beseitigte[179], zog sein Bruder Pippin mit seinem Oheim Childebrand ins nördliche Burgund[180], wohl um einer etwaigen Installation Grifos und seiner Partei[181] zuvorzukommen[182]. Da Karl Martells Erb- und Nachfolgeregelung zugunsten Grifos und dessen Versuch, das ihm zugesprochene Erbe anzutreten, das Teilungsprojekt

---

[171] Annales Prumienses ad a. 741, hg. von L. BOSCHEN, Die Annales Prumienses (1982), S. 79.

[172] Annales qui dicuntur Einhardi ad a. 741, hg. von KURZE (wie Anm. 18), S. 3.

[173] Annales Mettenses priores ad a. 741, hg. von V. SIMSON (wie Anm. 18), S. 32.

[174] Chronicarum Fredegarii continuationes, MGH SS rer. Merov. 2, S. 180.

[175] Annales Mettenses priores ad a. 741, hg. von V. SIMSON (wie Anm. 18), S. 32.

[176] Annales qui dicuntur Einhardi, hg. von KURZE, (wie Anm. 18), S. 3; Annales Mettenses priores ad a. 741, hg. von V. SIMSON (wie Anm. 18), S. 32 f.; vgl. JAHN, Hausmeier und Herzöge (wie Anm. 127), S. 342 f.

[177] Annales qui dicuntur Einhardi, hg. von KURZE (wie Anm. 18), S. 3.

[178] Vgl. J. SEMMLER, Zur pippinidisch-karolingischen Sukzessionskrise 714–723 (wie Anm. 14), S. 2–5.

[179] Annales Petaviani ad a. 741, MGH SS 1, S. 11 und Annales Alamannici ad a. 741, hg. von LENDI (wie Anm. 15), S. 150: ... *et Theod(o)aldus interfectus est*. Dazu Collins, Deception (wie Anm. 121), S. 230–235. Oder sollte Theodoald gar der von Bonifatius 741/42 einmal erwähnte *avunculus ducis Francorum* gewesen sein? Dann freilich wäre er gegen den Willen des Hausmeiers getötet worden; vgl. MGH Epp. sel. 1, S. 180–186 Nr. 50.

[180] Chronicarum Fredegarii continuationes, MGH SS rer. Merov. 2, S. 179.

[181] Vgl. SCHIEFFER, Karl Martell und seine Familie, in: Karl Martell in seiner Zeit (wie Anm. 89), S. 314; anders A. STAUDTE-LAUBER: *Carlus princeps regionem Burgundiae sagaciter penetravit*, in: ebd., S. 92.

[182] Annales qui dicuntur Einhardi ad a. 742, hg. von KURZE (wie Anm. 18), S. 5.

von 735/737 umgestoßen hatten, lag es nunmehr nach Grifos vorläufiger Ausschal-
tung an Karlmann und Pippin, das Machterbe des Vaters gemeinsam anzutreten[183].

Im Winter 741/742 aber fand sich eine weitverzweigte Koalition gegen die beiden
Söhne Karl Martells zusammen, die, vom alemannischen Teilherzog Theudebald
initiiert[184], bald den bayerischen Schwager Odilo[185], den aquitanischen Herzog Hunald[186] und schließlich sogar Slawen und Sachsen[187] umfaßte. Die nahezu völlige Ein-
kreisung des karolingischen Herrschaftskomplexes nötigte Karl Martells Söhne und
Erben nicht nur zu militärischer Gegenstrategie, die den Vorteil der inneren Linie
auszuspielen hatte, sondern auch zu einvernehmlicher Aufteilung des väterlichen
Erbes. Auf dem ersten Feldzug des Frühjahrs 742, den Karlmann und Pippin gemeinsam gegen Aquitanien unternahmen, um im Süden den feindlichen Ring zu
sprengen[188], teilten sie den Herrschaftsbereich des Vaters vertraglich unter sich auf[189].
Dabei wichen sie von der vom Vater projektierten Verteilung der *regna*[190], die das
merowingische Frankenreich bildeten[191], ab und konstituierten voneinander abgegrenzte Herrschafts- bzw. Interessensphären[192].

[183] Annales Mettenses priores ad a. 741, hg. von V. SIMSON (wie Anm. 18), S. 32.
[184] Annales Alamannici ad a. 741, hg. von LENDI (wie Anm. 15), S. 151; dazu JARNUT, Alemannien (wie Anm. 126), S. 59 f.
[185] Chronicarum Fredegarii continuationes, MGH SS rer. Merov. 2, S. 180.
[186] Annales Mettenses priores ad a. 742, hg. von V. SIMSON (wie Anm. 18), S. 33; Chronicarum
Fredegarii continuationes, MGH SS rer. Merov. 2, S. 180; vgl. M. ROUCHE, L'Aquitaine des Wisi-
goths aux Arabes 418–781. Naissance d'une région (1979), S. 115.
[187] Annales Alamannici ad a. 741, hg. von LENDI (wie Anm. 15), S. 151; Annales Mettenses priores ad a. 743, hg. von V. SIMSON (wie Anm. 18), S. 33.
[188] Chronicarum Fredegarii continuationes, MGH SS rer. Merov. 2, S. 180; Annales Mettenses
priores ad a. 742, hg. von V. SIMSON (wie Anm. 18), S. 33. – Nach den Annales Petaviani ad a. 742,
MGH SS 1, S. 11, und den Annales Mosellani ad a. 742, MGH SS 16, S. 494, unternahm Karlmann
den Feldzug gegen Hubald von Aquitanien allein; Pippin scheint rasch einen Sonderfrieden mit
Hunald geschlossen zu haben; vgl. Translatio Germani episcopi Parisiaci, MGH SS rer. Merov. 7,
S. 423.
[189] Annales regni Francorum ad a. 742, hg. von KURZE (wie Anm. 18), S. 4.
[190] Vgl. Chronicarum Fredegarii continuationes, MGH SS rer. Merov. 2, S. 179; Annales Mettenses priores ad a. 741, hg. von V. SIMSON (wie Anm. 18), S. 32 f.
[191] Vgl. dazu K.F. Werner, La génèse des duchés en France et en Allemagne, in: Vom Frankenreich zur Entfaltung Deutschlands und Frankreichs (1984), S. 279–286.
[192] SCHÜSSLER (wie Anm. 153), S. 59–85. – Die Modalitäten dieser Teilung (anhand von
descriptiones der Teilungsmasse?) müssen wir uns wohl so vorstellen, wie sie im 9. Jahrhundert für
Verdun vorgesehen waren und auch in Meerssen zur Anwendung gelangten: Nithard, Historiae,
hg. von E. MÜLLER, MGH SS rer. Germ. (1909), S. 43 f.; Annales Bertiniani ad a. 842, 843 und 870,
hg. von F. GRAT u.a. (1964), S. 43 ff. und 171–175; Annales Fuldenses ad a. 842, 843 und 870, hg.
von F. KURZE, MGH SS rer. Germ. (1891), S. 33 f. und 71; Annales Xantenses ad a. 843, hg. von
B. V. SIMSON, MGH SS rer. Germ. (1909), S. 13; vgl. H. HENTZE, Zur kartographischen Darstellung der deutschen Westgrenze in karolingischer Zeit, Rheinische Vierteljahresblätter 9 (1939),
S. 222–236; U. NONN, Pagus und comitatus in Niederlothringen. Untersuchungen zur politischen
Raumgliederung im früheren Mittelalter (Bonner Historische Forschungen 49, 1983), S. 54–58; vgl.
auch I. VOSS, Herrschertreffen im frühen und hohen Mittelalter (1987), S. 41 f. und öfter.

II.

Noch befanden sich die so geschaffenen Teilreiche in ihrer Konsolidierungsphase[193], da trat Karlmann an Bonifatius, der Karlmanns Hof zwecks Absicherung seines Reformwerkes aufsuchte[194], heran und legte ihm dringend nahe, in seinem Teilreich eine Synode vorzubereiten, die nach einer Unterbrechung der synodalen Aktivität der Kirche im Frankenreich von 60 bis 70 Jahren manches hinsichtlich der *ecclesiastica religio* von Grund auf zu ordnen und zu bessern habe. Daß die Kontaktaufnahme mit dem päpstlichen Legaten von Karlmann in dieser Weise intensiviert wurde, schien Bonifatius zu überraschen. Der Missionserzbischof hegte wenig Hoffnung, Karlmann werde sein Vorhaben auch realisieren, bot doch die von ihm skizzierte kirchenpolitische Situation im Frankenreich keinerlei Gewähr dafür. Sicherheitshalber erbat sich Bonifatius besondere päpstliche Instruktionen[195].

Karlmann, wohl 706/708 als ältester Sohn Karl Martells geboren[196], konnte im Gegensatz zu seinem jüngeren Bruder weder prominente Kirchenmänner seinen Täufer und seinen Paten nennen, noch dürfte er als Knabe in einem Kloster erzogen worden sein[197]. Sein erster nachweisbarer „offizieller Auftritt" zeigt ihn freilich in Kontakt mit Erzbischof Willibrord, dem *custos* des *monasterium* Utrecht, als er eine Schenkung von Fiskalgut seitens des Vaters an Willibrord bzw. Utrecht als Zeuge bekräftigte[198]. Als Hausmeier sollte er sich – wiederum anders als Pippin – auf die Nachfolge Karl Martells als Legitimationstitel berufen, wenn er seinem Titel bewußt zusetzt *filius quondam Karoli* (*Karoli quondam*)[199]. In seiner gegen heidnische Praktiken und

---

[193] Im Mai 742 und sogar noch im Januar 743 datierte man im Kloster Weißenburg nach den Regentenjahren Karlmanns und Pippins (GLÖCKNER/DOLL, Traditiones (wie Anm. 81), S. 239 ff. und 175 ff. Nr. 52 und 5), und wohl 744/45 schenkte Karlmann an das in Pippins Teilreich gelegene Kloster Saint-Médard de Soissons – allerdings ein Objekt in der Diözese Lüttich (C. BRUNEL, Les actes mérovingiens pour l'abbaye de Saint-Médard de Soissons, in: Mélanges dédiés à la mémoire de Louis Halphen (1951), S. 78 Nr. 17 dazu A. DIERKENS, Note sur un acte perdu du maire de palais Carloman pour l'abbaye de Saint-Médard de Soissons (ca. 745), Francia 12 (1984), S. 637–643); vgl. auch Vita Bonifatii auctore Willibaldo, hg. von LEVISON (wie Anm. 3), S. 39 f.

[194] Vita Bonifatii auctore Willibaldo, hg. von LEVISON (wie Anm. 3), S. 43; MGH Epp. sel. 1, S. 129–136 und S. 191–194 Nr. 63, 64 und 86.

[195] MGH Epp. sel. 1, S. 80–86 Nr. 50; zur Datierung dieses Briefes zuletzt A. DIERKENS, Superstitions, christianisme et paganisme à la fin de l'époque mérovingienne. A propos de l'Indiculus superstitionum, in: Magie, sorcellerie, parapsychologie, hg. von H. HASQUIN (Laïcité. Série Recherches 5, 1984), S. 12 f.

[196] Vgl. J. JARNUT s.v. Karlmann, LexMA 5 (1991), Sp. 995 f.

[197] Dies wird seit HAHN, Jahrbücher (wie Anm. 75), S. 3 immer wieder vermutet, teilweise sogar behauptet, ohne bewiesen werden zu können, das Gegenteil freilich auch nicht.

[198] GYSSELING/KOCH, Diplomata (wie Anm. 84), S. 304 ff. Nr. 173.

[199] BRUNEL, Les actes (wie Anm. 193), S. 78 Nr. 17; J. HALKIN/C.G. ROLAND, Recueil des chartes de l'abbaye de Stavelot-Malmédy 1 (1909), S. 46–53 Nr. 17 und 18; vgl. mit anderer Interpretation HEIDRICH, Titulatur und Urkunden (wie Anm. 11), hier: S. 135 f.

Kultriten (*paganae observationes*) gerichteten synodalen Gesetzgebung[200] knüpfte er expressis verbis an inhaltlich gleiche Vorschriften seines Vaters an[201].

Mit Bonifatius scheint Karlmann erst nach Karl Martells Tod in seiner Eigenschaft als *dux Francorum* in der *pars regni in sua potestate* engeren Kontakt aufgenommen zu haben, um die von Bonifatius vorbereitete, wenngleich von ihm angeregte Synode (*concilium et synodus*) einzuberufen[202], die die historiographische Tradition Concilium Germanicum zu nennen pflegt[203]. Dazu forderte ihn Papst Zacharias eigens auf, während Bonifatius die Erlaubnis des Papstes zuging, auf dieser Synode Ehebrecher, Polygamisten und alle die, die Christen oder Heiden verwundet, getötet oder sonstwie schwerwiegend gegen die kirchlichen Satzungen verstoßen hatten, mit Billigung des Hausmeiers zu laisieren[204]. Wann Karlmann das päpstliche Schreiben in Händen hielt, wissen wir nicht. Die Bonifatius als dem Vorsitzenden der Synode bestätigten Vollmachten erreichten den Adressaten zu spät[205], gleichgültig ob das Concilium Germanicum zum überlieferten Termin, dem 21. April 742, oder ein Jahr später stattfand[206].

Das Concilium Germanicum, vom *dux et princeps Francorum* Karlmann auf den 21. April 742 oder 743 einberufen, führte Kleriker einerseits, *optimates*, d.h. adlige Laien andererseits an unbekanntem Ort zusammen. Der Versammlung kam es darauf an, mit dem Ratschlag der Bischöfe in des Hausmeiers Herrschaftsbereich (*regnum*) Beschlüsse zu fassen, geeignet, falsche Seelenführer zu entfernen und so das geistliche Heil des *populus* zu sichern. Dies zu realisieren, errichtete der Hausmeier mit Zustimmung der Versammlung eine Kirchenprovinz, berief Bonifatius, den *missus sancti Petri*, als Metropoliten mit dem Titel Erzbischof an deren Spitze und bestätigte als seine Suffragane die Bischöfe von Würzburg, Köln, Büraburg,

---

[200] Auch Pippin III. verbot als Hausmeier heidnische Bräuche und Gewohnheiten: Concilium Suessionense (744) can. 6, MGH Conc. 2, 1, S. 35.

[201] Concilium Liftinense (743/44) can. 4, MGH Conc. 2, 1, S. 7. Wahrscheinlich entstand im Zusammenhang mit dieser Verlautbarung der Indiculus superstitionum et paganiarum, MGH Capit. 1, S. 223; vgl. DIERKENS, Superstitions (wie Anm. 195), S. 16–24.

[202] MGH Epp. sel. 1, S. 80–86 Nr. 50; Concilium Germanicum (742/43) prol., MGH Conc. 2, 1, S. 2.

[203] Vgl. T. SCHIEFFER s.v. Concilium Germanicum, LexMA 3 (1986), Sp. 114 f.

[204] JW 2264 = MGH Epp. sel. 1, S. 86–92 Nr. 51.

[205] Im Gefolge von W. HAHN, Noch einmal die Briefe und Synoden des Bonifaz (Forschungen zur deutschen Geschichte 15, 1875), S. 53 f., datiert P. SPECK, Artabasdos und die drei Pallia, ZKG 96 (1985), S. 190, JW 2264 = MGH Epp. sel. 1, S. 86–92 Nr. 51 auf den 1. April 742, ohne die Widersprüche in seiner Argumentation ausräumen zu können; vgl. JÄSCHKE, Die Gründungszeit (wie Anm. 161), S. 123–128; zuletzt H. MICHELS, Das Gründungsjahr der Bistümer Erfurt, Büraburg und Würzburg, Archiv für mittelrheinische Kirchengeschichte 39 (1987), S. 21–24.

[206] Die bekannte Kontroverse um die Datierung des Concilium Germanicum wird hier nicht aufgerollt; die fast uferlose Bibliographie läßt sich am besten über K. HEINEMEYER, Hessisches Jahrbuch für Landesgeschichte 30 (1980), S. 22 f. erschließen; vgl. jetzt auch SCHIEFFER, Die Karolinger (wie Anm. 12), S. 54 f.

Erfurt/Eichstätt[207], Utrecht (?)[208] und Straßburg[209]. Ihnen wurde zur Pflicht gemacht, jährlich zur Synode im Beisein des Hausmeiers[210] zusammenzutreten[211], regelmäßig ihre Diözesen zwecks Visitation und Erteilung des Sakraments der Firmung zu bereisen[212]. Darüber hinaus befaßte sich das Concilium Germanicum mit Fragen, die am dringendsten der Reform bedurften, der kanonischen Unterordnung der Priester unter den Diözesanbischof[213], der Rückführung von Kirchengut aus den Händen staatlicher Machthaber und unwürdiger Geistlicher in kirchliche Nutzung[214], Kontrolle der Gültigkeit der Weihen von Klerikern[215], ihrer Bestrafung wegen sexueller Vergehen[216], ihrer Lebensführung[217] und ihrem Auftreten in der Öffentlichkeit[218], der Unterdrückung heidnischer Praktiken[219] und der Ausrichtung der *vita communis* klausurierter Mönche und Nonnen nach der Regel des hl. Benedikt, d.h. nach der zönobitischen Mönchstradition[220].

Seiner Vita zufolge drängte Bonifatius den Hausmeier Karlmann nach Abschluß des Concilium Germanicum, weitere Synoden einzuberufen[221]. Als Anhang zum Text des Concilium Germanicum sind in der Tat *canones* überliefert[222], die sich als die Beschlüsse eines *synodalis conventus* ausgeben, der an einem 1. März zu Les Estinnes, also im Teilreich Karlmanns[223], zusammentrat, von dem weder Einberufender noch Vorsitzender, geschweige denn die Namen der teilnehmenden *venerabiles episcopi* genannt werden. Diese Versammlung billigte die Beschlüsse der *prior synodus*[224], wahrscheinlich des Concilium Germanicum, dessen *canones* vollinhaltlich wiederkehren[225], die erstmals getroffene Regelung der Entschädigung für die Kirchen und

---

[207] Es handelt sich um Bischof Willibald; vgl. oben Anm. 160.

[208] Vgl. SCHIEFFER, Winfrid-Bonifatius (wie Anm. 2), S. 201 und 209; Series episcoporum ecclesiae catholicae 5, 1, hg. von S. WEINFURTER/O. ENGELS (1982), S.172 f.

[209] Concilium Germanicum (742/43) prol. und can. 1, MGH Conc. 2, 1, S. 2 f.

[210] Das Concilium Germanicum stellt sich als Provinzialsynode dar, die Ausweitung zur Teilreichssynode war offenbar vorgesehen; vgl. SCHÜSSLER (wie Anm. 153), S. 65–69 und 90 f.

[211] Concilium Germanicum (742/43) can. 1, MGH Conc. 2, 1, S. 3.

[212] Can. 3, S. 3; dazu A. ANGENENDT, Bonifatius und das Sacramentum initiationis, Römische Quartalschrift für christliche Altertumskunde und Kirchengeschichte 72 (1977), S. 133–183, hier S. 150–158.

[213] Can. 3, S. 3.

[214] Can. 1, S. 3.

[215] Can. 4, S. 3.

[216] Can. 6, S. 4.

[217] Can. 2, S. 3: Waffen- und Jagdverbot für Geistliche.

[218] Can. 7, S. 4: geistliche Tracht und Zusammenleben mit Frauen.

[219] Can. 5, S. 3 f.

[220] Can. 7, S. 4; dazu J. SEMMLER, Le monachisme occidental du VIIe au Xe siècle. Formation et réformation, Revue Bénédictine 103 (1993), S. 76–83.

[221] Vita Bonifatii auctore Willibaldo, hg. von LEVISON (wie Anm. 3), S. 43.

[222] Vgl. A. BORETIUS, MGH Capit. 1, S. 26.

[223] Vgl. SCHÜSSLER (wie Anm. 153), S. 91 ff.

[224] Concilium Liftinense (743/44) can. 1, MGH Conc. 2, 1, S. 6 f.

[225] Can. 1, 3 und 4, S. 6 f.

Klöster, deren Güter zeitweise *in adiutorium exercitus* des Hausmeiers von den damit Ausgestatteten genutzt wurden, durch einen kraft eines Prekarievertrages zu
zahlenden Zins[226]. Auf dieser von Karlmann ausdrücklich gebilligten und wohl auch
präsidierten Synode suspendierte Bonifatius unwürdige *sacerdotes*[227]. Unter ihnen
befand sich Gewilib, der die bischöfliche Würde zu Unrecht beanspruchte[228], den die
synodale Absetzungssentenz traf, weil er auf dem Feldzug Karl Martells gegen die
Sachsen wohl 738 mit eigener Hand den Tod des bischöflichen Vaters durch hinter-
hältigen Mord gerächt hatte, der aber – augenscheinlich ohne Erfolg[229] – in Rom die
Annullierung des Synodalurteils zu erreichen versuchte[230]. Am 6. Februar 744 stellte
der Hausmeier Karlmann dem Kloster Lobbes zu Les Estinnes eine Schenkungsurkunde aus[231], der A. Dierkens die dem Synodaltext vom 1. März fehlende Jahresanga-
be entnehmen möchte[232].

Trotz des versuchten Befreiungsschlages von 742, der sich gegen Hunald von
Aquitanien gerichtet hatte[233], zog sich der Ring um die karolingische Machtposition
mehr und mehr zusammen. In der antikarolingischen Koalition war die Initiative
offensichtlich auf Odilo von Bayern übergegangen[234]; die Sachsen wagten es, in fränkisches Gebiet einzufallen[235]. Karlmann, den sein Bruder in Aquitanien im Stich gelassen zu haben scheint[236], wandte sich noch 742 gegen die Alemannen unter Herzog

[226] Can. 2, S. 7. Auf diese Regelung bezieht sich die zustimmende Äußerung Papst Zacharias'
von 751, JW 2291 = MGH Epp. sel. 1, S. 194–201 Nr. 87.
[227] JW 2271 = MGH Epp. sel. 1, S. 106 ff. Nr. 87.
[228] JW 2274 = MGH Epp. sel. 1, S. 120–125 Nr. 60.
[229] Vita IV Bonifatii auctore Moguntino, hg. von W. LEVISON, S. 91 ff.; vgl. F. STAAB, Rudi populo rudis adhuc presul. Zu den wehrhaften Bischöfen der Zeit Karl Martells, in: Karl Martell in
seiner Zeit (wie Anm. 89), S. 262–267.
[230] JW 2274 = MGH Epp. sel. 1, S. 120–125 Nr. 60.
[231] Folcuin, Gesta abbatum Lobiensium, MGH SS 4, S. 58.
[232] DIERKENS, Superstitions (wie Anm. 195), S. 16 f. Wenn man aufgrund dessen das Konzil von
Les Estinnes im März 744 stattfinden läßt, folgt daraus keineswegs, daß das Germanicum 743
abgehalten worden sein muß. Es ist weder zu belegen, daß der auf dem Concilium Germanicum
festgelegte jährliche Synodalturnus eingehalten wurde, noch, daß die *prior synodus* ein Jahr vorher
zusammentrat.
[233] Chronicarum Fredegarii continuationes, MGH SS rer. Merov. 2, S. 180; Annales s. Amandi
ad a. 742, MGH SS 1, S. 10; Annales Mettenses priores ad a. 742, hg. von V. SIMSON (wie Anm. 18),
S. 32.
[234] Annales Mettenses priores ad a. 742, hg. von V. SIMSON (wie Anm. 18), S. 33 und 35; Chronicarum Fredegarii continuationes, MGH SS rer. Merov. 2, S. 180.
[235] Vita Sturmi abbatis, hg. von P. ENGELBERT, Die Vita Sturmi des Eigil von Fulda
(Veröffentlichungen der Historischen Kommission für Hessen und Waldeck 29, 1968), S. 13; JW
2274 = MGH Epp. sel. 1, S. 120–125 Nr. 60; MGH Epp. sel. 1, S. 224 f. Nr. 101.
[236] Translatio Germani episcopi Parisiaci vetustissima, MGH SS rer. Merov. 7, 423: Pippin
schließt wohl 742 einen (kurzfristigen?) Separatfrieden mit Hunald.

Theudebald, der sich bald von Abfall in den eigenen Reihen bedroht sah[237], um im
Jahre darauf den Einfall in Bayern zu wagen[238], wobei ihn die Operation wiederum
durch Alemannien führte[239]. Anscheinend zog ihm Pippin bald nach. Am Lech angelangt[240], erkannte die fränkische Seite erst die weitverzweigte Koalition. Auf der Ge-
genseite stand hinter einem starken Wall nicht allein Herzog Odilo mit seinem Heer
samt den Kontingenten des alemannischen Herzogs Theudebald und sächsischen
und slawischen Hilfstruppen[241]. In der Umgebung des Bayernherzogs hielt sich auch
der römische Presbyter Sergius auf, *missus* des Papstes Zacharias, den der Pontifex
maximus nach Ausbruch der Feindseligkeiten sowohl zu den karolingischen Hausmeiern als auch zu ihrem bayerischen Schwager entsandt hatte, um einerseits die
bayerische Position zu stärken, andererseits kraft der Autorität des Hl. Vaters die
Entscheidungsschlacht zu verhindern[242]. Der päpstliche Einspruch fruchtete nichts,
die Franken griffen an, schlugen das gegnerische Heer und trieben sowohl Odilo von
Bayern als auch Herzog Theudebald in die Flucht, auf der sie sich trennten[243]. In die
Hände Pippins fielen als Gefangene der von Bonifatius 739 in Regensburg einge-
setzte Bischof Gauzbald und der päpstliche Legat. Dessen Auftrag desavouierte
Pippin im nachhinein[244], ein Auftrag, der des Bonifatius Legation für Bayern ausge-
setzt[245] und das kurz zuvor bestehende gute Verhältnis zwischen Odilo von Bayern
und Bonifatius, wie es scheint, unheilbar zerrüttet hatte[246]. Als Sieger blieb der

---

[237] Chronicarum Fredegarii continuationes, MGH SS rer. Merov. 2, S. 180; Annales Mettenses
priores ad a. 742, hg. von V. SIMSON (wie Anm. 18), S. 33; Annales Mosellani ad a. 742, MGH SS
16, S. 494.

[238] Annales s. Amandi ad a. 743, MGH SS 1, S. 10: *Karlomannus bellum iniit contra Baioaios.*

[239] Annales Petaviani ad a. 743, MGH SS 1, S. 11; Annales Mosellani ad a. 743, MGH SS 16,
S. 494. Alemannien rechnete speziell zur Interessensphäre Karlmanns; vgl. W. WARTMANN, Ur-
kundenbuch der Abtei St. Gallen (Zürich 1863), S. 7 f. und 11 f. Nr. 7 und 10; SCHÜSSLER (wie
Anm. 153), S. 74 ff.; JARNUT, Alemannien (wie Anm. 126), S. 63 ff.

[240] Annales Alamannici ad a. 743, hg. von LENDI (wie Anm. 15), S. 150; Annales Iuvavenses mi-
nores ad a. 743, MGH SS 1, S. 88; Annales regni Francorum ad a. 743, hg. von KURZE (wie Anm.
18), S. 4 und 5.

[241] Annales Mettenses priores ad a. 743, hg. von V. SIMSON (wie Anm. 18), S. 33 f.; Chronicarum
Fredegarii continuationes, MGH SS rer. Merov. 2, S. 180; Annales Lobienses ad a. 743, MGH
SS 13, S. 227.

[242] Annales Mettenses priores ad a. 743, hg. von V. SIMSON (wie Anm. 18), S. 33.

[243] Ebd., S. 34.

[244] Ebd., S. 34 f.

[245] Wohl im Laufe des Jahres 744 fragte Bonifatius in Rom an, ob seine ihm von Gregor III. um-
schriebene Legation für Bayern noch gelte. Papst Zacharias bestätigte unter dem 5. November 744
die bonifatianische Legation für Bayern ausdrücklich und dehnte sie zugleich auf die ganze Galliarum provincia aus: JW 2287 = MGH Epp. sel. 1, S. 106 ff. Nr. 58; vgl. auch JW 2287 = MGH Epp.
sel. 1, S. 182 ff. Nr. 82.

[246] Vgl. JW 2286 = MGH Epp. sel. 1, S. 172–180 Nr. 80. Der Bonifatiusschüler Winnebald
mußte das ihm von Herzog Odilo zugewiesene niederbayerische Gebiet räumen; Bonifatius
brachte ihn in Mainz unter: Vita Wynnebaldi abbatis Heidenheimensis, MGH SS 15, S. 110.

Hausmeier Pippin vorerst im Lande Odilos von Bayern[247], auf dessen kirchliche Personalpolitik er massiv einwirkte[248], während Karlmann einen Separatfrieden mit dem agilolfingischen Schwager schloß[249]. Damit hatte der ältere der beiden Martell-Söhne den Rücken frei[250], um ohne Pippin[251] einen Schlag gegen die Sachsen zu führen, ihnen eine wichtige Festung zu entreißen, worauf sich deren Kommandant ergab[252]. Pippin hingegen engagierte sich erst wieder im Jahre darauf[253]. Hunald von Aquitanien hatte die Bindung der karolingischen Brüder in Alemannien, Bayern und Sachsen dazu benutzt, mit starker Heeresmacht die Loire nach Norden zu überschreiten, Chartres einzunehmen und zu verwüsten, dessen Marienkathedrale mit einem Großteil der Stadt niederzubrennen[254]. Pippin stieß mit seinen Truppen über die Loire nach Süden vor und sicherte das Gebiet durch Burgen[255]. Daraufhin gab sich Hunald geschlagen, bat um Frieden und sagte die Erfüllung der Friedensbedingungen zu[256], die Pippin diktierte. Durch die Stellung von Geiseln und eine beträchtliche Kriegsentschädigung erreichte es Hunald allerdings, daß sich Pippin aus Aquitanien wieder zurückzog[257].

Pippin, dessen militärische Unternehmungen, mit denen er nach Karl Martells Tod ins Licht der Quellen tritt, nicht darauf schließen lassen, daß ihn ein harmoni-

---

[247] Annales Mettenses priores ad a. 743, hg. von V. SIMSON (wie Anm. 18), S. 34. Nach Karl Martells Tod galt das besondere Interesse Pippins ohnehin Bayern: Er führte operativ und diplomatisch den Feldzug gegen Herzog Odilo (ebd., S. 43 ff.), entsandte den Iren Virgil von seinem Hof nach Bayern (vgl. die folgende Anm.) und beteiligte sich an der Gründung des Klosters Niederaltaich (vgl. Anm. 143 und 144); dazu auch SCHÜSSLER (wie Anm. 153), S. 85 ff.

[248] Conversio Bagoariorum et Carantanorum, hg. von H. WOLFRAM (1979), S. 40; Breves Notitiae, hg. von LOŠEK (wie Anm. 124), S. 112: ... *Uirgilius peregrinus donante Odilone duce suscepit regimen ipsius Iuuauensis sedis ...* ; vgl. WOLFRAM, Virgil, Abt und Bischof von Salzburg, in: Virgil von Salzburg (wie Anm. 129), S. 342 f.

[249] Annales Mosellani ad a. 744, MGH SS 16, S. 494: *Pax inter Carlomanno (!) et Hodilone (!) facta*; ebenso Annales Petaviani ad a. 744, MGH SS 1, S. 11.

[250] Vielleicht ist so der rätselhafte Eintrag der Annales Laureshamenses ad a. 742, MGH SS 1, S. 26, zu deuten: *Carlomannus et Odilone hostem in Saxonia.*

[251] Annales Alamannici ad a. 743, hg. von LENDI (wie Anm. 15), S. 150 f.: *Pippinus quievit. Karlomannus in Saxonia cum exercitu.*

[252] Annales regni Francorum ad a. 743 und Annales qui dicuntur Einhardi ad a. 743, hg. von KURZE (wie Anm. 18), S. 4 und 5.

[253] Zur Datierung der Auseinandersetzungen mit Hunald von Aquitanien: JARNUT, Alemannien (wie Anm. 126), S. 62 f.

[254] Annales Mettenses priores ad a. 743, hg. von V. SIMSON (wie Anm. 18), S. 35.

[255] Sowohl die Chronicarum Fredegarii continuationes, MGH SS rer. Merov. 2, S. 181, als auch die Annales Mettenses priores ad a. 744, hg. von V. SIMSON (wie Anm. 18), S. 35, lassen den Gegenschlag gegen Hunald von Aquitanien beide Hausmeier führen, doch war es Pippin allein, der die Friedensverhandlungen betrieb.

[256] Annales Mettenses priores ad a. 744, hg. von V. SIMSON (wie Anm. 18), S. 35 f.

[257] Chronicarum Fredegarii continuationes, MGH SS rer. Merov. 2, S. 181; vgl. ROUCHE, L'Aquitaine (wie Anm. 186), S. 118 f.

sches Verhältnis mit seinem Bruder verband[258], wurde wohl um 715 geboren[259]. Die Taufe empfing er aus der Hand des Missionserzbischofs Willibrord[260]; der spätere Bischof Raganfrid von Rouen fungierte als Taufpate[261]. Im zarten Alter überließ ihn der Vater dem Kloster Saint-Denis zur Erziehung[262]. Anders als Karlmann zog ihn Karl Martell zu Regierungshandlungen und Rechtsgeschäften nicht heran. Als der Hausmeier nach der Mitte der dreißiger Jahre des 8. Jahrhunderts seine erste Nachfolgeregelung traf und der Merowingerkönig Theuderich IV. starb, meldete Karl Martell des jüngeren Sohnes Ansprüche auf das mit dem älteren Bruder zu teilende Herrschaftserbe und zugleich auf königsgleichen Rang an[263]: Er sandte Pippin zum Langobardenkönig Liutprand, damit dieser ihn in symbolischer Handlung als seinen Sohn adoptiere[264]. Diese Adoption bildete zugleich das Unterpfand für das politische Bündnis und die langobardisch-karolingische Waffenbrüderschaft[265]. Nach dem Tode Karl Martells überließ Pippin, wie es scheint, dem älteren Bruder weitestgehend die Liquidation des dem Halbbruder nachträglich zugewiesenen Erbes und offenbar auch die ersten Militärschläge gegen die Koalition, die die noch längst nicht gefestigte Herrschaft der Martell-Söhne zu vernichten drohte. Der von den peripheren Fürstentümern des Merowingerreiches ausgehenden Gefahr[266] entgegenzutreten, ihnen die legitimistischen Argumente für ihren Angriff[267] zu entziehen, erhob Karlmann im Februar 743[268] in Childerich III. den letzten Merowingerkönig[269]. Pippin trat diesem Rechtsakt erst ein Jahr später bei. Sein erstes Kapitular datierte er zu Soissons auf den 3. März 744 im zweiten Königsjahr Childerichs III. Mit diesem Kapitular

---

[258] Benedikt von Monte Soratte, hg. von G. ZUCCHETTI, Fonti per la storia d'Italia 55 (Rom 1920), S. 70: ... *orta est contentio inter Pipinus (!) et Carlomagno (!) de regno Francorum.*

[259] Vgl. HAHN, Jahrbücher (wie Anm. 75), S. 2 f.

[260] Vita Willibrordi archiepiscopi Traiectensis, MGH SS rer. Merov. 7, S. 133.

[261] Gesta sanctorum patrum Fontanellensis coenobii, hg. von F. LOHIER/J. LAPORTE (1936), S. 59.

[262] ChLA 15, Nr. 599 = MGH D Pippin III 8: *monasterium beati domni Dioninsiae (!) ubi notriti fuimus;* vgl. auch ChLA 15, Nr. 600 = MGH D Pippin III S. 12; dazu jetzt G. BROWN, The Carolingian Renaissance, in: Carolingian culture. Emulation and innovation, hg. von R. McKITTERICK (1994), S. 4 f.

[263] Vgl. E. HLAWITSCHKA, Adoptionen im mittelalterlichen Königshaus (Stirps regia. Forschungen zu Königtum und Führungsschichten im frühen Mittelalter, 1988), S. 29 f.

[264] Paulus Diaconus, Historia Langobardorum, MGH SS rer. Lang., S. 183.

[265] Vgl. JARNUT, Die Adoption (wie Anm. 92), S. 217–226.

[266] Vgl. K.F. WERNER, Les principautés périphériques dans le monde franc au VIIIe siècle = I problemi dell'Occidente nel secolo VIII, Settimane di studio del Centro Italiano di Studi sull'Alto Medioevo 20 (1972), S. 483–514.

[267] Breviarium regum Francorum, MGH SS 2, S. 328.

[268] Vgl. GLÖCKNER/DOLL, Traditiones (wie Anm. 81), S. 176 f. Nr. 5 von 743, Januar 28 (datiert nach Karlmann und Pippin) sowie MGH DD Merov. 1 (wie Anm. 84), S. 206 f. spuria Nr. 93 (datiert vom 2. März des 1. Jahres Childerichs III.); zur Kritik dieses Diploms W. GOFFART, The Le Mans forgeries (Harvard Historial Studies 76, 1966), S. 258 f.

[269] HALKIN/ROLAND, Recueil (wie Anm. 199), S. 43–46 Nr. 16: Childerich III. an den *maiordomus Karlmann qui nobis (!) in solium instituit.*

verkündete Pippin die Beschlüsse der auf seine Veranlassung hin zusammengetrete-
nen synodalen Versammlung *(synodum vel consilio!)* von Geistlichen, Grafen und
Adeligen[270], darunter 23 Bischöfen[271]. In diesem Moment ist – für den rückschauenden
Historiker klar erkennbar – auch Pippin in die Sphäre des bonifatianischen Reformwerkes eingetreten.

Die Synodalen von Soissons schoben ihre Sorge um die Reinheit des Glaubens
und die Richtigkeit der kirchlichen Lehre in den Vordergrund, indem sie sich ausdrücklich auf das erste ökumenische Konzil von Nizäa beriefen[272] und sich gegenüber
der Häresie des Aldebert abgrenzten, der dem Bannspruch verfiel[273], weshalb die von
ihm propagierten religiösen Zeichen beseitigt werden mußten[274]. Die angestrebte
Erneuerung der kirchlichen Organisation sah dem Concilium Germanicum gleich als
Oberbau die Kirchenprovinz vor: Zwei sollten im Teilreich Pippins ins Leben treten;
mit synodaler Billigung benannte Pippin mit Abel[275] und Hartbert[276] deren Metropoliten und verlieh ihnen den Titel des Erzbischofs[277]. Wie auf dem Concilium Germanicum vereinbarten die Synodalen von Soissons die jährliche Abhaltung von Synoden[278], auf denen die Gültigkeit der Weihen fremder Bischöfe und Priester zu überprüfen war[279]. Den Bischöfen erlegte das Konzil den Kampf gegen heidnische Praktiken und im Rahmen der bischöflichen Marktaufsicht Maßnahmen gegen Betrügerei-
en durch falsches Maß und Gewicht auf[280]. Jährlich sollten sie ihre Diözesen bereisen,
um zu visitieren und das Sakrament der Firmung zu spenden[281]. Die Priester sollten
sich ihnen unterordnen und ihnen Rechenschaft über ihre Amts- und Lebensfüh-

[270] Concilium Suessionense (744) prol., MGH Conc. 2, 1, S. 33; vgl. B. KRUSCH, Das Datum des
Konzils von Soissons 744, März 3, NA 30 (1905), S. 708 f.
[271] Can. 2 und 10, S. 34 und 36.
[272] Can. 1, S. 34. Im Prolog seiner Regula canonicorum, hg. von J.B. PELT, Etudes sur la ca-
thédrale de Metz 3, 1, La liturgie (1937), S. 8, beruft sich auf das Nicaenum von 325 auch Chrodegang von Metz, der als von Pippin bestellter Bischof (Paulus Diaconus, Gesta episcoporum Met-
tensium, MGH SS 2, S. 267) an der Synode von Soissons teilgenommen haben dürfte.
[273] Concilium Suessionense (744) can. 2, MGH Conc. 2, 1, S. 34.
[274] Can. 7, S. 35.
[275] Nach allem, was wir wissen, gehörte der Angelsachse oder Ire Abel der Mönchsgemeinschaft
von Lobbes an. Zur Herkunft Abels MGH Epp. sel. 1, S. 146–155 Nr. 73; Folcuin, Gesta abbatum
Lobiensium, MGH SS 4, S. 58; Flodoard von Reims, Historia Remensis ecclesiae, MGH SS 13,
S. 462.
[276] Hartbert wird mit jenem Bischof Hartbert identisch sein, der 745 für die Seelenruhe eines
Reginbert bei Bischweiler im Elsaß an das Kloster Weißenburg Güter schenkte, die ihm Sigibert
übertragen hatte: GLÖCKNER/DOLL, Traditiones (wie Anm. 81), S. 346 f. Nr. 143. Bischof Hartbert erscheint auch im Diptychon verstorbener und mit der Abtei Reichenau verbundener Bischöfe: MGH Libri memoriales et necrologia NS 1, S. 6 A1/2.
[277] Concilium Suessionense (744) can. 3, MGH Conc. 2, 1, S. 34.
[278] Can. 2, S. 34.
[279] Can. 5, S. 35.
[280] Can. 6, S. 35.
[281] Can. 4, S. 35.

rung[282] schuldig sein[283]. Für die Kleriker galt das Waffen- und Jagdverbot und die Verpflichtung, die geistliche Tracht zu tragen[284]. Die Laien hingegen warnte die Synode vor sexueller Freizügigkeit, leichtfertigem Schwören und Meineid[285]. Sie hatten sich mit der Unauflöslichkeit der Ehe zu Lebzeiten der Ehegatten und der Unverletzlichkeit gottgeweihter Frauen abzufinden[286]. Den Mönchen und Nonnen empfahl die Synode von Soissons, an der monastischen Tradition und ihren Vorschriften (*regula sancta*) festzuhalten. Das galt auch für die regulären Äbte (*abbati (!) legitimi*), die sich an keinem Feldzug persönlich beteiligen dürften. Die Entschädigungsregelung, die man in Soissons für vom Herrscher zurückbehaltene Kirchengüter traf, entbehrt freilich der Präzision, wie sie die Synode von Les Estinnes formulierte[287].

Griff demnach die Synode von Soissons vielfach die auf den Synoden im Teilreich Karlmanns behandelten Materien wieder auf, einige Tagesordnungspunkte, das Verfahren gegen den Häretiker Aldebert und die Frage der neuernannten Metropoliten in beiden Teilreichen gingen ohne eine definitive Regelung auf eine Synode über, in den Quellen einfach nur *synodus* genannt, deren Akten bzw. Beschlüsse nicht erhalten sind[288] und die darum hinsichtlich ihres Ablaufs und ihrer Ergebnisse aus bonifatianischen Schreiben und päpstlichen Verlautbarungen erschlossen werden muß[289]. Aus den Akten der römischen Synode von 745 erfahren wir, daß „die Franken", vorab die *principes Francorum et Gallorum* Bonifatius baten, den Vorsitz eines *sacerdotale concilium* und *synodalis conventus* zu übernehmen. Papst Zacharias ermächtigte seinen Legaten schriftlich dazu – allen Widerständen der *falsi sacerdotes, adulterati presbiteri seu diaconi* und der *fornicarii clerici* zum Trotz[290]. So trat unter Mitwirkung Pippins und Karlmanns *apud Francorum provinciam* eine Synode zusammen, die Bonifatius anhand päpstlicher Anweisungen in Vertretung des Papstes leitete[291]. Gemäß römischer Instruktion verurteilte Bonifatius auf dieser Synode Aldebert als häretischen Schismatiker und mit ihm Clemens, der ähnlicher Verfehlung schuldig befunden worden war[292]. Mit Hilfe der Frankenfürsten ließ er beide inhaftieren. Da

[282] Can. 8, S. 35.
[283] Can. 4, S. 35.
[284] Can. 3, S. 34.
[285] Can. 4, S. 35.
[286] Can. 9, S. 35.
[287] Can. 3, S. 34.
[288] J. JARNUT, Bonifatius und die fränkischen Reformkonzilien (743–748), ZRG Kan. 66 (1979), S. 1–26, dachte seinerzeit an die synodale Trias Germanicum – Liftinense – Suessionense.
[289] So andeutungsweise W. HARTMANN, Die Synoden der Karolingerzeit im Frankenreich und in Italien (Konziliengeschichte Reihe A: Darstellungen, 1989), S. 59 f.
[290] Concilium Romanum (745), MGH Conc. 2, 1, S. 39 Z. 4–7 = MGH Epp. sel. 1, S. 110 Z. 16 ff. Nr. 59. Bonifatius selbst bestätigt diese Aussage MGH Epp. sel. 1, S. 165 Z. 12–15 Nr. 78.
[291] JW 2274 = MGH Epp. sel. 1, S. 121 Z. 16–21 Nr. 60.
[292] Vita Bonifatii auctore Willibaldo, hg. von LEVISON (wie Anm. 3), S. 40 f.; JW 2270 = MGH Epp. sel. 1, S. 104 Z. 13–105 Z. 10 Nr. 57.

sie von ihren Irrlehren und deren Verbreitung nicht abließen[293], also aus der Haft entkommen konnten, richtete der Erzbischof ein dringliches Schreiben nach Rom mit der Bitte, der Papst möge das Synodalurteil bestätigen und zugleich den *populus Gallorum et Francorum* anweisen, der Doktrin der Ketzer nicht nur kein Gehör zu schenken, sondern sie von der Gesellschaft abzusondern[294]. Überdies möge der Papst den Hausmeier Karlmann mahnen, Clemens wieder in Haft zu nehmen[295]. Rom antwortete zwar nicht umgehend, wohl aber durchaus im Sinne des Bonifatius. Ende Oktober 745 trat im Lateran eine römische Diözesansynode zusammen, deren einziger Tagesordnungspunkt die Verurteilung Aldeberts und Clemens' aufgrund der von Bonifatius eingereichten Prozeßunterlagen bildete[296]. Nur eine Woche später bestätigte Papst Zacharias als Präsident der Synode Bonifatius gegenüber deren Verlauf und Ergebnisse und leitete ihm die Synodalakten zu[297]. Seinerseits machte auch Kardinaldiakon Gemmulus Bonifatius mit dem römischen Synodalurteil bekannt und verwies auf das Zeugnis des in Rom weilenden bonifatianischen Boten[298]. Rom hatte zwar gesprochen, doch die Ketzer wirkten weiter im Frankenreich, so daß Monate später der Papst seinen Legaten anweisen mußte, ihren Fall noch einmal aufzurollen, um sie vielleicht doch noch zur Umkehr zu bewegen und ggf. beim Herrscher für sie einzutreten[299]. In seinem Begleitschreiben zu den römischen Synodalakten billigte Papst Zacharias alles, was Bonifatius auf jener *synodus congregata apud Francorum provinciam mediantibus Pippino et Carlomanno filiis nostris* gegen die *falsi episcopi*, *fornicarii* und *scismatici* sowie alle Kleriker, die sich gegen die katholische und apostolische Kirche, ihr Recht und ihre Satzungen vergangen hatten[300], namentlich gegen jenen Sohn eines ehebrecherischen Klerikers und Mörders, der noch immer Priester seinesgleichen weihe, in die Wege geleitet hatte. Die von ihm vorgenommene Sach- und Personenweihen sind und bleiben gültig, so belehrt der Papst seinen Legaten, wenn er beim Konsekrationsgebet und der Taufspendung die trinitarische Formel sprach[301]. Schließlich bestätigt Papst Zacharias die Absetzung Gewilibs von Mainz und kündigt an, daß dessen Appellation und die seiner Gesinnungsgenossen in Rom kein Gehör fänden[302].

---

[293] Concilium Romanum (745), MGH Conc. 2, S. 1, 38 Z. 13–17 = MGH Epp. sel. 1, S. 109 Z. 11–29 Nr. 59.

[294] Concilium Romanum (745), MGH Conc. 2, 1, S. 39 Z. 8–24 = MGH Epp. sel. 1, S. 110 Z. 22–111, Z. 10 Nr. 59.

[295] Concilium Romanum (745), MGH Conc. 2, 1, S. 40 Z. 16 ff. = MGH Epp. sel. 1, S. 112 Z. 26–29 Nr. 59.

[296] Concilium Romanum (745), MGH Conc. 2, 1, S. 37–44 = MGH Epp. sel. 1, S. 108–120 Nr. 59.

[297] JW 2274 = MGH Epp. sel. 1, S. 123 Z. 20–124 Z. 4 Nr. 60.

[298] MGH Epp. sel. 1, S. 125 ff. Nr. 61.

[299] Concilium Romanum (745), MGH Conc. 2, 1, S. 43 Z. 12–25 = MGH Epp. sel. 1, S. 118 Z. 4–22 Nr. 59; JW 2274 = MGH Epp. sel. 1, S. 123 Z. 23–124 Z. 4 Nr. 60.

[300] JW 2278 = MGH Epp. sel. 1, S. 159 ff. Nr. 77.

[301] JW 2274 = MGH Epp. sel. 1, S. 121 Z. 16–26 Nr. 60.

[302] JW 2274 = MGH Epp. sel. 1, S. 122 Z. 7–19 Nr. 60.

Den zweiten zentralen Tagesordnungspunkt der von Karlmann und Pippin gemeinsam veranlaßten Synode hatten das Concilium Germanicum und das Concilium Suessionense vorbereitet, das Germanicum durch die Bestellung des Bonifatius zum Metropoliten einer ersten Kirchenprovinz im Teilreich Karlmanns, die Synode von Soissons, indem sie zwei Metropoliten für das Teilreich Pippins benannte. Auf der Gesamtsynode berief Bonifatius einen weiteren Metropoliten, dessen Sitz im äußersten Westen des Teilreichs Karlmanns, zu Rouen in Neustrien eingerichtet werden sollte[303]. An der personellen Auswahl aller drei Metropoliten muß Bonifatius beteiligt gewesen sein, erteilte er ihnen doch die Bischofsweihe[304]. Damit sie ihre Funktion so bald als möglich aufnehmen könnten, erbat Bonifatius in Rom ihre Bestätigung und als Zeichen ihrer Würde das erzbischöfliche Pallium. Dieser Bitte schlossen sich beide Hausmeier durch eigene *scripta* an. Einer der Neuernannten brachte die Gesuche des Legaten und der Hausmeier nach Rom[305]; der Papst beantwortete sie mit der Übersendung der Pallien und der dazugehörigen Begleitschreiben[306]. Die Zuweisung fester Sitze an die neubestellten Metropoliten legte den Gedanken nahe, auch dem vierten und doch dienstältesten Erzbischof eine *sedes* bereitzustellen. *Omnes Francorum principes* wählten trotz des zu erwartenden Widerstandes der *falsi sacerdotes et scismatici* eine *civitas* in der Nähe der *Germanicae gentes*, denen Bonifatius predigte, als künftigen Metropolitansitz[307]. Der Bitte „der Franken" stattgebend, stellte Papst Zacharias ein Privileg für Köln[308] auf den Namen des Bonifatius aus[309].

Mit diesen Dokumenten gelangten weitere päpstliche Schreiben ins Frankenreich, die Bonifatius wohl von der gemeinsamen Synode der beiden Hausmeier aus erbeten hatte: Der Papst forderte die Frankenfürsten auf, Bonifatius in seiner Aufgabe wirksam zu unterstützen, doch unter keinen Umständen Kirchen und Kirchengut in die Hände abgesetzter, unwürdiger Kleriker fallen zu lassen, auch nicht mittels der Rechtsform der *precaria verbo regis*[310]. Gegenüber Bonifatius stimmte der Papst ausdrücklich dem Kompromiß in der Frage der Entschädigung für das von den Hausmeiern in Anspruch genommene Kirchengut zu, den das Concilium Liftinense und das Concilium Suessionense vorbereiten und der als dritter zentraler Tagesordnungspunkt von der *synodus* ratifiziert worden sein muß[311]. An Geistliche wie Laien im Frankenreich richtete der römische Pontifex die eindringliche Mahnung, sich von

---

[303] JW 2274 = MGH Epp. sel. 1, S. 122 Z. 20 ff. und 124 Z. 5–8 Nr. 60.
[304] JW 2270 und 2271 = MGH Epp. sel. 1, S. 102–108 Nr. 57 und 58.
[305] JW 2271 = MGH Epp. sel. 1, S. 106 Z. 12–15 Nr. 58.
[306] JW 2271 = MGH Epp. sel. 1, S. 106 Z. 16–19 Nr. 58.
[307] JW 2270 = MGH Epp. sel. 1, S. 103 Nr. 57.
[308] JW 2274 = MGH Epp. sel. 1, S. 121 Z. 27–122 Z. 6 Nr. 60.
[309] JW 2292 = MGH Epp. sel. 1, S. 201 f. Nr. 88; dazu TANGL, Studien (wie Anm. 167), S. 174 f.
[310] JW 2274 = MGH Epp. sel. 1, S. 124 Z. 23–27 Nr. 60.
[311] JW 2274 = MGH Epp. sel. 1, S. 123 Z. 11–19 Nr. 60. Daß dieses Thema auf die Tagesordnung der *synodus* gelangte, zeigt seine Wiederkehr im Brief des Bonifatius an seinen Amtsbruder von Canterbury MGH Epp. sel. 1, S. 169 Z. 26–170 Z. 9 Nr. 78.

den „falschen", den moralisch minderwertigen, ja schismatischen Klerikern zu trennen und mit den Hausmeiern an den von ihm, dem Papste, beauftragten Bonifatius anzuschließen[312].

In seinem Brief, in dem er die von ihm *iussu pontificis Romani et rogatu principum Francorum* veranstaltete *synodus* seinem erzbischöflichen Amtsbruder als eine Art Muster für die im September 747 zu Cloveshoe in Südengland zusammentretende Synode der Provinz Canterbury[313] empfahl[314], teilte Bonifatius mit, daß sich die *synodus* unter seinem Vorsitz außer mit den genannten Tagesordnungspunkten mit einer ganzen Reihe von Regularien befaßte, Bestimmungen, die das ordnungsgemäße Funktionieren der kirchlichen Organisation auf allen Ebenen der Hierarchie sicherstellen sollten. Den Beschlüssen schickte die *synodus* ein Glaubensbekenntnis voraus, versicherte die Glaubensgemeinschaft mit dem Hl. Stuhl, versprach Gehorsam gegenüber dem hl. Petrus und seinem Stellvertreter, von dem man die Pallien der Metropoliten erbitten wolle. Glaubensbekenntnis und Treugelöbnis gingen nach Rom ab, um am Grab des Apostelfürsten niedergelegt zu werden[315]. Die versammelte *synodus* verpflichtete sich feierlich, jährlich zusammenzutreten[316]. Sie umschrieb die Aufgaben des Metropoliten, zu denen die regelmäßige Einberufung von Provinzialsynoden trat[317]. Den Bischöfen legte die *synodus* die jährliche Predigt-, Firmungs- und Visitationsreise in ihren Sprengeln ans Herz[318], den Priestern die Unterordnung unter den Diözesanbischof und die Rechenschaftspflicht gegenüber dem Ordinarius hinsichtlich der Glaubenslehre und der Sakramentenspendung[319]. Allen Klerikern verbot sie das Tragen weltlicher Kleidung und das Mitführen von Waffen sowie die Jagd[320]. Schließlich regelte die *synodus* den Instanzenzug im kirchlichen Gericht vom Bischof und seiner Synode über den Metropoliten und die Provinzialsynode zum Hl. Stuhl[321].

Wenn wir, einer Anregung E. Ewigs folgend, die sog. Litanei von Soissons[322] mit eben dieser *synodus* in Verbindung bringen dürften[323], lernten wir wenigstens einige

---

[312] JW 2274 = MGH Epp. sel. 1, S. 123 Z. 4–10 Nr. 60.

[313] JW 2275 = MGH Epp. sel. 1, S. 125 f. Nr. 61.

[314] Synode von Cloveshoe (747), hg. von A.W. HADDAN/W. STUBBS, Councils and ecclesiastical documents relating to Great Britain and Ireland 3 (1871), S. 360–376.

[315] MGH Epp. sel. 1, S. 161–170 Nr. 78.

[316] MGH Epp. sel. 1, S. 163, Z. 9–18 Nr. 78.

[317] MGH Epp. sel. 1, S. 163 Z. 12 Nr. 78.

[318] MGH Epp. sel. 1, S. 163 Z. 21 ff. und 164 Z. 5–10 Nr. 78.

[319] MGH Epp. sel. 1, S. 163 Z. 29 f. und 164 Z. 1 ff. Nr. 78.

[320] MGH Epp. sel. 1, S. 163 Z. 25–28 Nr. 78.

[321] MGH Epp. sel. 1, S. 163 Z. 23 ff., 164 Z. 3 f. und 170 Z. 10–16 Nr. 78.

[322] Litanei von Soissons, hg. von M. COENS, Recueil d'études bollandiennes (Subsidia hagiographica 37, 1963), S. 284–288.

[323] E. EWIG, Beobachtungen zur Entwicklung der fränkischen Reichskirche unter Chrodegang von Metz, in: Spätantikes und fränkisches Gallien II (Beihefte der Francia 3,2, 1979), S. 228–231, bezieht die Kultnennungen auf die Synode von Soissons.

Teilnehmer der unter beiden Hausmeiern tagenden Versammlung kennen: Sie stammten danach teilweise aus den späteren Kirchenprovinzen Reims, Sens und Rouen[324], die ja die Teilreichsgrenzen von 742/47 durchschnitten[325].

Erst der vollständige Überblick über alles, was der bonifatianischen Synode unter beiden Hausmeiern vorlag, ermöglicht es, die *synodus* ungefähr zu datieren, ihren *terminus ante quem* zu bestimmen: Sie fand statt vor der römischen Diözesansynode des Oktober 745[326], erst recht vor der südenglischen Synode zu Cloveshoe[327], ja noch vor dem 22. Juni 744, an dem Papst Zacharias die geweihten Metropoliten Grimo, Abel und Hartbert bestätigte und ihnen die von dem *missus sancti Petri* und den beiden Hausmeiern erbetenen Pallien ankündigte[328]. Täuschen wir uns nicht, dann trat die *synodus* im Frühjahr 744 zusammen, ehe Karlmann nach seinem Friedensschluß mit dem Bayernherzog Odilo gegen die Sachsen zu Felde zog[329] und Pippin, wenn er nicht aussetzte[330], einen raschen Feldzug gegen Aquitanien unternahm[331].

Das aber bedeutet, daß sowohl dem Concilium Liftinense – gleichgültig, ob es 743 oder 744 fast gleichzeitig mit der Synode von Soissons sich versammelte – als auch dem Concilium Suessionense, den *termini a quibus* der *synodus*, der Charakter von Vorsynoden auf Teilreichsebene zukam, Vorsynoden, deren Beschlüsse von der von beiden Hausmeiern einberufenen Gesamtsynode des Frühjahr 744, von der *synodus* der Quellen, aufgegriffen und bestätigt wurden[332].

Die auf der *synodus* redigierte Bitte um die Bestätigung der neugeweihten Metropoliten durch die Verleihung erzbischöflicher Pallien lag kaum in Rom vor, da rich-

[324] Vgl. COENS, Recueil (wie Anm. 322), S. 294 f.

[325] Vgl. die Karten bei EWIG, Beobachtungen (wie Anm. 322), S. 229 mit der Karte bei SCHÜSSLER (wie Anm. 153), S. 60.

[326] Concilium Romanum (745), MGH Conc. 2, 1, S. 37–44 = MGH Epp. sel. 1, S. 108–120 Nr. 59.

[327] Damit ist zugleich gesagt, daß die bonifatianische Synode als Vorlage der Synode von Cloveshoe diente, was H. VOLLRATH, Die Synoden Englands bis 1066 (Konziliengeschichte, Reihe A, Darstellungen, 1985), S. 141–156, entgegen der älteren, etwa von LEVISON, England and the Continent (wie Anm. 5), S. 86 u.ö., repräsentierten Forschung bestreitet. Levisons Ansicht bestätigen neuestens auch I. HEIDRICH, Synode und Hoftag in Düren im August 747, DA 50 (1994), S. 420 f., und C. CUBITT, Anglo-Saxon church councils ca. 650 – ca. 850 (1995), S. 102–110.

[328] JW 2270 = MGH Epp. sel. 1, S. 102–105 Nr. 57, bestätigt durch JW 2271 = MGH Epp. sel. 1, S. 106 ff. Nr. 58.

[329] Annales Petaviani ad a. 744, MGH SS 1, S. 11; Annales Mosellani ad a. 744, MGH SS 16, S. 494.

[330] Annales Alamannici ad a. 743, hg. von LENDI (wie Anm. 15), S. 150: *Pippinus quievit. Karlomannus in Saxonia cum exercitu*; vgl. BM² 48 a und b.

[331] Die Chronicarum Fredegarii continuationes, MGH SS rer. Merov. 2, S. 181, schreiben die aquitanische Initiative Pippin zu; vgl. auch JARNUT, Alemannien (wie Anm. 126), S. 62 f.

[332] Die von T. BAUER, Kontinuität und Wandel synodaler Praxis nach der Reichsteilung von Verdun. Versuch einer Typisierung und Einordnung karolingischer Synoden und concilia mixta von 843 bis 870, Archivum historiae conciliorum 23 (1991), S. 11–40, für das dritte Viertel des 9. Jahrhunderts entwickelte Systematik läßt sich auf die fränkischen Synoden der Zeit von 742/43 bis 748 nicht anwenden.

tete Bonifatius ein eigenes Schreiben an Papst Zacharias, in dem er ohne Angabe von
Gründen mitteilte, für die beiden Metropoliten, die im Teilreich Pippins wirken
sollten, seien weder Bestätigung noch Pallien nötig. Mochte der Papst auch angesichts der veränderten Antragslage verwundert rückfragen[333], Bonifatius konnte sich
Jahre später, als Pippin längst als alleiniger Herrscher im Frankenreich waltete, nur
zu der nicht gerade überzeugenden Antwort durchringen, in der Pallienfrage hätten
„die Franken" gegen seinen, des Bonifatius, Willen ihr Versprechen nicht gehalten[334].
Den wahren Grund wollte Bonifatius nicht nennen: Er hatte die Erzbischöfe für
Reims und Sens geweiht, obwohl die rechtmäßig erhobenen und kanonisch geweihten Bischöfe beider *civitates* noch lebten: Rigobert von Reims und Ebbo von Sens.
Der Reformer hatte in seinem Eifer unwissentlich und damit fahrlässig gegen die
Grundnormen des kirchlichen Rechtes verstoßen, dessen Geltung er gerade durch
sein Wirken sichern wollte[335]. Der Papst aber schloß aus der schwer verständlichen
Beschränkung der Anzahl der angeforderten Pallien, daß die für Pippins Teilreich
vorgesehenen Metropoliten ihre Funktion aus welchem Grund auch immer[336] nicht
aufnehmen könnten. Er erweiterte daher die von Gregor III. Bonifatius verliehenen
Legatenvollmachten nicht nur um die *provincia Baioariae*, wo sie zeitweise suspendiert waren, sondern dehnte sie auch auf die *omnis Galliarum provincia*, das Teilreich Pippins[337], aus[338].

Bonifatius, der als residierender Metropolit in Köln hätte wirken sollen, erscheint
Anfang 748 auf der *cathedra* zu Mainz[339], die ihm noch der Hausmeier Karlmann
angewiesen hatte[340]. Diese dem römischen Bischof erst nachträglich mitgeteilte Wen-
dung erklärte Bonifatius wiederum damit, „die Franken" hätten auch hinsichtlich

[333] JW 2271 = MGH Epp. sel. 1, S. 106 Nr. 58.
[334] JW 2291 = MGH Epp. sel. 1, S. 195 Z. 26–196 Z. 2 Nr. 87.
[335] In Sens starb Bischof Ebbo erst 750, in Reims soll Bischof Rigobert gar erst 773 gestorben
sein. Beide lebten zurückgezogen außerhalb ihrer Bischofsstadt, in die sie fallweise kamen, um die
nötigsten Pontifikalhandlungen in der Kathedrale vorzunehmen; vgl. Vita s. Ebbonis, AA SS
Aug. 6, Sp. 98 f.; dazu J. HOWE, The date of the life of Saint Ebbo of Sens, Analecta Bollandiana
104 (1986), S. 131–143; Odorannus von Sens, Chronicon, hg. von R.H. BAUTIER/M. GILLES, Odorannus de Sens, Opera omnia (Sources d'histoire médiévale, 1972), S. 86; Vita Rigoberti episcopi
Remensis, MGH SS rer. Merov. 7, S. 72 ff.; zum Ganzen J. SEMMLER, Episcopi potestas und karolingische Klosterpolitik, Vorträge und Forschungen 20 (1974), S. 318 f. und 332 ff.
[336] Nach JW 2411 = MGH SS 13, S. 462 ff. wurde Abel aus Reims vertrieben; zu diesem Schreiben E. LESNE, La lettre interpolée d'Hadrien à Tilpin, Le Moyen age, 2e sér. 17 (1913), S. 325–349.
Vgl. auch H. SCHMIDT, Trier und Reims in ihrer verfassungsrechtlichen Entwicklung bis zum
Primatialstreit des 9. Jahrhunderts, ZRG Kan. 18 (1929), S. 38–49.
[337] In der Tat verstehen Papst Zacharias und Bonifatius – wenn auch nicht exklusiv – unter
„Galli" und „Gallia(e)" das Teilreich Pippins bzw. seine Bewohner; vgl. JW 2271 = MGH Epp. sel.
1, S. 106 Z. 22 Nr. 58; MGH Epp. sel. 1, S. 110 Z. 29 Nr. 59; JW 2275 = MGH Epp. sel. 1, S. 125 Z. 13
Nr. 61; MGH Epp. sel. 1, S. 165 Z. 14 Nr. 78; JW 2286 = MGH Epp. sel. 1, S. 177 Z. 30 Nr. 80.
[338] JW 2271 = MGH Epp. sel. 1, S. 107 Z. 30 f.–108 Z. 7 Nr. 58.
[339] JW 2286 = MGH Epp. sel. 1, S. 179 Z. 27–180 Z. 1 Nr. 80.
[340] Vita Bonifatii auctore Willibaldo, hg. von LEVISON (wie Anm. 3), S. 41.

dieses Beschlusses der *synodus*[341] ihr Wort nicht gehalten[342]. Wenn wir der Spur, die L. Duchesne wies[343] und der H. C. Brennecke nachging[344], ebenfalls folgen dürfen, dann gelang es den „Franken", Bonifatius von Köln durch eine hagiographische Montage abzulenken: In die gerade um die Mitte des 8. Jahrhunderts in Trier entstandene anonyme Vita Maximini[345] schob der Kompilator zum Lobe seines Heiligen die unbewiesene und unbeweisbare Mitteilung ein, Maximinus von Trier sei im 4. nachchristlichen Jahrhundert gegen den *nefandissimus episcopus* Euphrates von Köln[346] aufgetreten, der die Gottessohnschaft Christi leugnete. Dagegen habe Maximinus die im orthodoxen Symbolum niedergelegte Christologie gesetzt und auf einer Synode zu Köln durch kanonischen Urteilsspruch erreicht, daß Euphrates Bischofssitz und Bischofamt aufgab[347]. Mag dieser Rufmord auch später noch Verbreitung gefunden haben[348], lieferte man erst im 10. Jahrhundert die entsprechend präparierten Akten der von Maximinus angeblich 346 nach Köln einberufenen Synode nach[349], um die Mitte des 8. Jahrhunderts schob man Bonifatius in Köln einen Erzketzer als Vorgänger unter, der Nachfolger des glaubensstarken Maximinus[350] aber hieß Milo[351]!

Die von den Hausmeiern Karlmann und Pippin im Frühjahr 744 veranlaßte, von Bonifatius präsidierte *synodus* scheint der letzte politische Akt gewesen zu sein, den die beiden Söhne Karl Martells aus erster Ehe gemeinsam setzten[352]. Noch 744 und erst recht die drei folgenden Jahre führten die jährlichen Feldzüge die Brüder an jeweils entgegengesetzte Fronten; sie trieben eine gegeneinander gerichtete Bündnispolitik[353]. Die unterschiedliche Behandlung der 744 projektierten, kaum ansatzweise realisierten Neuorganisation der fränkischen Kirche auf der Basis der um das Amt

[341] JW 2274 = MGH Epp. sel. 1, S. 120–125 Nr. 60.

[342] JW 2286 = MGH Epp. sel. 1, S. 179 Nr. 80.

[343] L. DUCHESNE, Le faux concile de Cologne (346), RHE 3 (1902), S. 16–24.

[344] H.C. BRENNECKE, Synodum congregavit contra Euphratam nefandissimum episcopum. Zur angeblichen Synode gegen Euphrates, ZKG 90 (1979), S. 176–200.

[345] Zur Entstehungszeit der Vita Maximini E. WINHELLER, Die Lebensbeschreibungen der vorkarolingischen Bischöfe von Trier (Rheinisches Archiv 27, 1935), S. 10–19.

[346] Vita Maximini, AA SS Mai 7, Sp. 21.

[347] Über Euphrates, den zweiten Kölner Bischof, zusammenfassend Series episcoporum 5, hg. von WEINFURTER/ENGELS (wie Anm. 208), S. 7 f.

[348] Vgl. Vita Maximini episcopi Trevirensis, MGH SS rer. Merov. 3, S. 77 und Gesta episcoporum Virdunensium, MGH SS rer. Merov. 4, S. 40.

[349] Concilium Coloniae Agrippinae (346), hg. von C. MUNIER, Corpus Christianorum SL 148, Turnhout 1963, S. 27 ff.; Conciles gaulois du IVe siècle, hg. von J. GAUDEMET (Sources chrétiennes 241, 1977), S. 68–79.

[350] Vgl. H.C. BRENNECKE, Synodum (wie Anm. 344), S. 190–194.

[351] Vgl. H.H. ANTON s.v. Milo, LexMA 6 (1993), Sp. 627 f.

[352] Jüngst erwog I. HEIDRICH, Synode und Hoftag (wie Anm. 327), vor allem S. 417–420, ob Karlmann und Pippin nicht im August 747 eine letzte gemeinsame Synode zu Düren abhielten. Ihre Belege reichen jedoch zum Nachweis nicht aus.

[353] Vgl. JARNUT, Alemannien (wie Anm. 126), S. 60–66.

des Metropoliten zentrierten Kirchenprovinzen[354] zeigt, daß auch ihre Kirchenpolitik sich in verschiedenen Richtungen bewegen sollte. Bonifatius durfte damit rechnen, daß sich sein Verhältnis zu den beiden *principes Francorum* höchst unterschiedlich gestalten werde.

Brieflichen Äußerungen des Bonifatius läßt sich entnehmen, daß der Missionserzbischof sich nunmehr auf einen der beiden Hausmeier einzustellen begann[355]. Für seinen Wirkungsbereich blieb Karlmann zuständig. Wenn dieser es auch zugelassen zu haben scheint, daß auf die *cathedra* von Köln, die „die Franken" dem Metropoliten Bonifatius verwehrten, ein Bischof gelangte, der zuvor zu schwören pflegte, er werde kein irdisches Gut (Amt ?) annehmen[356], den Wünschen und Vorstellungen des Bonifatius kann diese Wahl nicht diametral zuwidergelaufen sein[357], der neue Bischof von Köln[358] fand sich zur dritten bonifatianischen Teilreichsynode ein[359]. Karlmann war es denn auch, der Bonifatius veranlaßte, das nach dem Tod des Willibrord[360] vakante Bistum Utrecht mit einem geweihten Bischof wiederzubesetzen[361]. Offenbar im Zusammenhang mit einer ersten Kontaktaufnahme hatte Papst Zacharias den Hausmeier Karlmann gebeten, bei der Ausstattung der von Bonifatius neugeschaffenen Bistümer behilflich zu sein[362]. Karlmann sollte denn auch den Grundstock der Dotation des Bistums Würzburg bereitstellen[363] und den Besitz Utrechts bestätigen[364]. Bonifatius wußte den Hausmeier von den ersten Schritten an einzuspannen, die zur Errichtung des Klosters Fulda führten[365]. Er stellte die Fuldaer Mark, alles Land im Umkreis des Klosters in einer Breite von 4000 Schritten, zur Verfügung und veranlaßte den Grundbesitzeradel der Umgebung, Eigengüter an das junge *monasterium* zu übertragen[366], nachdem er selbst mit gutem Beispiel vorangegangen war[367].

---

[354] Zur zentralen Rolle der Metropoliten im Gefüge der werdenden romverbundenen Landeskirche zusammenfassend ANGENENDT, Das Frühmittelalter (wie Anm. 24), S. 276 f.

[355] Vgl. MGH Epp. sel. 1, S.129 f. Z. 29 f. und 130 Z. 16 f. Nr. 63; MGH Epp. sel. 1, S.193 Z. 6 ff. Nr. 86.

[356] MGH Epp. sel. 1, S. 211 Z. 33 ff. Nr. 93.

[357] Nicht Bonifatius hatte dem Kölner Amtsbruder gegenüber seine Vorbehalte, sondern Lullus.

[358] Aus zeitlichen Gründen kommt allein Agilolf in Frage; vgl. W. LEVISON, Bischof Agilolf von Köln und seine Passio (Aus rheinischer und fränkischer Frühzeit, 1948), S. 77 f.; JAHN, Ducatus (wie Anm. 55), S. 23, erwägt die Möglichkeit, daß es sich um einen von Pippin lancierten Agilolfinger handeln könnte.

[359] JW 2287 = MGH Epp. sel. 1, S. 182 ff. Nr. 82; vgl. SCHÜSSLER (wie Anm. 153), S. 97 f.

[360] Vgl. W.H. FRITZE, Zur Entstehungsgeschichte des Bistums Utrecht, Rheinische Vierteljahresblätter 35 (1971), S. 150 f.

[361] MGH Epp. sel. 1, S. 234 ff. Nr. 109.

[362] JW 2264 = MGH Epp. sel. 1, S. 91 Z. 20 ff. Nr. 51.

[363] BM² 768 = Württembergisches Urkundenbuch 1 (1849) S. 101 f. Nr. 87; MGH D Arnulf 69.

[364] MGH D Pippin III 4.

[365] MGH Epp. sel. 1, S. 191–194 Nr. 86; zur Gründung Fuldas zuletzt J. SEMMLER, Instituta sancti Bonifatii. Fulda im Widerstreit der Observanzen, in: G. SCHRIMPF (Hg.), Kloster Fulda in der Welt der Karolinger und Ottonen (Fuldaer Studien 7, 1996), S. 93–98.

[366] Vita Sturmi abbatis, hg. von ENGELBERT (wie Anm. 235), S. 142 f.

Obwohl Bonifatius an alle ihm unterstellten Bischöfe, Priester, Diakone und Religiosen ein *volumen* verschickt hatte, in dem er *de unitate fidei catholicae* handelte und die *doctrina apostolica* umriß[368], scheint er dennoch angesichts von ihm festgestellter Mißstände in der Spendung der Sakramente[369], sakrilegischer Verquickung christlicher und heidnischer Kulthandlungen[370], moralischer Defizite und wuchernder Irrlehren unter den Klerikern[371] an die Abhaltung einer Teilreichsynode gedacht zu haben, die ihm der Papst nahelegte, ja anbefahl[372]. Bonifatius fragte daher in Rom an und bat um die Entsendung eines eigenen Legaten zur Leitung fränkischer Teilreichsynoden. Der römische Pontifex bedeutete ihm, daß die Einberufung von Bischöfen aus den Kirchenprovinzen seine, des Bonifatius, ureigenste Aufgabe sei, daß er die kommenden Konzilien als Vertreter des Hl. Stuhles allein leiten könne und seine Ablösung durch einen anderen Legaten nicht in Betracht käme[373]. Seinen erzbischöflichen Amtsbruder von York bat Bonifatius um Entscheidungshilfe im Falle des von ihm, Bonifatius, wegen Unzucht abgesetzten, von „den Franken" nach entsprechender Bußleistung wieder zugelassenen Priesters, der an sich aus dem Amt entfernt werden müßte, der aber einen großen Seelsorgebezirk betreue, der bei strenger Handhabung des kirchlichen Gesetzes ohne die Sakramente der Taufe und der Eucharistie bliebe[374]. Die letzten Skrupel dürfte Papst Zacharias beseitigt haben, der Bonifatius aufklärte über die objektive Gültigkeit der Taufe unbeschadet des Glaubens und des sittlichen Status des Täufers, wenn dieser nur die trinitarische Formel gebrauche[375]. Der Papst zählte die unwürdigen, lasterhaften und verbrecherischen Elemente auf, denen die geistlichen Weihen verweigert werden müßten[376], und gab Anweisungen, wie mit dem häretischen Iren Samson zu verfahren sei[377]. Der Archidiakon der römischen Kirche und ein Kardinalbischof sagten Bonifatius Unterstützung und Gebet in seinem Kampf gegen Schismatiker, Häretiker und Apostaten zu[378]. Der Pontifex maximus aber richtete an adlige Laien im Sprengel des Bonifatius ein ausführliches Lehrschreiben, das über die römische Sicht der Problematik von Eigenkirche und Eigenkloster unterrichtete und ihnen die Aufteilung und die Verwendung des kirchlichen Zehnten erläuterte, um die Mahnung zu unterstreichen,

---

[367] Vgl. E.E. STENGEL, Urkundenbuch des Klosters Fulda 1 (Veröffentlichungen der Historischen Kommission für Hessen und Waldeck 10, 1958), S. 12 Nr. 7.
[368] Vita Bonifatii auctore Willibaldo, hg. von LEVISON (wie Anm. 3), S. 43 f.; JW 2286 = MGH Epp. sel. 1, S. 177 Z. 23–28 Nr. 80.
[369] JW 2286 = MGH Epp. sel. 1, S. 174 Z. 1–175 Z. 12 sowie 177 Z. 16–28 Nr. 80.
[370] JW 2286 = MGH Epp. sel. 1, S. 174 Z. 26–29 Nr. 80.
[371] JW 2286 = MGH Epp. sel. 1, S. 175 Z. 13–177 Z.15 Nr. 80.
[372] JW 2286 = MGH Epp. sel. 1, S. 176 Z. 6 f., 177 Z. 14f. und 178 Z. 5–9 Nr. 80.
[373] JW 2286 = MGH Epp. sel. 1, S. 177 Z. 29–33 und 178 Z. 5–9 Nr. 80.
[374] MGH Epp. sel. 1, S. 206 Nr. 91.
[375] JW 2286 = MGH Epp. sel. 1, S. 174 f. Nr. 80.
[376] JW 2286 = MGH Epp. sel. 1, S. 175 ff. Nr. 80.
[377] JW 2286 = MGH Epp. sel. 1, S. 177 Z. 5–15 Nr. 80.
[378] MGH Epp. sel. 1, S. 188–191 und 205 f. Nr 84, 85 und 90.

nicht auf die *falsi sacerdotes* zu hören, sondern auf die von der Kirche bestellten Seelenhirten[379].

Wohl im Frühjahr oder Sommer 747[380] trat unter dem Vorsitz des Bonifatius[381] eine Synode zusammen, von der sich keine Akten erhalten haben. Wir kennen aber die bischöflichen Teilnehmer mit Namen und Amtssprengel; sie erweisen sich sämtlich als dem Teilreich Karlmanns zugehörig[382]. Bonifatius und seine Synodalen begannen ihre Beratungen protokollgerecht mit dem Glaubensbekenntnis und schlossen daran eine Art Ergebenheitsadresse an den Papst an, die Bischof Burchard von Würzburg nach Rom brachte und für die sich Papst Zacharias überschwenglich bedankte[383]. In seiner summarischen Antwort ermahnte er die versammelten Oberhirten, ihrer Berufung treu zu bleiben, und bestätigte ihnen gegenüber aufs neue Bonifatius als Legaten und persönlichen Vertreter sowie als einzigen für sie zuständigen Metropoliten[384]. Damit endeten jene vier Synoden, die *Carlomannus dux sub regni sui imperio adsciscere fecit*, auf die die sich folgenden Päpste den Hausmeier festgelegt haben sollen[385], weil diese Zahl der der *principales synodi*, der wichtigsten ökumenischen Konzilien[386] entsprach und damit Rechtmäßigkeit und Rechtgläubigkeit der unter Bonifatius veranstalteten Synoden legitimiere[387]. Diesen vier Synoden, die nachweislich unter des Bonifatius Vorsitz zusammentraten, dem Germanicum (742/43), dem Liftinense (743/44) und der Synode vom Frühjahr/Sommer 747 rechnen wir auch die *synodus* vom Frühjahr 744 zu, die unter Karlmanns und Pippins gemeinsamer Präsidentschaft, zumindest in ihrer beider Anwesenheit tagte.

Zu den bonifatianischen Synoden muß noch eine weitere gezählt werden, die mit fränkischen oder gar karolingischen Belangen nichts zu tun hatte und folglich von den Quellen aus dem Frankenreich nicht erwähnt wird. Vor 747/48 rief Bonifatius eine Versammlung mehrerer Bischöfe[388] zusammen, die, wenngleich sie nicht alle

---

[379] JW 2288 = MGH Epp. sel. 1, S. 185 ff. Nr. 83.

[380] Wir halten uns an die von TANGL, Studien (wie Anm. 167), S. 172 ff. entwickelte, von HARTMANN, Die Synoden (wie Anm. 289), S. 60 ff. bestätigte Chronologie; dagegen J. JARNUT, Bonifatius (wie Anm. 288), S. 20 ff.

[381] JW 2288 = MGH Epp. sel. 1, S. 178 Z. 9–19 Nr. 80 bezeugt den Synodalvorsitz des Bonifatius ausdrücklich.

[382] SCHÜSSLER (wie Anm. 153), S. 78–85 und 95 ff., schließt von der Nennung und dem Amtssprengel der Synodalen in JW 2287 = MGH Epp. sel. 1, S. 182 ff. Nr. 82 auf die Teilreichsgrenzen; wir machen uns den Umkehrschluß zu eigen; vgl. auch HEIDRICH, Synode und Hoftag (wie Anm. 327), S. 424 ff.

[383] JW 2286 und 2287 = MGH Epp. sel. 1, S. 172 f. und 182 ff. Nr 80 und 82.

[384] JW 2287 = MGH Epp. sel. 1, S. 182 ff. Nr. 82. Der Nachfolger des einst mit dem Pallium geschmückten Bischofs von Rouen figuriert in JW 2287 als „normaler" Bischof.

[385] Vita Bonifatii auctore Willibaldo, hg. von LEVISON (wie Anm. 3), S. 41 f.

[386] Isidor von Sevilla, Etymologiae VI, 16, 5–10.

[387] Vgl. H.J. SIEBEN, Die Konzilsidee der Alten Kirche (Konziliengeschichte, Reihe B, Untersuchungen, 1979), S. 354 f.

[388] Als *synodus* ist diese Versammlung ausgewiesen in MGH Epp. sel. 1, S. 155 Z. 20 f. Nr. 74 und 157 f. Z. 9 f. Nr. 75.

identifiziert werden können, sämtlich angelsächsische Landsleute des *legatus Germanicus Romanae ecclesiae* waren[389]. Sie ließen dem damaligen *bretwalda (Anglorum imperii sceptra gubernans)*[390] König Aethelbert von Mercia (716–757)[391] ein gemeinsames Schreiben zugehen, in dem sie zwar die persönliche Frömmigkeit und Gerechtigkeitsliebe des Königs loben, ihn aber dringend mahnen, von seinen sexuellen Ausschweifungen und seinen Übergriffen in kirchliches Recht und gegen geistliche Personen abzulassen, da biblische und geschichtliche Beispiele[392] Unheil und gerechte Strafe für solche Verfehlungen ankündigen[393]. Auf daß das echter Hirtensorge entsprungene Schreiben ja in die Hände des Adressaten gelange, übersandte es Bonifatius in Abschrift seinem erzbischöflichen Mitbruder zu York[394] und einem Priester, der offensichtlich über einen leichten Zugang zu Aethelbert verfügte, damit sie es wirkungsvoll im Sinne der Autoren einsetzten[395].

III.

Bereits 745 soll der Hausmeier Karlmann seinem jüngeren Bruder Pippin seinen Entschluß mitgeteilt haben, die „Welt zu verlassen", sich von Regierung und militärischer Aktion zurückzuziehen[396]. Zeitgenössische Quellen lassen nicht erkennen, daß Karl Martells ältester Sohn der Herrschaft überdrüssig gewesen wäre. Zwar scheint der von ihm erhobene letzte Merowingerkönig sich bei Pippin aufgehalten zu haben[397], doch noch 747 betont Karlmann vor einem Kreis von Bischöfen, Äbten und

---

[389] Vgl. M. TANGL, Das Bistum Erfurt (Das Mittelalter in Quellenkunde und Diplomatik 1, Forschungen zur mittelalterlichen Geschichte 12, 1966), S. 53–56.

[390] Vgl. H. VOLLRATH-REICHELT, Königsgedanke und Königtum bei den Angelsachsen (Kölner Historische Studien 19, 1971), S. 31 ff., und A. SCHARER, Die Intitulationen der angelsächsischen Könige im 7. und 8. Jahrhundert, in: Intitulatio 3, hg. von H. WOLFRAM/A. SCHARER (MIÖG Erg.-Bd. 29, 1988), S. 61 f.

[391] Über Aethelbald von Mercia B. YORKE, Kings and kingdoms of Anglo-Saxon England (London 1990), S. 111–117, und D.P. KIRBY, The earliest English kings (1991), S. 130–136.

[392] Die Beispielreihe wurde in der englischen Überlieferung des Schreibens um Karl Martell verlängert; vgl. U. NONN, Das Bild Karl Martells in den mittelalterlichen Quellen, in: Karl Martell in seiner Zeit (wie Anm. 89), S. 15; T. REUTER, Kirchenreform und Kirchenpolitik im Zeitalter Karl Martells, in: ebd., S. 51–58 sowie A. DIERKENS, Carolus monasteriorum multorum evasor et ecclesiasticarum pecuniarum in usos proprios commutator. Notes sur la politique monastique du maire de palais Charles Martell, in: ebd., S. 227–287.

[393] MGH Epp. sel. 1, S. 146–155 Nr. 73.

[394] MGH Epp. sel. 1, S. 156 ff. Nr. 75.

[395] MGH Epp. sel. 1, S. 155 f. Nr. 74.

[396] Annales regni Francorum ad a. 745, hg. von KURZE (wie Anm. 18), S. 4.

[397] Die Urkunden Childerichs III., soweit sie ihren Ausstellungsort nennen, zeigen den König in Compiègne und Quierzy, in Pfalzen, die zu Pippins Reichsteil, allerdings hart an der Grenze, zählten: MGH DD Merov. 1 (wie Anm. 84), S. 206 f. spuria Nr. 93; GYSSELING/KOCH, Diplomata (wie Anm. 84), S. 29 f. Nr. 14; dazu SCHÜSSLER (wie Anm. 153), S. 76 f.

seinem Pfalzgrafen nachdrücklich, daß Gott ihm die Regierung (im Frankenreich) anvertraut habe[398]. Die Verantwortung dafür ließ ihn rechtzeitig über die Nachfolge in der *cura regendi* innerhalb der eigenen Familie nachsinnen. Da sein Bruder Pippin, seit 744 mit Bertrada verheiratet[399], noch keinen Sohn (und Nachfolger) hatte – Karl der Große wurde erst am 2. April 748 geboren[400] –, kam als künftiger Hausmeier nur sein, Karlmanns, wohl ältester Sohn Drogo in Frage[401]. Im Juni 747 beteiligte Karlmann Drogo an einem Hoheitsakt und wies ihn so als seinen Rechtsnachfolger aus[402].

Über die Gründe, die den Hausmeier bewogen, seinen Entschluß, der Herrschaft zu entsagen, durch seine und seiner Begleitung Emigration nach Italien[403] noch im gleichen Jahr zu verwirklichen, rätselten schon die Quellen[404], und die Forschung hält wie sie die Sehnsucht nach der *vita contemplativa*, Resignation angesichts schwerer Vergehen im Amt, politische Ausweglosigkeit für möglich[405]. Ob Bonifatius hinter dieser Konversion stand, bleibt erst recht eine offene Frage[406]. Ehe Karlmann das Frankenreich verließ, vertraute er seinen Machtbereich (*regnum*) und seine Söhne[407] dem Bruder an und erwartete von ihm, daß er die Neffen, wenn sie das erforderliche Alter erreicht hätten, in die ihnen zukommende Herrschaft einsetze[408]. Ein kurzer Geschäftsbrief aus dem weiteren Umkreis des Bonifatius gibt zu erkennen, daß man in diesem Zirkel damit rechnete, Karlmanns Sohn Drogo, den der Vater in besonderer Weise Pippin anvertraut hatte[409], werde die hausmeierlichen Funktionen übernehmen; andernfalls müsse Bonifatius wohl zu der vom *dux occidentalium provinci-*

---

[398] HALKIN/ROLAND, Recueil (wie Anm. 199), S. 51 ff. Nr. 18; zu Tagungsort und Charakter dieser Versammlung nunmehr HEIDRICH, Synode und Hoftag (wie Anm. 327), S. 415 ff. und 432 ff.

[399] Annales Prumienses ad a. 744, hg. von L. BOSCHEN, Die Annales Prumienses (wie Anm. 171), S. 79: *Coniunctio Pippini regis et Bertrade reginae.*

[400] Vgl. K.F. WERNER, La date de naissance de Charlemagne, Bulletin de la Société nationale des antiquaires de France (1972), S. 116–143; M. BECHER, Neue Überlegungen zum Geburtsdatum Karls des Großen, Francia 19 (1992), S. 37–60.

[401] M. BECHER, Drogo und die Königserhebung Pippins, Frühmittelalterliche Studien 23 (1989), S. 131–146.

[402] HALKIN/ROLAND, Recueil (wie Anm. 199), S. 46–50 Nr. 17.

[403] Daß Karlmann von einer stattlichen Anzahl adliger Gefolgsleute nach Italien begleitet wurde, berichten nur die Annales Mettenses priores ad a. 747, hg. von V. SIMSON (wie Anm. 18), S. 37 f.

[404] Vgl. Einhard, Vita Karoli Magni, hg. von O. HOLDER-EGGER, S. 4; Annales Petaviani ad a. 746, MGH SS 1, S. 11; Chronicarum Fredegarii continuationes, MGH SS rer. Merov. 2, S. 181; Liber Pontificalis 1, 2, hg. von L. DUCHESNE (1886), S. 433.

[405] BM² 52a; zusammenfassend J. JARNUT s.v. Karlmann, LexMA 5 (1991), Sp. 995 f. Ob, wie G. WOLF, Mögliche Gründe für Karlmanns d. Ä. Resignation 747, ZRG Kan. 78 (1992), S. 517–531, erwägt, Karlmanns möglicherweise unkanonische Ehe, über die wir nichts wissen, Grund genug war, vorzeitig sein Amt niederzulegen, lassen wir dahingestellt.

[406] Vgl. K.H. KRÜGER, Königskonversionen im 8. Jahrhundert, Frühmittelalterliche Studien 7 (1973), S. 187–196; C. STANCLIFFE, Kings who opted out, in: Ideal and reality in Frankish and Anglo-Saxon society. Studies presented to J.M. WALLACE-HADRILL (1983), S. 158 f.

[407] Söhne Karlmanns sind bezeugt durch die Annales Mosellani ad a. 753, MGH SS 16, S. 495.

[408] Breviarium regum Francorum, MGH SS 2, S. 328.

[409] Chronicarum Fredegarii continuationes, MGH SS rer. Merov. 2, S. 181.

arum anberaumten Synode reisen[410]. Pippin jedoch traf keinerlei Anstalten, den Karlmann-Söhnen zur väterlichen Herrschaft zu verhelfen. 753 ließ er sie in den geistlichen Stand versetzen[411]. Die Herrschaftsnachfolge im (gesamten) *regnum* fiel ihm selber zu[412].

Unter dem 5. November 744 bestätigte Papst Zacharias dem Bonifatius, der deshalb in Rom angefragt hatte, die ihm einst von Gregor III. anvertraute Legation, die nach Karl Martells Tod de facto suspendiert war, gelte noch immer für Bayern[413]. Im Besitz der erneuerten Vollmacht wartete Bonifatius nicht lange, um in Bayern wiederum eine Visitation abzuhalten. Dort wirkte ein Priester, der die Taufe spendete, indem er die vorgeschriebene Taufformel in haarsträubender Weise sprachlich verballhornte. Bonifatius befahl, die von diesem Geistlichen gespendeten Taufen zu wiederholen. Wie der Legat des apostolischen Stuhles wissen mußte, schloß das kirchliche Recht gerade in solchen Fällen die Wiedertaufe aus[414]. Seinen Befehl richtete er an Virgilius, jenen irischen Abt und Gelehrten, den Pippin im Zuge seines Zugriffs auf Bayern zu Herzog Odilo geschickt hatte[415] und der nach dem Tode des von Bonifatius eingesetzten Bischofs Johannes[416] die Verwaltung der Kirche von Salzburg erhalten sollte[417]. Angesprochen fühlte sich auch Sidonius, der Gefährte Virgils[418]. Beide wandten sich an Papst Zacharias und dürften ihm dargelegt haben, aus Rechts- und Gewissensgründen könnten sie diese Anordnung ihres kirchlichen Vorgesetzten nicht befolgen. Der Papst gab ihnen Recht, mit tadelndem Unterton Bonifatius auf das kirchliche Recht und die römische Praxis verweisend[419]. Bonifatius nahm die Rüge für dieses Mal hin[420]. Monate später jedoch glaubte er, Virgilius der Irrlehre zeihen zu müssen: Ihm war zu Ohren gekommen, Virgilius vertrete die heterodoxe Antipodenlehre[421]. Wenn dem zweifelhaften Priester Virgilius[422] die Verbrei-

---

[410] MGH Epp. sel. 1, S. 171 f. Nr. 79.

[411] Annales Petiviani ad a. 753, MGH SS 1, S. 11: ... *et filii eius* (i.e. Karlmanns) *tonsi sunt.*

[412] Chronicarum Fredegarii continuationes, MGH SS rer. Merov. 2, S. 181: *Qua successione Pippinus roboratur in regno.*

[413] JW 2271 = MGH Epp. sel. 1, S. 107 f. Nr. 58.

[414] Vgl. Concilium Arelatense (314) can. 9, hg. von MUNIER (wie Anm. 349) S. 6; JW 531 = Migne PL. 54, 1135–1140 Nr. 159; JW 2251 = MGH Epp. sel. 1, S. 71–74 Nr. 45.

[415] Conversio Bagoariorum et Carantanorum, hg. von WOLFRAM (wie Anm. 248), S. 40.

[416] Vita Bonifatii auctore Willibaldo, hg. von LEVISON (wie Anm. 3), S. 38.

[417] Breves Notitiae, hg. von LOŠEK (wie Anm. 97), S. 112; dazu zuletzt JAHN, Ducatus (wie Anm. 55), S. 142.

[418] Vgl. WOLFRAM, Virgil (wie Anm. 248), S. 342 f.

[419] JW 2276 = MGH Epp. sel. 1, S. 141 f. Nr. 68; dazu zuletzt H. WOLFRAM, Salzburg – Bayern – Österreich. Die Conversio Bagoariorum et Carantanorum und die Quellen ihrer Zeit, MIÖG Erg.-Bd. 31 (1995), S. 255 ff.

[420] Bonifatius hätte das kurze Schreiben durchaus unterdrücken können.

[421] Vgl. J. CAREY, Ireland and the antipodes. The heterodoxy of Virgil of Salzburg, Speculum 64 (1989), S. 1–10.

[422] JW 2286 = MGH Epp. sel. 1, S. 178 Z. 21 Nr. 80: *Virgilius ille – nescimus si dicatur presbiter ...*

tung dieser *perversa et iniqua doctrina* nachgewiesen werden könne, so lautete der päpstliche Bescheid auf des Bonifatius Anklage, dann sei der Legat berechtigt und verpflichtet, ihn auf einer Synode zu verurteilen und der Priesterwürde zu entkleiden. Da Virgilius aber das Ohr des Herzogs besitze, schrieb der Papst an Herzog Odilo persönlich, er solle zwecks Untersuchung des Häresieverdachts Virgilius nach Rom schicken[423]. Bei der augenblicklichen Sachlage habe er, Zacharias, auch an Virgilius und Sidonius persönlich geschrieben und ihnen gedroht, sie ggf. nach Rom zu berufen[424]. Wenn der Papst somit nicht ausschloß, Bonifatius diesen Fall zu entziehen, so legte er sich letztlich doch nicht fest, wohl weil Virgilius durch boshafte Einflüsterungen das frühere Einvernehmen zwischen Herzog Odilo und Bonifatius so gründlich gestört hatte und nun wahrheitswidrig behauptete, Rom habe längst zugestimmt, daß er, Virgilius, den ersten der vier Bischofssitze, die Bonifatius 739 besetzte, einnehme, wenn er durch den Tod des Inhabers frei werde[425].

Als Virgilius nach einiger politisch bedingter Verzögerung[426] am 15. Juni 749 aufgrund der Bitten seiner Diözesanen und der Mitbischöfe in Bayern aus deren Hand die Bischofsweihe für Salzburg empfing[427], da lag auch die Zustimmung des Hausmeiers Pippin vor[428], der inzwischen nach der Niederringung des Putsches Grifos in Bayern[429] die Regentschaft des Herzogtums für seine Schwester und deren Sohn Tassilo III. übernommen hatte[430]. Bonifatius war überspielt worden. Der gleiche Vorgang wiederholte sich in Passau: Sidonius, des Virgilius Gefährte, erscheint im Som-

---

[423] JW 2286 = MGH Epp. sel. 1, S. 178 Z. 27–179 Z. 3 Nr. 80.

[424] JW 2286 = MGH Epp. sel. 1, S. 179 Z. 10–15 Nr. 80.

[425] JW 2286 = MGH Epp. sel. 1, S. 179 Z. 23–28 Nr. 80; vgl. H. SCHMIDINGER, Das Papsttum und die bayerische Kirche (Patriarch im Abendland, 1986), S. 209 ff.

[426] Conversio Bagoariorum et Carantanorum, hg. von WOLFRAM (wie Anm. 248), S. 40: ... *Dissimulata ordinatione ferme duorum annorum spatiis.* Der Aufschub ergab sich einmal aufgrund der Spannungen zwischen Herzog Odilo und Virgil, zum anderen infolge des Aufstandes Grifos; vgl. J. SEMMLER, Geistliches Leben in Salzburgs Frühzeit (5.–10. Jahrhundert), in: Virgil von Salzburg (wie Anm. 129), S. 365 f.

[427] Conversio Bagoariorum et Carantanorum, hg. von WOLFRAM (wie Anm. 248), S. 40. Das Datum der Bischofsweihe Virgils sicherte definitiv H. WOLFRAM, Vier Fragen zur Geschichte des hl. Rupert, Studien und Mitteilungen aus der Geschichte des Benediktinerordens und seiner Zweige 93 (1982), S. 3 f., Anm. 6.

[428] Vgl. Breves Notitiae, hg. von LOŠEK (wie Anm. 97), S. 120: ... *temporibus domni Pippini regis et Thassilonis ducis ... convocavit ... Virgilium episcopum eodem anno quo ad episcopum ordinatur ...*

[429] Zu Grifos Putsch in Bayern Chronicarum Fredegarii continuationes, MGH SS rer. Merov. 2, S. 181 f.; Annales Alamannici ad a. 749, hg. von LENDI (wie Anm. 15), S. 153 f.; Annales Mettenses priores ad a. 748, hg. von V. SIMSON (wie Anm. 18), S. 6 ff.

[430] Zur karolingischen Regentschaft in Bayern 748/57 H. WANDERWITZ, Quellenkritische Studien zu den bayerischen Besitzlisten des 8. Jahrhunderts, DA 39 (1983), S. 38 ff.; ausführlich JAHN, Ducatus (wie Anm. 55), S. 283–334; vgl. auch WOLFRAM, Salzburg (wie Anm. 418), S. 260 f.

mer 754 als Nachfolger des von Bonifatius geduldeten Vivilo[431], als amtierender, d.h. ordnungsgemäß geweihter Bischof[432].

In seinem Teilreich hielt der Hausmeier Pippin nach der mit seinem Bruder veranstalteten Gesamtsynode des Frühjahrs 744 keine Reformsynode mehr ab. Erst 748, als die Wirren (populorum perturbatio) nach Karlmanns Abdankung abgeklungen waren[433], berief er eine synodale Versammlung nach Düren, veranstaltete seinerseits erstmals eine fränkische Reichssynode, über deren Beschlüsse und Teilnehmer die Quellen sich nur knapp und pauschal äußern[434]. Denn noch immer gaben am Hofe Pippins die falsi sacerdotes, hypochritae und seductores populorum[435] den Ton an, die zu meiden Bonifatius in seinem Bischofseid geschworen hatte[436], weshalb er die liturgisch-sakramentale Gemeinschaft mit ihnen aufs strikteste ablehnte[437]. Pippin aber umging die dadurch entstandene Kontaktsperre; mit einer ausführlichen Anfrage wandte er sich an Papst Zacharias direkt und erbat Auskünfte de sacerdotis ordine, de salute animarum, aber auch über die kanonischen Ehehindernisse, die die fränkische Gesetzgebung nicht kannte. Der Papst, dem das Ungewöhnliche eines solchen Vorganges sehr wohl auffiel, antwortete dennoch, er gab dem Boten des Hausmeiers apostolica documenta mit, die auf einer Synode, zu der Bonifatius geladen werden solle, den Synodalen zu unterbreiten seien. Auf dieser Synode solle noch einmal der Fall der sacrilegi Aldebert, Clemens und Godalsacius überprüft, die Unbelehrbaren im Zusammenwirken mit Pippin als dem zuständigen princeps provinciae entweder definitiv verurteilt oder zu erneuter Untersuchung nach Rom überstellt werden. Es war dieser zusätzliche Auftrag, der den Papst veranlaßt zu haben scheint, Bonifatius von Pippins Anfrage in Rom überhaupt in Kenntnis zu setzen[438]. Des Papstes Bescheid richtete sich denn auch an den Hausmeier Pippin, seine fürstlichen Gefolgsleute, die Bischöfe und Geistlichen, von deren Eifer und Vorbildlichkeit in Gebet und Lebensführung Pippin dem Hl. Vater ein ganz anderes Bild gezeichnet hatte als der überkritische, skrupulöse Bonifatius[439]. In die 27 capitula, exzerpiert aus der Col-

[431] Vgl. JW 2251 = MGH Epp. sel. 1, S. 71–74 Nr. 45; HEUWIESER, Traditionen (wie Anm. 59), S. 2 f. Nr. 2.
[432] Vgl. HEUWIESER, Traditionen (wie Anm. 59), S. 5 f. Nr. 5; BOSHOF, Die Regesten (wie Anm. 59), Nr. 10.
[433] Vita Bonifatii auctore Willibaldo, hg. von LEVISON (wie Anm. 3), S. 44.
[434] Annales Mettenses priores ad a. 748, hg. von V. SIMSON (wie Anm. 18), S. 40; dazu JARNUT, Bonifatius (wie Anm. 288), S. 25 f. und HARTMANN, Die Synoden (wie Anm. 289), S. 66.
[435] MGH Epp. sel. 1, S. 128 Z. 10–15 Nr. 63 und 192 Z. 21–193 Z. 9 Nr. 86.
[436] MGH Epp. sel. 1, S. 28 f. Nr. 16.
[437] MGH Epp. sel. 1, S. 132–136 Nr. 64; 161–170 Nr. 78; 205 f. Nr. 90; JW 2291 = MGH Epp. sel. 1, S. 194–201 Nr. 87.
[438] JW 2278 = MGH Epp. sel. 1, S. 159 ff. Nr. 77.
[439] JW 2277 = MGH Epp. 3, S. 479 f. Nr. 3.

lectio Dionysiana[440], die über die Stände innerhalb der Kirche von den Metropoliten bis zu den Mönchen, Nonnen und Witwen, von ihren Aufgaben und Rechten und ihrem sittlichen Verhalten, aber auch knapp über Ehehindernisse handeln[441], schiebt der römische Pontifex nur wenige selbstverfaßte Verhaltensregeln ein, Bestimmungen über die geistliche, speziell die monastische Tracht[442] und die leibliche und geistliche Verwandtschaft als Ehehinderungsgründe[443].

War damit der „direkte Draht" zwischen dem Hausmeier Pippin und dem römischen Bischof an Bonifatius vorbei „installiert", so nimmt es nicht wunder, wenn diese Schnellverbindung auch genutzt wurde, um die Schicksalsfrage der fränkischen Verfassungsgeschichte und zugleich der karolingischen Dynastie nach Rom zu übermitteln, die Frage, wer König im Frankenreich sein solle, der, der die Macht ausübe, oder der, der den königlichen Namen trage. Zwar wurde neben Fulrad von Saint-Denis[444] Bischof Burchard von Würzburg, des Bonifatius Schüler[445], damit beauftragt, die Antwort des Papstes zu erfragen[446], nicht aber Bonifatius. Das päpstliche *responsum* machte Pippin den Weg zum Königtum frei, der über die Wahl durch „die Franken", die *subiectio principum* und die *consecratio episcoporum*[447] bzw. die *unctio sacri crismatis per manum ... sacerdotum Galliarum*[448] zur Thronerhebung führte. Während die fast zeitgenössischen Quellen von einer Beteiligung des Bonifatius an diesen Staatsakten nichts wissen[449], räumen die seit etwa 785 entstandenen Quellen dem zum Zeitpunkt des karolingischen Verfassungsumsturzes einzigen Metropoliten im Frankenreich eine prominente Funktion ein: Bonifatius soll an

[440] Vgl. F. MAASSEN, Geschichte der Quellen und der Literatur des canonischen Rechtes im Abendland I (1870), S. 449.
[441] JW 2277 = MGH Epp 3, S. 480–486 Nr. 3.
[442] JW 2277 = MGH Epp 3, S. 480 f. cap. 1.
[443] JW 2277 = MGH Epp 3, S. 485 cap. 22.
[444] Über Fulrad von Saint-Denis vgl. jetzt A.J. STOCLET, Autour de Fulrad de Saint-Denis (v. 710–784), Ecole pratique des Hautes Etudes V. Hautes études médiévales et modernes 72 (Genf 1993).
[445] Über Burchard von Würzburg A. WENDEHORST, Das Bistum Würzburg I (Germania Sacra NF. 1, 1962), S. 18–25.
[446] Annales regni Francorum ad a. 749, hg. von KURZE (wie Anm. 18), S. 8; vgl. W. AFFELDT, Untersuchungen zur Königserhebung Pippins, Frühmittelalterliche Studien 14 (1980), S. 100–187.
[447] Chronicarum Fredegarii continuationes, MGH SS rer. Merov. 2, S. 182.
[448] Clausula de unctione Pippini, MGH SS 15, S. 1. Die Quelle gilt der neuesten Forschung als zeitgenössisch; vgl. Repertorium fontium historiae medii aevi III (1970), S. 491 f.; A. J. STOCLET, La clausula de unctione Pippini regis: mises au point et nouvelles hypothèses, Francia 8 (1980), S. 34–41.
[449] Chronicarum Fredegarii continuationes, MGH SS rer. Merov. 2, S. 182; Clausula de unctione Pippini, hg. von A. J. STOCLET, Francia 8 (1980), S. 2 f. = MGH SS 15, S. 1.; Annales Alamannici ad a. 751, hg. von LENDI (wie Anm. 15), S. 153; Annales s. Amandi ad a. 751, MGH SS 16, S. 495; Annales Petaviani ad a. 752, MGH SS 1, S. 11.

Pippin die erste fränkische Königssalbung vollzogen haben[450]. Die jüngere skeptische Forschung stützt ihre Meinung mit dem *argumentum e silentio fontium*[451], mancher Forscher mag sich jedoch nicht recht vorstellen, daß der, der die Erneuerung der fränkischen Landeskirche im Bunde mit dem Papsttum entscheidend vorantrieb, an diesem Wendepunkt der Entwicklung abseits gestanden haben sollte[452]. Mit der Königssalbung aber trat Ende des Jahres 751 ein zeremonieller Akt in die abendländische Geschichte ein, der alsbald einen herausragenden Platz im Protokoll königlicher Hoheitsakte einnahm, unter den kirchlichen Riten aber den Rang eines Sakraments beanspruchte[453]. Da das oft angeführte Vorbild für diesen sakramentalen Ritus aus dem Bereich der irischen Mönchskirche[454] als Legende erwiesen ist[455], da jeder Hinweis dafür fehlt, wie die einzige sicher bezeugte Königssalbung im spanischen Westgotenreich[456] im Jahre 751 im Frankenreich beispielgebend hätte wirken können[457], wird die Frage noch akuter, wer die *unctio sancti crismatis per manum sacerdotum* entwickelte und diesen bisher unbekannten Ritus in den *antiquitus* feststehenden *ordo* der fränkischen Königserhebung[458] ad hoc einzuschieben vermochte. Man möchte an Bonifatius denken. Wenn Bonifatius auch das aus der römischen Taufpraxis entwickelte Sakrament der Firmung für die fränkischen[459] und indirekt auch für die angelsächsischen Bischöfe verbindlich einzuführen sich bemühte, dann besagte dies nicht, daß er daran dachte, das Sakrament der Geistvermittlung in den politischen Bereich hinein auszuweiten und es dort zur Königssalbung auszugestalten, wofür es nicht das geringste Indiz in unsern Quellen gibt. Ebenso fehlt jeder

[450] Annales regni Francorum ad a. 750, hg. von KURZE (wie Anm. 18), S. 8 ff.; Annales Mettenses priores ad a. 750, hg. von V. SIMSON (wie Anm. 18), S. 42; die übrigen Quellen sind in BM² 64a aufgelistet.

[451] Vgl. K.U. JÄSCHKE, Bonifatius und die Königssalbung Pippins des Jüngeren, AfD 23 (1977), S. 52 f.; ANGENENDT, Das Frühmittelalter (wie Anm. 24), S. 284; SCHIEFFER, Die Karolinger (wie Anm. 12), S. 59 f.

[452] Vgl. J. JARNUT, Wer hat Pippin 751 zum König gesalbt?, Frühmittelalterliche Studien 16 (1982), S. 45–57; J. FLECKENSTEIN, s.v. Pippin III., LexMA 6 (1993), Sp. 2168 ff.

[453] Vgl. H. LECLERQ, s.v. Sacre impérial et royal, in: Dictionnaire d'archéologie et de liturgie chrétienne 15,1 (1950), Sp. 316–321; B. SCHNEIDMÜLLER, s.v. Salbung, HRG 4 (1990), Sp. 1268–1273.

[454] Adomnan, Vita Columbae, hg. von A.O. ANDERSON/M.O. ANDERSON, Adomnan's Life of Columba (1961), S. 472–476; dazu J. PRELOG, Sind Weihesalbungen irischen Ursprungs?, Frühmittelalterliche Studien 13 (1979), S. 334–345.

[455] M.J. ENRIGHT, Iona, Tara and Soissons. The origins of the royal anointing ritual (Arbeiten zur Frühmittelalterforschung 17, 1985), S. 5–78.

[456] Julian von Toledo, Historia Wambae regis, MGH SS rer. Merov. 5, S. 501–504.

[457] Vgl. ENGELS, Der Pontifikatsantritt (wie Anm. 42), S. 721 ff.

[458] Chronicarum Fredegarii continuationes, MGH SS rer. Merov. 2, S. 182: ... *ut antiquitus ordo deposcit sublimatur* (sc. Pippinus) *in regno.*

[459] Vgl. A. ANGENENDT, Bonifatius (wie Anm. 212), S. 133–183.

brauchbare Hinweis dafür, daß er aufgefordert worden wäre, dies vorzubereiten[460].
Unser Blick fällt auf zwei fränkische Bischöfe, die beide dem Teilherrscher Pippin
ihre Würde verdankten und somit dem Karolinger näherstanden als Bonifatius, an
deren Aufgeschlossenheit für die Liturgie römischer Provenienz und deren Verbreitung keinerlei Zweifel besteht, auf Chrodegang von Metz[461] und des Königs Halbbruder Remigius[462], Verwalter von Langres, seit 755 Bischof von Rouen[463]. Das vorliegende Problem erwartet eine noch schwierigere Lösung, zieht man in Betracht,
daß der offiziöse Fortsetzer des sog. Fredegar berichtet, zusammen mit Pippin habe
auch seine Gattin die *consecratio episcoporum* empfangen[464], liturgisch eine absolute
Novität, die selbst im Alten Testament keine Stütze findet.
   Nach seiner Erhebung zum König nahm Pippin der Vita Bonifatii des Willibald
von Mainz zufolge die reformatorische und synodale Aktivität wieder auf, wobei er
zu erkennen gab, sich möglichst eng an das Vorbild seines Bruders Karlmann und
den Rat des Bonifatius halten zu wollen. Angesichts dieser ebenso unerwarteten wie
positiven Entwicklung sah Bonifatius Belastungen auf sich zukommen, Reisen an
den Hof und zu synodalen Versammlungen, aber auch materielle Fürsorge für die
ihm unterstehenden Kirchen[465], denen er bei seinem Alter und seiner zerbrechlichen
Gesundheit nicht mehr gewachsen sein könnte[466]. Er brauchte einen Helfer, der ihn
ggf. vertreten könne. Jahre zuvor hatte Papst Gregor III. ihm anempfohlen, aus der
Zahl seiner Geistlichen sich einen Nachfolger zu bestellen. Damals vereinigte er die
Stellung des Metropoliten mit der Würde des päpstlichen Legaten. Ohne lange zu
zögern, bestimmte er einen seiner Schüler, der ihm in beiden Ämtern nachfolgen
sollte. Doch ein Bruder des Erwählten tötete den Onkel (mütterlicherseits ?) des

---

[460] In MGH Epp. sel. 1, S. 191–194 Nr. 86 hüllt Bonifatius die secreta, die er dem Papst vorlegen
läßt, in solch rätselhaftes Dunkel, daß es nicht erlaubt ist, mit JARNUT, Pippin (wie Anm. 452),
S. 49 ff., zu vermuten, Bonifatius sei vom Papst gedrängt worden, Pippin zum König zu salben. In
der päpstlichen Antwort JW 2291 = MGH Epp. sel. 1., S. 194–201 Nr. 87 ist auch nicht andeutungsweise von *secreta* die Rede.
[461] Vgl. A. ANGENENDT, Rex et sacerdos. Zur Genese der Königssalbung, in: Tradition als historische Kraft, hg. von N. KAMP/J. WOLLASCH (1982), S. 107.
[462] Miracula s. Benedicti, hg. von E. DE CERTAIN, Les miracles de saint Benoît (1858), S. 39 f.;
vgl. E. HLAWITSCHKA, Die Vorfahren Karls des Großen, in: Karl der Große. Lebenswerk und
Nachleben I,3 (1967), S. 80 f. Nr. 42 und 44.
[463] Antiquum Besuensis abbatiae chronicon, hg. von J. GARNIER, Analecta Divionensia 5 (1875),
S. 249; Gesta ss. patrum Fontanellensis coenobii, hg. von F. LOHIER/J. LAPORTE (1936), S. 62 und
83; Annales Petaviani ad a. 755, MGH SS 1, S. 11, MGH Epp. 3, S. 519 f. und 553 f. Nr. 19 und 41.
[464] Chronicarum Fredegarii continuationes, MGH SS rer. Merov. 2, S. 182; vgl. HAHN, Jahrbücher (wie Anm. 75), S. 147. Die Clausula de unctione Pippini regis, MGH SS 15, S. 1, berichtet zu
754 von Bertradas erster Salbung, die damals der Papst erteilt hat.
[465] MGH Epp. sel. 1., S. 233 f. Nr. 108.
[466] Vita Bonifatii auctore Willibaldo, hg. von LEVISON (wie Anm. 3), S. 44 f.

Hausmeiers[467], so daß sich Bonifatius angesichts der damit ausgelösten *discordia* genötigt sah, auf seinen Wunschkandidaten zu verzichten. Papst Zacharias, den Bonifatius dringend bat, wie der Vorgänger die Bestellung eines anderen Nachfolgers zu gestatten[468], lehnte das Ersuchen strikt ab; er weigerte sich, Bonifatius vom Legatenamt zu entbinden, da der Eintritt des Nachfolgers ins Amt zu Lebzeiten des Inhabers gegen das Kirchenrecht verstoße. Zwar solle Bonifatius, was der Papst als außergewöhnliches Entgegenkommen gewertet wissen will, über einen geeigneten Nachfolger nachdenken, den er aber erst unmittelbar vor dem Tode öffentlich designieren und nach Rom schicken dürfe, damit er dort die Bischofsweihe empfange[469]. Erst nachdem dem Missionserzbischof die *cathedra* zu Mainz zugewiesen worden war[470], zeigte Papst Zacharias seinem *missus* die Problemlösung auf: Bonifatius behält unter allen Umständen das Amt des Legaten[471]; für Mainz indes soll er wegen seines Alters und seiner physischen Schwäche einen Helfer bestellen, dem er die Bischofsweihe erteilen darf, damit er in alle Rechte und Pflichten des Oberhirten der Mainzer Diözese hineinwachsen könne[472]. Wiederum zögerte Bonifatius nicht lange; im Laufe des Jahres 752 weihte er Lullus, seinen Landsmann und langjährigen Mitarbeiter[473] zuletzt als Archidiakon[474], und bestellte ihn zum Chorbischof[475]. Diese Entscheidung, die das *ius succedendi* für Lullus implizierte, bedurfte in der fränkischen Kirche, deren Strukturen sich allmählich festigten[476], der königlichen Autorisation. Daher wandte sich Bonifatius an König Pippin und in fast gleichlautenden Schreiben[477] an Fulrad von Saint-Denis, den Hofkaplan, mit der flehentlichen Bitte, für seine Schüler, die fast alle Ausländer seien, sorgen zu wollen, vor allem nach seinem, des Bonifatius, nahen Tod, für die Priester in Mission und Seelsorge, die Mönche und Lehrer in ihren *cellae*, unter denen sich schon manche Senioren befänden. Um ihre Zerstreuung zu verhindern, empfiehlt sie der greise Erzbischof dem Schutz des Königs, während eine gewisse Aufsicht Lullus übernehmen solle, den der Herrscher als re-

---

[467] Dazu zuletzt M. WERNER, Adelsfamilien im Umkreis der frühen Karolinger. Die Verwandtschaft Irminas von Oeren und Adelas von Pfalzel (Vorträge und Forschungen, Sonderband 28, 1982), S. 304–313.

[468] MGH Epp. sel. 1., S. 83 Nr. 50.

[469] JW 2264 = MGH Epp. sel. 1., S. 89 Nr. 51.

[470] Vita Gregorii abbatis Traiectensis, MGH SS 15, S. 71.

[471] JW 2286 = MGH Epp. sel. 1., S. 174 Z. 15 ff., 177 Z. 29–34 und 180 Z. 5 f. Nr. 80.

[472] JW 2286 = MGH Epp. sel. 1., S. 179 f. Nr. 80.

[473] Über Herkunft und Lebenslauf des Lullus T. SCHIEFFER, Angelsachsen und Franken (Abhandlungen der Akademie der Wissenschaften und der Literatur zu Mainz, Geistes- und sozialwissenschaftliche Klasse, Jahrgang 1950, Nr. 20), S. (49)–(56).

[474] MGH Epp. sel. 1, S. 190 f. Nr. 85.

[475] Vita Bonifatii auctore Willibaldo, hg. von LEVISON (wie Anm. 3), S. 45; MGH Epp. sel. 1, S. 212 ff. Nr. 93.

[476] Vgl. ANGENENDT, Das Frühmittelalter (wie Anm. 24), S. 276 f. und 283 f.

[477] Vgl. M. TANGL, Das Todesjahr des Bonifatius (Das Mittelalter in Quellenkunde und Diplomatik 1, 1966), S. 44 f.

gulären Bischof von Mainz anerkennen möge[478]. Pippin stimmte zu, so daß sich Bonifatius in einem kurzen Brief bedankte, fühlte er sich doch der strengen Bindung an das Bistum in Mainz dank seines Coadjutors ledig, so daß er dem König sein Erscheinen auf dem nächsten Hoftag ankündigte, falls der Herrscher es wünsche[479].

In der Tat suchte Bonifatius den Hof König Pippins noch einmal auf. Die partielle Entbindung von der Fürsorgepflicht für die Mainzer Diözese rückte die Probleme des Bistums Utrecht in den Vordergrund. Der auf Betreiben des Hausmeiers Karlmann von Bonifatius für Utrecht bestellte Bischof weilte offenbar nicht mehr unter den Lebenden[480]. Diese Vakanz nutzte der Kölner Bischof, um seinen Anspruch auf Bischofssitz, Kirche und Kastell zu Utrecht anzumelden, die einst der Merowinger Dagobert I. dem Bistum Köln zugesprochen hatte[481]. Bonifatius kam dem beabsichtigten Zugriff gleichsam auf dem doppelten Dienstweg zuvor. Dem neuen Papst Stephan II., mit dem er – wegen des Einfalles der Sachsen und der damit verbundenen Zerstörung thüringischer Kirchen verspätet – gerade Fühlung aufgenommen hatte[482], legte er die Geschicke der Utrechter Kirche dar, wobei er ausdrücklich unterstrich, daß die Beauftragung Kölns durch Dagobert I. mit der Auflage erfolgte, daß der Kölner Oberhirte Friesland zum christlichen Glauben bekehre, was dieser nie geleistet habe, sondern vornehmlich Willibrord zuzuschreiben sei[483]. Ob und in welcher Weise Papst Stephan II. in die ihm vorgelegte Streitfrage eingriff, bleibt uns verborgen. Indes scheint König Pippin Bischof Hildegar von Köln trotz seiner noch im gleichen Jahr bewiesenen Waffenbrüderschaft[484] eine Abfuhr erteilt zu haben. Seinen Aufenthalt am Hofe Pippins im Mai 753 nutzte Bonifatius, um für die Kirche zu Utrecht die ihr längst zustehenden Privilegien erneuern zu lassen; die Königsdiplome erkennen *Bonifacius archiepiscopus* ausdrücklich als *urbis Traiectensis episcopus* an[485]. Wie in Mainz stellte sich der Erzbischof in seinem Schüler Eoban einen Gehilfen als Chorbischof für Utrecht an die Seite[486].

Wohl in Mainz erteilte Bonifatius dem Chorbischof Lullus die letzten Instruktionen und setzte ihn zu seinem Erben als Oberhirte Thüringens[487]. In Utrecht stellte er aus den Insassen des dortigen Domklosters eine geistliche Gefolgschaft zusammen, um sich mit ihr sowie dem neugeweihten Chorbischof auf eine mit dem König abgesprochene Missions-, Firmungs- und Visitationsreise durch ganz Friesland zu bege-

---

[478] MGH Epp. sel. 1, S. 212 ff. Nr. 93.
[479] MGH Epp. sel. 1, S. 233 Nr. 107.
[480] Vgl. FRITZE, Zur Entstehungsgeschichte des Bistums Utrecht (wie Anm. 360), S. 150 f.
[481] MGH Epp. sel. 1, S. 234 ff. Nr. 109.
[482] MGH Epp. sel. 1, S. 233 f. Nr. 108.
[483] MGH Epp. sel. 1, S. 234 ff. Nr. 109.
[484] F.W. OEDIGER, Die Regesten der Erzbischöfe von Köln im Mittelalter 1 (Publikationen der Gesellschaft für rheinische Geschichtskunde 21, 1954/61), Nr. 75.
[485] MGH DD Pippin III 4 und 5; vgl. auch Vita Gregorii abbatis Traiectensis, MGH SS 15, S. 75.
[486] Vita Bonifatii auctore Willibaldo, hg. von LEVISON (wie Anm. 3), S. 47.
[487] Ebd., S. 46.

ben[488]. Dem Abschluß des weltgeschichtlichen Bündnisses zwischen Papst Stephan III. und König Pippin blieb er fern[489]. Denn für das Frühjahr 754 organisierte der Missionar eine zweite Pastoralreise, die ihn bis in den Norden Frieslands führen sollte[490]. Auf den Quatembermittwoch der Pfingstoktav des Jahres 754[491] setzte er einen feierlichen Gottesdienst an, während dessen er zusammen mit dem Utrechter Chorbischof vielen Neugetauften das Sakrament der Firmung spenden wollte. Doch statt der *amici* erschienen *inimici*, anstelle von *novicii fidei cultores novi lictores*; sie bereiteten dem greisen Bischof und seinen Gefährten[492] einen grausamen Tod[493].

Die Kunde vom Martyrium des Bonifatius und der Bergung der Leiber der Blutzeugen im *coenobium* zu Utrecht drang auch zu König Pippin. Dieser erließ sofort ein Edikt, wonach die verehrungswürdigen Reliquien des Märtyrers in Utrecht verbleiben müßten[494]. Durch ein Wunder widersetzte sich der Heilige dem königlichen Befehl und dem Wunsch der Utrechter Gemeinde[495]; eine Abordnung des Bischofs Lullus von Mainz brachte das *corpus beati pontificis* nach Mainz, während der Bischof selbst am Königshof verhandelte[496]. In Mainz erschien an der Spitze seiner Mönche Abt Sturmi von Fulda und forderte, daß der Wille des heiligen Blutzeugen, in seiner Klostergründung Fulda beigesetzt zu werden[497], respektiert werde[498]. Bischof Lullus und seine Diözesanen wehrten sich, zumal König Pippin erneut eingriff mit der Entscheidung, der Märtyrer solle, falls es sein Wille gewesen sei, in der Bischofsstadt ruhen, in der er die bischöfliche *cathedra* innehatte. Erst die Vision eines Mainzer Diakons, deren Wahrheitsgehalt Bischof Lullus genau prüfte, bewog Bischof und Gemeinde, die kostbaren Reliquien freizugeben·[499] und sie nach Fulda zur Beisetzung zu transferieren[500]. Durch großherzige Schenkungen an das aufstrebende Kloster Fulda *quem (!) sanctus Bonifatius a novo construxit opere, ubi ipse praeciosus martyr corpore requiescit*, erwies der karolingische König, der Bonifatius noch begegnet war, dem Heiligen die letzte Ehre[501].

---

[488] Ebd., S. 47 f.; Vita Sturmi abbatis Fuldensis, hg. von ENGELBERT (wie Anm. 235), S. 147.

[489] BM² 73 e–i.

[490] Vita Sturmi abbatis Fuldensis, hg. von ENGELBERT (wie Anm. 235), S. 148 f.; Vita Willehadi, MGH SS 2, S. 380.

[491] Vgl. TANGL, Das Todesjahr (wie Anm. 478), S. 25–46.

[492] Martyrologium Fuldense, hg. von W. LEVISON, Vita sancti Bonifatii, MGH SS rer. Germ. (1905), S. 59 f.

[493] Vita Bonifatii auctore Willibaldo, hg. von LEVISON (wie Anm. 3), S. 48 ff.

[494] Ebd., S. 53 f.

[495] Ebd., S. 53; Vita Sturmi abbatis Fuldensis, hg. von ENGELBERT (wie Anm. 235), S. 148 f.

[496] Vita Bonifatii auctore Willibaldo, hg. von LEVISON (wie Anm. 3), S. 54.

[497] Vgl. MGH Epp. sel. 1, S. 191 ff. Nr. 86; Vita Bonifatii auctore Willibaldo, hg. von LEVISON (wie Anm. 3), S. 46; Vita Sturmi abbatis Fuldensis, hg. von ENGELBERT (wie Anm. 235), S. 149.

[498] Vita Sturmi abbatis Fuldensis, hg. von ENGELBERT (wie Anm. 235), S. 149.

[499] Ebd., S. 149 f.

[500] Vita Bonifatii auctore Willibaldo, hg. von LEVISON (wie Anm. 3), S. 54.

[501] MGH DD Pippin III 13 und 21.

Das ostfränkische Reich und die Slawenmission im 9. Jahrhundert: die Rolle Passaus

von
Egon Boshof

Daß die Passauer Kirche ein Zentrum der Slawenmission gewesen sei und zusammen mit Salzburg ein „großangelegtes Missionswerk unter den Slawen in Pannonien und Mähren entfaltet" habe, das erst den Ungarnstürmen des beginnenden 10. Jahrhunderts zum Opfer gefallen sei, ist noch jüngst wieder entschieden vertreten worden[1] und scheint in der Forschung weitgehend unbestritten zu sein[2], obwohl bereits Ernst Dümmler Bedenken gegen eine allzu präzise Festlegung in dieser Hinsicht vorgebracht hat[3] und auch seitdem in der Literatur von Zeit zu Zeit Skepsis geäußert worden ist. Die geographische Nachbarschaft der entlang der Donau nach Osten vorstoßenden Diözese zum mährischen Raume suggeriert fast zwangsläufig die Vorstellung von einem entscheidenden Einfluß Passauer Missionare bei der Christianisierung der Slawen dieser Region[4], und es erscheint ohne weiteres einleuchtend, daß die Kirche des hl. Stephan hier die Aufgaben übernommen habe, die Regensburg für Böhmen, Salzburg für Pannonien und Aquileja für Dalmatien zu erfüllen hatten. Das Bild von einer geradezu systematischen, nach Zuständigkeitsbereichen gegliederten Missions-

[1] H. DOPSCH, Passau als Zentrum der Slawenmission. Ein Beitrag zur Frage des „Großmährischen Reiches", Südostdeutsches Archiv 28/29 (1985/86), S. 5–28.

[2] Vgl. F. ZAGIBA, Die Anfänge der Christianisierung in Mähren und der Slowakei, Zeitschrift für Ostforschung 11 (1962), S. 704–712 und den ausführlichen Überblick von V. VAVRINEK, Die Christianisierung und Kirchenorganisation Großmährens, Historica 7 (1963), S. 5–56.

[3] E. DÜMMLER, Geschichte des ostfränkischen Reiches 2 (1887), S. 178. Vgl. auch die eher skeptischen Urteile von: K. BOSL, Probleme der Missionierung des böhmisch-mährischen Herrschaftsraumes, in: Cyrillo-Methodiana. Zur Frühgeschichte des Christentums bei den Slaven 863–1963, hg. von M. HELLMANN (1964), S. 6 f.; C.R. BOWLUS, Krieg und Kirche in den Südost-Grenzgrafschaften, in: Salzburg und die Slawenmission, hg. von H. DOPSCH (1986), S. 89; H. LÖWE, Cyrill und Methodius zwischen Byzanz und Rom, in: Settimane di studio del Centro italiano di studi sull'alto medioevo 30 (1982) S. 651 f. mit Anm. 83.

[4] Vgl. etwa H. KOLLER, Bemerkungen zu Kirche und Christentum im karolingischen Mähren, in: Salzburg und die Slawenmission. Zum 1100. Todestag des hl. Methodius (Mitteilungen der Gesellschaft für Salzburger Landeskunde 126, 1986) S. 93–108, S. 94.

offensive der bayerischen Kirchen und des Patriarchates gegen die slawischen Nachbarn hat sicher seinen besonderen Reiz. Es soll auch nicht grundsätzlich in Zweifel gezogen werden, daß unter den vielleicht vielen namenlosen Glaubensboten, die das Christentum den Mährern vermittelt haben, Passauer Geistliche in mehr oder weniger großer Zahl waren, aber wenn von einem Missionszentrum die Rede ist, so ist an einen organisatorischen Mittelpunkt zu denken, von dem alle Aktivitäten vorbereitet, gesteuert und ideell wie materiell abgesichert werden. Hat Passau diese Funktion in der Mission Mährens im 9. Jahrhundert tatsächlich wahrgenommen?

Eine erste Feststellung mahnt zur Vorsicht: An zeitgenössischen schriftlichen Quellen mangelt es fast völlig. Vor allem steht uns für die Passauer Kirche ein Dokument vergleichbar der Conversio Bagoariorum et Carantanorum, das H. Wolfram als „Weißbuch der Salzburger Kirche über die erfolgreiche Mission in Karantanien und Pannonien"[5] charakterisiert hat, nicht zur Verfügung. So sind wir weitgehend auf Rückschlüsse und Hypothesen angewiesen, was um so problematischer ist, als die „große Tradition der Passauer Slawenmission in Mähren"[6] zu einem beträchtlichen Teil durch das mit dem Namen des Bischofs Pilgrim (971–991) verknüpfte berüchtigte Fälschungswerk und von diesem abhängige spätere Historiographen repräsentiert wird. So soll dem ansonsten unbedeutenden Bischof Urolf (804–806) von Papst Eugen II. (824–827) mit der erzbischöflichen Würde das apostolische Vikariat in Hunien und Mähren sowie in den Provinzen Pannonien und Mösien verliehen worden sein[7]. Die hier behauptete Rangerhöhung ist Teil eines anderen Traditionszusammenhanges, in dessen Mittelpunkt Lauriacum-Lorch, der aus der Vita sancti Severini des Eugippius bekannte spätantike Bischofssitz[8], steht. Als Erben einer angeblichen Lorcher Metropolitanstellung haben die Passauer Bischöfe, beginnend mit Pilgrim, zeitweise die Exemtion aus der Salzburger Kirchenprovinz betrieben und eine eigene Metropolitanwürde durchzusetzen versucht. Diese Lorcher Tradition[9] ist für die Passauer Kirche seit dem ausgehenden 10. Jahrhundert zu einem wesentlichen Bestandteil ihres Selbstverständnisses geworden; sie erscheint in dem auf den Namen Eugens II. gefälschten Privileg für Urolf mit dem Hinweis auf die Slawenmission und einem darauf bezogenen päpstlichen Vikariat des Passauer Bischofs verknüpft.

[5] H. Wolfram, Conversio Bagoariorum et Carantanorum. Das Weißbuch der Salzburger Kirche über die erfolgreiche Mission in Karantanien und Pannonien (Böhlau Quellenbücher, 1979).
[6] Dopsch, Passau als Zentrum (wie Anm. 1), S. 6.
[7] E. Boshof, Die Regesten der Bischöfe von Passau 1: 731–1206 (Regesten zur bayerischen Geschichte 1, 1992) (künftig zitiert: RBP, Nr.), † 86.
[8] H. Wolfram, Die Geburt Mitteleuropas (1987), S. 57; H. Berg, Bischöfe und Bischofssitze im Ostalpen- und Donauraum vom 4. bis zum 8. Jahrhundert, in: Die Bayern und ihre Nachbarn 1, hg. von H. Wolfram/A. Schwarcz (Österreichische Akademie der Wissenschaften phil.-hist. Kl. Denkschriften, 179, 1985), S. 66–68. Zu Lorch vgl. auch die in dem Sammelband von R. Zinnhobler (Hg.), Lorch in der Geschichte (1981), vereinigten Beiträge.
[9] Zur Lorcher Tradition vgl. F.-R. Erkens, Die Rezeption der Lorcher Tradition im hohen Mittelalter, Ostbairische Grenzmarken 28 (1986), S. 195–206; dazu auch RBP, 1 u. 219.

Daß Salzburg als der eigentliche Gegenspieler auch in der Slawenmission gesehen wird, macht ein auf den Namen Agapits II. ausgestelltes Falsum für den Bischof Gerhard (931–946), der hier sogar mit dem Titel eines Erzbischofs von Lorch angeredet wird, deutlich[10]. Der Papst schlichtet einen zwischen dem Erzbischof Herold von Salzburg und Gerhard ausgebrochenen Streit dahingehend, daß der Salzburger das westliche, der Passauer aber *propter emeritam antiquitatem sancte Lauriacensis ecclesie* als apostolischer Vikar das östliche Pannonien mit den Gebieten der Awaren, Mährer und Slawen zur Missionierung und Errichtung einer Kirchenprovinz erhält. Falls Herold und seine Nachfolger mit dieser Regelung nicht einverstanden sein sollten, fällt das der Salzburger Diözese zugestandene Missionsgebiet ebenfalls an Passau. Pilgrim hat schließlich noch ein weiteres Privileg auf den Namen Benedikts VI. (VII.?) gefälscht, in dem er sich selbst neben der Metropolitanwürde die Abgrenzung der Missionssprengel nach dem Vorbild des Agapitspuriums hat bestätigen lassen. Auch hierin ist also vom Awarenland und von Mähren die Rede[11]. Salzburg hat mit den gleichen Waffen zurückgeschlagen: Der Erzbischof Friedrich erwirkte angeblich ein Privileg des Papstes Benedikt VI., das der Salzburger Kirche die ausschließlichen Metropolitan- und Vikariatsrechte in Norikum sowie Ober- und Unterpannonien verbriefte[12].

Charakteristisch für Pilgrims Argumentation ist die Verknüpfung der Lorcher Tradition mit der Awaren- und Slawenmission. Hier könnte durchaus das Vorbild der frühen Missionare in Bayern für ihn maßgebend gewesen sein; denn der hl. Rupert begab sich, als er seinen Wormser Bischofssitz um 695 verließ und der Einladung des Bayernherzogs Theodo folgte, von Regensburg zunächst nach Lorch[13] – doch wohl mit der Absicht, unter den Awaren zu missionieren, was für den hl. Emmeram ausdrücklich bezeugt wird, wenn es in seiner Vita heißt, daß er seinen Bischofssitz Poitiers aufgegeben habe, „um nach Pannonien zu ziehen und das Volk der Awaren zu bekehren"[14].

Was sich in den Passauer und Salzburger Fälschungen der Zeit Pilgrims im Rückblick als Scheingefecht darstellt und über den Bereich der Fiktion nicht hinauskam, was immerhin für eine künftige Mission unter den Ungarn einige Bedeutung erlangen konnte, da die kirchlichen Verhältnisse in der zweiten Hälfte des 10. Jahrhun-

---

[10] RBP, † 204; H. ZIMMERMANN (Hg.), Papsturkunden 896–1046, 1: 896–996, (1984, ²1989), S. 203 Nr. † 116.

[11] RBP, 230; ZIMMERMANN (Hg.), Papsturkunden (wie Anm. 10), S. 436 Nr. † 223.

[12] ZIMMERMANN (Hg.), Papsturkunden (wie Anm. 10), S. 440 Nr. † 224 (zu Benedikt VI.).

[13] Vita Hrodberti ep. Salisburgensis c. 5, hg. von W. LEVISON, MGH SS rer. Merov. 4 (1913), S. 159; dazu E. BOSHOF, Agilolfingisches Herzogtum und angelsächsische Mission. Bonifatius und die bayerische Bistumsorganisation von 739, Ostbairische Grenzmarken 31 (1989), S. 13 f. (mit weiterer Literatur).

[14] Vita vel passio Haimhrammi ep. et martyris Ratisbonensis, hg. von B. KRUSCH, MGH SS rer. Germ. (1920); Leben und Leiden des hl. Emmeram. Lateinisch-deutsch, hg. von B. BISCHOFF (1953), c. 4 S. 12; dazu BOSHOF, Agilolfingisches Herzogtum (wie Anm. 13), S. 13.

derts im Südosten noch im Fluß waren, und was letztlich auch der Untermauerung der Passauer Ansprüche auf eine Metropolitanwürde dienen sollte, das hat schließlich traditionsbildend gewirkt und in der passauischen Historiographie des 13. Jahrhunderts eine Neuauflage erlebt. Nun wurden auch dem Bischof Reginhar (817–838) Missionierungsversuche in Mähren zugeschrieben, wobei ihm sogar der Ehrentitel eines „Apostels der Mährer", *apostolus Maravorum*, beigelegt wurde[15].

Die hier genannten Dokumente können unter den verschiedensten, zum Teil bereits angedeuteten Aspekten – etwa als Zeugnisse des Selbstverständnisses der Passauer Kirche zu bestimmten Zeiten – unser besonderes Interesse beanspruchen[16], für unser eigentliches Thema geben sie offenbar nichts her; wir dürfen sie unter diesem Aspekt auf sich beruhen lassen und könnten damit unsere Bemühungen abbrechen, wenn es keine zeitgenössischen Hinweise auf eine Passauer Slawenmission im 9. Jahrhundert geben sollte – Hinweise, die vielleicht sogar Pilgrim, ohne daß er dies an irgendeiner Stelle offen zum Ausdruck bringt, in seiner Argumentation beeinflußt und die ihm die quellenmäßige Grundlage seiner Fiktionen gegeben haben könnten. Solche Belege scheinen tatsächlich zu existieren – wenn auch in ganz geringer Zahl und im einzelnen schwierig zu deuten. Eine zentrale Rolle spielt dabei das Schreiben, das der Erzbischof Theotmar von Salzburg zusammen mit den – wohl auf einer Synode versammelten – bayerischen Bischöfen, unter ihnen Richar von Passau, an einen Papst Johannes richtete[17]. Nach den chronologischen Indizien kann mit dem päpstlichen Adressaten nur Johannes IX. gemeint sein; terminus post des Schreibens ist die Thronerhebung Ludwigs des Kindes, also der 4. Februar 900, terminus ante das Todesdatum des Papstes, wahrscheinlich der Mai dieses Jahres. Der Brief ist in zwei Handschriften des 12. Jahrhunderts überliefert, die wohl auf eine gemeinsame Vorlage zurückgehen und zweifellos eine Passauer Sammlung zum Ursprung haben. Diese Collectio epistolarum Patavienses enthält neben Passauer Traditionsnotizen und Notizen über von Pilgrim abgehaltene Synoden vor allem das Pilgrimsche Fälschungscorpus[18]. Die Umgebung ist daher äußerst suspekt, aber an der Echtheit des Theotmarschreibens sind in der Forschung bisher nur selten Zweifel geäußert wor-

[15] RBP, † 111 (zu 831).
[16] Das Problem der Fälschungen im Mittelalter ist in der Forschung intensiv diskutiert worden. Hier sei nur hingewiesen auf die Beiträge zum Intern. Kongreß der MGH im Jahre 1986: Fälschungen im Mittelalter, Teil 1–6 (Schriften der MGH 33, 1–6, 1988–1990).
[17] RBP, 175; H. BRESSLAU, Der angebliche Brief des Erzbischofs Hatto von Mainz an Papst Johann IX., in: Historische Aufsätze, K. Zeumer zum sechzigsten Geburtstag als Festgabe dargebracht (1910), S. 22–26, Beilage 1 (danach zitiert); vgl. auch R. MARSINA, Codex diplomaticus et epistolaris Slovaciae 1 (1971), S. 32 Nr. 39.
[18] Überlieferung der ganzen Sammlung: 1) Codex miscellaneus mb. = Österreichische Nationalbibliothek Wien cod. lat. 1051 (Theol. 406) f. 67–90; 2) Codexfragment, das aus dem Augustinerchorherrenstift Reichersberg stammt und heute als Collectio epistolarum Patavienses mit der Sigle *W 129 unter den theologischen Handschriften des Stadtarchivs Köln aufbewahrt wird. Zur Überlieferungssituation vgl. neben BRESSLAU (wie Anm. 17) vor allem W. LEHR, Pilgrim, Bischof von Passau und die Lorcher Fälschungen (Phil. Diss. Berlin 1909), S. 19.

den[19], und für den ebenfalls hier überlieferten, lange Zeit umstrittenen Brief des Erzbischofs Hatto von Mainz, der einem ungenannten Papst die Nachricht vom Tode
Arnulfs und der Thronerhebung Ludwigs des Kindes übermittelt und gleichzeitig
von den Klagen der bayerischen Bischöfe über die Rebellion der Mährer und die
Errichtung eines Metropolitansitzes bei diesen berichtet, scheint der Nachweis der
Echtheit inzwischen erbracht worden zu sein[20]. Die bayerischen Bischöfe beschwe-
ren sich im Theotmarbrief über das Erscheinen einer hochrangigen päpstlichen Gesandtschaft – es handelt sich um den Erzbischof Johannes und die Bischöfe Benedikt
und Daniel – in Mähren und die damit in Zusammenhang stehenden Bemühungen
um die Schaffung einer mährischen Kirchenprovinz von Rom aus. Sie halten dem
Papst entgegen, daß das Land politisch und kirchlich stets zum fränkisch-
bayerischen Herrschaftsbereich gehört habe, von dem her es christianisiert worden
sei. Dabei werden nun Rolle und Bedeutung der Passauer Kirche dahingehend präzisiert, daß der Bischof von Passau von Anfang an der zuständige Diözesan gewesen
sei, alle geistlichen Handlungen vollzogen habe, ohne Widerspruch zu finden, und
mit den Seinen hier auch Synoden abgehalten habe[21]. Der Brief Hattos spricht seinerseits – etwas unorganisch und daher eben nicht ganz unverdächtig – nach den den
Regierungswechsel im Reich betreffenden Mitteilungen den gleichen Sachverhalt an,
ohne aber Passau besonders zu nennen, und endet mit der Aufforderung an den
Papst, den Hochmut der Mährer, der sich in dem Verlangen nach einer eigenen Kirchenprovinz äußere, zu dämpfen, damit es nicht zu Krieg und Blutvergießen kom-

[19] Vgl. H. KOLLER, Quellenlage und Stand der Forschung zur Landnahme der Ungarn aus der
Sicht des Abendlandes, in: Baiern, Ungarn und Slawen im Donauraum, hg. von W. KATZINGER/
G. MARCKHGOTT (Forschungen zur Geschichte der Städte und Märkte Österreichs 4, 1991),
S. 77–93, S. 78, 88 ff., 93; A.F. GOMBOS, Catalogus fontium historiae Hungaricae 3 (1938), S. 2198
n. 4765 – dazu MARSINA, Codex diplomaticus (wie Anm. 17), Vorbem. zu Nr. 39. In der Forschungsdiskussion hat das Theotmarschreiben hinter dem Hattobrief (vgl. folgende Anm.) immer
zurückgestanden. Für BRESSLAU (wie Anm. 17), S. 12 ist es unzweifelhaft echt.
[20] BRESSLAU, Der angebliche Brief (wie Anm. 17), S. 27–30 Beilage 2; MARSINA, Codex diplomaticus (wie Anm. 17), S. 35 Nr. 40 †††. Zur Forschungsgeschichte vgl. den knappen Überblick bei
H. JAKOBS, Eugen III. und die Anfänge europäischer Stadtsiegel nebst Anmerkungen zum Bande
IV der Germania Pontificia, (Studien und Vorarbeiten zur Germ. Pont. 7, 1980), S. 35 ff. (zu Germ.
Pont. IV, Mainz Nr. 54); eingehende Interpretation des Briefes (mit Diskussion der älteren Forschung): H. BEUMANN, Die Einheit des ostfränkischen Reiches und der Kaisergedanke bei der
Königserhebung Ludwigs des Kindes, AfD 23 (1977), S. 142–163.
[21] Theotmarschreiben (wie Anm. 17): *Sed venerunt ... de latere vestro tres episcopi ... in terram
Sclauorum qui Maraui dicuntur, que regibus nostris et populo nostro, nobis quoque cum habitatori-
bus suis subacta fuerat tam in cultu christiane religionis, quam in tributo substantie secularis, quia
exinde primum imbuti et ex paganis christiani sunt facti: Et iccirco Patauiensis episcopus civitatis, in
cuius diocesi sunt illius terre populi ab exordio christianitatis eorum, quando voluit et debuit, illuc
nullo obstante intravit et synodalem cum suis et etiam inibi inventis conventum frequentavit et
omnia, que agenda sunt, potenter egit, et nullus ei in faciem restitit. Etiam et nostri comites illi terre
confines placita secularia illic continuaverunt et que corrigenda sunt correxerunt, tributa tulerunt, et
nulli eis restiterunt ...*

me[22]. Die möglichen politischen Hintergründe dieser Aktion sind noch näher zu erläutern, zunächst ist festzuhalten, daß das Schreiben Theotmars und seiner Suffragane, denen sich der Bischof Erchanbald von Eichstätt anschließt, tatsächlich einen eindeutigen Beleg für eine passauische Mährenmission enthält oder zumindest eine solche als Tatsache hinstellt.

Wann die Anfänge der Christianisierung anzusetzen sind, wird in unserer Quelle nicht gesagt; überhaupt sucht man nach genaueren Angaben und Anhaltspunkten vergeblich. Aber es liegt auf der Hand, daß eine ausgreifende bayerische Slawenmission in dem uns interessierenden Raume erst nach der Zurückdrängung und schließlich der Unterwerfung der Awaren, die den von diesen beherrschten slawischen Stämmen Bewegungsfreiheit verschaffte, möglich war. Der hl. Rupert hat Lorch, das er auf seiner „Missionsreise" zuerst aufgesucht hatte, schon bald verlassen, obwohl er das ehemalige Kastell zunächst als „geeigneten Ort" *(locum aptum)* für seine Tätigkeit angesehen hat[23]. Dies geschah sicher nicht aus dem Grunde, daß hier bereits ein Bischof residierte, wie man noch jüngst ebenso lapidar wie unbeweisbar behauptet hat[24]. Es dürfte die exponiert-gefährdete Lage an der Grenze zu den Awaren gewesen sein, die ihn eine günstigere Wirkungsstätte – nämlich Iuvavum-Salzburg – aufsuchen ließ. Und als der hl. Emmeram nach Pannonien ziehen wollte, um die Awaren zu bekehren, machte ihm der Herzog Theodo in Regensburg klar, daß er in dem Konflikt, in den die Bayern mit den Awaren verstrickt waren, nicht für seine Sicherheit garantieren könne, zumal die Grenzregionen an der Enns als Folge der Kämpfe verwüstet waren[25].

Die ohne Zweifel häufigen Auseinandersetzungen, die auch die christliche Bevölkerung der Grenzlande schwer in Mitleidenschaft zogen[26], verschärften sich Ende der achtziger Jahre im Zusammenhang mit dem Sturz des Bayernherzogs Tassilo, und nach awarischen Niederlagen im Jahre 788 ging Karl der Große drei Jahre später zur

---

[22] Hattobrief, (wie Anm. 17), S. 29 f.: *Inde, quantum presumimus, ammonemus, quatinus vestra auctoritas ... ad humilitatis viam illos corrigendo deponat, ut tandem cognoscant, cui dominatui subici debeant ... Quod si vestra ammonitio illos non correxerit, velint nolint, Francorum principibus colla submittent, et credimus absque sanguinis effusione et mutua cede ex utraque parte tunc [non] posse bene contingere.*

[23] Vgl. die in Anm. 13 angegebene Literatur sowie im besonderen BOSHOF, Agilolfingisches Herzogtum (wie Anm. 13), S. 14.

[24] Vgl. L. ECKHART, Die Kontinuität in den Lorcher Kirchenbauten mit besonderer Berücksichtigung der Kirche des 5. Jahrhunderts, in: H. WOLFRAM/F. DAIM (Hg.), Die Völker an der mittleren und unteren Donau im fünften und sechsten Jahrhundert (Österreichische Akademie der Wissenschaften, Philosophisch-Historische Klasse Denkschriften 145, 1980), S. 23–27; zu oben S. 25 Anm. 13 mit Verweis auf B. ULM, Patrozinien in Spätantike und Agilolfingerzeit, in: Baiernzeit in Oberösterreich. Ausstellungskatalog (1977), S. 189–212, zu oben S. 202.

[25] Vita Haimhrammi c. 5 (wie Anm. 14), S. 12; BOSHOF, Agilolfingisches Herzogtum (wie Anm. 13), S. 13.

[26] S. ABEL/B. V. SIMSON, Jahrbücher des Fränkischen Reiches unter Karl dem Großen 2 (1883), S. 11 mit Anm. 6.

Offensive über. Die Feldzüge des Grafen Erich von Friaul und des Königs Pippin von Italien 795/796 führten schließlich die Entscheidung herbei, nachdem die fränkischen Heere zweimal das awarische Herrschaftszentrum, den in der Theißebene gelegenen „Hring", besetzt und dabei unermeßliche Beute gemacht hatten[27]. Die letzten Kämpfe zogen sich zwar noch bis in die Jahre nach der Jahrhundertwende hin, aber die Awaren stellten nun, selbst unter slawischen Druck geratend, keine Gefahr mehr da. Die Quellen berichten von Huldigungen und Taufen einzelner Fürsten, das Gebiet bis jenseits des Wiener Waldes wurde in die fränkische Reichsverwaltung einbezogen[28]; „slawische und bayerische Völker begannen das Land zu bewohnen, aus dem die Hunnen vertrieben worden waren", – so lautet das Fazit der Conversio Bagoariorum[29].

Bereits im Sommer 796 hatte Pippin auf seinem Awarenzuge einige Bischöfe an den Ufern der Donau zu einer Synode um sich versammelt, auf der Fragen der Mission erörtert wurden[30]. Die Teilnehmer sprachen sich gegen eine gewaltsame Bekehrung aus und plädierten für eine hinreichende Unterweisung vor der Taufe[31]. Das Protokoll über diese Verhandlungen ist von dem Patriarchen Paulinus von Aquileja angefertigt worden; auch der Bischof Arn von Salzburg dürfte an der Versammlung teilgenommen haben[32]. Daß Waltrich von Passau anwesend war, ist denkbar, läßt sich aber nicht belegen. Bei dieser Gelegenheit ist vielleicht der Missionssprengel organisiert worden, der Arn von Salzburg zugewiesen wurde. Nach der Grenzumschreibung der Conversio Bagoariorum handelt es sich dabei um einen Teil Pannoniens um den Plattensee zwischen der Raab im Westen, der Drau im Süden und der Donau

---

[27] ABEL/V. SIMSON, Jahrbücher des Fränkischen Reiches (wie Anm. 26), S. 98 ff., 106 f., 117 ff., 121 ff.; zu den Awaren vgl. J. DEÉR, Karl der Große und der Untergang des Awarenreiches, in: Karl der Große 1 (1965), S. 719–791; W. POHL, Die Awaren. Ein Steppenvolk in Mitteleuropa 567–822 n. Chr. (1988); WOLFRAM, Geburt Mitteleuropas (wie Anm. 8), S. 119, 121, 188 f. u.ö.; zum bajuwarisch-awarischen Verhältnis auch: H.-D. KAHL, Die Baiern und ihre Nachbarn bis zum Tode des Herzogs Theodo (717/718), in: WOLFRAM/SCHWARCZ, Die Bayern und ihre Nachbarn 1 (wie Anm. 8), S. 201 ff.

[28] Vgl. WOLFRAM, Conversio Bagoariorum (wie Anm. 5), S. 116 f.

[29] WOLFRAM, Conversio Bagoariorum (wie Anm. 5), c. 10 S. 50: *coeperunt populi sive Sclavi vel Bagoarii inhabitare terram, unde illi expulsi sunt Huni, et multiplicari.*

[30] MGH Conc. 2,1, hg. von A. WERMINGHOFF (1906), S. 172–176; dazu: ABEL/SIMSON, Jahrbücher des Fränkischen Reiches (wie Anm. 26), S. 128 f.; W. HARTMANN, Die Synoden der Karolingerzeit im Frankenreich und in Italien (Konziliengeschichte, hg. v. W. BRANDMÜLLER, Reihe A, 1989), S. 916 f.

[31] MGH Conc. 1,1, S. 175: *Ipsa vero praedicantium doctrina non debet esse violenta humanoque pavenda timore, sed benigna, suadebilis et cum dulcedine inrorata, suadebilis nempe de praemio vitae aeternae, terribilis de inferni supplicio, non de gladii cruento mucrone, nec coacti aut inviti trahantur ad baptismi lavacrum …*

[32] WOLFRAM, Geburt Mitteleuropas (wie Anm. 8), S. 261.

im Norden und Osten, soweit die fränkische Macht reichte[33]. Karl der Große hat
diese Maßnahme seines Sohnes Pippin im Jahre 803 bei einem Aufenthalt in Salzburg
bestätigt[34]. Es liegt nahe, die anderen an der awarisch-slawischen Grenze liegenden
Bistümer in diese Missionsorganisation einzubeziehen, Aquileja also die Gebiete
südlich der Drau, Passau aber den Norden mit dem späteren mährischen Machtbereich zuzuweisen[35] – aber für diese in der Forschung sehr dezidiert vorgetragene
Annahme gibt es keine quellenmäßige Grundlage. Was nun für die Kirche von
Aquileja aus ihrer Tradition und kirchenpolitischen Bedeutung seit der Spätantike
durchaus einleuchtend erscheint[36], muß für Passau skeptischer beurteilt werden. Es
ist durchaus nicht sicher, daß der Raum nördlich der Donau von Pippin und seinen
Beratern schon 796 in die Überlegungen über eine künftige Missionspolitik einbezogen worden ist. Für Karl den Großen war im übrigen Arn von Salzburg der Haupt-
verantwortliche für die Slawenmission[37]; um es mit den Worten der Conversio auszudrücken[38]: Der Kaiser befahl ihm, „ins Slawenland zu gehen, für das ganze Gebiet
zu sorgen, das Kirchenleben nach Art eines Bischofs zu pflegen, die Völker im Glauben und im Christentum durch die Verkündigung zu stärken. So machte jener, daß
er dorthin kam, weihte Kirchen, setzte Priester ein und lehrte das Volk durch seine
Predigt". Schließlich kehrte Arn zu den bewährten Methoden der Salzburger Missionspolitik zurück und bestellte mit Zustimmung des Kaisers – in der Conversio
heißt es sogar: „auf seinen Befehl hin" – einen Chorbischof Theoderich für „das
Gebiet der Karantanen und ihre Nachbarn im Westen der Drau bis zu deren Mün-
dung in die Donau"[39], dessen Aufgabe es sein sollte, dem gesamten kirchlichen Leben
in jenen Gebieten eine kanonische Ordnung in Abhängigkeit von der Salzburger

[33] WOLFRAM, Conversio Bagoariorum (wie Anm. 5), c. 6 S. 47 mit Kommentar S. 106 f.;
H. DOPSCH, Slawenmission und päpstliche Politik. Zu den Hintergründen des Methodiuskonflik-
tes, in: Salzburg und die Slawenmission (wie Anm. 4), S. 303–340, S. 310 f.

[34] Wie Anm. 31; vgl. J.F. BÖHMER/E. MÜHLBACHER, Die Regesten des Kaiserreiches unter den
Karolingern 751–918 ([2]1908, ND mit Vorwort usw. von C. Brühl und H.H. Kaminsky, 1966),
Nr. 404a (zitiert BM[2] und Nr.).

[35] Vgl. z.B. DOPSCH, Passau als Zentrum (wie Anm. 1), S. 9; DERS., Salzburg und der Südosten,
Südostdt. Archiv 21 (1978), S. 5–35, S. 14.

[36] H.-D. KAHL, Zwischen Aquileja und Salzburg – Beobachtungen und Thesen zur Frage romanischen Restchristentums im nachvölkerwanderungszeitlichen Binnen-Noricum (7. bis 8. Jahrhundert), in: WOLFRAM/DAIM, Die Völker an der mittleren und unteren Donau (wie Anm. 24),
S. 33–81.

[37] WOLFRAM, Geburt Mitteleuropas (wie Anm. 8), S. 260 ff.

[38] WOLFRAM, Conversio Bagoariorum (wie Anm. 5), c. 8 S. 48: … *ipse imperator praecepit Ar-
noni archiepiscopo pergere in partes Sclavorum et providere omnem illam regionem et ecclesiasticum
officium more episcopali colere populosque in fide et christianitate praedicando confortare. Sicuti ille
fecit illuc veniendo, consecravit ecclesias, ordinavit presbyteros, populumque praedicando docuit.*

[39] Ebd.: *Tunc iussu imperatoris ordinatus est Deodericus episcopus ab Arnone archiepiscopo Iuvavensium. Quem ipse Arn et Geroldus comes perducentes in Sclaviniam dederunt in manus principum commendantes illi episcopo regionem Carantanorum et confines eorum occidentali parte Dravi
fluminis, usque dum Dravus fluit in amnem Danubii.*

Kirche zu geben[40]. Mag auch die Conversio den Salzburger Standpunkt sehr bestimmt vertreten und entsprechend Salzburger Tradition die Karantanenmission weiterhin im Mittelpunkt der Bemühungen Arns und seiner Helfer gestanden haben, aus der politischen und kirchenpolitischen Sicht der Zeit um die Jahrhundertwende erscheint die führende Rolle Salzburgs für die Mission in der gesamten, damals im karolingischen Blickfeld liegenden Sclavinia völlig einleuchtend. Der Rivale im Süden war Aquileja, für eine Konkurrenz Passaus als Missionszentrum im Norden aber gibt es keine Anhaltspunkte.

Dabei stellt sich zunächst die Frage nach den materiellen und organisatorischen Voraussetzungen einer möglichen Passauer Mission um 800, ein Problem, das, soweit wir sehen, nur Heinrich Koller intensiver erörtert hat[41]. Die Quellenlage läßt auch in diesem Falle nur Vermutungen zu, überzeugende Antworten sind nicht zu erwarten. Koller geht davon aus, daß die Donau als günstige Verkehrsader Passauer Missionaren den Weg zu den slawischen Zentren an Thaya, March, Waag und Gran öffnete und daß diese Möglichkeiten von der Passauer Kirche selbst und den Klöstern der Diözese auch genutzt worden seien. Die bayerische Klosterkarte des 8. Jahrhunderts aber, so wie sie Wilhelm Störmer nach den spärlichen Quellen gezeichnet hat[42], weist den östlichen Raum weitgehend als weißen Fleck aus; dabei bleiben die Verhältnisse in St. Florian und St. Pölten für uns ohnehin völlig im dunkeln[43]. Besser sind wir über Kremsmünster unterrichtet[44]. Zur Gründungsausstattung des von Herzog Tassilo III. 777 gestifteten Klosters im Traungau gehörte auch eine Slawendekanie, aber der Großteil der Schenkungen liegt im Altsiedelland, und von einem Missionsauftrag ist in der herzoglichen Urkunde nicht die Rede. Bei der Gründung dieses wie anderer Klöster haben die Stifter sicher eher an Aufgaben der herrschaftlichen Erschließung des Raumes und der seelsorgerischen Betreuung des Umlandes als an ausgreifende Mission gedacht. Daran dürfte sich auch nichts geändert haben, als Kremsmünster durch königliche Schenkung – ob schon unter Bischof Hatto (806–817) oder seinem Nachfolger Reginhar (817–838)[45] oder überhaupt erst später, das alles ist ungewiß – in Passauer Besitz kam. Die vor allem auf die angebliche Parallelität von Kirchenbauformen sowie auf kunsthistorische Argumente hin-

[40] Ebd.: *(ut) ... totumque ecclesiasticum officium in illis partibus, prout canonicus ordo exposcit, perficeret, dominationem et subiectionem habens Iuvavensium rectorum.*

[41] KOLLER, Bemerkungen zu Kirche und Christentum (wie Anm. 4).

[42] W. STÖRMER, Beobachtungen zur historisch-geographischen Lage der ältesten bayerischen Klöster und ihres Besitzes, in: Frühes Mönchtum in Salzburg. Probleme der Forschung (Salzburg Diskussionen 4, 1983), S. 109–123.

[43] Zur Frühgeschichte von St. Florian: RBP, 105 u. 180 (mit Literatur); F.-R. ERKENS, Ludwigs des Frommen Urkunde vom 28. Juni 823 für Passau (BM² 778), DA 42 (1986), S. 86–117. – Zu St. Pölten: RBP, 232 (mit der hier angegebenen Literatur).

[44] Zu Kremsmünster vgl. RBP, 21 (mit der hier angegebenen Literatur); H. WOLFRAM, Die Gründungsurkunde Kremsmünsters, in : Die Anfänge des Klosters Kremsmünster (1978), S. 51–82; DERS., Geburt Mitteleuropas (wie Anm. 8), S. 154 ff.

[45] RBP, 98 u. † 122.

sichtlich der archäologischen Entdeckungen in Mähren und der heutigen Slowakei gestützte These von den Erfolgen iroschottischer, von Kremsmünster ausgehender Mission[46] ist völlig unhaltbar. Nicht nur, daß sie schon von der archäologischen Forschung her methodisch anfechtbar ist, da von den Kirchenbauten lediglich Fundamente – überdies häufig nur durch Nutzung als Steinbruch beschädigte Mauerreste – erhalten blieben und die Rekonstruktion der aufgehenden Teile meist sehr subjektiv ist[47], es läßt sich vor allem eine iroschottische Prägung Kremsmünsters nicht nachweisen, und die Auffassung, daß in der uns interessierenden Zeit noch iroschottische Einflüsse bei der Mission hätten wirksam sein können, erscheint völlig anachronistisch[48].

Indiz für eine kolonisatorische Erschließung des Raumes und unter Umständen damit einhergehend eine Christianisierung slawischer Bevölkerungsgruppen sind die königlichen Schenkungen an die Kirchen. Dabei ist in späteren Bestätigungen mitunter davon die Rede, daß der Besitz *in Pannonia* oder *in terra Avarorum* bereits zu der Zeit erworben wurde, als Karl der Große das Land unterworfen habe[49], damals aber noch nicht verbrieft worden sei. Der Passauer Kirche hat Ludwig der Fromme 823 den von seinem Vater geschenkten Besitz – unter anderem St. Pölten und die Wachau – bestätigt[50]. Im Diplom heißt es ausdrücklich, daß Karl, als er das *regnum Hunorum* unterworfen habe, der Kirche von Passau zahlreiche Orte schenkte, um die dort lebenden Menschen für den Glauben an Gott zu gewinnen; diese Besitzungen waren, entweder durch Nachlässigkeit der Bischöfe, oder aber auch durch Übergriffe der Grafen, zwischenzeitlich zum Teil wieder verlorengegangen[51] und werden nun von Ludwig restituiert. Hier fällt ein Schlaglicht auf kirchlich-weltliche Rivalitäten beim Landesausbau, so daß also durchaus mit Behinderung bischöflicher Aktivitäten durch weltliche Machthaber zu rechnen ist.

[46] Zu den entsprechenden Thesen von J. CIBULKA vgl. ZAGIBA, Anfänge desr Christianisierung (wie Anm. 2) u. VAVŘINEK, Christianisierung (wie Anm. 2), S. 16 ff.

[47] Dazu auch J. POULÍK, Wirtschaftlich-soziale Entwicklung im slawischen Bereich nördlich der mittleren Donau im 6. bis 10. Jahrhundert, in: Salzburg und die Slawenmission (wie Anm. 4), S. 119–181, insbesondere S. 127 f.

[48] Vgl. auch H.-D. KAHL, Zur Rolle der Iren im östlichen Vorfeld des agilolfingischen und frühkarolingischen Baiern, in: Die Iren und Europa im früheren Mittelalter 1, hg. von H. LÖWE (1982), S. 375–398, S. 378 ff.

[49] Vgl. DD LdD 3 (831, für Herrieden) und 109 (863?, für Altaich) = MGH Diplomata regum Germaniae ex stirpe Karolinorum 1, bearb. P. KEHR, (1932/34); vgl. D LdD 3: *...qualiter quando terra Auarorum a domno Karolo imperatore ex parte subiugata fuisset, ipsius permissu ... Theutgarius abba proprisiret quaedam loca...*

[50] Vgl. ERKENS, Ludwigs des Frommen Urkunde (wie Anm. 43), S. 112 Anhang.

[51] Ebd. S. 113: *qualiter ...Karolus ... imperator regnum Hunorum subiugaverit et homines terre illius cultui divino mancipaverit in tantum, ut etiam plurima loca ecclesie Pataviensi et presulibus eius delegaverit, sed partim ignavia cuiusdam huiusche (!) sedis pontificis partim cupiditate comitum eiusdem provincie quedam loca exinde contradicta sunt ...*

Von Ludwig dem Deutschen erhielt die Passauer Kirche 833 und in den folgenden Jahrzehnten Besitz „im Awarenland", unter anderem zwischen Raab und Wienerwald, der den Chorbischöfen Anno und Albrich zur Nutznießung oder freiem Eigen überlassen wurde[52]. Ob diesen dabei – vielleicht nach Salzburger Vorbild – Missionsaufgaben übertragen wurden, läßt sich nicht sagen. Neben Passau erscheinen aber auch andere Kirchen als Empfänger königlicher Schenkungen in den zu dieser Diözese gehörenden Gebieten: so Salzburg und Freising sowie die Klöster Niederaltaich, Mattsee, Tegernsee, St. Emmeram und Herrieden[53]. Die genannten Besitzungen sind im Raume zwischen den Mündungen von Ybbs und Pielach, in der Wachau, an der Traisen, um St. Pölten und Tulln zum Teil, wie im Falle des Chorbischofs Albrich, zwischen Raab und Wienerwald oder an Spratzbach und Zöbernbach, also weiter im Südosten, zu lokalisieren. Für unsere Frage entscheidend aber ist, daß diese Orte in der Mehrzahl südlich der Donau liegen und die Region des späteren mährischen Reiches gar nicht betroffen ist. Die Vorstellung von einer führenden Rolle der Passauer Kirche in der Mährenmission ist – zunächst für die erste Hälfte des 9. Jahrhunderts – deutlich zu korrigieren, und selbst in dem durch königliche Landschenkungen erfaßten Raume hat Passau nicht allein den Landesausbau und die kirchliche Erschließung getragen. Offenbar fehlten der Kirche des hl. Stephan dazu die personellen und organisatorischen Voraussetzungen.

Zum Jahre 822 nennen die fränkischen Reichsannalen die Mährer (*Marvani*) zum ersten Male: Auf der nach Frankfurt einberufenen Reichsversammlung empfängt Ludwig der Fromme Gesandtschaften der Ostslawen (*orientales Sclavi*), nämlich der Abodriten, Sorben, Wilzen, Böhmen, Mährer, Prädenecenter und der in Pannonien wohnenden Awaren[54]. Für die Awaren bedeutet dies die letzte Erwähnung in den fränkischen Quellen: Als Volk verschwinden sie nun aus der Geschichte. Wenige Jahre später dürfte das Ereignis stattgefunden haben, das uns nun tatsächlich einen ersten Beleg für Mission im mährischen Machtbereich bietet: die Weihe der auf dem Eigengut des Fürsten Priwina zu Neutra erbauten Kirche durch den Erzbischof

---

[52] Vgl. RBP, 114 (= D LdD 9); 118 (= D LdD 18); 132 (= D LdD 98).

[53] Vgl. DD LdD. 25 und 102 (Salzburg); Th. BITTERAUF, Die Traditionen des Hochstifts Freising 1 (1905/09), S. 760 Nr. 1007 (Freising); D Kar 1 (= MGH Diplomatum regum Germaniae e stirpe Karolinorum Tom. 1, hg. von E. MÜHLBACHER, 1906) Nr. 212, DD LdD 2 und 109 (Niederaltaich); D LdD 101 (Mattsee); DD LdD 64 und 96 (St. Emmeram); D LdD 3 (Herrieden); J. WEIßENSTEINER, Tegernsee, die Bayern und Österreich. Studien zu Tegernseer Geschichtsquellen und der bayerischen Stammessage. Mit einer Edition der Passio secunda s. Quirini (1983), S. 69 ff. – Vgl. auch WOLFRAM, Geburt Mitteleuropas (wie Anm. 8), S. 265 und H. KOLLER, König Ludwig der Deutsche und die Slawenmission, in: Historia docet. FS für I. Hlaváček (1992), S. 167–193.

[54] BM² 766a; Annales regni Francorum ad. a. 822, hg. von F. KURZE, MGH SS rer. Germ. (1895), S. 159.

Adalram von Salzburg[55]. Die Notiz in der Conversio Bagoariorum, die den Eindruck
eines späteren Einschubs oder Nachtrags erweckt[56], ist undatiert; mit guten Gründen
wird die Kirchweihe aber zu 827/828, jedenfalls vor die zwischen Salzburg und Passau vorgenommene Diözesanregulierung, gesetzt[57]. Was auffällt, ist, daß der Salzburger und nicht sein Passauer Suffragan tätig wird. Man kann diese bemerkenswerte
Tatsache damit erklären, daß Priwina, der noch Heide war, als Eigenkirchenherr sich
den Konsekrator wählen konnte, den er haben wollte, und nicht an den „zuständigen
Diözesanbischof" gebunden war[58]. Richtiger scheint uns zu sein, daß es diesen
„zuständigen Diözesanbischof" noch gar nicht gab und Salzburg vielleicht noch
immer – entsprechend den Vorstellungen Karls des Großen – eine allgemeine Verantwortung für die Slawenmission wahrnahm oder beanspruchte. Es ist immerhin
auch bemerkenswert, daß Priwina einige Jahre später in der Kirche des hl. Martin zu
Traismauer, einem Hof, der zur Salzburger Kirche gehörte, die Taufe empfing[59].
    Die vieldiskutierte Grenzregelung zwischen den Diözesen Passau und Salzburg
gehört wohl in das Jahr 829. Das Diplom, durch das Ludwig der Deutsche im Streit
zwischen Reginhar von Passau und Adalram von Salzburg die Flüsse *Spraza*
(Spratzbach) und *Rapa* (Raab) als Diözesangrenze bestimmte[60], ist jedoch ohne
Zweifel eine Fälschung – ob des 12. Jahrhunderts oder Pilgrims[61], das braucht uns
hier nicht zu interessieren. Überliefert ist es erst als Abschrift des 13. Jahrhunderts
im Codex Lonsdorfianus, dem auf Initiative des Bischofs Otto von Lonsdorf (1254–
1265) angelegten großen Kopialbuch der Passauer Kirche. Das Gebiet westlich der
Raab wurde Passau zugeschrieben, was zur Folge hatte, daß auch der entstehende
mährische Machtbereich künftig in die Passauer Einflußzone fallen mußte. Das aber
war 829 sicher nicht Gegenstand der Auseinandersetzung. Es ging vielmehr um die
Abgrenzung – und damit auch die Zuständigkeit für die Mission – im Bereich des
Wiener Waldes, in der „Buckligen Welt"[62].

---

[55] WOLFRAM, Conversio Bagoariorum (wie Anm. 5), c. 11 S. 52: *cui* (scil. *Priwinae*) *quondam
Adalrammus archiepiscopus ultra Danubium in sua propritate loco vocato Nitrava consecravit
ecclesiam.*
    [56] Vgl. Kommentar WOLFRAM, aaO., S. 130.
    [57] Ebd. S. 130; DOPSCH, Salzburg und der Südosten (wie Anm. 35), S. 14 (mit Anm. 43 f.);
DERS., Passau als Zentrum (wie Anm. 1), S. 9 f.
    [58] So DOPSCH, Passau als Zentrum (wie Anm. 1), S. 10.
    [59] WOLFRAM, Conversio Bagoariorum (wie Anm. 5), c. 10 S. 50 f.: *Qui* (scil. der Ostlandpräfekt
Ratbod) *statim illum* (scil. Priwina) *praesentavit domno regi nostro Hludowico, et suo iussu fide
instructus baptizatus est in ecclesia sancti Martini loco Treisma nuncupato, curte videlicet pertinenti
ad sedem Iuvavensem.*
    [60] D Ludwig der Deutsche 173 (Überlieferung im Codex Lonsdorfianus, 13. Jh.).
    [61] Vgl. RBP, † 110 (mit der Literatur).
    [62] K. LECHNER, Die salzburgisch-passauische Diözesanregulierung in der Buckligen Welt im
Rahmen der Landschaftsgeschichte des 9. Jahrhunderts, Mitteilungen der Gesellschaft für Salzburger Landeskunde 109 (1969), S. 41–65; vgl. ferner: DOPSCH, Salzburg und der Südosten (wie Anm.
35), S. 14 mit Anm. 43 f.; WOLFRAM, Geburt Mitteleuropas (wie Anm. 8), S. 278.

Für die dreißiger Jahre sind im übrigen stärkere Impulse in der Missionspolitik von der Zentralgewalt nicht zu erwarten, da Ludwig der Deutsche von den innerdynastischen Auseinandersetzungen um die Verteilung des karolingischen Erbes und die Aufteilung des Großreiches voll in Anspruch genommen wurde. Vor diesem Hintergrund vollzieht sich der Aufbau einer weitgehend autonomen mährischen Herrschaft[63]. Etwa um 830 wurde Priwina von Neutra durch Moimir aus seinem Herrschaftsbereich um Neutra vertrieben. Mit Moimir beginnt der Aufstieg jener einheimischen Dynastie, die die Geschicke des Mährerreiches bis zu seinem Untergang bestimmen sollte. Priwina gelang nach einigen Schwierigkeiten eine neue Herrschaftsbildung im Gebiet um den Plattensee mit dem Zentrum Moosburg *(Mosapurc)*-Zalawàr; die Belehnung durch Ludwig den Deutschen um 840[64] schuf eine klare Rechtsgrundlage im Verhältnis zum ostfränkischen Reich, das sich in den folgenden Jahren so günstig entwickelte, daß der König die Lehen des Slawenfürsten 847 – mit Ausnahme des Salzburger Besitzes – in Allod umwandelte. Die darüber am 12. Oktober in Regensburg ausgestellte, nicht erhaltene, aber in der Conversio Bagoariorum referierte Urkunde hat auch der Passauer Bischof Hartwig unterfertigt[65]. In engem Zusammenwirken mit Salzburg hat Priwina in dieser Zeit die Mission in Pannonien vorangetrieben, und an den günstigen Voraussetzungen für die Christianisierung des Landes änderte sich auch nichts, als ihm nach seinem Tode um 860/61 sein Sohn Chozil in der Herrschaft folgte[66].

Weniger unproblematisch gestalteten sich allerdings die Beziehungen des ostfränkischen Reiches zu den mährischen Machthabern. Im August 846 unternahm Ludwig der Deutsche einen Felzug gegen die Mährer *(Sclavi Margenses)*. Nach dem Bericht der Fuldaer Annalen[67] hatten diese den Abfall geplant, doch konnte der König Ordnung schaffen und die Verhältnisse nach seinem Gutdünken *(iuxta libitum suum)* regeln; er setzte Rastiz (Rastislaw), einen Neffen Moimirs, zum Fürsten *(dux)* ein, erlitt aber bei seinem Rückmarsch durch Böhmen schwere Verluste. Ob Moimir

---

[63] Knapper Überblick bei: H. WOLFRAM, Slawische Herrschaftsbildungen im pannonischen Raum als Voraussetzung für die Slawenmission, in: Salzburg und die Slawenmission (wie Anm. 4), S. 245–253. Zu Geschichte und Struktur des Mährenreiches: F. GRAUS u.a. (Hg.), Das Großmährische Reich (1966), insbesondere: F. GRAUS, L'Empire de Grande-Moravie, sa situation dans l'Europe de l'époque et sa structure intérieure, S. 133–219.

[64] WOLFRAM, Conversio Bagoariorum (wie Anm. 5), c. 11 S. 52: *Aliqua vero interim occasione percepta rogantibus praedictis regis fidelibus praestavit rex Priwinae aliquam inferioris Pannoniae in beneficium partem circa fluvium, qui dicitur Sala. Tunc coepit ibi ille habitare et munimen aedificare ...;* dazu Kommentar S. 129 f.

[65] RBP, 126; vgl. D LdD 46 und WOLFRAM, Conversio Bagoariorum (wie Anm. 5), Kommentar S. 136 f.

[66] WOLFRAM, Herrschaftsbildungen (wie Anm. 63), S. 251 f.

[67] Annales Fuldenses ad a. 864, hg. von F. KURZE, MGH SS rer. Germ. (1891), S. 36; vgl. E. HERRMANN, Slawisch-germanische Beziehungen im südostdeutschen Raum von der Spätantike bis zum Ungarnsturm. Ein Quellenbuch mit Erläuterungen (1965), S. 109. Im folgenden wird der Einfachheit halber häufig nach diesem Werk zitiert.

bei diesem Unternehmen abgesetzt worden ist oder bereits vorher verstorben war, ist nicht auszumachen. Für den ostfränkischen Beobachter stellt sich die staatsrechtliche Lage also so dar, daß die *Sclavi Margenses* die fränkische Oberhoheit anerkannten und der karolingische Herrscher erheblichen Einfluß auf die Gestaltung der inneren Verhältnisse bei diesem slawischen Nachbarn nehmen konnte. In den folgenden Jahren hat Ludwig der Deutsche immer wieder Krieg gegen die Mährer führen müssen. Mitunter unternahm Rastislaw sogar Plünderungszüge über die Donau in die Ostmark, im Gegenschlag verheerten ostfränkische Truppen die mährischen Gebiete; zeitweise stand der Mährerfürst auch im Bündnis mit dem Königssohn Karlmann, der auf der Basis der Verwaltung der östlichen Marken seine eigene Herrschaft auszubauen suchte und den Aufstand gegen den Vater probte[68].

Auf Einzelheiten dieser ständigen Konflikte des ostfränkischen Königs mit Rastislaw ist hier nicht einzugehen; für unsere Fragestellung ist wichtig, daß der Prozeß der Christianisierung durch diese militärischen Verwicklungen offenbar nicht gehemmt wurde. Freilich sind die schriftlichen Zeugnisse mehr als dürftig; lediglich ein knapper Hinweis in den Akten der Mainzer Synode vom 3. Oktober 852 erhellt die Situation schlaglichtartig. Ein gewisser Albgis wird wegen Ehebruchs verurteilt[69]: Er hatte die Frau eines Patrich entführt *ad extremos fines regni*, in die entferntesten Gebiete des Reiches, die dann näher charakterisiert werden durch den Zusatz: *in rudem adhuc christianitatem gentis Maraensium* – zu den Mährern also, die schon, wenn auch noch in primitiven Formen, dem christlichen Glauben anhingen. Es liegt nahe, für diese Art des Christentums an Zustände zu denken, wie sie etwa Bonifatius bei seiner Mission in Hessen und Thüringen kennenlernte[70], wo die heidnischchristliche Gemengelage mannigfache Formen des Aberglaubens hervorrief und heidnische Gebräuche noch nicht endgültig überwunden waren. Aber der völlige Mangel an weiteren schriftlichen Quellen hindert uns daran, Aussagen zu machen, die über Vermutungen oder Spekulationen hinausgehen. In dieser Situation sind wir auf die Ergebnisse der Archäologie angewiesen, und in der Tat haben die Ausgrabungen Erstaunliches zutage gefördert. Der ersten Hälfte des 9. Jahrhunderts werden heute bereits etwa zwanzig Kirchen zugewiesen, deren Überreste in Mähren und der Westslowakei entdeckt worden sind[71]. Dabei haben sich unter den Fundorten einige

---

[68] Vgl. die bei HERMANN, Slawisch-germanische Beziehungen (wie Anm. 67), S. 109 ff. zusammengestellten Quellen. Vgl. auch C.R. BOWLUS, Krieg und Kirche in den Südost-Grenzgrafschaften. Zusammenhänge zwischen militärischen Auseinandersetzungen in den Marken und der Slawenmission, in: Salzburg und die Slawenmission (wie Anm. 4), S. 71–91.

[69] MGH Conc. 3, hg. von W. HARTMANN (1984), S. 248 (c. 11); zu dieser Synode vgl. HARTMANN, Synoden der Karolingerzeit (wie Anm. 30), S. 228–232.

[70] Vgl. Th. SCHIEFFER, Winfrid-Bonifatius und die christliche Grundlegung Europas (1954), S. 139 ff., 152 ff.

[71] Vgl. J. POULÍK, The origins of Christianity in Slavonic countries north of the Middle Danube Basin, World Archaeology 10 (1978), S. 158–171; DERS., Wirtschaftlich-soziale Entwicklung (wie Anm. 47); DERS., Mikulčice. Sidlo a pevnost knížat velkomoravských (mit ausführlicher Zusam-

zentrale Burgwallstädte herausgeschält, die als Fürstensitze zu charakterisieren sind – so etwa Mikulčice und Staré Město mit Modrá im Tal der March, Pohansko an der Thava und Nítra in der Slowakei –, in denen der Fürstenburg z. T. sogar, wie in Mikulčice, mehrere Kirchenbauten zuzuordnen sind. Die Datierungen der Funde mögen in Einzelfällen vielleicht mit allzu großer Sicherheit vorgenommen worden sein, aber an der Existenz von christlichen Gemeinden und Kirchen vor dem Auftreten des Methodius ist nicht zu zweifeln[72]. Das entspricht dem Bilde, das die Conversio Bagoariorum von den Verhältnissen im Fürstentum Priwinas zeichnet: Dieser hat im Jahre 850 an seinem Sitz in Moosburg durch den Erzbischof Liupram von Salzburg eine Marienkirche weihen lassen[73]; im Laufe der nächsten Jahre kommen noch zwei Kirchen, dem Märtyrer Hadrian und dem hl. Johannes Baptista geweiht, hinzu[74]. Darüber hinaus führt die Conversio über zehn weitere Kirchen auf, die während der Regierungszeit Priwinas erbaut worden sind[75].

Wir würden aber sicher zu weit gehen, wenn wir in einem Analogieschluß eine völlige Parallelität der Entwicklung in Mähren und Pannonien derart konstruieren, daß der führenden Rolle Salzburgs hier eine ähnliche Bedeutung Passaus dort entspricht[76]. Salzburgs Möglichkeiten waren zweifellos größer, seine Stellung in der Slawenmission war seit Jahrzehnten gefestigt und unbestritten, und dieser Eindruck ist nicht allein dadurch bedingt, daß uns für den Metropolitansitz mit der Conversio Bagoariorum eine Quelle von exzeptioneller Bedeutung zur Verfügung steht. Für eine gezielte Mährermission von Passauer Seite aus haben wir dagegen keinen wirklichen Beleg. Der Bischof Hartwig hat an der erwähnten Mainzer Synode von 852 teilgenommen[77]; mit den Verhältnissen in Mähren dürfte er vertraut gewesen sein. Ob er den Grafen Ernst auf dem Böhmenfeldzug des Jahres 855 begleitet hat, ist ungewiß[78]. Aber seit 860 war er bis zu seinem Tode im Mai 866 durch einen Schlaganfall gelähmt und konnte seine Amtsgeschäfte nicht mehr wirklich ausüben, so daß man auf eine Anfrage König Ludwigs hin in Rom an die Bestellung eines Bistumsverwesers dachte[79]. Damit dürften die Passauer Aktivitäten ohnehin für eine gewisse Zeit erheblich eingeschränkt gewesen, wenn nicht gar völlig ausgefallen sein.

Die Funde in den mährischen Fürstensitzen und Burgwällen geben Aufschluß über einen Fernhandel, der die Führungsschicht mit dem Ausland in Beziehung

---

menfassung: Mikulčice – Sitz und Feste der großmährischen Fürsten) (1975), vgl. I. HLAVÁČEK, DA 32 (1976), S. 303.

[72] Dazu Č. STAŇA, Mährische Burgwälle im 9. Jahrhundert, in: H. FRIESINGER/F. DAIM (HG.), Die Bayern und ihre Nachbarn 2 (Österreichische Akademie der Wissenschaften Philosophisch-Historische Klasse Denkschriften 180, 1985), S. 157–200, insbesondere S. 162 ff.

[73] WOLFRAM, Conversio Bagoariorum (wie Anm. 5), c. 11 S. 52; Kommentar S. 130.

[74] Ebd.; Kommentar S. 134 f.

[75] Ebd.; Kommentar S. 135 f.

[76] So z.B. DOPSCH, Passau als Zentrum (wie Anm. 1), S. 10 f.

[77] RBP, 129.

[78] RBP, *131.

[79] RBP, 140.

brachte[80]. Aufgrund solcher Verbindungen können durchaus auch Missionare und Priester nach Mähren gelangt sein. Über die Herkunft der *doctores Christiani*, das heißt also der Glaubensboten, die in Mähren vor Ankunft des Methodius wirkten, haben wir eine klare Aussage in der pannonischen Methodiuslegende. In ihrem Schreiben an Kaiser Michael III. (842–867), in dem sie um die Entsendung von Missionaren bitten, verweisen die Fürsten Rastislaw und Swatopluk nämlich darauf, daß zu ihnen bereits viele christliche Lehrer aus Italien, Griechenland und der Germania, dem Frankenreich also, gekommen seien[81]. Auch das ist ein unverdächtiges Zeugnis dafür, daß die Mährermission nicht eine Domäne der Passauer Kirche war. Hinter dem Bau von Kirchen ist sicher in vielen Fällen die Privatinitiative adeliger Eigenkirchenherren zu vermuten; sie waren dann auch für die Gewinnung und Versorgung von Missionaren und Priestern verantwortlich.

Wenn sich die Mährenmission bis dahin anscheinend von politischen Wechselfällen eher unberührt vollzogen hatte, so änderte sich das mit dem Beginn der sechziger Jahre, als die Fürsten Rastislaw und Swatopluk im Jahre 862 mit ihrer schon erwähnten Anfrage bei Kaiser Michael III. selbst die Initiative ergriffen. Die Begründung für diesen Schritt ist eine religiöse: Es geht um eine vertiefte Unterweisung des Volkes im neuen Glauben und dabei auch um den Gebrauch der slawischen Sprache[82]. Aber politische Hintergründe sind unübersehbar. Die religiös-kirchliche Annäherung an Byzanz sollte das politische Bündnis vorbereiten, das der Mährerfürst brauchte, um gegenüber dem Ostfrankenreich die Autonomie seiner Herrschaft durchzusetzen[83]. Daß er in diesen Jahren den aufständischen Königssohn Karlmann unterstützte, diente dem gleichen Zweck. Im Gegenschlag näherte sich Ludwig der Deutsche dem Bulgarenkhan Boris (852–889), der seinen Herrschaftsbereich über die Theißebene ausgedehnt hatte und unmittelbarer Nachbar des mährischen Reiches geworden war[84]. Auch dieses politische Bündnis sollte durch Mission abgesichert werden. Allerdings gelang es Byzanz zunächst noch einmal, die Westorientierung der Bulgaren abzublocken: Boris empfing die Taufe 864 in Konstantinopel und nahm

---

[80] STAŇA, Mährische Burgwälle (wie Anm. 72), S. 164 f.

[81] HERRMANN, Slawisch-germanische Beziehungen (wie Anm. 67), S. 158 (vgl. zur Edition S. 157 Anm. 185): *Et venerunt ad nos doctores christiani multi ex Italia et e Graecia et e Germania, docentes nos diverso modo; verum nos Sloveni, rudes homines, non habemus, qui nos instituat in veritate et sensum explicet.* – Zur Quelle vgl. F. GRIVEC, Konstantin und Method. Lehrer der Slaven (1960), S. 241 ff., insbesondere S. 250 f.; H. BIRNBAUM, Zur Sprache der Methodvita, in: Cyrillo-Methodiana (wie Anm. 3), S. 329–361.

[82] Vita Constantini c. 14, hg. von HERRMANN, Slawisch-germanische Beziehungen (wie Anm. 67), S. 157: *Populo nostro paganismo abiecto et christiam legem observante, doctorem non habemus, qui nos nostra lingua veram fidem christianam edoceat, ut etiam aliae regiones, haec videntes, nobis similes fiant ...;* vgl. Methodvita c. 5 (wie Anm. 81). Vgl. dazu LÖWE, Cyrill und Methodius (wie Anm. 3), S. 651 ff.

[83] Vgl. WOLFRAM, Conversio Bagoariorum (wie Anm. 5), S. 12; LÖWE (wie Anm. 82).

[84] Vgl. DOPSCH, Slawenmission und päpstliche Politik (wie Anm. 33), S. 322 ff.

nach seinem Taufpaten, dem Kaiser, den Namen Michael an[85], doch konnte er bald darauf die Kontakte zum Westen erneuern. Im Herbst 866 wandte er sich zugleich an Papst Nikolaus I. und König Ludwig den Deutschen und bat um Missionshilfe[86]. Der Karolinger war bereit, die schon einige Jahre zuvor angeknüpften Beziehungen zu vertiefen und ordnete eine Missionsdelegation ins Bulgarenreich ab. Doch als diese im Frühjahr 867 ihr Ziel erreichte, fand sie bereits päpstliche Missionare vor, „die das ganze Land mit Predigten und Taufen erfüllt" hatten[87]. Unverrichteter Dinge kehrten die Franken, nachdem sie die Erlaubnis ihres Königs eingeholt hatten, nach Hause zurück.

Dieser knappe Überblick muß genügen, um zu verdeutlichen, daß die Mährenmission seit Beginn der sechziger Jahre in das weltpolitische Spannungsfeld der ostfränkisch-byzantinisch-römischen Missionsrivalitäten geraten war. Methodius und sein Bruder Konstantin waren 863 nach Mähren gekommen[88]. Ihre Tätigkeit war hier in kurzer Zeit erfolgreich und dehnte sich schließlich sogar auf den Machtbereich Chozils in Pannonien aus. Mit dem Eingreifen Papst Hadrians II., der die beiden Missionare nach Rom einlud und das Wirken Methods nach dem Tode Konstantins durch die Ernennung zum Erzbischof von Sirmium nun von römischer Seite legitimierte[89], geriet selbst die Salzburger Kirche in ihrem traditionellen Einflußbereich in die Defensive[90]. In diesen Jahren wird auch der Passauer Bischof Ermenrich (866–874/75) aktiv; aber wir finden ihn nicht auf dem Felde der Mährenmission tätig,

[85] DOPSCH, Slawenmission und päpstliche Politik (wie Anm. 33), S. 323; allgemein zur Bulgarenmission auch: Chr. HANNICK, in: Kirchengeschichte als Missionsgeschichte 2, hg. von K. SCHÄFERDIEK (1978), S. 301–313; vgl. ferner: L. HEISER, Die Responsa ad consulta Bulgarorum des Papstes Nikolaus I. (858–867) (Trierer Theologische Studien 36, 1979), S. 35 ff.; H.-D. DÖPMANN, Zum Streit zwischen Rom und Byzanz um die Christianisierung Bulgariens (Die slawischen Sprachen 5, 1983), S. 21–40.

[86] DOPSCH, Slawenmission und päpstliche Politik (wie Anm. 33), S. 324.

[87] RBP, 143; Annales Fuldenses ad a. 867, hg. von KURZE (wie Anm. 67), S. 65: *Rex Hludowicus Vulgarum petitionibus annuens Ermenrichum episcopum cum presbyteris ac diaconibus ad propagandam fidem catholicam praefatae genti destinavit. Sed cum illuc pervenissent, episcopi a pontifice Romano misso totam illam terram praedicando et baptizando iam tunc repleverunt; quapropter isti accepta a rege licentia redierunt in sua.*

[88] Die Literatur zu Kyrill und Methodius ist fast unübersehbar geworden. Vgl. vor allem: GRIVEC, Konstantin und Method (wie Anm. 81); F. DVORNIK, Byzantine Missions among the Slavs (1970); LÖWE, Cyrill und Methodius (wie Anm. 3); M. RICHTER, Die politische Orientierung Mährens zur Zeit von Konstantin und Methodius, in: Die Bayern und ihre Nachbarn 1 (wie Anm. 8), S. 281–292; DOPSCH, Slawenmission und päpstliche Politik (wie Anm. 33); Symposium Methodianum. Beiträge zur Internationalen Tagung in Regensburg (17.–24. Apr. 1985) zum Gedenken an den 1100. Todestag des hl. Method, hg. von K. TROST u.a. (Selecta Slavica 13, 1988), sowie den Forschungsbericht von F. ZAGIBA, Zur Geschichte Kyrills und Methods und der bairischen Ostmission, Jahrbücher für Geschichte Osteuropas NF. 9 (1961), S. 247–276.

[89] DOPSCH, Salzburg und der Südosten (wie Anm. 35), S. 20 ff.; DERS., Slawenmission und päpstliche Politik (wie Anm. 33), S. 328 ff.; WOLFRAM, Conversio Bagoariorum (wie Anm. 5), S. 14.

[90] WOLFRAM, Conversio Bagoariorum (wie Anm. 5), c. 12 S. 56; dazu ebd. S. 14.

sondern als Leiter der zu den Bulgaren entsandten fränkischen Missionsdelegation, die vor den römischen Aktivitäten zurückweichen mußte[91]. Im Mai 868 hat er an der Synode von Worms teilgenommen, auf der eine gegen den Patriarchen von Konstantinopel gerichtete Denkschrift zur Trinitätslehre, die *Responsio contra Grecorum heresim de fide sancte trinitatis*, verfaßt wurde[92]. Wir hören jedoch nichts davon, daß er sich als Repräsentant der Passauer Kirche gegen die Mission der beiden griechischen Brüder in Mähren und eventuelle Pläne Rastislaws zur Einrichtung einer eigenen mährischen Kirchenprovinz[93] zur Wehr gesetzt hätte. Daß der Passauer Bischof mit der Organisation der fränkischen Bulgarenmission betraut wurde, weil er für das an das Bulgarenreich grenzende Missionsgebiet in Mähren zuständig war und Ludwig „dem Passauer Klerus eine große Erfahrung bei der Slawenmission zugute hielt"[94], ist eine bloße Vermutung. Es leuchtet ein, daß der König für diesen Auftrag einen Bischof aus den Grenzregionen wählte: Ermenrich war ihm überdies durch seine zeitweilige Zugehörigkeit zur Hofkapelle vertraut und schien durch seine hohe Bildung für diese gerade auch theologisch schwierige Aufgabe bestens gerüstet[95]. Der Bischof hat nicht Passauer Missionsinteressen vertreten, sondern sein servitium regis, seinen Königsdienst, geleistet.

Ein Umsturz der politischen Verhältnisse schien auch für die Mährenmission neue Bedingungen zu schaffen. Im Zuge der ostfränkisch-mährischen Auseinandersetzungen wechselte Swatopluk, der sich um Neutra ein eigenes Herrschaftsgebiet unter der Oberhoheit Rastislaws aufgebaut hatte[96], Anfang 870 die Fronten, kommendierte sich Karlmann und lieferte seinen Oheim den Franken aus[97]. In die Katastrophe des Mährerfürsten wurde auch Methodius hineingerissen. Er geriet in fränkische Gefangenschaft und mußte sich – wohl im November 870 – vor einer bayerischen Bischofssynode in Regensburg verantworten[98]. Ermenrich soll bei dem Verfahren eine unrühmliche Rolle gespielt haben; Papst Johannes VIII. warf ihm nämlich in einem Schreiben aus dem Jahre 873 vor, für eine harte und unwürdige Behandlung des Methodius verantwortlich zu sein. Er habe sich vor der Synode sogar dazu hinreißen lassen, den Gefangenen mit der Reitpeitsche zu bedrohen, und sei nur durch

---

[91] RBP, 143; vgl. Anm. 87.
[92] RBP, 145; HARTMANN, Synoden der Karolingerzeit (wie Anm. 30), S. 301–309; DERS., Das Konzil von Worms 868. Überlieferung und Bedeutung (Abhandlungen der Akademie der Wissenschaften in Göttingen. Philosophisch-Historische Klasse 105, 1977)
[93] Vgl. DOPSCH, Slawenmission und päpstliche Politik (wie Anm. 33), S. 319.
[94] DOPSCH, Passau als Zentrum (wie Anm. 1), S. 13.
[95] Zu Ermenrich und seinem Werdegang vgl. RBP, 142 und die dort angegebene Literatur.
[96] WOLFRAM, Herrschaftsbildungen (wie Anm. 63), S. 247 f.
[97] Vgl. DÜMMLER, Ostfränkisches Reich 2 (wie Anm. 3), S. 294 f.
[98] Vgl. RBP, 146 (mit der dort angegebenen Literatur), insbesondere: H. LÖWE, Ermenrich von Passau, Gegner des Methodius. Versuch eines Persönlichkeitsbildes, in: Salzburg und die Slawenmission (wie Anm. 4), S. 221–241, S. 230 ff.; HARTMANN, Synoden der Karolingerzeit (wie Anm. 30), S. 309 f.

das Eingreifen anderer von Tätlichkeiten abgehalten worden[99]. Sein Verhalten ist zum Teil mit der Enttäuschung über das Scheitern seiner Bulgarenmission, die er nicht verwunden habe, und dem Zorn über den Verlust seines mährischen Missionsgebietes erklärt worden[100]. Aber im Bulgarenreich war nicht Methodius sein Gegenspieler gewesen, und für ein Engagement in der Mährenmission gibt es keinen wirklichen Beleg. Eher dürfte das geringschätzige Urteil des Byzantiners über die mangelnde Bildung seiner bayerischen Richter[101] die jähzornige Reaktion gerade des Passauer Bischofs provoziert haben. Im übrigen hat der Papst den Erzbischof Adalwin von Salzburg als den Urheber der Absetzung des Methodius getadelt[102] und seinen Legaten, den Bischof Paul von Ancona, angewiesen, sowohl Ermenrich als auch Adalwin auf die Unrechtmäßigkeit ihres Vorgehens hinzuweisen[103]. Beide wurden von ihrem Amt suspendiert, Ermenrich darüber hinaus bis zu einem Urteil in Rom exkommuniziert[104]. Ob Adalwin die gleiche Strafe traf, muß offenbleiben, da das an ihn gerichtete päpstliche Schreiben nur fragmentarisch überliefert ist[105]. Es darf auch nicht übersehen werden, daß der Papst den Bischof Anno von Freising neben Adalwin als Urheber und Drahtzieher (incentor; instigator; auctor) des Verfahrens gegen Methodius beschuldigte[106] und ihm vorwarf, sich die Rechte des Apostolischen Stuhls und gleichsam wie ein Patriarch die Gerichtsbarkeit über einen Erzbischof angemaßt zu haben[107]. Es war also Anno, der auf der Synode in besonderer Weise – vielleicht als Vorsitzender des Gerichts – in Erscheinung getreten ist. Und schließlich ist nicht unerheblich, daß Methodius seine Haftstrafe nicht in Passau, sondern an einem anderen Orte – ob auf der Reichenau, in Ellwangen oder in der Obhut Annos von Freising ist umstritten[108] – verbüßte. Im ganzen stellt sich also Ermenrichs Rolle im

---

[99] MGH Epp. 7, hg. von E. CASPAR u.a. (1912–1928), S. 285 f. Nr. 22 = HERRMANN, Slawisch-germanische Beziehungen (wie Anm. 67), S. 147; dazu LÖWE, Ermenrich (wie Anm. 98), S. 233.

[100] DOPSCH, Passau als Zentrum (wie Anm. 1), S. 17.

[101] Vgl. Vita Methodii c. 9, hg. von HERRMANN, Slawisch-germanische Beziehungen (wie Anm. 67), S. 159; vgl. auch die dt. Übersetzung von J. BUJNOCH, Zwischen Rom und Byzanz (1958), S. 92 f.

[102] MGH Epp. 7, Nr. 20 S. 283 = HERRMANN, Slawisch-germanische Beziehungen (wie Anm. 67), S. 146: Ne mireris, quia diximus te agente sedem a fratre nostro Methodio recipiendam, quia profecto dignum est, ut tu, qui fuisti eius auctor deiectionis, sis officii commissi causa receptionis.

[103] RBP, 147.

[104] RBP, 148; dazu LÖWE, Ermenrich (wie Anm. 98), S. 236 f.

[105] LÖWE, Ermenrich (wie Anm. 98), S. 237.

[106] MGH Epp. 7, Nr. 23 S. 286 = HERRMANN, Slawisch-germanische Beziehungen (wie Anm. 67), S. 148; dazu: J. MASS, Das Bistum Freising in der späteren Karolingerzeit (1969), S. 9–19, S. 58–65, insbesondere S. 119–135; W. STÖRMER, Zum Problem der Slawenmission des Bistums Freising im 9. Jahrhundert, in: Salzburg und die Slawenmission (wie Anm. 4), S. 207–220, S. 208 ff.

[107] Wie Anm. 106: Usurpasti enim tibi vices apostolice sedis et quasi patriarcha de archiepiscopo tibi iudicium vindicasti ...

[108] Dazu vgl. die eingehende Diskussion bei LÖWE, Ermenrich (wie Anm. 98), S. 234 ff. (mit den entsprechenden Literaturangaben); Löwe tritt für Freising oder ein Kloster dieser Diözese als Gefängnisort des Methodius ein. Dagegen hält DOPSCH, Slawenmission und päpstliche Politik

Methodiuskonflikt weniger dramatisch und weniger gewichtig dar, als die ältere Forschung es gesehen hat; zu Recht hat Heinz Löwe ihn hier rehabilitiert.

Das Einvernehmen zwischen Swatopluk und Ludwig dem Deutschen hielt nicht lange vor. Doch erwies es sich in dem erneut ausbrechenden Konflikt, daß das Mährerreich militärisch nicht zu bezwingen war[109]. Im Jahre 874 kam es zum Friedensschluß, bei dem übrigens ein Priester Johannes von Venedig – offenbar einer der in der Vita Methodii erwähnten italischen *doctores christiani* – als Leiter der mährischen Delegation fungierte[110]. Dieser Ausgleich, vor allem aber der energische Einsatz Papst Johannes VIII. bewirkten die Freilassung des Methodius, der seine Tätigkeit nun wieder aufnahm, aber in der Folgezeit auf Mähren beschränkt blieb. Der Erzbischof Theotmar konnte im Machtbereich Chozils den Salzburger Einfluß wiederherstellen[111]. Noch 879 tituliert Johannes VIII. Methodius als pannonischen Erzbischof (*archiepiscopus Pannoniensis*)[112], aber kaum ein Jahr später legt er ihm den Titel „Erzbischof der heiligen mährischen Kirche" (*archiepiscopus sancte ecclesie Marabensis*) bei[113], was den tatsächlichen Verhältnissen zweifellos eher entsprach. Der Byzantiner verdankte seine Restitution dem Bemühen Swatopluks, im Zusammenwirken mit dem Papst der mährischen Kirche die Selbständigkeit gegenüber ostfränkischen Einflüssen zu sichern. Aus diesem Grunde wurden auch die fränkischen Priester, die angeblich „Aufruhr schmiedeten", aus Mähren vertrieben[114]. Allerdings blieb auch Methods Position nicht unangefochten, insofern sie von der schwankenden Gunst des Fürsten abhing[115], und seine Lage verschlechterte sich, als im Jahre 880 der Schwabe Wiching auf Swatopluks Wunsch hin von Papst Johannes VIII. zum Bischof von Neutra geweiht wurde[116]. In Wiching erwuchs dem Erzbischof ein Ge-

---

(wie Anm. 33), S. 332 Anm. 121 (unter Berufung auf F.V. MARES, A. ZETTLER und K. SCHMID) die Reichenau für den Ort von Methods Klosterhaft.

[109] DÜMMLER, Ostfränkisches Reich 2 (wie Anm. 3), S. 338 f., 375 f.

[110] Annales Fuldenses ad a. 874, hg. von KURZE, S. 83; HERRMANN, Slawisch-germanische Beziehungen (wie Anm. 67), S. 135: *(Hludowicus) … rediens cum Karlmanno et Hludowico filiis suis in villa Forahheim locutus est ibique legatos Zuentibaldi pacem petentes et fidelitatem promittentes suscepit. Cuius legationis princeps erat Iohannes presbyter de Venetiis …*

[111] DOPSCH, Slawenmission und päpstliche Politik (wie Anm. 33), S. 333 f.

[112] MGH Epp. 7, Nr. 201 S. 160 (879 Juni/Juli) = HERRMANN, Slawisch-germanische Beziehungen (wie Anm. 67), S. 152.

[113] MGH Epp. 7, Nr. 255 S. 222 (880 Juni) = HERRMANN, Slawisch-germanische Beziehungen (wie Anm. 67), S. 153.

[114] Vita Methodii c.10, hg. von HERRMANN, Slawisch-germanische Beziehungen (wie Anm. 67), S. 160: *Accidit vero tunc temporis, (ut) Moravi, postquam cognoverunt, presbyteros germanicos, qui apud eos vivebant, non favere sibi, sed insidias struere, omnes expellerent.* Vgl. Übersetzung BUJNOCH (wie Anm. 101), S. 93 f.

[115] Vgl. LÖWE, Cyrill und Methodius (wie Anm. 3), S. 674.

[116] Zu Wiching vgl. RBP, 170 (mit Literatur); vgl. Schreiben des Papstes Johannes VIII. an Swatopluk von 880 Juni: MGH Epp. 7, Nr. 255 S. 222 = HERRMANN, Slawisch-germanische Beziehungen (wie Anm. 67), S. 153: *Ipsum quoque presbiterum nomine Uuichinus, quem nobis direxisti, electum episcopum consecravimus sancte ecclesie Nitrensis …* Zur Rolle Wichings in der Mäh-

genspieler, der vor Intrigen nicht zurückschreckte und schließlich obsiegte, als mit dem Tode Methods am 6. April 885 dessen Werk in eine tiefe Krise geriet und seine Schüler auf schimpfliche Weise aus Mähren vertrieben wurden[117]. Eigentümlicherweise scheint Wiching seine Stunde nicht genutzt zu haben; vielmehr gab er – wohl im Sommer 893 während des Feldzuges Arnulfs nach Mähren – seine Stellung auf und trat in die Dienste des ostfränkischen Königs, bis zu dessen Tode er als sein Kanzler fungierte und in den Urkunden häufig als Intervenient erscheint[118]. Die Gründe für diesen Frontwechsel bleiben im dunkeln. Es läßt sich allenfalls vermuten, daß die bevorstehenden Machtverschiebungen im mährischen Fürstentum – Swatopluk starb Mitte 894 – auch Wichings Führungsposition in der mährischen Kirche in Frage stellten, so daß er rechtzeitig die Konsequenzen zog.

In allen diesen Jahren ist von einer irgendwie gearteten Missionsaktivität der Passauer Kirche nichts zu merken. Nicht einmal der Termin der Erhebung Engilmars nach dem Tode Ermenrichs Ende 874 oder Anfang 875 ist sicher auszumachen. Ob Ermenrich der päpstlichen Vorladung nach Rom Folge leistete, ist ungewiß. Die Vakanz in Passau scheint mindestens drei Jahre gedauert zu haben; sie würde sich beträchtlich verlängern, wenn wir den Angaben der frühesten Bischofslisten folgen[119]. Der Pontifikat Engilmars weist kein Ereignis auf, das für uns von Bedeutung wäre. Angesichts dieser Sachlage und der Entwicklung in Mähren, wo Moimir II. sich im Konflikt um das Erbe Swatopluks gegen seinen Bruder Swatopluk II. durchsetzte und nun auch kirchenpolitisch nach der Vertreibung der Methodiusschüler neue Grundlagen schaffen mußte, könnte die Erhebung Wichings auf den Passauer Bischofsstuhl nach dem Tode Engilmars im Sommer 899 als ein kluger Schachzug Kaiser Arnulfs erscheinen, die Initiative in der Gestaltung der kirchlichen Verhältnisse Mährens, mit denen Wiching ja bestens vertraut war, zurückzugewinnen. Wenn die Motive des Karolingers damit richtig erfaßt sein sollten, dann erwies sich seine Maßnahme als ein Fehlschlag, denn die bayerischen Bischöfe selbst versagten ihm ihre Gefolgschaft. Noch vor Ende des Jahres wurde Wiching auf einer Provinzialsynode abgesetzt; als Begründung diente wohl das kanonische Translationsverbot, das einer Versetzung des ehemaligen Bischofs von Neutra auf einen anderen Bischofssitz im Wege stand[120]. Man wird aber bei der Frage nach den eigentlichen Hintergründen der

renmission und zu seinem Verhältnis zu Methodius vgl. auch den Exkurs bei HERRMANN S. 209–212.

[117] Vgl. dazu die Klemensvita (sog. Bulgarische Legende) c. 11–13, Übersetzung von BUJNOCH (wie Anm. 101), S. 128–133.

[118] RBP, 170; vgl. J. FLECKENSTEIN, Die Hofkapelle der deutschen Könige 1 (Schriften der MGH 16/1, 1959), S. 202–205. Zur politischen Situation von 890/91 vgl. auch H. SCHWARZMAIER, Ein Brief des Markgrafen Aribo an König Arnulf über die Verhältnisse in Mähren, in: Frühmittelalterliche Studien 6 (1972), S. 55–66.

[119] Vgl. RBP, 152.

[120] RBP, 173; ferner: S. SCHOLZ, Transmigration und Translation. Studien zum Bistumswechsel der Bischöfe von der Spätantike bis zum Hohen Mittelalter (Kölner Historische Abhandlungen 37, 1992), S. 165–170.

spektakulären Entscheidung, die der auf den Tod erkrankte Kaiser nicht mehr verhindern konnte, sicher der Wahrheit sehr nahekommen, wenn man sie in persönlichen Gegensätzen zwischen Wiching und Theotmar von Salzburg sucht: Der Erzbischof hat ohne Zweifel seine Stellung als nominelles Oberhaupt der Hofkapelle
durch Wichings führende Rolle in der Kanzlei, mit der ein entscheidender politischer
Einfluß am Hofe verbunden war, beeinträchtigt gesehen[121]. Die Handlungsunfähig-
keit des Herrschers gab ihm die Möglichkeit, eine Korrektur in seinem Sinne vorzunehmen.

Nachfolger Wichings wurde Richar (899–902)[122]. Er hat das eingangs erwähnte
Protestschreiben der bayerischen Bischöfe an den Papst Johannes (IX.) mitverfaßt.
Wir sind damit an den Ausgangspunkt unserer Überlegungen zurückgelangt und
haben die Behauptung von der Zugehörigkeit Mährens zur Passauer Diözese seit
Beginn der Christianisierung im Lichte unserer Darlegungen zu überprüfen. Das
Schreiben ist gegen die kirchenpolitische Offensive Roms, die auf die Schaffung einer
eigenständigen mährischen Kirchenprovinz hinauslief[123], gerichtet und versucht dem
Papst Verstöße gegen das Kirchenrecht, nämlich die Aufteilung einer Diözese ohne
Wissen und Zustimmung des zuständigen Metropoliten und Diözesanbischofs
(absque scientia archiepiscopi et consensu episcopi), nachzuweisen. Die Argumentation ist allerdings wenig vertrauenerweckend. Daß die Passauer Bischöfe in Mähren
eine rege Wirksamkeit entfaltet, ihnen jederzeit der Zugang dahin offengestanden
und sie häufig mit den eigenen wie den einheimischen Priestern Synoden abgehalten
hätten[124], ist nach allem, was wir gesehen haben, schlichtweg unrichtig; es gibt dafür
keinen einzigen unverdächtigen Beleg. Die Verfasser widersprechen sich im übrigen
selbst, wenn sie wenig später behaupten, daß der von einem Vorgänger des ange-
schriebenen Papstes Johannes geweihte Wiching zu einem gerade bekehrten Volk
geschickt worden sei, das Swatopluk durch Krieg gezähmt und christlich habe ma-

---

[121] Vgl. dazu F.-R. ERKENS, Die ältesten Passauer Bischofsurkunden, Zeitschrift für Bayerische
Landesgeschichte 46 (1983), S. 480.

[122] RBP, 174.

[123] Theotmarschreiben, hg. von BRESSLAU (wie Anm. 17), S. 23: *Nunc vero, quod nobis grave
videtur et incredibile, in augmentum iniurie iactitant* (scil. die Mährer), *se magnitudine pecunie
egisse, vos eosdem prefatos episcopos ad se direxisse et in eodem Patauiensi episcopatu talia egisse,
qualia de illa apostolica sede numquam audivimus exisse neque canonum decreta sanxisse, ut tantum scisma una pateretur ecclesia. Est enim unus episcopatus in quinque divisus ...* Es folgen dann
Zitate, um die Rechtsverstöße des Papstes zu belegen: Kanones eines afrikanischen Konzils – gemeint ist das 3. Konzil von Karthago, sowie Dekretalen Coelestins I. (JK 369) und Leos I. (JK 410
u. JK 544); Decretales Pseudo-Isidorianae et capitula Angilramni, hg. von P. HINSCHIUS (1863),
S. 300 c. 42 (das zweite Konzilszitat – *in eodem concilio cap. LXV* – habe ich nicht identifizieren
können; Anklänge finden sich in Karthago III, aaO. S. 301 c. 46) bzw. in Concilia Africae. A. 345–
A. 525, hg. von C. MUNIER (CC Series Lat. CCLIX Turnholti 1974), S. 337 u. 339 f.; ferner:
HINSCHIUS S. 560 (c. 4); S. 622; S. 616 (c. 1) – Theotmarzitat hier gekürzt.

[124] Vgl. Anm. 21.

chen wollen[125]. Um zu beweisen, daß jener (namentlich nicht genannte) Papst sich nicht der Johannes selbst vorgeworfenen Verletzung des kanonischen Rechts schuldig gemacht habe, wird argumentiert, daß der neu eingerichtete Sprengel Wichings nicht zur alten Passauer Diözese gehört habe. Nun war aber das Gebiet von Neutra, wo bereits Priwina eine Kirche gegründet hatte – wohlweislich wird Wichings Diözese aber im Theotmarschreiben nicht genau gekennzeichnet – schon längst Teil des mährischen Reiches, und es war Moimir, der es Priwina abgewonnen hatte, ehe Swatopluk dann hier seinen Herrschaftsbereich aufbaute[126]. Wenn man also die Zugehörigkeit Mährens zur Passauer Kirche behauptete, war es falsch, Neutra auszuklammern[127]. Daß das Wirken des Methodius völlig mit Schweigen übergangen wird, verwundert nicht weiter. Die Behauptung, daß die Mährer – *incrassante corda eorum diabolo* – vom Christentum wieder abgefallen seien und die Kirche verfolgten, soll dem Papst die Unzuverlässigkeit seiner Partner aufzeigen[128]. Damit soll zugleich der von den Mährern erhobene und aus den Erfahrungen des Feldzuges von 892 wohl nicht ganz aus der Luft gegriffene[129] Vorwurf des Paktierens der Bayern/Franken mit den Magyaren entkräftet werden, wobei sich die Verfasser nun nicht scheuen, diesen Vorwurf, der bekanntlich noch bei Liudprand von Cremona und Widukind von Korvey deutlichen Widerhall gefunden hat[130], auf seine Urheber zurückzulenken[131]. Für ein mährisch-ungarisches Bündnis und seine für die Christen Pannoniens verhängnisvollen Folgen – Tod, Gefangenschaft, Exil, Sklaverei, Verwüstung und Zerstörung der Kirchen – gibt es sonst keinen Beleg; es erscheint angesichts der politischen Gesamtlage auch unwahrscheinlich. Nach einem probaten Schema werden die immer rechtgläubigen und dem apostolischen Stuhl ergebenen fränkischen Könige und Kaiser aus dem Karolingerhaus den Slawen Moimirs, die stets zerstörerisch wirkten und das Christentum verfolgten, antithetisch gegenübergestellt.

---

[125] Theotmarschreiben, hg. von BRESSLAU (wie Anm. 17), S. 23 f.: *Antecessor vester Zuentibaldo duce impetrante Wichingum consecravit episcopum, et nequaquam in illum antiquum Patauiensem episcopatum eum transmisit, sed in quandam neophitam gentem, quam ipse dux bello domuit, et ex paganis christianos esse patravit.*

[126] Vgl. WOLFRAM, Herrschaftsbildungen (wie Anm. 63), S. 246 u. 247 f.

[127] Bereits E. DÜMMLER hat hier einen Widerspruch gesehen und stellt daher richtig fest: „... Wiching (wird) dagegen nur deshalb erwähnt, um alle aus seiner Stellung sich ergebenden Schlußfolgerungen von vornherein abzuschneiden", vgl. DERS., Geschichte des ostfränkischen Reiches 3 (²1888,) S. 512.

[128] Fortsetzung des Zitats Anm. 21: *... usque dum incrassante corda eorum diabolo christianitatem abhorrere et omnem iusticiam detractare belloque lacessere et obsistere sevissime ceperunt ...*

[129] Vgl. DÜMMLER, Ostfränkisches Reich 3 (wie Anm. 127), S. 354.

[130] Vgl. Liudprand, Antapodosis I 13, hg. von J. BECKER, MGH SS rer. Germ. (³1915), S. 15; Widukind von Korvey, Res gestae Saxonicae I 19, hg. von P. HIRSCH u. H.E. LOHMANN, MGH SS rer. Germ. (⁵1935), S. 29 – Vorwürfe gegen Arnulf wegen seines Ungarnbündnisses.

[131] Theotmarschreiben, hg. von BRESSLAU (wie Anm. 17), S. 25: *Ipsi enim crimen, quod nobis falso semel factum imposuerunt, multis annis peregerunt.*

Auch der Bericht über die päpstlichen Legaten wirft Fragen auf. Die von ihnen angeblich geweihten Bischöfe und eingerichteten Diözesansprengel werden nicht näher gekennzeichnet. Sie selbst sind namentlich genannt, was die Angaben natürlich auf den ersten Blick als zuverlässig erscheinen läßt. Die Namen Johannes und Bene- dikt sind so gebräuchlich, daß sie keinen Verdacht erregen können. Immerhin sei darauf hingewiesen, daß in den Schreiben des Papstes Johannes VIII. zur Slawen- und Bulgarenmission mehrfach Träger des Namens Johannes mit Legatenfunktion auftauchen, darunter einer im bischöflichen Rang[132]. Aufschlußreich aber ist wohl der weniger gebräuchliche Name Daniel; denn genau so heißt jener Bischof, dessen Fall in der im Theotmarschreiben zitierten Coelestindekretale JK. 369 abgehandelt wird[133]. Das mag Zufall sein, ist aber nicht dazu angetan, das Vertrauen in die Glaubwürdigkeit des Berichtes zu festigen.

Nimmt man alles zusammen, so könnte man das Theotmarschreiben als eine Tendenzschrift charakterisieren, die, um die mährisch-päpstliche Offensive abzu- wehren, die Rolle Passaus als des dem Missionsgebiet geographisch nächstgelegenen bayerischen Bischofssitzes in einer Weise übersteigerte, die den historischen Tatsa- chen Gewalt antat. Man wird aber einen Schritt weitergehen können, wenn man die hier gegebene historisch-inhaltliche Kritik durch eine diplomatisch-formale Analyse ergänzt – was hier nicht geleistet werden kann[134] – und das Theotmarschreiben ent- sprechend der Überlieferung in den Kontext des gesamten Pilgrimschen Fälschungs- corpus einordnet. Es läßt sich dann nämlich mit an Sicherheit grenzender Wahr- scheinlichkeit deutlich machen, daß es sich auch in diesem Falle um eine Fälschung Pilgrims handelt, die in den Zusammenhang der Bemühungen um die Vorbereitung und Begründung der Passauer Mission im ungarischen Donauraum gehört.

Die politische Entwicklung ist ohnehin sehr schnell über kirchenpolitische Maß- nahmen welcher Art auch immer hinweggegangen. Der Untergang des Mährerrei- ches war trotz der Beilegung der bayerisch-mährischen Auseinandersetzungen[135] nicht mehr zu verhindern[136]. Auch in Passau richtete man sich auf eine Verteidigung

---

[132] Vgl. die Schreiben Nr. 190 (an den Kroatenfürsten Branimir); Nr. 191 (an den Diakon Theo- dosius, Elekt von Nona); Nr. 192 (an den Bulgarenkönig Michael); Nr. 193 (an den König Karl- mann – Legat ist der Bischof Johannes von Segni), MGH Epp. 7, S. 151 ff.

[133] Vgl. Anm. 123.

[134] Vgl. dazu E. BOSHOF, Das Schreiben der bayerischen Bischöfe an einen Papst Johannes – eine Fälschung Pilgrims?, in: Papstgeschichte und Landesgeschichte. FS für H. Jakobs, hg. von J. DAHLHAUS/A. KOHNLE (Beihefte zum Archiv für Kulturgeschichte 39, 1995), S. 37–67.

[135] RBP, 178; der Bischof Richar wird zusammen mit dem Grafen Udalrich als Friedensver- mittler zu den Mährern gesandt.

[136] Vgl. DÜMMLER, Ostfränkisches Reich 3 (wie Anm. 127), S. 533 f. Die Quellenlage zum Un- tergang des mährischen Reiches ist desolat; entsprechend kontrovers wird das Problem in der Forschung diskutiert, vgl. G. GYÖRFFY, Der Donauraum zwischen Bayern, Mähren und Ungarn im 10. Jahrhundert, in: KATZINGER/MARCKHGOTT, Baiern, Ungarn und Slawen (wie Anm. 19), S. 41–54; L.E. HAVLIK, Mähren und die Ungarn am Ende des 9. und am Anfang des 10. Jahrhun-

gegen die nun das Reich bedrängenden Magyaren ein: Der Bischof Richar trat schon im November 900 neben dem Grafen Liutpold als Führer des bayerischen Heerbannes in Erscheinung, der einer ungarischen Reiterschar bei Linz eine vernichtende Niederlage bereitete[137], und erwirkte wenige Monate später von König Ludwig dem Kind die Überlassung der gerade erbauten Ennsburg an das Kloster St. Florian[138].

Im Osten war man wieder auf die Ausgangslage des 8. Jahrhunderts zurückgeworfen. Die Niederwerfung des Awarenreiches hatte der Mission, die mit der Machterweiterung des fränkischen Reiches einherging und diese absichern sollte, den Weg geebnet. Karl der Große hatte diese Aufgabe vor allem der Salzburger Kirche zugedacht, die sie in ihrem Einflußbereich in der Tat erfolgreich wahrgenommen hat. Passau war an der Slawenmission beteiligt, soweit sich bei der Ausweitung der Diözese nach Osten eine Notwendigkeit dazu ergab. Ein Zentrum der Mährenmission ist die Kirche des hl. Stephan aber nicht geworden. Die Führung bei der kirchlichen Erschließung Mährens lag in den Händen der Fürsten aus der Dynastie Moimirs, die sich nördlich der Donau einen eigenen, gegenüber dem Ostfrankenreich weitgehende Selbständigkeit behauptenden Herrschaftsbereich geschaffen hatten. Das Schreiben der bayerischen Bischöfe an den Papst Johannes (IX.), bisher die Hauptquelle für einen zentralen Anteil Passaus an der Slawenmission, ist eine Fälschung Pilgrims, auf die man sich künftig nicht mehr wird berufen dürfen, wenn man es unternimmt, die historischen Vorgänge in den Jahren um die Wende vom 9. zum 10. Jahrhundert im einzelnen zu analysieren. Es ist gleichwohl ein wesentliches Element für eine Passauer Tradition geworden, der eben dieser Pilgrim im Blick auf die Ordnung der kirchlichen Verhältnisse im Südosten und die beginnende Ungarnmission Gestalt gab.

NACHTRAG

Die vorstehenden Ausführungen gehen von einer geographischen Situation aus, nach der das Zentrum von Moravia/Mähren an der March, nördlich der Donau, zu lokalisieren ist und der Herrschaftsbereich Swatopluks sich nach 870 weit über das heutige Mähren hinaus ausdehnte. Auf die durch I. BOBA, Moravia's History Reconsidered. A Reinterpretation of Medieval Sources (1971), ausgelöste wissenschaftliche Kontroverse wurde im Rahmen des sehr gedrängten Überblicks nicht eigens eingegangen, da Bobas These von einer Lokalisierung Moraviens an der Save im Gebiet des antiken Sirmium (Sremska Mitrovica) – abgesehen von einigen wenigen vorsichtig positiven Stimmen – im allgemeinen von der Forschung nicht akzeptiert worden ist. Der Arti-

derts, ebd. S. 105–120; V. NEKUDA, Magyaren und Mährer um die Wende des 9. und 10. Jahrhunderts im Licht archäologischer Funde und Forschungen, ebd. S. 121, 138.

[137] RBP, 176.
[138] RBP, 177.

kel „Mähren" im Lexikon des Mittelalters (Bd. VI, 1993, Sp. 106 ff.) erwähnt die Kontroverse nicht einmal. In der Auseinandersetzung mit Bobas Thesen hat Chr. R. BOWLUS in zahlreichen Veröffentlichungen in deutscher und englischer Sprache (vgl. etwa: Die geographische Lage des mährischen Reiches anhand fränkischer Quellen, in: Bohemia 28, 1987, S. 1–24; ferner: oben Anm. 3) angesichts der ungemein schwierigen Quellenlage eine vermittelnde Position zu beziehen versucht. Die fränkischen Quellen lassen eine genauere Lokalisierung des Entstehungsgebietes Moraviens nicht zu; die Organisation der bayerischen Grenzgrafschaften und die militärische Logistik weisen aber in seiner Sicht eine deutliche Südostrichtung auf. So ist also eine Entstehung des Mährerreiches „weiter nördlich" (S. 21) durchaus denkbar, seine weitere Ausdehnung aber führte im Südosten, „in Unterpannonien, zwischen der unteren Drau und der unteren Save", zu den entscheidenden Zusammenstößen mit dem ostfränkischen Reich.

Nach Abschluß der vorstehenden Ausführungen erschien die umfangreiche Münchener Dissertation von M. EGGERS, Das „Großmährische Reich". Realität oder Fiktion? Eine Neuinterpretation der Quellen zur Geschichte des mittleren Donauraumes im 9. Jahrhundert (Monographien zur Geschichte des Mittelalters, Bd. 40, 1995); der Autor kündigt weitere, aus der Dissertation erwachsene Arbeiten – u.a. zur kyrillomethodianischen Mission – an. In minutiöser Untersuchung eines umfangreichen Quellenmaterials, unter Einschluß auch sprachgeschichtlicher Befunde, kommt Eggers zu dem Schluß, daß das eigentliche Moravia in die ungarische Tiefebene, östlich der Donau, zu lokalisieren und der ursprüngliche Herrschaftsbereich Swatopluks vor der gewaltigen Expansion nach 870 in Bosnien-Slavonia (also nicht um Neutra nach der Vertreibung Priwinas) anzusetzen sei; Mähren sei im Zuge dieser Eroberungen erst spät in dieses kurzlebige Reich eingegliedert worden. Der Autor vermag für manche umstrittene Quellenaussagen plausible Deutungen anzubieten, vieles bleibt in sich widersprüchlich, problematisch erscheint die ausgiebige Verwertung sehr späten (16. Jh.) und z.T. absolut konfusen Quellenmaterials. H. WOLFRAM hat jüngst (Salzburg, Bayern, Österreich. Die Conversio Bagariorum et Carantanorum und die Quellen ihrer Zeit, MIÖG Erg.bd. 31, 1995, insbesondere S. 87 ff. u. 311 ff.) in Kenntnis der Thesen von Eggers (vgl. S. 88 Anm. 106) die traditionelle Auffassung, die er selbst in zahlreichen Arbeiten wesentlich mitbestimmt hat, erneut bekräftigt und sich dabei ausschließlich auf die zeitgenössischen historiographischen und dokumentarischen Zeugnisse der fränkischen Seite gestützt. Jedenfalls ist die Diskussion wieder in Gang gekommen; sie wird auf allen Ebenen, auf denen Eggers seine Argumente vorgetragen hat, geführt werden müssen. Die vorstehenden Thesen zur Passauer Mission sind im Kern durch die Untersuchung von Eggers – sieht man einmal von seinen, freilich sehr vagen Vorbehalten gegenüber der Auffassung von der Existenz eines Fürstentums Priwinas um Neutra und dessen Vertreibung durch Swatopluk ab – nicht entscheidend betroffen. Eine Passauer Mission in Transdanubien erscheint noch weniger vorstellbar als im Marchgebiet nördlich der Donau.

Entwicklungstendenzen in der ostfränkischen Klosterlandschaft der Karolingerzeit

von

Wilhelm Störmer

Wenn von der ostfränkischen Klosterlandschaft die Rede ist, so muß zunächst dieser Untersuchungsraum präzisiert werden, um Mißverständnissen vorzubeugen. Gemeint ist nicht etwa die Francia orientalis im Sinne des ostfränkischen Reiches, sondern der „Kernraum" dieser Francia orientalis, die Mainlande und das Altmühlgebiet. Hauptuntersuchungsgebiet sind die heutigen Regierungsbezirke Unter-, Mittel- und Oberfranken des Freistaats Bayern, wobei Oberfranken als slawisch beeinflußter Raum keine karolingerzeitlichen Klöster aufzuweisen hat und die südlichen Teile Mittelfrankens erst im Laufe der Karolingerzeit in die Francia orientalis hineinwuchsen. Fulda und Ellwangen an der Jagst, heute außerhalb Frankens gelegen, müssen berücksichtigt werden, weil ihr Einfluß teilweise tief in den ostfränkischen Raum reicht.

Die frühen Klostergründungen im Gebiet des heutigen Franken[1] sind der Initiative verschiedener Kräfte zu verdanken. Auch hier ist das 8. Jahrhundert als das eigentliche Jahrhundert des monastischen Aufbruchs in die Geschichte eingegangen. Dabei wissen wir freilich – wenn wir von Fulda absehen[2] – über die Mönche viel weniger als über die Stifter, die zu ihrem Seelenheil und darüber hinaus auch aus anderen Beweggründen Klöster auf ihrem Grund und Boden errichteten, mit Besitz ausstatteten und vielfach noch mit Reliquien versorgten.

[1] Zur monastischen Entwicklung Frankens im Frühmittelalter allgemein: F. PRINZ, Frühes Mönchtum (1965, ²1988); A. WENDEHORST, Das benediktinische Mönchtum im mittelalterlichen Franken (Studien zur Germania Sacra 14, 1980); F. BÜLL, Die Klöster Frankens bis zum 9. Jahrhundert, Studien u. Mitteilungen zur Geschichte des Benediktinerordens und seiner Zweige 104 (1993), S. 9–40 (kurze Abrisse zu den einzelnen Klöstern); K. LÜBECK, Fuldaer Nebenklöster in Mainfranken, Mainfränk. Jb. 2 (1950), S. 21–32.

[2] Die Klostergemeinschaft von Fulda im früheren Mittelalter, hg. von K. SCHMID (Münsterische Mittelalterschriften 8, 1–3, 1978); K. HEINEMEYER, Die Gründung des Klosters Fulda im Rahmen der bonifatianischen Kirchenorganisation, Hess. Jb. f. Landesgesch. 30 (1980), S. 1–45 (mit weiterführender Literatur).

Wenn hier von Klöstern die Rede ist, dann ist dieser Begriff im weitesten Sinne zu verstehen, denn inwieweit es sich um mönchische Gemeinschaften in unserer Vorstellung handelt, läßt sich nur in allerseltensten Fällen nachweisen. Die Kurzlebigkeit vieler dieser Klostergebilde spricht eher dagegen[3].

Ohne Zweifel ist Bonifatius als Motor des ersten monastischen Aufbruchs in Ostfranken, in Hessen und zum Teil in Bayern nicht zu unterschätzen. Bei Frauenklöstern wie Tauberbischofsheim[4], aber auch bei den Mönchsklöstern Fulda[5] und Eichstätt[6] ist seine Mitarbeit direkt zu greifen. Wir dürfen diese Klostergruppen, die Bonifatius selbst mitinitiiert hat, durchaus als Stützpunkte für seine Missionsarbeit ansehen. Vergleicht man sie mit den Gründungen des ostfränkischen Adels, die ebenfalls – in welcher Form auch immer – vielfach von der christlichen Argumentationskraft des Bonifatius inspiriert sind, dann sollte man sich freilich nicht dazu verleiten lassen, einerseits Zellengründungen des Bonifatius und seiner Mitarbeiter im eigentlichen Missionsland, andererseits Klostergründungen des Adels im bereits christianisierten Altsiedelland zu sehen. In Ostfranken wird man bereits seit etwa 700 mit einer verstärkten Christianitas zu rechnen haben[7], dies freilich nur westlich des slawischen Einflußbereichs.

Im übrigen sind auch einige vorbonifatianische Klöster im mainfränkischen Raum bezeugt. Schon die sog. Frankenapostel unter Führung Kilians waren pilgernde Mönche, die nach einer irischen Regel lebten[8]. Das von Kilian errichtete Oratorium im Umkreis des Würzburger Herzogshofs war das Zentrum einer wie auch immer gearteten monastischen oder geistlichen Gemeinschaft, die aber nach dem Mord an den Frankenaposteln um 689 rasch zerfiel[9].

Der Plan des letzten mainfränkischen Herzogs Heden II. 716/17, mit Hilfe Willibrords ein Kloster in Hammelburg zu gründen, ist offenbar gescheitert[10]. Das Kloster

[3] Vgl. J. SEMMLER, Mönche und Kanoniker im Frankenreiche Pippins III. und Karls des Großen, Untersuchungen zu Kloster und Stift (Veröff. des Max-Planck-Instituts f. Gesch. 68, 1980), S. 109 ff.; DERS., Benediktinisches Mönchtum in Bayern im späten 8. und frühen 9. Jahrhundert, in: Frühes Mönchtum in Salzburg, hg. von E. ZWINK (Salzburg-Diskussionen 4, 1983), S. 199–218.

[4] Vita Leobae abbatissae Biscofesheimensis auctore Rudolfo (MGH SS 15, 1,), S. 126 ff.

[5] HEINEMEYER (wie Anm. 2), S. 23 ff.

[6] Vita Willibaldi episcopi Eichstetensis (MGH SS 15), cap. 5, S. 104 f.

[7] C. WAMPACH, Geschichte der Grundherrschaft Echternach im Mittelalter 1,2 Nr. 8 (1930), S. 29 ff.; W. STÖRMER, Die Herzöge in Franken und die Mission, in: Kilian, Mönch aus Irland, aller Franken Patron, hg. von J. ERICHSEN (Veröff. zur bayr. Geschichte u. Kultur 19/89, 1989), S. 257–267, bes. S. 264 ff.

[8] A. ANGENENDT, Monachi peregrini (Münsterische Mittelalterschriften 6, 1972); P.-W. SCHEELE, Motive der altirischen Spiritualität in der passio Kiliani, Würzburger Diözesangeschichtsblätter 51 (1989), S. 181–219.

[9] A. WENDEHORST, Kilian, Fränkische Lebensbilder 3 (1969), S. 1–19; DERS., Die Iren und die Christianisierung Mainfrankens, in: Die Iren und Europa im früheren Mittelalter 1, hg. von H. LÖWE (1982), S. 319–329.

[10] WAMPACH (wie Anm. 7), Nr. 8, 26, 48, 82, 87. Zu Heden II. vgl. zuletzt H. MORDEK, Die Hedenen als politische Kraft im austrischen Frankenreich, in: Karl Martell in seiner Zeit, hg. von

Echternach behielt allerdings den aus diesem Plan resultierenden Besitz[11]. Zwei bereits existierende Frauenklöster werden dann anläßlich der Gründung Würzburgs 741/42 bekannt. Ob freilich das vorbonifatianische Nonnenkloster Karlburg am Main bei Würzburg noch auf das 7. Jahrhundert zurückgeht und eine Gründung der frühen arnulfingischen Hausmeier ist, wird sich bestenfalls archäologisch beweisen lassen[12]. Auf jeden Fall gehört es zu den frühesten Klöstern Frankens, ähnlich wie das Nonnenkloster der Herzogstochter Immina auf dem Würzburger Festungsberg[13]. Imminas Würzburger Kloster muß vor 719, das der hl. Gertrud zugesprochene *monasteriolum* Karlburg spätestens unter dem Hausmeier Karl Martell († 741) entstanden sein. Vorbonifatianisch bzw. ohne bonifatianischen Einfluß ist wohl auch das Männerkloster Amorbach[14] im Odenwald, ebenso das Gumbertuskloster in Ansbach, das der Stifter Abtbischof Guntbert 786 an Karl den Großen übergab[15], wohl auch Herrieden, das von einem Großen namens Cadold gegründet wurde[16], sowie Ellwangen, Gunzenhausen und Spalt.

J. JARNUT u.a. (Beihefte der Francia 37, 1994), S. 345–366; W. STÖRMER, Zu Herkunft und Wirkungskreis der merowingerzeitlichen 'mainfränkischen' Herzöge, in: FS für Eduard Hlawitschka, hg. von K.R. SCHNITH/R. PAULER (Münchner Histor. Studien, Abt. Mittelalterliche Gesch. 5, 1993), S. 11–21, bes. 15 ff.

[11] Quellen wie Anm. 7. Zu vermuteten Plänen in Richtung Thüringen vgl. K. LINDNER, Untersuchungen zur Frühgeschichte des Bistums Würzburg und des Würzburger Raumes (Veröff. des Max-Planck-Instituts f. Gesch. 35, 1972), S. 65 f., 91 f., 129. Daß nach 777 in Hammelburg ein fuldisches Kloster gegründet worden sei (Sala, bisher allgemein als Kloster Saal bei Königshofen identifiziert), wie BÜLL (wie Anm. 1), S. 13 f. glaubt, entbehrt der Beweiskraft. Büll sieht hier sowohl Adelsbeziehungen als auch Klosterbesitz zu kleinräumig.

[12] Jetzt dazu: 1250 Jahre Bistum Würzburg. Archäologisch-historische Zeugnisse der Frühzeit, hg. von J. LENSSEN/L. WAMSER (1992), S. 297 pass. (Kap. Castellum, monasterium und villa Karlburg, bearb. von P. ETTEL, D. RÖDEL, L. WAMSER). Die Aussagen der *Passio maior* bezüglich der hl. Gertrud (cap. 19, Abfassung 9. Jh.) sollte man nicht unterbewerten.

[13] Vita sancti Burkardi, hg. von F. BENDEL (1912), lib. II, cap. IV, S. 27–29; Dokumente zur Geschichte Frankens von der Völkerwanderung bis zum Ausgang der Stauferzeit, hg. von W. STÖRMER (Dokumente zur Geschichte von Staat und Gesellschaft in Bayern 2,1, 1998/99), Nr. 24.

[14] W. STÖRMER, Zur kulturellen und politischen Bedeutung der Abtei Amorbach vom 8. bis zum frühen 12. Jahrhundert, in: Die Abtei Amorbach im Odenwald, hg. von F. OSWALD/W. STÖRMER (1984), S. 11 ff. Für eine spätere Datierung plädiert H. WAGNER, Die Äbte von Amorbach im Mittelalter, Würzburger Diözesangeschichtsblätter 54 (1992), S. 69 f. Trotz der an sich ausgezeichneten Diskussion durch Wagner sehe ich aufgrund der Gesamtsituation im Westen Frankens – man beachte auch, daß die durch die Haustradition festgelegte Gründung Amorbachs 734 fast mit der Gründungszeit Tauberbischofsheims identisch ist – keinen Grund, meine Datierung zugunsten der 2. Hälfte des 8. Jahrhunderts (Wagner) aufzugeben.

[15] Urkunden und Regesten des Klosters und Stiftes St. Gumbert in Ansbach, bearb. von W. SCHERZER (Veröffentlichung d. Gesellschaft f. fränk. Geschichte 3,5, 1989), Nr. 2.

[16] F. HEIDINGSFELDER, Die Regesten der Bischöfe von Eichstätt (Veröffentlichung d. Gesellschaft f. fränk. Geschichte 4, 1915), Nr. 27. Seine Datierung „um 790?" erscheint mir etwas zu spät gegriffen zu sein. M. ADAMSKI, Herrieden. Kloster, Stift und Stadt im Mittelalter (1954), S. 1–7, 14–23; J. SEMMLER, Das Klosterwesen im bayerischen Raum vom 8. bis zum 10. Jahrhundert, in:

Bonifatius, der große Organisator und Missionar, hatte bereits 732/33 das Kloster Fritzlar in Hessen gegründet[17], 744 das Kloster Fulda, das für Franken von großer Bedeutung werden sollte[18]. Aus dem Schülerkreis des hl. Bonifatius in Fritzlar ging auch der zweite Bischof von Würzburg, Megingoz (Megingaud), hervor, der das Kloster Neustadt am Main gründete und sich frühzeitig vom Bischofsamt dorthin zurückzog[19]. Durch frühe Viten bekannt geworden sind vor allem die durch Bonifatius für seine Schülerinnen und Verwandten Lioba und Thekla gegründeten Frauenklöster. Es hat sicherlich seinen Sinn und gibt vielleicht einen Hinweis auf den Grad der Christianisierung, wenn Bonifatius in Mainfranken nicht Männer-, sondern Frauenklöster errichten ließ. Lioba, die nach 735 Äbtissin des neuen Klosters Tauberbischofsheim wurde, missionierte dort vor allem durch christliche Unterweisung junger Mädchen, hatte aber darüber hinaus einen großen Kontaktkreis, der bis zu Karl dem Großen und seiner Gemahlin Hildegard reichte[20]. Wie lange das durch Lioba hochangesehene Kloster existierte, läßt sich nicht präzise sagen. Auffällig ist, daß Lioba sich in ihrem Alter auf das Königsgut Schornsheim im Mittelrheingebiet zurückzog, das Karl der Große ihr zugewiesen hatte. Die um 782 gestorbene Äbtissin ließ sich auch nicht in Tauberbischofsheim, sondern im Kloster Fulda bestatten[21]. Ihre Schülerin, die am Maindreieck weiterwirkte, war Thekla.

Unter Aufsicht des hl. Bonifatius entstand von Bayern aus das Kloster Eichstätt, das vom hl. Willibald wohl von Anfang an als Benediktinerkonvent realisiert wurde. Dieses Kloster, das 740 ein bayerischer Adeliger namens Swidger gestiftet hatte[22], wurde in einem für Bayern strategisch wichtigen Raum geplant und errichtet, denn Eichstätt lag im bayerischen Grenzsaum unmittelbar an der Einflußzone des karolingischen Hausmeiers Pippin. Darüber hinaus beherrschte und kontrollierte Eichstätt eine wichtige Fernstraße von Worms zur bayerischen Hauptstadt Regensburg,

Das Christentum im bairischen Raum von den Anfängen bis ins 11. Jahrhundert, hg. von E. BOSHOF/H. WOLF (Passauer histor. Forschungen 8, 1994), S. 291-324, hier 317 f.

[17] F. SCHWIND, Fritzlar zur Zeit des Bonifatius und seiner Schüler, in: Fritzlar im Mittelalter. FS zur 1250-Jahrfeier (1974), S. 69 ff.

[18] E. FREISE, Studien zum Einzugsbereich der Klostergemeinschaft von Fulda, in: SCHMID (wie Anm. 2), 2,3, S. 1154 f., 1199 ff.; Urkundenbuch des Klosters Fulda (FUB), bearb. von E.E. STENGEL (Veröffentlichung d. Historischen Kommission f. Hessen und Waldeck 10, 1, 1910–1958), Nr. 4, 15, 17, 67, 68, 73, 92 ff., 144 f., 150 f., 154 f., 172 f., 175, 188 f., 192, 199 ff., 204 ff., 212, 214, 222 ff. usw.

[19] A. WENDEHORST, Das Bistum Würzburg 1: Die Bischofsreihe bis 1254 (Germania Sacra NF 1, 1961), S. 28 ff.; H. WAGNER, Die Äbte des Klosters Neustadt am Main im Mittelalter, Würzburger Diözesangeschichtsblätter 46 (1984), S. 5 ff.

[20] Vita Leobae abbatissae (wie Anm. 4), S. 126, 129; H. DICKERHOF, Zum monastischen Gepräge des Bonifatius-Kreises, Sammelbl. des Histor. Vereins Eichstätt 71/72 (1978/79), S. 61–80.

[21] B. KASTEN, s.v. Lioba, LexMA 5 (1991), Sp. 2003.

[22] Vita Willibaldi (wie Anm. 6), S. 104 f. Vgl. Der hl. Willibald – Klosterbischof oder Bistumsgründer, hg. von H. DICKERHOF u.a. (Eichstätter Studien 30, 1990), (bes. die Beiträge von A. KRAUS, A. ANGENENDT, O. ENGELS, G. PFEIFFER, H. DICKERHOF, S. WEINFURTER); zur Person Swidgers siehe G. MAYR, Studien zum Adel im frühmittelalterlichen Bayern (1974), S. 4 ff.

die hier die Altmühl überquerte. Nicht zu vergessen ist auch die Altmühl selbst als Verkehrsweg[23]. Die in der Willibaldsvita dargestellten Verhandlungen zwischen dem Bayernherzog Odilo, Bonifatius, Swidger und Willibald, die um 740 stattfanden, sind ein erstes, zudem höchst illustratives Beispiel für das enge Zusammenwirken von Herzog und Adel, das sich bei den meisten bayerischen Adelsklöstern jenes Jahrhunderts nachweisen läßt[24]. Die Ereignisse der 40er Jahre nach der Eichstätter Klostergründung machen indirekt deutlich, daß das religiöse Motiv Swidgers und Herzog Odilos auch einer politischen Religiosität entsprang.

Wieder anders liegen die Verhältnisse im nahen Solnhofen an der Altmühl. Hier entstand etwa zur gleichen Zeit, jedenfalls vor 754, eine Zelle des angelsächsischen Mönchs Sola, der ebenfalls aus dem Umkreis des Bonifatius kam. Die Vita des hl. Sola (9. Jahrhundert) stellt den Eremitencharakter Solas und seiner Zelle heraus, auch seine primordiale Gründungstat[25], doch wird man daran zweifeln müssen, da die archäologischen Befunde offenbaren, daß Sola in einen altbesiedelten Ort mit einer Kirche eingezogen ist, die mindestens ein Jahrhundert vor seiner Zeit entstanden war[26]. Sola hatte laut Vita Beziehungen zu Willibald und Wunibald[27], doch wissen wir nicht, ob dies schon von Anfang an der Fall war; er erhielt für seine Zelle von lokalen Grundbesitzern Schenkungen und vor seinem Lebensende von Karl dem Großen ein beträchtliches Königsgut. Da Sola seine Zelle mit allen Pertinenzien an das Großkloster Fulda schenkte, konnte sie erhalten und als fuldische Propstei ausgebaut werden[28]. Der Abtei Fulda ist es zu verdanken, daß die Klosterkirche in Solnhofen im frühen 9. Jahrhundert besonders repräsentativ umgebaut wurde, wovon noch zahlreiche qualitätvolle Architekturfragmente zeugen[29]. Die *curtis* Solnhofen war im übrigen nach Hammelburg der zweitgrößte Güterkomplex Fuldas[30].

Eine Betrachtung der mainfränkischen Klöster der Karolingerzeit muß besonders bezüglich des Schicksals zahlreicher adeliger Eigenklöster von der Großabtei Fulda ausgehen. Wenn Sturmi 744 im Auftrag seines Lehrers das benediktinische Muster-

---

[23] MGH SS 15, S. 158.

[24] Vgl. W. STÖRMER, Die bayerische Herzogskirche, in: Der hl. Willibald (wie Anm. 22), S. 115–142, bes. S. 127 ff.; J. JAHN, Ducatus Baiuvariorum (Monographien zur Geschichte des Mittelalters 35, 1991), S. 192 ff., 407 ff.

[25] MGH SS 15, S. 156 ff.

[26] V. MILOJCIC, Die Propstei Solnhofen an der Altmühl in Mittelfranken, Ausgrabungen in Deutschland (Monographien des Röm.-Germ. Zentralmuseums 1, 1975), S. 278 ff.; W. SCHICKEL, Solnhofen: Solabasilika und Propstei (1987).

[27] MGH SS 15, S. 158 f.

[28] Zusammenstellung der Fakten: A. BAUCH, Biographien der Gründerzeit (Quellen zur Geschichte der Diözese Eichstätt 1, 1984), S. 244 ff.

[29] SCHICKEL (wie Anm 26); Die Bajuwaren, hg. von H. DANNHEIMER/H. DOPSCH (1988), S. 462 f.

[30] U. WEIDINGER, Untersuchungen zur Wirtschaftsstruktur des Klosters Fulda in der Karolingerzeit (Monographien zur Gesch. des Mittelalters 36, 1991), S. 186 ff., 283, 288.

kloster Fulda an Stelle einer alten fränkischen *curtis* errichtete[31], vom fränkischen Hausmeier unterstützt und sicherlich auch mit dessen Konsens erster Abt Fuldas wurde, so läßt sich daraus auf engen Kontakt mit den frühen Karolingern schließen.

Das Verhältnis Sturmis zu Karl dem Großen scheint stets sehr gut gewesen zu sein. Der Abt wurde denn auch früh mit dem Bekehrungswerk der Sachsen beauftragt. Noch 779 hatte er trotz seines Alters auf Weisung des Königs eine militärische Schlüsselstellung in Sachsen zu sichern[32]. Unter seiner Abtsherrschaft verlieh Karl der Große dem Kloster die Immunität[33], durch die Fulda schließlich zur Königsabtei wurde. Sturmi muß ein ausgezeichneter Organisator gewesen sein, sonst hätte Fulda nicht in so kurzer Zeit einen gewaltigen Besitz vornehmlich durch Schenkungen erwerben können. Gleichzeitig muß er auch eine große Anziehungskraft auf Laien ausgeübt haben, so daß „viele Edle in gewaltigem Wetteifer dorthin eilten und sich und all ihr Gut dem Herrn widmeten" (Eigil)[34]. Für die große Zahl von Mönchen in Fulda[35] – bereits unter Sturmi sind 400 überliefert – war wohl nicht allein das klösterliche Heiligtum, das Grab des hl. Bonifatius, entscheidend: die monastische Aktivität des Bayern Sturmi muß hier eine bedeutende Rolle gespielt haben.

Betrug die Gesamtzahl des Fuldaer Konvents um 825 etwa 675 Personen, so sank sie um 875 auf etwa 360 bis 400 Insassen ab. Die Zahl der um 875/78 namentlich bekannten 96 Schüler in sechs Nebenklöstern – darunter vor allem in Holzkirchen[36] bei Würzburg – zeigt, daß eine wichtige Aufgabe mancher Nebenklöster in der Heranbildung klösterlichen Nachwuchses bestanden haben muß. Eigil betont in seiner Vita Sturmi, daß unmittelbar nach der Gründung des Klosters Fulda die Gesandten des Hausmeiers alle Adeligen des Grabfeldes motivierten, ihren Grundbesitz im engeren Raum um Fulda dem hl. Bonifatius zu schenken. Auf einem Landtag, der von den Königsboten angesetzt worden war, nahm Sturmi als Vertreter des Bonifatius die Schenkungen entgegen.

Die erste große Welle von Schenkungen aus dem unterfränkischen Grabfeld an das Kloster Fulda erfolgte, soweit das Fuldaer Urkundenmaterial zeigt, unter Abt Baugulf (779–802)[37]. Baugulf hatte selbst an der unteren Fränkischen Saale ein Klösterchen gegründet, das seinen Namen Baugulfsmünster = Wolfsmünster erhielt und

---

[31] HEINEMEYER (wie Anm. 2), S. 23 ff., 32 ff.; P. ENGELBERT, Die Vita Sturmi des Eigil von Fulda (1968), S. 81 ff., 144; DERS., Sturmi von Fulda. Versuch eines Portraits, Studien u. Mitteilungen zur Geschichte des Benediktinerordens und seiner Zweige 77 (1966), S. 74–92.

[32] MGH SS 2, S. 376 f.

[33] FUB Nr. 68.

[34] MGH SS 2, S. 373.

[35] SCHMID (wie Anm. 2), 1, S. 108-135; vgl. GOCKEL (wie Anm. 50), S. 62.

[36] FUB Nr. 73; W. STÖRMER, Eine Adelsgruppe um die Fuldaer Äbte Sturmi und Eigil und den Holzkirchener Klostergründer Troand, in: Gesellschaft und Herrschaft, Festgabe für Karl Bosl (1969), S. 1–34, bes. S. 12 ff.

[37] FUB Nr. 143 ff., 150 f., 154 f., 172 f., 175, 188 f., 192, 199 ff. usw.; vgl. FREISE, Einzugsbereich (wie Anm. 18), bes. S. 1118. Er betont, daß über zwei Drittel von Fuldas Besitz jener Zeit in Hessen, im Grabfeld, in Mainfranken und am Mittelrhein lagen.

von ihm an das Großkloster geschenkt wurde. Als Baugulf 802 seine Abtwürde niederlegte, zog er sich in sein Kloster Wolfsmünster zurück, wo er 815 starb[38]. Unter seinem Nachfolger, Abt Ratgar (802–817), verstärkte sich dann der Zustrom von Schenkungen aus den Mittelrheingebieten und den Landschaften des mittleren Mains, während das Grabfeld, das unmittelbare Hinterland Fuldas, erst wieder unter den Äbten Eigil (818–822) und Hraban (822–842) dem Kloster voll erschlossen wurde[39]. Kennzeichnend ist, daß besonders um 800 nicht nur große Besitzschenkungen an Fulda ergingen, sondern auch eine ganze Reihe von adeligen Eigenklöstern Fulda übergeben wurde. Eine exakte Chronologie dieser Klosterübergaben läßt sich freilich nicht mehr erstellen.

Die Gründe, weshalb vor allem seit 750 zahlreiche adelige Eigenklöster in Franken genau wie in Bayern geschaffen wurden, entziehen sich bis heute einer schlüssigen Erklärung. Die Angst um das Seelenheil spielte dabei sicherlich eine große Rolle[40]. Aus dem wesentlich reicheren bayerischen Quellenmaterial läßt sich erahnen, daß herzogliche und adelige Traditionen an Eigenkirchen und Klöster probate Mittel waren zur Erschließung, Erfassung, Verdichtung und Integration von Herrschaft, von Land und Leuten und daß man geradezu von einer Ausgrenzung eines Sonderfonds im Familienbesitz sprechen könnte[41]. Dazu kommt sicherlich noch eine gewisse Legitimation im Sinne eines christlichen „Tugendadels". Diese Gründer investierten zweifellos viel, um möglichst auch ad sanctos in oder bei der Klosterkirche bestattet zu werden.

Allein eine Sippe, die zweifellos zu den bedeutendsten Mainfrankens gehörte und die man heute als Mattonen bezeichnet, hat mindestens vier Klöster gegründet (Wenkheim, cella Einfirst, Mattencella, Megingaudeshausen)[42]. Darüber hinaus scheint sie mitgeholfen zu haben bei der Gründung des Klosters Neustadt/Main durch Bischof Megingoz[43], in dem man einen Mattonen sehen darf. Ähnlich wie in

---

[38] Zu Wolfmünster siehe BÜLL (wie Anm. 1), S. 32 f.; K. RICHTER, Gemünden (Historischer Atlas von Bayern, Teil Franken 11, 1963), S. 20, 30. BÜLL (wie Anm. 1), S. 33, rechnet damit, daß die Zelle Baugulfsmünster schon um die Mitte des 9. Jhs. nicht mehr existierte.

[39] L.V. CLEMENS, Der Güterbesitz des Klosters Fulda von 743 bis 1160. (Phil. Diss. masch. Marburg 1920); WEIDINGER (wie Anm. 30), S. 131, 141 ff.; M. SANDMANN, Die Äbte von Fulda im Gedenken ihrer Mönchsgemeinschaft, Frühmittelalterliche Studien 17 (1983), S. 393–444; FREISE (wie Anm. 18), S. 1199 ff.

[40] Man beachte dazu die – freilich wenigen – Urkundenformeln, die bei Gründungsurkunden von Klöstern vorhanden sind. Erschließen läßt sich dies auch aus den zahlreichen adeligen Kirchengründungen, die vor allem im bayerischen Quellenmaterial vorhanden sind. Vgl. W. STÖRMER, Adelige Eigenkirchen und Adelsgräber, Zeitschrift für bayerische Landesgeschichte 38 (1976), S. 1142–1158.

[41] J. JAHN, Tradere ad sanctum, in: F. SEIBT (Hg.), Gesellschaftsgeschichte. FS für Karl Bosl zum 80. Geburtstag I, München (1988), S. 400–416, hier S. 415 f.; vgl. M. HEINZELMANN, Sanctitas und Tugendadel, Francia 5 (1977), S. 741–752.

[42] Zu den „Mattonenklöstern" siehe LÜBECK (wie Anm. 1), S. 21–32; F. BÜLL, Das Monasterium Suuarzaha (Münsterschwarzacher Studien 42, 1992), S. 147–191.

[43] WAGNER (wie Anm. 19), S. 7 ff.

Bayern, wo lange Zeit in der Forschung die Tendenz bestand, jedes zweite Kloster als Gründung der Huosier zu deklarieren[44], hat auch die fränkische Lokalforschung möglichst viele Zellen zu Mattonenklöstern erklärt. Seit 1992 werden noch zwei weitere Klöster als Mattonenstiftungen vermutet, nämlich Münsterschwarzach und Machesbach (Mosbach im Bachgau)[45]. Hier ist freilich Skepsis angebracht.

Südöstlich von Neustadt/Main übertrug ein gewisser Troand sein Eigenkloster Holzkirchen an Karl den Großen, der es wiederum 775 an Fulda tradierte[46]. Dieser Troand, offensichtlich ein führender Vertreter des ostfränkischen Adels, mit engen Beziehungen zu Bayern und vermutlich zum Rheinland, hatte dieses Kloster unter König Pippin (741/751–768) unweit der Königshöfe Remlingen und Albstatt gegründet. Aus welchen Gründen der vir magnificus Troand sein Eigenkloster, das sicherlich auch Zeichen seiner „guten Werke" und seines adeligen Prestiges war, kurz vor 775 Karl dem Großen übertrug, wissen wir nicht. Vielleicht erwartete er für sein Kloster königliche Immunitätsprivilegien. Karl benötigte damals Fulda für seine Sachsenpolitik und schenkte aus diesem Grunde Holzkirchen an das Großkloster[47]. Holzkirchen ist das einzige fuldische Nebenkloster in Franken, das bis zum Ende des Alten Reiches bestand. Es ist auch das einzige unterfränkische Kloster, von dem aus dem späten 9. Jahrhundert eine Mönchs- bzw. Insassenliste erhalten geblieben ist[48]. An den hier notierten 70 Klosterinsassen – darunter eine ganze Reihe von Klosterschülern – läßt sich deutlich die Blüte und Bedeutung dieses Männerklosters ablesen.

Von einer anderen Adelsgruppe stammt das *monasteriolum* Brachau (= Brach) an der Fränkischen Saale, das 823 erstmals genannt wird[49]. Aufgrund einer später überlieferten Traditionsnotiz dürfen wir annehmen, daß es mit reichem Besitz bis in den Haßgau ausgestattet war. Die in der Traditionsliste erwähnten Schenkungen an Brach müssen etwa eine ganze Generation früher vorgenommen worden sein als die zahlreichen Schenkungen an Fulda im Saale- und Grabfeldgau, denn da vor 780/90 nur verhältnismäßig wenige Traditionen aus diesem Raume an Fulda gingen, wird man wohl davon ausgehen dürfen, daß Brach um die Mitte des 8. Jahrhunderts schon als Kloster gegründet, aber erst unter Abt Baugulf (779–802) an Fulda gekommen ist.

[44] Vgl. W. STÖRMER, Adelsgruppen im früh- und hochmittelalterlichen Bayern (Studien z. bayer. Verfassungs- u. Sozialgesch. 4, 1972), S. 91 ff., 190 f.
[45] BÜLL (wie Anm. 42), S. 113 ff., 147 ff., 242; W. HARTMANN, Kloster Machesbach und frühmittelalterlicher Adel im Bachgau, Aschaffenburger Jb. 16 (1993), S. 137-237, hier 141 f., 201.
[46] FUB Nr. 73; zu den Anfängen des Klosters vgl. STÖRMER, Eine Adelsgruppe (wie Anm. 36), S. 13 ff., 20.
[47] Vgl. A. WENDEHORST, Ostfränkische Mission in Sachsen, in: J. ERICHSEN (Hg.), Kilian (Veröff. z. bayer. Geschichte u. Kultur 19, 1989), S. 281–285; SCHMID, Klostergemeinschaft Fulda (wie Anm. 2), S. 611–635.
[48] LÜBECK (wie Anm. 1), S. 23 ff.
[49] W. STÖRMER, Die Wohltäter des frühmittelalterlichen Klosters Brach an der Fränkischen Saale, Würzburger Diözesangeschichtsblätter 37/38 (1975), S. 469–479.

Untersuchungen haben ergeben, daß die Gründer dieses Klösterchens, das offensichtlich mit der Salzgewinnung befaßt war und das für den Schiffsweg auf der Saale als Rastplatz dienen konnte, einer Adelsgruppe angehörten, die enge Beziehungen sowohl zum karolingischen Königshaus als auch zu Abt Fulrad von Saint-Denis, später vor allem zu Abt Baugulf von Fulda hatte.

Der Bedarf an adeligen Frauenklöstern scheint nicht gering gewesen zu sein. Dafür nur zwei Beispiele von mehreren aus Franken: Vor 784 hatte eine reiche hochadelige Dame am Nordostrand des Grabfelds auf elterlichem Gut in Milz (heute Thüringen, Kr. Hildburghausen) ein Nonnenkloster gegründet und zusammen mit ihrer bedeutenden Verwandtschaft reich ausgestattet[50]. 799/800 übertrug die Äbtissin und Gründerin Emhilt ihr Eigenkloster an die Großabtei Fulda. Im nördlichen Maindreieck gründete eine Vertreterin einer mächtigen sächsischen Adelsfamilie ein weiteres Kloster oder Stift: Karsbach[51]. Es liegt einerseits unweit der gewaltigen ursprünglich herzoglichen, dann königlichen, seit 777 fuldischen Mark Hammelburg, andererseits in Sichtweite zum nördlichen Nachbarort Heßdorf, das den Namen des Vaters der Stifterin Gisela trägt, nämlich des sächsischen Harzgaugrafen Hessi. Ob der knapp 10 Kilometer entfernte Ort Heßlar mit diesem Hessi ebenfalls zusammenhängt, wäre noch zu untersuchen. Bezeichnenderweise trägt ein südwestlicher Nachbarort Karsbachs den Namen Sachsenheim. Das ganze Umfeld des Klosters Karsbach ist zweifellos ein Dokument ostfränkisch-sächsischer Beziehungen. Die sächsische Vita der Luitpirg berichtet, daß eine Gisela, Tochter des sächsischen Großen Hessi, der 804 als Mönch in Fulda starb, mit dem (ostfränkischen) Grafen Unwan vermählt war, dem sie drei Kinder, Bilihilt, Hruodhilt und Bernhard, gebar. Während diese Hessi-Tochter Gisela, Gemahlin des Saale- und/oder Grabfeldgrafen Unwan (787–ca. 795 bezeugt), für ihre Tochter Bilihilt eine geistliche Damenkongregation in Wendhausen (heute Gemeinde Thale, Kreis Quedlinburg) am Ostrand des Harzes stiftete (jedenfalls vor 840), richtete sie für Hruodhilt im ostfränkischen Karsbach – vielleicht auf Grund und Boden ihres Mannes – ein Nonnenkloster oder Stift ein. Die beiden Schwestern sind – soweit die Identität gesichert ist – in einem Fuldaer Nekrolog eingetragen. Man darf vermuten, daß Karsbach, wenn es nicht an Fulda geschenkt wurde, sich im 9. Jahrhundert nach dem Tode Hruodhilts als Kanonissenstift auflöste, vielleicht mit dem Verschwinden oder der Zersplitterung der Gründerfamilie. Das Kloster Wendhausen dagegen existierte bis 1525.

[50] M. GOCKEL, Die Verwandtschaft der Äbtissin Emhilt von Milz, FS für W. Schlesinger, hg. von H. BEUMANN (Mitteldeutsche Forschungen 74/II, 1974), S. 1–70.

[51] Vita Luitpirgae virginis: O. MENZEL, Das Leben der Luitbirg (MGH Deutsches Mittelalter 3, 1937), S. 10; zur Klausnerin Luitpirg vgl. FUB Nr. 282, S. 409 f. (Kommentar); zu Hessis Tod in Fulda: MGH SS 13, S. 169; W. GROSSE, Das Kloster Wendhausen, sein Stiftergeschlecht und seine Klausnerin, Sachsen und Anhalt 16 (1940), S. 45–76; GOCKEL (wie Anm. 50), S. 43, 58, 60 Anm. 240; BOSL (wie Anm. 75), S. 15, 135; S. KRÜGER, Studien zur sächsischen Grafschaftsverfassung (1950), S. 84, 87; F. STAAB, Untersuchungen zur Gesellschaft am Mittelrhein (1975), S. 385.

Fast alle *monasteria* und *monasteriola* des Adels im Saale- und Grabfeldgau wurden offenbar an Fulda übertragen. Auf den ersten Blick möchte man meinen, daß das Großkloster Fulda als der rettende Anker vor dem Niedergang dieser mehr oder weniger monastischen Gebilde des Adels angesehen wurde. Freilich blieben in den folgenden Jahrhunderten nur die fuldischen Männerklöster Holzkirchen und Solnhofen sowie das Frauenkloster Milz erhalten. Das heißt, daß auch Fulda diesen monastischen Niedergang in den Außenzonen seines Einflusses nicht aufhalten konnte oder wollte.

Das hier entworfene Bild war aber keinesfalls überall die Regel. Jedenfalls bietet das Frauenkloster Milz interessante Einblicke. Als die Äbtissin Emhilt ihr Kloster unter Vorbehalt lebenslänglichen Nießbrauchs dem Großkloster Fulda übertrug, bestand der Konvent von Milz aus 22 Nonnen sowie der Äbtissin[52]. Wie die Schenkungsurkunde zeigt, war Milz auch ein wirtschaftlich wohlhabendes Kloster. Es war zudem reich ausgestattet mit *ornamenta ecclesiae*[53]. Interessanterweise schenkte aber Emhilt die bereits existierende wertvolle kirchliche Ausstattung 784 nur teilweise ihrem Kloster. Der andere Teil sollte zu ihrem Seelenheil Bischöfen, Priestern, anderen Klöstern und schließlich auch den Armen – vermutlich in Form von Armenspeisungen – zufallen[54]. Diese Urkunde von 784 bietet wertvolle Aufschlüsse für das Innenleben der Milzer Abtei. Es wird den *ancillae dei* vorgeschrieben, daß sie *die noctuque domino deo sub regula sancti Benedicti* dienen. Dazu der Nachsatz: *et stabilitatem ibi habent promissam et inantea promittunt.* Schließlich wird bestimmt, *nullam umquam volunt vagandi habere potestatem de isto monasterio, sed semper stabiles hic et firmae permanent.* Wenn das Frauenkloster Milz im Gegensatz zu anderen Frauenklöstern wie Wenkheim und vor allem zu den meisten adeligen Männerklöstern die Schwierigkeiten des 9. und 10. Jahrhunderts überstehen konnte, dann liegt es vielleicht nicht nur an seinem Reichtum, sondern vor allem an den strengen benediktinischen Regeln, die die Gründerin Emhilt festlegte.

Während Fulda schon mit Unterstützung Karls des Großen eine ausgesprochene „Klostergewinnungspolitik" betrieb[55], läßt sich dies von der Bischofscathedra Würzburg keineswegs sagen. Vielleicht ist der Konflikt zwischen Bischof Berowelf und dem von seinem Vorgänger gegründeten Kloster Neustadt[56] mit schuld daran, daß das Würzburger Klosterinteresse ausgesprochen gering war. Will man die

---

[52] FUB Nr. 264.
[53] FUB Nr. 264.
[54] FUB Nr. 154.
[55] Das ergeben die einzelnen Urkunden nach E.E. STENGEL (Bearb.), Urkundenbuch des Klosters Fulda (FUB) (Veröffentlichung d. Historischen Kommission f. Hessen und Waldeck 10,1, 1910–1958) und Codex diplomaticus Fuldensis (CDF), hg v. E.F.J. DRONKE (1850). Vgl. auch SCHMID (wie Anm. 2) I, S. 108–135; U. HUSSONG, Studien zur Geschichte der Reichsabtei Fulda bis zur Jahrtausendwende, Archiv für Diplomatik 31 (1986), S. 1–225, hier S. 61–85.
[56] WENDEHORST, Würzburg I (wie Anm. 19), S. 28 f.; WAGNER, Äbte Neustadt (wie Anm. 19), S. 7 ff.

„würzburgische Klosterlandschaft" rekonstruieren, dann scheint sich zunächst die sogenannte Restitutionsurkunde von 993 anzubieten, in der behauptet wird, daß die Klöster Neustadt am Main, Homburg am Main, Schlüchtern und Murrhardt/Württemberg von König Pippin dem Bischof Burkard geschenkt, dann aber der Domkirche Würzburg widerrechtlich entrissen worden seien[57]. Neustadt und Amorbach waren jedoch vor 993 nie würzburgische Eigenklöster, Neustadt schon deshalb nicht, weil Bischof Megingoz, der Gründer dieser Abtei, in Konflikt mit seinem Nachfolger stand und das Kloster deshalb unter Königsschutz stellte[58]. In den letzten Jahren Karls oder in der Anfangszeit Ludwigs des Frommen wurden Amorbach und Neustadt vom Kaiser zusammengelegt. Kurz darauf wurden drei Amorbacher Äbte, die gleichzeitig dem Kloster Neustadt vorstanden, in der äußersten Rand- und Gefahrenzone des Reiches eingesetzt, und zwar als erste Bischöfe von Verden/Aller zur schwierigen Missionierung der Sachsen[59]. Wohl in diesem Zusammenhang haben die Karolinger auch das Odenwaldkloster Amorbach im 9. Jahrhundert gefördert. Es erhielt ein beachtliches Waldgebiet rund um das Kloster, in dem es später planmäßige Rodungen anlegte[60]. Vielleicht geht auch die Neustädter Klostermark im Spessart auf ein Geschenk Karls oder Ludwigs zurück. Sie ist jedenfalls 839 bezeugt[61]. Wie lange die beiden Klöster durch einen gemeinsamen Abt verbunden waren, wissen wir nicht.

Die karolingerzeitliche und spätere Existenz eines Klosters Homburg am Main ist außerordentlich unsicher[62], ebenso der erst in der Vita Burkardi II berichtete Tod Bischof Burkards in diesem Ort[63]. Möglicherweise hatte aber die Abtei Neustadt irgendwann in der Karolingerzeit eine Propstei in Homburg errichtet[64]. Oder sollte schon Burkard hier den Versuch einer Mönchsniederlassung gemacht haben? Würzburg war jedenfalls an diesem Ort früh interessiert. Ähnlich unsicher sind die Verhältnisse um das 993 „zurückgewonnene" Kloster Schlüchtern am Oberlauf der

[57] MGH D Ottos III. Nr. 140; G. ZIMMERMANN, Die Klosterrestitutionen Ottos III. an das Bistum Würzburg, Würzburger Diözesangeschichtsblätter 25 (1963), S. 1–28.

[58] Vgl. WAGNER, Äbte Neustadt (wie Anm. 19), S. 9 f.

[59] Dazu P. SCHÖFFEL, Amorbach, Neustadt am Main und das Bistum Verden, Zs. f. bayer. Kirchengesch. 16 (1941), S. 131–143; M. LAST, Die Bedeutung des Klosters Amorbach für Mission und Kirchenorganisation im sächsischen Stammesgebiet, in: Die Abtei Amorbach (wie Anm. 14), S. 33–53; H. JAKOBS, Die Verdener Abt-Bischöfe der Gründungszeit, Jb. f. Niedersächsische Kirchengeschichte 86 (1988), S. 109–125, bes. 114 ff., 121; J. LAUDAGE, Die Entstehung des Bistum Verden an der Aller, Stader Jb. (1989), S. 22–44.

[60] STÖRMER, Miltenberg (Historischer Atlas von Bayern, Teil Franken 25, 1979), S. 38 ff.

[61] CDF Nr. 655; R. BAUER, Die ältesten Grenzbeschreibungen in Bayern (Die Flurnamen Bayerns 8, 1988), S. 67–80; bezeugt ist diese Mark erstmals in der Tauschbestätigungsurkunde für Fulda: Ebd. S. 81 ff., 91 Nr. 14.

[62] So vorgegeben in dem auf älteren Fälschungen beruhenden Kaiserdiplom MGH D Ottos III. Nr. 140.

[63] WENDEHORST, Würzburg I (wie Anm. 19), S. 23 f.

[64] H. WAGNER, Die Frühzeit des Bistums Würzburg II, Würzburger Diözesangeschichtsblätter 48 (1986), S. 128 f.

Kinzig, dessen Lage durch bedeutende Verkehrswege gekennzeichnet war[65]. Offensichtlich hat das Kloster in der Karolingerzeit bestanden. Ob es jemals Fuldaer Nebenkloster war, wird nicht klar ersichtlich.

Das letzte Kloster der sogenannten „Fünfergruppe" von 993 ist Murrhardt/Württemberg[66]. Ein karolingerzeitlicher Einfluß Würzburgs auf das Kloster Murrhardt ist unwahrscheinlich, bestenfalls wären Zusammenhänge zwischen Murrhardt und Neustadt über Bischof Megingoz von Würzburg zu vermuten.

Sieht man vom Würzburger Domkloster St. Andreas (später Kloster St. Burkard) ab, das sich offensichtlich relativ kontinuierlich entwickeln konnte[67], dann ist die würzburgische Klosterinitiative in der Tat sehr bescheiden. Ob dies mit königlicher Politik zu tun hat, wissen wir nicht. Auffällig ist auch, daß das Domkloster keine weiteren Zellen auf dem Lande aufbauen konnte oder wollte. Als Würzburger Eigenkloster in der Region ist neben der Gründungsausstattung Karlburg zunächst lediglich Ansbach/Mittelfranken (seit kurz vor 800) gesichert[68]. Außer dem Gumbertskloster Ansbach, das Karl der Große schon vor 800 dem Bistum auf dem Tauschwege übertrug, erhielt Würzburg später das Kloster Nonnen- bzw. Münsterschwarzach, de facto freilich erst nach 877. Das Kloster wurde dem Bischof zwar urkundlich garantiert, konnte aber bestenfalls im endenden 9. Jahrhundert von Würzburg in Besitz genommen werden[69].

Wie das Nonnenkloster Schwarzach scheint auch das würzburgische Eigenkloster Karlburg, das zur Gründungsausstattung des Bistums gehörte, noch in der späten Karolingerzeit eingegangen zu sein[70].

Auch der Einfluß auf die monastische Gemeinschaft in (Klein-)Ochsenfurt scheint dem karolingerzeitlichen Würzburger Bischof zerronnen zu sein. Freilich bereitet dieses Kloster dem Historiker manche Schwierigkeiten. Erst Otlohs *Vita sancti Bonifatii* berichtet, daß die Nonne Thekla, Schülerin des Bonifatius und der

---

[65] W. KATHREIN, Alte Beziehungen zwischen der Reichsabtei Fulda und dem Kloster Schlüchtern, Fuldaer Gesch.-Bll 61 (1985), S. 29–42, bes. 30 ff.; BÜLL (wie Anm. 1), S. 24 f.

[66] G. FRITZ, Kloster Murrhardt im Früh- und Hochmittelalter (Forschungen aus Württembergisch Franken 18, 1982), S. 18 ff., 28 f., 35, 37 ff., 48 f., 61 ff.

[67] H. WAGNER, Die Äbte von St. Burkard zu Würzburg im Mittelalter, Würzburger Diözesangeschichtsblätter 50 (1988), S. 11–41, hier: S. 14–18; F. OSWALD, Würzburger Kirchenbauten des 11. und 12. Jahrhunderts, Mainfränk. Hefte 45 (1966), S. 66 f.

[68] SCHERZER (wie Anm. 15), Nr. 2, S. 3; DERS., Der Übergang des Klosters St. Gumbert zu Ansbach aus dem Besitz Karls des Großen in die Zuständigkeit Bischofs Bernwelf von Würzburg, Würzburger Diözesangeschichtsblätter 14/15 (1952), S. 97–117; R. KOCH, Das Kloster des Gundpertus, in: LENSSEN/WAMSER (wie Anm. 12), S. 229–234.

[69] BÜLL, Monasterium Suuarzaha (wie Anm. 42), 71 pass.

[70] P. SCHÖFFEL, Karlburg, Karlstadt und die „fränkische Gertrud", Herbispolis Sacra (Veröff. d. Gesellschaft f. fränk. Gesch. 9,7, 1948), S. 13–55; H. DAUL, Karlburg, eine fränkische Königsmark, Diss. Würzburg (1961); jetzt P. ETTEL/D. RÖDEL/L. WAMSER, Castellum, monasterium und villa Karlburg, in: LENSSEN/WAMSER (wie Anm. 12), S. 297 pass.; zur Gertrud-Tradition siehe B. SCHEMMEL, Gertrud in Franken, Würzburger Diözesangeschichtsblätter 30 (1968), S. 7–120, hier 37 ff.

Lioba, das Kloster Kleinochsenfurt gegründet habe. Etwa ein Jahrhundert nach Thekla befindet sich in einem Codex, den Bischof Gozbald von Würzburg (842–855) aus seiner Abtei Niederaltaich nach Würzburg verbracht hatte, der Eintrag (zum 2. November 833 oder 839): *Dedicatio ecclesiae Gozbaldi ad Ohsonofurt in honore sanctorum Cypriani et Sebastiani ab Humberto episcopo uenerabiliter celebrata*[71]. Bei dieser Kleinochsenfurter Kirche Gozbalds kann es sich schwerlich um eine gewöhnliche Eigenkirche gehandelt haben. Da Gozbald von Niederaltaich auf Hoftagen von Crémieu und Soissons selbst Reliquien der obengenannten Heiligen Cyprian und Sebastian erworben hatte, ist jener Gozbald von Ochsenfurt ganz offensichtlich mit dem Abt von Niederaltaich und späteren Bischof von Würzburg identisch.

Wenn er die Kirche Ochsenfurt mit Reliquien dieser beiden Heiligen ausstattet, dann ist viel eher an ein Stift als an eine gewöhnliche ländliche Kirche zu denken. Da Gozbald aber auch 830–833 Leiter der Hofkapelle und Kanzlei Ludwigs des Deutschen war, wäre es möglich, daß der König ihm dieses (Nonnen-)Kloster oder Stift übertragen hatte. Jedenfalls scheint die prächtige Reliquienübertragung eher auf einen monastischen oder stiftischen Neuansatz hinzuweisen. Damit schweigen aber auch schon die Quellen über Kleinochsenfurt. Der Ort ist später jedenfalls würzburgisch, die Kirche untersteht dagegen dem Nonnenkloster Kitzingen[72]. Demnach scheint Otlohs Angabe nicht aus der Luft gegriffen zu sein, denn Thekla wirkte nachweislich im *monasterium* Kitzingen.

Schwer zu klären sind auch die Anfänge dieses Nonnenklosters Kitzingen. Fest steht, daß es 748/49 bereits existierte, denn laut Eigils Vita Sturmi lag Sturmi, der erste Abt Fuldas, nach seiner Rückkehr von Rom (748/49) im Kloster Kitzingen einige Zeit krank darnieder[73]. Nach der späten Vita Hadelogae, die aus kitzingischer Hausüberlieferung erwachsen ist, geht das Kloster auf Hadeloga, eine angebliche Tochter des Hausmeiers Karl Martell, zurück. Zwar ist man sich in der Forschung einig darüber, daß in dieser Vita ein wahrer Kern stecke, doch vertritt Petzolt die Ansicht, Kitzingen sei ein grundherrlich mattonisches Eigenkloster[74], während K. Bosl und H. Weber die Gründung in den Rahmen karolingischer Haus- und Familientradition stellen[75]. Die Tatsache, daß Kitzingen 1007 in königlicher Hand ist[76], legt letzteres jedenfalls nahe, zumal ein Besitzwechsel vor 1007 nirgends angezeigt wird. Andererseits ist die

---

[71] Otlohs Vita S. Bonifatii, MGH SS rer. Germ. 57, S. 138. Zu Gozbalds Schenkung vgl. WENDEHORST, Würzburg I (wie Anm. 19), S. 42 f.; H. WELLMER, Persönliches Memento im deutschen Mittelalter (Monographien z. Gesch. d. Mittelalters 5, 1973), S. 13 f.

[72] P. SCHÖFFEL, Das Alter Ochsenfurts im Lichte der hochmittelalterlichen Pfarreiorganisation, Die Frankenwarte (1937), Nr. 26, 27.

[73] BÜLL, Suuarzaha (wie Anm. 42), S. 210–214.

[74] H. PETZOLT, Abtei Kitzingen. Gründung und Rechtslage, Jb. f. fränk. Landesforschung 15 (1955), S. 69–83.

[75] K. BOSL, Franken um 800 (1969), S. 120, 122, 173; H. WEBER, Kitzingen (Historischer Atlas von Bayern, Teil Franken 16, 1967), S. 25 f.

[76] MGH D Heinrichs II. Nr. 165.

Mitwirkung bei der Reform des Klosters durch Bonifatius und seinen Schülerkreis bezeugt. Bonifatius habe nach dieser Quelle seine Mitarbeiterin Thekla nach Kitzingen geschickt, um das Nonnenkloster nach benediktinischer Regel zu reformieren[77]. Welche Rolle Thekla de facto gespielt hat, geht aus den Quellen nicht hervor.

Als Faktor für die karolingerzeitliche Klosterentwicklung im mainfränkischen und mittelfränkischen Raum wird man dem Königtum einen wichtigen Stellenwert einräumen müssen. Vor 800 sind – wenn auch für kurze Zeit – die Abteien Holzkirchen und Ansbach in königlicher Hand, nach 800 Neustadt/Main, Amorbach, Kitzingen, Gunzenhausen, Herrieden, aber auch Nonnenschwarzach[78].

Das Nonnenkloster Karlburg, offensichtlich von den arnulfingisch–karolingischen Hausmeiern gegründet und bei der Würzburger Bistumsgründung dem neuen Bistum übergeben, ist das erste Beispiel karolingischer Klosterpolitik. Als weiteres Beispiel kann das Nonnenkloster Kitzingen gelten, das zu den ältesten Klöstern Mainfrankens gehört und 749 offenbar schon so ausgebaut war, daß die Nonnen (bereits unter Thekla?) in ihrem Xenodochium den aus Rom zurückkehrenden Abt Sturmi von Fulda gesundpflegen konnten. Kitzingen ist eines der wenigen fränkischen Klöster, deren Besitz wir – freilich erst aus der Sicht des 11. Jahrhunderts – gut rekonstruieren können.

Nonnenschwarzach, Vorgängerin von Münsterschwarzach, war im Besitz von Theotrada, der Tochter Karls des Großen und seiner dritten Gemahlin Fastrada[79]. Ob das Nonnenkloster bereits von den mainfränkischen Eltern der Fastrada oder erst von Karl dem Großen, d.h. wohl 783/794, für seine Tochter gegründet worden ist, entzieht sich unserer Kenntnis. Die Karlstochter Theotrada schenkte ihr Kloster vor 844 an Würzburg. Aber auch Ludwigs des Deutschen Tochter Hildegard, seit 853 gleichzeitig Äbtissin des Frauenklosters in Zürich, hatte das Kloster inne, nach ihrem Tod König Ludwigs weitere Tochter Bertha. Erst nach Berthas Tod 877 konnte der Würzburger Bischof das Nonnenkloster Schwarzach einziehen. Seitdem aber ist von einem Nonnenkloster hier nicht mehr die Rede.

Wenden wir uns nun dem mittelfränkischen Raum zu, d.h. im wesentlichen dem Eichstätter Diözesanbereich. Es ist bezeichnend, daß im wenig besiedelten und stark bewaldeten Zwischenraum, der die Diözesen Würzburg, Augsburg und Eichstätt trennte, zwei Abteien, nämlich Ansbach und Herrieden, die zunächst adelige Eigenklöster waren, geradezu die Grenzzonen zweier Bistümer markierten. Würzburgerseits ist es das von Abtbischof Guntbert gegründete Kloster Ansbach, das dieser wohl zu seinem Lebensende Karl dem Großen übergeben hatte, das der König jedoch noch kurz vor 800 über einen Tausch dem Bischof von Würzburg übertrug[80],

---

[77] PETZOLT (wie Anm. 74), S. 76 ff.
[78] Vgl. BOSL, Franken (wie Anm. 75), S. 120 f.
[79] BÜLL, Suuarzaha (wie Anm. 42), S. 113 ff.
[80] SCHERZER, Übergang (wie Anm. 68). Zu Salz vgl. H. WAGNER, Neustadt a.d. Saale (Historischer Atlas von Bayern, Teil Franken I, 27, 1982), S. 17 f., 26 f., 39 ff.

um Besitzungen im Bereich der Pfalz Salz zu erhalten, die er damals intensiv ausbaute. Die Quellen schweigen in der Folgezeit, doch blieb die für Würzburg wichtige Abtei erhalten, denn 911 übertrug König Konrad I. dem Kloster königliche Besitzungen im Slawenbereich westlich von Bamberg[81]. Inwieweit Ansbach schon vorher zur Slawenmission herangezogen worden sein könnte, entzieht sich unserer Kenntnis. Aber es fällt auf, daß sich um den Rodungsraum Ansbach einige Orte mit Winden- und Sachsennamen konzentrieren.

Etwa 10 km südwestlich von Ansbach entstand noch im 8. Jahrhundert ein weiteres Kloster im Rodungsgebiet: Hasareod = Herrieden[82]. Dieses ebenfalls ursprüngliche Adelskloster sollte seit dem späteren 9. Jahrhundert eine ganz wichtige Komponente für die Nordausdehnung der Diözese Eichstätt werden. Spätestens 819 ist Herrieden laut Aachener Klosterservitienverzeichnis ein Königskloster. Drei Männer aus der Umgebung Ludwigs des Frommen standen nacheinander an der Spitze dieses reich ausgestatteten Klosters. Der dritte Abt, Liutpert, wurde bald Erzbischof von Mainz. Als er Herrieden – wohl auf königlichen Druck – aufgab, wurde das Kloster Bischof Erchanbald von Eichstätt übertragen, der es umgehend in ein Kanonikerstift umwandelte[83]. Eichstätter Stift blieb Herrieden bis zum Ende des alten Reiches.

Zwei ebenfalls im 8. Jahrhundert gegründete Klöster, etwas weiter südlich gelegen, hatten ein ungünstigeres Schicksal. Feuchtwangen[84] findet sich zwar wie Herrieden 819 in der Aachener Liste, konnte aber seine Bedeutung nicht halten und scheint rasch zum Stift herabgesunken zu sein. Während dieses Stift bis zur Reformation erhalten blieb, erfahren wir vom zweiten Kloster Gunzenhausen an der oberen Altmühl lediglich, als es 823 von Kaiser Ludwig dem Frommen an die Reichsabtei Ellwangen geschenkt wurde[85], dann schweigen die Quellen. Gunzenhausen muß also im frühen 9. Jahrhundert ebenfalls ein Reichskloster gewesen sein. Orts- und Klostername weisen freilich auf ein ursprüngliches Adelseigenkloster.

Nordöstlich von Gunzenhausen liegt das Kloster St. Salvator in Spalt[86], von dem kein Gründer ermittelbar ist. Da es an der Fränkischen Rezat liegt, dem Flußverbindungsweg von Franken nach Bayern, könnte aber Karl der Große bei der Gründung mitgeholfen haben. Bezeichnenderweise wurde St. Salvator in Spalt nicht einem fränkischen Kloster oder Bistum übertragen, sondern vor 810, wohl schon 792 dem Bistum Regensburg bzw. dem Bischofskloster St. Emmeram in Regensburg, ein

---

[81] MGH D Karls I. Nr. 1.

[82] MGH LL II. Cap I Nr. 171, S. 350. ADAMSKI, Herrieden (wie Anm. 16), S. 14 ff.; SEMMLER (wie Anm. 16), S. 317; zum Königskloster siehe den Beitrag von Dieter GEUENICH in diesem Band.

[83] HEIDINGSFELDER (wie Anm. 16), Nr. 68, 69.

[84] O. MEYER, Feuchtwangen, Augsburger Eigen-, Tegernseer Filialkloster, ZRG KA 27 (1938), S. 599 ff.

[85] Württembergisches Urkundenbuch (WUB) 19 Bde. (1849–1913), I Nr. 86. Vgl. R. SCHUH, Gunzenhausen (Histor. Ortsnamenbuch v. Bayern, Mittelfranken 5, 1979), Nr. 823.

[86] Trad. Reg. Nr. 11.

deutliches Zeichen für die Verklammerung Bayerns mit dem fränkischen Zufahrts-
weg. Spätestens um 1000, möglicherweise schon im 9. Jahrhundert wurde Spalt in ein
Regensburger Stift umgewandelt[87].

Die Tendenz zur Umwandlung eines Klosters in ein Stift wird im südlichen
Franken besonders deutlich. Von Herrieden, Feuchtwangen und Spalt wurde schon
gesprochen. Auch das bereits 752 auf dem Hahnenkamm unweit Gunzenhausen von
Wunibald, dem Bruder Bischof Willibalds, gegründete Familienkloster Heidenheim,
das bald deren Schwester Walburga zu einem Doppelkloster erweiterte, wurde nach
deren Tod um 800 ein Kanonikerstift[88].

Eine Ausnahme macht das bereits im schwäbischen Einflußbereich gelegene Ellwangen[89], das 764 von Hariolf, vormals Bischof von Langres, auf eigenem Grund und
Boden geschaffen worden war. Das in günstiger Furtlage entstandene Ellwangen,
„an der Grenzscheide zwischen Franken und Rätien" und am Schnittpunkt zweier
Fernstraßen, gehört zu den ganz wenigen Klöstern des fränkischen Raumes, die im
9. Jahrhundert eine erste Blüte erlebten und als monastische Zentren erhalten blieben. Es versteht sich, daß schon Karl der Große dieses Kloster unter seinen Schutz
stellte. 819 erscheint es unter den Reichsabteien 2. Klasse[90]. Die Verbindungen Ell-
wangens zum Altmühlraum werden deutlich aus der Vergabe des Klösterchens
Gunzenhausen an das Jagstkloster durch Ludwig den Frommen, aber auch aus der
Sola-Vita Ermenrichs[91].

Das Sola-Kloster an der Altmühl unweit von Eichstätt bildet eine weitere Ausnahme. Hier jedoch garantierte das monastische Weiterbestehen nicht Eichstätt oder
Solnhofen selbst, sondern das Großkloster Fulda[92].

Man fragt sich, weshalb Sola sein Kloster an Fulda schenkte, obgleich er angeblich
zu Willibald und Wunibald gute Kontakte hatte. War es nur die Beziehung zu Bonifatius, der längst verstorben war, oder vielmehr die Anziehungskraft Fuldas? Mit
dessen Ausstrahlung und dessen klösterlicher Expansionspolitik, in welche die Klo-
sterketten Fuldas eingebunden waren, konnte kein Bistum konkurrieren. Obgleich
das nahe Eichstätt noch relativ lange als *monasterium* bezeichnet wurde, hatte es
wohl keine größere monastische Anziehungskraft. Wenn man so will, ist Solnhofen
geradezu eine bauliche und wohl auch eine kultische Konkurrenz zu Eichstätt. Die-

[87] F. EIGLER, Schwabach (Historischer Atlas von Bayern, Teil Franken 28, 1990), S. 108 f.
[88] HEIDINGSFELDER (wie Anm. 16), Nr. 26; R. SCHUH, Besitzgeschichte des Klosters Heidenheim bis 1400, Jb. f. fränk. Landesforschung 52 (1992), S. 153–194, hier 154 ff., 174.
[89] W. SCHWARZ, Studien zur ältesten Geschichte des Benediktinerklosters Ellwangen, Zeitschrift für württ. Landesgeschichte 1 (1952), S. 7–38; H. SCHWARZMAIER, Sozialgeschichtliche
Untersuchungen zur Geschichte der Abtei Ellwangen in der Karolingerzeit, in: Ellwangen 764–
1964 I, Ellwangen (1964), S. 50–71; W. STÖRMER, Bischöfe von Langres aus Alemannien und Bayern, Langres et ses Evêques VII–XIᵉ Siècles (1986), S. 21–77, bes. 54 ff.
[90] Siehe den Beitrag von Dieter GEUENICH in diesem Band.
[91] WUB I Nr. 86; A. BAUCH, Quellen zur Geschichte der Diözese Eichstätt I, S. 193 f.
[92] BAUCH (wie Anm. 91), S. 191, 196–239.

ses fuldische Eigenkloster war zudem wirtschaftlich ausgezeichnet abgesichert. Solnhofen gehörte zu den wenigen Klöstern, die im Rahmen der fuldischen Grundherrschaft wirtschaftlich an der Spitze standen[93].

Unsere Untersuchung hat gezeigt, daß relativ früh im 9. Jahrhundert in Franken
ein großes Klostersterben einzusetzen scheint, das sicherlich auch eine Folge wenig
geplanter Initiativen der Gründer von Sippenklöstern war. Es fällt auf, daß selbst
Fulda viele der ihm geschenkten adeligen Eigenklöster im 9. Jahrhundert aufgeben
mußte. Da unter den Klöstern des 8. Jahrhunderts viele Frauenklöster waren, gewinnt man den Eindruck, daß die Versorgung der jüngeren Kinder der Familie, gegebenenfalls auch der Verwandtschaft, eine große Rolle bei der Gründung gespielt
hat. Dementsprechend wird man bei den meisten dieser Klöster nicht allzuviel an
benediktinischen Regeln erwarten dürfen, so daß auch ein rascher innerer Zerfall
denkbar ist.

Königliche Klosterpolitik und Verpflichtung zu mehr oder weniger politischen
Aufgaben könnte sich freilich ebenfalls negativ auf die Klöster ausgewirkt haben. So
wurden die Abteien Amorbach und Neustadt am Main im frühen 9. Jahrhundert zur
Sachsenmissionierung eingesetzt. Da eine Abtei allein offensichtlich zu schwach war
für dieses Großunternehmen, wurden Amorbach und Neustadt einem gemeinsamen
Abt unterstellt, der beide Konvente zu den schwierigen Aufgaben heranziehen
konnte. Spätestens seit 815 waren nacheinander drei Amorbach/Neustädter Äbte
gleichzeitig Bischöfe von Verden/Aller im nordöstlichen Niedersachsen, und zwar
bis um 830[94]. Diese für drei Äbte relativ kurze Zeit läßt ermessen, wie anstrengend
diese Tätigkeit in der äußersten Missionszone des erst vor wenigen Jahrzehnten unterworfenen Sachsen war. Es kann keine Frage sein, daß die Sachsenmissionierung
die beiden Klöster erheblich strapazierte und an den Ressourcen zehrte. 882 erhielt
Amorbach noch eine Immunitätsurkunde, dann schweigen die Quellen bis 993[95]. In
Neustadt schweigen die Quellen schon wesentlich früher.

Neben diesem enormen Klosterschwund einerseits stehen neue Klostergründungen im 9. Jahrhundert, die sich auffallenderweise halten konnten. An erster Stelle ist
zu nennen das Kloster Megingaudeshausen bei Markt Bibart, das 816 von Graf Megingaud im Rahmen der sogenannten „anianischen Reform" ausdrücklich nach benediktinischer Regel gegründet und dem König unterstellt wurde[96]. Im späten 9. Jahrhundert mußte es allerdings nach Münsterschwarzach umziehen.

---

[93] WEIDINGER (wie Anm. 30) S. 186 ff.

[94] LAST (wie Anm. 59), S. 33–40.

[95] STÖRMER (wie Anm. 14), S. 16 f. Zu Neustadt/Main siehe WAGNER, Äbte Neustadt (wie
Anm. 19), S. 21 f.

[96] W. STÖRMER, Die Gründung des fränkischen Benediktinerklosters Megingaudeshausen im
Zeichen der anianischen Reform, Zeitschrift für bayerische Landesgeschichte 55 (1992), S. 239–254;
H. WAGNER, Die Äbte von Megingaudeshausen (M) und Münsterschwarzach, in: Magna Gratia,
hg. von P. HUGGER (Münsterschwarzacher Studien 41, 1992), S. 71–152, hier S. 76 ff.

Ein besonders interessanter Fall ist das karolingerzeitliche Kloster Rohr (Kreis Meiningen, Thüringen) im nördlichen Grabfeld. In der bisherigen Forschung wurde nach der wörtlichen Aussage eines Diploms Ludwigs des Deutschen angenommen, daß der Grabfeldgraf Christian gemeinsam mit seiner Gemahlin Heilwig 840/vor 871 das Kloster errichtet habe, das ihm später König Ludwig der Deutsche als Lehen auftrug[97]. Neuerdings vermochte Michael Gockel das Diplom in größere Zusammenhänge zu stellen und die Klosterentwicklung des 9. Jahrhunderts gänzlich neu zu interpretieren. Dabei ergab sich, daß Rohr bereits 825 als fuldisches Eigenkloster existierte. Die zwischen 815 und 824 von Fulda – vielleicht mit Hilfe eines mächtigen Grundbesitzers, wie etwa des dort begüterten Grabfeldgrafen Erpfol – gegründete monastische Institution wurde offenbar in die Konflikte zwischen Ludwig dem Deutschen und seinem Vater Ludwig den Frommen hineingezogen. Das Kloster wurde offenbar konfisziert, denn der König spricht später von *monasterium nostrum*, gleichzeitig wurden in nächster Nähe die Güter eines Helis/Elis konfisziert, was der Kaiser noch in einer seiner letzten Urkunden zu revidieren suchte. Nach dem Tod Ludwigs des Frommen wurden Helis und der Grabfeldgraf Poppo verdrängt. Nun entfaltete ein neuer Machthaber, Poppos Nachfolger Christian, erhebliche Aktivitäten in und um Rohr, vor allem Landesausbau – sicherlich mit Hilfe Ludwigs des Deutschen, der die Machtgrundlagen seines Gefolgsmannes Christian auf diese Weise stärken wollte.

Wenn Christian im Königsdiplom als Erbauer des Klosters erscheinen konnte, dann hängt dies – so Gockel – wohl nur mit dem Bau der Krypta durch ihn zusammen. Man wird davon ausgehen dürfen, daß die Baumaßnahmen Christians am Kloster bei seiner Belehnung schon länger zurücklagen, zumindest weit gediehen waren. 868/75 belehnte dann König Ludwig der Deutsche seinen früheren Parteigänger Christian sowie seine Gemahlin – vorbehaltlich des Rückfalls nach dem Tod der beiden – mit dem Kloster. Beim ersten ottonischen Königsaufenthalt 926 in Rohr bestand das Kloster, an wichtigen Fernwegen gelegen, offenbar schon nicht mehr.

Unter Kaiser Ludwig dem Frommen (814–840) gründete der Karlsbiograph Einhard Seligenstadt am Main westlich von Aschaffenburg, also am Westrand unseres Untersuchungsgebiets. Diese neue Abtei kann zwar nicht schlechthin als Modell für die sonst kaum greifbare lange Dauer eines Klostergründungsvorgangs dienen; sie gibt aber doch Anlaß zur Reflexion über Schwierigkeiten und zeitliche Dimensionen bei Installierung einer monastischen Kommunität. Denn Einhard, der hochberühmte Berater und Vertreter des engsten Hofkreises Karls des Großen und Ludwigs des Frommen, Laienabt über immerhin sieben Reichsklöster, die über den Westen und

---

[97] MGH D Ludwigs d. Deutschen Nr. 135; M. GOCKEL, Rohr, in: Die deutschen Königspfalzen, hg. vom Max-Planck-Institut für Geschichte, Redaktion T. ZOTZ, Bd. 2 Thüringen Lfg. 4 (1991), S. 424 f., 428 f., 435–456 (ausführliche kritische Auseinandersetzung mit der bisherigen Literatur); ältere Lehrmeinung: H. PATZE, Rohr, Thüringen, hg. von H. PATZE (Handbuch d. Histor. Stätten Deutschlands 9, 1989), S. 352 f.

Süden des Reichs verstreut lagen, und damit Herr über zahlreiche, teils große Konvente und deren beachtliche Grundherrschaften, vermochte keineswegs in einem Zug sein monastisches Gründungsziel zu verwirklichen, das er, der im ganzen Karlsreich „zu Hause" war, mit seiner familiären Heimat verknüpfte[98]. Ludwig der Fromme unterstützte ihn dabei durch großzügige Schenkungen in diesem Raum, wohl nicht nur aus Gönnerlaune, sondern um den wichtigen Ratgeber weiterhin an sich zu binden. So verlieh er ihm schon 815, also kurz nach seinem Regierungsantritt, die von Einhard gewünschte Mark Michelstadt im Odenwald und später auch Mulinheim-Seligenstadt am Main. Im Umfeld der beiden Orte hatte Einhard offensichtlich schon (Erb-?)Besitz.

Die Klosterplanung Michelstadt muß längst vor dem Reliquienerwerb 827 begonnen haben, nämlich als er dort die (noch heute existierende) architektonisch so eindrucksvolle Einhardsbasilika errichtete. Dem Ansehen dieses Kirchenbaus sollten wertvolle Reliquien dienen. Einhards Sekretär Ratleik vermochte ihm 827 die Leiber der römischen Kanonheiligen Marcellinus und Petrus zu verschaffen. Als sie dort angekommen waren, genügte Einhard diese Aufbewahrungsstätte nicht mehr, vielleicht weil der Ort bereits einer anderen Abtei, nämlich Lorsch, seit 819 unterstellt war.

Rasch erfolgte in einer Prozession die Überführung der Heiligenleiber nach Mulinheim-Seligenstadt, wo ebenfalls bereits eine Kirche vorhanden war. Einhard begann in den folgenden Jahren mit der Gründung eines Stifts und dem Bau einer neuen Basilika nach römischem Vorbild mit Ringkrypta für die Aufbewahrung der Heiligenleiber und die Stiftergrablege. Nachdem sich Einhard 830 vom Hof zurückgezogen hatte, leitete er sein (schon zum Kloster gediehenes?) Stift persönlich. Der Bau der prächtigen Klosterbasilika war an seinem Lebensende 840 freilich noch nicht beendet. Wie weit die innere Formierung des Klosters bis 840 gediehen war, entzieht sich unserer Kenntnis. Einhards Nachfolger in Seligenstadt wurde – sicherlich nicht durch Konventswahl – sein Notar Ratleik, der einst die wertvollen Reliquien für das Kloster beschafft hatte, ein Mann, der wie Einhard weite Beziehungen pflegte. Offensichtlich hatte Einhard seine Stiftung noch zu Lebenszeit dem Kaiser übereignet, um den privilegierten Status einer Reichsabtei seiner Stiftung zu sichern.

Während der Bischof von Eichstätt seine wenigen Klöster rasch in Kanonikerstifte umwandelte, nahm er 893 doch eine adelige Klosterstiftung als eichstättisches Eigenkloster entgegen, freilich um den Preis wertvoller Eichstätter Walburga-Reliquien[99]. Es handelt sich um das Nonnenkloster Monheim, im heutigen Schwaben gelegen. Die Reliquientranslation nach Monheim gestaltete sich – wie der Zeitgenos-

---

[98] Zum Folgenden aus der Fülle der Literatur jetzt: H. SCHEFERS, Einhard, Gesch.-Bll. Kreis Bergstraße 26 (1993), S. 1–67, hier 23 ff.; DERS., Studie zu Einhards Heiligen- und Reliquienverehrung. Diss. phil. München (1992).

[99] HEIDINGSFELDER (wie Anm. 16), Nr. 77.

se Wolfhard berichtet – zu einem Triumphzug mit Wunderheilungen[100]. In kürzester Zeit wurde nun das junge Kloster Mittelpunkt einer Wallfahrtsbewegung, die auf große Teile des Ostfrankenreichs übergriff. Wolfhard schildert 52 Heilungen. Monheim wird somit zu einem außerordentlich aussagekräftigen Beispiel für die zentrale Rolle heiltumskräftiger Reliquien im monastischen Bereich. Trotz des erheblichen Klosterschwundes im 9. Jahrhundert ist der große monastische Aufbruch des 8. Jahrhunderts keineswegs in sich zusammengebrochen.

Betrachtet man die geographische Verteilung der fränkischen Klöster der Karolingerzeit, dann erkennt man, daß Oberfranken völlig herausfällt. Es scheint, daß diesem noch stark slawisch strukturierten Raum damals alle Voraussetzungen für die Errichtung von Klöstern fehlten. Die Ursachen dafür können allerdings wohl kaum in den wirtschaftlichen Grundlagen des Raumes gelegen haben.

Überblickt man die Entwicklung der Klöster des fränkischen Raumes[101], dann fällt auf, daß die meisten *monasteria* an Großklöster oder an Bistümer außerhalb des Raumes delegiert wurden: fast alle Adelsklöster des mainfränkischen Raumes sowie Solnhofen an Fulda, Spalt an Regensburg, Gunzenhausen an Ellwangen, Heidenheim, Herrieden und Kirchanhausen an Eichstätt, Feuchtwangen wahrscheinlich an Augsburg. Würzburg ging mit Ansbach und mit (Nonnen-) Schwarzach fast leer aus. Nicht zu unterschätzen ist die Position des Königtums gerade im Main-Raum: Amorbach, Neustadt, wohl bald auch Megingaudeshausen, Kitzingen, Seligenstadt stellten einen beachtlichen Block am Unter- und Mittelmain dar, während am Obermain offenbar auch das Reich keinerlei Anstrengungen machte, die Slawenzone zumindest im Bereich des wichtigen Schiffahrtsweges an der Regnitz durch monastische Ansiedlungen zu missionieren.

Die westlichen Großklöster Lorsch, Weißenburg und Echternach hatten zwar Grundbesitz in Ostfranken, den man nicht unterschätzen sollte, doch scheint von dieser Seite keine Gründungsinitiative stattgefunden zu haben – oder anders ausgedrückt: keine Adelsfamilie des Raumes sah sich veranlaßt, ihre Gründungen an diese fernen Klöster zu schenken.

---

[100] MGH SS 15, S. 542 (1–5); J. FLECKENSTEIN, Einhard, seine Gründung und sein Vermächtnis in Seligenstadt, in: K. HAUCK (Hrsg.), Das Einhardkreuz (1974), S. 96–121; A. BAUCH, Ein bayerisches Mirakelbuch der Karolingerzeit (Quellen zur Gesch. d. Diözese Eichstätt II, 1985), S. 19 pass.

[101] Der Vollständigkeit halber seien noch folgende Zellen oder *monasteria* erwähnt: 1. Nach Angaben Rudolfs von Fulda († 865) gab es eine Äbtissin der Sanctimoniales zu Zellingen/Main (Rudolfi Miracula: MGH SS 15, S. 337), 2. 786 tradiert die Äbtissin Aba ihr Kloster Rotaha (Ober-, Nieder-)Roden im Maingau südwestlich von Seligenstadt an Lorsch (Codex Laureshamensis , ed. K. Glöckner (1929 ff.), Nr. 12, S. 289 f.); 3. Ob es sich im Falle (Ober-, Unter-)Leichtersbach bei Bad Brückenau/Rhön ebenfalls um ein Frauenkloster handelt, ist ungewiß. Die Cella Lihtolfes wird 867 als neben einem fuldischen Grundherrschaftskomplex gelegen bezeichnet (CDF Nr. 593). Im oratorium zu Lihtolfesbah wird für eine Nacht eine Reliquienbahre abgestellt (Rudolfi Miracula: MGH SS 15, S. 335).

In mancher Hinsicht ist die ostfränkische Klosterlandschaft durchaus sowohl mit der bayerischen als auch der rheinischen des 8./9. Jahrhunderts vergleichbar[102]. Hier wären freilich noch weitere Vergleichsstudien nötig.

Zahlreiche Fragen monastischer Entwicklung und monastischen Lebens mußten mangels Quellen offen bleiben, so etwa die Frage nach den Ordnungen und geistlichen Leitbildern in den einzelnen Klöstern. Man sollte den frühen „Klöstern" oder auch nur klösterlichen Vorformen nicht absolut das Fehlen von Mönchsregeln vorhalten. Die Diskrepanz zwischen fixierter Form und gelebter Wirklichkeit ist wohl immer eine Grunderfahrung monastischen Lebens. Aus ihr erwuchsen die jeweiligen Reformen[103]. Nicht die schriftlich fixierten bzw. überlieferten Consuetudines machen erst das Leben im Kloster aus, sondern die Vielfalt der Ordnungen und Gewohnheiten einschließlich der im Abt lebendigen *regula viva*.

Und ein Zweites ist zu überdenken. Auch wenn man früher die Kraft der jungen Klöster überschätzt hat, kolonisatorisch und kulturell intensiv auf die Bevölkerung einzuwirken, so ist diese aber auch nicht zu vernachlässigen. Allein schon die Prägung jener Menschen, die kurz oder auf Lebenszeit in das Kloster eintraten, muß beachtlich gewesen sein. Die vielen Klostergründungen verweisen auf das Bedürfnis, der Welt in irgendeiner Form zumindest graduell zu entfliehen und sich dem Christengott zu öffnen.

An kulturellen Leistungen der Klöster hat man besonders verwiesen auf den Kirchen- und Abteibau, auf Schule und Schriftkultur, auf Gärtnerei, Ackerbau und Rodung. All dies ist wohl im großen und ganzen richtig, doch von Kloster zu Kloster sicherlich sehr unterschiedlich. Diesbezüglich müssen uns Nachbarwissenschaften wie Archäologie, Handschriftenkunde, Pollenanalyse und andere noch viele Aufschlüsse geben[104].

[102] PRINZ, Frühes Mönchtum (wie Anm. 1), S. 227 f., 355 ff., 348 f., 371 ff., 425 ff., 437 f.; J. SEMMLER, Benediktinisches Mönchtum (wie Anm. 3), S. 199–218; W. STÖRMER, Beobachtungen zur historisch-geographischen Lage der ältesten bayerischen Klöster und ihres Besitzes, in: Frühes Mönchtum in Salzburg (wie Anm. 3), S. 109–123; F.J. FELTEN, Die Bedeutung der „Benediktiner" im frühmittelalterlichen Rheinland I, II, Rhein. Vierteljahrsbll. 56 (1992), S. 21–58 und 57 (1993), S. 1–49.
[103] Vgl. G. BRECHT-JÖRDENS, Die Vita Aegil des Brun Candidus als Quelle zu Fragen aus der Geschichte Fuldas im Zeitalter der anianischen Reform, Hessisches Jb. für Landesgeschichte 42 (1992), S. 19–48, hier S. 43 ff.
[104] Zur Geschichte Fuldas im 8./9. Jahrhundert sind nach Manuskriptabgabe folgende Werke erschienen, die noch zu berücksichtigen wären: B. JÄGER (Hg.), Fulda im alten Reich (1995) (bes. Beiträge GEUENICH, S. 9 ff., STAAB, S. 117 ff., WENDEHORST, S. 153 ff.); G. SCHRIMPF (Hg.), Kloster Fulda in der Welt der Karolinger und Ottonen (1996); Zur Geschichte der Frauenabtei Münsterschwarzach: J. SEMMLER, Monasterium Suuarzaha, in: ZKG 107 (1996), S. 90–99.

Kritische Anmerkungen zur sogenannten „anianischen Reform"

von
Dieter Geuenich

„Wohl auf keinem Gebiet hat Ludwig der Fromme eine erfolgreichere Wirksamkeit entfaltet als auf dem des Mönchwesens, der einzige Punkt, worin er seinen Vater Karl übertroffen hat", so charakterisierte Josef Koschek[1] vor 89 Jahren die Bemühungen des inzwischen in vielfacher Hinsicht rehabilitierten[2] Kaisers um die Reform der monastischen und geistlichen Gemeinschaften im Karolingerreich. Diese Reform – im Titel der Dissertation Koscheks als Klosterreform Ludwigs des Frommen bezeichnet – ist in der Folgezeit als „anianische Reform" in die deutschsprachige Forschung und in sämtliche Handbücher und Lexika – vom Lexikon für Theologie und Kirche bis zum Lexikon des Mittelalters – eingegangen[3].

Neuerdings ist der Terminus „anianische Reformbauten" sogar in die Architekturgeschichte eingeführt worden, und zwar durch Werner Jacobsen[4]; er versteht darunter einen in Argelliers, Maursmünster und Inden realisierten Kirchenbautyp, der mit der „anianischen Reform" aufgekommen, parallel zu ihr als „anianische Baugesinnung" durchgesetzt worden und mit den „letzten Resten der anianischen Reform" bald nach Benedikts Tod wieder untergegangen sei[5]. Wörtlich glaubt er fest-

[1] J. KOSCHEK, Die Klosterreform Ludwigs des Frommen im Verhältnis zur Regel Benedikts von Nursia (Diss. Greifswald 1908), S. 8.
[2] Zur Korrektur des überwiegend negativen Bildes vgl. F.-L. GANSHOF, Louis the Pious Reconsidered, History 42 (1957), S. 171–180; T. SCHIEFFER, Die Krise des karolingischen Imperiums, in: Aus Mittelalter und Neuzeit. FS für Gerhard Kallen, hg. von O. ENGELS und H.M. KLINKENBERG (1957), S. 1–17; zuletzt zusammenfassend: N. STAUBACH, „Des großen Kaisers kleiner Sohn". Zum Bild Ludwigs des Frommen in der älteren Geschichtsforschung, in: Charlemagne's Heir. New Perspectives on the Reign of Louis the Pious (814–840), hg. von P. GODMAN und R. COLLINS (1990), S. 701–721.
[3] Vgl. etwa A. ANGENENDT, Das Frühmittelalter. Die abendländische Christenheit von 400 bis 900 (1990), S. 367; J. SEMMLER, s.v. Benedikt von Aniane, LThK 2 (1958), Sp. 179; J.SEMMLER/H.BACHT, s.v. Benedikt von Aniane, LexMA 2 (1980), Sp. 1864-1867: „anian. consuetudo".
[4] W. JACOBSEN, Allgemeine Tendenzen im Kirchenbau unter Ludwig dem Frommen, in: Charlemagne's Heir (wie Anm. 2), S. 641–654, Zitat S. 646 u. ö.
[5] JACOBSEN (wie Anm. 4), S. 652 f.

stellen zu können, daß „sich enge Bezüge zwischen dem reformerischen Programm und den (vom Verf. vorgestellten) Reformbauten erkennen lassen, auch wenn in den Aachener Reformstatuten zur Architektur nicht explizit Stellung genommen wurde"[6].

Das klingt, auch wenn man nicht zu den Kriterien des Verfassers auf dem Gebiet der Architekturgeschichte Stellung nehmen will[7], so, als wenn allen klar vor Augen stünde, was der Inhalt der „anianischen Reform" war und vor allem von wann bis wann sie exakt zu datieren sei. Der Beginn dieser neuen Bauphase im Reich wird mit dem „Regierungsantritt Ludwigs 814 in Aachen" gleichgesetzt, der nach Jacobsen „kirchenpolitisch einen Bruch bedeutet"[8]. In Maursmünster, dem „Reformzentrum" im Elsaß, und dann vor allem in der „Zentrale" und „Musteranstalt" Inden sei, so Jacobsen wörtlich, „alles, was zu Zeiten Karls des Großen für gut und teuer erachtet worden war, … ignoriert" und der neue „anianische Reformbaustil" angewendet worden[9]. Ohne auf diese Kirchenbauweise, die übrigens nach Jacobsen „meilenweit" vom St. Galler Klosterplan entfernt ist[10], näher einzugehen, erscheint es bemerkenswert, wie klar umgrenzt die Vorstellung von der „anianischen Reform" inhaltlich und zeitlich ist, die den kirchenbaulichen Erörterungen zugrunde liegt. Demnach kam sie mit Benedikt ins Reich, blieb mit seiner Person verbunden, so daß Jacobsen folgerichtig den Tod des Reformers 821 als „einen ernsten Rückschlag" für die anianische Reform, aber auch für den damit eng verbundenen Reformbau konstatiert, und er spricht wörtlich davon, daß die Kirchenbauten aus „den dreißiger Jahren des 9. Jahrhunderts" „eine Fortführung anianischer Baugesinnung" – jeder auf seine Weise – verweigerten[11].

Spätestens jetzt, nachdem die Kunst- und Architekturgeschichte den von Historikern geprägten Begriff der „anianischen Reform" übernommen hat, sollten wir Rechenschaft darüber ablegen, was wir mit dieser Bezeichnung meinen, was inhaltlich und zeitlich unter „anianischer Reform" zu verstehen ist. Um das Ergebnis der folgenden kritischen Anmerkungen vorweg zu nehmen: sie werden zu dem – hoffentlich überzeugenden – Schluß gelangen, daß es besser wäre, diesen Begriff aufzugeben, zumindest aber aus dem Vokabular der Historiker zu streichen.

Die folgenden kritischen Anmerkungen zur historischen Forschung Josef Semmler zu widmen, dessen Name mit dem der „anianischen Reform" eng verbunden ist, erscheint nicht nur gerechtfertigt, sondern besonders angebracht, da auch er inzwi-

---

[6] JACOBSEN (wie Anm. 4), S. 649.
[7] Sehr kritisch äußerte sich Günther Binding in der Diskussion des Vortrags zu den Vorstellungen Jacobsens. Vgl. bereits G. BINDING, Köln-Aachen-Reichenau. Bemerkungen zum St. Galler Klosterplan von 807–819 (Kölner Universitätsreden 58, 1981).
[8] JACOBSEN (wie Anm. 4), S. 642.
[9] JACOBSEN (wie Anm. 4), S. 645 f.
[10] JACOBSEN (wie Anm. 4), S. 646.
[11] JACOBSEN (wie Anm. 4), S. 650 und S. 653.

schen von dieser Bezeichnung der karolingischen Reform Abschied genommen hat[12]. Überhaupt findet sich vieles von dem, was im folgenden kritisch angemerkt wird, schon in den neueren Schriften des Jubilars. Ohnehin geht es nicht um die Herausarbeitung von Gegensätzen, sondern um eine kritische Bestandsaufnahme. Wieviel wir alle und insbesondere der Autor dieses Beitrages den Forschungen Josef Semmlers zu den monastischen Reformen verdanken, wird jeder Kundige auch im Folgenden deutlich erkennen[13].

Kritische Anmerkungen erscheinen aber nicht nur angebracht

1. zum Begriff der „anianischen Reform", sondern auch

2. zur Quellenbasis, zur Überlieferungsgrundlage unseres Wissens von der monastischen Reformtätigkeit unter Ludwig dem Frommen, und schließlich

3. zu den Auswirkungen der Reformen Benedikts und seiner Mitstreiter, das heißt zum Verhältnis von Norm und Wirklichkeit, zu den kaiserlichen und synodalen

[12] Dies wurde nach der Reichenau-Tagung 1986 über „Monastische Reformen im 9. und 10. Jahrhundert" deutlich, auf der Herr Semmler laut Programm und anschließendem Protokoll über „Das Erbe der anianischen Reform im 10. Jahrhundert" gesprochen hat (Protokoll über die Arbeitstagung vom 30.09. – 03.10.1986 auf der Insel Reichenau Nr. 291 vom 10.03.1987, S. 1 und S. 5. Vgl. dort auch bereits die kritischen Bemerkungen zum Begriff „anianische Reform" im Vortragstext des Verf., a.a.O. S. 15). Daß er in diesem Vortragstitel dann in der Druckfassung den Begriff „anianische Reform" durch „karolingische Klosterreform" ersetzt (J. SEMMLER, Das Erbe der karolingischen Klosterreform im 10. Jahrhundert, in: Monastische Reformen im 9. und 10. Jahrhundert, hg. von R. KOTTJE und H. MAURER (Vorträge und Forschungen 38, 1989), S. 29–77. Vgl. dort auch die Zusammenfassung von M. WERNER, Wege der Reform und Wege der Forschung. Eine Zwischenbilanz, S. 247–269, der (S. 250) den Vortrag von Semmler noch unter dem alten Titel zitiert und diskutiert und diese terminologische Korrektur in den folgenden Beiträgen stets beibehalten hat, darf vielleicht als Konsequenz aus der auf der Reichenau geführten Diskussion angesehen werden. Vgl. D. GEUENICH, Gebetsgedenken und anianische Reform – Beobachtungen zu den Verbrüderungsbeziehungen der Äbte im Reich Ludwigs des Frommen, in: Monastische Reformen (wie oben), S. 79–106.

[13] Es können hier nicht die zahlreichen Publikationen des Jubilars einzeln angeführt werden, in denen er den Problemkreis der Reform aus unterschiedlichen Perspektiven beleuchtete und denen die Geschichtswissenschaft zur Karolingerzeit wesentliche neue Erkenntnisse verdankt. Hingewiesen sei jedoch stellvertretend auf die grundlegende Bedeutung von Semmlers überlieferungsgeschichtlicher und inhaltlicher Aufarbeitung der monastischen Gesetzgebung Ludwigs des Frommen besonders für die Jahre 816 und 817, die in eine ausführlich dokumentierte kritische Neuedition der entsprechenden Texte einmündete (J. SEMMLER, Zur Überlieferung der monastischen Gesetzgebung Ludwigs des Frommen, DA 16 (1960), S. 309–388; Corpus consuetudinum monasticarum, 1: Initia consuetudinis Benedictinae. Consuetudines saeculi octavi et noni, hg. von K. HALLINGER (1963); Josef Semmler besorgte den Hauptteil der Editionen: S. 1–91, S. 355–481, S. 501–582). Prägnant arbeitete er dabei auch die verfassungsrechtlichen Aspekte (nicht nur) der monastischen Reformpolitik heraus (J. SEMMLER, Traditio und Königsschutz. Studien zur Geschichte der königlichen monasteria, ZRG Kan. 76 (1959), S. 1–33; DERS., *Iussit ... princeps renovare ... praecepta.* Zur verfassungsrechtlichen Einordnung der Hochstifte und Abteien in die karolingische Reichskirche, in: Consuetudines Monasticae. FS für Kassius Hallinger, hg. von J. ANGERER und J. LENZENWEGER (1982), S. 97–124.

Bestimmungen einerseits und deren Befolgung in den monastischen und geistlichen Kommunitäten des Karolingerreiches andererseits.

Damit ist die Gliederung der folgenden Ausführungen vorgegeben.

1.

Wenn man „anianische Reform" analog zu Begriffen wie „cluniazensische Reform", „Hirsauer Reform", „Siegburger Reform" usw. versteht, so denkt man an eine Klosterreform, die vom aquitanischen Kloster Aniane in der heutigen Diözese Montpellier ausging. Insofern ist der Begriff auch ohne weiteres für den Raum Aquitanien und für die Zeit des Unterkönigtums Ludwigs des Frommen anwendbar und brauchbar. Denn der anianische Konvent entsandte bekanntlich Mönche in die dortigen Klöster der Grafen, der Bischöfe und auch des Unterkönigs selbst; in Aniane wurden fremde Mönche geschult und von Benedikt auf die *regularis forma*, auf die *una regula* als Grundgesetz monastischer Lebensführung eingeübt[14]. Aber das Zentrum war Benedikt selbst, der Gründer des Klosters, und nicht seine Kommunität. Das zeigte sich in aller Deutlichkeit nach 814, als Benedikt seine Klostergründung verließ, um auf Wunsch des Kaisers am Hofe größere Aufgaben zu übernehmen. Joachim Wollasch hat festgestellt, „daß sein Kloster Aniane nur in Verbindung mit seinem Namen in die geschichtliche Überlieferung einging, danach aber zur Bedeutungslosigkeit herabsank"[15]. Und Josef Semmler hat neulich sogar im Hinblick auf die Formulierung *omnibus in regno suo monasteriis prefecit* in der Vita des Reformabtes[16] betont, daß uns keine andere Quelle dazu berechtige, „daraus eine Überordnung des Abtes von Aniane im Sinne des Hauptes eines hierarchisch strukturierten Klosterverbandes abzuleiten"[17].

Wichtiger noch: Als Benedikt auf Wunsch des Kaisers zunächst ins elsässische Maursmünster und dann nach Inden bei Aachen überwechselte, verlor Aniane jegliche Bedeutung für die Reformpolitik im Reich. Wenn also die auf den beiden Aachener Synoden von August/September 816 und Juli 817 in Angriff genommenen monastischen Reformen unter den Begriff „anianische Reform" gefaßt werden sollen, dann kann sich das Adjektiv anianisch nur auf die zentrale Gestalt des Benedikt von Aniane beziehen[18]. Und in der Tat scheint die offenkundige Unmöglichkeit, die

---

[14] SEMMLER/BACHT (wie Anm. 3), Sp. 1864.

[15] J. WOLLASCH, Mönchtum des Mittelalters zwischen Kirche und Welt (Münstersche Mittelalter-Schriften 7, 1973), S. 18.

[16] Ardonis vita Benedicti abbatis Anianensis et Indensis, hg. von G. WAITZ, MGH SS 15,1, S. 215.

[17] J. SEMMLER, Benediktinische Reform und kaiserliches Privileg. Zur Frage des institutionellen Zusammenschlusses der Klöster um Benedikt von Aniane, in: Institutionen und Geschichte. Theoretische Aspekte und mittelalterliche Befunde, hg. von G. MELVILLE (Norm und Struktur 1, 1992), S. 259–293, hier S. 274.

[18] So schon GEUENICH (wie Anm. 12), S. 81.

Reform mit seinem Namen als „benediktinische Reform" zu bezeichnen – das würde andere Assoziationen hervorrufen –, der eigentliche Grund für die unglückliche und – wie gesagt – unpassende Bezeichnung der Reform als „anianische Reform" zu sein. Ist also mit „anianische Reform" das Reformwerk des Benedikt von Aniane gemeint, dessen „Reform-Zentrum" – wenn man so will – nach 814 in Maursmünster, Inden oder gar am Hofe des Kaisers lag, so bleibt immer noch die Frage, ob wir die Klosterreform der ersten Hälfte des 9. Jahrhunderts zu Recht mit seinem Namen verknüpfen.

War er als „Generalabt" allein „die Seele der 816 einsetzenden Reform des Mönchtums", wie Heinz Löwe[19] formulierte? Josef Semmler hat sich neulich gegen die früher auch von ihm verwendete Bezeichnung Benedikts als „Reichsabt" ausgesprochen, weil ihm der Kaiser „gerade nicht die Position und die Befugnisse eines ‚Oberabtes' oder ‚Generalabtes'" übertragen habe[20]. Welche Rolle spielte neben ihm Abt Hilduin von Saint-Denis, der Erzkapellan des Kaisers, der nach Max Buchner „die Rolle eines Vizepapstes, eines Primas im Frankenreich"[21] anstrebte? Welche Rolle spielte der mit Benedikt eng befreundete und mit ihm gemeinsam aus Aquitanien an den Hof berufene Abt Helisachar, bis 819 der Kanzler des Kaisers[22]? Welche Bedeutung hatten die Bischöfe Ebbo von Reims, Theodulf von Orleans und Agobard von Lyon für das Reformwerk[23]?

Vor allem aber ist die Frage zu stellen, ob 814 wirklich ein „Bruch" zu konstatieren ist, wie die eingangs erwähnten Zitate formulieren[24], ob Benedikts Werk wirklich der Neuanfang im Bemühen um eine reichsweite Reform der Mönche und Kanoniker der Nonnen und Kanonissen war, wie es der Begriff „anianische Reform" suggeriert? Wie ordnen sich dann etwa die Reformen eines Leidrad von Lyon ein, der bereits vor 814 und, wie Otto Gerhard Oexle herausgearbeitet hat[25], unabhängig von Benedikt in seiner Diözese die späteren Forderungen der Aachener Reformsynoden

---

[19] W. WATTENBACH/W. LEVISON, Deutschlands Geschichtsquellen im Mittelalter. Vorzeit und Karolinger, Heft 3: Die Karolinger vom Tode Karls des Großen bis zum Vertrag von Verdun, bearbeitet von H. LÖWE (1957), S. 307. Vgl. auch GEUENICH (wie Anm. 12), S. 81.

[20] SEMMLER (wie Anm. 17), S. 289, Anm. 226: „Die in der deutschsprachigen Literatur beliebte Bezeichnung Benedikts von Aniane als ‚Reichsabt' sollte man besser meiden. Der dem Reformator vom Kaiser erteilte Auftrag ... implizierte gerade *nicht* die Position und die Befugnisse eines ‚Oberabtes' oder ‚Generalabtes'"! Damit korrigiert Semmler seine früher selbst vertretene Auffassung von Benedikt als „Reichsabt": J. SEMMLER, Die Beschlüsse des Aachener Konzils im Jahre 816, ZKG 74 (1963), S. 59, 63, 65, 66, 71, 75, 79, 82 usw. Vgl. die Kritik an diesen Etikettierungen bereits bei GEUENICH (wie Anm. 12), S. 81.

[21] M. BUCHNER, Das Vizepapsttum des Abtes von St. Denis (1928), S. 151; vgl. dazu auch S. 60–65; GEUENICH (wie Anm. 12), S. 91.

[22] GEUENICH (wie Anm. 12), S. 88 Anm. 57–59.

[23] GEUENICH (wie Anm. 12), S. 90. Zu letzterem ausführlich E. BOSHOF, Erzbischof Agobard von Lyon (Kölner Historische Abhandlungen 17, 1969).

[24] JACOBSEN (wie Anm. 4).

[25] O.G. OEXLE, Forschungen zu monastischen und geistlichen Gemeinschaften im westfränkischen Bereich (Münstersche Mittelalter-Schriften 31, 1978), S. 146 ff.

vorweg verwirklicht hat? Sind, so ist schließlich zu fragen, Karls des Großen Bemühungen um die Reform von Mönchen und Kanonikern wirklich „gescheitert", wie immer wieder behauptet wird[26], oder sind sie – zugegebenermaßen mit neuen Impulsen – unter Ludwig dem Frommen fortgeführt und intensiviert worden?

Es dürfte deutlich geworden sein, daß der inzwischen von Josef Semmler bevorzugte Begriff der „karolingischen Klosterreform" nicht nur weiter, sondern auch zutreffender ist. Er läßt zugleich die Antwort auf die Frage nach den Anteilen Benedikts und des Kaisers selbst am Reformwerk offen – eine Frage, die zum zweiten Kritikpunkt überleitet, dem Problem der Quellenkritik nämlich, und hier konkret zur Frage, inwieweit den überkommenen Quellen verläßliche Aussagen über die zentrale Rolle Benedikts, dann aber auch über Inhalt und Verlauf der sogenannten „anianischen Reform" zu entnehmen sind.

2.

Neben den Kapitularien und Synodalbeschlüssen, denen wir zwar die offiziell erlassenen Vorschriften, kaum aber etwas über den Vorgang ihrer Entstehung und die personelle Urheberschaft entnehmen können, kommt der *Vita Benedicti Anianensis* des Ardo die weitaus größte Bedeutung zu. Freilich berichten uns auch Ermoldus Nigellus in seinem Lobgedicht auf den Kaiser, die Vita Hludowici des Astronomus und andere, auch zeitgenössische Quellen über die Reformen und ihre Widerstände im Reich, über die Synoden und ihre Beschlüsse, über die Reformer und ihr Verhältnis zum Kaiser usw.[27]. Unser Bild von der „ersten benediktinischen Klosterreform"[28] ist aber bis zum Tod Benedikts 821 – das wird niemand bestreiten, der sich mit ihr beschäftigt hat, – durch die Aussagen der Vita des Ardo bestimmt, zu der die anderen genannten Quellen meist mehr oder weniger nur als Ergänzungen oder als Korrektiv herangezogen werden. Die Benediktsvita äußert sich am ausführlichsten und pointiertesten zur monastischen Reform.

Es ist wohl nicht übertrieben zu behaupten, daß unser Bild von der „anianischen Reform" – hier sei der Begriff absichtlich noch einmal verwendet – ganz wesentlich

[26] Vgl. die kritische Stellungnahme bei OEXLE, Forschungen (wie Anm. 25), S. 148.

[27] (Ermoldus Nigellus), In Honorem Hludowici christianissimi Caesaris Augusti Ermoldi Nigelli exulis elegiaci carminis liber secundus, hg. von E. DÜMMLER, MGH Poetae 2 (1884), S. 38–41; Poème sur Louis le Pieux, hg. von E. FARAL, Classiques de l'histoire de France au Moyen Age 14 (1932), S. 88–96; Astronomus, Vita Hludowici imperatoris, hg. von G.H. PERTZ, MGH SS 2, S. 622. Sämtliche Quellen zur Reform und zu Benedikt von Aniane sind in den einschlägigen Beiträgen von Josef Semmler zitiert und diskutiert. Vgl. zuletzt DERS., Benediktinische Reform (wie Anm. 17).

[28] J. SEMMLER, Benedictus II: Una regula – una consuetudo, in: Benedictine Culture 750–1050, hg. von W. LOURDAUX und D. VERHELST (Mediaevalia Lovanensia, Series I, Studia XI, 1983), S. 1–49, hier S. 27.

vom Bericht der *Vita Benedicti Anianensis* bestimmt ist; denn sie ist es, die uns eine aquitanische Vorgeschichte der Reform präsentiert und eine Kontinuität vom Wirken Benedikts in Aquitanien und den dortigen Reformen zu den Aachener Reformen nach 814 suggeriert. Wie wäre es um unsere Kenntnis des Reformwerkes, seiner Ziele und seines Verlaufs bestellt, wenn es sie nicht gäbe? Oder anders gefragt: Wie würde unser Bild von der karolingischen Klosterreform aussehen, wenn etwa von Abt Helisachar, dem Kanzler des Kaisers und engsten Freund Benedikts, dem Ardo die Benediktsvita zur Prüfung übersandte, eine Vita überkommen wäre? Da auf diese und ähnliche Fragen keine Antwort zu erwarten ist, müssen wir mit den Quellen vorlieb nehmen, die uns überkommen sind. Aber wir sollten uns der Einseitigkeit der Quellenlage bewußt bleiben. Wenn Josef Semmler beispielsweise in einem neulich erschienenen Beitrag zu diesem Thema bemerkt: „Was Benedikts Biographie ihrem Helden zuschreibt, rechnet Ermoldus Nigellus dem aquitanischen Unterkönig als Verdienst an"[29], so zielt das in diese Richtung.

Die Glaubwürdigkeit der Vita hängt aber nicht nur von der hagiographischen Tendenz des Anianer Mönchs Ardo ab, sondern auch von der Frage, die bislang offensichtlich noch nicht ernsthaft gestellt wurde: Ob nämlich die *Ardonis vita Benedicti abbatis Anianensis et Indensis*, so wie sie uns in der Waitz'schen MGH-Edition von 1887 vorliegt, wirklich als der authentische zeitgenössische Bericht des Ardo – und, was den am Ende angehängten Brief anbetrifft, der Indener Mönche – angesehen werden kann. Mein Schüler Walter Kettemann ist im Rahmen seiner Magisterarbeit[30] auf dieses Problem aufmerksam geworden, da er in der Vita einige Ungereimtheiten und Unterschiede in der Darstellungsweise festgestellt hat, die zu der Vermutung Anlaß geben, sie sei sozusagen „nicht aus einem Guß". Er bereitet eine quellenkritische Dissertation zu den Texten zur monastischen Reform vor, die mit dem Kloster Aniane in Verbindung stehen dürften[31]. In diesem Zusammenhang ist auch erstmals eine „kritische Übersetzung" der Vita Benedikts zu erwarten. Da die gesamte Überlieferung der Vita, sei es nun in Handschriften oder in frühen Editionen, auf das Kloster Aniane zurückgeht und dort nur in Abschriften vom 12. Jahrhundert ab erhalten ist, erscheint es durchaus möglich, daß wir es mit einer Kompilation echter älterer und später hinzugefügter jüngerer Teile zu tun haben, die in

---

[29] SEMMLER, Benediktinische Reform (wie Anm. 17), S. 272 f.

[30] W. KETTEMANN, Die Vita Benedicti abbatis Anianensis und ihr Verfasser. Untersuchungen zur Anianenser Überlieferung und zur Notitia de servitio monasteriorum (Freiburg i. Br. Magisterarbeit masch. 1990).

[31] W. KETTEMANN, Zur Überlieferung der monastischen Reform unter Ludwig dem Frommen. Quellenkritische Studien zu Geschichtsquellen aus dem Umkreis des Klosters Aniane, Duisburg (Phil. Diss.) voraussichtlich 1997. Gegenstand der Untersuchung sind außer der Vita unter anderem das *Chronicon Anianense* (Chronicon Anianense, in Verbindung mit dem Chronicon Moissiacense, hg. von G.H. PERTZ, MGH SS 1, S. 280–313), der *Sermo Ardonis* (Sermo sancti Ardonis, hg. von J. MABILLON, Acta sanctorum ordinis s. Benedicti 4/1 (1735), S. 214 f.) und die *Notitia de servitio monasteriorum* (wie Anm. 33).

Aniane, dem Kloster Benedikts und Ardos, nachträglich zusammengefügt worden sind. Die Konkurrenz zwischen Aniane und der septimanischen Nachbarabtei Gellone, auf die bereits Wilhelm Pückert 1899 nachdrücklich hingewiesen hat[32], wäre ein mögliches Motiv und böte im ausgehenden 11. Jahrhundert den politischen Hintergrund, vor dem eine – möglicherweise auch zweckgerichtet tendenziöse – Hervorhebung der Bedeutung Anianes plausibel erscheinen könnte.

Die überlieferungskritischen Untersuchungen, die Kettemann demnächst vorlegen wird, scheinen auch bei einem anderen Kronzeugnis der Aachener Reform weiterzuführen: Die *Notitia de servitio monasteriorum*[33], jene Klösterliste, die als Bestandteil der monastischen Gesetzgebung Ludwigs des Frommen interpretiert und stets als wichtiges Beweisstück dafür herangezogen wird, ob eine Kommunität zu den Reichsklöstern zu zählen ist, die von der Reform erfaßt wurden, könnte ebenfalls eine neue, der Überlieferungslage vielleicht besser gerecht werdende Interpretation erfahren. Das insgesamt 84 Klöster des Karolingerreichs umfassende Verzeichnis ist nämlich aus keiner mittelalterlichen Handschrift, sondern erst aus Drucken des 17. und 18. Jahrhunderts bekannt, die alle aus Saint-Gilles in der Camargue stammen. Diesen denkwürdigen Befund kannte bereits Emile Lesne 1920, maß ihm jedoch kaum Gewicht bei. Vielmehr unterstrich er die Glaubwürdigkeit des Textes nachdrücklich, indem er ihn als Bestandteil der Aachener Gesetzgebung vom Jahreswechsel 818/19 und als zentrales Dokument für die monastische Reform postulierte[34]. Lediglich der sogenannte „aquitanische Appendix" mit 36 besonders privilegierten Klöstern Aquitaniens habe dem ursprünglichen Verzeichnis des Kaisers nicht angehört, sondern sei später, jedoch noch in der ersten Hälfte des 9. Jahrhunderts, hinzugefügt worden[35]. Ansonsten aber genießt die Liste volles Vertrauen – zumal nach ihrer Neuedition im ersten Band des Corpus Consuetudinum Monasticarum – als eine vom Kaiser 819 promulgierte Erfassung der Reichsklöster, die für den Herrscher *dona et militia* (1. Klasse), die nur *dona* ohne *militia* (2. Klasse) gewährleisten müssen und die schließlich (in einer 3. Klasse) weder *dona* noch *militia*, sondern nur Gebete für das Heil des Kaisers, seiner Söhne und die Beständigkeit des Reiches darzubringen haben. Kassius Hallinger und nach ihm der Herausgeber der Neuedition Petrus Becker haben die Gründe, die Lesne dafür angeführt hat, daß einige wichtige Reichsklöster wie etwa Reichenau oder das „Musterkloster" Inden fehlen, dahingehend zusammengefaßt, daß die Aufzählung der *Notitia* die von Benedikt konkret 818/19 zur *reformatio Anianensis* geführten Königsklöster erfaßt, während andere – etwa die bereits mit vergleichbaren Privilegien ausgestatteten, weil früher

---

[32] W. PÜCKERT, Aniane und Gellone. Diplomatisch-kritische Untersuchungen zur Geschichte der Reformen des Benediktinerordens im IX. und X. Jahrhundert (1899).

[33] Notitia de servitio monasteriorum, hg. von P. BECKER (Corpus consuetudinum monasticarum 1, 1963), S. 493–499.

[34] E. LESNE, Les ordonnances monastiques de Louis le Pieux et la Notitia de servitio monasteriorum, Revue d'histoire de l'Église de France 11 (1920), S. 321–338, besonders S. 323 und 337.

[35] LESNE (wie Anm. 34), S. 483–488.

reformierten – Klöster in ihr fehlen³⁶. Diese Zusammenstellung sei im übrigen, so glaubt man seit Lesne, Teil jener verlorenen *scedula*, die im 5. Kapitel des *Capitulare ecclesiasticum* von 819 angesprochen ist und als quasi abschließende Regelung der *causa monachorum* gilt³⁷.

Es ist hier nicht möglich und sinnvoll, weitere Einzelheiten der Argumentation auszubreiten oder gar kritisch zu beleuchten³⁸. Die *Notitia* gilt spätestens seit der Neuedition im CCM, wo sie unter der Rubrik „Legislatio Aquisgranensis" mit dem Datum 819 ediert wurde, als fester Bestandteil der Aachener Reformgesetzgebung³⁹. Sie ist aber schon deshalb unter dem Gesichtspunkt der Überlieferungskritik neu zu beleuchten, weil sie in keinem der darin erwähnten Reichsklöster, die durch sie privilegiert wurden, irgendeinen Reflex hinterlassen hat. Schon Wilhelm Pückert hat vor 100 Jahren die Frage gestellt, warum denn „keines der zahlreichen Klöster, denen Ludwig seine Gnade erwiesen ... haben soll, uns irgendeine beachtenswerte Nachricht" hinterlassen hat⁴⁰. Man dürfte doch mit einigem Recht erwarten, daß die kaiserliche Festlegung von 819 in den späteren Privilegierungen irgendeines der begünstigten Klöster erwähnt worden wäre.

Angesichts der problematischen Überlieferung dieses „Albums der Privilegierten" (Lesne) im rund 1000 km von Aachen entfernten Septimanien ist wohl doch noch einmal kritisch zu fragen, wie zwingend die Rekonstruktion der monastischen Ge-

---

³⁶ K. HALLINGER, Gorze-Kluny. Studien zu den monastischen Lebensformen und ihren Gegensätzen im Hochmittelalter 2 (Studia Anselmiana 23, 1951), S. 804–806, und danach P. BECKER in der Einleitung zur Notitia (wie Anm. 33), S. 487. HALLINGER verstand die Klöster der Notitia als „Arbeitsgebiet" Benedikts (S. 406).

³⁷ Capitulare ecclesiasticum (818/19), hg. von A. BORETIUS, MGH Capit. 1 (1883), S. 276. Vgl. die Argumentation bei E. LESNE (wie Anm. 34), S. 321–338, besonders S. 322, und J. SEMMLER, Zur monastischen Gesetzgebung Ludwigs des Frommen (wie Anm. 13), hier S. 363.

³⁸ Kritik wurde etwa geäußert bei C. DE CLERQ, La législation religieuse franque depuis l'avènement de Louis le Pieux jusqu'au fausses décrétales, Revue de droit canonique 4 (1954), S. 371–404, der die Datierung der Notitia auf 818/819 als „une pure hypothèse" (S. 393) bezeichnet. O. ENGELS, Schutzgedanke und Landesherrschaft im östlichen Pyrenäenraum (9.–13. Jahrhundert) (1970), fordert (S. 61 Anm. 176) im Hinblick auf die bayerischen Klöster in der Notitia eine neue Überprüfung des gesamten Textes.

³⁹ Die *Legislatio Aquisgranensis* zur monastischen Reform umfaßte, folgt man der Edition im Corpus Consuetudinum Monasticarum 1 (1963), S. 421–582, mindestens fünf Texte, die noch heute erhalten sind: Synodi primae Aquisgranensis decreta authentica (816); Synodi secundae Aquisgranensis decreta authentica (817) (zu deren früheren Editionen als „Capitulare monasticum" vgl. J. SEMMLER, Zur monastischen Gesetzgebung Ludwigs des Frommen (wie Anm. 13), bes. S. 312–316; *Notitia de servitio monasteriorum* (819); *Regula sancti Benedicti abbatis Anianensis sive Collectio capitularis* (818/819?); *Modus penitentiarum Benedicti abbatis Anianensis* (ante 821). Bei den übrigen dort publizierten Texten handelt es sich entweder um Exzerpte aus laufenden Synodalverhandlungen wie den *Statuta Murbacensia* oder um Stücke, die in handschriftlichem Zusammenhang mit den angeführten *Decreta authentica* oder der *Collectio capitularis* stehen.

⁴⁰ W. PÜCKERT, Die sogenannte Notitia (Constitutio Hludovici Pii) de servitio monasteriorum, Berichte über die Verhandlungen der Königlich Sächsischen Gesellschaft der Wissenschaften zu Leipzig. Philologisch-Historische Klasse 42 (1890), S. 46–71, hier S. 52 f.

setzgebung von 819 ist, wie sie Emile Lesne 1920 vorgestellt und bis heute offensichtlich verbindlich festgelegt hat[41].

Es sei nicht verschwiegen, daß damit auch in Frage gestellt ist, ob Ludwig der Fromme den reformierten Klöstern 819 tatsächlich generell das Privileg der freien Abtswahl *ex se ipsis* erteilt hat, ob es also wirklich so etwas wie ein kollektives Wahlprivileg für reformierte monastische Gemeinschaften[42] gegeben hat. Vieles scheint dafür zu sprechen, daß die *Notitia* in dieser Form nie erlassen wurde, sondern daß es sich vielmehr möglicherweise um eine nicht verabschiedete Beschlußv o r l a g e handelt, die in Septimanien später manipuliert und um einen Appendix ergänzt wurde[43]. Wenn die *Notitia* jedoch so nicht zur Aachener Reformgesetzgebung zu rechnen ist, ja überhaupt nicht als rechtserheblicher Text angesprochen werden kann, dann kommt der Aufarbeitung der Überlieferungsgeschichte, wie sie Walter Kettemann für Aniane auch zu weiteren Quellen in Angriff genommen hat, möglicherweise erhebliche Bedeutung für die Erforschung dieser monastischen Reform zu.

3.

Mit der Überlegung, ob eine kollektive Klosterprivilegierung in der Zeit Ludwigs des Frommen überhaupt denkbar ist, sind wir bereits beim dritten und letzten Punkt angelangt: der Frage nämlich nach dem Verhältnis von Norm und Wirklichkeit, von kaiserlicher Reformgesetzgebung und synodalen Beschlüssen einerseits und deren tatsächlicher Durchführung und Befolgung in den monastischen und geistlichen Kommunitäten, aber auch durch die Äbte und Bischöfe im Reich andererseits[44]. Eine Verkündigung der *Notitia* erscheint ebenso wie die eines Verzeichnisses von Klöstern mit der *licentia ... ex se ipsis sibi eligendi abbates* schon deshalb unwahrscheinlich, weil die Ausstellung eines Kollektivprivilegs ansonsten in der Karolinger-

[41] LESNE (wie Anm. 34).

[42] So SEMMLER, Benediktinische Reform (wie Anm. 17), S. 292, der unter Hinweis auf das Capitulare ecclesiasticum feststellt: „818/19 erteilte er (Ludwig der Fromme) allen reformierten benediktinischen Gemeinschaften die *ex se ipsis eligendi licentia*".

[43] Diese Auffassung deutete Kettemann bereits in seiner Magisterarbeit (wie Anm. 30) an; sie wird nun in der in Vorbereitung befindlichen Dissertation (wie Anm. 31) neben anderen Interpretationsmöglichkeiten dargelegt.

[44] Vgl. zu dieser Problematik auch D. GEUENICH, Zur Stellung und Wahl des Abtes in der Karolingerzeit, in: Person und Gemeinschaft im Mittelalter. FS für Karl Schmid, hg. von G. ALTHOFF u.a. (1988), S. 171–186, und bezüglich der Norm und Wirklichkeit in den Frauenklöstern und -stiften demnächst T. SCHILP, Norm und Wirklichkeit religiöser Frauengemeinschaften im Frühmittelalter. Die Institutio sanctimonialium Aquisgranensis 816. (Habilitationsschrift Duisburg 1994; erscheint als ‚Veröffentlichung des Max Planck-Instituts für Geschichte').

zeit unbekannt ist[45]. Die Herrschaftspraxis Ludwigs des Frommen zeigt aber auch, daß der Kaiser nicht bereit war, seinen Handlungsspielraum und seine Verfügungsgewalt über die Klöster des Reiches einengen zu lassen. Schon im Interesse einer souveränen Reichspolitik konnte er, wie zuvor auch sein Vater, gar nicht bereit sein, solche ihn bindende Privilegienverzeichnisse zu verkünden. Denn auf das Instrument der Hofkapelle vermochte er genausowenig wie sein Vater zu verzichten, und als wirtschaftliche Basis kamen für die Mitglieder der Kapelle und alle sonstigen verdienten Getreuen nur die Reichsabteien in Frage. Josef Fleckenstein hat deutlich herausgearbeitet, daß die Tendenz unter Karl dem Großen und Ludwig dem Frommen immer mehr dahin ging, die Mitglieder der Hofkapelle mit Abtsstühlen statt wie früher mit Bischofssitzen zu entlohnen[46]. Und da die Reformer um Benedikt von Aniane allesamt als Äbte mehrere, manchmal bis zu sieben Klöster gleichzeitig leiteten[47], dürfte der Kontrast zwischen der Norm der *licentia ex se ipsis sibi eligendi abbates* und der Wirklichkeit gerade unter den Reformäbten am deutlichsten hervortreten. Daß Helisachar, der engste Vertraute Benedikts, ebenso wie Hilduin von Saint-Denis, Fridugis von Tours, Einhard von Seligenstadt, Apollinarius von Flavigny, Sigulf von Ferrières, Smaragd von Saint-Mihiel und viele andere Äbte aus dem Kreis der Reformer ihre Klöster vom Kaiser erhielten und nicht aus den jeweiligen Konventen in freier Wahl hervorgingen, wurde bereits an anderer Stelle ausführlich dargelegt[48]. Auch daß kaum einer von ihnen selbst dem Mönchsstand angehörte[49], für dessen Reform sie kämpften, daß sie also nicht einmal als regulare Äbte ihren rund 30 berühmten Klöstern vorstanden, wirft ein merkwürdiges Licht auf diese Reformer, die gleichwohl

---

[45] Emile Lesne hatte die rekonstruierte Wahlrechtsliste und die *Notitia* als Kollektivprivilegien klassifiziert, welche die Ausstellung jeweils eigener Privilegierungsurkunden für die in den Listen genannten Klöster überflüssig gemacht hätten, vgl. DERS., La propriété ecclésiastique et les droits régaliens à l'époque carolingienne 2: Le droit du roi sur les églises et les biens d'église VIIIe–Xe siècle (Histoire de la propriété ecclésiastique 2/2, 1926), S. 418 mit Anm. 3; DERS., (wie Anm. 34), S. 323 und 326. Dagegen wollte bereits H. LÉVY-BRUHL, Les élections abbatiales en France, 1: Epoque franque (1913), S. 36, in dem „privilège collectif" kein generelles Wahlprivileg erkennen, sondern nur eine gleichzeitige Verleihung mehrerer Urkunden. – Herr Kollege Gerhard Schmitz (Tübingen/München) bestätigte in einem Gespräch am Rande des Symposions, daß Kollektivprivilegien im Sinne Lesnes für die Zeit Ludwigs des Frommen undenkbar seien.
[46] J. FLECKENSTEIN, Die Hofkapelle der deutschen Könige 1: Grundlegung. Die karolingische Hofkapelle (Schriften der MGH 16/1, 1959), S. 103–106.
[47] Einzelnachweis bei GEUENICH, Zur Stellung und Wahl des Abtes (wie Anm. 44), S. 176–182.
[48] GEUENICH (wie Anm. 47).
[49] Helisachar wird in Quellen als *presbyter et abbas* (Annales regni Francorum, hg. von F. KURZE MGH SS rer. Germ. 6, S. 172) und als *amicus ... canonicorum* (Ardonis vita Benedicti (wie Anm. 16), S. 220) angesprochen; ob Hilduin Mönch war, ist den Quellen nicht zu entnehmen. Fridugis, der wie sein Lehrer Alkuin vermutlich in England zum Diakon geweiht worden war, gehörte nicht dem Mönchsstand an; Einhard war weder Mönch noch Kleriker; Sigulf wurde erst am Ende seines Lebens Mönch. Vgl. grundsätzlich dazu GEUENICH, Zur Stellung und Wahl des Abtes (wie Anm. 44), S. 176–178, und zuletzt F.J. FELTEN, Die Bedeutung der Benediktiner im frühmittelalterlichen Rheinland, Teil 1, Rheinische Vierteljahrsblätter 56 (1992), S. 21–58, bes. S. 33.

als kaiserliche *missi* mit der Kontrolle der Durchführung der Reformgesetzgebung –
und damit gegebenenfalls auch des Wahlprivilegs – in den Klöstern des Reiches betraut waren.

Verständlich wird allerdings angesichts solcher „Politiker" auf den Abtsstühlen
der Versuch, die *mensa monachorum* dem Zugriff der nicht regularen Äbte zu entziehen, um die Lebensgrundlagen der Mönchskonvente nicht zu gefährden, sondern
auf Dauer zu sichern[50]. Dies ist eine Regelung, die tatsächlich den Bedürfnissen der
wirtschaftlich in Not geratenen Kommunitäten Rechnung trägt.

Daß die strikte Trennung von Mönchen und Kanonikern, Nonnen und Kanonissen ein weiteres zentrales Anliegen der Reformer war, ist hinreichend bekannt[51]. Das
Beispiel der Abtei Saint-Denis, wo sich der Konvent, durch Benedikt von Aniane
und Arnulf von Noirmoutier vor die Entscheidung gestellt, spaltete und sich der
größere Teil gegen die Verpflichtungen der Benediktinerregel aussprach, um als Ka-
nonikergemeinschaft leben zu können, ist bemerkenswert, – vor allem, weil die re-
geltreue Minderheit 817 das Kloster verlassen und in eine Zelle der Abtei nordwest-
lich von Saint-Denis ausweichen mußte[52]. Daß diese später als Unrecht bezeichnete
und wieder rückgängig gemachte Vertreibung mit Zustimmung Benedikts und Arnulfs geschah, läßt Zweifel an der gängigen Meinung aufkommen, daß das Leben
nach der Benediktsregel grundsätzlich höher eingeschätzt worden sei als das Ideal
der *vita apostolica* der Kanonikergemeinschaften. Auch die Mitglieder des Konvents
des berühmten Martinsklosters in Tours werden 816 als *clerici* und nicht wie früher
als *monachi* bezeichnet, was nach Otto Gerhard Oexle als Hinweis darauf gelten
kann, „daß in der Reformgesetzgebung von 816 die Kanoniker im Rang keineswegs
unter den Mönchen eingeordnet werden"[53].

In den Quellen des 9. Jahrhunderts findet die Geringschätzung der Kanoniker
und Kanonissen gegenüber dem benediktinischen Mönchtum kaum eine Stütze.
Auch in den reichsweiten Gebetsverbrüderungen des benediktinischen Mönchtums

---

[50] Ardonis vita Benedicti (wie Anm. 16) S. 218. Zur Trennung der *mensa abbatum* von der
mensa monachorum vgl. J. SEMMLER, Reichsidee und kirchliche Gesetzgebung, ZKG 71 (1960),
S. 56; LESNE (wie Anm. 34), S. 331.

[51] Institutio canonicorum Aquisgranensis; Institutio sanctimonialium Aquisgranensis; Hludowici imperatoris epistolae ad archiepiscopos missae, MGH Concilia 2/1, S. 213, 394, 401, 447,
458–464. Vgl. dazu SEMMLER, Benedictus II (wie Anm. 28), S. 13 ff. und S. 47 f.; FELTEN (wie
Anm. 49), S. 41 ff.

[52] Vgl. dazu OEXLE, Forschungen (wie Anm. 25), S. 112–119 (mit Quellen und Literatur);
GEUENICH, Gebetsgedenken (wie Anm. 12), S. 92; J. SEMMLER, Saint-Denis: Von der bischöflichen Coemeterialbasilika zur königlichen Benediktinerabtei, in: La Neustrie. Les pays au nord de
la Loire de 650 à 850, hg. von H. ATSMA, Bd. 2 (Beihefte der Francia 16/2, 1989), S. 75–123,
S. 107 ff.; FELTEN (wie Anm. 49), S. 47 f.

[53] OEXLE, Forschungen (wie Anm. 25), S. 133. Vgl. jetzt auch FELTEN (wie Anm. 49), S. 48 f.
und zuletzt O.G. OEXLE, Les moines d'Occident et la vie politique et sociale dans le haut moyen
âge, Le monachisme à Byzance et en Occident du VIIIᵉ au Xᵉ siècle, Revue Bénédictine 103 (1993),
S. 255–272.

sind die Kanonikergemeinschaften ebenso wie die Nonnenklöster und Kanonissen-
stifte keineswegs ausgegrenzt[54]. Zu Recht hat Josef Semmler der von Konrad Beyerle
vertretenen Auffassung widersprochen, Benedikt habe die Gebetsverbrüderung zur
„Stärkung des Bewußtseins der Zusammengehörigkeit" der reformierten Benediktinerklöster eingesetzt[55]. Das monastische Gebetsgedenken – etwa auf der Reichenau,
in St. Gallen, Pfäfers oder im Frauenkloster Remiremont[56] – war weder exklusiv für
reguläre Gemeinschaften, noch zeigen sich in den Verbrüderungsbeziehungen Ansätze zu einer „Verbandsbildung", zu einem Versuch, nur „formgleiche Gemeinschaften aufs engste zusammen[zu]führen"[57]. Benedikt war nicht der Initiator der
karolingerzeitlichen Verbrüderungsbewegung wie er auch nicht der Initiator der
karolingischen Klosterreform war, und die Verbrüderungsbücher spiegeln auch nicht
exklusiv die Welt der von der benediktinischen Reform erfaßten *monasteria*[58].

Daraus aber darf nicht gefolgert werden, Benedikt habe „dem Gebets- und Totenbund nur geringe Beachtung" geschenkt[59], er habe „die verbindende Kraft der
Gebetsverbrüderung zwischen den reformierten *Monasteria*", wie er sie bereits in

---

[54] Vgl. die *capitula*, das „Inhaltsverzeichnis", des 824 angelegten, aber ältere Gedenklisten ent-
haltenden Reichenauer Verbrüderungsbuches: Das Verbrüderungsbuch der Abtei Reichenau, hg.
von J. AUTENRIETH u.a., (MGH Libri memoriales et necrologia NS 1 (1978), pag. 4), das auch die
Domkanoniker der *civitates* Konstanz, Basel, Straßburg und Metz berücksichtigt. Eingang in das
Gedenken der Reichenauer Mönche haben aber auch Kanonikergemeinschaften aus Lyon (pag. 94–
96), Frauengemeinschaften aus Faremoutier und Zürich (pag. 2 bzw. 8), Priester und Laien (vgl. die
Nomina amicorum viventium pag. 98 ff.) gefunden. Frauen-, Priester- und Kanonikergemein-
schaften fehlen auch nicht in den Gedenkbüchern von St. Gallen (Subsidia Sangalensia 1: Materialien und Untersuchungen zu den Verbrüderungsbüchern und zu den älteren Urkunden des Stifts-
archivs St. Gallen, hg. von M.BORGOLTE u.a. (St. Galler Kultur und Geschichte 16, 1986), S. 127:
Kanoniker von Schönenwerth, S. 133: Kanoniker aus Lyon, S. 134: Priester aus dem Hegau, S. 135:
Frauengemeinschaft aus Straßburg usw.) und Pfäfers (Liber Viventium Fabariensis 1: Faksimile-
Edition, hg. von A. BRUCKNER, H.R. SENNHAUSER, F. PERRET (1973), pag. 30 f.: Konstanz,
pag. 42: Biasca).
[55] M. ROTHENHÄUSLER/K. BEYERLE, Die Regel des hl. Benedikt, das Gesetz des Inselklosters
und seine Verwirklichung, in: Die Kultur der Abtei Reichenau 1 (1925), S. 291; SEMMLER, Benediktinische Reform (wie Anm. 17), S. 289. Wenn Semmler allerdings feststellt, daß „der Reformabt
aus Septimanien dem Gebets- und Totenbund nur geringe Beachtung" geschenkt habe (a.a.O.) und
daß „von Gebetsverbrüderungen und gegenseitigem Totengedenken innerhalb des Kreises der
aquitanischen Benediktinerklöster ... kaum etwas bekannt" sei, so widerspricht das der zuvor
(a.a.O. S. 268 unter Hinweis auf GEUENICH, Gebetsgedenken (wie Anm. 12), S. 81 ff.) getroffenen
Feststellung, „daß diese benediktinischen Gemeinschaften eine Gebetsverbrüderung verband". Vgl.
zu diesem Widerspruch bereits K. SCHMID, Auf dem Weg zur Erschließung des Gedenkbuchs von
Remiremont, in: FS für Eduard Hlawitschka, hg. von K.R. SCHNITH/R. PAULER (Münchener
Historische Studien, Abt. Mittelalterliche Geschichte, 5, 1993), S. 85 Anm. 116.
[56] Vgl. Anm. 54. Zum Liber memorialis von Remiremont, hg. von E. HLAWITSCHKA,
K. SCHMID und G. TELLENBACH, MGH Libri memoriales 1 (1970); zuletzt SCHMID (wie
Anm. 55), S. 59–96.
[57] SEMMLER, Benediktinische Reform (wie Anm. 17), S. 284.
[58] SEMMLER, Benediktinische Reform (wie Anm. 17), S. 290 f.
[59] Zitat siehe Anm. 55.

Aquitanien geschätzt hatte, „im weiten Frankenreich" vernachlässigt[60]. Er hat sich vielmehr, wie an anderer Stelle gezeigt werden konnte[61], nach 814 in das Gebetsgedenken der Mönche von St. Gallen und Reichenau ebenso aufnehmen lassen wie in das der Nonnen von Remiremont, und zwar sowohl gemeinsam mit anderen Reformern wie Helisachar und Einhard[62] als auch mit dem Maursmünsterer Konvent als dessen Abt[63] wie schließlich als Abt von Inden[64].

Daß Benedikt im Verzeichnis der lebenden Freunde der Reichenauer Mönche fehlt, wo in eindrucksvoller Weise sämtliche Reformäbte um Ludwig den Frommen einen Ehrenplatz gefunden haben[65], liegt allein daran, daß er zum Zeitpunkt der Listenerstellung schon nicht mehr zu den Lebenden gehörte. Bekanntlich ist er am 11. Februar 821, also kurz vor der Zusammenstellung dieser Gedenkliste der lebenden Freunde, gestorben, – nicht ohne vorher seinen alten Freund, Erzbischof Nebridius von Narbonne, vom Totenlager aus in einem Abschiedsbrief flehentlich um soviel Gebetsgedenken wie möglich zu bitten. Nebridius solle doch nicht nur selbst, so bedrängt ihn Benedikt, den Tod vor Augen, für ihn beten, sondern auch alle Klöster, in die auch immer er diese Bitte um Gebetsgedenken übermitteln könne, die *familiares* und *amici* bitten, nicht aufzuhören, für ihn so viele Psalmen und Messen wie möglich zu verrichten[66].

[60] SEMMLER, Das Erbe (wie Anm. 12), S. 66 mit Anm. 20a.

[61] GEUENICH, Gebetsgedenken (wie Anm. 12). Es ist ein Mißverständnis, wenn SEMMLER, Benediktinische Reform (wie Anm. 17), S. 279, Anm. 168, meint, Benedikt sei „von einer der Anlagehände des Gedenkbuchs der Abtei Reichenau als Mitglied des Konvents Maursmünster ... unter den bereits Verstorbenen" eingetragen worden. Vielmehr handelt es sich um die Abschrift (!) einer kurz nach 814 zusammengestellten, aktuellen Maursmünsterer Konventsliste, die von *Benedictus abba* angeführt wird und aller Wahrscheinlichkeit nach auch auf seine Veranlassung hin auf die Reichenau übersandt worden ist. Wir kennen also – entgegen Semmler (a.a.O. S. 280 mit Anm. 173) – die Namen seiner Maursmünsterer Mitbrüder! Auch bei der Bewertung der Einträge im Liber memorialis von Remiremont (s. unten Anm. 64) ist zunächst die Frage der Vorlagen für die „nach der Mitte des 9. Jahrhunderts" abschriftlich (!) vorgenommenen Eintragungen zu beantworten.

[62] Im älteren St. Galler Verbrüderungsbuch (Subsidia Sangallensia 1, wie Anm. 54), S. 111: A fol. 11ʳ (ad hoc-Eintrag).

[63] Im Reichenauer Verbrüderungsbuch (Das Verbrüderungsbuch der Abtei Reichenau, wie Anm. 54), pag. 82 (vgl. dazu oben Anm. 61).

[64] Im Liber memorialis von Remiremont (wie Anm. 56), fol. 8ᵛ B 1 (Indener Liste) und fol. 43ᵛ B 2 (Necrologeintrag).

[65] Das Verbrüderungsbuch der Abtei Reichenau (wie Anm. 54), pag. 98 C1,2. Dazu ausführlich GEUENICH, Gebetsgedenken (wie Anm. 12), S. 88 ff.; anders SEMMLER, Das Erbe (wie Anm. 12), S. 66.

[66] Ardonis vita Benedicti (wie Anm. 16) S. 220: *Eia, vir Dei, pareat modo karitas ac dilectio seu benivolentia, qua semper modo, in quantum potes, sive per temet ipsum seu familiares et amicos necnon per omnia monasteria, ubicumque transmittere potueris, ut orationibus tam in psalmis quam in missis pro me ad Dominum fundere non cessent, quia modo valde necessarium mihi est.*

Zur Autorität des Papsttums im karolingischen Frankenreich

von

Wilfried Hartmann

An den Anfang meiner Ausführungen möchte ich das Bekenntnis der fränkischen Bischöfe aus dem Jahre 747 stellen, mit dem diese sich dem heiligen Petrus und seinem Stellvertreter unterwarfen und das wir aus dem Bericht des Bonifatius kennen:

„Wir haben auf unserer Synode den Beschluß gefaßt und das Bekenntnis abgelegt, daß wir am katholischen Glauben, an der Einheit und an der Unterordnung unter die römische Kirche festhalten wollen bis ans Ende unseres Lebens, daß wir dem heiligen Petrus und seinem Stellvertreter untertan sein und alle Jahre eine Synode abhalten wollen, daß die Metropoliten ihre Pallien sich von jenem Stuhl beschaffen und daß wir in allem, wie es die Kirchensatzungen vorschreiben, den Geboten des heiligen Petrus Folge leisten wollen, um zu den ihm anvertrauten Schafen gezählt zu werden. Und diesem Bekenntnis haben wir alle zugestimmt und es, mit unseren Unterschriften versehen, am Grab des heiligen Apostelfürsten Petrus niederlegen lassen, wo es von der römischen Geistlichkeit und dem Papst mit Freuden aufgenommen wurde"[1].

Hier sind jene Elemente versammelt, die für die angelsächsisch bestimmte Petrusdevotion typisch sind: *fides catholica*, *unitas* und *subiectio Romanae ecclesiae* – Rechtgläubigkeit, Einheit und Gehorsam gegenüber dem Papst; die Unterwerfung unter den heiligen Petrus und seinen Vikar ist in dem Satz ausgedrückt: *per omnia precepta sancti Petri sequi, ut inter oves sibi commendatas numeremur*. Die organisatorische Abhängigkeit der fränkischen Kirche vom Stuhl des heiligen Petrus zeigt

---

[1] *Decrevimus autem in nostro sinodali conventu et confessi sumus fidem catholicam et unitatem et subiectionem Romanae ecclesiae fine tenus vitae nostrae velle servare; sancto Petro et vicario eius velle subici; sinodum per omnes annos congregare; metropolitanos pallia ab illa sede querere et per omnia precepta sancti Petri canonice sequi desiderare, ut inter oves sibi commendatas numeremur. Et isti confessioni universi consensimus et subscripsimus et ad corpus sancti Petri principis apostolorum direximus. Quod gratulando clerus Romanus et pontifex suscepit* (Bonifatius-Briefe Nr. 78, hg. von M. TANGL, MGH Epp. sel. 1, S. 163). Vgl. auch die Antwort des Papstes im Brief Nr. 82 (ebd. S. 182). Vgl. W. HARTMANN, Die Synoden der Karolingerzeit im Frankenreich und in Italien (1989), S. 60 f.

sich vor allem in dem Versprechen, daß die Erzbischöfe ihre Pallien vom Papst erbitten wollen.

Eine Synode vom Ende der hier betrachteten Epoche scheint ganz ähnlich zu
denken: Das ostfränkische Reichskonzil, das sich im Jahre 895 in Tribur versammelte, formulierte im 30. Kapitel: „Im Angedenken an den heiligen Apostel Petrus verehren wir den heiligen römischen und apostolischen Sitz, damit er, der für uns die
Mutter der bischöflichen Würde ist, auch die Lehrerin der kirchlichen Regel sein
soll"[2]. Die *Romana sedes* ist *mater et magistra*.

Diese beiden Zeugnisse könnten den Anschein erwecken, als ob während der gesamten karolingischen Epoche das Ansehen des Papstes als Spitze der kirchlichen
Hierarchie unbezweifelt gewesen wäre. Doch muß beachtet werden, daß die Synode
des Jahres 747 ihren Grundsatzbeschluß ganz an die Spitze ihrer Beschlüsse stellte,
während das Bekenntnis zu Rom in Tribur 895 eher nebenbei erfolgte, als man sich
mit der Frage befassen mußte, was mit Klerikern zu geschehen habe, die gefälschte
Papstbriefe vorgelegt hatten. Übrigens beklagte sich dieselbe Synode darüber, daß
„das Joch des heiligen Stuhls kaum ertragen werden kann"[3]. Es hat sich also in den
eineinhalb karolingischen Jahrhunderten durchaus etwas verändert. Doch muß in
einem Kreis von Spezialisten für die Geschichte der Karolingerzeit sowieso nicht
eigens betont werden, daß jene Epoche auf allen Gebieten durch Vielfalt und nicht
durch Einförmigkeit charakterisiert ist.

So hat schon die ältere Forschung herausgearbeitet, daß bereits der erste karolingische Frankenkönig Pippin zwar einerseits den Papst benötigte, um die merowingische Dynastie zu verdrängen, daß er aber andererseits von Anfang an eine königliche
Kirchenherrschaft anstrebte. Dies habe sich z.B. darin gezeigt, daß er davon absah,
Metropoliten einzusetzen, um selbst die Kontrolle über die Bischöfe in der Hand zu
behalten[4].

Und die wichtigsten Berater Karls des Großen, der Angelsachse Alkuin und der
Westgote Theodulf, gingen sogar so weit, den Frankenkönig über den Papst zu stellen. So räumte Alkuin Karl dem Großen den höchsten Rang unter den drei bedeutendsten Würdenträgern der Welt (Papst, Kaiser und Frankenkönig) ein, wenn er
sagt: „Im Vergleich mit den beiden anderen Würden (also Papst und Kaiser) ist der
Frankenkönig in Bezug auf die Macht ausgezeichneter (*excellentior*), in Bezug auf die
Weisheit berühmter (*clarior*) und in Bezug auf den Rang seines Reiches erhabener

---

[2] *In memoriam beati Petri apostoli honoremus sanctam Romanam et apostolicam sedem, ut,
quae nobis sacerdotalis mater est dignitatis, esse debeat magistra ecclesiasticae rationis* (MGH Capit.
2, S. 230,28–231,3). Vgl. HARTMANN, Synoden (wie Anm. 1), S. 409.
[3] *Quare servanda est cum mansuetudine humilitas, ut, licet vix ferendum ab illa sancta sede im-
ponatur iugum, conferamus et pia devotione toleremus* (MGH Capit. 2, S. 231,3–7).
[4] Vgl. W. OHR, Der karolingische Gottesstaat in Theorie und Praxis (Diss. Wien 1902), bes.
S. 17 f. und 32 f.

(*sublimior*)"[5]. Und Theodulf bezeichnete Karl den Großen als den Stellvertreter des heiligen Petrus. Dabei setzt er Karl immer nur mit dem heiligen Petrus selbst in Beziehung; der Papst kommt überhaupt nicht vor:

Caeli habet hic claves, proprias te iussit habere,
Tu regis ecclesiae, nam regit ille poli.
Tu regis eius opes, clerum populumque gubernas,
Hic te caelicolas ducet ad usque choros[6].

Einen Höhepunkt der Dominanz des fränkischen Herrschers über das Papsttum – sogar in Fragen des Dogmas – stellten zweifellos die Jahre zwischen 790 und 794 dar, als Karl der Große – unterstützt von seinen Hoftheologen – die Zustimmung Papst Hadrians I. zu den Entscheidungen des Konzils von Nicäa des Jahres 787 heftig kritisierte.

Nach der Auffassung von Johannes Fried gab es in den Anfängen der Regierung Ludwigs des Frommen sogar noch eine stärkere Distanz zu Rom als in der Zeit Karls. Ob aber die These zutrifft, daß Ludwig „den Weg der drei (?) ersten karolingischen Könige, die ihre Reformen in enger Anlehnung an Rom betrieben hatten", verließ[7], wird später noch zu erörtern sein.

Das große Thema der Autorität des Papsttums im karolingischen Zeitalter kann in einem kurzen Vortrag natürlich nicht umfassend behandelt werden, zumal eine monographische Behandlung über den Primat überhaupt fehlt. In dem kürzlich erschienenen Sammelband „Il primato del vescovo di Roma nel primo millennio" (hg. von Michele Maccarrone) findet sich kein Beitrag über die Karolingerzeit, wenn auch Horst Fuhrmann die „Widerstände gegen den päpstlichen Primat im Abend-

---

[5] Alkuin, Brief an Karl den Großen (Juni 799): *Nam tres personae in mundo altissime hucusque fuerunt: id est apostolica sublimitas, quae beati Petri principis apostolorum sedem vicario munere regere solet; quid vero in eo actum sit, qui rector praefate sedis fuerat, mihi veneranda bonitas vestra innotescere curavit. Alia est imperialis dignitas et secundae Romae saecularis potentia; quam impie gubernator imperii illius depositus sit, non ab alienis, sed a propriis et concivibus, ubique fama narrante crebrescit. Tertia est regalis dignitas, in qua vos domini nostri Iesu Christi dispensatio rectorem populi christiani disposuit, ceteris praefatis dignitatibus potentia excellentiorem, sapientia clariorem, regni dignitate sublimiorem. Ecce in te solo tota salus ecclesiarum Christi inclinata recumbit* (MGH Epp. 4, S. 288,17–26). Dazu bereits OHR, Gottesstaat (wie Anm. 4), S. 21.
[6] MGH Poetae 1, S. 524, V. 25–34. Vgl. OHR, Gottesstaat (wie Anm. 4), S. 24.
[7] J. FRIED, Ludwig der Fromme, das Papsttum und die fränkische Kirche, in: P. GODMAN/R. COLLINS (Hg.), Charlemagne's Heir. New Perspectives on the Reign of Louis the Pious (814–840) (1990), S. 231–273, das Zitat auf S. 242.

land" (so lautet der Titel seines Beitrags) auch anhand der Spannungen zwischen einzelnen fränkischen Metropoliten und Papst Nikolaus I. behandelt[8].

Ich möchte das Thema der päpstlichen Autorität im Frankenreich im folgenden ausschließlich vom fränkischen Blickwinkel aus betrachten und dabei einerseits untersuchen, wie sich die Autorität des Papstes in der fränkischen Historiographie spiegelt und andererseits der Frage nachgehen, welche Autorität den päpstlichen Verlautbarungen im karolingischen Kirchenrecht zugewiesen wird. Am Schluß soll auch das bereits angeklungene Thema „die Konzilien und das Papsttum" noch einmal aufgenommen werden. Für alle drei Punkte sollen jeweils nur einige Beispiele vorgestellt werden.

I. DAS PAPSTTUM IN DER KAROLINGISCHEN HISTORIOGRAPHIE

Am Beginn unserer Betrachtung der fränkischen Historiographie und ihrer Stellung zum Papsttum soll das Urteil von Bernhard Schimmelpfennig stehen, der in seinem Buch über „Das Papsttum" schreibt: „Die fränkischen Autoren von Annalen usw. berichten römische Ereignisse nur punktuell und sind zum Teil von antirömischen Ressentiments bestimmt"[9]. Damit ist angedeutet, daß der Papst und die Vorgänge in Rom für die Franken von minderer Wichtigkeit waren. Aber: trifft diese Einschätzung tatsächlich für die gesamte karolingische Epoche zu?

Kritische und distanzierte Berichte über die Päpste hat es in der karolingischen Historiographie immer wieder gegeben. Als Beispiel kann der Bericht der um 805 am Hof Karls des Großen entstandenen Metzer Annalen über den Besuch Papst Stephans II. im Frankenreich im Januar 754 dienen. Dort ist geradezu genüßlich ausgemalt, wie sich der Papst – angetan wie ein Büßer – vor dem fränkischen König zu Boden warf und um Hilfe flehte[10].

Im zwischen 788 und 793 verfaßten ersten Teil der fränkischen Reichsannalen, die rückblickend die Ereignisse seit 741 schildern, wird dem Papst keine übermäßige Aufmerksamkeit geschenkt, obwohl (zum Jahr 749) die Rolle von Papst Zacharias

---

[8] M. MACCARRONE (Hg.), Il primato del vescovo di Roma nel primo millennio. Ricerche e testimonianze. Atti del Symposium storico-teologico, Roma, 9–13 Ottobre 1989 (1991). Fuhrmanns Beitrag findet sich ebd., S. 707–736; der karolingischen Epoche gelten die S. 722–728.

[9] B. SCHIMMELPFENNIG, Das Papsttum. Grundzüge seiner Geschichte von der Antike bis zur Renaissance (1984, ⁴1996), S. 120.

[10] *Sequentique die una cum clero suo, aspersus cinere et indutus cilicio, in terram prostratus per misericordiam Dei omnipotentis et merita beatorum apostolorum Petri et Pauli Pippinum regem obsecrat, ut se et populum Romanum de manu Langobardorum et superbi regis Heistulfi servitio liberaret. Nec antea a terra surgere voluit, quam sibi predictus rex Pippinus cum filiis suis et optimatibus Francorum manum porrigerent et ipsum pro indicio suffragii futuri et liberationis de terra levaret* (Annales Mettenses, hg. von B. VON SIMSON, MGH SS rer. Germ. 10, S. 45). Zur Entstehungszeit der Metzer Annalen vgl. H. LÖWE, in: W. WATTENBACH/W. LEVISON, Deutschlands Geschichtsquellen im Mittelalter, Heft 2 (1953), S. 260 ff.

bei der Königserhebung Pippins durchaus nicht heruntergespielt wird, wenn es heißt: *ut non conturbaretur ordo, per auctoritatem apostolicam iussit Pippinum regem fieri*[11]. Auch der Fortsetzer des sog. Fredegar spricht von der „Ermächtigung" (*auctoritas*) durch den Papst, die für die Königserhebung Pippins entscheidend gewesen sei[12]. Daß die Eingriffe Karls des Großen in die Lehrstreitigkeiten innerhalb der Kirche bereits in der Zeit Pippins vorgeprägt waren, dürfte im Bericht der Reichsannalen über die Synode von Gentilly 767 angedeutet sein, wenn es heißt: „Damals hielt König Pippin auf dem erwähnten Hofgut eine große Versammlung ab mit Römern und Griechen über die heilige Dreifaltigkeit und die Heiligenbilder"[13]. Damit wird doch der Anschein erweckt, als hätte Pippin eine große Synode über wichtige dogmatische Fragen wie die Trinität und über die Bilder in völliger Autonomie veranstaltet; er thront über Römern und Griechen, so wie Karl in der Abfassungszeit der Annalen auf den Synoden von Regensburg 792 und von Frankfurt 794 über die Rechtgläubigkeit der Kirche wachte.

Die Schilderung der Rombesuche Karls des Großen in den Jahren 773/74, 781 und 786/87 sowie der ausführliche Bericht über den Romzug von 800/01 mit der Kaiserkrönung sind für unsere Fragestellung unergiebig. Für die Reise Papst Leos III. ins Frankenreich im Jahr 804 wird jedoch eine interessante Begründung gegeben:

„Die Veranlassung der Reise war folgende: Der Kaiser hatte im vorigen Sommer gehört, daß in der Stadt Mantua Blut Christi aufgefunden worden sei, und sich hierauf an den Papst gewandt mit der Bitte, die Wahrheit dieses Gerüchts zu prüfen. Der Papst benützte diese Gelegenheit, reiste zuerst nach Langobardien, um jene Sache zu untersuchen, und kam dann von da in raschem Zug plötzlich zum Kaiser. Acht Tage verweilte er bei ihm und kehrte dann wie gesagt nach Rom zurück"[14]. Wie einen seiner gelehrten Freunde oder wie einen Reichsbischof hatte Karl den Papst um ein Gutachten in einer ihn interessierenden Angelegenheit gebeten, das dieser auch umgehend lieferte.

---

[11] Annales Regni Francorum, hg. von F. KURZE (MGH SS rer. Germ. 6, 1895), S. 8.

[12] *Quo tempore una cum consilio et consensu omnium Francorum missa relatione ad sede apostolica, auctoritate praecepta, praecelsus Pippinus electione totius Francorum in sedem regni cum consecratione episcoporum et subiectione principum una cum regina Bertradane, ut antiquitus ordo deposcit, sublimatur in regno* (Fredegarii et aliorum Chronica. Vitae sanctorum, hg. von B. KRUSCH, MGH SS rer. Merov. 2 (1888), S. 182).

[13] *Tunc habuit domnus Pippinus rex in supradicta villa synodum magnum inter Romanos et Grecos de sancta Trinitate vel de sanctorum imaginibus* (Annales Regni Francorum (wie Anm. 11), S. 24).

[14] *Causa adventus eius haec erat: perlatum est ad imperatorem aestate praeterita, Christi sanguinem in Mantua civitate fuisse repertum; propter hoc misit ad papam, petens, ut huius famae veritatem inquireret. Qui accepta occasione exeundi primo in Langobardiam quasi pro inquisitione praedicta profectus est indeque arrepto itinere subito ad imperatorem usque pervenit. Mansitque apud illum dies octo et, sicut dictum est, Romam repedavit* (ebd., S. 119).

Während hier der Papst als geradezu beflissener Befehlsempfänger des Kaisers erscheint, kommt es wenige Jahre später zu einem gleichberechtigten Zusammenwirken zwischen Papst und Kaiser, als 808 der vertriebene König Eardulf von Nordhumbrien von einem päpstlichen Legaten und zwei kaiserlichen Gesandten in sein Reich zurückbegleitet wird[15].

Während Papst Leo III. nach seiner Erhebung 795 sofort eine Gesandtschaft ins Frankenreich abordnete, erfahren wir nach dem Tode Karls nichts darüber, ob der neue Kaiser Ludwig der Fromme seinen Herrschaftsantritt nach Rom gemeldet hat. Dagegen teilte der Nachfolger des 816 verstorbenen Leo III., Stephan IV., sofort seine Weihe nach Aachen mit und reiste ins Frankenreich. Der Bericht über diesen Besuch – während dem Ludwig bekanntlich in Reims mit einer aus Rom mitgebrachten Krone zum Kaiser gekrönt wurde – schließt mit folgender Bemerkung: „Hierauf (...) schlossen sie untereinander die festeste Freundschaft und trafen nach den Erfordernissen der Zeit die nötigen Anordnungen"[16]. Dieses einvernehmliche Zusammenwirken zwischen Papst und Kaiser hat nach Johannes Fried am Beginn der Regierung Ludwigs des Frommen nicht bestanden; Ludwig soll vielmehr seine Reformen ohne den Papst durchgeführt haben. Als Beleg für diese Ansicht hat Fried auf die Darstellung des Ermoldus Nigellus verwiesen, der – so Fried – „im wesentlichen zutreffend die fränkischen Intentionen von 816/17 wiedergegeben" habe[17]. Die Ansicht des Hofes über die Einschätzung dieses Papstbesuchs dürfte jedoch eher im Bericht der Reichsannalen zum Ausdruck kommen als in der eigenwilligen Darstellung des Ermoldus Nigellus, die übrigens bereits in der Zeit Karls des Großen Vorbilder hat[18].

Auch in den zwanziger Jahren, als der Mitkaiser Lothar I. mehrfach nach Rom reiste, ist vom Papst nur dann die Rede, wenn er in Kontakt mit dem Frankenherrscher tritt.

Eine Ausnahme stellt nur die kurze Notiz über die Gesandtschaft des byzantinischen Kaisers zu Ludwig dar[19], aus der deutlich wird, daß Ludwig – anders als sein

---

[15] *Interea rex Nordanhumbrorum de Brittania insula, nomine Eardulf, regno et patria pulsus ad imperatorem, dum adhuc Noviomagi moraretur, venit, et patefacto adventus sui negotio Romam proficiscitur; Romaque rediens per legatos Romani pontificis et domni imperatoris in regnum suum reducitur. Praeerat tunc temporis ecclesiae Romanae Leo tertius, cuius legatus ad Brittaniam directus est Adulfus diaconus de ipsa Brittania, natione Saxo, et cum eo ab imperatore missi abbates duo, Hruotfridus notarius et Nantharius de sancto Otmaro* (ebd., S. 126 f.).

[16] *Multis deinde inter eos muneribus et datis et acceptis conviviisque opipare celebratis et amicitia vicissim firmissimo robore constituta aliisque utilitatibus sanctae Dei ecclesiae pro temporis oportunitate dispositis pontifex Romam, imperator Compendium palatium petiit* (ebd., S. 144).

[17] FRIED (wie Anm. 7), S. 238.

[18] Vgl. Theodulf, Gedicht an den König (Nr. 32) (MGH Poetae 1, S. 524, V. 24–34). Vgl. dazu OHR, Gottesstaat (wie Anm. 4), S. 24. Anders FRIED (wie Anm. 7), S. 246 f. und 250 f.

[19] *Nam et illuc legatos Michahelis imperatoris, qui ad eum mittebantur, sibi occurrere iussit, cum quibus et Fortunatus patriarcha Veneticorum regressus ad eius venit praesentiam. Sed legati imperatoris litteras et munera deferentes, pacis confirmandae causa se missos esse dicentes pro Fortunato*

Vater – bemüht war, die Zuständigkeit des Papstes für dogmatische Fragen zu respektieren, obwohl der Ostkaiser nicht den Papst, sondern seinen westlichen Kollegen zuerst um Rat fragte[20].

Während die Vita Ludwigs des Frommen des Trierer Chorbischofs Thegan den Papst überhaupt nur im Kontext des Besuchs Stephans im Frankenreich 816 erwähnt (c. 16–18), sind die Nachrichten in der zweiten zeitgenössischen Ludwigsvita des sog. Astronomus etwas aufschlußreicher. Er berichtet in c. 36–38 über Lothars ersten Aufenthalt in Rom in den Jahren 823–24. Dabei findet der Historiograph recht harte Worte über die päpstliche Verwaltung in Rom: „(Lothar) wollte in Erfahrung bringen, warum so viele Klagen gegen die römischen Päpste und Richter laut würden. Es kam an den Tag, daß wegen der Unerfahrenheit oder Untätigkeit mehrerer Päpste und der blinden und unersättlichen Habgier der Richter die Güter vieler Leute ungerechterweise konfisziert worden waren. Lothar gab das zu Unrecht Eingezogene zurück und löste damit beim römischen Volk großen Jubel aus"[21].

Mit den Aussagen des Astronomus über die Reise Gregors IV. ins Frankenreich (833) hat sich bereits Fried auseinandergesetzt[22]. Dennoch sollen hier die entscheidenden Sätze noch einmal zitiert werden, weil sie zeigen, mit welch hohem Selbstbewußtsein die fränkischen Bischöfe auf die Ankunft des Papstes reagierten: „Nach einem überall umlaufenden Gerücht hieß es (...) vom römischen Papst, er sei gekommen, um den Kaiser und seine Bischöfe in die Bande der Exkommunikation zu schlagen, wenn man ihm und den Söhnen des Kaisers nicht zu Willen sein wolle. Die Bischöfe des Kaisers gingen in kühner Anmaßung etwas zu weit; sie erklärten, in keiner Weise wollten sie sich seinem Machtgebot unterordnen, sondern wenn er gekommen sei, sie zu exkommunizieren, dann werde er selbst als Gebannter wieder abziehen – anders lauten freilich die Bestimmungen der alten Kanones"[23].

---

nihil locuti sunt; inter caetera tamen ad legationem suam pertinentia quaedam de imaginum veneratione protulerunt, propter quae se Romam ire atque apostolicae sedis praesulem consulere debere dixerunt. Quos cum legatione eorum audita ac responso reddito absolveret, Romam, ut se velle dicebant, ducere iussit; Fortunatum etiam de causa fugae ipsius percontatus ad examinandum eum Romano pontifici direxit. Ipse Aquasgrani, ubi hiemare statuerat, profectus est (Annales Regni Francorum (wie Anm. 11), S. 165).

[20] FRIED (wie Anm. 7), S. 260 ff. deutet die Vorgänge um die fränkische Gesandtschaft nach Rom wegen der Bilderfrage und die Pariser Synode von 825 etwas anders, wenn er versucht, aus den vorhandenen Texten zu Paris 825 herauszulesen, daß es dort um „die päpstliche Autorität selbst und ihr Verhältnis zu fränkischem Kaisertum und Episkopat" gegangen sei. Im Gegensatz zur Politik im ersten Jahrzehnt von Ludwigs Herrschaft (das Fried von großem fränkischen Selbstbewußtsein geprägt sieht) sei in Paris 825 „ein wieder erstarkender Glauben an den päpstlichen Lehrprimat" erkennbar. Eine andere Deutung der Vorgänge findet sich bei HARTMANN, Synoden (wie Anm. 1), S. 168 ff.

[21] Astronomus, Das Leben Kaiser Ludwigs, hg. und übersetzt von E. TREMP (MGH SS rer. Germ. 64, 1994), S. 425.

[22] FRIED (wie Anm. 7), S. 267 f.

[23] Astronomus c. 48 (wie Anm. 21), S. 475. Wenn sich am Ende dieses Absatzes der Astronomus deutlich vom Verhalten der Bischöfe in der Umgebung des alten Kaisers distanziert, so bezieht sich

Wie die Reichsannalen berichten auch die Viten Karls und Ludwigs nur punktuell vom Papst, nämlich dann, wenn er mit den fränkischen Herrschern in direkte Beziehung trat. Eine Veränderung im Stil der Berichte über den Papst findet sich aber in den Annalen von St. Bertin, die in der Zeit nach 861 von Erzbischof Hinkmar von Reims abgefaßt wurden. Die stärkere Beachtung der Vorgänge in Rom dürfte vor allem damit zusammenhängen, daß damals mit Papst Nikolaus I. (858–867) ein wahrhaft bedeutender Papst den Stuhl Petri innehatte, der bestrebt war, die päpstlichen Ansprüche auf Leitung der Kirche in die Realität umzusetzen[24].

Jedenfalls nimmt Hinkmar einen Brief, den Papst Nikolaus I. an die fränkischen Bischöfe in der Angelegenheit der Ehe König Lothars II. schrieb, im Jahresbericht zu 863 wörtlich in sein Geschichtswerk auf; dies ist die erste wörtliche Wiedergabe eines Papstbriefs in der fränkischen Historiographie[25].

Vielleicht muß man diese Neuerung als unmittelbare Reaktion Hinkmars auf die geradezu revolutionären Beschlüsse der römischen Synode vom Oktober 863 betrachten. Damals hatte Nikolaus I. eine fränkische Synode, nämlich die Synode von Metz vom Juni 863, verurteilt und mit der Räubersynode von Ephesus im Jahre 449 verglichen. Außerdem wurden damals zwei fränkische Erzbischöfe, Gunthar von Köln und Teutgaud von Trier, abgesetzt, ohne daß sie zuvor angehört worden wären. Hinkmar war sich zweifellos über die Bedeutung dieser Angelegenheit im klaren. Daher berichtet er auch ausführlich über die – erfolglosen – Gegenmaßnahmen Kaiser Ludwigs II. und nahm das Rundschreiben der abgesetzten Erzbischöfe ebenfalls in seine Annalen auf, in dem Nikolaus I. vorgeworfen wurde, er wolle sich zum *imperator mundi* machen. Ihren Protest gegen das Vorgehen des Papstes ließen Gunthar und Teutgaud übrigens am Grab des hl. Petrus niederlegen, dort also, wo über hundert Jahre vorher die fränkischen Bischöfe ihren uneingeschränkten Gehorsam gegen diesen Apostel und seine Nachfolger niedergelegt hatten.

Bekanntlich waren die Beziehungen zwischen Hinkmar und dem Papst in den auf die Ereignisse von 863 folgenden Jahren keineswegs ungetrübt. Dies zeigt sich auch in der Darstellung der Rothadfrage. Hinkmar hatte seinen Suffragan Rothad von Soissons auf der Synode von Pîtres und Soissons 862 absetzen lassen. Papst Nikolaus I. griff ein und setzte Rothad am 24. Dezember 864 wieder in seine Bischofswürde ein[26]. Dieses Vorgehen des Papstes kommentierte Hinkmar in den Annales Bertiniani mit den Worten: *Rothadum, canonice a quinque provinciarum episcopis deiectum et a Nicolao papa non regulariter sed potentialiter restitutum;* d.h. Hinkmar warf dem Papst ein gewaltsames, nicht den Regeln des kirchlichen Prozeßrechts

sein Hinweis auf die Kanones auf den auch in karolingischer Zeit bekannten Satz von der Nichtjudizierbarkeit des Papstes (*papa a nemine iudicatur*).

[24] Vgl. zum Selbstverständnis Nikolaus' I. jetzt H.-W. GOETZ, Auctoritas et Dilectio. Zum päpstlichen Selbstverständnis im späten 9. Jahrhundert, in: Gedenkreden auf Ludwig Buisson (1918–1992) (1993), S. 27–58.

[25] Annales de Saint-Bertin, hg. von F. GRAT u.a. (1964), S. 99–103.

[26] Vgl. HARTMANN, Synoden (wie Anm. 1), S. 313 ff.

entsprechendes Vorgehen vor. Hinkmar begründet seinen Vorwurf in einem kleinen kirchenrechtlichen Exkurs[27].

Auch in der Angelegenheit Wulfads, der 866 vom westfränkischen König zum Erzbischof von Bourges erhoben wurde, kam es zu einem Konflikt zwischen Hinkmar von Reims und dem Papst[28]. Hinkmar läßt auch in diesem Fall bei der Darstellung in den Annalen seinem Unmut über den Papst freien Lauf. So wirft er Nikolaus I. vor, er habe ihm Vorhaltungen gemacht, die nicht der Wahrheit entsprächen: *quae non esse vera manifesta ratione constabant*[29].

Aber nie greift Hinkmar die Autorität des Papstes grundsätzlich an; nirgends bestreitet er dem Papst das Recht, sich in die Angelegenheiten der westfränkischen Bischöfe einzumischen. Und seine eigene Übereinstimmung mit dem Papst war Hinkmar von Reims so wichtig, daß er im Anschluß an die Darstellung der Synode von Troyes 867 betonte: *Nicolaus vero papa gratanter suscipiens quae Hincmarus scripserat, ei de omnibus sibi satisfactum esse rescripsit*[30]. Den letzten Brief, den der bereits schwerkranke Papst an Hinkmar geschrieben hat, zitiert er auszugsweise, um zu beweisen, daß Nikolaus letztlich in gutem Einvernehmen mit ihm gestorben sei.

Daß dieses gute Einvernehmen auch unter Nikolaus' Nachfolger Hadrian II. fortbestanden habe, wird im weiteren Verlauf der Annalen vom Reimser Erzbischof unterstrichen: Hinkmar verweist darauf, daß Hadrian ihm einen Brief geschickt habe, *laudibus et fidelitatis dilectione repletam,* und ihn beauftragt habe, *ut eius vice in istis partibus de Hlothario fungeretur*[31]. Das heißt doch, Hinkmar sollte als Vertreter des Papstes die immer noch nicht abgeschlossene Eheaffäre Lothars II. behandeln.

Großen Raum widmet Hinkmar dann der Verurteilung des Anastasius Bibliothecarius, indem er ein Wandgemälde im Lateran, auf dem die mehrfachen Verurteilungen dieses Mannes dokumentiert waren, genauestens beschreibt[32]. Diese ausführliche Wiedergabe der Vorwürfe gegen Anastasius ist deshalb merkwürdig, weil dieser wenig später bereits wieder rehabilitiert wurde (Ende 869 befand er sich bereits wieder in seiner alten Stellung als Leiter der päpstlichen Kanzlei), und daher die ganze Verurteilung irrelevant geworden war. Vielleicht darf man vermuten, daß Hinkmar in Anastasius die Figur sah, die hinter Nikolaus I. stand und diesen zu seinem harten Vorgehen gegen die Metropolitanrechte des Reimser Erzbischofs getrieben hatte[33].

Längere Berichte über die Vorgänge in Rom enthalten die Annales Bertiniani noch anläßlich des Besuchs Lothars II. bei Papst Hadrian II. in Montecassino 869[34]

---

[27] Annales de Saint-Bertin (wie Anm. 25), S. 118.

[28] Vgl. zu den Vorgängen HARTMANN, Synoden (wie Anm. 1), S. 316 ff.

[29] Annales de Saint-Bertin (wie Anm. 25), S. 135.

[30] Ebd., S. 138.

[31] Ebd., S. 143.

[32] Ebd., S. 144–150. Zur Sache vgl. HARTMANN, Synoden (wie Anm. 1), S. 296 f.

[33] Vgl. zur Komposition des Jahresberichts für 868 M. MEYER-GEBEL, Zur annalistischen Arbeitsweise Hinkmars von Reims, Francia 15 (1987), S. 95 f.

[34] Annales de Saint-Bertin (wie Anm. 25), S. 154 f.

sowie anläßlich der Synoden von Ponthion 876 und Troyes 878[35]. Im Bericht über die Synode von Ponthion 876 spart Hinkmar nicht an Kritik am Papst – das ist jetzt Johannes VIII. –, dem er die Versuche ankreidet, den Erzbischof Ansegis von Sens mit dem Primat über ganz Gallien auszustatten:

„Bischof Johannes von Toscanella las nun die vom Papst geschickten Briefe vor, und unter diesen auch einen Brief über den Primat des Bischofs Ansegis von Sens, wonach dieser, so oft es das Heil der Kirche erfordere, sowohl bezüglich der Berufung von Synoden als in Ausübung anderer Befugnisse für Gallien und Germanien des Papstes Stellvertreter sein sollte (...) Als nun die Bischöfe darum baten, daß man ihnen, an welche dieses Schreiben gerichtet sei, gestatte, es selbst zu lesen, ging der Kaiser auf diese Bitte nicht ein, sondern verlangte von ihnen zu wissen, was sie auf diese päpstlichen Anordnungen zu erwidern hätten. Ihre Antwort ging nun dahin, daß sie vorbehaltlich des Sonderrechts der einzelnen Metropoliten gemäß den heiligen Kanones und entsprechend den aufgrund der heiligen Kanones erlassenen Dekreten des heiligen Stuhls bereit seien, den Befehlen des Papstes Johannes zu gehorchen"[36].

Hier und im weiteren Verlauf des Berichts über diese Synode wird deutlich, daß der westfränkische Episkopat unter Führung Hinkmars von Reims nicht bereit war, einem Oktroi des Papstes zu folgen, obwohl der Papst nur bestrebt gewesen war, den Wunsch des Kaisers (Karls des Kahlen) zu erfüllen. Dabei hat es Hinkmar von Reims diesmal anscheinend besser als in seinen Kämpfen mit Nikolaus I. verstanden, die Mehrzahl der westfränkischen Bischöfe auf seine Seite zu ziehen.

Auch auf der Synode von Troyes 878, auf der Johannes VIII. persönlich anwesend war, kam es wieder zu Spannungen, von denen Hinkmar berichtet:

„Die Bischöfe Frotar und Adalgar übergaben dem Papst Johannes in der Versammlung der Bischöfe die Urkunde, mit der Ludwig von seinem Vater das Reich übergeben worden war, und ersuchten in Ludwigs Auftrag den Papst, diese Urkunde kraft seines Privilegs zu bestätigen. Darauf legte der Papst Johannes die Abschrift einer Urkunde über eine angebliche Schenkung der Abtei des hl. Dionysius von Kaiser Karl an die römische Kirche vor; aber die meisten glaubten, daß sie auf den Rat der beiden genannten Bischöfe und anderer Ratgeber des Königs Ludwig verfertigt worden sei, um damit einen Grund zu haben, dem Gauzlin jene Abtei zu entreißen und selbst in Besitz zu nehmen. Und Papst Johannes erklärte, wenn König

---

[35] Ebd., S. 200 ff. und 223 ff. Vgl. HARTMANN, Synoden (wie Anm. 1) S. 333 ff.

[36] *Et legit Iohannes Tuscanensis episcopus epistolas a domno apostolico missas, cum quibus et legit epistolam de primatu Ansegisi episcopi Sennensis, ut quoties utilitas ecclesiastica dictaverit, sive in evocanda synodo sive in aliis negotiis exercendis, per Gallias et Germanias apostolica vice fruatur (...) Petentibus autem episcopis ut eis permitteretur ipsa legi epistola quibus erat directa, non adquievit imperator, sed responsum quaesivit ab eis quid de his iussis apostolici responderent. Quorum responsio talis fuit, ut, servato singulis metropolitanis iure privilegii secundum sacros canones et iuxta decreta sedis Romanae pontificum ex eisdem sacris canonibus promulgata, domni Iohannis papae apostolici iussionibus oboedirent* (Annales de Saint-Bertin (wie Anm. 25), S. 201 f.).

Ludwig von ihm wolle, daß er kraft seines Privilegs jene Verordnung bestätige, so solle Ludwig durch eine eigene Urkunde diese Verordnung seines Vaters bestätigen. Dieses Vorhaben blieb also unausgeführt, weil es dem Eigennutz und nicht der Gerechtigkeit dienen sollte"[37].

Für unser Thema ebenfalls einschlägig ist der Abschnitt, den Hinkmar dem Konzil von Konstantinopel 869/70 widmet[38]. Dessen Beschlüsse werden kritisch referiert, und der Papst kommt dabei recht ungünstig weg: „In dieser Synode faßte man über die Verehrung der Bilder andere Beschlüsse als wie die orthodoxen Lehrer früher entschieden hatten, und zu Gunsten des römischen Papstes, der ihren Beschlüssen über die Verehrung der Bilder zustimmte, setzten sie verschiedenes fest im Widerspruch mit den alten Kanones und im Widerspruch mit ihrer eigenen Synode, wie jeder beim Lesen der Akten dieser Synode klar erkennen wird"[39]. Das heißt doch, daß die Aussagen von Konstantinopel 869/70 zugunsten des Papsttums nach Hinkmars Meinung der Tradition des Kirchenrechts widersprechen.

In den sog. Fuldaer Annalen, die wir besser Ostfränkische Reichsannalen nennen sollten[40], spielen die Vorgänge in Rom und um den Papst bei weitem keine so bedeutende Rolle wie in den von Hinkmar von Reims verfaßten Annales Bertiniani. Ich möchte aus diesem Werk nur einen Abschnitt herausgreifen:

Im Jahresbericht zu 885 schreibt der Verfasser dieser Annalen: „Das Gerücht lief um, daß Karl III. einige Bischöfe ohne Grund absetzen und seinen außerehelichen Sohn Bernhard zu seinem Thronerben bestellen wollte. Und dieses sollte, weil er sich selbst dazu für zu schwach hielt, der römische Bischof gleichsam mit der Vollmacht des Apostelnachfolgers vollbringen. Diese betrügerischen Machenschaften wurden auf göttlichen Wink zunichte gemacht. Denn der römische Bischof, der bereits Rom verlassen und den Po überschritten hatte, starb"[41]. Nicht ohne Spott wird hier der Versuch Karls III. kommentiert, mit Hilfe der päpstlichen Autorität seine Nachfolge zu regeln. Daß Gott selbst gegen diesen von Kaiser und Papst gemeinsam erdachten Plan ist, wird aus dem plötzlichen Ende des Papstes geschlossen.

---

[37] Annales Bertiniani, hg. und übersetzt von R. Rau (Ausgewählte Quellen zur deutschen Geschichte des Mittelalters. Freiherr vom Stein-Gedächtnisausgabe, Bd. 6, 1966), S. 267, 19–34.

[38] Annales de Saint-Bertin (wie Anm. 25), S. 187.

[39] *In qua synodo de imaginibus adorandis aliter quam ortodoxi doctores antea diffinierant statuerunt, et pro favore Romani pontificis, qui eorum votis de imaginibus adorandis annuit, et quaedam contra antiquos canones sed et contra suam ipsam synodum constituerunt, sicut qui eandem synodum legerit patenter inveniet* (ebd., S. 187).

[40] So der Vorschlag von H. LÖWE, in: W. WATTENBACH/W. LEVISON, Deutschlands Geschichtsquellen im Mittelalter. Vorzeit und Karolinger, Heft 6 (1990), S. 671 ff.

[41] *Voluit (scil. Karl III.) enim, ut fama vulgabat, quodam episcopos inrationabiliter deponere et Bernhartum filium suum ex concubina haeredem regni post se constituere; et hoc, quia per se posse fieri dubitavit, per pontificem Romanum quasi apostolica auctoritate perficere disposuit. Cuius fraudulentia consilia Dei nutu dissipata sunt; nam pontifex Romanus ab urbe digressus et Heridano flumine transito vitam praesentem finivit* (Annales Fuldenses, hg. von F. KURZE, MGH SS rer. Germ. 7 (1891), S. 103).

Die Chronik Reginos von Prüm soll hier nur kurz erwähnt werden, weil auch sie eine Reihe von Akten und Briefen enthält, wobei allerdings – anders als in Hinkmars Annalen – nicht allein päpstliche Schreiben zitiert werden. Neben einem Brief des päpstlichen Legaten Arsenius von Orte (zu 866) und drei Briefen Nikolaus' I. (zu 866) wird auch ein langes Schreiben Lothars II. an Papst Hadrian II. zitiert (zu 868)[42]. Nach 868 finden sich übrigens keine solchen wörtlichen Übernahmen von Akten oder Briefen mehr.

Als Fazit können wir festhalten, daß für das ausgehende 9. Jahrhundert – für Hinkmar, für die Ostfränkischen Reichsannalen und für Regino – das vorhin zitierte Urteil Schimmelpfennigs nicht mehr gilt. Jetzt kennt man nämlich die päpstlichen Verlautbarungen sehr genau, man nimmt sie ernst und zitiert sie im vollen Wortlaut. Aber das heißt nicht, daß man alle Entscheidungen Roms brav hingenommen hätte. Vielmehr wird harsche Kritik geübt, die mehr ist als bloße „antirömische Ressentiments". Man kennt nämlich die Verhältnisse in Rom sehr gut und kennt das Kirchenrecht noch besser.

II. Die Autorität päpstlicher Verlautbarungen im Karolingischen Kirchenrecht

Im Bereich des Kirchenrechts war während der ganzen karolingischen Epoche eine Tendenz vorhanden, den Aussagen des Papstes normativen Rang zuzusprechen[43]. Damit unterscheidet sich diese Epoche nachhaltig von der vorangegangenen Merowingerzeit. Denn von keiner merowingischen Synode gibt es eine Äußerung über den Papst; nie hat man es im 6. oder 7. Jahrhundert für nötig gehalten, zur Abstützung der synodalen Autorität auf die Einberufung der Synode durch den Papst oder auf die Anwesenheit eines päpstlichen Legaten hinzuweisen. Auch Anfragen an den Papst mit der Bitte um Auskunft in konkreten Rechtsfragen kannte die merowingische Zeit nicht. Das sollte sich aber gründlich ändern.

Diese veränderte Haltung ist auch an den im Frankenreich entstandenen Rechtssammlungen erkennbar. Während die in einer ersten Redaktion um 600 in Lyon zusammengestellte Collectio Vetus Gallica fast ausschließlich die Kanones partikularer, also gallischer, spanischer und merowingischer Konzilien unter systematischen

---

[42] Reginonis abbatis Prumeniensis Chronicon cum continuatione Treverensi, hg. von F. KURZE, MGH SS rer. Germ. 50 (1890), S. 85, 86–89 und 94 f.

[43] Dieser Aspekt wurde vor allem betont durch H. MORDEK, Kirchenrechtliche Autoritäten im Frühmittelalter, in: P. CLASSEN (Hg.), Recht und Schrift im Mittelalter (Vorträge und Forschungen 23, 1977), S. 237–255, bes. S. 238 ff.

Gesichtspunkten ordnete", beachtet das Kirchenrecht seit Bonifatius in bedeutendem Ausmaß auch die Aussagen der Päpste.

Neben dem hier zweifellos spürbaren angelsächsischen Einfluß, den vor allem Bonifatius vermittelt hat, darf jedoch nicht vergessen werden, daß in der fränkischen Kirche in der ersten Hälfte des 8. Jahrhunderts auch eine eigenständige Reformtendenz vorhanden war, wie sie etwa in der Überarbeitung der Vetus Gallica in Corbie in den zwanziger Jahren zum Ausdruck kommt⁴⁵. In diese Neuredaktion der Vetus Gallica wurden neben Auszügen aus der Collectio Hibernensis und aus dem Bußbuch des sog. Theodor von Canterbury auch eine ganze Reihe von Exzerpten aus Papstdekretalen sowie die Beschlüsse des Konzils von Rom 721 aufgenommen⁴⁶; d.h. bereits in der Zeit vor Bonifatius wurde in bis dahin im Frankenreich unüblicher Weise päpstliches Recht rezipiert.

Vielleicht ist auch die Anfrage Pippins an Papst Zacharias aus dem Jahr 749 in diesen autochthon fränkischen Reformzusammenhang einzuordnen. Jedenfalls steht sie am Beginn einer eigenen langen Traditionslinie. Denn es gibt in der Karolingerzeit, besonders in der zweiten Hälfte des 9. Jahrhunderts, eine große Zahl von Anfragen nach Rom über vielerlei Probleme des Rechts und der Moral⁴⁷.

Die Ausrichtung an der römischen Norm verstärkte sich unter Karl dem Großen noch, vor allem durch den Einfluß der Collectio Dionysio-Hadriana, also jener Rechtssammlung, die Karl von Papst Hadrian I. bei seinem ersten Rombesuch im Jahre 774 überreicht wurde⁴⁸.

In dieser Sammlung standen päpstliches und konziliares Recht gleichrangig nebeneinander; hier „war das päpstliche auf die Stufe des großkonziliaren Kirchenrechts gehoben" worden⁴⁹. Und die Dionysio-Hadriana beeinflußte eine ganze Reihe

---

⁴⁴ H. MORDEK, Kirchenrecht und Reform im Frankenreich. Die Collectio Vetus Gallica, die älteste systematische Kanonessammlung des fränkischen Gallien. Studien und Edition (Beiträge zur Geschichte und Quellenkunde des Mittelalters 1, 1975), S. 63 ff.

⁴⁵ Vgl. F. KEMPF, Chiese territoriali e Chiesa romana nel secolo ottavo, in: I Problemi dell'Occidente nel secolo VIII (Settimane di Studio del Centro Italiano di studi sull'alto medioevo 20, 1973), S. 307 f. und ebd., S. 332 den Diskussionsbeitrag von Hubert Mordek; außerdem H. MORDEK, Kirchenrecht und Reform (wie vorige Anm.), S. 86 ff.

⁴⁶ Vgl. ebd., S. 86.

⁴⁷ Vgl. H. FUHRMANN, Papsttum und kirchliches Leben im Frankenreich, in: Nascita dell'Europa ed Europa carolingia: Un'equazione da verificare (Settimane di Studio del Centro Italiano di Studi sull'alto medioevo 27, 1981), S. 419–456, hier S. 425 f.; HARTMANN, Synoden (wie Anm. 1), S. 65 f. und zu Anfragen in der 2. Hälfte des 9. Jahrhunderts W. HARTMANN, Das Konzil von Worms 868. Überlieferung und Bedeutung (1977), S. 67 ff. und 99 ff.

⁴⁸ Zu diesem Problem vgl. bes. FUHRMANN, Papsttum und kirchliches Leben (wie vor. Anm.), S. 433 ff. – Zum Rombezug in vorkarolingischer und karolingischer Zeit vgl. auch die schöne Studie von R. SCHIEFFER, „Redeamus ad fontem". Rom als Hort authentischer Überlieferung im frühen Mittelalter, in: Roma – Caput et Fons. Zwei Vorträge über das päpstliche Rom zwischen Altertum und Mittelalter (1989), S. 45–70.

⁴⁹ So H. MORDEK, Der römische Primat in den Kirchenrechtssammlungen des Westens vom IV. bis zum VIII. Jahrhundert, in: MACCARRONE, Primato (wie Anm. 8), S. 523–566, hier S. 553.

von karolingischen Sammlungen. Auf ihr baut sowohl das „Grundgesetz" Karls des
Großen, die Admonitio generalis von 789, als auch die verbreitetste frühkarolingi-
sche systematische Sammlung, die sog. Collectio Dacheriana, auf[50].

Für die Dacheriana kann diese Bedeutung des Papstrechts auch zahlenmäßig erwiesen werden: Von ihren insgesamt 392 Kapiteln entstammen (nach den im ganzen
zuverlässigen Inskriptionen) 77, also ein knappes Fünftel, aus Papstdekretalen
(Siricius, Innocenz I., Coelestin I., Hilarius, Hormisdas, Leo I., Bonifatius I., Gelasius I., Simplicius, Symmachus, Zosimus). Ein Kapitel (I, 93) übernimmt die Beschlüsse der Synode von Rom (721). Die Masse der Exzerpte entstammt jedoch immer noch aus den altkirchlichen und den afrikanischen Konzilien; Kanones merowingischer Synoden wurden nicht rezipiert.

Wie gering man überhaupt in der Zeit Karls des Großen die Gesetzgebung der
merowingischen Synoden einschätzte, zeigt sich darin, daß die vollständigste histo-
risch geordnete Sammlung der merowingischen Synoden, die wahrscheinlich am
Ende des 8. Jahrhunderts entstandene Collectio Sancti Amandi, in allen erhaltenen
Handschriften – es sind nur wenige! – mit der Dionysio-Hadriana verbunden ist.
Nur in Verbindung mit dieser allgemein anerkannten, aus Rom gekommenen
Sammlung billigte man anscheinend den merowingischen Konzilskanones Autorität
zu[51].

Im ganzen gesehen ist aber der Anteil päpstlichen Rechts in den in karolingischer
Zeit entstandenen Kirchenrechtssammlungen noch nicht überragend. So wurden z.B.
in der Herovalliana, einer Ableitung der Vetus Gallica – nach Mordek in der 2. Hälfte
des 8. Jahrhunderts entstanden – die Konzilskanones lediglich durch einige wenige
Auszüge aus Papstbriefen ergänzt[52]. Auch die Collectio Bonaevallensis prima, die sicher nach 816 entstanden ist, weist in ihrem Quellenbestand die typischen Merkmale
einer Sammlung der früheren Karolingerzeit auf, indem sich unter ihren 461 Kapiteln
lediglich 25 Papstexzerpte befinden[53].

In der Collectio 400 capitulorum, die vielleicht noch im 8. oder auch erst in der
ersten Hälfte des 9. Jahrhunderts entstand, ist der Anteil der Exzerpte aus Papstdekretalen zwar etwas größer, aber in der Aufzählung der Quellen in der Vorrede werden die Aussagen der römischen Bischöfe erst nach den Beschlüssen aller Konzilien –
auch der Partikularsynoden – genannt; nur noch Augustin, der Bischof von Hippo,
ist hinter den Bischof von Rom gereiht[54].

---

[50] Neben der Dionysio-Hadriana diente in der Dacheriana auch die Collectio Hispana Gallica
als Quelle, vgl. F. MAASSEN, Geschichte der Quellen und der Literatur des canonischen Rechts im
Abendlande bis zum Ausgange des Mittelalters (1870), S. 850 ff.
[51] Vgl. MORDEK, Kirchenrecht und Reform (wie Anm. 44), S. 249 f.
[52] Vgl. ebd., S. 109 ff., bes. S. 119.
[53] Ausgezählt nach dem Quellenverzeichnis bei H. MORDEK, Die Rechtssammlung der Handschrift von Bonneval – ein Werk der karolingischen Reform, DA 24 (1968), S. 429 ff.
[54] Vgl. zu den Quellen MAASSEN, Geschichte (wie Anm. 50) S. 842–846. Ebd., S. 843 f. ist
auch der Text der Vorrede abgedruckt: *Incipit excerptio synodum. Domine et sancte pater pa-*

Die Reformkonzilien von 813 und vor allem das Konzil von Paris 829 kritisierten scharf die umlaufenden Bußbücher. Um diese für die Praxis so wichtigen Werke durch Handbücher unbezweifelbarer Autorität zu ersetzen, wurden wenige Jahre nach 829 eine Reihe von „Reformbußbüchern" geschaffen: Halitgars Bußbuch, der Quadripartitus und die Bußbücher des Hrabanus Maurus.

In Halitgars Bußbuch finden sich nur wenige Zitate aus Papstbriefen; allerdings sind im Buch I die Werke Papst Gregors des Großen (Moralia, Regula pastoralis, Dialogi und Evangelienhomilien) reichlich herangezogen[55]. Für die in den Büchern III–V zusammengestellten Konzilsbestimmungen und Dekretalenauszüge wurde vor allem die Collectio Dacheriana ausgeschrieben[56]. Der „romferne" Charakter dieses Werks kommt dann am stärksten im Buch VI zum Ausdruck, dessen Bußbestimmungen in fränkischer, nicht in römischer Tradition einzuordnen sind, und auch für den Bußordo konnte Kottje nachweisen, daß es Halitgar „nicht in erster Linie um die consuetudo romana zu tun war", sondern daß er auch auf dem Gebiet der Liturgie fränkischen Traditionen den Vorzug gab[57]. Die Hauptquelle für Hrabans Bußbücher war die Dionysio-Hadriana. Daneben hat Hraban aber auch aus der Hispana gallische und spanische Konzilskanones entnommen[58]. Neu in Hrabans zweitem Paenitentiale (ad Heribaldum) ist, daß er hier auf zeitgenössische Konzilstexte zurückgegriffen hat. Nicht zeitgenössisches Papstrecht also, sondern die Konzilien von Reims, Tours und Mainz aus dem Jahre 813 hat Hraban herangezogen[59].

Daneben unterscheidet sich Hraban von anderen kontinentalen Bußbüchern durch seinen Rückgriff auf die Bibel[60]. Zusammenfassend kann festgestellt werden, daß auch bei Hraban päpstliche Verlautbarungen keine herausragende Rolle spielen.

Eine weitere Rechtssammlung, die in den Umkreis der Reformbußbücher gehört, ist der um die Mitte oder in der zweiten Hälfte des 9. Jahrhunderts in der Umgebung

---

trum. Si quis condemnet excerpentem aut condemnet cribantem et limantem stantem in loco sancto? Qui legit, intellegat dominicam sermocinationem et canones sanctorum apostolorum et sanctos universales quinque synodos, et eadem in sancto sexto synodo invenit, Niceam cum CCCXVIII episcopis et Silvestrum Romanae ecclesiae cum CCLXXXIIII, Constantinopolim cum CL et Calchedonensium cum DCXXX et Epheseum cum CC, Anquiritanensium, Caesariensium, Gangrensium, Carthaginensium, Sardicensium, Anthiocensium, Aralatensium cum DC episcopis, Reiensium, Arausicum, Valentineam et Vasentium apud Auspicium episcopum, Aralatensium et Agatensium, Aurelianensium et sanctorum episcoporum urbis Romae: Innocenti, Sergii, Celestini, Leonis, Gregorii et Syricii, Augustini episcopi Yppoliti. Omnes causas utilitatis et nostrae necessitatis carpavimus, quos susceperunt, suscipimus secundum iussionem summi sacerdotis. Finit.

[55] Vgl. R. KOTTJE, Die Bußbücher Halitgars von Cambrai und des Hrabanus Maurus (1980), S. 173 ff., bes. die Quellennachweise auf S. 178 ff.

[56] Vgl. ebd., S. 182.

[57] Ebd., S. 185 ff., das Zitat auf S. 190.

[58] Vgl. ebd., S. 190 ff.

[59] Vgl. ebd., S. 201 f.

[60] Ebd., S. 213 ff.

von Reims entstandene Quadripartitus[61]. Die Bücher I bis III enthalten Exzerpte aus Kirchenvätern; sie entsprechen damit in ihrer Machart den Reformbestimmungen für Kanoniker und Mönche aus dem Jahr 816[62]. Dabei wurden besonders die Werke Gregors des Großen, Isidors von Sevilla und Johannes' Cassianus ausgeschrieben[63]. Der zuletzt genannte Autor hat die meisten und auch meist sehr umfangreiche Zitate geliefert. Daneben spielen auch Smaragds Auslegung der Regula Benedicti und der Regelcodex des Benedikt von Aniane eine wichtige Rolle[64].

Für Buch IV wurde außerdem die Dacheriana und Halitgars Bußbuch als Quelle herangezogen. Von den 382 Kapiteln des 4. Buchs sind 135 – also ziemlich genau ein Drittel – der Dacheriana entnommen. Weitere 23 Kapitel stammen aus dem Bußbuch Halitgars. Außerdem ist noch die Collectio Remensis von Bedeutung, eine Kanonessammlung der historischen Ordnung, aus der in der Hauptsache Kanones gallischer Konzilien und Statuta ecclesiae antiqua übernommen wurden (insgesamt 72 Kapitel)[65]. Für unser Thema entscheidend ist, daß päpstliche Rechtstexte nur einen verschwindend geringen Anteil ausmachen.

Am Ende dieses Abschnitts sollen noch zwei Sammlungen wenigstens genannt werden, die für unser Thema von entscheidender Bedeutung sind, deren Behandlung jedoch den Rahmen unserer Ausführungen bei weitem sprengen würde: Pseudoisidor und Regino von Prüm.

An den Falschen Dekretalen Pseudoisidors können wir erkennen, in welchem Ausmaß in der fränkischen Kirche die Überzeugung vom Glaubens- und Jurisdiktionsprimat des Papstes in der Mitte des 9. Jahrhunderts verbreitet war. Denn diese Vorstellung lag ja nicht nur den Fälschungen zugrunde, sondern sie ermöglichte auch ihre weitgehend geräuschlose Rezeption in der west- und bald auch ostfränkischen Kirche seit 852/57[66].

Wie ist in diesem Kontext das fast völlige Fehlen pseudoisidorischer Sätze im Sendhandbuch Reginos von Prüm zu erklären (nur 13 von 909 Kapiteln stammen aus Pseudoisidor)[67]?

Man wird für den Bereich des Kirchenrechts jedenfalls allgemein sagen dürfen, daß die Karolingerzeit noch nicht die große Veränderung in der Rolle des Papsttums mit sich brachte; sie hat aber die Texte dafür bereitgestellt[68].

[61] Zu Zeit und Ort der Entstehung dieser Sammlung vgl. F. KERFF, Der Quadripartitus. Quellen und Rezeption (1982), S. 77 f.

[62] Vgl. KERFF (wie vorige Anm.) S. 54f und S. 85–93 (Einzelnachweise für die 156 Kapitel der Bücher I–III).

[63] Ebd., S. 57.

[64] Vgl. ebd., S. 60 f.

[65] Ebd., S. 55 und 61 f.

[66] Dazu vor allem H. FUHRMANN, Einfluß und Verbreitung der pseudoisidorischen Fälschungen. Von ihrem Auftauchen bis in die neuere Zeit 1–3 (1972–74), 1, S. 195 ff. und 2, S. 237 ff. – Vgl. auch SCHIEFFER, Rom (wie Anm. 48), S. 64 ff. zum „mutwilligen Rombezug" der pseudoisidorischen Fälschungen.

[67] Vgl. ebd., Bd. 2, S. 436.

III. DIE KONZILIEN UND DAS PAPSTTUM

Anstelle einer ausführlichen Erörterung dieses Themas, die hier nicht gegeben werden kann, sollen nur drei wichtige Probleme angesprochen werden:

1. Zuerst die Frage nach Papstbriefen als Quellen auf den Synoden:

In diesem Zusammenhang ist auf die Ansicht von Johannes Fried einzugehen, daß nach 814 in der Umgebung Ludwigs des Frommen eine völlige Zurückdrängung der Autorität des Papsttums beabsichtigt gewesen sei und daß sich diese Haltung von der Zeit davor grundlegend unterschieden habe. Als Beleg dafür führte Fried u.a. an, daß sich in der Gesetzgebung auf den Synoden von 816/17 über die Mönche und die Kanoniker ein „kraftvoller kaiserlicher Monismus" zeige, der „viel entschiedener als noch zu Karls des Großen Zeit" gewesen sei[69]. Wenn diese Einschätzung darauf beruhen sollte, daß die Reformen von 816/17 über Kanoniker und Mönche sich kaum auf Papstrecht stützen, so ist außer acht gelassen, daß sich die Päpste kaum über diese Thematik geäußert haben. Die Quellenfrage auf dem Gebiet des kanonischen Rechts, die vorhin für die Kirchenrechtssammlungen erörtert wurde, hat doch immer auch zu berücksichtigen, welche Themen behandelt und mit Autoritäten unterfüttert werden sollen. Wenn es sich um die Lebensführung von Mönchen und Kanonikern handelt, dürfen wir uns nicht wundern, wenn Zitate aus den Kirchenvätern zahlenmäßig weit vor Exzerpten aus Papstdekretalen rangieren[70].

Was die auf den karolingischen Konzilien benutzten Quellen betrifft, so kann man generell feststellen, daß die Synoden in der Zeit von Pippin bis zum Tode Ludwigs des Frommen – also in der Epoche der Herrschaft der fränkischen Könige und Kaiser über die Kirche – überhaupt nur das alte, „universale" Kirchenrecht mit seinen Konzilskanones, Papstdekretalen und Aussagen der Kirchenväter zitiert haben, während nach 840/43 ganz massiv „partikulare" Rechtssätze, also die Beschlüsse der westgotischen, merowingischen und bald auch der frühkarolingischen Synoden rezipiert wurden[71].

---

[68] Vgl. die Schlußbemerkung von MORDEK, Primat (wie Anm. 49), S. 566: „Erst die Kanonisten der klassischen Zeit konnten sich auf nur noch eine Hauptquelle konzentrieren: die päpstlichen Dekretalen – ihr Hauptthema aber war: der päpstliche Primat."

[69] Vgl. FRIED (wie Anm. 7), S. 242 f. und 254.

[70] Zu den Quellen zu den Texten von 816/17 vgl. A. WERMINGHOFF, Die Beschlüsse des Aachener Concils im Jahre 816, NA 27 (1902), S. 612 ff.; C. DE CLERCQ, La Législation Religieuse Franque. Étude sur les actes de conciles et les capitulaires, les status diocésains et les règles monastiques 2 (1958), S. 8 ff. und HARTMANN, Synoden (wie Anm. 1), S. 158 f.

[71] Vgl. HARTMANN, Synoden (wie Anm. 1), S. 408.

2. Dann die Hauptfrage beim Thema „Papst und Konzilien", nämlich die Frage nach
der Über- oder Unterordnung.

Neu in der Karolingerzeit und ein möglicher Beleg für die gewachsene Autorität des
Papsttums ist die Tendenz, daß große fränkische Konzilien der zweiten Hälfte des
9. Jahrhunderts den Papst bemühten, um ihren Beschlüssen rechtliche Geltung zu
sichern.

Bereits nach der Synode von Soissons des Jahres 853 hatte Hinkmar von Reims im
Bewußtsein seiner damals gefährdeten Stellung als Reimser Erzbischof das Protokoll
der Synode, auf der die von Ebo von Reims in der Zeit seiner Restitution 841/42
geweihten Kleriker abgesetzt worden waren, nach Rom geschickt, um das Vorgehen
der Synode vom damaligen Papst Benedikt III. (855–858) bestätigen zu lassen. Papst
Nikolaus I. ging dann einen gewaltigen Schritt weiter, als er einmütige Synodalur-
teile kassierte – in der Eheaffäre Lothars II. und in den Streitigkeiten zwischen
Hinkmar von Reims und seinen Suffraganen. Diese entschlossene Haltung bildete
die Voraussetzung für den Versuch Johannes' VIII. (872–882), die fränkische Kirche
noch enger an das Papsttum zu binden. Vom Scheitern dieses Versuchs auf den Konzilien von Ponthion 876 und von Troyes 878 war bereits die Rede. Dennoch stellt die
Synode von Troyes 878 einen Höhepunkt der päpstlichen Einflußnahme auf die
Synoden in karolingischer Zeit dar: noch nie hatte bis dahin ein Papst ein fränkisches
Konzil geleitet. Insofern war Johannes VIII. tatsächlich noch über Nikolaus I. hin-
ausgelangt. Denn diesem war es nicht gelungen, gegen den Widerstand des gesamten
fränkischen Episkopats die von ihm geplanten Generalsynoden unter seiner Leitung
zustande zu bringen.

Die Anwesenheit päpstlicher Legaten auf fränkischen Synoden, die Nikolaus I.
zur Gewohnheit machen wollte, findet sich in der Karolingerzeit schon früher. Wir
wissen, daß schon auf Pippins Synode in Compiègne im Jahr 757, dann in Frankfurt
794 Legaten anwesend waren. Dann gibt es allerdings eine große – und sehr bezeich-
nende – Lücke, die bis 863 reicht[72].

3. Papstrecht und konziliares Recht

Im Ostfrankenreich war man vielleicht schon vor den massiven Eingriffen Nikolaus' I. in die Autonomie der Konzilien bereit, dem Papst Beschlüsse eines Konzils
zur Bestätigung vorzulegen. Eine Mainzer Provinzialsynode der Zeit Erzbischof
Karls (856–863) wahrscheinlich aus dem Jahr 863, von der wir nur aus dem Brief
JE 2709 wissen, teilte Nikolaus I. ihre Beschlüsse mit, die dieser in Form eines Res-
kripts bestätigte. Wenn diese Bestätigung von den ostfränkischen Bischöfen beab-

---

[72] Die Nachricht der Annales regni Francorum zu 829 wurde von FRIED (wie Anm. 7), S. 266
mit Anm. 212 falsch verstanden: es ist nicht von der Anwesenheit päpstlicher Legaten auf der
Synode die Rede, sondern davon, daß legationes u.a. auch aus Rom am kaiserlichen Hof in Aachen
zugegen waren.

sichtigt war, so steht dies im Widerspruch zur angeblichen Grundtendenz des Konzils von Worms 868, die Emil Seckel als einen „Protest der deutschen Kirche gegen die vom Papsttum eines Nikolaus I. beanspruchte Gesetzgebungsgewalt" beschrieb[73]. In Worms wurden nämlich die von Nikolaus I. bestätigten Beschlüsse stillschweigend unter die auf der Synode zusammengestellten Kanones aufgenommen[74]. Die Tatsache, daß man in Worms an keiner Stelle auf die zugrundeliegenden Autoritäten hinwies, darf jedoch nicht so interpretiert werden, daß man ein autonomes Gesetzgebungsrecht beansprucht hätte. Denn es war im 9. Jahrhundert üblich, Aussagen eines früheren Konzils der Karolingerzeit zu zitieren, ohne die Quelle zu nennen. Keinesfalls darf man daraus schließen, daß man die zitierten Rechtssätze übernommen hat, um die eigene „Gesetzgebungsgewalt" zu bekräftigen. Dies wäre in diesem Fall ja auch besonders pikant, denn in der Abfolge Mainz 863 – Nikolaus I. – Worms 868 könnte man dann ein sich über Jahre hinziehendes Ringen zwischen Papst und Konzil erblicken.

Etwas mehr Klarheit über das Verhältnis zwischen Papst und Konzil brachten schließlich die ostfränkischen Konzilien am Ende des 9. und am Beginn des 10. Jahrhunderts: Hierbei ist neben Tribur 895, aus dem am Anfang dieses Beitrags das Kapitel 30 zitiert wurde, vor allem auf die Synode von Hohenaltheim 916 zu verweisen, über die Horst Fuhrmann kürzlich geurteilt hat: „Die zentrale Figur in Hohenaltheim ist der über seinen offenbar energischen Legaten Petrus von Orte gegenwärtige Papst. Die ‚römische Gegenwart' ist so groß, daß Beschlüsse formuliert werden, als seien sie in Rom selbst entstanden (cc. 29 und 30)"[75]. In diesen Kapiteln werden die Bischöfe, die auf der Synode nicht erschienen waren, von ihren Ämtern suspendiert, *donec Romam veniant et coram papa et sancta ecclesia dignam reddiderint rationem.* Der Papst – und nicht mehr das Konzil – ist die über den Bischöfen stehende Autorität; erst er kann die Rekonziliation vollziehen!

* * *

Ganz ohne Zweifel hat sich das Klima zwischen den fränkischen Bischöfen und dem Papst im Laufe des 9. Jahrhunderts verändert. Aber es gibt auch unter Nikolaus I. noch Widerstand (besonders bei den lotharingischen Erzbischöfen Gunthar von Köln und Teutgaud von Trier, aber auch bei Hinkmar von Reims). Und erst recht haben die westfränkischen Bischöfe den Versuch Johannes' VIII., sie dem von ihm

---

[73] Zitiert nach HARTMANN, Worms 868 (wie Anm. 47), S. 12.

[74] H. BARION, Das fränkisch-deutsche Synodalrecht des Frühmittelalters (1931), S. 368 ging sogar noch einen Schritt weiter, wenn er „die Beschlüsse des Konzils von Worms 868" als Ausdruck des Strebens bezeichnet, „selbständige Eingriffe des Papstes in die Regierung der Landeskirche zu hindern."

[75] H. FUHRMANN, Die Synode von Hohenaltheim (916) – quellenkundlich betrachtet, DA 43 (1987), S. 440–468, das Zitat auf S. 461.

bestimmten Vikar, nämlich dem Erzbischof Ansegis von Sens, zu unterstellen, unter der Führung Hinkmars von Reims abgewehrt. Im Ostfrankenreich, wo eine so überragende und im Kirchenrecht versierte Gestalt wie Hinkmar fehlte, hat man sich nicht so massiv gegen die Ansprüche des Papsttums zur Wehr gesetzt. Aber auch hier gibt es mindestens Widerwillen gegen einen allzu unerbittlich ausgespielten päpstlichen Primat. Denn das kann doch gesagt werden: gerade die Versuche der Päpste Nikolaus I. und Johannes VIII., die überkommenen Primatsvorstellungen zu verwirklichen, haben die Widerstände gegen den päpstlichen Primat verstärkt.

Am Ende des 9. und am Beginn des 10. Jahrhunderts jedoch wurde im Ostfränkischen Reich die anscheinend ungebrochene Autorität des Papstes (trotz der Wirren, der Bluttaten und des Leichengerichts an Formosus) dazu benutzt, eine Stütze für das schwache Königtum Ludwigs des Kindes und Konrads I. zu gewinnen. Ein erster derartiger Versuch unter Karl III. war hier nach seinem Scheitern noch mit Häme geschildert worden.

Rom im Frankenreich –
Rombeziehungen durch Heilige in der
Mitte des 9. Jahrhunderts

von

Klaus Herbers

I.

„Rom fuhr fort, Reliquien über das Abendland auszustreuen, wie zur Zeit des Ai-
stulf und Desiderius. Eine neue Leidenschaft, die seltsame Begier nach dem Besitze
der Leichen von Heiligen, hatte sich der Christenheit bemächtigt; sie steigerte sich,
genährt durch die Habsucht und Herrschsucht der Priester, in der immer finsterer
werdenden Welt bis zur völligen Raserei. Wir blicken heute mit Schrecken auf jene
Zeit, wo ein Totengerippe am Altar der Menschheit stand, ihre Klagen, ihre Wünsche, ihre schauerlichen Entzückungen zu empfangen. Die Römer, welche die Bedürfnisse des Auslandes immer mit praktischem Verstande auszubeuten wußten,
trieben damals einen förmlichen Handel mit Leichen, Reliquien und Heiligenbildern,
dies und etwa noch der Verkauf alter Handschriften war alles, worauf sich ihre Indu-
strie beschränkte"[1]. So beschrieb im vergangenen Jahrhundert Ferdinand Gregorovius in seinem Klassiker die Geschichte Roms zur Zeit Papst Gregors IV. (827–844).
Wenn wir vielleicht heute nur noch vereinzelt mit Schrecken auf jene Zeit blicken, so
liegt dies auch daran, daß sich Voreinstellungen und Fragen geändert haben, mit

---

[1] F. GREGOROVIUS, Geschichte der Stadt Rom im Mittelalter. Vom V. bis zum XVI. Jahrhundert, hg. von W. KAMPF (1953–1957, ND 1978), 1, S. 500; vgl. zur Lebenswelt des Autors: KAMPF,
ebd. 4, S. 9–54. – Der folgende Text greift Fragen auf, die ich in meiner Habilitationsschrift „Leo
IV. und das Papsttum in der Mitte des 9. Jh. – Möglichkeiten und Grenzen päpstlicher Herrschaft
in der späten Karolingerzeit" (Päpste und Papsttum 27, 1996), S. 354–408 mit teilweise anderen
Akzenten verfolgt habe, und ist die überarbeitete Fassung des beim Kolloquium 1993 gehaltenen
Referates, das in ähnlicher Form auch der Hessischen Sektion des Konstanzer Arbeitskreises in
Marburg vorgetragen wurde. Den jeweiligen Diskussionsteilnehmern danke ich für Hinweise und
Kritik.

denen Historiker die Heiligen, Reliquien und Hagiographica in die Rekonstruktion der Geschichte einbeziehen[2].

Die Beziehungen, die durch die Weitergabe und die Verehrung von Reliquien gefördert wurden sowie die daraus resultierenden Folgen stehen im Vordergrund dieses Beitrages. Ich möchte aber die Art der Verbindungen zunächst weder genauer charakterisieren noch die jeweilige Funktion schon im voraus näher festlegen. Die Möglichkeiten, Beziehungen mit Rom und dem Papst durch Reliquien zu schaffen, waren im Westen seit der Mitte des 8. Jahrhunderts in größerem Maße gegeben, denn erst seit Papst Paul I. (757–767) wurde es auch hier üblicher, Reliquien weiterzugeben[3]. Die neue päpstliche Haltung seit der Mitte des 8. Jahrhunderts haben McCulloh und andere mit der politischen Neuorientierung des Papsttums von Byzanz zu den Franken in Zusammenhang gebracht, die von einer neuen Reliquienpolitik begleitet gewesen sei[4]. Ob man allerdings von einer bewußten, übergreifenden „Reliquienpolitik" der Päpste oder der Karolinger sprechen darf[5], möchte ich zumindest dahingestellt sein lassen[6]. Richtig bleibt aber, daß seit dieser Zeit nicht nur die in der Forschung hervorgehobenen Freundschaftsbündnisse und Taufpatenschaften engere Bindungen zwischen Päpsten und Frankenherrschern[7] förderten,

---

[2] Vgl. an neueren Zugängen beispielsweise: Les fonctions des saints dans le monde occidental (Actes du colloque organisé par l'Ecole Française de Rome en 1988) (1991); Politik und Heiligenverehrung im Hochmittelalter, hg. von J. PETERSOHN (Vorträge und Forschungen 43, 1994) sowie weitere, zu jeweils einzelnen Aspekten im folgenden zitierte Literatur.

[3] Vgl. statt anderer: J.M. MCCULLOH, From Antiquity to the Middle Ages: Continuity and Change in Papal Relic Policy from the 6th to the 8th Century, in: Pietas. FS für Bernhard Kötting, hg. von E. DASSMANN und K.S. FRANK (Jb. für Antike und Christentum 8, 1980), S. 313–324, bes. S. 321. – Zur Durchsetzung der Teilbarkeit von Reliquien im Westen vgl. beispielsweise N. HERRMANN-MASCARD, Les reliques des saints. Formation coutumière d'un droit (1975), S. 49–70; A. ANGENENDT, Kult der Reliquien, in: Reliquien. Verehrung und Verklärung, hg. von A. LEGNER, Ausstellungskatalog (1989), S. 9–24, hier S. 15 und DERS., Heilige und Reliquien. Die Geschichte ihres Kultes vom frühen Christentum bis zur Gegenwart (1994), S. 154 geht von einer Praxis der Teilungen erst seit dem 9. Jh. aus, jedoch dürfte eine längere Übergangszeit angenommen werden. Vgl. allgemein zur Reliquienverehrung zusammenfassend DERS., Heilige und Reliquien, S. 149–166.

[4] MCCULLOH, From Antiquity to the Middle Ages (wie Anm. 3), S. 321–324.

[5] So für die Karolinger beispielsweise H.R. SEELIGER, Einhards römische Reliquien. Zur Übertragung der Heiligen Marzellinus und Petrus ins Frankenreich, Römische Quartalschrift 83 (1988), S. 58–75, der S. 69 von einem Reichseinheitskult spricht.

[6] Skeptisch bezüglich Karl dem Großen auch schon W. HOTZELT, Translationen von Märtyrerleibern aus Rom ins westliche Frankenreich im 8. Jahrhundert, Archiv für elsässische Kirchengeschichte 13 (1938), S. 1–52, S. 49–52, der die Reliquienübertragungen aus Rom auch in einigen anderen Studien zusammengestellt hat, vgl. Anm. 12.

[7] Hierzu vor allem A. ANGENENDT, Kaiserherrschaft und Königstaufe. Kaiser, Könige und Päpste als geistliche Patrone in der abendländischen Missionsgeschichte (Arbeiten zur Frühmittelalterforschung 15, 1984); vgl. Kritik und Ergänzungen von O. ENGELS, Zum Rombesuch Karls des Großen im Jahre 774, Jb. für fränkische Landesforschung 52 (1992), S. 15–24 und die Erwiderung

sondern auch Reliquienschenkungen. Sie stifteten Gemeinschaft: Schenker und Empfänger unterstellten sich der Wirkmacht und dem Schutz ihres gemeinschaftlichen Heiligen[8], die Teilung der Gebeine konnte diese gemeinsame Teilhabe symbolisch verdeutlichen. Roman Michalowski hat die Anregungen des Soziologen Marcel Mauss über die Bedeutung des Schenkens in archaischen Gesellschaften für eine Interpretation der Translationen der karolingischen Epoche fruchtbar gemacht[9] und diese unter dem Aspekt von Freundschaft und Gabe[10], als Indizien für die verschiedensten sozialen Beziehungen untersucht. Die Übergabe von Reliquien drücke eine bestehende oder sich entwickelnde Freundschaft zwischen Menschen aus, die sich in einem ähnlichen Verhältnis zum *sacrum* befänden. Dieses auch für die Karolingerzeit feststellbare Verhältnis sei erst in der zweiten Hälfte des 9. Jahrhunderts langsam zurückgetreten[11].

Rom wurde somit auch durch Heilige für die verschiedensten Teile des Karolingerreiches zu einem Ort der Orientierung. Rom bot in dieser Zeit aber nicht nur verschiedenartige Orientierungshilfe, sondern war zuweilen auch schon Entscheidungsinstanz in Rechtsfällen, beispielsweise bei den diversen Auseinandersetzungen im Westfrankenreich. Läßt sich die Entwicklung dieser beiden, auch für den weiteren historischen Prozeß zentralen Funktionen Roms und des Papsttums durch eine Untersuchung der eher hagiographischen Quellen konkretisieren?

Hagiographische Quellen für historische Fragestellungen zu nutzen, ist inzwischen anerkannt, wenn auch erst teilweise in Detailforschungen umgesetzt. Sogar die positivistische Zusammenstellung der Belege ist für die Karolingerzeit noch nicht

von A. ANGENENDT, Die Karolinger und die Familie der Könige, Zs. des Aachener Geschichtsvereins 96 (1989), S. 5–33, bes. S. 15.

[8] Daß man in Rom die Reliquien deshalb nicht besonders großzügig verteilte, weil man den Rang als reichstes Reliquienzentrum erhalten wollte, scheint höchstens eine untergeordnete Rolle gespielt zu haben, vgl. die bei MCCULLOH, From Antiquity to the Middle Ages (wie Anm. 3), S. 322 mit der in Anm. 49 zitierten Literatur. Gleichwohl gibt es Zeugnisse zum Widerstand der römischen Bevölkerung gegen die Vergabe wichtiger Heiliger, vgl. Anm. 47. – Zur Bedeutung der gesamten Stadt Rom als Besitzerin und Hüterin der Reliquien vgl. unten bei Anm. 44 ff.

[9] R. MICHALOWSKI, Przyjazn i dar w spoleczenstwie karolinskim w swietle translacij relikwii, Studia zrodloznawcze 28 (1983), S. 1–39 sowie 29 (1985), S. 9–65 (mit deutscher Zusammenfassung sowie Tabellen in deutscher Sprache); vgl. auch die darauf aufbauenden Hinweise von H. FROS, Liste des translations et inventions de l'époque carolingienne, Analecta Bollandiana 104 (1986), S. 427–429. Besser zugänglich mit den wesentlichen Thesen R. MICHALOWSKI, Le don d'amitié dans la société carolingienne et les „Translationes sanctorum", in: Hagiographie, cultures et sociétés, IVe–XIIe siècles. Actes du Colloque organisé à Nanterre et à Paris (1981), S. 399–416, vgl. die weiteren Beiträge in diesem Sammelband.

[10] Damit knüpft er unter anderem an die Forschungen von M. MAUSS, Die Gabe. Form und Funktion des Austauschs in archaischen Gesellschaften, in: DERS., Soziologie und Anthropologie 2, hg. von W. CEPENIUS/H. RITTER (1978), S. 11–148 an.

[11] Entsprechend wurden auch aus der Freundschaft sich entwickelnde Verhältnisse mit stärkerer juristischer Bedeutung, wie beispielsweise Verträge, zumeist auf die Reliquien bestimmter Heiliger abgeschlossen. Vgl. allgemein die in Anm. 28 zitierte Literatur.

vollständig[12], denn viele kleinere Nachweise sind nicht in dem üblicherweise herangezogenen Quellenmaterial zu finden. Auch das Verhältnis von Objekten und Texten ist nicht abschließend geklärt, immerhin konnte Walter Berschin Parallelen zwischen literarischen Einflüssen und der Übertragung von Reliquien feststellen[13]. Fragen der politischen und kirchenpolitischen Orientierung haben für die Karolingerzeit beispielsweise die weit ausgreifende, aber leider ungedruckt gebliebene Dissertation von Hildegard Nobel zu Königtum und Heiligenverehrung[14] oder die Untersuchungen von Herbert Zielinski zu den Kirchengründungen der Karolinger[15] in Angriff genommen. Patrick J. Geary hat nicht nur Reliquiendiebstähle[16], sondern auch die „Umsetzung" normativer Quellen zur Bußpraxis für die Epoche zwischen 740 und 840 untersucht[17].

[12] Zu nennen wären für die Reliquientranslationen die verschiedenen Arbeiten von W. HOTZELT, Translationen römischer Reliquien ins Elsaß im neunten Jahrhundert, Archiv für elsässische Kirchengeschichte 16 (1943), S. 1–18; DERS., Translationen von Märtyrerleibern aus Rom ins westliche Frankenreich (wie Anm. 6); DERS., Translationen von Märtyrerreliquien von Rom nach Bayern, Studien u. Mitteilungen zur Geschichte des Benediktinerordens und seiner Zweige 53 (1935), S. 286–343; K. HONSELMANN, Reliquientranslationen nach Sachsen, in: Das Erste Jahrtausend. Kultur und Kunst im werdenden Abendland an Rhein und Ruhr, Textband 1 (1962), S. 159–193, sowie die in den Arbeiten von MICHALOWSKI (wie Anm. 9) und bei W. BERSCHIN, Biographie und Epochenstil im lateinischen Mittelalter 3. Karolingische Biographie 750–920 n. Chr. (Quellen und Untersuchungen zur lateinischen Philologie des Mittelalters 10, 1991), bes. S. 440–453 zusammengestellten Texte. Vgl. weiterhin Anm. 9 sowie die weitere zitierte Literatur. Zum Genre der Translationsberichte vgl. grundlegend M. HEINZELMANN, Translationsberichte und andere Quellen des Reliquienkultes (Typologie des sources du moyen âge occidental 33, 1979). Zu den weiteren Genera (Martyrologien etc.) vgl. die Belege am jeweiligen Ort.
[13] W. BERSCHIN, Biographie und Epochenstil 3 (wie Anm. 12) spricht zusammenfassend S. 325 f. von einem Zusammenhang der *translatio sanctorum* und der *translatio studiorum* hinsichtlich der Reliquientranslationen aus dem Westfrankenreich nach Sachsen.
[14] H. NOBEL, Königtum und Heiligenverehrung zur Zeit der Karolinger (Diss. masch. Heidelberg 1956).
[15] H. ZIELINSKI, Die Kloster- und Kirchengründungen der Karolinger, in: Beiträge zu Geschichte und Struktur der mittelalterlichen Germania Sacra, hg. von I. CRUSIUS (1989), S. 95–134, S. 104 und 128; vgl. auch DERS., Zu den Gründungsurkunden Kaiser Ludwigs II. für das Kloster Casauria, in: Fälschungen im Mittelalter 4 (Schriften der MGH 33/4, 1988), S. 67–96, S. 85 f. Anm. 70 mit Ankündigung weiterer Untersuchungen.
[16] P.J. GEARY, Furta Sacra. Thefts of Relics in the Central Middle Ages (1978).
[17] DERS., The Ninth Century Relic-Trade. A Response to Popular Piety, in: Religion and the People 800–1700 (1979), S. 8–19 und 289–91 bes. S. 17–19. Seinem Material ließe sich die unten in Abschnitt III näher besprochene Wundergeschichte des hl. Marcellinus hinzufügen. Grundsätzlich fraglich bleibt bei diesen Versuchen, ob Bußordnungen und Bußbücher überhaupt so verbreitet waren, daß sich diese Bestimmungen auch in Hagiographica niederschlagen konnten; zum bisherigen Stand der Forschung vgl. beispielsweise die einleitenden Bemerkungen bei L. KÖRNTGEN, Studien zu den Quellen der frühmittelalterlichen Bußbücher (Quellen und Forschungen zum Recht im Mittelalter 7, 1993), S. 1 f. – Erst auf dem gesicherten Grund der Verbreitung dieser Texte ließe sich unterscheiden zwischen dem, was diese Texte direkt bewirken konnten und was allgemeine Buß- und Strafvorstellungen der Zeit betraf.

Beschränkt man den Blick auf römische Heilige, so sind die Reliquientranslationen des 8. und 9. Jahrhunderts für einzelne Aspekte, Zeiträume und Gegenden, aber keinesfalls erschöpfend und mit unterschiedlichen methodischen Vorgaben und Erkenntnisinteressen behandelt worden[18]. Die Interessen der Empfänger sind jeweils in den einzelnen Fällen unterstrichen worden[19], übergreifende Aspekte hat Friedrich Prinz aus den römischen Reliquien und Patrozinien des 8. Jahrhunderts als Identifikationshilfen für die fränkische Reichsaristokratie abgeleitet[20], und Egon Boshof hat Reliquienübertragungen dann in seine Untersuchungen einbezogen, wenn ein unmittelbarer Bezug zur *traditio Romana* und zum Papstschutz erkennbar war[21].

Noch ein Wort zum zeitlichen Rahmen, zur Auswahl der Quellen sowie zu der verfolgten Fragestellung. Nicht nur das Jahr 751 war ein wichtiger Einschnitt in der Geschichte des mittelalterlichen Europa, sondern auch die Aufteilung des karolingischen Reiches 843; es geht somit auch um die verschiedenen Rombeziehungen durch Heilige in den fränkischen Teilreichen. Im Zusammenhang mit den Diskussionen um die Entstehung von Deutschland und Frankreich aus dem Ost- und Westfranken-

[18] Bisher standen in geographischer Hinsicht Bayern und das Elsaß im Vordergrund; vgl. die in Anm. 12 zitierten Abhandlungen von HOTZELT. Daneben sind im Westfrankenreich besonders Soissons, im Ostfrankenreich außer Fulda vor allem Sachsen behandelt worden; vgl. die folgende Anm. Zeitlich wurde das 8. Jahrhundert stärker beachtet. Die wegweisenden kultgeschichtlichen Studien von ZENDER beschränken sich auf das Rhein-Maas-Gebiet: M. ZENDER, Räume und Schichten mittelalterlicher Heiligenverehrung in ihrer Bedeutung für die Volkskunde. Die Heiligen des mittleren Maaslandes und der Rheinlande in Kultgeschichte und Kultverbreitung (1959), bezüglich der römischen Heiligen vgl. vor allem S. 144–175 zur Verehrung des Papstes Cornelius. Eine zusammenfassende Auflistung in einer Karte: DERS./J. FELLENBERG, Reliquientranslationen zwischen 600 und 1200, in: Atlas zur Kirchengeschichte, bearb. von J. MARTIN (1987), S. 24–25, Karte 28. Zu Auflistungen der Translationsberichte vgl. Anm. 9 und 12.

[19] Besonders zu Sachsen und zu den dortigen Absichten des Adels, das Christentum stärker zu verwurzeln, vgl. HONSELMANN, Reliquientranslationen nach Sachsen (wie Anm. 12); K. HAUCK, Die fränkisch-deutsche Monarchie und der Weserraum, in: Kunst und Kultur im Weserraum I (³1966), ND: W. LAMMERS (Hg.), Die Eingliederung der Sachsen in das Frankenreich (Wege der Forschung 185, 1970), S. 416–450, vgl. dort Karte 12; H. PATZE, Mission und Kirchenorganisation in karolingischer Zeit, in: Geschichte Niedersachsens, hg. von DEMS., 1 (1977), S. 653–712, S. 708–710; H. BEUMANN, Die Hagiographie „bewältigt" Unterwerfung und Christianisierung der Sachsen durch Karl den Großen, in: Cristianizzazione ed organizzazione ecclesiastica delle campagne nell'alto medioevo: Espansione e resistenze (Settimane di studio del Centro italiano sull'alto Medioevo 28, 1982), S. 129–163, ND: DERS., Ausgewählte Aufsätze aus den Jahren 1966–1986, hg. von J. PETERSOHN und R. SCHMIDT (1987), S. 289–323; H. LÖWE, Lateinisch-christliche Kultur im karolingischen Sachsen, in: Angli e Sassoni al di qua e al di là del Mare 2 (Settimane di studio del Centro italiano sull'Alto Medioevo 32, 1986), S. 491–536, ND: DERS., Religiosität und Bildung im frühen Mittelalter, hg. von T. STRUVE (1994), bes. S. 520.

[20] F. PRINZ, Stadtrömisch-italische Märtyrerreliquien und fränkischer Reichsadel im Maas-Moselraum, HJb 87 (1967), S. 1–25.

[21] E. BOSHOF, Traditio Romana und Papstschutz im 9. Jahrhundert. Untersuchungen zur vorcluniazensischen libertas, in: Rechtsgeschichtlich-diplomatische Studien zu frühmittelalterlichen Papsturkunden, hg. von DEMS./H. WOLTER (Studien und Vorarbeiten zur Germania Pontificia 6, 1976), S. 1–100, S. 30 ff., 82 ff.

reich – ich verweise nur allgemein auf die jüngsten Diskussionsvorschläge von Carlrichard Brühl oder von Johannes Fried[22] – gewinnt auch die Zeit seit dem Vertrag
von Verdun und die zunehmende eigenständige Entwicklung der Teilreiche neues
Gewicht[23]. Schon seit langem hat man die unsicheren Verhältnisse des Westfrankenreiches und das Versagen der königlichen Zentralgewalt als einen der Gründe dafür
angesehen, warum besonders hier päpstliche Autorität und Entscheidungen zunehmend gefragt waren[24]. Galt dies auch für die Orientierung durch römische Reliquien
oder lassen sich Politik und Reliquienschenkungen nicht ohne weiteres aufeinander
beziehen? Verfügte man zum Beispiel in der „Gallia" bereits über eigene Heilige in
ausreichender Zahl? Jedenfalls fällt auf, daß sich die Rombeziehungen durch Heilige
in dieser Umbruchzeit mit verschiedenen lokalen Schwerpunkten intensivierten[25].
Die Rombeziehungen blieben in dieser Form nicht bis zum Ende des Jahrhunderts –
zumindest was römische Reliquien betraf – bestehen; auch deshalb stehen Belege aus
der Mitte des 9. Jahrhunderts im Vordergrund[26]. Beiseite lasse ich hier weitgehend
den „Reliquienfluß" von eventuell früher übertragenen römischen Reliquien aus dem
West- ins Ostfrankenreich[27].

[22] C. BRÜHL, Deutschland – Frankreich. Die Geburt zweier Völker (1990); J. FRIED, Der Weg
in die Geschichte. Die Ursprünge Deutschlands. Bis 1024 (Propyläen Geschichte Deutschlands 1,
1994). Vgl. zur Diskussion um dieses Buch jetzt G. ALTHOFF und die Erwiderung von J. FRIED,
HZ 160 (1995), S. 107–130. Zur Bedeutung der ostfränkischen Teilung von 865/876 für Sachsen und
Franken vgl. J. SEMMLER, Francia Saxoniaque oder Die ostfränkische Reichsteilung von 865/76
und die Folgen, DA 46 (1990), S. 337–374.
[23] Es geht also weniger um das Datum als um eine seit dieser Zeit verstärkt zu beobachtende
Entwicklung.
[24] Vgl. z.B. BOSHOF, Traditio Romana (wie Anm. 21), S. 5.
[25] Rombezüge durch die Übertragung von Reliquien schlossen sich in dieser Zeit an die unter
Ludwig dem Frommen erfolgten Translationen an, zu den früheren vgl. die in Anm. 9 und 12
zitierten Werke.
[26] Die Quellen über die Beziehungen in den ersten 20–30 Jahren nach dem Vertrag von Verdun
erlauben kein geschlossenes Bild, da in der Regel nur diejenigen Translationen ausführlicher gewürdigt wurden, bei denen wichtige politische Persönlichkeiten des Reiches beteiligt waren, oder
diejenigen, in denen die neuen Reliquien große kultpolitische Wirkungen zeitigten. Neben den
Translationsberichten sind jedoch auch die kürzeren Notizen in den jeweiligen Zusammenhang
einzuordnen. Auch der Überlieferungszufall spielt immer eine Rolle. – Die in Anm. 9 und 12 zitierten Zusammenstellungen gehen in der Regel nur von den erhaltenen Translationsberichten
aus.– BERSCHIN, Biographie und Epochenstil 3 (wie Anm. 12) grenzt die von ihm behandelten
Texte der Karolingerzeit (darunter auch viele Translationsberichte) für die Zeit vor 870 und nach
870 voneinander ab und postuliert einen Epocheneinschnitt um 870 (S. 337–341). Sollte dies vielleicht sogar mehr als ein literarisch zu begründender Einschnitt gewesen sein? – An Einzelbelegen
(aber eben kaum noch mit ausführlicheren Berichten) sind auch aus Rom weitere Notizen (auch
für das ausgehende 9. Jh.) zusammenzustellen, hierzu künftig BÖHMER-HERBERS, Papstregesten
844-911 (Regesta Imperii I, 4, 1, 1997).
[27] Vgl. zur Orientierung die Karten bei ZENDER/FELLENBERG, Reliquientranslationen (wie
Anm. 18) sowie bei HONSELMANN, Reliquientranslationen nach Sachsen (wie Anm. 12); in
Zusammenhang mit Studien zur Mobilität vgl. demnächst den entsprechende Abschnitt in der

Es geht also zunächst um Reliquien aus Rom, anschließend auch um weitere Rombeziehungen durch Heilige. Welche sozialen Beziehungen wurden durch den Erwerb hergestellt? War wirklich nur der praktische Handelsverstand der Römer entscheidend, wie Gregorovius will? Oder galten in Rom bei der Reliquienvergabe andere Spielregeln, die ja die neuere Forschung für Königtum und Adel inzwischen stärker in den Blick nimmt[28]? Wie ist das Verhältnis von Objekt und Bericht, von Reliquien und Recht?

Weiterhin geht es um den Einfluß der römischen Heiligenkulte und Reliquien an verschiedenen Orten der fränkischen Teilreiche beziehungsweise an deren Peripherie. Welche Identifikationshilfen boten sie? Gibt es Bezugspunkte zu anderen Formen des Kontaktes mit Rom, beispielsweise zu den nur wenig später einsetzenden urkundlichen Schutzverleihungen? Schließlich: Heilige hatten in der Regel länger Einfluß, als dies heute bewußt ist. Sie eroberten langsam das verschiedene hagiographische Schrifttum. Wie wirkten römische Heilige und was bewirkten sie dadurch?

II.

Die römischen Reliquienschenkungen nach dem Vertrag von Verdun betrafen in den ersten 15–20 Jahren vornehmlich das Ostfranken- sowie das Mittelreich. In den weiteren Zusammenhang der Königskrönung Ludwigs II. 844 in Rom gehören Reliquienschenkungen für das Regnum Italiae, das ich ansonsten ausklammern möchte[29]. Außer den Reliquien der Heiligen Primus und Felicianus für den norditalischen Grafen Erembert[30] wurden 844 die Reliquien des Papstes Calixt an Bischof Noting von Brescia vergeben, die dieser 854 dann auf Bitten des Markgrafen Berengar von Friaul in das Kloster Cysoing bei Tournai in Flandern übertragen ließ. Die abenteu-

---

Habilitationsschrift von H. RÖCKELEIN, Hamburg, den sie im August 1994 bei der Sitzung des „Arbeitskreises für hagiographische Fragen" in Stuttgart-Hohenheim vorgetragen hat.

[28] Vgl. z.B. die Beiträge von G. ALTHOFF, H. KELLER, D. HÜPPER, J.-D. MÜLLER unter dem Rahmenthema: Spielregeln in mittelalterlicher Öffentlichkeit (Gesten, Gebärden, Ritual, Zeremoniell), Frühmittelalterliche Studien 27 (1993), S. 27–146; vgl. G. ALTHOFF, Amicitiae und Pacta. Bündnis, Einung, Politik und Gebetsgedenken im beginnenden 10. Jahrhundert (Schriften der MGH 37, 1992). Vgl. früher bereits eindringlich zur Bedeutung sozialer Gesten und Repräsentationsriten: H. FICHTENAU, Lebensordnungen des 10. Jahrhunderts. Studien über Denkart und Existenz im einstigen Karolingerreich (Monographien zur Geschichte des Mittelalters 30, 1984, ND 1992), S. 48–110.

[29] Vgl. ansonsten die in der späteren Historiographie wohl fälschlich Papst Benedikt III. zugeschriebene Reliquiengabe für S. Zaccharia in Venedig, vgl. hierzu It. Pont. 7,2, S. 177 Nr. †*8 und künftig BÖHMER-HERBERS, Papstregesten (wie Anm. 26), n. 340 und 341.

[30] Nach einer freilich recht späten Tradition soll sogar der Nachfolger Sergius' II. (844–847), Papst Leo IV. (847–855), Reliquien dieser Heiligen im Kloster Biforco niedergelegt haben, vgl. It. Pont. 6,1, S. 168 Nr. 1 und It. Pont. 5, S. 158 Nr. †*1; BÖHMER-HERBERS, Papstregesten (wie Anm. 26), n. 29 und † 91.

erlichen Reisen des hl. Calixt und die weitere, äußerst interessante Ausstrahlung bis in das hohe Mittelalter hat vor kurzem Sönke Lorenz untersucht[31].

Die weiteren in Rom erfolgten Reliquienschenkungen dieser ersten 20 Jahre nach dem Vertrag von Verdun betrafen vor allem das Ostfranken- und das Mittelreich. Hierzu gehören die *corpora* der Heiligen Chrysanthus und Daria für Prüm, verschiedene Reliquien für das elsässische Kloster Erstein, für Salzburg sowie Schenkungen für die sächsischen Klöster Essen, Lamspringe, Gandersheim und die recht ausführlich aufgezeichnete Übertragung des Alexanderleichnams nach Wildeshausen. Hinzu treten zwei nur recht knapp belegte Schenkungen für Worms und Rheinau[32]. Nur einige Bemerkungen zum Erwerb und den Spielregeln bei der Vergabe, zu Reliquien und Text sowie zu den Aspekten von Identifikation und Schutz seien erlaubt[33].

Soweit erkennbar, wurden fast alle Übertragungen den Vorschriften des Mainzer Konzils von 813 entsprechend[34] durch Schreiben der jeweiligen Herrscher gefördert, die teilweise erhalten sind; die tatsächlichen Empfänger der Reliquien waren in Prüm Abt Markward, in Sachsen die adeligen Klostergründer, Graf Liudolf von Sachsen und seine Frau Oda, Graf Ricdag sowie Waltbert, ein Nachfahre Widukinds. In

[31] Translatio S. Calixti Cisonium, hg. von O. HOLDER-EGGER, MGH SS 15, 1, S. 418–422; vgl. S. LORENZ, Papst Calixt I. (217–222). Translationen und Verbreitung seines Reliquienkultes bis ins 12. Jahrhundert, in: Ex ipsis rerum documentis, FS für Harald Zimmermann, hg. von K. HERBERS/H.H. KORTÜM/C. SERVATIUS (1991), S. 213–232, bes. S. 222 f; BÖHMER-HERBERS, Papstregesten (wie Anm. 26), n. 19.

[32] Zu den möglichen fortbestehenden Beziehungen zwischen Rom und Fulda vgl. auch unten bei Anm. 118–126.

[33] Die zentralen Quellen bzw. Hilfsmittel seien schon hier zitiert; die Detailstudien finden sich dann am jeweiligen Ort. Zu Prüm: Translatio ss. Chrysanti et Dariae, hg. von O. HOLDER-EGGER, MGH SS 15, 1, S. 374–376, vgl. Germ. pont. 10 S. 281 Nr. *3 und *4; BÖHMER-HERBERS, Papstregesten (wie Anm. 26), n. 27-28. Zu Liudolf von Sachsen und Oda vgl. vor allem die nicht unproblematischen Gründungsurkunden für Gandersheim, beide Urkunden im Paralleldruck bei H. GOETTING, Die gefälschten Gründungsurkunden für Gandersheim, in: Fälschungen im Mittelalter 3 (Schriften der MGH 33/3, 1988), S. 327–371, S. 368–371 (weitere Quellennotizen künftig bei BÖHMER-HERBERS, Papstregesten n. 40 und † 41). Zu Wildeshausen: B. KRUSCH, Die Übertragung des hl. Alexander von Rom nach Wildeshausen durch den Enkel Widukinds 851. Das älteste niedersächsische Geschichtsdenkmal (Nachrichten der Gesellschaft der Wissenschaften zu Göttingen, phil.-hist. Kl. 13, 1933), S. 405–436, vgl. das Facsimile H. HÄRTEL, Translatio s. Alexandri auctoribus Ruodolfo et Meginharto Fuldensibus, Landesbibl. Hannover Ms. I 186 (Facsimile) (1979) BÖHMER-HERBERS, n. 214-217. Zu Salzburg: Translatio s. Hermetis, hg. von G. WAITZ, MGH SS 15, 1, S. 410; BÖHMER-HERBERS, n. 243-244. Zu Erstein vgl. Germ. Pont. 3, S. 31 f. Nr. *1 und 2; BÖHMER-HERBERS, n. 210 und 218 (Die Hinweise dieser nun folgenden nicht mehr ausgeführten Regestennummern sind fortlaufend zu vergleichen).

[34] Laut Canon 51 war die Genehmigung des Herrschers oder der Bischöfe und der Synode erforderlich, hg. von A. WERMINGHOFF, MGH Conc. 2,1 (1906, ND 1979), S. 272, vgl. HEINZELMANN, Translationsberichte (wie Anm. 12), S. 36 und W. HARTMANN, Synoden der Karolingerzeit im Frankenreich und in Italien (Konziliengeschichte, Reihe A: Darstellungen, 1989), S. 439, die Bestrebungen zur königlichen Kontrolle hervorheben.

Erstein stand die Kaiserin Irmingard im Vordergrund[35]. Im Falle Prüms darf vermutet werden, daß die Neuorientierung der Prümer Abtei nach 844 auch mit der Vorliebe Lothars I. für dieses Kloster, das seine Grablege wurde, zusammenhängt[36]; gab es vielleicht sogar politische Absichten Lothars I.[37]?

Die Motive der sächsischen Bittsteller lassen sich am ehesten aus der Translatio Alexandri erschließen. Voran geht diesem Bericht eine Darstellung des *exordium* der Sachsen. Diese Kombination der Texte berechtigt zu der Annahme, daß die Übertragungen römischer Reliquien nach Sachsen gleichzeitig das Selbstbewußtsein des sächsischen Adels unterstützten, der wohl nach der Niederwerfung des Stellingaaufstandes Anfang der 40er Jahre[38] neue Formen der Legitimation benötigte. Vielleicht „bewältigte die Hagiographie" außerdem, um mit einem inzwischen geflügelten Wort zu sprechen, auch die problematischen Anfänge der Christianisierung Sachsens. Daneben bleiben die schon bisher häufig thematisierten Argumente zu bedenken: so die zentrale Rolle Bischof Altfrieds, die Bezugspunkte Sachsens zu dem römisch orientierten Kloster Fulda, die allgemeine Petrusverehrung oder die Hilfe der Reliquien für die noch teilweise nötige Mission und Christianisierung Sachsens[39]. Die in den Quellen angegebene Motivation, man wolle wirkkräftige Reliquien zur Festigung des Glaubens bei den Sachsen erwerben, hebt vor allem auf das zuletzt genannte Argument ab, das jedoch kaum ausschließlich war. Daß der „Stammvater" der Liudolfinger[40] das älteste Familienstift seines Hauses, Gandersheim, mit römischen Reliquien ausstattete, rückt dieses erste durch den sächsischen Adel selbst errichtete Kloster besonders in den Vordergrund[41]. Die römischen *corpora* ergänzten

---

[35] Die Rolle Lothars I. ist aufgrund der Quellenlage nicht eindeutig zu bestimmen.

[36] Niedergelegt wurden die Reliquien schließlich in der *cella* Münstereifel, vgl. Germ. pont. 10, S. 281 Nr. *4.

[37] FRIED, Weg (wie Anm. 22), S. 800 vermutet Bestrebungen Lothars, den Papst für die Einheitspolitik zu gewinnen, der Translationsbericht läßt dies zwar kaum erkennen, schließt es aber auch nicht aus.

[38] H. GOETTING, Das Bistum Hildesheim. Die Hildesheimer Bischöfe von 815–1221 (1227) (Germania Sacra NF 20, 1984), S. 90 mit stärkerer Betonung der Intentionen zur Christianisierung. Ebd., S. 90 ff. zu möglichen Zusammenhängen der Romorientierung mit Versuchen Altfrieds um eine Rehabilitation Ebos von Reims.

[39] Vgl. J. SEMMLER, Corvey und Herford in der benediktinischen Reformbewegung des 9. Jahrhunderts, Frühmittelalterliche Studien 4 (1970), S. 289–319, S. 310 f. zur herausragenden Rolle Altfrieds für Gandersheim und Lamspringe; zur weiteren Literatur vgl. zusammenfassend HERBERS, Leo (wie Anm. 1), S. 384 f. mit Anm. 181–183. Zur Bewältigung durch die Hagiographie vgl. den klassischen Aufsatz von BEUMANN, Die Hagiographie „bewältigt" (wie Anm. 19) ND, S. 305–308 zur Translatio Alexandri und deren Bezugspunkten.

[40] Zu den genealogischen Zusammenhängen vgl. die Zusammenstellung von W. GLOCKER, Die Verwandten der Ottonen und ihre Bedeutung in der Politik. Studien zur Familienpolitik und zur Genealogie des sächsischen Kaiserhauses (1989), S. 254–257.

[41] Vgl. H. GOETTING, Das Bistum Hildesheim. Das reichsunmittelbare Kanonissenstift Gandersheim (Germania Sacra NF 7, 1973), S. 81 ff. Die weiteren Arbeiten von GOETTING, insbesondere zu den Gründungsurkunden sind bei HERBERS, Leo (wie Anm. 1) verzeichnet.

in Sachsen erst in dieser Zeit die teilweise schon früher aus dem Westfrankenreich nach Osten übertragenen Reliquien; sie unterstrichen somit zugleich, wie sehr Sachsen im Ostfrankenreich an Bedeutung gewann[42]. Wurde der Übergang des Königtums von den ostfränkischen Karolingern auf die Sachsenherrscher im 10. Jahrhundert durch diese Reliquienerwerbungen vielleicht mit vorbereitet?

Die Reliquien der genannten Translationen wurden erbeten und erworben, nicht abenteuerlich in einem frommen Diebstahl entwendet, wie beispielsweise noch wenig früher die nach Seligenstadt übertragenen Gebeine der Heiligen Marcellinus und Petrus[43], sei dieser Raub nun als Topos oder nicht in die Quellen eingegangen. In der Translatio Calixti, der Translatio Chrysanti et Dariae, der Translatio Alexandri und der Translatio Hermetis[44] werden die Verhandlungen in Rom genauer dargestellt. Nach welchen Spielregeln erhielt man dort die *corpora* der Heiligen? In der Regel galt es, hart zu kämpfen: Der Papst weigert sich mehrfach, berät sich mit den *principes civitatis* (Alexandertranslatio) oder mit dem Senat und den *optimates* (Hermestranslatio), erhebt die Gebeine, übergibt sie in einem feierlichen liturgischen Akt, wiederum in Anwesenheit der *multitudo civitatis* (Alexandertranslatio), und trägt auf, die Reliquien künftig feierlich zu verehren. Zuweilen heißt es in den Texten, daß er das Abschreiben bestimmter hagiographischer Schriften zur Bedingung für die Übergabe machte, die Texte über die Heiligen gewinnen zuweilen fast die gleiche Bedeutung wie die Reliquien selbst. Auch einflußreiche Intervenienten waren wohl – wie bei der Erwirkung einer Urkunde – wichtig und sind mehrfach belegt[45]. Gewiß

---

[42] Vgl. oben Anm. 19 und 27.

[43] Diese durchaus abenteuerliche Geschichte hat Einhard, Translatio et miracula ss. Marcellini et Petri, hg. von G. WAITZ, MGH SS 15, S. 239–264 aufgezeichnet. Vgl. zum politischen Gehalt zusammenfassend J. FLECKENSTEIN, s.v. Einhard, LexMA 3 (1986), Sp. 1737–1739. Zum Problem des Raubes als Topos bzw. als literarische Tradition vgl. GEARY, Thefts (wie Anm. 16), S. 143–157.

[44] Vgl. die in Anm. 33 zitierten Nachweise. Abweichend von den meisten anderen Translationen wurde im Falle der Salzburger Reliquientranslation keine monastische Gemeinschaft mit römischen Reliquien bedacht. Nicht eingehen kann ich hier auf die Notiz bei Sigebert von Gembloux zu einer Übertragung der Hermes-Reliquien nach Kornelimünster, vgl. hierzu HERBERS, Leo (wie Anm. 1), S. 371-373 – Salzburger Bischöfe haben mehrfach römische Reliquien erbeten und erhalten, so erwarb Adalwin von Salzburg 859–860 Reliquien der Chrysanthus und Daria: Ann. s. Rudperti Saliburgenses a. 859, MGH SS 9, S. 770, vgl. Germ. Pont. 1, S. 11 Nr. 17; dort im Zusammenhang mit der Pallienverleihung JE 2681 (Mai 860). Rudbert berichtet im übrigen auch mit gleichem Datum wie die Translatio zu 851 von der Übertragung der Hermesreliquien. Vgl. weitere Quellenbelege zu weiteren Translationen römischer Reliquien nach Salzburg in Germ. Pont. 1, S. 13 Nr. 25 (Kommentar). Diese verschiedenen Translationen nach Salzburg beeinflußten aber wohl im 9. Jahrhundert die Patrozinien der Gegend noch nicht, eine weitere Ausstrahlung wurde wahrscheinlich durch die auch im 9. Jahrhundert noch bedeutenden Kulte von Virgil, Rupert und Vitalis verhindert. Allgemein hierzu K.F. HERMANN, Kirchliches Leben, in: Geschichte Salzburgs. Stadt und Land 1–2, hg. von H. DOPSCH (1981), S. 983–1001, S. 990.

[45] Gut ablesbar ist dies auch an den königlichen Briefen, die z.B. in die Alexandertranslatio aufgenommen worden sind, vgl. außer der Edition von KRUSCH (wie Anm. 33) auch DLo I. Nr. 108 und 109 (BÖHMER-ZIELINSKI 66 und 66A) sowie DLo I. Nr. 110 (Brief Lothars an Leo IV.). –

darf man den topischen Charakter einzelner Akte, so die anfängliche päpstliche Wei-
gerung, nicht verkennen, denn je schwerer der Erwerb, desto wertvoller waren ja die
Reliquien für die späteren Besitzer. Aber: Eine gewisse Verhandlungszeit vor der
Vergabe, bestimmte Bedingungen der Übergabe sowie die Beteiligung des römischen
Klerus', vielleicht sogar der weltlichen Großen Roms scheinen üblich gewesen zu
sein. Der Papst war an die in Rom ansässigen Verehrer gebunden. Auch der oberste
Liturge der Stadt konnte die von vielen Bewohnern verehrten Reliquien nicht in
eigener Entscheidung weitergeben. Die Reliquien gehörten zumindest aus der Perspektive der Verfasser der gesamten Stadt Rom: Ob die feierliche Übergabe im Lateran oder S. Peter auch Rückschlüsse auf die Vorstellungen über die Reliquien als
Besitz der Stadt oder des Papstes erlaubt, ist schwer zu entscheiden[46]. Schon aus früheren Texten sind jedoch Widerstände der Römer gegen die Vergabe ihrer Reliquien
bekannt[47].

Besonders wird die zuweilen schon in Rom aufgetragene liturgische Verehrung
der Heiligen hervorgehoben; sie wurde durch die Mitgabe der zugehörigen Schriften
sichergestellt. Hierin drückte sich auch noch in der Mitte des 9. Jahrhunderts die
gemeinsame Teilhabe von Geber und Empfänger am *sacrum* aus: Der Empfänger
kann mit den Reliquien nicht machen, was er will, der Wunsch des Gebers erscheint
bindend, andernfalls kann der Heilige strafen[48]. Diese gemeinsame Teilhabe bedingte
neben den *corpora* das geschriebene Wort – damit werden die Übertragungen in
weiterer Hinsicht interessant, unter anderem auch für eine Geschichte der Schriftlichkeit, denn außer den Translationsberichten wurden nun auch Viten, Passionen
und andere hagiographische und liturgische Gebrauchsliteratur in Rom und von
Rom aus vervielfältigt[49].

Diese Beobachtung unterstreicht weitere Parallelen zwischen Reliquienschenkung und Urkunden-
verleihung, vgl. unten S. 163 f.
[46] In der Alexander-Translatio wird von der Übergabe in St. Peter, in der Chrysantus- und Da-
ria-Translatio von derjenigen im Lateran berichtet.
[47] So sollen die Römer z.B. bei der Vergabe des Papstes Alexander nach Freising 834 zum Papst
gesagt haben: *non debere Romam martyribus usquequaque destitui*, Translatio ss. Alexandri et
Iustini, hg. von W. WATTENBACH, MGH SS 15, 1, S. 287. Vgl. zur Abfassungszeit der Quelle
W. WATTENBACH u.a., Deutschlands Geschichtsquellen im Mittelalter. Vorzeit und Karolinger 6
(1990), S. 804. Zu den Schwierigkeiten des Erwerbs in Rom im 9. Jh. bereits J. GUIRAUD, Les
reliques romaines au IXe siècle, in: DERS., Questions d'histoire et d'archéologie chrétienne (1906),
S. 235–261, S. 241–244.
[48] Zu Strafen der Heiligen allgemein vgl. z.B. H. FICHTENAU, Zum Reliquienwesen im früheren
Mittelalter, MIÖG 60 (1952), S. 60–89, ND: DERS., Beiträge zur Mediävistik 1 (1975), S. 108–144,
S. 114; vgl. DERS., Lebensordnungen (wie Anm. 28), S. 429 f. zu Strafen der Heiligen und ihrer ge-
legentlichen „Unberechenbarkeit".
[49] Vgl. zu Rom als Art authentischer Tradition unten S. 168; die Art der Verbreitung von
Schriften eröffnet interessante Ausblicke auch auf die Geschichte von Verschriftung und Ver-
schriftlichung in dieser Zeit, vgl. hierzu allgemein den Sammelband von U. SCHAEFER (Hg.),
Schriftlichkeit im frühen Mittelalter (ScriptOralia 53, 1993).

Der von Wundern begleitete feierliche Zug der Reliquienprozession gehörte bereits zu der unmittelbar einsetzenden Verehrung. Ein *adventus Domini* fand statt[50]. Die ersten Wunder „bewiesen" zugleich die Wirksamkeit und Echtheit der Reliquien, machten also bestätigende Schreiben zur Authentizität weniger wichtig[51]. Sie regten jedoch zur Aufzeichnung weiterer Wunderberichte an, die dazu beitrugen, daß die römischen Heiligen zunehmend zugleich lokale Heilige wurden.

Die verschiedenen Translationsberichte dokumentierten nicht nur Ereignisse, sondern standen oft in literarischen Traditionen und Abhängigkeiten. Die historisch-philologische Forschung hat in diesem Bereich vieles noch nicht aufgearbeitet. Die Kürzungen vieler älterer Editionen auf das historisch Wichtige (besonders im vorigen Jahrhundert) haben mehrfach den Blick zusätzlich verstellt. Die Alexandertranslation als „ältestes niedersächsisches Geschichtsdenkmal" (Bruno Krusch) oder als Zeugnis für die „haus- und sippengebundene Literatur mittelalterlicher Adelsgeschlechter" (Karl Hauck) besitzt auch wegen der Verfasserschaft des Rudolf von Fulda beziehungsweise Meginhards in diesem Zusammenhang eine Sonderstellung[52]. Allerdings erfreute sich auch hier eher das „exordium" der Sachsen als der Translationsbericht mit den folgenden Mirakeln des gelehrten Interesses.

Wie konnten aber die knappen Auflistungen verschiedener Heiligenreliquien in den Texten entstehen? Als Beispiel sei die in die Papsturkunde von 28. April 850 eingefügte Reliquienliste der in das elsässische Kloster Erstein übersandten römischen Heiligen genannt. Die verfälschte Urkunde, die wohl teilweise auf einen Translationsbericht zurückgeht, verzeichnet zwei Listen mit den angeblich nach Erstein übertragenen Heiligen. Die zweite ist gegenüber der ersten um die Heiligen Urban, Sixtus und Agatha erweitert[53]. Die Erweiterung spiegelt auch hagiographische

---

[50] Zum Vergleich von Herrscheradventus und Reliquienadventus vgl. N. GUSSONE, Adventus-Zeremoniell und Translation von Reliquien. Victricius von Rouen, De laude sanctorum, Frühmittelalterliche Studien 10 (1976), S. 125–133 und allgemein HEINZELMANN, Translationsberichte (wie Anm. 12), S. 66–77.

[51] Diese gab es natürlich gleichwohl, vgl. die Beispiele der Authentiken bei HONSELMANN, Reliquientranslationen nach Sachsen (wie Anm. 12), S. 183 sowie ebd., Abb. 2; B. BISCHOFF, Paläographie des römischen Altertums und des abendländischen Mittelalters (Grundlagen der Germanistik 24, 1979, ²1986), S. 255 f.; aber die zeitgenössischen Berichte messen diesen Bestätigungen im Vergleich zu Wundern und anderen „Echtheitsbeweisen" kein besonders hohes Gewicht bei. Zur Bedeutung von Wundern unterwegs und Mobilität vgl. künftig RÖCKELEIN (wie Anm. 27).

[52] Vgl. hierzu die in Anm. 38–42 zitierte Literatur.

[53] JE *2603α und Germ. Pont. 3, S. 31 Nr.*1 und 2. Edition der Urkunde: P. SCHEFFER-BOICHORST, Zur Geschichte der Reichsabtei Erstein, ZGORh, NF 4 (1889), S. 283–299, S. 291; vgl. R. FRIEDEL, Geschichte des Fleckens Erstein (1927), S. 30 f. und 37; H. BÜTTNER, Geschichte des Elsaß I (1939), S. 143 f. ND: Geschichte des Elsaß I und Beiträge zur Geschichte des Elsaß im Früh- und Hochmittelalter, hg. von T. ENDEMANN (1991), S. 130 f.; DERS., Papsturkunden für das Elsaß bis 1198, Archiv für elsässische Kirchengeschichte 15 (1941–42), S. 1–12, hier S. 7; HOTZELT, Translationen römischer Reliquien ins Elsaß (wie Anm. 12), S. 10ff.; BOSHOF, Traditio Romana (wie Anm. 21), S. 62 f. Außer der umstrittenen Urkunde für das neu gegründete Stift Erstein berichten Hrabanus Maurus und die späten Flores Temporum über eine Reliquienschenkung, die auf

und literarische Zusammenhänge. Die Hinweise über Papst Urban I. (222–230) im Liber pontificalis[54] gründen auf der „Passio Caeciliae"[55]. Cäcilia steht aber bereits in der unverfälschten ersten Ersteiner Liste. Vielleicht hat also das Studium der hagiographischen Texte die Erweiterung um Papst Urban bewirkt. Könnte die Beschäftigung mit diesen Texten vielleicht sogar dazu geführt haben, sich den noch zur jeweiligen Heiligengruppe gehörenden Heiligen zu besorgen? So etwas wäre salopp mit dem Ausdruck „Familienzusammenführungen" zu bezeichnen. Der nach Wildeshausen übertragene Alexanderleichnam gehört eventuell in einen ähnlichen Zusammenhang, denn, nachdem schon 839 die hl. Felicitas nach Vreden übertragen worden war[56], folgte Alexander 851 als einer ihrer Söhne nach Wildeshausen[57]. Wie es scheint, läßt sich hier das frühmittelalterliche Konzept verwandtschaftlicher, sippengebundener Gruppenbildungen gegen spätmittelalterliche Formen der Funktionszuweisung bestimmter Heiliger abgrenzen[58].

Die Ersteiner Liste weist außerdem Textbezüge zur Vita Paschalis' I. auf, zumindest läßt sie eine genaue Kenntnis Roms und seiner Kirchen erkennen: Die Namen der Liste stimmen auffälligerweise überwiegend mit den Heiligen überein, die Papst Paschalis I. (817–824) vom Praetextatus-Zoemeterium in die Cäcilienkirche in Rom übertragen ließ. Die Passage der Vita Paschalis' im Liber pontificalis nennt Cäcilia, Valerian, Tiburtius, Maximus, Urban und Lucius; sie erwähnt weiterhin die Errichtung eines römischen Klosters zu Ehren der Heiligen Agatha und Cäcilia[59]. Vielleicht besuchte Irmengard bei ihrer Anwesenheit in Rom 823[60] die Kirche S. Cäcilia und

Ende 849 oder Anfang 850 zu datieren ist, vgl. Hrabanus Maurus, Epitaphium Irmingardis, hg. von E. DÜMMLER, MGH Poet. Lat. 2 (1884), S. 240 und Hermann Gygas, Flores temporum, hg. von J.G. MEUSCHEN (1750), S. 86.

[54] Liber pontificalis, hg. von L. DUCHESNE, Le Liber pontificalis. Texte, introduction et commentaire, 1–3, 3 hg. von C. VOGEL (1886–1892, 1957), 1 (1886), S. 143.

[55] Ebd., S. 143 Anm. 44 und W. LÜHMANN, St. Urban. Beiträge zur Vita und Legende, zum Brauchtum und zur Ikonographie (1968), S. 4–13.

[56] Annales Xantenses, hg. von B. VON SIMSON, MGH SS rer. Germ. 12, S. 10; vgl. HONSELMANN, Reliquientranslationen nach Sachsen (wie Anm. 12), S. 183 sowie ebd. Abb. 2.

[57] Die Vorstellung von Heiligengruppen ist wiederholt in den Translationsberichten erkennbar; so gehören auch die nach Seligenstadt übertragenen Marcellinus und Petrus zusammen (vgl. den Bericht Einhards, wie Anm. 43).

[58] Insofern spiegelt auch die Hagiographie gesellschaftliche Grundstrukturen, herrschaftlich-hierarchische und genossenschaftliche. Zur Bedeutung der Gruppenbindungen im früheren Mittelalter vgl. beispielsweise G. ALTHOFF, Verwandte, Freunde und Getreue. Zum politischen Stellenwert der Gruppenbindungen im früheren Mittelalter (1990). Ausführlich zum familia-Begriff auch FICHTENAU, Lebensordnungen (wie Anm. 28) S. 113–185; kurz S. 179 f. zur „familia" in übertragener Bedeutung. – Als klassisches Beispiel einer ausgeprägten Funktionszuweisung könnte man die 14 Nothelfer nennen, die seit dem 14. Jh. als feste Gruppe konstituiert waren.

[59] Liber pontificalis (wie Anm. 54), 2, S. 56 f.; vgl. zum Kloster G. FERRARI, Early Roman Monasteries. Notes for the History of the Monasteries and Convents at Rome from the Vth through the Xth Century (Studi di antichità cristiana 23, 1957), S. 23–25. Vgl. zur Übertragung auch FRIEDEL, Geschichte Erstein (wie Anm. 53), S. 19 f., der sie in das Jahr 821 legt.

[60] Vgl. BÖHMER-MÜHLBACHER[2] 770a und 1018a.

wurde auf die neu übertragenen Reliquien aufmerksam[61]; vielleicht kamen die Ersteiner Reliquien sogar direkt aus der römischen Cäcilienkirche. Wahrscheinlich erscheint mir, daß zugleich schriftliche Informationen des Liber pontificalis in der
Ersteiner Reliquienliste verwertet wurden. Irmingard soll bei der Gründung Ersteins
die Heiligen Cäcilia und Agatha angerufen haben. Damit waren dieselben Heiligen
genannt, die Paschalis I. in Rom für das Kloster neben der Cäcilienkirche gewählt
hatte. Außerdem sollte wie in der römischen Kirche auch in Erstein die *laus perennis*
gepflegt werden[62]. Mit der Übertragung römischer Leichname wurden oftmals zugleich der Liber pontificalis (besonders bei heiligen Päpsten) und andere Schriften im
Frankenreich zunehmend bekannt[63]. Förderte dies nicht auch eine verstärkte Imitati-
on Roms im Frankenreich?

Die Ersteiner Liste verweist auf einen weiteren Aspekt: Sie nennt Heilige, die erst
Papst Paschalis gut 25 Jahre zuvor in das Innere der Stadt Rom hatte überführen
lassen. Diese Welle von Reliquienübertragungen in die stadtrömischen Kirchen,
besonders im 8. und 9. Jahrhundert, wird in der Regel auf die äußeren Bedrohungen
Roms zurückgeführt. Sie könnte jedoch auch durch ein neues Reliquienverständnis
begünstigt worden sein: Nun bestand die Möglichkeit, die heiligen *corpora* ungehin-
dert und häufig zu verehren; gerade für auswärtige Besucher waren sie nun besser
zugänglich[64]. Die Gruppierung der Heiligen in den römischen Stadtkirchen scheint
zugleich die Vergabe ins Frankenreich beeinflußt zu haben, vielleicht nicht nur im

---

[61] So vorsichtig FRIEDEL, Geschichte Erstein (wie Anm. 53), S. 19 f. und 30.
[62] Liber pontificalis (wie Anm. 54) 2, S. 57: *in quo et monachorum Deo servientium congregatio-
nem pro cotidianis laudibus in praefato titulo sanctae Ceciliae die noctuque omnipotenti Domino
decantandis constituit...*; dazu vergleichend Germ Pont. 3, S. 31 Nr. 2, hg. von SCHEFFER-
BOICHORST, Geschichte (wie Anm. 53), ND S. 364: *... in honorem Domini nostri Jesu Christi et
sancte genitricis illius ac beatissimarum virginum et martirum Cecilie [et] Agathe ... ibi sanctemo-
niales femine pie et religiose viventes seque in divinis laudibus et ymnis incessanter, quantum hu-
mana admittit infirmitas, diebus ac noctibus exercentes ...* Diese Parallele findet sich interessanterweise in dem wohl nachträglich verfälschten Teil der Urkunde. – Zur *laus perennis*, die in
St. Maurice d'Agaune schon früh eingeführt wurde und von dort nach Auxerre gelangte, vgl.
F. PRINZ, Frühes Mönchtum im Frankenreich. Kultur und Gesellschaft in Gallien, den Rheinlanden und Bayern am Beispiel der monastischen Entwicklung (4.–8. Jh.) (²1988), S. 103ff. – Zu 862 an
Auxerre geschenkte Urban-Reliquien vgl. Anm. 143.
[63] Vgl. zu den Handschriften und deren Klassifizierung immer noch die Einleitung zum Liber
pontificalis (wie Anm. 54), 1, S. CLXIV–CCVI und 2, S. I–VIII. Allgemeine Einführung bei
A. BRACKMANN, s.v. Liber Pontificalis, Realenzyklopädie für protestantische Theologie und
Kirche 11 (1902), S. 439–446, ND: DERS., Gesammelte Aufsätze (²1967), S. 383–396, S. 389 f. Vgl.
außerdem zu im Frankenreich vorhandenen Exemplaren P.C JACOBSEN, Flodoard von Reims. Sein
Leben und seine Dichtung „De triumphis Christi" (Mittellateinische Studien und Texte 10, 1978),
S. 222–232. Im Zusammenhang mit der Übertragung der Marcellinusreliquien in die Bretagne
wurde eine Passage des Liber pontificalis wohl mitgegeben, vgl. bei Anm. 95; vgl. auch unten Anm.
136.
[64] Vgl. hierzu K. HERBERS, Stadt und Pilger, in: Stadt und Kirche, hg. von F.-H. HYE (Beiträge
zur Geschichte der Städte Mitteleuropas, Schriftenreihe des Österreichischen Arbeitskreises für
Stadtgeschichtsforschung 12, 1995), S. 199–238, hier S. 206–210.

Falle von Erstein. Auch Gandersheim erhielt mit den Päpsten Anastasius und Innozenz die Reliquien von Heiligen, die Papst Sergius II. 846 in seine frühere Titelkirche
St. Martin übertragen ließ. Ähnliches gilt für die von Gregor IV. nach St. Peter und
dann von Sergius II. an Marmoutier geschenkten Gorgonius-Reliquien[65]: In allen drei
Fällen zogen die Reliquientranslationen in das ummauerte Rom weitere Kreise bis
ins Frankenreich. Reliquiengesuche waren somit auch von der Neuorganisation in
Rom abhängig. Papst Gregor IV. antwortete beispielsweise dem Erzbischof Otgar
von Mainz, er könne den erbetenen Leichnam nicht finden, weil er und seine Vorgänger die verschiedensten Gebeine in neu geweihte Kirchen Roms übertragen hätten, er werde allerdings weitersuchen[66]. „Wegen Umzugs nicht auffindbar" würde
man heute wahrscheinlich schreiben. Die Gruppierungen der ins Frankenreich
übertragenen Reliquien beziehungsweise die dazugehörigen Listen konnten also von
den Voraussetzungen in Rom, von literarischen Einflüssen oder von beidem bestimmt sein, so mag ein erstes allgemeines Zwischenergebnis lauten.

Berücksichtigt man diese Voraussetzungen, so ist weiterhin – auch mit der bisherigen Forschung – zu unterstreichen, daß die Empfänger wohl zu einem großen Teil
mit den Reliquien neben Hilfen für die Missionierung, für die Identifikation und
anderes mehr vor allem Schutz für die von ihnen oftmals neu gestifteten Klöster oder
kirchlichen Institutionen begehrten. Welcher Art war dieser Schutz, und wie hängt
er mit urkundlichen Schutzverleihungen zusammen?

Den Schutz, den jeder Heilige ohnehin gewährte, scheint Liudolf von Sachsen
noch durch eine persönliche Kommendation in Rom, die der fast zeitgenössische
Agius von Corvey überliefert[67], weiter verstärkt zu haben. Die Formulierung schließt
neben der Kommendation an den hl. Petrus auch die *familia sancti Petri* ein. Könnte
hiermit die Schutzsuche weiterer römischer Heiliger gemeint sein oder deutet der

---

[65] Zur Übertragung durch Sergius II: Liber pontificalis (wie Anm. 54) 2, S. 93–97; Inschrift, hg.
von E. DÜMMLER, MGH Poet. Lat. 2 (1884), S. 663; Inschrift in der Kirche S. Silvestro e Martino
(13. Jh.), hg. von R. VIELLIARD, Les origines du titre de Saint-Martin aux Monts à Rome (Studi di
antichità christiana 4, 1931), S. 84–87; vgl. It. Pont. 1, S. 46 Nr. *4, und künftig BÖHMER-
HERBERS, Papstregesten (wie Anm. 26), n. 47. Die zitierte Inschrift (VIELLIARD) enthält die Namen der übertragenen Leichname sowie die Indulgenz, vgl. hierzu B. SCHIMMELPFENNIG, Römische Ablaßfälschungen aus der Mitte des 14. Jahrhunderts, in: Fälschungen im Mittelalter 5 (MGH
Schriften 33/5, 1988), S. 637–658, S. 646 f. Zu Gregor IV. vgl. Liber pontificalis (wie Anm. 54), 2,
S. 74, vgl. unten Anm. 89 sowie BÖHMER-HERBERS, Papstregesten (wie Anm. 26), n. 58.
[66] JE 2584, Germ. Pont. 4, S. 61 f. Nr. 25, hg. von MGH Epp. 5, S. 71 f. Nr. 13: *De corpore vero
sancto, quod nobis humiliter vestra quaesivit prudentia, quod dirigere non habuimus, quoniam
cuncta sanctorum corpora praedecessores nostri nobiscum communiter detulerunt et unumquodque
eorum ecclesiis noviter dedicatis summa veneratione condidimus. Proinde benivolentiam vestram
praecamur, ut nobis spatium inquirendi diligentius praebeatis, quatenus corpus sanctum invenire
valeamus ad vestram conplendum petitionem.*
[67] ... *et sancto Petro familiaeque sancti Petri cum omnibus suis commendati* ..., Agius von Corvey, Vita Hathumodae, hg. von G.H. PERTZ, MGH SS 4, S. 165–189, S. 168; zur Interpretation vgl.
GOETTING, Gründungsurkunden für Gandersheim (wie Anm. 33), S. 338 f. Anm. 52.

Audruck eher darauf, daß Liudolf die *familiaritas* des Papstes suchte[68]? Goetting hat aus dieser Quellenstelle gefolgert, daß vielleicht das päpstliche Begleitschreiben zu dieser Reliquientranslation eine Schutzbestimmung allgemeiner Art enthalten haben könnte[69], Boshof hat hingegen Bedenken angemeldet[70]. Die Diskussion erübrigt sich vielleicht, wenn man nicht so sehr auf einen urkundlich festgelegten Schutz abhebt, sondern daran denkt, daß sich Liudolf durch die Kommendation gleichsam als Person in den päpstlichen Schutz begab[71], der durch die mitgegebenen Reliquien bekräftigt wurde. Johannes Fried hat – auch mit Hinweis auf das 9. Jahrhundert – Gebetsschutz und Bannschutz unterschieden, die sich gelegentlich überlagerten[72]. Der Schutz, den Petrus und seine Nachfolger spendeten, wurde durch Reliquien bekräftigt und konnte schon Formen des Bannschutzes enthalten oder diesen vorbereiten. Königlicher, päpstlicher oder sogar beide Formen des Schutzes schlossen sich eventuell an. Insofern verwundert es nicht, daß beispielsweise Gandersheim später königlichen[73], und zu Zeiten Ottos I., wie schon Josef Semmler hervorgehoben hat[74], zusätzlich päpstlichen Schutz genoß.

Auch im Falle Ersteins erscheint die Verbindung von Reliquienvergabe, Klostergründung und päpstlichem Schutz deutlich. Man hat hierfür im allgemeinen die guten Beziehungen des Kaiserpaares zu Leo IV. angeführt, weiterhin Irmengards Petrusdevotion, die auch aus den Versen eines an den Papst geschenkten Behanges hervorgehe[75]. Bedenkt man zudem, daß die (erste) Reliquienliste wohl zeitgenössisch ist, die Rechtsbestimmungen der Urkunde aber eher aus dem 10. oder 11. Jahrhundert stammen, dann deutet sich auch hier an, daß der Schutz durch Heilige als die im 9. Jahrhundert zeitgemäße Form der Sicherung empfunden wurde.

---

[68] Zur *familiaritas*, auch im früheren Mittelalter vgl. FICHTENAU, Lebensordnungen (wie Anm. 28), S. 180 f.

[69] Vgl. zusammenfassend GOETTING, Gründungsurkunden für Gandersheim (wie Anm. 33), S. 340 f.

[70] BOSHOF, Traditio Romana (wie Anm. 21), S. 84 f. und 89.

[71] Diese Belege ergänzen die von J. FRIED, Laienadel und Papst in der Frühzeit der französischen und deutschen Geschichte, in: Aspekte der Nationenbildung im Mittelalter (Nationes 1, 1978), S. 367–406 behandelten Beispiele.

[72] Vgl. J. FRIED, Der päpstliche Schutz für Laienfürsten. Die politische Geschichte des päpstlichen Schutzprivilegs für Laien (11.–13. Jh.) (Abh. der Heidelberger Akad. der Wiss. phil.-hist. Kl. 1, 1980), S. 39–45; DERS., Formen päpstlichen Schutzes für Laienfürsten 9.–13. Jahrhundert, in: Proceedings of the fifth International Congress of Medieval Canon Law (Monumenta Iuris Canonici, Series C: Subsidia 6, 1980), S. 345–360, S. 346–348.

[73] DLJg 3.

[74] J. SEMMLER, Traditio und Königsschutz – Studien zur Geschichte der königlichen monasteria, ZRG KA 76 (1959), S. 1–33, S. 14 f. und 18; GOETTING, Kanonissenstift Gandersheim (wie Anm. 41), S. 85 f.

[75] Vgl. FRIEDEL, Geschichte Erstein (wie Anm. 53), S. 20 und 34 sowie BOSHOF, Traditio Romana (wie Anm. 21), S. 65 und 69 f. Daneben sei das Bemühen um Sicherung der Rechte Irmingards gegen mögliche Ansprüche von Verwandten zu berücksichtigen. Die Verse des Behanges: MGH Poet. Lat. 3 (1886–1896), S. 187 ff. (hg. von L. TRAUBE).

Insgesamt gewann der durch die römischen Reliquien erworbene Schutz umso mehr an Gewicht, je bedeutender Rom und der Papst in den Translationsberichten erschienen. So heben die Translatio Hermetis oder Alexandri das Ansehen Roms und der Apostelfürsten sowie die Verehrung der Heiligengräber in Rom besonders eindringlich hervor. Auch deshalb war es vielen Bittstellern wichtig, nicht nur römische Reliquien, sondern sogar die Gebeine heiliger Päpste zu erwerben. Auffälligerweise dominieren in der Reliquienliste für Erstein ähnlich wie bei Gandersheim heilige Päpste, vielleicht ein für die zukünftige Geschichte dieser Orte und päpstlicher Schutzverleihungen nicht ganz unwichtiger Aspekt[76].

Unter die Thematik des Schutzes läßt sich auch die Translation der Blasiusreliquien von Rom nach Rheinau[77] einordnen. Sie muß nach den Forschungen von Löwe zur Vita Findani in das Jahr 858 datiert werden[78]. Das um 850 von Wolvene neu eingerichtete Kloster Rheinau[79] übertrug dieser am 19. Februar 858 Ludwig dem Deutschen[80]. Ein besonderes Interesse Ludwigs des Deutschen an den neuen Reliquien für das ihm im Februar 858 in Ulm übertragene Kloster ist nicht auszuschließen[81], wenn auch zu bedenken ist, daß Wolvene das wiedererrichtete, der hl. Maria und dem hl. Petrus geweihte Kloster[82] vielleicht doppelt sichern wollte: Neben die klassische *traditio* an den König trat zusätzlich der Schutz durch neue römische Reliquien.

Auffälligerweise waren von den bisher erwähnten Reliquienübertragungen einige Orte an der Grenze zwischen dem Ostfranken- und dem neuen Mittelreich oder Klöster wie Prüm und Erstein in diesem Mittelreich betroffen. In die frühe Phase der 40er und 50er Jahre gehört noch die Reliquienübertragung nach Neuhausen bei Worms. Etwa 847, vielleicht schon früher, erhielt wohl das Cyriakusstift bei Worms Reliquien des hl. Cyriakus[83]. Nach freilich relativ späten Quellen ließ der damalige

[76] Vgl. auch zu den Bemühungen um einen heiligen Papst für Redon, unten Anm. 91 f.

[77] Vita Findani c. 5 (BHL 2982), hg. von O. HOLDER-EGGER, MGH SS 15, S. 502–506, S. 505; zu den Editionen vgl. H LÖWE, Zur Überlieferungsgeschichte der Vita Findani, DA 42 (1986), S. 25–85, S. 26 ff.

[78] H. LÖWE, Findan von Rheinau. Eine irische peregrinatio im 9. Jahrhundert, Studi Medievali 26 (1985), S. 53–100, S. 72–74, ND: DERS., Religiosität und Bildung (wie Anm. 19), S. 205–252, der abweichend von der früheren Forschung das Eintreffen der Reliquien in Rheinau auf die Zeit zwischen dem 19. Februar und 12. April 858 datieren kann.

[79] Vgl. zur Gründung die bei WATTENBACH/LEVISON/LÖWE, Geschichtsquellen 6 (wie Anm. 47), S. 790 f. Anm. 459 zitierte Literatur; vgl. außerdem: J. STEINMANN/P. STOTZ, Rheinau (Helvetia Sacra 3,1/2, 1986), S. 1101–1165, S. 1101 f. und 1124.

[80] DLD 90, vgl. zur Sache SEMMLER, Traditio (wie Anm. 74), S. 14; LÖWE, Findan (wie Anm. 78), S. 68 ff.

[81] So LÖWE, Findan (wie Anm. 78), S. 73 f.

[82] Vgl. die Belege bei STEINMANN/STOTZ, Rheinau (wie Anm. 79), S. 1101.

[83] P. CLASSEN, Bemerkungen zur Pfalzenforschung am Mittelrhein (Deutsche Königspfalzen 1, Veröffentlichungen des Max-Planck-Instituts für Geschichte 11/1, 1963), S. 75–96, 82–84; ND: Ausgewählte Aufsätze von Peter Classen, hg. von J. FLECKENSTEIN (Vorträge und Forschungen 28, 1983) S. 475–502, ND S. 483–485 nimmt eine Reliquientranslation vor dem Neuaufbau 847 an.

Abt von Lorsch[84] und spätere Bischof von Worms, Samuel, den Leib des Märtyrers Cyriak in Rom holen, um ihn in der ursprünglich dem hl. Dionysius geweihten fränkischen „Palastkirche" in Neuhausen bei Worms beisetzen zu lassen. Sicher ist allerdings nur die Gründung eines Kollegiatstiftes durch Bischof Samuel 847[85] sowie die Weihe am 15. Oktober 847; neben dem Salvator- und Marienpatrozinium wird auch dasjenige des Märtyrers Cyriak genannt[86]. In Neuhausen bestand wohl schon seit merowingischer Zeit eine Dionysius-Kirche sowie eine *aula imperatoris*[87]. Sollte die Datierung des neuen Cyriakpatroziniums zutreffen, so ließe sich diese Tradition ähnlich wie einige Reliquientranslationen nach Sachsen in den Konsolidierungsprozeß des neuen Ostfrankenreiches einordnen. Mit der Teilung des fränkischen Reiches 843 war der Wormsgau von seinem ursprünglich wichtigen kulturellen Bezugspunkt, dem Bistum Metz, abgetrennt[88]. Die durch den Teilungsvertrag von Verdun veränderte politische Situation könnte auch von neuen Orientierungen im Kult, der Ablösung des alten merowingischen Dionysius-Patroziniums durch einen römischen Heiligen, begleitet gewesen sein.

Als Zwischenbilanz ist festzuhalten, daß man sich nach der Reichsteilung 843 besonders im Mittel- und Ostfrankenreich um römische Reliquien bemühte. Die Spielregeln bei der Vergabe sowie die örtlichen Voraussetzungen nach den neuen Überführungen von Reliquien in die römischen Stadtkirchen ließen sich aus den ausführlicheren Berichten ansatzweise ermitteln. Bei den Empfängern war die Suche nach neuer Orientierung, Legitimation und Schutz durch römische Reliquien, besonders durch heilige Päpste, bestimmend. Die Benutzung hagiographischer und anderer Vorlagen läßt sich in einzelnen Fällen ziemlich präzise nachzeichnen: Folgen waren durch die mehrfach erwähnten neu kopierten Schriften vorbereitet und angelegt.

---

[84] Zur Bedeutung des Reichsklosters Lorsch für die ostfränkischen Karolinger und insbesondere für Ludwig den Deutschen vgl. zusammenfassend WATTENBACH/LEVISON/LÖWE, Geschichtsquellen 6 (wie Anm. 47), S. 653 f.

[85] Vgl. Codex Laureshamensis, hg. von K. GLÖCKNER, 1–3 (1929–1936), 1, S. 308 f.

[86] Im allerdings erst aus dem 15. Jh. stammenden, aber wohl ältere Nachrichten verarbeitenden Chronicon Wormatiense, hg. von H. BOOS, Quellen zur Geschichte der Stadt Worms, 1–3 (1886–1893) 3, S. 24, heißt es: *Samuel ... Anno vero nono ordinationis suae ipse consecravit aulam imperatoris in Nuhusen, quae prius fuit aula Dagoberti regis Francorum, in honorem salvatoris nostri domini Iesus Christi et sanctae Marie genitricis dei necnon sancti Cyriaci martyris atque omnium sanctorum.*

[87] Fraglich bleibt, ob man aufgrund der Bezeichnung diesen Ort mit einer merowingischen Königspfalz gleichsetzen kann. Das Chronicon Wormatiense (wie Anm. 86) nennt schon für merowingische Zeit eine *aula regia*, bzw. eine *aula Dagoberti regis Francorum* (S. 8 f., vgl. S. 24). – Zu den Schwierigkeiten, die Merkmale einer Pfalz verbindlich festzulegen, vgl. T. ZOTZ, Vorbemerkungen zum Repertorium zum deutschen Königspfalzen, Blätter für deutsche Landesgeschichte 118 (1982), S. 177–203; zur Problematik von *aula* vgl. S. 182 f. CLASSEN, Königspfalzen (wie Anm. 83), S. 83 f., ND. S. 485 kommt hinsichtlich Neuhausen als „Pfalz" zu einem eindeutig negativen Ergebnis.

[88] Vgl. weitere Überlegungen hierzu bei HERBERS, Leo (wie Anm. 1), S. 380.

III.

Bedenkt man die weiteren Beziehungen der fränkischen Teilreiche mit Rom und dem Papsttum, so ist der fast völlig negative Befund zum Westfrankenreich während der ersten 15 Jahre nach dem Vertrag von Verdun hervorzuheben. Abgesehen von dem Translationsbericht der Gorgonius-Reliquien in das Kloster Marmoutier bei Tours[89] ist nur eine Schenkung römischer Reliquien für die Bretagne belegt. Sie schließt mit gleichsam umgekehrten Vorzeichen an die schon erwähnte Funktion römischer Reliquien als Identifikationshilfe an, weil mit der Bretagne eine in dieser Zeit wenig in das Westfrankenreich integrierte Region angesprochen ist. Der Translationsbericht in den Gesta Conwoionis[90] kombiniert zudem in einzigartiger Weise die Rolle Roms als Entscheidungsinstanz und als Ort der Orientierung; zugleich lassen – deutlicher als bei den schon genannten Empfängern – die kurz nach der Übertragung aufgezeichneten Mirakelgeschichten erkennen, wie auch später Rom immer wieder als Bezugspunkt diente.

Gegen Ende der 40er Jahre des 9. Jahrhunderts soll der bretonische Herrscher Nominoë den Abt Conwoion von Redon gebeten haben, aus Rom den Leichnam eines Märtyrers mitzubringen, der nach dem Apostel Petrus der römischen Kirche vorgestanden habe[91]. Nominoë wollte also nicht irgendeinen römischen Heiligen, sondern einen heiligen Papst; in der Vorstellung der Bittsteller gab es also eine Hierarchie unter den Heiligen[92]. Conwoion erhielt von Papst Leo IV. Reliquien des heiligen Papstes Marcellinus. Der Reliquienerwerb war in diesem Falle mit einem Ansuchen um päpstliche Rechtshilfe in politischen und kirchenpolitischen Fragen verknüpft. Es ging um den Simonievorwurf gegen einige bretonische Bischöfe sowie um königliche Würden Nominoës, letztlich um Bestrebungen der Bretonen, sich kirchlich von der Metropole Tours und politisch aus dem westfränkischen Reich zu lösen[93].

---

[89] BHL 3622; hg. von AASS Mart. 2, S. 56–59; datiert wird dort auf das Jahr 846, aber der damals amtierende Papst Sergius II. ist nicht namentlich erwähnt. Es wird vom Besuch verschiedener Kirchen in Rom erzählt, bis man den hl. Gorgonius gefunden habe. Zu möglichen Verwechslungen mit früheren Gorgonius-Translationen (des gleichen oder eines anderen Heiligen?) in das Kloster Gorze etc. vgl. J.-M. SAUGET, Gorgonio (Bibliotheca Sanctorum 7, 1966), S. 122–125. Der wohl zeitgenössische Bericht verzeichnet die Niederlegung der Reliquien am 3. Juli 847 in Marmoutier. Zu weiteren Translationen (nach Gorze und anderswo) vgl. BÖHMER-HERBERS, Papstregesten (wie Anm. 26), Nr. 58 mit weiterer Literatur.

[90] Gesta Conwoionis abbatis Rotonensis, hg. von L. HEINEMANN, MGH SS 15, S. 455–459; jetzt zusammen mit der Vita Conwoionis und den Mirakeln neu ediert von C. BRETT, The Monks of Redon. Gesta Sanctorum Rotonensium and Vita Conuuoionis, Studies in Celtic History 10 (1989); vgl. BÖHMER-HERBERS, Papstregesten (wie Anm. 26), n. 202.

[91] ... *qui Romanam ecclesiam post beatum Petrum apostolum rexerunt ...*, Gesta Conwoionis II 10, hg. von BRETT (wie Anm. 90), S. 179.

[92] Vgl. zu Gruppen und Hierarchie auch oben Anm. 58 und 76.

[93] Zu den politischen Hintergründen vgl. HERBERS, Leo (wie Anm. 1), S. 320-322.

Die Übertragung der Marcellinus-Reliquien in das Kloster Redon gleicht in vielem den schon besprochenen Translationen, die Gesta Conwoionis mit dem zeitgenössischen Bericht heben aber die Rolle Roms und des Papstes noch stärker hervor (Rom erscheint als *caput ecclesiarum*, wo der *vicarius Petri* residiere). Der Bericht nennt zudem die wohl auch sonst üblichen Geschenke an den Papst, um die Reliquien zu erhalten, also das Prinzip des „do ut des"[94]. Wahrscheinlich besorgte man sich zudem in Rom mindestens die Notiz des Liber pontificalis über Papst Marcellinus, wie aus Formulierungen des in der Bretagne entstandenen Quellenberichtes abzuleiten ist[95]. Der Streit um die Bretagne zwischen Karl dem Kahlen und den bretonischen Königen beziehungsweise Herzögen sowie dem bretonischen Klerus dauerte auch nach der Reliquienübertragung an. Die von Papst Leo IV. erwirkte Rechtsauskunft wurde in den Auseinandersetzungen weiter verwendet; neue päpstliche Schreiben von Benedikt III., Nikolaus I. und Hadrian II. verstärkten das Gewicht päpstlicher Entscheidungen, weil sie als argumentative Waffen, teilweise sogar durch Verfälschung, wie aus der Überlieferung nachgewiesen werden kann, eingesetzt wurden[96]. Die fortwirkende aktuelle politische Bedeutung spiegelt der Kult um den hl. Marcellinus im Kloster Redon, das zumindest in dieser Zeit zum Identifikationszentrum einer vom Westfrankenreich unabhängigen Bretagne wurde[97].

Dies verdeutlicht exemplarisch eine der nach der Übertragung der Marcellinus-Reliquien anschließend aufgezeichneten Mirakelgeschichten. Sie berichtet zu den 50/60er Jahren des 9. Jahrhunderts über einen vornehmen Franken und seine Verwandten aus dem Mittelreich Lothars II., Frotmund, den eine von Lothar II. versammelte Synode wegen Verwandtenmordes mit Ketten zur Buße auf Pilgerfahrt schickte. Frotmund besuchte mit seinen Brüdern Rom und reiste – mit einem päpstlichen Brief ausgestattet – weiter nach Jerusalem. Über Ägypten und Karthago ge-

---

[94] Gesta Conwoionis II 10, hg. von BRETT (wie Anm. 90), S. 179: *Eodem tempore transmisit Nominoe princeps coronam auream cum gemmis pretiosissimis donum beato Petro apostolo per virum venerabilem Conwoion imperavitque ei, ut peteret a beato Leone papa unum ex sanctis corporibus martyrum* ... Auch das Chronicon Namnetense aus dem 11. Jh. berichtet ähnlich, hg. von R. MERLET, La chronique de Nantes (Collection de textes 19, 1896), S. 1–141, c. 11, S. 34: ... *Acceptisque a Nomenoio magnis auri argenti muneribus, Romam perrexit; offerensque papae Leoni ex parte huius tyranni aureum vas mirabiliter factum* ... Vgl. zur Funktion von Geschenken in archaischen Gesellschaften MAUSS, Gabe (wie Anm. 10) und die vor allem aus dem frühmittelalterlichen Quellenmaterial schöpfenden Bemerkungen von J. HANNIG, Ars donandi. Zur Ökonomie des Schenkens im früheren Mittelalter, in: Armut, Liebe, Ehre. Studien zur historischen Kulturforschung, hg. von R. VAN DÜLMEN (1988), S. 11–37.
[95] Einige Passagen verraten Anklänge an die Vita Marcellins im Liber pontificalis, hg. von DUCHESNE (wie Anm. 54), 1, S. 162; vgl. hierzu auch F. LOT, Festien, „archevêque" de Dol, Annales de Bretagne 22 (1906/07), S. 9–28, S. 27 mit Anm. 2.
[96] Vgl. hierzu HERBERS, Leo (wie Anm. 1), S. 330 ff.
[97] Zum Kloster Redon vgl. allgemein A. CHÉDEVILLE, s.v. Redon, LexMA 7 (1994), Sp. 538 f., der insgesamt die Abtei eher als Träger kontinentaler, denn eigenständiger bretonischer Einflüsse sieht. Gerade in der Mitte des 9. Jh. scheint jedoch ein noch starker bretonischer Akzent erkennbar.

langte die Gruppe erneut nach Rom. Von dort schickte der Papst sie wiederum ins Heilige Land. Ganz so schlimm scheint die Buße jedoch nicht gewesen zu sein, denn in Cana tranken die Büßer sogar, wie der Hagiograph vermerkt, von dem Wein, den Jesus aus Wasser verwandelt hatte. Die weitere Fahrt führte sie nach Armenien und zum Sinai, dann erneut nach Rom. Dort riefen sie den hl. Petrus an, dem die Binde- und Lösegewalt eigne, und reisten über Burgund und Aquitanien in Richtung Bretagne. Frotmund suchte das Kloster Redon auf, wollte nach siebentägigem Gebet wieder nach Rom aufbrechen, kehrte nach einer Vision jedoch nochmals zum Grab des hl. Marcellinus in Redon zurück, wo er schließlich auf wunderbare Weise von seinen Ketten befreit wurde[98], ein Zeichen, daß die Buße beendet war[99].

Die Geschichte greift wohl eine politisch brisante Auseinandersetzung im Westfrankenreich auf. Frotmund ist nach einem Vorschlag von Joseph-Claude Poulin wohl mit jenem Frotmund aus dem Anjou zu identifizieren, der sich mit einer ganzen Gruppe weiterer Adeliger Graf Robert von Anjou angeschlossen, sich 858–859 gegen König Karl den Kahlen erhoben und mit den bretonischen Reichsfeinden verbunden hatte. Er wurde offensichtlich auf dem Konzil von Savonnières 859 mit anderen westfränkischen Großen exkommuniziert und ermahnt[100]. Die Mirakelgeschichte bietet vielleicht das gewiß stilisierte Nachspiel dieser politischen Synodalentscheidung[101], die nicht ganz zufällig im bretonischen Redon für den Gegner Karls des Kahlen, Frotmund, zu einem guten Ende geführt wird.

An der politischen Wirkung war der heilige Papst Marcellinus beteiligt. In der Geschichte gewinnen die Reliquien ihr Gewicht im Vergleich mit den römischen Apostelgräbern. Die Konkurrenz zu Petrus und Paulus klingt im Zusammenhang

---

[98] Gesta Conwoionis III 8, hg. von BRETT (wie Anm. 90), S. 207–213.

[99] Vgl. zu diesen Formen der frühen Buße, bei der eine gewisse Zahl verschiedenen Stätten besucht werden mußte, C. VOGEL, Le pèlerinage pénitentiel, in: Pellegrinaggi e culto dei santi in Europa fino alla prima crociata (Convegno di studi sulla spiritualità medioevale 4, 1963), S. 39–94, S. 63 f. Anm. 54 mit weiteren Belegen; J. VAN HERWAARDEN, Auferlegte Pilgerfahrten und die mittelalterliche Verehrung von Santiago in den Niederlanden, in: Der Jakobuskult in Süddeutschland, hg. von K. HERBERS und D.R. BAUER (Jakobus-Studien 7, 1995), S. 311–343, S. 315 f. mit weiteren Belegen. – Die in der Quelle genannten Strafen für das begangene *parricidium* sind nicht ganz eindeutig zuzuordnen, vgl. zu den rechtlichen Grundlagen J.D. CLOUD, Parricidium. From the lex Numae to the lex Pompeia de parricidis, ZRG Rom. Abt. 88 (1971), S. 1–66; vgl. H. HEUMANN/E. Seckel, Handlexikon zu den Quellen des römischen Rechts (¹⁰1958), S. 436. Ich danke Prof. J. van Herwaarden für seine Hinweise zu dieser Problematik.

[100] Hg. von W. HARTMANN, MGH Conc. 3 (1984), S. 482 ff. mit Anm. 296. Dort ist nur der Brief auch an Frotmund gerichtet, jedoch ist später von einem *homicidium* die Rede; vgl. zur Sache J.-C. POULIN, Le dossier hagiographique de saint Conwoion de Redon. A propos d'une édition récente, Francia 18,1 (1991), S. 139–160, S. 154 f.

[101] Der Name des Papstes Benedikt III. muß aufgrund des zeitlichen Ansatzes in den Mirakelerzählungen wohl in Nikolaus I. geändert werden.

mit dem dritten Rombesuch an[102]. Bei dieser Gelegenheit hatte Frotmund die Hilfe des Apostels Petrus angefleht, die Bibelstelle zur Lösegewalt des Petrus wird eigens zitiert[103]. Als er darauf über Rennes nach Redon gelangte und dort sieben Tage – zunächst erfolglos – verweilte, wollte er schon nach Rom zurückkehren[104], wovon ihn nur eine Vision abhielt[105]. Die Anordnung der Erzählelemente verdeutlicht, wie Erfolg und Mißerfolg der Bitten auf Rom bezogen wurden. Man brauchte Rom und die Päpste, um das eigene Gewicht auszudrücken.

Die Bretagne, die sich seit Ende der vierziger Jahre um päpstliche Legitimation bemüht hatte, besitzt im politischen Gefüge der Zeit sicher eine Sonderstellung, jedoch wird hier aufgrund relativ günstiger Überlieferungslage erkennbar, wie das Bemühen um päpstliche Rechtshilfe den länger wirkenden Rombezug durch Heilige zuweilen einschließen konnte. Das Genre der hagiographischen Mirakelerzählungen, die zumindest teilweise wohl auch oral tradiert wurden[106], dürfte Ansprüche und Ambitionen in der Bretagne sogar mit größerer Breitenwirkung als Rechtstexte weiter vermittelt haben[107].

Es bleibt festzuhalten: Bei den römischen Reliquien für das Ostfranken- und das Mittelreich dominierten in der Mitte des 9. Jahrhunderts folgende Aspekte: Schutz und Hilfe zur Identifikation, zur Legitimation sowie zur Mission und Christianisierung; im Westen galt dies bis ca. 860 nur für die in dieser Zeit fast außerhalb des

---

[102] Bei den ersten beiden Besuchen erscheint der Papst noch als Auftraggeber der Pilgerfahrten, Gesta Conwoionis III 8, hg. von BRETT (wie Anm. 90), S. 207–209; vgl. BÖHMER-HERBERS, Papstregesten (wie Anm. 26), n. 381 u. 417.

[103] *... iacueruntque diutissime ante sepulcrum sancti Petri apostoli, efflagitantes ab eo suum adiutorium. Audierunt enim in Evangelio Christum dedisse potestatem sancto Petro apostolo ministerium solvendi ac ligandi ita dicentem: ...* (es folgt das Zitat Mt. 16,19), Gesta Conwoionis III 8, hg. von BRETT (wie Anm. 90), S. 209.

[104] *... per septem dies ... cupiens iterum Romam adire*, Gesta Conwoionis III 8, hg. von BRETT (wie Anm. 90), S. 211.

[105] Dies dürfte mit der Buße zusammenhängen, die in der Regel den Besuch verschiedener Orte über einen bestimmten Zeitraum hinweg vorschrieb; vgl. hierzu die in Anm. 98 zitierte Literatur.

[106] Daß Formen mündlicher Verbreitung der schriftlichen Aufzeichnung vorausgingen und diese weiter begleiteten, lassen manche Formulierungen dieses hagiographischen Genre in späterer Zeit erkennen, vgl. beispielsweise K. HERBERS, The Miracles of St. James, in: The Codex Calixtinus and the Shrine of St. James, hg. von J. WILLIAMS und A. STONES (Jakobus-Studien 3, 1992), S. 11–35, S. 25 f. und DERS., Milagro y aventura, Compostellanum 36 (1991), S. 295–321, S. 303 f. und 308 f. Vgl. außerdem zur Genese der Verschriftlichung von Mirakelerzählungen die Forschungen von G. SIGNORI und von A. WENZ-HAUBFLEISCH, die diese im August 1994 im „Arbeitskreis für hagiographische Fragen" in Stuttgart vorgetragen haben. Für die Karolingerzeit ist das Verhältnis von Mündlichkeit und Schriftlichkeit in den Mirakelberichten noch nicht grundlegend bestimmt worden.

[107] Ansätze für Vorstellungen, die Bretagne im 11. Jahrhundert als Lehen des hl. Petrus anzusehen, waren beispielsweise mit dieser ersten Kontaktaufnahme angelegt, vgl. B.-A. POCQUET-DU-HAUT-JUSSÉ, La Bretagne a-t-elle été vasale du Saint-Siège?, Studi Gregoriani 1 (1947), S. 189–196; vgl. allgemein K. JORDAN, Das Eindringen des Lehnswesens in das Rechtsleben der römischen Kurie, AUF 12 (1931), S. 13–110 (erweiterter ND 1971), S. 102.

Westfrankenreiches stehende Bretagne, die allerdings römische „Rückendeckung" in mehrfacher Hinsicht suchte.

IV.

Bei den anderen Reliquienübertragungen war die Nachwirkung in Mirakelberichten – soweit vorhanden – in der Regel nicht mehr auf Rom bezogen[108]. Die römischen Heiligen wurden in den Mirakeln meist schon bald zu Helfern, die man mit ihren neuen Ruhestätten verband. Selbst im Falle des hl. Marcellinus erscheint ja Redon durchaus bereits in Konkurrenz zu Rom; die Herkunft der Reliquien war in diesen Texten sekundär, durch die Vision wurden letzte Zweifel des Hörers oder Lesers ausgeräumt: Der hl. Marcellinus war nun in Redon zu verehren! Die römische Herkunft der Reliquien mußte bei einem Papst kaum hervorgehoben werden. Es gab aber eine weitere Art der Verbreitung, welche die Kenntnisse über die Heiligen und ihre römische Provenienz im Frankenreich stärker förderte. Durch die aus Rom mitgebrachten Schriften (vielfach Notizen zur Vita des Heiligen) und den Auftrag zur entsprechenden Verehrung[109] war eine Resonanz im christlichen Kult angelegt. Hierdurch wie durch Reliquienteilungen und die Beeinflussung neuer Patrozinien konnten sich römische Kulte weiter verbreiten; auf eine umfassende Sichtung verzichte ich und beschränke mich auf einige Aspekte der Liturgie[110].

Es gehört inzwischen zu den klassischen Vorgehensweisen kanonistischer Forschung, die Nachwirkung von Rechtstexten zu berücksichtigen; die Nachwirkungen hagiographischer Zeugnisse hat die historische Forschung für ihre Fragen bisher seltener genutzt. Um etwas von der Wirkung römischer Reliquien zu erfassen, möchte ich zumindest beispielhaft die Martyrologien auswerten[111], deren große Ent-

---

[108] Vgl. beispielsweise von den zitierten Übertragungen die kurz nach der Übertragung aufgezeichneten und in die Translatio Alexandri, hg. von KRUSCH (wie Anm. 33), S. 429–436 integrierten Mirakel. Vgl. auch die Miracula von Chrysanthus und Daria, MIGNE, PL 121, Sp. 675–682.

[109] Vgl. hierzu Anm. 44 ff.

[110] Eine umfassende Sichtung müßte die Kultspuren in den verschiedensten religiösen Institutionen einzeln durchgehen, was durch den bisher ungleichen Forschungsstand zu deutlichen Verzerrungen führen dürfte. – Aus arbeitsökonomischen Gründen kann ich deshalb auch nicht die Kalendarien und Kultzeugnisse einzelner Klöster durchmustern. Zu den Fuldaer Kalendaren der Karolingerzeit ist eine bei Hartmut Hoffmann gefertigte Dissertation von Sirka Heyne zu erwarten. Ich danke Herrn Dr. K. Nass (Braunschweig) für diesen Hinweis. – Auch Kult und Liturgie allgemein stehen wohl oftmals in wechselseitigem Austausch: So stellte E. EWIG, Beobachtungen zur Frühgeschichte des Bistums Köln, in: FS für Wilhelm Neuss (1960), S. 13–39, ND: DERS., Spätantikes und fränkisches Gallien, 2, hg. von H. ATSMA (Beihefte zur Francia 3/2, 1979), S. 126–153, S. 132 ff. 148 und 153 fest, daß 9. Jh. römische Kulte Köln erreichten und führte dies weitgehend auf die Übernahme der römischen Liturgie zurück.

[111] Vgl. in letzter Zeit die Forschungen von J.M. MCCULLOH, Das Martyrologium Hrabans als Zeugnis seiner geistigen Arbeit, in: Hrabanus Maurus. Lehrer, Abt und Bischof, hg. von R. KOTTJE/H. ZIMMERMANN (1982), S. 154–164 sowie die in den folgenden Anmerkungen zitier-

wicklungzeit im 9. Jahrhundert lag[112]. In die Mitte dieses Jahrhunderts sind die von Hrabanus Maurus[113] und die von Ado von Vienne[114] verfaßten Martyrologien sowie das metrische Martyrologium Wandelberts von Prüm[115] zu datieren.

Weil die Martyrologien vor allem in der Liturgie benutzt wurden – auch die monastischen Consuetudines enthalten mehrfach Vorschriften zur regelmäßigen Lesung[116] –, dürfte die Breitenwirkung ihrer knappen und deshalb eindringlichen Notizen nicht zu unterschätzen sein. Der Vergleich verschiedener Martyrologien mit ihren Vorlagen zeigt, welche Heiligen dem bisher üblichen Kanon der im Jahr verehrten Heiligen hinzugefügt wurden. Hieraus lassen sich Schwerpunkte neuer Frömmigkeitsideale und neue (kult)politische Orientierungen ableiten[117].

---

ten Forschungen von DUBOIS, hauptsächlich zu den Martyrologien des Westfrankenreiches. Zu Prüm und zum Mittelreich ist materialreich, aber nicht ganz unproblematisch: W. HAUBRICHS, Die Kultur der Abtei Prüm zur Karolingerzeit. Studien zur Heimat des althochdeutschen Georgsliedes, (Rheinisches Archiv 105, 1979), der in der Zeit des Abtes Markward, der ja die römischen Reliquien der Heiligen Chrysanthus und Daria übertragen ließ, eine deutliche Romanisierung des Prümer Kultlebens feststellt (S. 97–130), vgl. hierzu auch weitere Belege in Germ. Pont. 10, S. 281 Nr. *4 und in Anm. 123–126. Allgemeine bibliographische Orientierung im Überblick von J. DUBOIS, Les martyrologes du Moyen âge latin (Typologie des sources du moyen âge occidental 26, 1978).

[112] Vgl. hierzu zusammenfassend DUBOIS, Martyrologes (wie Anm. 111), S. 39–57 (Nachträge in derselben Reihe). Vgl. außerdem die Aufsatzsammlung von DEMS., Martyrologes, d'Usuard au Martyrologe romain. Articles réédités pour son soixante-dixième anniversaire (1990).

[113] Hg. von J. MCCULLOH (CC CM 44, 1979). Zur Datierung zwischen 840 oder eher 843 und 854, S. XXXIX.

[114] Hg. von J. DUBOIS/G. RENAUD, Le martyrologe d'Adon. Ses deux familles, ses trois recensions. Texte et commentaire (Sources d'histoire médiévale, 1984) mit umfassender Untersuchung der verschiedenen Familien und Fassungen. Die Abfassungszeit liegt demnach etwa um 855 (853–860).

[115] Verfaßt 848, hg. von E. DÜMMLER, MGH Poet. Lat. 2 (1884), S. 567–622; vgl. die Literatur hierzu bei WATTENBACH/LEVISON/LÖWE, Geschichtsquellen 6 (wie Anm. 47), S. 896 f. Anm. 763.

[116] Vgl. z.B. die Dekrete der 2. Aachener Synode von 817, hg. von J. SEMMLER (Corpus Consuetudinum monasticarum 1, 1963), S. 480 u. ö. – Schon für das 8. Jahrhundert ist belegt, daß in monastischen Gemeinschaften der Diakon die Festtage der folgenden Woche *secundum martirologium* ankündigte, vgl. hierzu zuletzt (mit Quellennachweisen und weiterer Literatur) DUBOIS, Martyrologes (wie Anm. 111), S. 14 f.; vgl. auch S. 15 f. zu definitorischen Abgrenzungen. – Zu Auswertungsproblemen vgl. B. DE GAIFFIER, Hagiographie et historiographie, in: La Storiografia altomedievale 1 (Settimane di studio del Centro italiano di studi sull'Alto Medioevo 17, 1970), S. 139–166 und 179–196 (ND DERS., Recueil d'hagiographie, 1977, Nr. 4) sowie Anm. 136.

[117] Auch für die Frage nach der Bedeutung von Papst und Rom im Orbis christianus sind Anhaltspunkte zu gewinnen, obwohl die Abhängigkeiten dieser Quellen untereinander häufig nur schwer zu entwirren sind, vgl. beispielsweise J. WOLLASCH, Aus einem Regensburger Kalender des 9. Jahrhunderts, in: Historiographia mediaevalis: Studien zur Geschichtsschreibung und Quellenkunde des Mittelalters, FS für Franz-Josef Schmale, hg. von D. BERG/H.-W. GOETZ (1988), S. 60–76, mit Klärung der verschiedenen Abhängigkeiten, die römische, aber auch andere Bezüge betreffen. – Zur weiteren Verbreitung in Kalendarien vgl. die Beispiele bei B. BISCHOFF, Über

Aus den drei genannten Martyrologien ergibt sich folgendes Bild: Hrabanus dienten das Martyrolog Bedas sowie das Martyrologium Hieronymianum als Hauptquellen[118]. Hrabanus ergänzte zuweilen die vorhandenen Notizen, die für die Charakterisierung der frühen Päpste vor allem aus dem Liber pontificalis schöpfen[119]. Hrabanus Maurus hatte ja schon durch seine Versinschriften die in der ersten Hälfte des 9. Jahrhunderts nach Fulda übertragenen römischen und anderen Heiligen gewürdigt[120] und berücksichtigte auch im Martyrolog – obwohl noch begrenzt – stärker als seine Vorgänger römische Traditionen[121].

Das Martyrolog Wandelberts von Prüm gründet in seinem Hauptbestand auf dem wenig früheren Martyrolog des Florus von Lyon, einer Bearbeitung des älteren Beda-Martyrologs; teilweise auch auf Beda selbst sowie auf dem Martyrologium Hieronymianum[122]. Der eigenständige Beitrag Wandelberts betrifft vor allem Heilige Italiens und besonders des westfränkischen Reiches[123]. Soweit Ergänzungen zu römischen Heiligen feststellbar sind[124], dürfte die Übertragung der Heiligen Chrysanthus und Daria aus Rom nach Prüm beziehungsweise der *cella* Münstereifel bestimmend gewesen sein[125]. Die Neuerungen in den Martyrologien von Hrabanus und Wandelbert sind insgesamt stark von den Reliquienübertragungen der Zwanziger und Drei-

gefaltete Handschriften, vornehmlich hagiographischen Inhaltes, ND: DERS., Mittelalterliche Studien 1 (1966), S. 91–100, vgl. DERS., Paläographie (wie Anm. 51), S. 282 mit Anm. 29.

[118] Vgl. McCULLOH in seiner Edition (wie Anm. 113), sowie DERS., Martyrologium Hrabans als Zeugnis (wie Anm. 111), S. 157ff.

[119] Vgl. ebd.

[120] Hg. von E. DÜMMLER, MGH Poet. Lat. 2, S. 154–258, vgl. zum Werk WATTENBACH/LEVISON/LÖWE, Geschichtsquellen 6 (wie Anm. 47), S. 703. Die Altartituli sind allerdings in zwei Redaktionen überliefert, vgl. bis zur endgültigen Edition durch BECHT-JÖRDENS (im „Corpus Christianorum") einstweilen: DERS., Vita Aegil abbatis Fuldensis a Candido ad Modestum edita prosa et versibus. Ein Opus Geminum des IX. Jahrhunderts (1994), S. IL–LII. Dem Verfasser danke ich für seinen Hinweis. Auch einige der früheren und zeitgleichen Fuldaer Papsturkunden könnten mittelbar mit Reliquienübertragungen zusammenhängen, vgl. Anm. 126.

[121] Martyrologium, hg. von McCULLOH (wie Anm. 113), S. XXXV Anm. 43.

[122] Vgl. grundlegend hierzu J. DUBOIS, Le martyrologe métrique de Wandelbert, Analecta Bollandiana 79 (1961), S. 257–293 (ND: DERS., Martyrologes, d'Usuard (wie Anm. 112), S. 153–190), sowie HAUBRICHS, Kultur der Abtei Prüm (wie Anm. 111), S. 59 und 99 ff. – Ein Vergleich mit diesen Quellen macht deutlich, daß Wandelbert durchaus bei einigen Heiligen, teilweise römischen, seine Vorlage änderte oder auch die vorhandenen Notizen weiter ausschmückte, DUBOIS, Martyrologe métrique de Wandelbert, S. 262–264. Besondere Bedeutung hatten in diesem Zusammenhang die 844 nach Prüm bzw. Münstereifel übertragenen Reliquien von Chrysanthus und Daria, vgl. bei Anm. 33.

[123] Vgl. DUBOIS, Martyrologe métrique de Wandelbert (wie Anm. 122), S. 270–274. Soweit römische Heilige betroffen sind, wie z.B. der hl. Sebastian, so wurde die wohl aufgrund der Translation dieses Heiligen von Rom nach Soissons 826 dort bekannte Tradition rezipiert. Ebenso mit Sichtung weiterer hagiographischer Materialien aus Prüm: HAUBRICHS, Kultur der Abtei Prüm (wie Anm. 111), S. 97 ff. sowie Karte 2. Dort gelegentlich zu wenig zeitliche Differenzierung.

[124] Vgl. hierzu HAUBRICHS, Kultur der Abtei Prüm (wie Anm. 111), S. 106 ff.

[125] Translatio ss. Chrysanti et Dariae, MGH SS 15, 1, S. 374 f.; vgl. hierzu S. 140.

ßiger Jahre des 9. Jahrhunderts geprägt, die in ihren Texten nachwirkten, zuweilen auch noch neuere Reliquienübertragungen der Vierziger Jahre einschlossen[126]. Wenn man außer dem schon ausgewerteten Martyrolog Wandelberts und dem Einfluß der Translation von 844 weitere liturgisch-hagiographische Quellen Prüms sichtet, so darf man mit einer gewissen Vorsicht Haubrichs zustimmen, daß eine „Romanisierung des Prümer Kultes in der Zeit des Abtes Markward", also in der Mitte des 9. Jahrhunderts, angenommen werden kann[127].

Die Orientierung auf Rom und die Päpste wird schließlich im Martyrolog Ados von Vienne besonders deutlich. Die Beziehungen Ados zu den Päpsten Nikolaus I. und Hadrian II. sind bekannt[128]. Der Mönch aus Ferrières und Prüm ist nach 853 in Lyon nachweisbar, bis er 859/60 das Bischofsamt in Vienne erlangte[129]. Nach neueren Forschungen stellte er sein Martyrolog in einer ersten Fassung schon um 855 oder unmittelbar anschließend zusammen[130]. Mit diesem Martyrolog ging Ado deutlich über sein Vorbild Florus von Lyon hinaus. Seine entscheidende Neuerung: Ein Martyrolog ohne „leere Tage". Als Quelle diente ein *Venerabile perantiquum martyrologium*, das angeblich von Rom nach Ravenna geschickt worden sei und das Ado dort benutzt habe[131]. Nach den Forschungen von Henri Quentin und Jacques Dubois stellte Ado jedoch diese Vorlage selbst zusammen. Ados Martyrolog dokumentiert, welche Heiligen in der Mitte des 9. Jahrhunderts von Ado – aber sicher auch von

---

[126] Vgl. zu den Übertragungen in den Mainzer und Fuldaer Raum Anm. 120. Zur Problematik der Fuldaer Privilegien, die trotz der Fälschung oder Verfälschung (zur Diskussion zuletzt: H. JAKOBS, Zu den Fuldaer Papsturkunden des Frühmittelalters, Blätter für deutsche Landesgeschichte 128 (1992), S. 31–84) auf „päpstliche Autorität" setzen, vgl. auch J. FRIED, Ludwig der Fromme, das Papsttum und die fränkische Kirche, in: Charlemagne's Heir: New Perspectives on the Reign of Louis the Pious (814–840), hg. von P. GODMAN/R. COLLINS (1990), S. 321–274, S. 254 f. (zu den Fuldaer Zehntrechten und Papst Paschalis I.).

[127] Dies schlug sich auch unter anderem darin nieder, daß eine aus dem 10. Jahrhundert stammende Litanei verstärkt römische Heilige aus dem stadtrömischen Passionar aufgriff, vgl. HAUBRICHS, Kultur der Abtei Prüm (wie Anm. 111), S. 97–130, das Zitat S. 112. Vgl. zur „ottonischen" Neuorientierung Prüms um 1000: J. MARQUARDT-CHERRY, Ottonian Imperial Saints in the Prüm Troper, Manuscripta 33 (1989), S. 129–136.

[128] Hierzu W. KREMERS, Ado von Vienne. Sein Leben und seine Schriften (Diss. Bonn 1911), vgl. knapper auch die biographischen Notizen in der Edition von DUBOIS/RENAUD, Martyrologe (wie Anm. 114), bes. S. XV–XVIII.

[129] DUBOIS/RENAUD, Martyrologe (wie Anm. 114), S. XV.

[130] DUBOIS, Martyrologes (wie Anm. 111), S. 42 und DUBOIS/RENAUD, Martyrologe (wie Anm. 114), S. XX.

[131] Jüngste Edition bei DUBOIS/RENAUD, Martyrologe (wie Anm. 114), S. XXV: *Huic operi, ut dies martyrum verissime notarentur, qui confusi in kalendis satis inveniri solent, adiuvit venerabile et perantiquum martyrologium ab Urbe Roma Aquileiam cuidam sancto episcopo a pontifice Romano directum, et mihi postmodum a quodam religioso fratre aliquot diebus praestitum. Quod ego diligenti cura transcriptum positus apud Ravennam, in capite huius operis ponendum putavi.* – KREMERS, Ado von Vienne (wie Anm. 128), S. 19 schließt zwar eine Fahrt Ados nach Ravenna nicht unbedingt aus, lehnt jedoch einen möglichen Romaufenthalt auf jeden Fall ab; in den Quellen gibt es für beides keinen sicheren Anhaltspunkt.

weiteren Kreisen – favorisiert wurden. Ado ersetzte alte fränkische, angelsächsische oder spanische vor allem durch römische Heilige und ergänzte die Notizen zu römischen Heiligen. Gegenüber dem Martyrolog des Florus von Lyon fügte Ado ca. 120 Einträge hinzu; knapp zwei Drittel betreffen römische Heilige[132]. Viele der von Rom ins Frankenreich seit dem 8. Jahrhundert übertragenen Heiligen sind aufgenommen. In seiner zweiten Fassung von etwa 865 benutzte Ado von den zwischen Beda und Usuard zusammengestellen Martyrologien den Liber pontificalis zur Charakterisierung heiliger Päpste[133] bei weitem am häufigsten[134]. Trotz eines auch persönlichen Akzentes[135] bezeugt das Martyrolog Ados einen Umbruch in der Mitte des 9. Jahrhunderts: Traditionelle Heilige wurden durch römische ersetzt und ergänzt, heilige Päpste zunehmend berücksichtigt. Wie auch die Aufnahme römischer Heiliger in den Canon Missae im 5. Jahrhundert ihren Beitrag zur Romanisierung des Okzidentes geleistet hat, so dürfte auch die neue Ausrichtung einiger zentraler Martyrologien im 9. Jh. wichtig geworden sein: Die Breitenwirkung[136] sollte man nicht unterschätzen[137]. Die Erweiterung um römische Heilige dokumentiert einerseits die

[132] Dies geht aus einer Auswertung der bei H. QUENTIN, Les martyrologes historiques du Moyen Age. Etude sur la formation du Martyrologe Romain (1908), S. 409–464, bes. S. 458–464, zusammengestellten Beobachtungen hervor.

[133] Vgl. die Zusammenstellung im Rahmen der Quellenanalyse bei QUENTIN, Martyrologes historiques (wie Anm. 132), S. 625–627 und darauf aufbauend J. DUBOIS, Le martyrologe d'Usuard (Subsidia hagiographica 40, 1965), S. 64 und DERS., Martyrologe d'Adon (wie Anm. 114), S. 21. Oftmals wird nur die Sedenzzeit angeführt.

[134] Vgl. die Übersicht bei DUBOIS, Martyrologe d'Usuard (wie Anm. 133), S. 63.

[135] Vgl. zusammenfassend immer noch KREMERS, Ado von Vienne (wie Anm. 128), S. 12–18; M. WESCHE, s.v. Ado, LexMA 1 (1980), Sp. 157.

[136] Vgl. Anm. 116 sowie B. DE GAIFFIER, De l'usage et de la lecture du martyrologe, Analecta Bollandiana 79 (1961), S. 40–59 mit den einschlägigen Belegen. Vgl. allerdings gerade zu Ado den Verweis darauf (S. 58 f.), daß Ados Texte zur Verkündigung teilweise schon zu lang waren; dies dürfte bei den Notizen zu römischen Heiligen aber nur vereinzelt zutreffen. – Abgeschrieben wurden seine Notizen, beispielsweise zu den Aposteln – schon kurz nach Fertigstellung: K. HERBERS, Frühe Spuren des Jakobuskultes im alemannischen Raum (9.–11. Jahrhundert). Von Nordspanien zum Bodensee, in: DERS./D.R. BAUER (Hg.), Der Jakobuskult in Süddeutschland (Jakobus-Studien 7, 1995), S. 3–27, S. 14 f. Vgl. auch zur Rezeption im 10. Jh. die Bemerkungen über Flodoard von Reims, der Ados Martyrolog und den Liber Pontificalis zusammen benutzte: JACOBSEN, Flodoard von Reims (wie Anm. 63), S. 181. – Wie sehr Ados Martyrolog in Lyon verwendet wurde, erscheint mir trotz der Behauptung von M. RUBELLIN, Le Pape et l'Eglise de Rome vus de Lyon dans la première moitié du IXe siècle, Cahiers d'Histoire 30 (1985), S. 211–230, S. 224 (keine Benutzung bis zum 13. Jh.) nicht sicher. – Zur Aufnahme römischer Heiliger in den Canon Missae im 5. Jahrhundert vgl. J.A. JUNGMANN, Missarum Sollemnia 2 (1962), S. 315 ff.

[137] Ähnlich aufschlußreich könnte eine Untersuchung der Litaneien ausfallen, die jedoch schwerer auszuwerten sind: Umfangreichste Sichtung des Materials immer noch bei M. COENS, Anciennes litanies des saints, Recueil d'études bollandiennes. Subsidia hagiographica 37 (1963), S. 129–322, jedoch fehlen häufig kritische Editionen, vgl. dort S. 132 f. die Hinweise auf einige der älteren Editionen. Vgl. weiterhin B. OPFERMANN, Litania Italica. Ein Beitrag zur Litaneigeschichte, Ephemerides Liturgicae 72 (1958), S. 306–319; allgemein auch K. KÜPPERS, s.v. Litanei, LexMA 5 (1991), Sp. 2010 f., mit weiterer Literatur. Auch die Wirkung ist schwerer einzuschätzen, weil der

Nachwirkung neuer Kulte im Frankenreich, konnte aber gleichzeitig für die folgende Zeit prägend werden. Dies läßt sich weiter konkretisieren.

V.

Das Gebiet von Lyon und Vienne wurde in der Mitte des 9. Jahrhunderts kaum mit römischen Reliquien bedacht. Um so auffälliger ist der verstärkte Rombezug in den 60er Jahren des 9. Jahrhunderts, der teilweise auch mit den politischen Verhältnissen des zerrütteten Teilreiches der Provence zusammenhing, in dem Graf Gerhard von Vienne neben dem schwachen kränkelnden König Karl zunehmend an Bedeutung gewann.

Im burgundischen Raum, im Grenzgebiet zwischen Mittelreich und Westfranken, entstand nicht nur Ados Martyrolog, sondern sind auch die frühesten Unterstellungen von Klöstern unter römischen Schutz und die zugehörigen päpstlichen Schutzurkunden von 863 nachzuweisen[138]. Diese räumliche und zeitliche Koinzidenz ist zumindest auffällig. Graf Gerhard von Vienne[139] hatte die Übertragung von Vézelay und Pothières an den Papst maßgeblich betrieben, päpstlicher Schutz war für einen Nichtkarolinger – so die gängige Erklärung – das Gegebene. Weniger beachtet wurde dabei, daß die *traditio Romana* dieser Klöster aber ebenso von Reliquientranslationen gestützt wurde. Abt Saro von Pothières, der Nikolaus I. 863 einen Brief Gerhards von Vienne übergab – der im übrigen auch an die Großen der Stadt Rom gerichtet war, ich erinnere an die „Spielregeln" des Reliquienerwerbs[140]–, erhielt von Nikolaus außer den Schutzurkunden[141] auch die Reliquien der Heiligen Eusebius und

Umfang der Heiligennamen oftmals je nach liturgischen Bedürfnissen deutlich gekürzt wurde, vgl. z.B. COENS, S. 136 sowie S. 166–168 und 298 ff. – Gleichwohl kann in Fällen, in denen eine genaue Datierung möglich ist, eine stärkere Berücksichtigung römischer Heiliger im Frankenreich des 9. Jahrhunderts festgestellt werden. Vgl. beispielsweise die spätkarolingische Überlieferung aus dem nordfranzösischen Raum, die heute in Freiburg, UB Cod. 363 fol. 50–50ᵛ aufbewahrt wird, hg. von M.J. METZGER, Zwei karolingische Pontifikalien vom Oberrhein (Freiburger Theologische Studien 17, 1914), S. 68–70; zur Beurteilung hinsichtlich der römischen Heiligen (bes. einer Liste der Päpste bis auf Cyprian) S. 21.

[138] So vor allem im Beispiel von Pothières und Vézelay unter Nikolaus I.; vgl. Anm. 141. Vgl. die klassische Studie von R. LOUIS, De l'histoire à la légende. Girart, Comte de Vienne dans les chansons de geste: Girart de Vienne, Girart de Fraite, Girart de Roussillon, 1–2 (1947) 1, S. 1–133 sowie unter dem Aspekt der Traditio Romana, bes. BOSHOF, Traditio Romana (wie Anm. 21), S. 12–18.

[139] LOUIS, Girart (wie Anm. 138) bes. 1, S. 29–133.

[140] Also auch hier wurden die Reliquien als Besitz der Stadt Rom angesehen. Hauptsächlich geht es jedoch um die Unterstellung der beiden burgundischen Klöster unter den Schutz des hl. Petrus: R.B.C. HUYGENS, Monumenta Vizeliacensia, Textes relatifs à l'histoire de l'abbaye de Vézelay (CC CM 42, 1976 und 1980), S. 249–254 (Nr. 2).

[141] JE *2830 und JE 2831, hg. von HUYGENS, Monumenta Vizeliacensia (wie Anm. 140), S. 255–258 (Nr. 3).

Pontianus sowie des Peregrinus und Vincentius. Diese Reliquienübertragungen haben in der mittelalterlichen Historiographie mindestens ebenso, wenn nicht stärker nachgewirkt als die Schutzurkunden. Ado von Vienne hat das für diesen Raum offensichtlich bedeutende kultpolitische Ereignis sogar noch mit einer nachträglich angefügten, ausführlichen Notiz in sein Martyrolog ebenso wie in seine Weltchronik aufgenommen[142].

In die gleiche Zeit und in den gleichen Raum gehört die wenig frühere päpstliche Schenkung der Urban- und Tiburtius-Reliquien für Auxerre 862[143], die vielleicht im Zusammenhang mit einer Privilegierung des Klosters St-Germain in Auxerre stehen könnte[144]. Auch in den folgenden Jahren wurde der burgundische Raum weiterhin mit römischen Reliquien bedacht, hinzuweisen ist noch auf die Reliquienschenkun-

---

[142] Belegt in der Translatio ss. Eusebii et Pontiani in Galliam, Analecta Bollandiana 2 (1883), S. 368–377, S. 369; Ado von Vienne, Martyrologium, hg. von DUBOIS/RENAUD (wie Anm. 114), S. 284; Sigebert von Gembloux, Chronographia, hg. von L. BETHMANN, MGH SS 6, S. 268–374, a. 865 S. 341; Annales Vizeliazenses a. 838, hg. von HUYGENS, Monumenta Vizeliacensia (wie Anm. 140), S. 210; Vinzenz von Beauvais, Speculum Quadruplex. IV: Speculum Historiale (1624), S. 975; Chronicon s. Martini Turonensis, hg. von E. MARTÈNE/U. DURAND, Veterum scriptorum et monumentorum amplissima collectio 5 (1729), S. 917–1072, S. 969. Vgl. zur Sache allgemein LOUIS, Girart 1 (wie Anm. 138), S. 88–92; BOSHOF, Traditio Romana (wie Anm. 21), S. 16; DERS., Odo von Beauvais, Hinkmar von Reims und die kirchenpolitischen Auseinandersetzungen im westfränkischen Reich, in: Ecclesia et regnum. Beiträge zur Geschichte von Kirche, Recht und Staat im Mittelalter, FS für Franz-Josef Schmale, hg. von D. BERG/H.-W. GOETZ (1989), S. 39–60, S. 51. Von den zitierten Quellen nennen nur die von Huygens edierten Annales auch die Papsturkunden, die anderen Quellen verzeichnen lediglich die Translation. Die beiden Privilegien (nur das für Vézelay im Wortlaut überliefert) wurden demgegenüber in späteren Papsturkunden als Vorurkunden zitiert, jedoch kaum in der Historiographie. – Weitere, sachlich jedoch nicht über die zitierten hinausgehende indirekte Nachrichten in ungedruckten Handschriften bei LOUIS, S. 90 f. Anm. 7.

[143] Vgl. Heiric von Auxerre, Miracula S. Germani, hg. von L.M. DURU (Bibliothèque historique de l'Yonne 2, 1863), S. 114–183, S. 171; vgl. JE p. 346; J. WOLLASCH, Das Patrimonium beati Germani in Auxerre. Ein Beitrag zur Frage der bayrisch-westfränkischen Beziehungen in der Karolingerzeit, in: Studien und Vorarbeiten zur Geschichte des großfränkischen und frühdeutschen Adels, hg. von G. TELLENBACH (1957), S. 158–224, S. 214; LÜHMANN, Urban (wie Anm. 55), S. 53. Zur Quelle zuletzt: D. IOGNA-PRAT, in: Abbaye Saint-Germain d'Auxerre (1990), S. 101–104.

[144] Eventuell könnte die nur erwähnte Urkunde JE *2856α für Auxerre hierauf bezogen werden, vgl. die Erwähnungen der Papsturkunden in den Herrscherurkunden Karlmanns von 884 Juni 11 Nr. 77, hg. von F. GRAT, J. DE FONT-RÉAULX, G. TESSIER und R.-H. BAUTIER; Recueil des actes de Louis II le Bègue, Louis III et Carloman II, rois de France (887–884) (1978), S. 199–207, S. 202, in der Urkunde Karls III. von 886 Oktober 28 Nr. 145, hg. von P.F. KEHR; MGH DD Kar. 2 (1936–1937), S. 231–234, S. 232 und Odos von 889 Juli 11 Nr. 11, hg. von G. TESSIER; R.-H. BAUTIER, Recueil des actes d'Eudes, roi de France (888–898) (1967), S. 46–59, S. 56. Zur Sache: WOLLASCH, Patrimonium beati Germani (wie Anm. 143), S. 214. – Aus den zitierten Erwähnungen erfahren wir von dem Privileg, das bei Karl III. und Odo zusammen mit anderen Königsurkunden und dem Synodaldekret (von 864 in Pîtres) genannt wird.

gen und die Kirchweihen Johannes' VIII. bei seiner Reise ins Westfrankenreich 878;
neben allgemeinen Notizen sind Flavigny, Vézelay und Pothières zu erwähnen[145].

Von diesen Nachrichten war es nur ein kleiner Schritt, um auch die Erhebung des
Ansegis von Sens zum päpstlichen Vikar 876[146] – zumindest in den späteren erzählenden Quellen – mit einer Übertragung der doch „hochkarätigen" Reliquien der Päpste
Gregor und Leo zu verbinden[147]. Der politische Stellenwert der Vikariatsverleihung
wurde durch diese Reliquiengabe zusätzlich herausgestrichen; allerdings ist einzu-
räumen, daß diese Schenkung nicht zeitgenössisch belegt ist[148]. Auffällig bleibt dennoch, daß mit den genannten Orten der Raum gekennzeichnet ist, der in den Pontifikaten von Nikolaus I. bis Johannes VIII. vielfach verstärkte Rombeziehungen
pflegte, welche die bisher weniger beachteten hagiographischen Aspekte einschließen.

Nach dem Blick auf die burgundisch-westfränkischen Verhältnisse zeigt sich also,
daß auch die juristisch formulierte Unterstellung unter den päpstlichen Schutz, die
gewiß durch Synodalentscheidungen und das wohl aus dem Westfrankenreich nach
Rom zurückimportierte Autuner Formular deutlich begünstigt wurde[149], von Reli-

---

[145] Zu verzeichnen wären etwa unter Johannes VIII. die angeblich erneuten Schenkungen an
Vézelay und Pothières nach der Translatio s. Mariae Magdalenae Vizeliacum, hg. von FAILLON,
Monuments inédits sur l'apostolat de sainte Marie-Madeleine en Provence 1 (1859), S. 745–52,
S. 746 f. (nicht sicher); Konsekration der Kirche in Flavigny am Festtag der Heiligen Simon und
Judas (28.Oktober 878), vgl. Hugo von Flavigny, Chronicon, hg. von G.H. PERTZ, MGH SS 8,
S. 280–501, S. 355; Hugo von Flavigny, Series abbatum Flaviniacensium, hg. von G.H. PERTZ,
MGH SS 8, S. 502–503, S. 502; vgl. hierzu BOSHOF, Traditio Romana (wie Anm. 21), S. 30 und
A. HOLLAARDT, L'abbaye de Flavigny et la fête des apôtres Simon et Jude, Questions Liturgiques
61 (1980), S. 29–36; Nicht ganz sicher, wie teilweise in der Literatur vorausgesetzt, ist, ob Johannes
VIII. in diesem Fall Reliquien aus Rom mitgebracht hatte. Zu diesen und weiteren Reliquien-
schenkungen vgl. künftig BÖHMER-HERBERS, Papstregesten (wie Anm. 26).

[146] Zum Gegensatz zwischen Bischof Odo von Beauvais und Hinkmar von Reims bei der Syn-
ode von Ponthion wegen dieser Erhebung vgl. BOSHOF, Odo (wie Anm. 142), S. 56–58 und
HARTMANN, Synoden (wie Anm. 34), S. 335 f. mit Besprechung der Überlieferung (MGH Capit. 2
351 ff.) und der tendenziösen Schilderung Hinkmars in den Annales Bertiniani, hg. von F. GRAT,
J. VIELLIARD, S. CLÉMENCET, Les Annales de Saint-Bertin (1964), S. 20 ff. sowie zu Hinkmars
Schrift: De iure metropolitanorum (hg. von MIGNE, PL 126, Sp. 189–210).

[147] Belegt bei Clarius von Sens, Chronicon s. Petri Vivi Senonensis, hg. von R.-H. BAUTIER und
M. GILLES, Chronique de Saint-Pierre-le Vif de Sens, dite de Clarius (Sources d'Histoire
Médiévale, 1979), S. 60; vgl. A. FROLOW, La relique de la vraie croix. Recherches sur le
développement d'un culte (1961), S. 285 Nr. 254, der zusätzlich ein Inventar von 1095 zitiert.

[148] Die politische Konstellation im Westfrankenreich erklärt zwar das Schweigen der Ann. Bertiniani; dennoch ist auffällig, daß die Translation nach Sens erst 1095 anläßlich einer erneuten
Reliquienübertragung weiter verbreitet wurde, vgl. die Belege in der vorigen Anm. Vgl. zu einer
päpstlichen Reliquienschenkung von 867 an Ansegis von St-Riquier, den späteren Erzbischof von
Sens, die im 11. Jh. Hariulf bezeugt: Chronicon abbatiae S. Richarii, hg. von F. LOT (Collection de
textes 17, 1894), S. 126 f.

[149] Vor allem BOSHOF, Traditio Romana (wie Anm. 21), S. 72 ff. und DERS., Odo (wie Anm.
142), S. 49–52.

quientranslationen begleitet war. Der Schutz war durch die mitverliehenen Reliquien vielleicht „wirksamer" zu sichern als durch eine noch so scharfe Poenformel des entfernt residierenden Papstes. Schutz durch Reliquien und Schutz durch eine Urkunde scheinen enger zusammenzugehören als man dies bisher gesehen hat.

Den gedanklichen Zusammenhang von päpstlichem Schutz und römischen Reliquien verdeutlicht ein auf den Namen Leos IV. gefälschtes Privileg an Prudentius von Troyes[150]. Der Mönch Adremar soll für das Kloster Montiéramey die Reliquien der Titelheiligen Petrus und Leo in Rom empfangen haben. Diese Reliquien, auch in diesem Fall waren es „Papstreliquien", solle der Bischof von Troyes im Kloster niederlegen, weihen und das Kloster unter dem Schutz und der Herrschaft der römischen Kirche bleiben.

Das bei Jaffé-Ewald noch unbeanstandete Privileg hat Boshof zu Recht als verfälscht verdächtigt, es könnte also eine spätere Vorstellungswelt spiegeln[151]. Allerdings habe ich inzwischen das noch in der MGH-Ausgabe nur nach Drucken edierte Schriftstück in einer Handschrift aus Beauvais neu nachgewiesen, die aufgrund des paläographischen Befundes in das zweite Drittel des 9. Jahrhunderts gehört[152]. Damit gewinnt der Text für die Mitte des 9. Jahrhunderts aus der hier verfolgten Perspektive an Gewicht: Er spitzt zu, was man wohl allgemein empfand: Reliquien und Schutzbestimmung gehören eng zusammen[153], selbst wenn dies nicht immer unmittelbaren Niederschlag in den Quellen gefunden hat. Der durch die römischen Reliquien gebotene Schutz konnte als allein ausreichend empfunden, aber ebenso gleichzeitig oder später mit königlicher oder päpstlicher Privilegierung verbunden werden; Unterschiede sind im West- und Ostfrankenreich zu verschiedenen Phasen, ja sogar bei jedem einzelnen Empfänger anzunehmen. Ausschlaggebend waren wohl deren Bedürfnisse und Ziele, weniger diejenigen des Papstes; von einer bewußten päpstlichen Schutzpolitik, wie Appelt dies noch wollte, hat die Forschung ja inzwischen auch weitgehend Abstand genommen[154]. Nicht von ungefähr waren ja für den Erhalt

---

[150] JE 2657, der Text findet sich neu ediert in Exkurs 4 bei HERBERS, Leo (wie Anm. 1), S. 456 f.

[151] BOSHOF, Traditio Romana (wie Anm. 21), S. 26 f. vermutete nur allgemein eine recht frühe Fälschung, vielleicht noch vor 878.

[152] Vgl. HERBERS, Leo (wie Anm. 1), S. 68 u. 71.

[153] …ipsas illic reliquias supranominatorum sanctorum, quas a nobis accepit, eo tenore et conditione recondas atque consecres ut semper et perpetualiter sub iure ac potestate sanctae nostrae Romanae ecclesiae iam factum monasterium consistat atque permaneat, hg. von HERBERS, Papst Leo (wie Anm. 1), S. 457.

[154] Vgl. H. APPELT, Die Anfänge des päpstlichen Schutzes, MIÖG 62 (1954), S. 101–111; Zusammenfassungen zur Forschung vgl. bei BOSHOF, Traditio Romana (wie Anm. 21), S. 1–5 sowie unter Einschluß der problematischen Fuldaer Überlieferung die deutsche Ausgabe von M. RATHSACK, Die Fuldaer Fälschungen. Eine rechtshistorische Analyse der päpstlichen Privilegien des Klosters Fulda von 751 bis ca. 1158 (Päpste und Papsttum 24, 1–2, 1989). Vgl. hierzu die Gegenposition bei U. HUSSONG, Studien zur Geschichte der Reichsabtei Fulda bis zur Jahrtausendwende. Zweiter Teil, Archiv für Diplomatik 32 (1986), S. 129–304 und jetzt JAKOBS, Zu den Fuldaer Papsturkunden (wie Anm. 126).

von Reliquien ähnlich wie für eine Urkundenbitte auch Intervenienten häufig[155]. Die Verbindung von Reliquien und Recht wird in ähnlicher Weise dadurch deutlich, daß Verträge vielfach auf ganz bestimmte Reliquien abgeschlossen wurden. In räumlicher Hinsicht bleiben die Tendenz von Ados Martyrolog und die verstärkten Rombeziehungen des burgundischen Raumes für die frühe Phase dieser Verbindung von Reliquien und Schutzurkunden zumindest auffällig. Aber auch im Ostfrankenreich folgte später mehrfach weiterer Papstschutz wie in Gandersheim: Interessanterweise „wechselt" hier im 10. Jahrhundert das Patrozinium der Schutzurkunde je nach Aussteller, erst seit der großen päpstlichen Schutzverleihung Johannes' XIII. vom 1. Januar 968 scheinen Innozenz und Anastasius als die Patrone von Gandersheim in gefestigter Stellung[156].

VI.

Wie ist der Einfluß römischer Reliquien und Heiliger im Frankenreich in der Mitte des 9. Jahrhunderts zu beurteilen? Spiegeln sie etwas von den Verhältnissen in den neu aufgeteilten Reichen, vom Verhältnis zwischen Königtum und Adel – die ja häufig Bittsteller waren? Gab es in bestimmten Gegenden einen „Nachholbedarf", und zeigt sich so in den Reliquien auch der jeweilige Entwicklungsstand der fränkischen Teilreiche, oder entziehen sich die Reliquienübertragungen überhaupt einer genaueren „politischen" Kategorisierung? Der Erwerb römischer Reliquien und deren jeweilige Zusammensetzung waren maßgeblich von stadtrömischen Voraussetzungen sowie von literarischen Voraussetzungen mitbestimmt. Der Papst und die Stadt Rom übergaben die Reliquien nach bestimmten Spielregeln und beeinflußten durch die Mitgabe entsprechender Schriften die weitere Verehrung. Hiermit förderten sie zugleich die Wirkung der Reliquien, die in Mirakelberichten, aber auch in den Martyrologien zu erfassen waren. In den Mirakelberichten geriet die römische Herkunft zugunsten der neuen Ruhestätte in der Regel in den Hintergrund, in Martyrologien und liturgischen Büchern blieb sie stärker präsent. Im Mittelreich und in Grenzräumen erscheint die Romorientierung aufgrund der Translationsberichte und der Martyrologien besonders ausgeprägt: Lag es daran, daß man dort neuer Identifi-

---

[155] Vgl. oben Anm. 45.
[156] H. ZIMMERMANN (Hg.), Papsturkunden 896–1046, 1: 896–996 (²1988), Nr. 184, S. 361 f. Zu den verschiedenen Wechseln der Patrozinien vgl. GOETTING, Das Bistum Hildesheim (wie Anm. 41), S. 78–81. Die oben in Anm. 73 zitierte Urkunde Ludwig des Jüngeren vom 26. Januar 877 verzeichnet zwar die Reliquien der beiden Päpste, unterstreicht aber dann, die Kirche von Gandersheim sei zu Ehren des Protomärtyrers Stephan geweiht worden. Diese Beziehung zu Stephan reflektiert offensichtlich Beziehungen zur Abtei Corvey, vgl. GOETTING, S. 79. Nach den Normannenverwüstungen zeigt auch Stephan V. für Köln (891 Mai): JE 3469, hg. von G. LAEHR, MGH Epp 7 (1912–1928), S. 363 f. (Germ. Pont. 7, S. 37 Nr. 77) gut die Verbindung von Privileg und Reliquien.

kationshilfen am dringendsten bedurfte? Das Westfrankenreich war in der Mitte des 9. Jahrhunderts am wenigsten betroffen, am ehesten dann ab den 60er Jahren das an Burgund angrenzende Gebiet. Erst die Nachwirkung in Martyrologien, Patrozinien und in anderen Formen brachte eine deutliche lokale Ausweitung. Was könnte diese „Zurückhaltung" des Westfrankenreiches bedingt haben? Lag dies nur an den vergleichsweise selteneren neuen Kloster- und Stiftsgründungen, an der schon weiter fortgeschrittenen Christianisierung, die weniger Unterstützung zu weiterer Mission bedurfte, an dem schon weiter gepflegten Austausch nördlich der Alpen, der größere Romreisen unnötig machte? Diese und weitere Faktoren dürften gewiß eine Rolle gespielt haben, jedoch möchte ich eine weitere Beobachtung anfügen: Der Universalität des Reiches unter Karl dem Großen entsprachen die aus den verschiedensten Teilen der damals bekannten Welt angehäuften Reliquien[157]. Könnten sich nach 843 auch die Wege geteilt haben? Das Westfrankenreich pflegte in dieser Zeit noch andere Orientierungen; man sah – zumindest was den „hagiographischen Blick" betraf – offensichtlich weniger ausschließlich als die anderen Teilreiche nach Rom. So erklärt sich beispielsweise, daß ein Mönch aus St-Germain-des-Prés in dieser Zeit aus dem muslimischen Spanien Reliquien besorgte. Nachdem die Suche nach Vinzenz-Reliquien in Spanien erfolglos geblieben war, erwarb die Gesandtschaft nach Hinweisen auf „frische Märtyrer" die erst in den Verfolgungen 852 in Córdoba umgekommenen „freiwilligen Märtyrer" Georg, Aurelius und Nathalia. Das Interesse Karls des Kahlen an den Reliquien der „Märtyrer von Córdoba" belegt ein interessantes überliefertes Detail des Berichtes: Als der westfränkische König selbst die Reliquien verehrte, entsandte er heimlich einen weiteren Boten nach Córdoba, der die Echtheit überprüfen sollte[158]. Auch das Karl dem Kahlen gewidmete Martyrolog

---

[157] Vgl. hierzu beispielsweise den Beitrag von H. MORDEK, Von Patrick zu Bonifatius ... Alkuin, Ferrières und die irischen Heiligen in einem westfränkischen Reliquienverzeichnis, in: Ex ipsis rerum documentis (wie Anm. 31), S. 55–68, S. 68.

[158] Vgl. zu dieser abenteuerlichen Reise, zunächst sogar mit etwas anderem Ziel die Quellenberichte (samt folgenden Mirakeln) von Aimon von St-Germain des Prés, De translatione ss. martyrum Georgii, Aurelii et Nathaliae, MIGNE, PL 115, Sp. 939–960 (BHL 3409); DERS., Historia translationis s. Vincentii ex Hispaniae in Castrense Galliae monasterium, MIGNE, PL 126, Sp. 1011–1028 (BHL 8644). Erneute Überprüfung durch Karl den Kahlen: MIGNE, PL 115, Sp. 957. Vgl. hierzu J. FONTAINE, Mozarabie hispanique et monde carolingien. Les échanges culturels entre la France et l'Espagne du VIIIᵉ au Xᵉ siècle, Anuario de Estudios Medievales 13 (1983), S. 17–46, S. 33 und 36–38 mit weiterer Literatur. Das Westfrankenreich dürfte für Kultbeziehungen zu Spanien auch durch seine Nachbarlage in der späten Karolingerzeit die wichtigste Rolle gespielt haben. Die Traditionslinie der älteren karolingischen transpyrenäischen Politik war wohl auf Karl den Kahlen übergegangen. Immerhin soll nach einer Vision des Chorbischofs Audradus (Modicus) von Sens (Mitte 9. Jh.) damals König Karl der Kahle vom hl. Martin den Auftrag erhalten haben, Spanien zu erobern (und dann dem Westfrankenreich anzugliedern), vgl. den Text bei L. TRAUBE, O Roma nobilis (Abh. München, 1891), S. 374–391, S. 384. Zu Leben und Werk vgl. W. WATTENBACH/W. LEVISON/H. LÖWE, Deutschlands Geschichtsquellen im Mittelalter. Vorzeit und Karolinger 3 (1957), S. 358 f.; W. MOHR, Audradus von Sens, Prophet und Kirchenpolitiker

Usuards von St-Germain-des-Prés, der an der spanischen Expedition beteiligt war, verzeichnet verschiedene spanische Heilige unter den nicht unbeträchtlichen „Neuzugängen"[159]. Die alte Universalität des Karolingerreiches spiegelte sich nach wie vor auch in Reliquien, aber mit unterschiedlichen Akzenten; für eine vergleichende Beurteilung der Frühzeit Karls des Kahlen und Ludwigs des Deutschen sollte man dies berücksichtigen[160]. Allerdings prägte insgesamt ein viel größeres Geben und Nehmen die Zeit als gemeinhin angenommen, so daß wechselseitige Einflüsse weder durch Reliquientausch noch durch Büchergeschenke noch durch Liturgietransfer oder ähnliches eindeutig in Quantität und Intensität bestimmbar sind. Tendenzen der „großen Politik" werden in diesen „hagiographischen" und ähnlichen Zeugnissen nur „gebrochen" angedeutet, denn es waren zudem vielfach einzelne Institute, welche die Initiative ergriffen[161]. Daß frühere römische Einflüsse auch über das Westfrankenreich weiter in das Ostfrankenreich kamen, hatte ich lediglich anfangs kurz erwähnt und dann verkürzend weggelassen[162], denn grosso modo gilt in dieser Zeit: Die Reliquienströme gingen hauptsächlich von Süden nach Norden und von Westen nach Osten[163].

Inwieweit gewann aber auch der Papst und das Papsttum durch die Reliquienschenkungen an Gewicht? Die Rolle des Papstes als Schenker führte in den herangezogenen Schriften zu Ehrenbezeichnungen, welche die Führungsposition Roms unterstreichen: Der Papst ist *religiosus vir, papa et ... Petri ... vicarius*[164], Rom gilt als Stadt und Sitz des hl. Petrus, des *princeps apostolorum*[165], als Haupt aller Kirchen[166].

(um 850), Archivum Latinitatis Medii Aevi 29 (1959), S. 239–267 denkt an einen Zusatz dieser Passage um 870.

[159] Vgl. bereits hierzu B. DE GAIFFIER, Les notices hispaniques dans le martyrologe d' Usuard, Analecta Bollandiana 55 (1937), S. 268–283. Vgl. die Edition des Martyrologs von J. DUBOIS, Le martyrologe d'Usuard (Subsidia hagiographica 40, 1965), S. 144 ff., der in der Einleitung die neuen spanischen Heiligen zusammengestellt hat (S. 93–96).

[160] Erleichtert wurde den „fremden" Reliquien das „Eindringen" in dieser Zeit durchaus, denn das karolingische Europa schuf sich nur wenige eigene Heilige, vgl. P. RICHÉ, Les carolingiens en quête de sainteté, in: Les fonctions des saints dans le monde occidental (wie Anm. 3), S. 217–224. Zu Unterschieden der Hagiographie in Merowinger- und Karolingerzeit vgl. zusammenfassend auch BERSCHIN, Biographie und Epochenstil 3 (wie Anm. 12), S. 326–332.

[161] Die Herrscher waren allenfalls am Rande beteiligt, ihre Rolle war vor allem dann zentral, wenn es um eigene Hausklöster, wie die oben behandelten Orte Prüm, Erstein etc. ging.

[162] Vgl. Anm. 27. Einen ersten Eindruck vermittelt die Karte bei HONSELMANN, Reliquientranslationen nach Sachsen (wie Anm. 12), S. 161. Insbesondere geht es in dem hier interessierenden Zeitraum um Reliquientranslationen aus dem westfränkischen Reich nach Sachsen. Vgl. zum Beschaffen der Reliquien in Rom als „hagiographisches Cliché" B. DE GAIFFIER, La plus ancienne vie de Sainte Pusinne de Binson, honorée en Westphalie, Analecta Bollandiana 76 (1958), S. 188–223, S. 208 f.

[163] Vgl. FRIED, Weg (wie Anm. 22), S. 804.

[164] So im Brief an Leo IV. aus der Alexander-Translatio (DLo I Nr. 110; vgl. oben Anm. 45); ähnlich auch in den Gesta Conwoionis, hg. von BRETT (wie Anm. 90), S. 179 (vgl. S. 194 mit Anm. 94).

[165] So in der Translatio s. Hermetis, hg. von WAITZ (wie Anm. 33), S. 410.

Dem hl. Petrus eignet die Binde- und Lösegewalt[167]. Gewiß wurde mit solchen Formulierungen dem Nachfolger Petri noch keine juristische Vorherrschaft zugemessen, bedeutete dies noch nicht die „Unterwerfung" des „kirchlichen Lebens unter die Autorität der ... Päpste", wie Rudolf Schieffer es einmal genannt hat[168], aber es läßt sich gleichwohl eine Anerkennung der besonderen Stellung Roms und des Papstes erkennen. Dabei wurde die päpstliche Autorität besonders an bestimmten Orten und zu gewissen Zeiten bemüht, wenn Auseinandersetzungen auch Reliquien zu Waffen in einem aktuellen Streit werden ließen, wie im Falle der Bretagne, wo Rom zugleich als Orientierung und als Entscheidungsinstanz diente. Sonst blieben diese beiden Aspekte in dieser Zeit fast immer getrennt. Das Westfrankenreich beanspruchte nach 843 oft päpstliche Rechtshilfe, seltener römische Reliquien, dies könnte auf strukturellen Unterschieden zwischen den karolingischen Teilreichen, aber auch auf bestimmten traditionellen Orientierungen basieren.

Die persönlichen Beziehungen, die durch die Reliquiengaben zwischen Geber und Schenker entstanden, dürfen insgesamt keinesfalls gering veranschlagt werden. Der Austausch von Geschenken und Reliquien war in der Tat in starkem Maße nach der Formulierung von Mauss ein „fait social total"[169]; der anfangs zitierte Gregorovius hat durchaus Recht, wenn er eine Haupttätigkeit Roms in der Weitergabe von Reliquien und Büchern sah. Erkannt hat er aber nicht die soziale Bedeutung dieses Schenkens und Austauschens. In den Zusammenhang sozialer Beziehungen gehört offensichtlich auch die Vorstellung, daß der durch die Reliquien zunächst gewährte Schutz gleichzeitig oder später von einem schriftlichen, urkundlichen Schutzversprechen begleitet werden konnte. Daß dies erstmals im burgundischen Raum deutlich greifbar wird, war sicherlich auch durch weitere, andere Faktoren bedingt: die neue Herrschaft Gerhards von Vienne sowie die auch in weiterer Beziehung engen Bindungen an Rom, von denen das Martyrolog Ados von Vienne ebenso deutlich Zeugnis ablegt.

Zwar lief im frühen Mittelalter ohne Heilige buchstäblich nichts, um es einmal salopp zu formulieren, aber ich möchte den Eindruck vermeiden, daß nur Heilige, oder gar römische Heilige das Leben in den karolingischen Teilreichen geprägt hätten. Der Erwerb römischer Reliquien samt den damit zusammenhängenden und hier keinesfalls vollständig untersuchten Folgen gehören in den größeren Zusammenhang weiterer Rombeziehungen der Karolingerzeit. So hat beispielsweise Rudolf Schieffer

---

[166] So ebenfalls in den Gesta Conwoionis, hg. von BRETT (wie Anm. 90) S. 179: *...quae caput est omnium ecclesiarum, quae sub universo caelo sunt.* Vgl. zu diesen verschiedenen Begriffen A. ANGENENDT, Princeps imperii – Princeps apostolorum. Rom zwischen Universalismus und Gentilismus, in: DERS./R. SCHIEFFER, Roma – caput et fons. Zwei Vorträge über das päpstliche Rom zwischen Altertum und Mittelalter (1989), S. 7–44, S. 14 f. u. ö.

[167] Vgl. oben im Zusammenhang mit dem Mirakel aus dem Kloster Redon Anm. 98 f.

[168] Vgl. R. SCHIEFFER, „Redeamus ad fontem". Rom als Hort authentischer Überlieferung im frühen Mittelalter, in: ANGENENDT/DERS., Roma – caput et fons (wie Anm. 166), S. 45–70, S. 66.

[169] So die klassische Definition von MAUSS, Gabe (wie Anm. 10).

die Weitergabe römischer Bücher mit dem Bedürfnis nach etwas „Authentischem"
erklärt und am Rande darauf verwiesen, daß ähnliche Bedürfnisse auch bei den Reli-
quienbitten vorherrschend gewesen sein könnten: Die in Rom verschenkten Codices
und die Reliquienschenkungen lassen sich zuweilen sogar von den Quellen her ge-
danklich verknüpfen: Beides wurde mehrfach von Petenten zusammen erbeten[170].
Buchwidmungen, Beschaffung römischer Bücher, monastischer Regeln[171] und Rechtstexte, liturgische Austauschbeziehungen sind verschiedene Aspekte dieses in der
Hochkarolingerzeit besonders ausgeprägten Prozesses. Dabei war der Wunsch nach
etwas Römischem, Authentischem entscheidend. Diese Beziehungen führten in der
Karolingerzeit allenfalls in Ansätzen zu einer Uniformierung von liturgischen oder
rechtlichen Gebräuchen. Dennoch dürften diese Rombezüge langfristig prägend
gewesen sein.

In den liturgischen Zusammenhang lassen sich auch viele Reliquientranslationen
aus der Mitte des 9. Jahrhunderts einordnen. Die Weitergabe der begehrten Teile und
ihre Deposition in den verschiedenen Altären zog in der darauf jeweils abgestimmten
Liturgie immer wieder die Besinnung auf die dort niedergelegten Reliquien nach sich
und vergegenwärtigte so Rom und seine Heiligen. Der Ausgangspunkt des Reliquienkultes liegt im Totengedenken, unter anderem ausgedrückt in der Feier der Eucharistie, die Lebende und Tote im Gedächtnis Christi vereinte. Somit lassen sich Imita-
tionen römischer Bauten, die Übersendung römischer Bücher und der Erwerb römischer Reliquien zusammen würdigen: Die Erinnerung an Rom und seine Heiligen
wurde durch die fortwährende liturgische Verehrung vielleicht wesentlich nach-
drücklicher immer wieder ins Bewußtsein gerufen als durch irgendeinen Papstbrief
oder eine -urkunde, die nur für einige Schriftkundige im Schrein des Klosters zugänglich war. Das Martyrolog Ados und seine Ableitungen trugen dazu bei, daß
Rom und die Päpste fast wöchentlich im liturgischen Geschehen präsent waren,
römische Märtyrer und besonders heilige Päpste evozierten immer wieder – selbst
mit ihren nur kurzen Notizen – stets das Zentrum der westlichen Christenheit.

Das Ensemble der verschiedenen Rombeziehungen hat seit der zweiten Hälfte des
8. Jahrhunderts maßgeblich auch die Autorität der römischen *sedes* an verschiedenen
Orten im Frankenreich gefestigt und somit den Boden für die spätere Entwicklung
bereitet. Die neue Situation im Frankenreich nach dem Vertrag von Verdun (843) bot
hierfür erneut gute Ansatzpunkte. Vieles kam zusammen oder konkurrierte miteinander: geopolitische Voraussetzungen, Reichsteilungen, das Fehlen anderer Schutz-
herren und anderes mehr. Der gordische Knoten, wie es zu einer stets zunehmenden

---

[170] SCHIEFFER, Redeamus ad fontem (wie Anm. 168), S. 67 f.

[171] Die Benediktregel könnte ihre Durchsetzung im Frankenreich vor allem ihrem Ruf als römische Regel verdanken, den die Karolingerherrscher und ihre monastischen Berater förderten. Auch
hier galt Rom als Leitbild, vgl. zusammenfassend SCHIEFFER, Redeamus ad fontem (wie Anm.
168), S. 60–62 sowie jüngst F.J. FELTEN, Die Bedeutung der „Benediktiner" im frühmittelalterlichen Rheinland. Reflexionen, Amerkungen und Fragen, Teil 1, Rheinische Vierteljahresblätter 56
(1992), S. 21–58, S. 26 f.

Bedeutung Roms und des Papsttums im Frankenreich und dessen Nachfolgestaaten kam, läßt sich nicht nur von einer Seite aus durchhauen. Aber die Romorientierung durch Heilige war auch ein Phänomen mit Langzeitwirkung, wenn diese auch nur vereinzelt konkret zu belegen ist: Erst spätere Epochen zeitigten viele Ergebnisse und Folgen der Rombeziehungen in einer Zeit des Umbruchs; nicht nur durch Papsturkunden, Papstbriefe oder kirchenrechtliche Schriften war die Karolingerzeit für spätere Epochen prägend.

Rom und die Kirche im deutschen Reich des 10. Jahrhunderts

von

Jürgen Simon

Mit dem zügigen Erscheinen der *Germania Pontificia* im Rahmen der *Regesta Pontificum Romanorum*[1] in den letzten Jahren ist uns das Material in die Hand gegeben, um das Verhältnis der Kirchen und geistlichen Gemeinschaften bzw. ihrer Repräsentanten im deutschen Reich zum Papsttum im 10. Jahrhundert zu beleuchten, was im Rahmen dieses Beitrages nur überblicksartig geschehen kann. Mit dem vom Autor dieser Zeilen zu bearbeitenden Band über die Kirchenprovinz Magdeburg sind hier alle deutschen Kirchenprovinzen erfaßt, wenn auch die nördlichen Suffragane von Mainz sowie die Kölner und Trierer Suffragane nur in so weit berücksichtigt werden konnten, wie eine Auswertung von Jaffé-Loewenfeld[2], Böhmer-Zimmermann[3] und der Zimmermannschen Papsturkundenedition[4] dies erlauben.

[1] Regesta Pontificum Romanorum. Germania Pontificia I: Provincia Salisburgensis et Episcopatus Tridentinus auctore A. BRACKMANN (1911, ND 1960); II: Provincia Maguntinensis. Pars 1: Dioeceses Eichstetensis, Augustensis, Constantiensis I auctore A. BRACKMANN (1922, ND 1960); Pars 2: Dioeceses Constantiensis II et Curiensis et Episcopatus Sedunensis, Geneviensis, Lausannensis, Basiliensis auctore A. BRACKMANN (1927, ND 1960); III: Provincia Maguntinensis. Pars 3: Dioeceses Strassburgensis, Spirensis, Wormatiensis, Wirciburgensis, Bambergensis auctore A. BRACKMANN (1935, ND 1960); IV: Provincia Maguntinensis. Pars 4: S. Bonifatius, Archidioecesis Maguntinensis, Abbatia Fuldensis congessit H. JAKOBS usus H. BÜTTNER schedis (1978); VI: Provincia Hammaburgo-Bremensis congesserunt W. SEEGRÜN et Th. SCHIEFFER (1981); VII: Provincia Coloniensis. Pars 1: Archidioecesis Colonienis congessit Th. SCHIEFFER (1986); X: Provincia Treverensis. Pars 1: Archidioecesis Treverensis congessit E. BOSHOF (1992). Der Band IX (nördliche Suffragane von Köln) ist im Druck, hier deshalb noch nicht berücksichtigt. Er dürfte für das 10. Jahrhundert keine wesentliche Zahl von Nachrichten bringen. Der Band XII (Kirchenprovinz Magdeburg) wird vom Verfasser bearbeitet, so daß dieses Material hier berücksichtigt worden ist. Die Bände werden im folgenden Germ. Pont. abgekürzt zitiert.
[2] Regesta Pontificum Romanorum ab condita ecclesia ad annum post Christum natum MCXCVIII ed. PH. JAFFÉ, [2]ed. W. WATTENBACH, S. LOEWENFELD, F. KALTENBRUNNER, P. EWALD, 2 Bde. ([2]1885–1888, ND 1956) (künftig JE, JL).
[3] J.F. BÖHMER, Regesta Imperii II. Sächsische Zeit, 5. Abt.: Papstregesten 911–1024, bearb. v. H. ZIMMERMANN (1969), künftig BZ.
[4] H. ZIMMERMANN, Papsturkunden 896–1046, 2 Bde. (Österr. Akad. der Wiss., phil.-hist. Kl., Denkschriften 174, 177, 1984–85, 2. revidierte Aufl. 1988–89), 3, Register (Denkschriften 198, 1989).

Wesentliche Verschiebungen in den Befunden dürften die noch ausstehenden Bände der *Germania Pontificia* aber nicht mehr bringen. In dieser Untersuchung soll es um die rein „kirchlichen" Kontakte zu den Päpsten gehen, so daß all diejenigen nicht in die Untersuchung einbezogen sind, die die Geistlichkeit in Reichsangelegenheiten aufgenommen hat, die also diplomatisch-politischer Natur waren.

In seinem Beitrag „Der Bischof von Rom im Saeculum obscurum"[5] zu einem 1989 in Rom veranstalteten Symposium über „Il primato del vescovo di Roma nel primo millenio" berichtet Harald Zimmermann von den Nachwirkungen des Streites um Papst Formosus zu Beginn des 10. Jahrhunderts, der römischen Adelsherrschaft über das Papsttum und ihren Auswüchsen in den ersten dreißig Jahren, nach denen die Herrschaft Alberichs in Rom für eine gewisse Stabilität sorgte. Auch die „Einbeziehung Roms in das ottonische Reichskirchensystem"[6] hat keine Beruhigung gebracht, sondern nur einen dauernden Streit mit dem römischen Adel um die Besetzung des Stuhles Petri. Selbst die Ernennung Gregors V. und Silvesters II. am Ende des Jahrhunderts mußte von den Römern als Oktroi einer Fremdherrschaft angesehen werden, da mit dem Hofkaplan Brun ein Deutscher und mit Gerbert von Aurillac ein „Franzose" Bischof von Rom wurden. Zimmermanns Summe aus diesem *Saeculum obscurum* ist – was den Bischof von Rom angeht – wahrlich niederschmetternd[7]: Von 26 Päpsten, eingerechnet drei, wenn nicht gar fünf Gegenpäpste, wurden zwölf abgesetzt, fünf ermordet und fünf exiliert. Daß in dieser Verfallssituation und bei den schnell wechselnden, z. T. unwürdigen Amtsinhabern sich kirchliche Institutionen nach Rom gewandt haben, ist aus heutiger Sicht wenig vorstellbar. Auch die historiographischen Quellen des 10. Jahrhunderts scheinen das Papsttum, wie Johannes Fried hervorgehoben hat, erst in dem Moment wahrzunehmen, als sich Otto der Große ihm zuwendet[8]. Widukind von Corvey gar schafft es, in seiner Sachsengeschichte das Papsttum so gut wie ganz zu ignorieren[9], was man als die Idee eines romfreien Kaisertums gedeutet hat[10]. So gesehen ist selbst Friedrich Kempfs Darstellung des 10. Jahrhunderts in Hubert Jedins „Handbuch der Kirchengeschichte" noch „mittelalterlich", da im Abschnitt über Deutschland seines 27. Kapitels „Die Kirche in Frankreich, Italien und Deutschland"[11] das Wort Papst gar nicht

---

[5] H. ZIMMERMANN, Der Bischof von Rom im Saeculum obscurum, in: Il primato del vescovo di Roma nel primo millenio. Ricerche e testimonianze. Atti del symposium storico-teologico Roma, 9–13 Ottobre 1989, a cura di M. MACCARONE (1991), S. 643–660.

[6] Ebd., S. 647.

[7] Ebd., S. 648.

[8] J. FRIED, Laienadel und Papst in der Frühzeit der französischen und deutschen Geschichte, in: Aspekte der Nationenbildung im Mittelalter, hg. von H. BEUMANN und W. SCHRÖDER (Nationes 1, 1978), S. 385 f.

[9] Ebd., S. 386.

[10] H. BEUMANN, Widukind von Korvey (1950), S. 228 ff.; DERS., Die Ottonen (1987), S. 80.

[11] F. KEMPF in: Handbuch der Kirchengeschichte 3,1, hg. v. H. JEDIN (1966), S. 228–232.

vorkommt und erst das 28. Kapitel über Rom, Papsttum und ottonische Kirche (962–1002)[12] handelt.

Spiegelte die mittelalterliche Historiographie die Wirklichkeit wider, so wäre das Ergebnis trostlos. Tatsächlich registriert aber Zimmermann in seinem genannten Aufsatz 400 Papsturkunden des 10. Jahrhunderts an 250 verschiedene Empfänger in der damaligen christlichen Welt, wobei er zugeben muß, daß „eine nicht geringe Zahl als gleichzeitige oder spätere Fälschungen" entlarvt worden sind. Trotzdem bleibt eine große Zahl von kirchlichen Institutionen, die es für notwendig erachtet hat, den Papst zur Bestätigung von Rechten und Besitz in Anspruch zu nehmen. Die Arbeit an den *Regesta Pontificum Romanorum* wird diese Zahl noch wesentlich erhöhen, da allein schon das hier herangezogene Material der *Germania Pontificia* fast 300 urkundliche und historiographische Nachrichten, im statistischen Mittel also etwa drei pro Jahr, für den Raum des deutschen Reiches liefert. Dies ist zwar nicht gerade viel, wenn man an den jährlichen Urkundenausstoß der päpstlichen Kanzlei z.B. unter Alexander III. im 12. Jahrhundert denkt, doch ist auch im 10. Jahrhundert der Papst ungeachtet persönlicher Schwächen *summum post Christum totius christianitatis membrum*[13], die höchste kirchliche Instanz auf Erden.

*

Noch weniger als die Päpste des 12. Jahrhunderts können die des 10. Jahrhunderts kontrollieren, ob die an sie gerichteten Wünsche der Petenten nach bestimmten Bestätigungen oder Privilegien rechtens sind, auch wenn manchmal Nachforschungen im päpstlichen Archiv nach vorausgehenden Urkunden des apostolischen Stuhls erfolgreich waren[14]. In ihren Urkunden handeln die Päpste nicht aus eigenem Antrieb, sondern auf Veranlassung der Empfänger, so daß aus ihnen immer das Interesse der Petenten an dem Papstkontakt zu ersehen ist. Eine eigenständige Kirchenpolitik der Päpste in Bezug auf geistliche Gemeinschaften oder Bistümer darf aus ihnen keinesfalls abgeleitet werden, war bei ihrer faktischen Machtlosigkeit vor Ort auch gar nicht möglich. Das Haupt reagiert immer nur auf seine Glieder, erhält aber durch die Vergabe von Privilegien und anderen Wohltaten die hohe Ehrerbietung Rom gegenüber aufrecht.

Teilt man die überlieferten Nachrichten einmal in die Empfängergruppen Episkopat und geistliche Gemeinschaften, so ergibt sich folgendes Bild: 56% beziehen sich auf den Episkopat, 44% auf die Klöster, so daß ein leichtes Übergewicht der Romkontakte der Bischöfe zu konstatieren ist.

[12] Ebd., S. 232–246.
[13] Germ. Pont. 4, S. 75 Nr. 66.
[14] Ebd., S. 73 Nr. 58 = JL 3613.

Als Fälschungen haben die Bearbeiter der Germania Pontificia fast ein Fünftel des gesamten Materials aus dem 10. Jahrhundert ausgewiesen. Von diesen Fälschungen nennen 23 (= 42%) die Bischöfe, 32 (= 58%) geistliche Gemeinschaften als Briefpartner der Päpste, so daß im Episkopat eine geringere Fälschungsproduktion auf Päpste des 10. Jahrhunderts zu beobachten ist als bei den monastischen Institutionen. Damit sind etwas über 25% aller Nachrichten über Papstkontakte der Gemeinschaften gefälscht, aber nur knapp 15% derjenigen des Episkopates. Beides, die geringere Zahl der Kontakte und die größere Zahl der Fälschungen bei den Gemeinschaften, zeigt die auch nach dem 10. Jahrhundert zu beobachtende Schwierigkeit ihrer Vorsteher, unmittelbare Papstkontakte unter Umgehung der hierarchischen Zwischeninstanz der Bischöfe aufzunehmen.

Teilt man chronologisch das 10. Jahrhundert in zwei, freilich nicht ganz gleich große Abschnitte, nämlich in die Zeit bis zur Kaiserkrönung Ottos des Großen im Jahre 962 und in die Zeit danach, so ist das Verhältnis der echten Nachrichten beim Episkopat 42% zu 58%: Es gab also tatsächlich wesentlich häufigere Kontakte nach der Kaiserkrönung, doch ist die vorerst sehr beachtliche Differenz mit durchschnittlich etwa mehr als einem Kontakt pro Jahr auf etwas über zwei pro Jahr zu relativieren, da man berücksichtigen muß, daß ja seit 968 mit Magdeburg eine ganze Kirchenprovinz hinzugekommen ist. Die Zahl der deutschen Erzbistümer erhöht sich damit um ein Fünftel von fünf auf sechs, so daß sich die Kontakte eigentlich ebenfalls nur um ein Fünftel erhöhen müßten. Tatsächlich ist aber etwas mehr als ein Viertel der Gesamtzahl der Nachrichten aus der Zeit nach 962 in diese Kirchenprovinz gerichtet. Dies ist natürlich eine Folge der Streitigkeiten um ihre Errichtung bzw. der Auflösung und der Bestrebungen zur Neueinrichtung der Diözese Merseburg. Trotzdem bleibt ein erheblicher Anstieg der Papstkontakte mit den Bischöfen des deutschen Reiches in der zweiten Hälfte des 10. Jahrhunderts zu konstatieren.

Dagegen ist die Zahl der Fälschungen in beiden Zeitabschnitten ziemlich gleichmäßig mit 11 zu 12 verteilt, so daß die im Auftrage der Bischöfe tätigen Fälscher die Kaiserkrönung 962 kaum als Zäsur empfunden haben, sicherlich auch gar nicht empfinden konnten, da das Papsttum für den Episkopat durch die Kaiserkrönung des deutschen Königs keine andere Qualität bekam.

Noch eklatanter ist der Befund bei den Klöstern und Stiften: Sowohl bei den echten wie auch bei den gefälschten Nachrichten ist das Verhältnis jeweils ca. 30% vor und 70% nach der römischen Weihe Ottos I., d.h. daß das Ereignis der Kaiserkrönung den geistlichen Gemeinschaften das Papsttum verstärkt ins Bewußtsein gebracht hat, so daß sie in den letzten vier Dezennien des 10. Jahrhunderts das Papsttum als Ansprechpartner für ihre Interessen verstärkt heranziehen.

Dies Ergebnis deckt sich also mit den zitierten Beobachtungen Frieds[15] in den historiographischen Quellen des 10. Jahrhunderts, wenn wir berücksichtigen, daß diese in großem Maße monastischer Herkunft sind.

[15] Wie Anm. 8.

Im übrigen verteilen sich diese Kontakte auf verhältnismäßig wenige Institutionen: Für die gesamte Kirchenprovinz Salzburg beispielsweise fehlen sie fast vollständig. Erst unter Silvester II. beginnt 999 die dortige Liste mit einer Urkunde für das Kloster Seeon[16] in der Erzdiözese Salzburg. In der Erzdiözese Köln unterhielten von 19 im Jahre 1000 existierenden Instituten, die in der Folge bis ans Ende des 12. Jahrhunderts irgendwann in Kontakt zur Kurie standen, im 10. Jahrhundert nur fünf Romkontakte, alle mit jeweils einer einzigen Nachricht[17], in der Erzdiözese Trier sind es sieben von 16 Gemeinschaften[18], allerdings bei einigen wie z.B. St. Maximin mit mehreren Belegen.

Ähnlich verhält es sich auch bei den Klöstern und Stiften in den Suffragandiözesen: Um nur ein Beispiel zu nennen, finden sich im Bistum Straßburg mit Andlau, Selz und Schuttern nur drei von 15 Instituten, die Kontakt zum Papst hatten. Selz erhält die Urkunde übrigens nur wenige Jahre nach der Gründung auf Bitten der Kaiserin Adelheid[19], die Kontaktaufnahme ist also wohl nicht vom Kloster ausgegangen, sondern von seiner Gründerin. Schuttern dagegen erhält die erste Papsturkunde erst 964, mehr als 150 Jahre nach seiner Gründung.

Einige Beispiele für Romkontakte der geistlichen Gemeinschaften bzw. ihrer Vorsteher: In den Jahren 911–915 wendet sich Propst Erkembert von Mettlach wegen der seinen Mönchen durch den Erzbischof von Trier zugefügten Bedrückungen nach Rom[20], woraufhin von dort König Karl der Einfältige durch Briefe und Legaten aufgefordert wird, einzugreifen[21]. Irgendwann zwischen 941 und 980 reist auch Abt Ruotwich von Mettlach *pro salute suorum* nach Rom[22].

943 ist Abt Hadamar von Fulda als Beauftragter Ottos I. beim Papst und erbittet gleichzeitig für sein Kloster die Bestätigung älterer Papstprivilegien[23]; ebenso ist er Ende 947 als Unterhändler Ottos wieder in Rom nachweisbar[24] und ersucht[25] erneut um ein Privileg[26]. Einen weiteren Besuch beim Heiligen Stuhl im Spätsommer des

---

[16] Germ. Pont. 1, S. 73 Nr. 1 = JL 3900.

[17] St. Ursula. St. Pantaleon, Essen, Mönchengladbach und Vilich. Vgl. Germ. Pont. 7, passim.

[18] St. Maximin, St. Eucharius, St. Martin, St. Marien (Mergen), Mettlach, Echternach und Prüm. Vgl. Germ. Pont. 10, passim.

[19] Germ. Pont. 3, S. 72 Nr. 1 = JL 3857.

[20] Germ. Pont. 10, S. 251 Nr. *1.

[21] Ebd., S. 252 Nr. *2.

[22] Ebd., Nr. *3.

[23] Germ. Pont. 4, S. 367 Nr. *34. Die Bestätigung durch Papst Marinus erfolgt 943 März 27 (ebd., Nr. 35 = JL 3622). Sie wird dann am 24. Mai noch von Otto I. bestätigt (MGH DO I 55).

[24] H. BÜTTNER, Die Mainzer Erzbischöfe Friedrich und Wilhelm und das Papsttum im 10. Jahrhundert, in: FS für Johannes Bärmann, Geschichtliche Landeskunde 3,1 (1966), S. 11 = ND: DERS., Zur frühmittelalterlichen Reichsgeschichte an Rhein, Main und Neckar (1975), S. 285. Im folgenden wird nach dem Nachdruck zitiert.

[25] Germ. Pont. 4, S. 368 Nr. *37.

[26] Ebd., Nr. 38 = JL 3643.

Jahres 955 im Auftrage seines Königs[27] nutzt er diesmal aber anscheinend nicht zu einer Privilegienbestätigung für sein Institut. Ende Oktober 994 wird Hatto III. sogar von Johannes XV. zum Abt geweiht[28] und erhält gleichzeitig wieder ein Privileg[29].

Im Mai des Jahres 972 gestattet Johannes XIII. dem Bischof von Verdun die Gründung und Dotation des Klosters St. Paul und die Bestellung des ersten Abtes. Er schenkt dem Kloster Reliquien und setzt sich beim Kaiser für dessen Besitzbestätigung und eine Privilegienvergabe ein[30]. Gregor V. bestätigt dann 996–999 das vom Bischof Wigfried überlassene Recht, am Fluß Saulx vier Mühlen zu betreiben[31].

Während Königin Mathilde noch kurz vor ihrem Tode von Rom ein Privileg für ihre Gründung Nordhausen (Diözese Mainz) erbittet, das dann ihr Sohn, Kaiser Otto I., 968 dem Kloster von Italien aus zustellen läßt[32], begibt sich die Gründerin von Schildesche (Diözese Osnabrück) selbst nach Rom, überreicht dem Papst Marinus (942–946) während ihres Berichtes über ihre Gründung Geschenke und erhält von ihm Reliquien Johannes d. Täufers, des Patrons des Klosters[33]. Bischof Gebhard II. von Konstanz erhält von Johannes XV. für seine dem hl. Gregor (I.) geweihte Neugründung Petershausen das Haupt dieses Heiligen[34], während der Abt der Reichenau ein Kristallgefäß mit dem Blut Christi bekommt[35], beide übrigens parallel zu Privilegien[36].

Ebenso erhält Dekan Ekkehard (I.) von St. Gallen Reliquien Johannes' des Täufers von Johannes XIII. zum Geschenk, mit denen der Papst den Mönch bei einem Romaufenthalt von einer längeren Krankheit heilte[37]. Der Papst habe ihn – so erfahren wir – wegen seiner Gelehrsamkeit besonders geschätzt, was eine der wenigen persönlichen Nachrichten in den Beziehungen zwischen Rom und der deutschen Kirche aus dieser Zeit darstellt. Reliquien des heiligen Felix schließlich bringt Erzbischof Adaldag von Hamburg mit Zustimmung Papst Leos VIII. von Rom nach Bükken[38].

Inhaltlich geht es bei den Papsturkunden für geistliche Gemeinschaften vordringlich um die Sicherung von Rechten und Privilegien: Besitzbestätigungen (größtenteils

---

[27] Ebd., S. 370 Nr. *43.
[28] Ebd., S. 373 Nr. *53.
[29] Ebd., Nr. 54 = JL † 3846 et 3853.
[30] BZ 501.
[31] BZ 746.
[32] BZ 442.
[33] BZ 168.
[34] Germ. Pont. 2, 1, S. 146 Nr. *2 = JL – (989).
[35] Ebd., S. 151 Nr. *11 = JL – (985–994).
[36] Petershausen: Germ. Pont. 2, 1, S. 145 Nr. 1 = JL 3831; Reichenau: ebd., S. 151 Nr. *10 = JL –.
[37] BZ 430.
[38] Germ. Pont. 6, S. 106 Nr. ?*1.

pauschal[39], noch sehr selten unter Nennung der einzelnen Pertinenzien[40]), Zehntbe-
sitz und -bestimmungen[41], die Übernahme in den päpstlichen Schutz[42], erstmalig im
10. Jahrhundert an das 922 gegründete Ursulakloster in Köln[43], und in die Jurisdictio
Romana[44], Abts- bzw. Äbtissinnenwahl[45], *libertas*, d.h. die freie Wahl des Vorste-
hers[46].

Gegen Ende des Jahrhunderts begegnen verstärkt Verleihungen des Rechtes zum
Tragen von Dalmatica und Sandalen an Äbte[47], die erste 970 an den Abt des Vin-
zenzklosters von Metz[48]. Der Abt soll unter diesen Ehrenzeichen bei Abwesenheit
des Diözesanbischofs an Festtagen in der Kathedrale die Messe lesen. Die Verwendung im Kloster selbst ist damit allerdings noch nicht gestattet worden. Zeitlich geht
dies einher mit der Verleihung dieser Rechte an den lokalen Kardinalat in Trier[49] im
Jahre 975 und ähnlichen Vergabungen an den Magdeburger Kardinalat 968[50].

[39] So z.B. für Gorze 938 (JL 3609; ZIMMERMANN, Papsturkunden 1 (wie Anm. 4), S.148
Nr. 86); Corvey (JL 3806; ebd., S. 519 Nr. 264); Lorsch 989 (Germ. Pont. 4, S. 229 Nr. 2 = JL 3834)
und öfter.

[40] z.B. S. Vanne in Verdun 956 (JL 3676; ZIMMERMANN, Papsturkunden 1 (wie Anm. 4), S. 252
Nr. 139).

[41] Essen: Germ. Pont. 7, S. 228 Nr. 4.

[42] J. SEMMLER, Traditio und Königsschutz. Studien zur Geschichte der königlichen *monasteria*,
ZRG Kan. 76 (1959), S. 1–33.

[43] Germ. Pont. 7, S. 161 Nr. 1 (925–926) = JL 3594. Quedlinburg 967 (JL 3716; ZIMMERMANN,
Papsturkunden 1 (wie Anm. 4), S. 349 Nr. 178); Gandersheim 968 (JL 3721; ebd., S. 360 Nr. 184);
Nienburg 983 (JL 3818; ebd., S. 544 Nr. <278>); Petershausen 989 (Germ. Pont. 2, 1, S. 145 Nr. 1 =
JL 3831) und 996 (ebd., S. 146 Nr. 3 = JL 3897); Lobbes 990 (JL 3837; ZIMMERMANN, Papsturkun-
den 1 (wie Anm. 4), S. 591 Nr. 305); Aachen 997 (Germ. Pont. 7, S. 51 Nr. 123 = JL 3875); Rei-
chenau ca. 998 (Germ. Pont. 2, 1, S. 152 Nr. 12 = JL *3880 et *3881).

[44] So z.B. Gandersheim 948 (ZIMMERMANN, Papsturkunden 1 (wie Anm. 4), S. 201 Nr. 115);
Essen (947–955) (Germ. Pont. 7, S. 228 Nr. 4); Bibra 963 (Germ. Pont. 4, S. 324 Nr. 1 = JL 3694);
Hersfeld 968 (ebd., S. 279 Nr. 6 = JL 3723); Corvey 981 (JL 3806; ZIMMERMANN, Papsturkunden 1
(wie Anm. 4), S. 519 Nr. 264); Lorsch 982 (Germ. Pont. 4, S. 228 Nr. 1 = JL 3811); Gembloux 983
(JL 3817; ZIMMERMANN, Papsturkunden 1 (wie Anm. 4), S. 540 Nr. 275); Lorsch 982 (Germ. Pont.
4, S. 228 Nr. 1).

[45] So z.B. Essen (947–955) (Germ. Pont. 7, S. 228 Nr. 4).

[46] St. Maximin/Trier 968 (Germ. Pont. 10, S. 202 Nr. 7 = JL 3722), wo auf die *libertas* von Prüm
Bezug genommen wird; Selz 995 (Germ. Pont. 3, S. 72 Nr. 1 = JL 3857); Seeon 999 (Germ. Pont. 1,
S. 73 Nr. 1 = JL 3900) mit der *libertas Romana*.

[47] z.B. Corvey 981 (JL 3806 = ZIMMERMANN, Papsturkunden 1 (wie Anm. 4), S. 519 Nr. 264);
Fulda 994 (Germ. Pont. 4, S. 373 Nr. 54), wo dieses Recht *pro amore Ottonis regis* verliehen wird;
997 (ebd., Nr. 55 = JL 3874); Selz (Diöz. Straßburg) 995 (Germ. Pont. 3, S. 72 Nr. 1 = JL 3857);
Reichenau 998 (Germ. Pont. 2, 1, S. 152 Nr. 12 = JL *3880 et *3881). Die Pontifikalienverleihung
für St. Pantaleon 976 ist dagegen eine Interpolation (Germ. Pont. 7, S. 176 Nr. 2 = JL 3788).

[48] JL 3741; ZIMMERMANN, Papsturkunden 1 (wie Anm. 4), S. 402 Nr. <204>.

[49] Germ. Pont. 10, S. 48 Nr. 73 = JL 3783.

[50] Germ. Pont. 4, S. 78 Nr. 75 = JL † 3729.

Großer Wert ist darauf gelegt worden, vorhandene päpstliche Privilegien bestätigen zu lassen, wie dies Fulda sehr intensiv betrieben hat[51]. Aber auch für verloren gegangene Urkunden erbat man Ersatz, wie z.B. in Essen, wo ein Nikolausprivileg[52], das ein Raub der Flammen geworden war, von Agapit II. erneuert wurde[53].

*

In Reichsangelegenheiten nach Rom reisende Mitglieder des deutschen Episkopates interessieren in unserem Zusammenhang nicht, wenn sie nicht gleichzeitig „kirchliche" Kontakte zum Papst gesucht haben. In den Quellen finden sich einige Male nach Rom pilgernde Bischöfe, wie wir ja auch schon Kloster- und Stiftsangehörige bzw. -gründer dort gesehen haben. Auch hier einige Beispiele:

942 ist Bischof Ulrich von Augsburg bei Papst Marinus[54], im Herbst 971 bei Johannes XIII.[55] 993 tritt sein Nachfolger Liudolf vor die römische Synode, um Ulrich von Johannes XV. heiligsprechen zu lassen[56]. Dem wird entsprochen und seine Verehrung in einem päpstlichen Schreiben an alle Bischöfe und Äbte des deutschen Reiches angeordnet[57].

Der Ende Mai 969 in Reichsdingen in Rom weilende Bischof Dietrich von Metz ist anwesend, als der Papst einen besessenen Grafen mittels einer Kette des Apostels Petrus heilt. Der Bischof ist daraufhin so begierig, diese Kette zu erhalten, daß der Papst ihm schließlich einen Teil dieser Reliquie abgibt[58]. Anderhalb Jahre später erhält er weitere römische Reliquien geschenkt und das Recht, zusätzliche Heiltümer zu erwerben[59], wovon er auf seiner Rückreise kräftig Gebrauch macht. 972 bekommt Dietrich gar Teile des Rostes des hl. Laurentius (immerhin eines bevorzugten „Reichsheiligen" Ottos I.) für seine Bemühungen am Zustandekommen der Ehe Ottos II. mit der byzantinischen Prinzessin Theophanu[60]. Gleichzeitig nutzt er diesen Romaufenthalt, seinem Vinzenzkloster ein Privileg zu verschaffen[61]. Genau wie Abt Hadamar von Fulda seine diplomatische Tätigkeit mit der Sorge um Privilegien für sein Kloster verbindet, sehen wir Dietrich von Metz in einem wahrhaftigen Verlangen, seine Diözese mit römischen Heiligtümern zu schmücken, die, wie Klaus

---

[51] Ebd., S. 366 ff. Nr. 31–56, worunter sich auch zahlreiche Fälschungen befinden.
[52] Germ. Pont. 7, S. 227 Nr. *2.
[53] Ebd., S. 228 Nr. 4.
[54] BZ 169.
[55] Ebd., 487.
[56] Ebd., 713; H. WOLTER, Die Synoden im Reichsgebiet und in Reichsitalien von 916 bis 1056 (Konziliengeschichte, Paderborn 1988), S. 134 f.
[57] Germ. Pont. 2,1, S. 30 Nr. 6 = JL 3848.
[58] BZ 461.
[59] Ebd., 472.
[60] Ebd., 502.
[61] JL *3807; BZ 592.

Herbers in seinem Beitrag zeigt, die Papstbeziehungen der Kirchen für die Zeitgenossen viel anschaulicher herausstellen konnten, als dies durch Urkunden möglich gewesen wäre.

Die Sorge um den klösterlichen Lebenswandel drängt Bischof Hugo von Würzburg 983, die päpstliche Genehmigung einzuholen für eine Wiederherstellung des Würzburger Andreasklosters[62]. Wie er sich einem in die Kirche geflüchteten Verwandtenmörder gegenüber zu verhalten habe, läßt Erzbischof Hermann von Köln 914/15 durch den Papst entscheiden[63], ebenso wie Erzbischof Friedrich von Mainz sich kurz nach seiner Wahl in Fragen der Behandlung von Juden an Rom wendet[64]. Damit sind die Kontakte des Episkopates mit dem Papst, die nicht Ranganliegen zum Inhalt hatten, aber auch schon aufgezählt. Jene dagegen bilden die Masse der Nachrichten des 10. Jahrhunderts.

*

Sofort nach seiner Wahl schickt der Metropolit in der Regel sein Glaubensbekenntnis und einen Treueschwur an den Papst und bittet um Übersendung des erzbischöflichen Ehrenzeichens, des Palliums[65]. Die Hamburger Erzbischöfe sind wegen der labilen Stellung ihrer Provinz, die bis 948 keine Suffraganbistümer hatte[66], und wo sich laut einer zweifelhaften Nachricht noch 955–961 Erzbischof Brun von Köln um die Rückgewinnung Bremens als Suffraganbistum bemüht[67], besonders besorgt gewesen, das Pallium zu erlangen und die Verleihungsurkunden zu tradieren[68]. Ihre Urkunden haben im 11. Jahrhundert als Vorlage für Fälschungen und Interpolationen gedient, um damit Erzbischof Adalberos Nordpolitik zu untermauern.

Auch die Palliumsurkunde des ersten Erzbischofs Adalbert von Magdeburg von 968 ist noch erhalten[69]. Ihm wird der Gebrauch des Ehrenzeichens in der Form ge-

---

[62] Germ. Pont. 3, S. 178 Nr..*7; BZ 617.
[63] Germ. Pont. 7, S. 42 Nr. *93; S. 43 Nr. 94 = JL 3557; S. 43 Nr. *95.
[64] Germ. Pont. 4, S. 72 Nr. *57. Die päpstliche Antwort ebd., S. 73 Nr. 58 = JL 3613. Zur Sache BÜTTNER, Die Mainzer Erzbischöfe (wie Anm. 24), S. 278.
[65] Zur Verleihung des Palliums C.-B. Graf VON HACKE, Die Palliumverleihungen bis 1143. Eine diplomatisch-historische Untersuchung (1898); J. MARTÍ BONET, Roma y las iglesias particulares en la concesión del palio a los obispos y arzobispos de occidente. Año 513–1143 (1976); TH. ZOTZ, Pallium et alia quedam archiepiscopatus insignia, in: FS für Berent Schwineköper (1982), S. 155–175. Als Beispiel sei herangezogen die Wahlanzeige mit Glaubensbekenntnis und Bitte um Übersendung des Palliums von Erzbischof Brun von Köln, die er 955 durch Abt Hadamar von Fulda nach Rom schickt (Germ. Pont. 7, S. 47 Nr. *107).
[66] Germ. Pont. 6, S. 15.
[67] BZ 257.
[68] Germ. Pont. 6, S. 42 Nr. ?*40 (Adalgar); S. 43 Nr. 42 (Hoger); S. 44 Nr. ?*44 (Unni); S. 45 Nr. 46 (Adaldag); S. 50 Nr. 61 adn. (Libentius/Liawizo).
[69] JL 3728; ZIMMERMANN, Papsturkunden 1 (wie Anm. 4), S. 374 Nr. 190.

stattet, wie er in Mainz und Trier geschieht. Thomas Zotz hat nachgewiesen, daß die Magdeburger Pallienurkunden des 10. Jahrhunderts sich an denen dieser beiden *sedes* orientieren[70].

In den rheinischen Metropolen finden wir dagegen keine regelmäßigen Nachrichten über das Pallium[71], im 9. Jahrhundert für Mainz und Trier sogar überhaupt keine. Hier ist der erzbischöfliche Rang aufgrund des Alters dieser Kirchen unzweifelhaft, so daß die Verleihungsurkunden nicht besonders tradiert zu werden brauchten, wenn sie denn überhaupt eingeholt wurden, anders als in den Neugründungen, wo die Rangerhöhung bzw. die Rangstellung immer wieder behauptet werden mußte. Am Rhein sind andere Vorrechte wichtiger.

Allerdings wird auch hier die Vergabe des Palliums als Ehrenzeichen sehr genau beobachtet. Als am Ende des Lütticher Schismas 920/921[72] der Papst dem dortigen, von ihm anerkannten Bischof Richer, vormals Abt von Prüm, das Pallium *ad personam* übersendet und das Recht erteilt, *more apostolico* bei der Prozession ein Pferd zu benutzen[73], möchte der Kölner Erzbischof Hermann den Gebrauch des Palliums an a l l e n Festtagen erlaubt bekommen[74], was Johannes X. mit Berufung auf die alten kirchenrechtlichen Vorschriften ablehnt[75]. Der Metropolit Hermann ist also der Ansicht, daß die Ehrenverleihung an seinen Suffragan automatisch eine Aufwertung seines eigenen Ehrenzeichens nach sich ziehen müsse, um seinen Vorrang zu wahren.

Während für alle Salzburger Erzbischöfe des 9. Jahrhunderts die entsprechenden Urkunden überliefert sind[76], kennen wir hier im 10. Jahrhundert nur die Pallienverleihungen an die letzten beiden Erzbischöfe Friedrich 958[77] und Hartwig 993[78]. Hat man gerade diese Urkunden wieder aufbewahrt, weil man durch die Passauer Metropolitanpläne für die Notwendigkeit dieser Belege sensibilisiert war?

Zwar wurde der P r i m a t im Westen zu keiner regelmäßigen Stufe in der kirchlichen Hierarchie, doch hat dieser „Oberbischof" einen Ehrenvorrang vor den Bischöfen und Metropoliten, der sich in gewissen Vorrechten manifestierte, wie z.B. dem Vorsitz auf Synoden, dem Recht der Königskrönung usw. Dies entsprach auch

---

[70] ZOTZ (wie Anm. 65).
[71] Trier: Heinrich I. 957 (Germ. Pont. 10, S. 42 Nr. 62 = JL 3682) und 962 mit vergrößerter Pallientagezahl (ebd., S. 43 Nr. 63 = JL 3691), Dietrich 969 (ebd., S. 45 Nr. 68 = JL 3737); Mainz: Willigis 975 (ebd. 4, S. 79 Nr. 77 = JL 3784); Köln: Brun (wie Anm. 65).
[72] Zum Lütticher Schisma H. ZIMMERMANN, Der Streit um das Lütticher Bistum vom Jahre 920/921, in: MIÖG 65 (1957), S. 15–62, besonders S. 34 f.
[73] Germ. Pont. 10, S. 283 Nr. *11 = JL *3566.
[74] Germ. Pont. 7, S. 45 Nr. *102.
[75] Ebd., S. 46 Nr. 103 = JL 3568.
[76] Germ. Pont. 1, S. 8 Nr. 8 = JE 2495; S. 10 Nr. † 13 = JE † 2558; S. 10 Nr. 14 = JE 2580; S. 11 Nr. 17 = JE 2681; S. 12 Nr. 24 = JL 3115.
[77] Germ. Pont. 1, S. 14 Nr. *30.
[78] Ebd., S. 16 Nr. 36 = JL 3851.

Pseudoisidor, wo die Stellung des Primaten mit der eines Patriarchen gleichgesetzt worden war[79].

Als erster bemüht sich Erzbischof Friedrich von Mainz 937 in einem Schreiben an Papst Leo VII. um eine Erhöhung seines Ranges, in dem er um das apostolische Vikariat und den Titel eines *missus apostolicus* für ganz Germanien nachsucht[80], wie dies von den Päpsten schon unter Bonifatius der Mainzer Kirche zugestanden worden sei[81]. Für seine Person gewährt Leo VII. ihm diese Rechte[82], die, ehedem an die Person des Bonifatius gebunden[83], in der Mainzer Tradition als dauerndes Recht der Erzbischöfe umgedeutet worden waren[84], da Mainz als *metropolis Germaniae* galt[85]. Auffällig ist die zeitliche Nähe zur Königskrönung Ottos I. im August 936, als jeder der drei rheinischen Metropoliten das Recht der Weihe für sich beanspruchte, Köln und Trier dann wegen des besonderen Ansehens Hildeberts von Mainz aber zurücktraten, wobei der Kölner Wichfrid immerhin noch eine Mitwirkung beim kirchlichen Akt erreichte[86], der Trierer aber nur Zuschauer blieb.

Leos Nachfolger Marinus II. dehnt die Vikariatsstellung sogar noch auf die Gallia aus[87], was – wie Büttner wahrscheinlich gemacht hat[88] – mit dem damaligen Eingreifen König Ottos I. in westfränkische Verhältnisse[89] in Verbindung zu bringen ist. Auch Friedrichs Nachfolger Wilhelm wendet sich bald nach seiner Wahl zum Mainzer Metropoliten an Agapit II. um Bestätigung des Vikariates und des apostolischen Missusrechtes für ganz Germanien und Gallien[90], die der Papst unter Bezugnahme auf die Verfügung seines Vorgängers Marinus erteilt[91]. In der Pallienverleihung an Erzbischof Willigis 975 wird die Vorrangstellung des Mainzer Erzstuhls vollends

[79] H. FUHRMANN, Studien zur Geschichte der mittelalterlichen Patriarchate 2, ZRG Kan. 40 (1954), S. 14 f.; 3, ebd., 41 (1955), S. 170 ff.
[80] Germ. Pont. 4, S. 72 Nr. *57.
[81] Zum Mainzer Vikariat vgl. E. KLEBEL, Das apostolische Vikariat von Mainz, Aschaffenburger Jb. für Geschichte, Landeskunde und Kunst des Untermaingebietes 3 (1956), S. 63–70.
[82] Germ. Pont. 4, S. 73 Nr. 58 = JL 3613.
[83] TH. SCHIEFFER, Winfrid-Bonifatius und die christliche Grundlegung Europas (1954), S. 139 ff., 156 ff.
[84] BÜTTNER, Die Mainzer Erzbischöfe (wie Anm. 24), S. 276 f.
[85] Annales Fuldenses ad a. 852, hg. von F. Kurze, MG SS rer. Germ., S. 42.
[86] E. BOSHOF, Köln, Mainz, Trier – Die Auseinandersetzung um die Spitzenstellung im deutschen Episkopat in ottonisch-salischer Zeit, Jb. des Kölnischen Geschichtsvereins 49 (1978), S. 19–48, hier bes. S. 23.
[87] Germ. Pont. 4, S. 73 Nr. *59 = JL *3631.
[88] BÜTTNER, Die Mainzer Erzbischöfe (wie Anm. 24), S. 278 f.
[89] R. HOLTZMANN, Geschichte der sächsischen Kaiserzeit (²1955), S. 127 ff. H. ZIMMERMANN, Ottonische Studien, MIÖG Erg.-Bd. 20, 1 (1962), S. 122–190, hier bes. S. 130–146; E.-D. HEHL, Erzbischof Ruotbert von Trier und der Reimser Streit, in: Deus qui mutat tempora. Menschen und Institutionen im Wandel des Mittelalters. FS für Alfons Becker (1987), S. 55–68.
[90] Germ. Pont. 4, S. 75 Nr. *64.
[91] Ebd., S. 75 Nr. 65 = JL 3668; BÜTTNER, Die Mainzer Erzbischöfe (wie Anm. 24), S. 288 f.

deutlich[92], auch wenn bisher der Begriff *primatus* nicht verwendet worden ist: in allen kirchlichen Angelegenheiten, auch bei der Königskrönung und bei der Veranstaltung von Synoden stehe der Mainzer *post culmen summi pontificis* allen anderen Bischöfen in *tota Germania et Gallia* vor. Diese undeutliche Formulierung, die auf die klaren Begriffe *Primat, Vikariat* und *missus apostolicus* verzichtet, ist gegenüber Mainz eine Reaktion auf die Verleihung gerade dieser Vorrechte an Trier im Jahre 969[93]. Auf die Einzelheiten ist hier nicht einzugehen[94].

Über einen Kölner Primat im 10. Jahrhundert hören wir aus dorthin gerichteten Papsturkunden nichts, doch wird bei der Primatsverleihung an Magdeburg im Oktober 968 auch auf den des Kölners Bezug genommen[95]. Zu den vielfach aufgeworfenen Fragen der Echtheit des Magdeburger Primats kann ich mich hier noch nicht abschließend äußern, doch fügt die Urkunde Johannes' XIII. eine neue Variante in die Primatsdiskussion jener Jahre ein: Der Papst will, daß der Erzbischof von Magdeburg den Primat vor allen Erzbischöfen und Bischöfen *qui in G e r m a n i a ordinati sunt in sedendo, in iudicando, in confirmando, in subscribendo, in sententiis dandis omnique ecclesiastico ordine* habe, er aber *in honore similis* sein soll denjenigen *qui sunt in G a l l i a , id est Coloniensi et Maguncinensi et Treuirensi.* Damit ist er im Ehrenrang gleich den drei rheinischen Erzbischöfen, deren Metropolitankirchen ja alle linksrheinisch *in Gallia* liegen, in den genau bezeichneten Rechtshandlungen stehe er diesen aber *in Germania* voran, was also auch die seltsam undeutlichen Formulierungen für Mainz 975 verständlich machen könnte. Allerdings hat Thomas Zotz[96] Argumente dafür vorgebracht, daß die Urkunde Johannes' XIII. eine Fälschung aus der Zeit um 1000 sei, die sich gegen die Errichtung des Erzbistums Gnesen wendet[97]. Fest steht, daß Salzburg[98] und Hamburg ohne Primatsprivilegien geblieben sind.

Die Masse der römischen Kontakte betrifft damit die fünf beziehungsweise nach 968 dann sechs Erzbischöfe im Reich. Da die Kontaktaufnahme der Bischöfe mit Rom in

---

[92] Germ. Pont. 4, S. 79 Nr. 77 = JL 3784.

[93] Germ. Pont. 10, S. 45 Nr. 69 = JL 3736. Dazu E. BOSHOF, Das Erzstift Trier und seine Stellung zum Königtum und Papsttum im ausgehenden 10. Jahrhundert (Studien und Vorarbeiten zur Germania Pontificia 4, 1972), S. 49 ff.

[94] Siehe dazu vor allem BOSHOF, Köln, Mainz, Trier (wie Anm. 86).

[95] JL † 3729; † 3730. Dazu P. KEHR, Das Erzbistum Magdeburg und die erste Organisation der christlichen Kirche in Polen (Abhandlungen der Preussischen Akademie der Wissenschaften 1920, phil.-hist. Kl. Nr. 1), S. 18–22. H. JAKOBS, Eugen III. und die Anfänge europäischer Stadtsiegel nebst Anmerkungen zum Bande IV der Germania Pontificia (Studien und Vorarbeiten zur Germania Pontificia 7, 1980), S. 39–43.

[96] ZOTZ, Pallium (wie Anm. 65).

[97] H. BEUMANN, Die Bedeutung Lotharingiens für die ottonische Missionspolitik im Osten, Rheinische Vierteljahrsblätter 33 (1969), S. 28–46.

[98] H. DOPSCH, Legatenwürde und Primat der Erzbischöfe von Salzburg, in: Institutionen, Kultur und Gesellschaft im Mittelalter. FS für Josef Fleckenstein (1984), S. 265–284, hier S. 273.

kirchlichen Angelegenheiten die Erlaubnis des zuständigen Metropoliten erforderte, ist es verständlich, daß im Verhältnis zu ihrer viel größeren Zahl nur sehr wenige Nachrichten über ihre kirchlichen Papstbeziehungen nachweisbar sind. Nur ein Beispiel sei erwähnt: Für die Bischöfe von Speyer ist aus dem 10. Jahrhundert keine einzige Papsturkunde überliefert, obwohl mindestens Bischof Otger 964 und 965[99] beim Papst gewesen ist und damit Gelegenheit gehabt hätte, sich um Privilegien für seine Kirche zu bemühen.

Die oben als Sorge um Standesfragen klassifizierte Haltung des deutschen Episkopates bei seinen Romkontakten darf allerdings nicht als modernistische Kirchenkritik aufgefaßt werden, sondern muß aus der Zeit heraus gesehen werden: Der *ordo*, der Gedanke der Ordnung beherrscht dieses Streben. So darf es nicht wunder nehmen, wenn in einer Zeit, in der das deutsche Reich sich um seine Ordnung bemüht, wie es damals auch die anderen herrschaftlichen Gebilde tun, ebenso die Kirche, deren hierarchische Struktur aus der Spätantike herrührt, innerhalb gleichrangiger Gruppen ihre Ordnung zu finden sucht.

*

Im Winter 947/948 verhandelt Abt Hadamar von Fulda im Auftrag Ottos des Großen mit Papst Agapit, wobei möglicherweise auch über neue Bistümer gesprochen wurde. Die ersten drei Suffragane von Hamburg, nämlich die Bischöfe von Aarhus, Schleswig und Ripen, begegnen dann erstmalig in der Teilnehmerliste der Synode von Ingelheim 948[100], ohne daß die Existenz von Gründungsurkunden jemals erwähnt worden ist, geschweige denn ein päpstlicher Auftrag oder eine Bestätigung der Gründung sichtbar würde. Auch die Weihe der Vorsteher muß schon vor der Synode stattgefunden haben[101]. Aarhus, Schleswig und Ripen sind mit Havelberg und Brandenburg die letzten Gründungen in „karolingischer" Manier – wie es Rudolf Schieffer in seinem Beitrag in diesem Band ausdrückt[102]. Wenn wir auch die erste Mitwirkung eines päpstlichen Legaten bei Bistumserrichtungen im gleichen Jahr sehen, als der wegen anderer Angelegenheiten in Ingelheim anwesende Bischof Marinus von Bomarzo am 1. Oktober in Magdeburg die beiden Gründungsurkunden Ottos I. für Brandenburg und Havelberg mitunterzeichnet, so darf dabei ein dezidierter eigenständiger Wille des Papstes nicht unterstellt werden. Der Legat ist als hochrangiger Zeuge der königlichen Willensbekundung anzusehen. Ein päpstlicher Gründungsauftrag ist ohne eine Papsturkunde oder mindestens ein eigenes Schriftstück des Legaten nicht anzunehmen.

---

[99] BZ 350 und 386.
[100] Germ. Pont. 4, S. 74 Nr. 60.
[101] WOLTER, Synoden (wie Anm. 56), S. 50 f.
[102] Vgl. S. 311–326.

Die von Otto I. geplante Errichtung weiterer Missionsbistümer an der Elbe erfordert die Mitwirkung des Mainzer Metropoliten, da dessen Suffraganbistum Halberstadt unter Aufwertung zu einem Erzbistum nach Magdeburg verlegt werden soll und somit aus dem Mainzer Metropolitanverband herausgelöst werden muß. Otto klärt die Angelegenheit nicht auf einer Reichssynode (zumindest hören wir nichts von solchen Verhandlungen), sondern wendet sich direkt an den Papst, wohl weil er den Widerstand des Mainzers schon kennt.

Im Herbst 955 erreicht Otto die Zustimmung Agapits zur Verlegung des Halberstädter Bischofssitzes nach Magdeburg und seine Umwandlung in ein Erzbistum zum Zwecke der Fortsetzung der Slawenmission. Diese *minoratio nostrae sedis* ruft den neuen Mainzer Metropoliten Wilhelm auf den Plan, der dem Papst vorhält, seinen Vikar im Reich nicht darüber informiert, geschweige denn seine Zustimmung dazu eingeholt zu haben[103], die er denn auch mit den Worten *me vivo non consentiam* verweigert. Ja, er weist den Papst sogar auf sein eigenes Privileg aus dem gleichen Jahr hin, indem er dessen Strafandrohung für jegliche Minderung von Mainzer Rechten wörtlich wiederholt[104]. Am liebsten wäre ihm die Klärung dieser Frage auf einer Synode unter seinem, des päpstlichen Vikars, Vorsitz. Johannes XII., den das Schreiben nach Agapits Tod erreicht, geht auf die kirchenorganisatorischen Probleme nicht ein[105], der Streit schwelt weiter.

Auf der Krönungssynode Anfang Februar 962 berichtet Otto über die Missionsfortschritte und erreicht am 12. Februar die Errichtungsurkunde für das Erzbistum Magdeburg und sein Suffraganbistum Merseburg[106], dessen Einrichtung er ja 955 bei der Lechfeldschlacht geschworen hatte. Die Errichtung Magdeburgs und künftige Bistumsneugründungen werden an die Zustimmung der anderen fünf deutschen Metropoliten gebunden. Obwohl Halberstadt nicht umgewandelt wird, sondern nur einige Gebiete an Magdeburg und Merseburg abgeben muß und Havelberg und Brandenburg nicht zur Magdeburger Disposition gestellt werden, bleibt Erzbischof Wilhelm von Mainz auch diesmal hart, so daß sein kaiserlicher Vater bis zum Tod des Erzbischofs warten muß, ehe er auf der Ravennater Synode von 967 sein Projekt wieder vorbringen kann. Wilhelms Nachfolger, der ehemalige Fuldaer Abt Hatto, und der neue Halberstädter Bischof Hildewald stimmen der Errichtung nun zu, so daß in einer am 18. Oktober 968 ausgestellten Papsturkunde die neue Kirchenprovinz Magdeburg endlich bestätigt werden kann[107]. Aber sowohl 962 als auch 967/968 beschäftigen sich Synoden mit der Angelegenheit. Das Bischofskollegium entscheidet, der Papst veröffentlicht die Synodalbeschlüsse nur.

---

[103] Germ. Pont. 4, S. 75 Nr. 66.
[104] Ebd. 4, S. 75 Nr. 65 = JL 3668.
[105] Ebd. 4, S. 76 Nr. 67 = JL 3674.
[106] JL 3690.
[107] JL 3728.

Der Magdeburger Erzbischof Adalbert wird schon am 2. Oktober 968 in einer Königsurkunde als solcher bezeichnet[108] und ist von zwei päpstlichen Legaten in Magdeburg inthronisiert worden[109]. Jetzt kommen auch Havelberg und Brandenburg zur genau beschriebenen Provinz mit weiteren Suffragansitzen in Meißen, Zeitz, Merseburg. Von einer Zustimmung der anderen deutschen Metropoliten zur Errichtung zusätzlicher Magdeburger Suffragansitze, wie noch 962 vorgesehen, ist nicht mehr die Rede. 973–976 werden die Einrichtungen Prags und des mährischen Bistums auf Bitten Kaiser Ottos II. vom Papst bestätigt und beide der Metropole Mainz unterstellt[110]. Es liegt nahe, dies als eine Kompensation für die Mainzer Verluste bei der Errichtung der Kirchenprovinz Magdeburg zu deuten. Wenn ich es recht sehe, ist mit Prag die nächste Entwicklungsstufe im Verfahren für Bistumsgründungen erreicht, denn eine Synode scheint diesmal nicht involviert gewesen zu sein. Auch die Vereinigung Prags mit dem mährischen Bistum 983 ist durch den Papst allein geschehen.

Die Notwendigkeit, mit der Auflösung Merseburgs 981 wieder eine Synode zu befassen, liegt darin begründet, daß das Bistum zusammen mit der Kirchenprovinz auf einer Synode errichtet worden ist. Einen Synodalentscheid aber kann zu dieser Zeit der Papst allein nicht rückgängig machen.

Abschließend ist festzustellen, daß in den Papsturkunden deutlicher als in der historiographischen Überlieferung eine Kontinuität in den Rombeziehungen des Episkopates und der geistlichen Gemeinschaften zwischen der späten Karolingerzeit und der Zeit der Ottonen im ostfränkisch-ottonischen Gebiet zu erkennen ist. Heraus ragt die Sorge in der Gruppe der Erzbischöfe um die jeweilige rechte Einordnung in den *ordo* und den *status* der Institute im Beziehungsgeflecht des Reiches. Der Papst kommt den Wünschen der Petenten in der Regel nach, da er kaum in der Lage ist, die Situation im fernen deutschen Reich sicher zu beurteilen. Wenn der Petent sich auf ältere Kontakte und Verfügungen beruft, wird versucht, die entsprechenden Unterlagen des päpstlichen Archivs zu konsultieren, wie uns im Falle des Vikariatswunsches Friedrichs von Mainz als freilich seltener Beleg ausdrücklich überliefert ist. Es ist besonders an Abt Hadamar von Fulda und Bischof Dietrich von Metz deutlich geworden, daß einige Geistliche ihre Romreisen in Reichsangelegenheiten dazu benutzen, für ihre Institute Kontakte herzustellen. Andere wiederum, wie die Bischöfe von Speyer, verzichten freilich – soweit die Überlieferung es erkennen läßt – auf kirchliche Romkontakte, während sie staatlich-diplomatische Aufträge zu Rombesuchen durchaus wahrnehmen. Deshalb ist es auch nicht verwunderlich, wenn für Papstkontakte des Episkopates das Ereignis der Kaiserkrönung 962 keinen allzu großen Einfluß hatte, während den Klöstern und Stiften erst dadurch die Möglich-

---

[108] MGH DO I, S. 497 Nr. 361.
[109] BZ 449.
[110] Germ. Pont. 4, S. 79 Nr. *78.

keit für die Gewinnung von päpstlichen Privilegien richtig bewußt geworden ist, vor allem der Weg zu solchen nun offenstand, die bei Bedarf in besonderer Weise auch gegen den eigenen Diözesanbischof einzusetzen waren.

Päpstliche Mandate fehlen aus dem 10. Jahrhundert so gut wie vollständig, wenn wir von den Anweisungen an die nördlichen Suffragane von Mainz absehen, den Hamburger Erzbischof zu unterstützen, solange dieser keine eigenen Suffragane hat[111]. Dies ist nur zu verständlich, denn wirkungsvolle Instrumente für ihre Durchsetzung und Überwachung fehlen den Päpsten, die Walter Ullmann einmal „als bloße Handlanger der Stadtregenten" Roms bezeichnet hat[112]. Das päpstliche Handeln im 10. Jahrhundert kann darum nur Reaktion, nicht Aktion sein.

---

[111] Germ. Pont. 6, S. 41 Nr. 39.
[112] W. ULLMANN, Kurze Geschichte des Papsttums im Mittelalter (1978), S. 106.

Zur Ikonologie der Aachener Pfalzkapelle nach den Schriftquellen

von Günther Binding
in Zusammenarbeit mit Bettina Jost und Jochen Schröder

Für die Pfalz- und Stiftskirche[1] Karls des Großen in Aachen fehlen bisher eine kritische Sichtung und Interpretation der Schriftquellen über den Bau und dessen symbolische Bedeutung. Diese kritische Auseinandersetzung hatte Ludwig Falkenstein schon 1970 angemahnt, und 1989 mußte Matthias Untermann noch feststellen: „Weder die Baubefunde noch die Schriftquellen wurden bis heute angemessen zusammengetragen und publiziert"[2]. So wie Ludwig Falkenstein 1970 die Veröffentlichungen der Bauforscher kritisch nach Art und Sicherheit ihrer Ergebnisse gesichtet hat und sich zu ernüchternden Bemerkungen veranlaßt sah, so sollen hier die Schriftquellen[3] daraufhin geprüft werden, was sie über Bau und Symbolik der Pfalzkapelle Karls des Großen in Aachen aussagen und ob nicht auch hier der Satz von Ludwig Falkenstein zutrifft: „Bei der Erforschung der Aachener Pfalz hat es deutlich an nüchterner Einsicht gefehlt, zwischen dem zu scheiden, was sich als sicher, als wahrscheinlich, als möglich oder auch als unsicher, als unwahrscheinlich und als unmöglich erweisen läßt"[4].

---

[1] L. FALKENSTEIN, Karl der Große und die Entstehung des Aachener Marienstiftes (1981); J. FLECKENSTEIN, Über das Aachener Marienstift als Pfalzkapelle Karls des Großen, in: FS für Berent Schwineköper, hg. von H. MAURER und H. PATZE (1982), S. 19–28; K. HEINEMEIER, Zur Entstehung und Aufgabe der karolingischen Pfalzstifte, in: Studien zum weltlichen Kollegiatsstift in Deutschland (Veröff. d. Max-Planck-Inst. f. Gesch. 114), hg. von I. CRUSIUS (1995), S. 110–151, hier S. 115.

[2] M. UNTERMANN, Der Zentralbau im Mittelalter (1989), S. 88; L. FALKENSTEIN, Zwischenbilanz zur Aachener Pfalzenforschung, Zs. d. Aachener Gesch.-Vereins 80 (1970), S. 66.

[3] W. KAEMMERER, Aachener Quellentexte (Veröffentlichungen des Stadtarchivs Aachen 1, 1980). Vorarbeiten zur kritischen Durchsicht der Quellen und Korrekturen meines Manuskriptes verdanke ich Frau cand. phil. Bettina Jost. Die unter Verwendung der Übersetzung von Kaemmerer angefertigten Übersetzungen hat Herr cand. phil. Jochen Schröder überarbeitet. Beiden danke ich für die überaus harmonische und ergebnisreiche Zusammenarbeit. Frau cand. phil. Beate Ließem hat die Anmerkungen kontrolliert.

[4] FALKENSTEIN (wie Anm. 2), S. 71.

Von der Forschung werden für die Baugeschichte und Ikonologie der im späten 8. und im 1. Drittel des 9. Jahrhunderts genannten[5] Aachener Pfalzkapelle neben dem sogen. Paderborner Epos vor allem zwei Briefe Alkuins an Karl den Großen und ein Schreiben Papst Hadrians I. herangezogen, ferner die überlieferten Inschriften der Pfalzkapelle und Nachrichten des Chronicon Moissiacense.

I.

Eine beeindruckende Beschreibung umfangreicher Baumaßnahmen in einer als *Roma secunda* gepriesenen Pfalz, die nach Helmut Beumann mit Aachen zu identifizieren ist, findet sich in dem nach 800, vielleicht von Einhard – wie Dieter Schaller vermutet hat – verfaßten und zwischen 804 und 814 dem Hofe präsentierten Karlsepos, dessen erhaltenes Fragment auch Paderborner Epos genannt wird. Dort heißt es nach einem ausführlichen Herrscherlob: „Karl bezeichnet die einzelnen Plätze und bestimmt die hohen Mauern des kommenden Rom (... *Karolus loca singula signans, altaque disponens venturae moenia Romae*)"[6]. Da aber die Beschreibung nachweislich weitgehend – jedoch ergänzt um eine ausführliche Handwerkernennung – von der Beschreibung Karthagos in Vergils Aeneis abhängig ist und u.a. ein Theater und einen Hafen erwähnt, die beide in Aachen nicht vorhanden waren, kann das hier sachlich aufgezeigte Baugeschehen für eine Interpretation der Aachener Pfalz nicht herangezogen werden.

Der Brief, in dem Papst Hadrian I. Karl dem Großen die Erfüllung der Bitte gewährt, Mosaik und Marmor aus dem Palast in Ravenna entnehmen zu dürfen, wird von der Forschung allgemein auf die Aachener Pfalzkapelle bezogen, in der antike Säulen und ein Marmorfußboden (*opus alexandrinum, sectile*) verbaut sind; auch

---

[5] *Sanctae Dei genitricis basilicam, ..., quam capellam vocant, ecclesia mirae magnitudinis* und *plurimae pulchritudinis basilicam* bzw. *basilica sanctae Dei genitricis Aquisgrani opere mirabili constructa* oder *in ea basilica, quam ipse* (Karl der Große) *propter amorem Dei et domini nostri Jesu Christi et ob honorem sanctae et aeternae virginis, genitricis eius, proprio sumptu in eodem vico* (Aachen) *construxit.* (Annales regni Francorum zu 829); R. RAU, Quellen zur karolingischen Reichsgeschichte. 1. Teil (Freiherr vom Stein-Gedächtnisausgabe 5, 1962), S. 154. Vgl. Chron. Moissiac. ad a. 796; MGH SS 1, S. 303 (siehe Anm. 19) und Einhard, Vita Karoli Magni, 17, 26, 31; RAU (s.o.), S. 186, 196, 202; FLECKENSTEIN (wie Anm. 1), S. 25 f.

[6] H. BEUMANN/F. BRUNHÖLZL/W. WINKELMANN, Karolus Magnus et Leo Papa. Ein Paderborner Epos vom Jahre 799 (Studien u. Quellen z. westfäl. Gesch. 8, 1966); O. ZWIERLEIN, Karolus Magnus – alter Aeneas, in: Literatur und Sprache im europäischen Mittelalter. FS für Karl Langosch, hg. A. ÖNNERFORS u.a. (1973), S. 44–52; D. SCHALLER, Interpretationsprobleme im Aachener Karlsepos, Rheinische Vierteljahrsblätter 41 (1977), S. 160–178; C.J. CLASSEN, Die Stadt im Spiegel der Descriptiones und Laudes urbium in der antiken und mittelalterlichen Literatur bis zum Ende des zwölften Jahrhunderts (Beiträge zur Altertumswissenschaft 2, 1980), S. 42 f.; KAEMMERER (wie Anm. 3), S. 24 f.

wird der Brief gerne als Beleg für die Antikenrezeption benutzt[7]. Jedoch belegt der zwischen 781 und 791 zu datierende[8] Brief beides nicht. Der entsprechende Abschnitt darin lautet:

Die hervorragenden und liebenswürdigen Schreiben Eurer königlichen Herrschaft haben wir durch Herzog Arvin erhalten. In ihnen wurde dargelegt, daß wir Euch doch von Mosaik und Marmor und den übrigen Mustern des Palastes der Stadt Ravenna, sowohl von den im Fußboden als auch von den an den Wänden befindlichen, etwas überlassen möchten. Wir haben aus außerordentlicher Liebe zu Eurer Hoheit von Herzen und aufrichtig gern die Ausführung genehmigt und erlaubt, von dem Marmor wie auch von dem Mosaik und den übrigen Mustern aus eben diesem Palast für Euch wegzunehmen, ...

Praefulgidos atque nectareos regalis potentiae vestrae per Arvinum ducem suscepimus apices. In quibus referebatur, quod palatii Ravennate civitatis mosivo atque marmores ceterisque exemplis tam in strato quamque in parietibus sitis vobis tribuissemus. Nos quippe libenti animo et puro corde cum nimio amore vestre excellentiae tribuimus effectum et tam marmores quamque mosivo ceterisque exemplis de eodem palatio vobis concedimus abstollendum, ...

Der Brief macht keine Angaben über den Ort, an den die Spolien gebracht werden sollten. Neben der Aachener Pfalzkapelle, die von der Forschung allgemein dafür in Anspruch genommen wird, wäre auch ein anderes karlisches Bauprojekt, wie z.B. die Pfalzen in Regensburg, Frankfurt, Herstal, Ingelheim, Nimwegen oder Worms, das 791/92 abbrannte, denkbar[9]. So berichtet der Poeta Saxo um 888: „Ingelheim ist der Ort genannt, wo er eine Pfalz (*aula*) gegründet hat, ... Für die stellte Rom die Marmorsäulen zur Verfügung, einige hervorragende gab das schöne Ravenna

---

[7] Alcuini ep. 81; MGH Epp. 3, S. 614 und P. JAFFÉ, Monumenta Carolina (Bibliotheca Rerum Germanicarum 4, 1864) Nr. 89, S. 268 f. (gleichwertige Editionen); Regest: DERS., Regesta Pontificum Romanorum, 2. Aufl. (1885), Nr. 2470, S. 303. Vgl. KAEMMERER (wie Anm. 3), S. 24 f.; L. FALKENSTEIN, Der „Lateran" der karolingischen Pfalz zu Aachen (Kölner hist. Abhandl. 13, 1966), S. 38.

[8] Datierung zwischen 781 und 791 bei JAFFÉ (1864, wie Anm. 7), S. 268 f., und (1885, wie Anm. 7), S. 303. Datierung 787(?) in: MGH Epp. 3, S. 614. Datierung auf 786/87 bei S. ABEL, Jahrbücher des fränkischen Reiches unter Karl dem Großen. Bd. 1 (768–788). 2. Aufl. bearb. von B. SAMSON (Jahrbücher der deutschen Geschichte 5/1, 1888), S. 549. Vgl. W. SCHLESINGER, Beobachtungen zur Geschichte und Gestalt der Aachener Pfalz in der Zeit Karls des Großen. in: Studien zur europäischen Vor- und Frühgeschichte (1968), S. 260; UNTERMANN (wie Anm. 2), S. 93: 787 „oder etwas später". *Musivum* bedeutet in der Antike Wand- und Gewölbe-Mosaik bzw. Inkrustation, seit der Spätantike auch Fußboden-Mosaik unterschiedlicher Art; *marmor* kann Steine aber auch Platten für Wandverkleidungen und Bodenbelag aus Marmor bezeichnen.

[9] Einhard, Vita Karoli Magni, c. 26; RAU (wie Anm. 5), S. 196–198. Vgl. SCHLOSSER (wie Anm. 10), Nr. 100; KAEMMERER (wie Anm. 3), S. 34 f.

(*Ingylemhem dictus locus est ubi condidit aulam, ... Ad quae marmoreas praestabat Roma columnas quasdam praecipuas pulcra Ravenna dedit*)"[10]. Auch wenn man – wie üblich – die Nachricht Einhards in seiner Karls-Vita aus der Mitte der 820er Jahre mit berücksichtigt, die vermerkt, Karl der Große habe Säulen und Marmor aus Rom und Ravenna für seine Aachener Pfalzkapelle heranschaffen lassen (*Ad cuius structuram cum columnas et marmora aliunde habere non posset, Roma atque Ravenna devehenda curavit*),[11] gewinnt der Bezug des Hadriansbriefes auf Aachen keine höhere Wahrscheinlichkeit, denn der Brief spricht nicht von Säulen.

Das Einhard-Zitat ist aber in anderer Hinsicht von Bedeutung, da es ausdrücklich besagt, daß Karl der Große Säulen und Marmor anderswoher nicht bekommen konnte (*aliunde habere non posset*). Damit fügt sich diese Mitteilung in eine längere Reihe von ähnlichen Nachrichten ein, wonach für Baumaßnahmen Spolien, vornehmlich Säulen, herbeigeschafft wurden, weil säulentaugliches Baumaterial sonst nicht erreichbar war[12], wie noch Abt Suger von Saint-Denis um 1150 begründet[13]: „Als wir nämlich bei der Ausführung solcherlei Arbeiten (Bau des Chores der Königsgrabkirche Saint-Denis) besonders um die Harmonie und den Zusammenhang zwischen dem alten und dem neuen Bauwerk besorgt waren und überlegten, umherschauten und in verschiedenen Gegenden entfernter Gebiete nachforschten, woher wir marmorne oder marmornen gleichwertige Säulen erhalten könnten, blieb uns, die wir uns in Geist und Sinn abmühten, da wir auf keine einzige (Säule) stießen, nur übrig, sie von Rom (in Rom nämlich hatten wir im Palast des Diokletian und in anderen Thermen oft wunderbare [Säulen] gesehen) ... unter großem Aufwand ... zu beschaffen." Mit Gottes Hilfe wird ihm dann aber ein Steinbruch bei Pontoise mit säulentauglichem Material gewiesen. Es handelt sich wie bei allen anderen Berichten um eine reine Materialbeschaffungsmaßnahme. Entsprechend wird im Chronicon

---

[10] MGH Poet. Lat. 4/1, S. 65, V. 435 ff. Vgl. J. V. SCHLOSSER, Schriftquellen zur Geschichte der karolingischen Kunst (1892), Nr. 144. Unklar ist, wie weit hier Poeta Saxo die Nachricht aus Einhards Karls-Vita von Aachen auf Ingelheim übertragen hat; Einhards Karls-Vita benutzte er für seine eigene Darstellung des Wirkens Karls des Großen z.T. recht verfremdend.

[11] Einhard, Vita Karoli Magni, c. 26; RAU (wie Anm. 5), S. 196–198, vgl. SCHLESINGER (wie Anm. 8), S. 260. Zur Datierung siehe H. LÖWE, Die Entstehungszeit der Vita Karoli Einhards, DA 39 (1983), S. 85–103. Für Aachen wird ferner in den Gesta Treverorum berichtet, daß Karl viel Marmor und sehr viel Mosaik von Trier nach Aachen hat fahren lassen (*Karolus multum marmor et museum plurimum de Treberi ad Aquis palacium vexit*); SCHLOSSER (wie Anm. 10), Nr. 202. – In einem Zeugenprotokoll von 1329 sagt Arnold von Born, Dekan von St. Gereon in Köln, aus, es sei bekannt, daß Karl der Große zum Bau des Aachener Münsters Säulen aus St. Gereon genommen habe, vgl. M. GECHTER, Frühe Quellen zur Baugeschichte von St. Gereon in Köln, in: Kölner Jb. f. Vor- und Frühgesch. 23, 1990, S. 557–559.

[12] G. BINDING, Baubetrieb im Mittelalter (1993), S. 355–358 mit weiteren Belegen.

[13] E. PANOFSKY, Abbot Suger on the Abbey Church of St.-Denis and its Art Treasures. 2. Aufl. von G. PANOFSKY-SOERGEL (1979), S. 90–94; BRENK (wie Anm. 15), S. 101 mit Übersetzung nach E. GALL, Die gotische Baukunst in Frankreich und Deutschland. Teil 1 (1925), S. 100 f. Neuerdings G. BINDING/A. SPEER (Hg.), Abt Suger von Saint-Denis, De consecratione, kommentierte Studienausgabe (1995), S. 174–177.

Moissiacense in einer Randglosse zum Jahre 812 mitgeteilt, daß Karl der Große in Maguelonne eine Kirche gebaut und ausgeschmückt habe: „Da er für deren Bau Säulen und Marmor nicht bekommen konnte, befahl er, daß sie von der Stadt Nîmes mit großer Sorgfalt herangeführt wurden (*ad cuius structuram cum columnas et marmora habere non posset, Nemauso* (Nîmes) *civitate cum magna diligentia adduci praecepit*)"[14].

Die antiken Bauten wurden – wie die zeitgenössischen Schriftquellen besagen – anstelle eines nicht verfügbaren Steinbruchs für anspruchsvolle Bauteile benutzt, mancherorts vermutlich auch aufgrund des Mangels an ausreichend geschulten Steinmetzen. Die Absicht, dadurch in irgendeiner Weise bewußte Antikenrezeption zu erreichen, wie das von der Forschung immer wieder angenommen wurde, ist aus den Quellen nicht erkennbar[15]. Auch das heute noch im Aachener Münster erhaltene antike Bronzewerk einer Bärin[16], die Überlieferung, daß Karl ein Reiterstandbild Theoderichs von Ravenna nach Aachen überführt habe, und die Verwendung von antiken Säulen und Marmorplattenboden in der Pfalzkapelle werden von der Forschung als inhaltlicher Antikenbezug gedeutet. In diesem Zusammenhang ist auch die Neuschöpfung der Pilasterkapitelle außen am Oktogon nach antiken Formvorbildern zu nennen, welche aber im Unterschied zur Verwendung in der Antike ohne tektonische Funktion auf die Wandfläche gesetzt wurden. „Spolien, eigentlich Raubstücke", sind – nach der von Arnold Esch formulierten Definition – „die ihrer ursprünglichen Verwendung entnommenen antiken Stücke, die nachantike Jahrhunderte wiederverwendet haben: gleichgültig ob sinngemäß ... oder auch nicht"[17]. Wie die Befunde in Aachen einzuschätzen sind, muß offen bleiben, da die überlieferten zeitgenössischen Äußerungen keine Angaben enthalten.

---

[14] MGH SS 1, S. 309 zu 812 (siehe Anm. 5); SCHLOSSER (wie Anm. 10) Nr. 712.

[15] B. BRENK, Sugers Spolien, in: Arte medievale 1, 1983, S. 101–107; DERS., Spolia from Constantine to Charlemagne: Aesthetics versus Ideology, in: Dumbarton Oaks Papers 41, 1987, S. 103–109; vgl. G. BINDING, Beiträge zum Architektur-Verständnis bei Abt Suger von Saint-Denis, in: Mittelalterliches Kunsterleben nach Quellen des 11–13 Jh., hg. v. G. BINDING u. A. SPEER (1993), S. 184–207, hier S. 194–200.

[16] Der in diesem Zusammenhang immer wieder genannte bronzene Pinienzapfen ist erst um 1000 gegossen, vgl. H. DRESCHER, Zur Technik bernwardinischer Silber- und Bronzegüsse, in: Bernward von Hildesheim und das Zeitalter der Ottonen. Katalog der Ausstellung (1993), Bd. 1, S. 337–351, hier S. 337; ebd. Band 2, S. 115–118.

[17] A. ESCH, Zur Wiederverwendung antiker Beutestücke und Skulpturen im mittelalterlichen Italien, Archiv f. Kulturgesch. 51 (1969), S. 1–64, Zitat S. 3. Vgl. dazu auch Lexikon der Kunst IV (1977), S. 612.

II.

In den Quellen finden sich keine Hinweise, die eine Datierung der Pfalzkapelle erlauben. Dem Brief Alkuins an Karl den Großen vom 22. Juli 798 ist nicht mehr zu
entnehmen, als daß zu diesem Zeitpunkt Säulen in der Kirche aufgestellt waren;
woher sie stammen, wird nicht erwähnt[18].

Auch haben wir ein Gespräch über die Säulen geführt, die in dem allerschönsten
und bewundernswerten Bau der Kirche, die Eure Weisheit angeordnet hat, aufgestellt sind.

*Fuit quoque nobis sermo de columnis, quae in opere pulcherrimo et mirabili eccle-
siae, quam vestra dictavit sapientia, statutae sunt.*

Es ist die früheste wirklich datierte Erwähnung der Pfalzkapelle, denn die zum Jahre
796 in die Abschrift des Codex Laureshamensis im Chronicon Moissiacense einge-
rückte Nachricht ist eine Erweiterung, die zwar wahrscheinlich aus einer nicht erhaltenen zuverlässigen Quelle abgeschrieben und spätestens bald nach 816 in das
Chronicon aufgenommen worden, aber eben nicht genau datiert ist; sie faßt einige
Leistungen Karls für Aachen als bereits abgeschlossen zusammen[19]:

Denn dort (Pfalz Aachen) hatte er seinen Sitz befestigt, und dort baute er eine
Kirche von wunderbarer Größe, deren Türen und Gitter er von Erz machte, und
er gestaltete diese Kirche in ihrem übrigen Schmuck mit großer Sorgfalt und
Würde, so wie er es konnte und es sich geziemte. Er baute dort auch einen Palast,
den er Lateran nannte, und befahl, daß seine gesammelten Schätze aus den einzelnen Reichen nach Aachen gebracht würden. Er machte aber noch viele und große
Werke am selben Ort.

*Nam ibi (in Aquis palatio) firmaverat sedem suam, atque ibi fabricavit ecclesiam
mirae magnitudinis, cuius portas et cancella fecit aerea[20], et cum magna diligentia*

---

[18] Alcuini ep. 149; MGH Epp. 4, S. 244. Vgl. UNTERMANN (wie Anm. 2), S. 86; FALKENSTEIN
(wie Anm. 7), S. 38 f., Anm. 18, 22, weist darauf hin, daß mehrfach in der Literatur daraus fälschlich
geschlossen worden sei, daß die Säulen in diesem Jahr aufgestellt worden seien.
[19] MGH SS 1, S. 303; KAEMMERER (wie Anm. 3), S. 32 f. (gekürzt); FALKENSTEIN (wie
Anm. 7), S. 22–30 erläutert ausführlich die komplizierte Entstehungsgeschichte. SCHLESINGER (wie
Anm. 8), S. 259, spricht von „selbständiger Bedeutung" neben Einhards Karls-Vita. Vgl.
W. WATTENBACH, Deutschlands Geschichtsquellen im Mittelalter. Vorzeit und Karolinger, II.
Heft. Die Karolinger vom Anfang des 8. Jhs. bis zum Tode Karls des Großen. Bearb. v.
W. LEVISON u. H. LÖWE (1953), S. 265 f.
[20] Einhard nennt diese im Kap. 26 seiner Mitte der 820er Jahre geschriebenen Karls-Vita eben-
falls *ac propter hoc plurimae pulchritudinis basilicam Aquisgrani exstruxit auroque et argento et
luminaribus atque ex aere solido cancellis et ianuis adornavit*; RAU (wie Anm. 5), S. 196; vgl. dazu

et honore, ut potuit et decebat, in ceteris ornamentis ipsam basilicam composuit.
Fecit autem ibi et palatium, quod nominavit Lateranis, et collectis thesauris suis de
regnis singulis in Aquis adduci praecepit. Fecit autem et opera multa et magna in
eodem loco.

Da alle weiteren Quellen zur Aachener Pfalzkapelle undatiert oder spät entstanden
sind und den Abschluß der Bauarbeiten voraussetzen, ist hier innezuhalten und als
Ergebnis festzustellen, daß allein der Brief Alkuins vom Juli 798 für den Bau der
Pfalzkapelle einen *terminus ante quem* gibt. Die zu 796 später in das Chronicon
Moissiacense eingefügte Nachricht, daß Karl die Kirche erbaut und mit Türen und
Gittern aus Bronze ausgestattet hat, setzt – wenn sie richtig eingefügt sein sollte –
einen Bauabschluß vor 796 voraus. Wenn sich der Hadrians-Brief auf Aachen bezie-
hen sollte, enthält auch er lediglich Hinweise auf Ausstattungsmaterialien (Fußboden
und Wandverkleidung) und nicht auf die antiken Säulen im Obergeschoß der Ka-
pelle; bei einer Datierung zwischen 781 und 791 würde er eine Bauzeit in den 780er
Jahren bestätigen. Damit folge ich den Historikern Walter Schlesinger (1968) und
Dietmar Flach (1976) und setze mich von der allgemein in der Kunstgeschichte vertretenen Meinung ab, die Pfalzkapelle sei erst in den 790er Jahren entstanden[21]. Einer
Datierung in die 780er Jahre widerspricht allerdings ein anderer Brief Alkuins vom
Juni 798 (s.u. Anm. 24), in dem er an Karl schreibt, er hoffe ihn in Aachen zu sehen,
„wo der Tempel durch die (Kunst)Fertigkeit des höchst weisen Salomo für Gott

K. PAWELEC, Aachener Bronzegitter (Bonner Beiträge zur Kunstwissenschaft 12, 1990), wo sie
S. 22 angibt, Einhard erwähne erstmals die Gitter, ohne das Chronicon Moissiacense zu berücksichtigen.
[21] Zusammenfassungen der Forschung: H.E. KUBACH/A. VERBEEK, Romanische Baukunst an
Rhein und Maas (1976), S. 1–11; F. OSWALD/L. SCHAEFER/H.R. SENNHAUSER, Vorromanische
Kirchenbauten (1966), S. 14–18; Nachtragsband (1991), S. 15 f.; UNTERMANN (wie Anm. 2), S. 86–
110; W. JACOBSEN, Die Pfalzkonzeption Karls des Großen, in: L.E. SAURMA-JELTSCH (Hg.), Karl
der Große als vielberufener Vorfahr (1994), S. 33 f., 44 (letztes Jahrzehnt 8. Jh., 798 im Bau). – Die
Datierung der Bronzegitter durch PAWELEC (wie Anm. 20), S. 154, zwischen 786 und 800 beruht
auf unzureichender Benutzung der Forschungsliteratur. Das Kuppelmosaik datiert Schnitzler ohne
überzeugende Argumente auf 790/800; H. SCHNITZLER, Das Kuppelmosaik der Aachener Pfalzkapelle, Aachener Kunstblätter 29 (1964), S. 1–28. Dazu neuerdings U. WEHLING, Die Mosaiken
im Aachener Münster und ihre Vorstufen (Arbeitsheft der Rhein. Denkmalpflege 46) (1995). – Die
dendrochronologische Bestimmung des Ringankers am Fuße des Oktogongewölbes durch Ernst
Hollstein hat ein Datum nach 776 ± 10 ergeben, also auch wohl eine Bauzeit in den 780er Jahren
(E. HOLLSTEIN, Mitteleuropäische Eichenchronologie (1980), S. 45). – Aus historischen Überlegungen gehen Schlesinger und Flach davon aus, daß 788/89 schon Teile der Pfalz gebrauchsfertig
waren; W. SCHLESINGER, Beobachtungen zur Geschichte und Gestalt der Aachener Pfalz in der
Zeit Karls des Großen, in: Studien zur europäischen Vor- und Frühgeschichte, hg. von M. CLAUS,
W. HAARNAGEL u. K. RADDATZ (1968), S. 258–281, bes. S. 266 f.; D. FLACH, Untersuchungen zur
Verfassung und Verwaltung des Aachener Reichsgutes von der Karolingerzeit bis zur Mitte des
14. Jahrhunderts (Diss. Marburg 1974, Veröff. d. Max-Planck-Inst. f. Gesch. 46, 1976), S. 20;
G. BINDING, Deutsche Königspfalzen 765–1240 (1996).

errichtet wird (*construitur*)"; es wird im Praesens vom Bau gesprochen; fraglich ist jedoch, ob dem Tempus dieses Satzes Beweiskraft für die Baugeschichte der Pfalzkapelle zugesprochen werden kann. Nachdem sich König Pippin d. J. von Weihnachten bis Ostern 765/66 und Karl der Große 768/69 in Aachen aufgehalten hatten, wählte Karl der Große dank der heißen Quellen Aachen 788/89 zur Winterpfalz und feierte dort Weihnachten und Ostern, nachdem er am 29. März schon einmal kurz in Aachen war, sich aber Weihnachten und Ostern in Attigny aufhielt. Ab 794 wird Aachen Dauerresidenz, sodaß anzunehmen ist, daß spätestens zu dieser Zeit die Pfalz einschließlich der Kapelle für die feierlichen Messen zu Weihnachten und Ostern ganz fertig gewesen ist; für 788/89 müssen aber die Neubauten recht weit fortgeschritten gewesen sein. Selbstverständlich wurde später an der Pfalz weitergebaut, wie Einhard für 828 belegt, wo er einen Gerlaic aus Reims *inter eos, qui propter aedificia palatii construenda iussi de illa civitate venerunt*, nennt.

Eine Weihe der Pfalzkapelle durch Papst Leo III. (795–816) wird erstmals im Privileg Papst Hadrians IV. für das Aachener Marienstift von 1158 genannt (*Leo papa ... basilicam propriis manibus consecravit.*). Dieses Privileg war zunächst nur in einem Transsumpt von 1372 bekannt, das deutliche Hinweise auf eine Fälschung trug, die jedoch nach dem Auffinden einer Abschrift aus dem 13.–14. Jh. relativiert werden müssen. Sollte sich das Privileg von 1158 als Fälschung erweisen, so wäre es möglich, daß die Nachricht einer Kirchweihe durch Leo III. erst im 14. Jh. aufgekommen ist; die Datierung auf 804/805 teilen die im 14. Jh. kompilierten *Annales Tielenses* mit[22]. Da Kirchabschlußweihen in karolingisch-ottonischer Zeit noch unüblich sind und ein Problem für sich darstellen, können in hochmittelalterlichen Quellen nachträgliche Interpretationen entsprechend der Denkweise der Zeit, in der die Quellen entstanden sind und in der Weihen üblich waren, vermutet werden[23]. Zumal sich dieses letztgenannte Datum für die Weihe in Aachen kaum mit dem Itinerar Leos III. verbinden läßt, ist diesen späten Quellen gegenüber höchste Zurückhaltung angebracht. Wahrscheinlich begann die Überlieferung der Papstweihe, wenn nicht überhaupt erst im 14. Jh., erst mit dem Privileg von 1158, also kurz vor der Heiligsprechung Karls des Großen und vielleicht in der Absicht, seine Anerkennung durch den päpstlichen Stuhl zu betonen. Im Hochmittelalter finden wir auch allgemein die Kirchabschluß-

---

[22] MGH SS 24, S. 22; KAEMMERER (wie Anm. 3), S. 32; C. QUIX, Codex Diplomaticus Aquensis (1839), S. 31 f., Nr. 44. Zur Echtheitsfrage R. PICK, Eine wiederaufgefundene Handschrift des Aachener Marienstifts, in: Zs. d. Aachener Gesch.-Vereins 38, 1916, S. 288–291, hier S. 290.

[23] K. J. BENZ, Untersuchungen zur politischen Bedeutung der Kirchweihe und Teilnahme der deutschen Herrscher im hohen Mittelalter (Regensburger histor. Forschungen 4, 1975); H. BRINKMANN, Mittelalterliche Hermeneutik (1982), S. 125–128; M. UNTERMANN, Zur Kölner Domweihe von 870, Rheinische Vierteljahrsblätter 47, 1983, S. 335–342; J. VAN DER MEULEN/A. SPEER, Die fränkische Königsabtei Saint-Denis (1988), S. 147–172; K.J. BENZ, Überlegungen zur Konstanzer Münsterweihe von 1089, Freiburger Diözesan-Archiv 109, 1989, S. 99–126; H.P. NEUHEUSER, Die Kirchweihbeschreibung von Saint-Denis, in: Mittelalterliches Kunsterleben nach Quellen des 11.–13. Jh., hg. von G. BINDING u. A. SPEER (1993), S. 116–183.

weihe durch möglichst hochstehende Würdenträger als Bestreben des Bauherren üblicher als in karolingischer Zeit. Auch sei angemerkt, daß nach dem Grabungsbefund der Altar der Vorgängerkapelle an seinem ursprünglichen Standort, leicht mit der Achse der Kirche gedreht, in den Neubau übernommen wurde und deshalb nicht zwingend neu geweiht werden mußte.

III.

Ein wichtiger Bereich der Bedeutung der Aachener Pfalzkapelle eröffnet sich bei der Untersuchung der Frage, ob und in wieweit die Pfalzkapelle als Antityp des Tempels Salomos verstanden werden kann. Hier sind in erster Linie briefliche Äußerungen Alkuins zu nennen, aber auch das Widmungsgedicht Walafrid Strabos an Ludwig den Frommen.

Bisher wurde ein Brief Alkuins an Karl den Großen (Nr. 145) vom Juni 798 – aus dem gleichen Jahr wie der allgemein bekannte Brief über die aufgestellten Säulen – entweder übersehen oder wie von Günter Bandmann 1965 völlig sinnentstellend übersetzt und deshalb nicht hinreichend verstanden. Alkuin schreibt an Karl, er hoffe ihn in Aachen zu sehen, „wo der Tempel gemäß der (Kunst)Fertigkeit des höchst weisen Salomo für Gott errichtet wird (*ubi templum sapientissimi Salomonis arte Deo construitur*)"[24]. Entsprechend hat es der St. Galler Mönch Notker Balbulus in seinen von Karl III. 883 angeregten *Gesta Karoli Magni Imperatoris* formuliert[25]: er spricht „über die Bauten, die der Caesar Augustus Kaiser Karl zu Aachen nach dem Beispiel des höchst weisen Salomo für Gott ... wunderbar erbaut hat", und einige Zeilen weiter gibt er als Karls Absicht an, „eine Kirche nach eigener Vorstellung zu erbauen, die ausgezeichneter ist als die alten Werke der Römer (*de edificiis, quae Cesar Augustus imperator Karolus apud Aquasgrani iuxta sapientissimi Salomonis exemplum Deo ... mirifice construxit, ... basilicam antiquis Romanorum operibus praestantiorem fabricare propria dispositione molitus*)".

---

[24] Alcuini ep. 145; MGH Epp. 4, S. 235, Nr. 145. Vgl. FALKENSTEIN (wie Anm. 7), S. 38, Anm. 18; G. BANDMANN, Die Vorbilder der Aachener Pfalzkapelle, in: Karl der Große III. Karolingische Kunst, hg. von W. BRAUNFELS (1965), S. 452: „wo der Tempel des sehr weisen Salomo kunstvoll mit Gottes Hilfe errichtet wird". Die gleiche falsche Übersetzung benutzt auch K. SCHMID, Aachen und Jerusalem, in: Das Einhardkreuz, hg. von K. HAUCK (Abhandl. d. Akademie d. Wiss. in Göttingen, phil.-hist. Klasse 3. Folge Nr. 87, 1974), S. 123. Karl d. Gr. führte in der Aachener Hofgesellschaft die Pseudonyme David und Salomo, J. FLECKENSTEIN, Karl der Große und sein Hof, in: Karl der Große I, Persönlichkeit und Geschichte, hg. von H. BEUMANN (1965), S. 24–50.

[25] Notkeri Gesta Karoli I, 27 f.; MGH SS rer. germ. NS 12, S. 38; RAU (wie Anm. 5), III, S. 362–365; KAEMMERER (wie Anm. 3), S. 34 f.; SCHLOSSER (wie Anm. 10), Nr. 104. Das mit Anekdoten angereicherte Werk ist zwar fast 100 Jahre nach dem Bau der Pfalzkapelle geschrieben, enthält aber recht ausführliche Angaben zu Bauverwaltung und Organisation von Bauten unter Karl d. Gr., die nur teilweise durch entsprechende karlische Quellen bestätigt werden können und ebenso Organisationsformen unter Karl III. wiedergeben könnten; vgl. BINDING (wie Anm. 12), S. 15 f.

Auch in einem zweiten Brief Alkuins aus dem gleichen Jahr 798 spielt der Hinweis auf Salomo eine Rolle[26]. Der Brief 144 handelt über *arithmetica ars*, über *mementorum mysteria numerorum*, d.h. über biblische Zahlen, und endet mit dem Hinweis auf die *verba reginae Sabae ad Salomonem de beatitudine servorum*, womit er auf den Bericht vom Besuch der Königin von Saba bei Salomo in 1. Könige 10, 4–8 verweist: „Die Königin von Saba sah auch alle Weisheit Salomos und das Haus, das er gebaut hatte, und die Speisen auf seinem Tisch und die Wohnungen der Knechte und die Reihe der Dienenden ... Und sie sprach zum König, ... größer sind deine Weisheit und deine Werke, als das Gerücht ist, das ich gehört habe, ... glücklich deine Männer und glücklich deine Knechte, die immer vor dir stehen und deine Weisheit hören ... (*videns autem regina Saba omnem sapientiam Salomonis et domum quam aedificaverat et cibos mensae eius et habitacula servorum et ordinem ministrantium ... dixitque ad regem, ... maior est sapientia et opera tua quam rumor quem audivi ... beati viri tui et beati servi tui, hii qui stant coram te semper et audiunt sapientiam tuam ...*).“

Walafrid Strabo (um 808–849), Schüler des Hrabanus Maurus in Fulda, seit 829 am Hofe Ludwigs des Frommen in Aachen und seit 838 Abt der Reichenau, verwendet, ähnlich wie Sedulius Scotus (Mitte 9. Jahrhundert in Lüttich), 829 den Salomo-Vergleich in Vers 116 seines Widmungsgedichtes an Ludwig den Frommen: „Von jetzt an strahlt das große Werk des Salomo, von jetzt an die durch äußerst ordentliche Zusammenfügung (ihm) gleichzumachenden Tempel (*Hinc magnum Salomonis opus, hinc templa supremis structuris aequanda micant*)“[27]. Nach Augustinus waren das Bundeszelt des Moses und der Tempel des Salomo Schatten des Zukünftigen (*nec in tabernaculo illo quod per Moysen, nec in templo illo quod per Salomonem fabricatum est, quae fuerunt umbrae futurorum*)[28]. Auch stellt Augustinus Altzeit (*vetustas*) und Neuzeit (*novitas*) gegeneinander und bemerkt zum Tempel Salomos: *Ibi enim diruebatur vetustas, ut novitas aedificaretur*[29]. Zugleich ist aber auch nach Augustinus der Tempel Salomos *typus et figura futurae ecclesiae et corpo-*

---

[26] Alcuini ep. 144; MGH Epp. 4, S. 230. vgl. FALKENSTEIN (wie Anm. 7), S. 38, Anm. 18.

[27] MGH Poet. Lat. 2, S. 374; KAEMMERER (wie Anm. 3), S. 40 f.; A. DÄNTL, Walahfrid Strabos Widmungsgedicht an die Kaiserin Judith und die Theoderichstatue vor der Kaiserpfalz zu Aachen, Zs. d. Aachener Geschichtsvereins 52 (1930), S. 1–38, Text S. 12 f. Die Übersetzungen von Kaemmerer und Däntl sind fehlerhaft und mißverständlich. – Sedulius Scotus, Carmina II, 12 und 28; MGH Poet. Lat 3, S. 180, 193.

[28] Augustinus, Sermones 228 B; hg. v. G. MORIN, Miscellanea Agostiniana (1930), Bd. 1, S. 18. Das nimmt Alkuin in seinem Brief 144 (siehe Anm. 26) auch auf: *propter mandata legalia veteris testamenti, quae sunt umbra futurorum*. Schon bei Ambrosius (um 340–397) findet sich der typologische Dreischritt: *umbra*, die Schattenhafte im alten Bund, *imago*, die Bildgewordene im Neuen Bund sowie *veritas*, die Wahrheit als höchste Stufe der Steigerung dereinst vollendet im Himmel. OHLY (wie Anm. 34), S. 78.

[29] Augustinus, Enarrationes in psalmos 95, 2; CCSL 39, S. 1343, Z. 17 f. Vgl. OHLY (wie Anm. 34), S. 75.

ris domini[30]. Schon Pippin der Jüngere wollte sich nach einer Urkunde vom 13. August 762 mit Moses und Salomo gleichstellen (*coequare valemus*), als er dem Kloster Prüm Stiftungen zukommen läßt und ältere bestätigt[31]. Hinzuweisen ist auch auf das sogenannte römisch-deutsche Pontifikale, das zwischen 950 und 963/64 in der Mainzer Abtei St. Alban aus liturgischen Texten kompiliert wurde, wo der Bischof im 3. Akt der feierlichen Segnung des Baugeländes mit dem Hinweis auf den Tempel Salomos, der damit den Wunsch seines Vaters David erfüllte, Gottes hilfreichen Segen für den Stifter erfleht[32].

Auch in den folgenden Jahrhunderten haben sich Bauherren beim Kirchenbau in der Nachfolge Salomos gesehen und so ihre Handlung gesteigert. Besonders deutlich drückt dies Bischof Bernward von Hildesheim in seinem Testament aus dem Jahre 1019 aus[33]: „So gewinnt im Verlangen nach Gnade der Schutz der Barmherzigkeit Gottes für jeden Gestalt und paßt sich (ihm) an. Suchen wir Beispiele dafür, so fällt uns auf der Stelle göttliche Antwort ein." Es werden Abraham, Moses, Elias, David aufgezählt und dann: „Sonnenklar beweist es der heilige Salomo, der nach der Errichtung des Zeltes Gottes gemäß den Gesetzen seiner Religion sich reinigte und sich durch mystische Kulthandlungen Gott näherbrachte, dem als Büßer niemand gleich befunden wurde. ... Dieses habe nun ich, Bernward, ... bedacht und lange in Gedanken bewegt, durch welches Bauwerk der Verdienste, durch welchen Kaufpreis ich Himmlisches kaufen könne ... Von Gottes Gnaden ergriffen, erschauernd vor dem Übermaß meiner Sünden und zugleich erfüllt von Sehnsucht nach göttlicher Gnade, erwog ich im Geist Verschiedenes, wodurch ich der ewigen Barmherzigkeit Genugtuung leisten und Rettung für meine Seele erlangen könne. ... Als ich als Bischof der Kirche von Hildesheim eingesetzt war, wollte ich, was ich seit langem im Geiste geplant hatte, durch die Tat vollenden, d.h. ich wollte dem Titel meines Namens ein glückliches Andenken geben, Kirchen erbaut, Gottesdienste in ihnen gestiftet und all mein Vermögen dem Herren geschenkt zu haben. (*Unde in appetitu gratiae se cuique imaginat et conformat protectio divinae misericordiae. Cuius rei experimentum dum consulimus, e vestigio nobis occurrit divinum responsum, ... sole lucidius est, structo tabernaculo Dei, quantis religionum ritibus et libaminum misticis cultibus se Deo approximaverit sanctus Salomon, cuius poenitentiae meritis nullus umquam repertus*

---

[30] Augustinus, Enarationes in psalmos 126, 2; CCSL 40, S. 1857, Z. 15 f.

[31] MGH Dipl. Karol. 1, 16. Vgl. SCHLESINGER (wie Anm. 8), S. 264.

[32] K.J. BENZ, Ecclesia pura simplicitas. Zur Geschichte und Deutung des Ritus der Grundsteinlegung im Hohen Mittelalter, Archiv f. mittelrhein. Kirchengesch. 32 (1980), S. 9–24, hier S. 17; C. VOGEL und R. ELZE (Hg.), Le pontifical romano-germanique du dixième siècle, Bd. 1 (Studi e Testi 226, 1963), S. 122 f.

[33] Thangmar, Vita Bernwardi, 51; H. KALLFELZ (Hg. u. Übers.), Lebensbeschreibungen einiger Bischöfe des 10.–12. Jahrhunderts (Freiherr-vom-Stein-Gedächtnisausgabe 22, 1973), S. 350–355. Siehe dazu G. BINDING, Bischof Bernward als Architekt der Michaeliskirche in Hildesheim (35. Veröff. d. Abt. Arch. d. Kunsthist. Inst. d. Univ. zu Köln, 1987), mit Lit. BINDING (wie Anm. 67), S. 219 f.

*est similis. ... Haec ego considerans Bernwardus, ... et diuturna meditatione volvens,
qua meritorum architectura, quove rerum precio possem mercari caelestia, ... Inthro-
nizatus Bennopolitanae aecclesiae, quod diu conceperam animo, opere complere vo-
lebam, videlicet beatae memoriae tradere titulum nominis mei, aecclesias struxisse, ac
officia Deo servientium inibi ordinasse, omnemque facultatulam meam Domino lu-
crasse.)"*

Auch für Karls unmittelbare Nachfolger war der Bezug auf Salomo von Bedeutung. Amalar von Metz, Lehrer an der Hofschule in Aachen und seit 809 Erzbischof
von Trier, beschließt die an Ludwig den Frommen gerichtete Vorrede seines 823
fertiggestellten, weitverbreiteten und einflußreichen liturgischen Werkes *Liber officialis* mit Segenswünschen für den Kaiser, die ihn, den Ruhm der Kirche und Hüter
des Glaubens, Christus anempfehlen und ihm als neuem, d.h. nun christlichem David und Salomo ewiges Leben und Glückseligkeit wünschen: *Divo Hludovico vita.
Novo David perennitas. Da principi, Domine, vitam. Ipso novo Salomoni felicitas.
Pax mundi vos estis*[34]. Auch im spätantiken Byzanz war diese Auffassung gegenwär-
tig. Das zeigt eine 11 cm hohe Inschrift in der 524–527 erbauten Palastkirche St.
Polyeuktos der Prinzessin Anicia Juliana in Byzanz: „Sie (die Prinzessin) allein hat
die Zeit besiegt und die Weisheit des berühmten Salomo übertroffen und eine Kirche
als Wohnstatt Gottes erbaut"[35]. Der Text entspricht einem Preisgedicht auf Anicia
Juliana, das in die um 1000 redigierte Sammlung antiker Verse und Epigramme, der
„Palatinischen Anthologie", aufgenommen ist[36].

Die Hinweise zeigen, daß – einer allgemeinen Tendenz folgend – die Errichtung
der Aachener Pfalzkapelle mit dem Tempelbau Salomos in Beziehung gebracht wurde.

IV.

Für die Aachener Pfalzkapelle sind zwei Inschriften überliefert. In einer Handschrift
aus dem Ende des 9. Jhs., die in der Österreichischen National-Bibliothek in Wien
liegt, findet sich als Randglosse zum Kapitel 31 der Karls-Vita Einhards die Notiz[37]:

---

[34] Amalar von Metz, Liber officialis, praef. 7; J.M. HANSSENS (Hg.), Amalarii episcopi opera
liturgica omnia, Tomus II, Liber officialis (Studi e Testi 139, 1948), S. 21. Vgl. F. OHLY, Typologie
als Denkform der Geschichtsbetrachtung, in: Natur Religion Sprache Universität. Universitäts-
vorträge 1982/83 (Schriftenreihe der Westfäl. Wilhelms-Universität Münster Heft 7, 1983), S. 82;
BLOCH (wie Anm. 38), S. 259.
[35] M. HARRISON, Ein Tempel für Byzanz. Die Entdeckung und Ausgrabung von Anicia Julia-
nas Palastkirche in Istanbul (1990), Text S. 138.
[36] Ebd., S. 33 f.
[37] Wien, Österr. Nat.-Bibl. Vindobon. 969 (= Theol. 354) fol. 55ᵛ; JAFFÉ (1864, wie Anm. 8),
S. 536 Anm. 1; KAEMMERER (wie Anm. 3), S. 38 f. Vgl. FALKENSTEIN (wie Anm. 7), S. 7. Zur
Bedeutung von *aula* als Kirche: K. HAUCK, Karolingische Taufpfalzen im Spiegel hofnaher Dichtung (Nachr. d. Akad. d. Wiss. in Göttingen aus dem Jahr 1985, phil.-hist. Klasse 1985, Nr. 1),

In der Kapelle ist geschrieben: Diese Halle von würdevoller Erhabenheit hat der große Kaiser Karl gegründet, der hervorragende Meister Odo hat sie ausgeführt, in der Stadt Metz gebildet ruht er (dort).

Infra capella scriptum: Insignem hanc dignitatis aulam Karolus caesar magnus instituit, egregius Odo magister explevit, Metensi fotus in urbe quiescit.

Der genaue Ort der Anbringung der Inschrift in der Kapelle ist unbekannt, ebenso wie die Funktion des Meisters Odo, der in der Literatur gern als Baumeister angesprochen wird, der aber ebensogut und wohl wahrscheinlicher der Organisator und Verwalter der Bauarbeiten war[38].

Die zweite Inschrift ist in einer vermutlich in St. Gallen entstandenen Sammelhandschrift des frühen (?) 9. Jhs. (Uni.-Bibl. in Leiden, Blatt 19) überliefert, die u.a. ein Fragment des Martyriums der Hl. Fides und eine Anzahl von Gedichten enthält, die weder einem Autor noch einem Anlaß konkret zugeschrieben werden können. Eines dieser Gedichte ist in der Forschung seit 1901 durch die Ausführungen von Martin Schein als „Widmungsinschrift Alkuins" bekannt[39]. Ausgehend von Einhards Karls-Vita glaubt Schein mit gutem Grund, diese Inschrift in dem mit *Versus in aula ecclesiae in Aquis palatio* überschriebenen Gedicht gefunden zu haben; Einhard berichtet in der Vita:

S. 10 f., 31–33; FLACH (wie Anm. 21), S. 43–45. Übersetzungskorrekturen verdanke ich Herrn Prof. Dr. H. Stehkämper/Köln.

[38] BINDING (wie Anm. 12), S. 51–70. Die Vermutung von Bloch und Schefers, daß Odo der in der Aachener Hofgesellschaft mit Hiram Bezeichnete gewesen ist, dürfte falsch sein, da Hiram nach 1. Kön. 7, 13 f. „mit Weisheit, Verstand und Geschick begabt war, um jedes Werk aus Bronze durchzuführen". Entsprechend wird er in einem Gedicht des Theodulf, Bischof von Orléans (um 760–821), genannt: *Filius et viduae Hiram bene construit aedem Altithrono: Christus auxilietur opus* (carm. 27 'ad Corvinianum', v. 93 f.; MGH Poet Lat. 1, 493); P. BLOCH, Das Apsismosaik von Germigny-des-Près. Karl der Große und der Alte Bund, in: Karl der Große III, Karol. Kunst, hg. v. W. BRAUNFELS und H. SCHNITZLER (1965), S. 259; H. SCHEFERS, Einhard. Ein Lebensbild aus karolingischer Zeit. Michelstadt/Steinbach 1993 (SD aus Geschichtsblätter Kreis Bergstraße 26, 1993), S. 8 mit Anm. 33, 34. G. BINDING, Multis arte fuit utilis. Einhard als Organisator am Aachener Hof und als Bauherr in Steinbach und Seligenstadt, Mittellateinisches Jb. 30/2 (1995), S. 1-18.

[39] MGH Poet. Lat. 1, S. 432; KAEMMERER (wie Anm. 3), S. 36 f.; M. SCHEIN, Die karolingische Widmungsinschrift im Aachener Münster, Zs. d. Aachener Gesch.-Vereins 23 (1901), S. 403–408; UNTERMANN (wie Anm. 2) S. 99 f. Übersetzung nach Schein. Vgl. W. HAUBRICHS, Ordo als Form. Diss. Saarbrücken 1967, S. 36 f.; C. SPRINGSFELD, Die drei bekanntesten Inschriften des Aachener Liebfrauenmünsters, Zs. d. Aachener Gesch.-Vereins 66/67 (1955), S. 365 mit poetischer Übersetzung, wieder abgedruckt in E. STEPHANY, Aulae caelestis particeps – der Halle des Himmels teilhabendes Nachbild, in: Aachener Kunstblätter 17/18, 1958/59, S. 50. Übersetzung nach Schein auch bei W. BOECKELMANN, Von den Ursprüngen der Aachener Pfalzkapelle, Wallraf-Richartz-Jb. 19 (1957), S. 21; H. GIERSIEPEN/C. BAYER, Inschriften, Schriftdenkmäler (1995), S. 110 f. mit Abb.

Es gab in dieser Kirche in der Einfassung der Korona, die zwischen den oberen und den unteren Bogen den inneren Teil des Gebäudes umlief, eine in roten Buchstaben geschriebene Inschrift des Inhaltes, wer der Urheber selbigen Tempels sei, in deren letztem Vers zu lesen ist: 'Karolus princeps'.

Erat in eadem basilica in margine coronae, quae inter superiores et inferiores arcus interiorem aedis partem ambiebat, epigramma sinopide scriptum, continens, quis auctor esset eiusdem templi, cuius in extremo versu legebatur: Karolus princeps[40].

Die Angaben Einhards über die letzte Zeile des Gedichts und die umfangreiche literarische Tätigkeit Alkuins, zu der auch zahlreiche Briefe und Gedichte sowie Kirchen- und Altarinschriften gehören, haben Schein zu der Zuschreibung an Alkuin, der seit 781 als Lehrer an der Aachener Hofschule tätig war, veranlaßt. Dies hat eine gewisse Wahrscheinlichkeit für sich.

Die von Schein 1901 vorgelegte poetische Übertragung der Widmungsinschrift und die von Kaemmerer 1960 abgewandelte Wiedergabe muß durch eine wörtliche Übersetzung ersetzt werden, um die Aussagen genauer zu erfassen:

Wenn die lebenden Steine im Verband des Friedens verbunden werden
und alles in geraden Zahlen zusammenkommt,
glänzt das Werk des Herrn, der die ganze Kirche[41] errichtet
und den frommen Bemühungen der Menschen Erfolg gibt.
Deren ordentliche Zusammenfügung immerwährender Zierde wird fortbestehen,
wenn das Vollendete der Urheber schützt und bestimmt.
So wolle Gott, daß durch dauerhaften Grund dieser Tempel,
den Kaiser Karl gegründet hat, sicher sei.

Cum lapides vivi pacis conpage ligantur
inque pares numeros omnia conveniunt
claret opus Domini totam qui construit aulam
effectusque piis dat studiis hominum
quorum perpetui decoris structura manebit
si perfecta auctor protegat atque regat
sic Deus hoc tutum stabili fundamine templum
quod Karolus princeps condidit esse velit.

Diese Inschrift haben wir uns wie die Altartituli vorzustellen, die Hrabanus Maurus u.a. für Fulda und Hersfeld verfaßt hat und von denen 4,5 cm hohe Buchstaben im

---

[40] Einhard, Vita Karoli Magni, c. 32; RAU (wie Anm. 5), S. 204.
[41] Siehe Anm. 37.

südlichen Nebenchor der 831–850 neugebauten Klosterkirche Hersfeld 1963 ausgegraben werden konnten. Sie sind den Inschriften sehr ähnlich, von denen Wilhelm Winkelmann und Uwe Lobbedey in der Pfalz (4,5–5,2 cm hoch) und im Dom (2–7,5 cm hoch) von Paderborn einzelne Buchstaben gefunden haben, die sie vor 799 datieren, und von denen Otto Doppelfeld Reste in der Dreikönigenkapelle des Kölner Doms (3,6–3,8 cm hoch) gefunden hat, die Willy Weyres dem Baptisterium zuweist und in karolingische Zeit vor 850 datiert; das Baptisterium ordnet Sebastian Ristow ins 6. Jh. ein und dessen Abbruch spätestens in karolingische Zeit[42]. Die Buchstaben sind mit roter Farbe al secco auf den hellgetünchten Putz geschrieben, wie es Einhard für die Aachener Inschrift überliefert hat: *epigramma sinopide scriptum* (s.o.). Die Anbringung von Inschriften an kirchlichen wie auch profanen Gebäuden und Geräten ist im 8. und 9. Jh. recht verbreitet[43].

Die Bedeutung der Aachener Inschrift ist nur zu erschließen, wenn man die zeitgenössischen Gedanken, die sich in verschiedenen literarischen Werken spiegeln, berücksichtigt. Karl der Große, der die Kirche gegründet hat, erscheint erst am Schluß bei der Aufforderung an Gott, „daß durch dauerhaften Grund dieser Tempel sicher sei." Vorher wird mit *Dominus* und *auctor* jeweils Gott genannt, dessen Werk glänzt, der als Schöpfer der eigentliche Erbauer der realen und geistigen Kirche ist und den frommen Bemühungen der Menschen Erfolg gibt. Brun Candidus bringt eine entsprechende Äußerung 840/42 zur Friedhofskapelle in Fulda[44]: „Der Erste und Gründer dieses Hauses ist Jesus Christus (*cuius tecturae princeps et conditor est Christus Jesus*)" und nimmt damit Hebräer 11,10 auf: „denn er erwartete eine Stadt, die Fundamente hat, deren Verfertiger (*artifex*) und Gründer Gott ist (*exspectabat enim fundamenta habentem civitatem cuius artifex et conditor Deus*)." Ähnlich erscheint in Platons Timaios 29a der Urheber und Vater (ποιητὴς καὶ πατήρ) des Weltalls in der dem Mittelalter geläufigen Übersetzung des Chacidius als „*opifex et*

---

[42] MGH Poet. Lat. 2, S. 205–234. Vgl. W. MEYER-BARKHAUSEN, Die Versinschriften (Tituli) des Hrabanus Maurus als bau- und kunstgeschichtliche Quelle, Hess. Jb. f. Landesgesch. 7, 1957, S. 57–89; G. BINDING, Die karolingisch-salische Klosterkirche Hersfeld, Aachener Kunstblätter 41, 1971, S. 189–201 (ohne Abb., diese nur in den Grabungsakten); W. WINKELMANN, Capitalis Quadrata, Westfalen 48 (1970), S. 171–176; U. LOBBEDEY, Die Ausgrabungen im Dom zu Paderborn 1978/80 und 1983 (Denkmalpflege und Forschung in Westfalen Bd. 11, 1986), Bd. 1, S. 252 f.; Bd. 3, Abb. 372–374, S. 195 f.; HAUCK (wie Anm. 37), S. 55; O. DOPPELFELD, Die Einzelfunde aus der Dreikönigenkapelle, Kölner Domblatt 4/5 (1950), S. 118–145; W. WEYRES, Die vorgotischen Bischofskirchen in Köln. (1987), S. 231–235 mit Abb. 182–184; S. RISTOW, Das Baptisterium im Osten des Kölner Domes, Kölner Domblatt 58 (1993), S. 291–312.

[43] G. GRÖBER, Übersicht über die lateinische Literatur von der Mitte des VI. Jh. bis zur Mitte des XIV. Jh. Neue Ausgabe (1963), S. 160 f.; HAUCK (wie Anm. 37). Gröber stellt fest: „Aus dem 10. Jh. sind solche Aufschriften nicht mehr bekannt"; jedoch ist auf die monumentalen Inschriften an der Kathedrale von Paris und an dem Westbau von Straßburg aus dem 13. Jh. zu verweisen.

[44] siehe Anm. 67.

genitor oder *opifex et fabricator*[45]. Die ersten beiden Zeilen zusammen verweisen ebenfalls in diese Richtung, denn sie gründen in der Wahl und Abfolge der Worte auf Augustinus: „viele lebende Steine mögen im Bauwerk des Tempels Gottes zusammenkommen, aus allen werde ein Stein *(multi lapides vivi in structura templi Dei conveniant, unus lapis ex omnibus fiat)*"[46].

Einen weiteren Hinweis auf eine Interpretation der Inschrift geben in der Anfangszeile die *lapides vivi*, die lebenden Steine, und in der letzten Zeile das *tutum stabili fundamine templum*. Dieses ist die Aufnahme oder Anspielung auf eine für die Bauikonologie besonders wichtige Bibelstelle, auf den 1. Petrus-Brief 2,4: „Zu ihm kommend als zu einem lebenden Stein, von Menschen zwar verworfen, bei Gott aber auserwählt und würdig gemacht, werdet auch ihr selbst als lebende Steine auferbaut zu einem geistigen Haus ... *(Ad quem accedentes lapidem vivum ab hominibus quidem reprobatum a Deo electum et honorificatum, et ipsi tamquam lapides vivi superaedificamini domus spiritalis ...).*" Bei Petrus folgt dann in Aufnahme von Jesaja 28,16 und Psalm 117,22 der Hinweis auf den auserwählten, kostbaren, vorzüglichsten Eckstein, den Gott in das Fundament von Sion gelegt hat, und auf den von den Bauleuten verworfenen Stein, den Gott in das Haupt der Ecke gesetzt hat. Zugleich ist hier aber auch der Brief des Paulus an die Epheser 2,19–21 einbegriffen: „Also seid ihr nicht Gäste und Fremdlinge, sondern ihr seid (Mit)Bürger der Heiligen und Hausgenossen Gottes, aufgebaut auf dem Fundament der Apostel und Propheten, während Jesus Christus selbst der vorzüglichste (höchste) Eckstein ist, in dem jedes zusammengefügte Bauen wächst zum heiligen Tempel im Herrn *(Ergo iam non estis hospites et advenae, sed estis cives sanctorum et domestici Dei superaedificati super fundamentum apostolorum et prophetarum, ipso summo angulari lapide Christo Jesu, in quo omnis aedificatio constructa crescit in templum sanctum in Domino)*".

Beide Stellen werden in der patristischen und frühmittelalterlichen Literatur vielfältig aufgenommen, kombiniert und diskutiert. Denn wie Fundament und Eckstein die Standsicherheit des Tempels, des Kirchenbaus, garantieren, so sind Christus als Eckstein und die Apostel und Propheten bzw. Christus selbst als Fundament Träger

---

[45] Siehe dazu M.-D. CHENU, Die Platonismen des 12. Jahrhunderts, in: W. BEIERWALTES (Hg.), Platonismus in der Philosophie des Mittelalters (Wege der Forschung 197, 1969), S. 287; R. KLIBANSKY (Hg.), Corpus platonicum medii aevi (1962), S. 21, 25. Entsprechend ist bei Bernhard von Chartres (1114–26) Gott der *opifex*, der die Welt nach einem unwandelbaren Vorbild (*exemplar*) geschaffen hat. Zu *conditor* et *fundator* siehe T. J. CORNELL, Gründer, in: RAC 12, 1983, Sp. 1107–1171, bes. Sp. 1145; Beda Venerabilis, In principium Genesis III, 11, 8-9 (CCSL 118A, 161) nimmt Hebr 11,10 auf: *civitas celestis, cuius artifex et conditor Deus est*.

[46] Augustinus, Enarrationes in psalmos 39, 1; CCSL 38, S. 424, Z. 79–81. Vgl. Hrabanus Maurus, De universo 17, 3; (Migne) PL 111, Sp. 462 f.; ebd. 21, 3; PL 111, Sp. 561 A. nach Hinweis HAUBRICHs (wie Anm. 39), S. 37.

der geistigen *ecclesia*, die aus den *lapides vivi*, den lebenden Steinen, d.h. den Gläubigen, aufgebaut wird".

Augustinus (354–430) faßt diese Vorstellung zusammen[48]: „Der Tempel des Königs ist die Kirche selbst. Woraus wird der Tempel aufgebaut? Aus den Menschen, die in den Tempel eintreten. Die lebenden Steine, wer sind sie, wenn nicht die Getreuen Gottes? ... Der Tempel des Königs besteht in der Einheit; der Tempel des Königs ist nicht baufällig, nicht auseinandergefallen, nicht geteilt. Die Verbindung der lebenden Steine ist die Liebe. Seinen Tempel hat Gott überall aufgerichtet, die Fundamente der Propheten und Apostel hat er überall gefestigt (*Templum regis ipsa ecclesia, ... Unde construitur templum? De hominibus qui intrant in templum. Lapides vivi qui sunt, nisi fideles Dei? ... Templum regis in unitate est; templum regis non est ruinosum, non discissum, non divisum. Iunctura lapidum viventium caritas est. Templum suum Deus ubique collocavit, fundamenta prophetarum et apostolorum ubique firmavit*)."

Ähnlich bringt der vielgelesene Engländer Beda Venerabilis zu Anfang des 8. Jahrhunderts die in der Widmungsinschrift enthaltenen Gedanken zur Darstellung: „Der nun und kein anderer wird an den entsprechenden Stellen mit dem Begriff des Steins versinnbildlicht, nicht jedoch jedes (Steins) in der Mauer nach Art derer, von denen gesagt ist, daß ihr gleich lebenden Steinen aufgebaut werdet, sondern des vorzüglichsten Ecksteins, erwählt und kostbar, der in das Fundament gegründet ist und der, das ganze Gebäude der aufwachsenden Kirche zugleich tragend und schützend, in einträchtigem Frieden die Beschneidung mit der Unbeschnittenheit verbindet (d.h. Judenchristen und Heidenchristen) (*Qui quidem et ipse locis congruis lapidis vocabulo figuratur non tamen cuiuslibet in pariete iuxta eos quibus dicitur, et vos tamquam lapides vivi superaedificamini, sed lapidis summi angularis*

---

[47] Z.B. Gregor der Große (seit 590 Papst), In librum primum Regum expositionum libri VI, III, 123; CCSL 144, S. 267, Z. 2480–2482: *superaedificati supra fundamentum apostolorum et prophetarum, ipso summo angulari lapide Christo Jesu, in quo et vos tamquam lapides vivi superaedificamini.* Oder Beda Venerabilis, De tabernaculo III; CCSL 119 A, S. 138, Z. 1751–1753: *et ipsi tamquam lapides vivi superaedificamini domus spirituales, sacerdotium sanctum offerentes spirituales hostias.* Vgl. dazu J.C. PLUMPE, Vivum saxum, vivi lapides, Traditio 9 (1943), S. 1–14; K.T. SCHÄFER, Lapis summus angularis, in: Der Mensch und die Kirche. FS für Heinrich Lützeler, hg. v. G. BANDMANN (1962), S. 9–23. Alkuin selbst geht darauf in einem Brief an Karl d. Gr. ein, wo er das neue Jerusalem in Aachen mit dem alten vergleicht und in diesem Zusammenhang erwähnt, daß Karl „die durch das kostbare Blut Christi erbaute Stadt des ewigen Friedens regiert und leitet, deren lebende Steine über den Leim der Liebe verbunden werden und deren Mauern sich zur Höhe des himmlischen Gebäudes aus den verschiedenen Edelsteinen der Tugenden aufrichten" (*... perpetuae pacis civitatem pretioso sanguine Christi constructum regere atque gubernare, cuius lapides vivi de caritatis glutino colliguntur et caelestis aedificii ad altitudinem ex diversis virtutum gemmis muri consurgunt*). Vgl BINDING (wie Anm. 67).

[48] Augustinus, Enarrationes in psalmos 44, 31–32; CCSL 38, S. 515 f.

electi pretiosi in fundamento fundati qui totum ecclesiae surgentis aedificium portans simul et protegens circumcisioni praeputium unanima pace coniungat)"[49].

In seinem Werk *De templo Salomonis* ergänzt Beda diese Auffassung: „Das Haus Gottes, das König Salomo in Jerusalem erbaute, ist zum Typus der heiligen, allumfassenden Kirche gemacht, die vom ersten Erwählten an bis auf den letzten, der am Ende der Welt zum Leben kommen wird, Tag für Tag durch die Gnade des friedenbringenden Königs, nämlich ihres Erlösers, erbaut wird *(Domus Dei quam aedificavit rex Salomon in Hierusalem in figuram facta est sanctae universalis ecclesiae quae a primo electo usque ad ultimum qui in fine mundi nasciturus est quotidie per gratiam regis pacifici, sui videlicet redemptoris aedificatur)"*[50].

Diese Vorstellungen von Augustinus und Beda Venerabilis nimmt 823 Amalar von Metz in seinem Ludwig dem Frommen gewidmeten *Liber officialis* auf (s.o.). Darin bringt er eine ausführliche allegorische und typologische Deutung der *ecclesia*[51]: „Wenn wir nämlich ... zusammenkommen, um zu Gott zu beten, ist es für uns zweckdienlich zu wissen, daß wir die Werke der zu bauenden Mauern unserer Kirche *(opera murorum aedificandorum ecclesiae nostrae)* haben müssen, wie jene die der Stadt Jerusalem hatten ... Die Mauer unserer Kirche hat im Fundament Christus, auf dessen Fundament festgefügt sind die Apostel und die, die durch sie geglaubt haben sowie glauben oder glauben werden. Wir sind am heutigen Tage in der ordentlichen Zusammenfügung *(in structura)* dieser Mauer, die immer gebaut werden wird bis an das Ende der Welt. Ein jeder der Heiligen, der von Gott zum ewigen Leben bestimmt ist, ist ein Stein dieser Mauer. Ein Stein wird nämlich auf einen Stein gelegt, solange die Lehrer der Kirche Jüngere heranziehen zum eigenen Studium, zum Lehren, zum Verbessern und zum Festigen in der heiligen Kirche. Ein jeder hat über sich einen Stein, der eine brüderliche Last trägt. Über dieses Gebäude sagt der Apostel (Galater 6,2): Einer soll die Last des andern tragen, und so werdet ihr das Gesetz Christi erfüllen. Die größeren Steine, die geglätteten und die Quader, die auf beiden Seiten davor (als Außenschale) gesetzt werden, in deren Mitte die kleineren Steine liegen, sind die vollkommeneren Männer, die die schwächeren Schüler oder Brüder in der heiligen Kirche durch ihre Ermahnungen und Gebete bewahren. Die Festigkeit der Mauer kann ohne Mörtel nicht sein; Mörtel besteht aber aus Kalk, Sand und Wasser. Der siedende Kalk ist die Liebe, die sich verbindet mit dem Sand. ... Damit nämlich Kalk und Erde tauglich sind für den Bau der Mauer, werden sie verbunden durch die Beimengung von Wasser. Das Wasser ist der Heilige Geist, wie der Evangelist Johannes sagt (Joh. 7,38f.): 'Von seinem Leibe werden Ströme lebendigen Wassers fließen. Das sagte er aber vom Geist' und Weiteres. Denn so wie ohne

---

[49] Beda Venerabilis, In primam partem Samuhelem libri IV. Nomina locorum III; CCSL 119, S. 167, Z. 1272–1278. Vgl. auch De templo Salomonis I, 18; CCSL 119 A, S. 147, Z. 18, und De tabernaculo II und III; CCSL 119 A, S. 76, Z. 138.

[50] Beda Venerabilis, De templo Salomonis I, 18; CCSL 119 A, S. 147, Z. 1–5.

[51] Amalar von Metz, Liber officialis IV, 3, 4–7, hg. von HANSSENS (wie Anm. 34), S. 415 f.

Mörtel die Steine der Mauer nicht miteinander verbunden werden zur Festigkeit der Mauer, so können Menschen nicht zum Gebäude des Himmlischen Jerusalem miteinander verbunden werden ohne Liebe, die der Heilige Geist wirkt."

Die *lapides vivi* und das *tutum stabili fundamine templum* im Widmungsgedicht verweisen unmittelbar auf diese allgemein verbreitete und durch Augustinus, Beda und Amalar formulierte Vorstellung von der Gleichsetzung gebauter und lebender *ecclesia*. Der Anfang der Inschrift[52] bringt mit dem Zusatz, daß die *lapides vivi pacis conpage ligantur*, also „im Verbund des Friedens verbunden werden", erneut einen Hinweis auf Salomo, dessen Name im Hebräischen „Friede, Wohlergehen" bedeutet und der in der exegetischen Literatur allgemein mit *pacificus* tituliert wird.

Die Aussage der Inschrift in der zweiten Zeile *inque pares numeros omnia conveniunt* wurde bereits vor 1843 von C.P. Bock gemäß seiner Übersetzung „auf dieselbe Zahl jedes Verhältnis gestimmt" mit dem Maß des inneren Oktogonumfanges der Pfalzkapelle in Verbindung gebracht, das 144 drusianische Fuß (33,3 cm) beträgt; Felix Kreusch hat 1963 diese Beobachtung bestätigt und denselben inneren Umfang von 144 Fuß an weiteren Zentralbauten feststellen können[53]. Bereits Bock hat auf die Apokalypse 21,17 verwiesen: „Auch maß er ihre (des himmlischen Jerusalem) Mauer, 144 Ellen, nach dem Maß des Menschen, das (das Maß) des Engels ist. (*Et mensus est murus eius centum quadraginta quattuor cubitorum mensura hominis, quae est angeli.*)"[54]. Bock stellte den Bezug zur Grabeskirche in Jerusalem her; aufgrund seines Maß- und Bauvergleichs behauptete Kreusch: „Die Pfalzkirche zu Aachen ist das

---

[52] Anklänge an die Aachener Inschrift finden sich in einer Inschrift, die W. Effmann aus der Werdener Abteikirche überliefert. Diese war auf vergoldeten Kupferringen am oberen Rand und über den Basen der beiden Säulenschäfte unter dem Schrein angebracht, in den Abt Adalwig (1065–1081) die Gebeine des Hl. Liutger erhoben hat: „Gott, gewähre Adalwig Ruhe im Paradies. Er vollbrachte das Werk, durch das dieser Ort erstrahlt. Unter den durch das Band des Glaubens verbundenen Säulen gib, Christus, ihm einen Platz unter den lebenden Steinen" (*Confer Adalwigo requiem Deus in paradiso, qui peragebat opus, quo nitet iste locus, inter coniunctas fidei compage pace columnas vivorum lapidum da sibi, Xriste, locum*). W. EFFMANN, Die karolingisch-ottonischen Bauten zu Werden, Bd. 1 (1899), S. 45–47.

[53] C.P. BOCK, Bericht über die baulichen Alterthümer des Aachener Domes, Manuskript vor 1843; F. KREUSCH, Das Maß des Engels. in: Vom Bauen, Bilden und Bewahren. FS für Willy Weyres, hg. von J. HOSTER und A. MANN (1963), S. 61–82. Zu den Maßen und Proportionen siehe: L. HUGOT, Die Pfalz Karls des Großen in Aachen, in: Karl der Große (wie Anm. 24), S. 556–564. BOECKELMANN (wie Anm. 39) bezieht die Aussage auf glatte Fußmaße und findet die Quadratur als geometrische Grundrißfigur. A. WOLFF; Numeri pares. Zum Maßsystem der Aachener Pfalzkapelle, architectura 24 (1994), S. 319–322.

[54] Allgemein zum Maß der Engel siehe: B. FAES DE MOTTONI, Mensura im Werk De mensura angelorum (1288/90) des Aegidius Romanus, in: Mensura. Maß, Zahl, Zahlensymbolik im Mittelalter, hg. von A. ZIMMERMANN (Miscellanea mediaevalia 16, 1983), S. 86–102; H. KÜMMERLING, Mensura hominis quae est angeli. Die Maßeinheit des Hauses Gottes, ebd., S. 455–458 führt zu diesem Thema nicht weiter.

Mausoleum Karls des Großen"[55]. Das widerspricht der Mitteilung von Einhard, wonach die Entscheidung, Karl in Aachen zu bestatten, erst nach dessen Tode gefallen ist. Einhard betont in Kapitel 31 seiner Karls-Vita, daß Karl zu seinen Lebzeiten nichts über seine Grabstätte bestimmt hatte (*eo quod ipse vivus de hoc nihil praecepisset*).

Derart weitgehende bzw. auf die ablesbaren Maße eingeschränkte Schlüsse aus der o.a. Passage der Inschrift zu ziehen, stellt eine Interpretation nach den Baubeobachtungen dar, wird aber durch die Inschrift nicht gedeckt. Vielmehr besagt diese Zeile, daß alles in geraden Zahlen zusammenkomme[56], d.h. in rechter Ordnung übereinstimme. Isidor von Sevilla gibt – in wörtlicher Übernahme von Cassiodor (1. Hälfte 6. Jh.) und in Übereinstimmung mit Boethius (um 480 - 524) – in seinen *Etymologiae* die Erklärungen[57]: „Gerade ist eine Zahl, die in zwei gleiche Teile geteilt werden kann, wie 2, 4 und 8 (*Par numerus est, qui in duabus aequis partibus dividi potest, ut II, IV et VIII.*). Gerade gerade ist eine Zahl, die nach einer geraden Zahl gerade geteilt wird, bis man zur unteilbaren Einheit kommt; wie z.B. die 64 als Hälfte die 32 hat, diese aber die 16, 16 aber die 8, 8 die 4, 4 die 2, 2 die eins, die alleine unteilbar ist (*Pariter par numerus est, qui secundum parem numerum pariter dividitur, quousque ad indivisibilem perveniat unitatem; ut puta LXIV habet medietate XXXII, hic autem XVI, XVI vero VIII, octonarius IV, quaternarius II, binarius unum, qui singularis indivisibilis est.*).“ Als *impariter par* wird z.B. die 24 bezeichnet: „Ungerade gerade ist eine Zahl, deren Teile auch geteilt werden können, aber nicht bis zu einer Einheit kommen, wie die 24 (*Impariter par numerus est, cuius partes etiam dividi possunt, sed usque ad unitatem non perveniunt, ut XXIV*)“.

Hier geht wohl ein Hinweis auf die Gestalt der Aachener Pfalzkapelle nicht fehl, deren Zentralbau innen achtseitig und außen sechzehnseitig bzw. -eckig ist und damit sogar einen *pariter par numerus* aufnimmt[58].

---

[55] KREUSCH (wie Anm. 53), S. 77.

[56] H. MEYER, Die Zahlenallegorese im Mittelalter. Methode und Gebrauch (Münstersche Mittelalter-Schriften 25, 1975), S. 57 f. mit Hinweis auf Pseudo-Isidor, Liber numerorum, auf Cassiodor, Liber de artibus ac disciplinis liberalium literarum, Isidor, Etymologiae III, 5–7, und Boethius, Institutio arithmetica und in der Fortsetzung bei Hugo von St. Viktor und Rupert von Deutz. - Schein übersetzt: „und auf dieselbige Zahl jedes Verhältnis gestimmt (ist)"; Kaemmerer übersetzt: „und auf die gleiche Zahl alles harmonisch sich eint" (beide wie Anm. 39).

[57] Isidor von Sevilla, Etymologiae III, 5, par. 2–5; Scriptores Classicorum Bibliotheca Oxoniensis (ed. W.M. LINDSAY 1911). Vgl. Cassiodor, Institutiones II, 3, 21; R.A.B. MYNORS (Hg.), Cassiodori senatoris institutiones (1937), S. 130 f.; Boethius, De institutione arithmetica, dazu D. ILLMER, Die Zahlenlehre des Boethius, in: F. ZAMINER (Hg.), Geschichte der Musiktheorie 3 (1990), S. 219–252.

[58] Es muß offen bleiben, ob hier weitere Überlegungen anzuschließen sind, wie sie sich durch Isidor von Sevilla, Etymologiae III, 12 eröffnen, bei dem die wichtigste Figur der Geometrie der Kubus ist, weil er alle Dimensionen enthält: *cubus est figura solida, quae longitudine et latitudine et altitudine continetur*; er verbindet mit seinen Seiten acht Punkte. Vgl. MEYER (wie Anm. 56), S. 60.

Diese Aussage wird verständlich aus dem Inhalt des *quadrivium* der *artes liberales*, die durch die Bildungsreform Karls des Großen unter der Leitung von Alkuin zu neuer Bedeutung geführt worden sind[59]. Zum *summum bonum*, das sich der Mensch ersehnt, gelangt er durch *sapientia*, zu dieser wiederum durch das Studium *sapientiae*, die die *artes liberales* vermitteln. Nach Augustinus drückt sich die *sapientia* durch die Zahl in allen Dingen aus: „wenn uns auch nicht durchschaubar sein kann, ob in der Weisheit oder aus der Weisheit die Zahl sei, oder ob die Weisheit selbst aus der Zahl oder ob sie in der Zahl sei (*in sapientia vel ex sapientia numerus an ipsa sapientia ex numero an in numero sit)*"[60]. Isidor von Sevilla hat in Übernahme eines Gedankens von Platon formuliert: „Nimm die Zahl in allen Dingen heraus, und alles vergeht (*Tolle numerum in rebus omnibus, et omnia pereunt)*"[61]. Nach Cassiodor bestimmt die Zahl alles (*numerus est qui cuncta disponit*), und nach Boethius ist die *ratio* aller Dinge die Zahl: „Alles, was nach der ursprünglichen Natur der Dinge gemacht ist, erscheint durch die Ordnung der Zahlen geformt. Das war nämlich ursprünglich das Vorbild im Geist des Schöpfers. (*Omnia quaecumque a primaeva rerum natura constructa sunt, numerorum videntur ratione formata. Hoc enim fuit principale in animo conditoris exemplar.)*"[62]. Die *mysteria numerorum* spielen nach allgemeiner Auffassung und nach dem oben erwähnten Brief Alkuins (Nr. 144) schon im Alten Testament eine wichtige Rolle und führen zu einer häufig vorgenommenen Auslegung der Maße der Arche, des Bundeszeltes und vor allem des Tempels Salomos. Daher ist mit Untermann zu erschließen: „Diese Ordnung in der Zahl ist zugleich die Voraussetzung für Angemessenheit und Qualität der Architektur (als Bestandteil von *dispositio* und *venustas* des Vitruvianischen Systems) wie ein Abbild der kosmischen Ordnung"[63].

Somit enthält die Widmungsinschrift eine Ansammlung von Hinweisen, die den gelehrten Gedanken der Zeit und ganz besonders den Bemühungen Karls des Großen und seines Vertrauten Alkuin am Aachener Hofe entsprechen. Wolfgang Haubrichs hat mit Recht schon 1969 darauf hingewiesen, daß die besondere Eigenheit des Widmungsgedichtes „im Hinüberspielen aller Worte in ihre spirituelle Bedeutung gemäß der doppelten Sinnstruktur aller Sprache" besteht[64]. Ähnliche Vorstel-

---

[59] U. LINDGREN, Die Artes liberales in Antike und Mittelalter, Algorismus Heft 8 (1992).

[60] Augustinus, De libero arbitrio II, 11, 30–32 (120–129), 42 (164–167); CCSL 29, S. 258 f., 265.; Augustinus, De ordine II, 15 (42); CCSL 29, S. 130. Vgl. dazu MEYER (wie Anm. 56), S. 28–32; H.M. KLINKENBERG, Der Verfall des Quadriviums im frühen Mittelalter, in: Artes liberales. Von der antiken Bildung zu Wissenschaft des Mittelalters, hg. von J. KOCH (1959), S. 1–32, hier S. 7.

[61] Isidor von Sevilla, Etymologiae III, 3, 4; (wie Anm. 57).

[62] Cassiodor, Institutiones II, 9; (wie Anm. 57), S. 141. Vgl. Boethius, De arithmetica I, 2; PL 63, Sp. 1083 B.

[63] UNTERMANN (wie Anm. 2), S. 100.

[64] HAUBRICHS (wie Anm. 39), S. 36 f.

lungen enthält auch die Grußbotschaft Alkuins an die Aachener Freunde vor 800, wo David, wie Karl in der gebildeten Hofgesellschaft genannt wurde, gelobt wird[65]:

„David liebt es, die geheiligten Gedanken der Alten kennenzulernen
und den Reichtum der Alten mit kundigem Sinn zu durchlaufen,
und er begehrt, daß die Geheimnisse der heiligen Weisheit ergründet werden.
David wünscht im Geist, weise Lehrer zu haben
zur Zierde, zum Lob jedweder Wissenschaft in der Kirche,
auf daß er die Weisheit der Alten in strebsamem Geist erneuere.
Auch setzt er die Fundamente über den Fels in die Höhe,
damit das Haus für Gott hoch, für Christus sehr fest bleibe.
Glücklich setzte seine Rechte zuerst so die Steine,
damit ruhmreiche Tempel dem himmelthronenden Donnerer entstünden."

David amat veterum sacratos noscere sensus
Divitiasque senum gnaro percurrere corde,
Scrutarique sacrae gestit secreta sophiae.
David habere cupit sapientes mente magistros,
Ad decus, ad laudem cuiuscumque artis in aula,
Ut veterum renovet studiosa mente sophiam. -
Fundamenta super petram quoque ponit in altum,
ut domus alta deo maneat firmissima Christo.
Felix sic lapides posuit sua dextera primum,
Inclita celsitrono fierent ut templa tonanti.

V.

Abschließend ist noch zu fragen, ob die aufgezeigten symbolischen Vorstellungen und Interpretationen unmittelbar die Baugestaltung beeinflußt haben. Ist Karl der Große mit dem Bau seiner Kirche nur dem Vorbild Salomos gefolgt, der mit großer Weisheit den Tempel gebaut hat, oder haben symbolische und anagogische Vorstellungen auch Typ und Einzelheiten der Pfalzkapelle bestimmt?

Seit frühchristlicher Zeit wird ein sichtbares Ding oder Geschehen in der Allegorie als ein Bild oder eine „Figur" (*figura, typus, imago, similitudo, umbra*) des Göttlichen, des Übersinnlichen verstanden, d.h. die sichtbaren Dinge oder das historische Geschehen werden als sichtbares Bild einer unsichtbaren Wirklichkeit gedeutet. Die *similitudo* ist nicht in dem Ding, sondern durch das Ding gegeben, d.h. der Zeichensetzer muß beim Zeichenempfänger einen hohen geistigen Intellekt und gleiche Vor-

---

[65] MGH Poet. Lat. 1, S. 360 f.; KAEMMERER (wie Anm. 3), S. 41 f.

stellungen voraussetzen oder erwarten, damit der Betrachter die Symbolik erkennt. Das ist ein in der Zeit schon gesehenes und formuliertes Problem[66].

Brun Candidus hat exemplarisch die Problematik des Verstehens der in dem sichtbaren Bau enthaltenen Bedeutung aufgezeigt. Der bei Einhard ausgebildete Fuldaer Mönch berichtet in der 840/842 im Auftrage seines Abtes Hrabanus Maurus (780–856) abgefaßten Vita des Abtes Eigil (818–822) über die 822 geweihte Michaelskapelle auf dem Mönchfriedhof nördlich der Klosterkirche von Fulda, daß diesen Bau Abt Eigil und Magister Hrabanus Maurus, durch göttliche Unterweisung (*magisterium*) gelehrt, geformt (*fingentes*) haben, er aber nicht wisse, mit welcher Bedeutung. Er selbst glaube mit gutem Gewissen, daß sie als *figura Christi* und der *ecclesia spiritualis* interpretiert werden könne[67]. Die kleine Kirche, ein Zentralbau wie Aachen, jedoch zweigeschossig und rund, mit säulengestütztem Umgang im Obergeschoß, erklärt Brun dann aus eigenen Stücken, obwohl er seinen damals am Bau beteiligten Abt Hrabanus hätte befragen können: „Der Apostel Paulus nämlich, der auch selbst von Gott Gefäß der Erwählung genannt wird (Apg. 9,15), verkündet seinen Hörern deutlich von der aus lebenden Steinen, d.h. aus heiligen Menschen, zusammengefügten Kirche Christi (*de ecclesia Christi ex lapidibus vivis*), daß sie Gottes Wohnstätte sei und sagt: 'Der Tempel Gottes nämlich ist heilig, der seid ihr' (1. Kor. 3,17): Der Erste und Gründer (*princeps et conditor*) dieses Hauses ist Christus Jesus, und zwar Fundament und Säule, immer unbeweglich bleibend in der Kraft der immerwährenden Erhabenheit; 'in ihm wächst der ganze zusammengefügte Bau zu einem heiligen Tempel im Herrn' (Eph. 2,21). Was aber dieses bezeichne, daß in dem einen vorzüglichsten Stein (*in summo uno lapide*) dieses Gebäude die Vollendung erreicht, offenbart uns derselbe Lehrmeister (Paulus), der uns mit aufmerksamem Geist zu beten lehrt, auf daß 'jener, der in uns das gute Werk begonnen hat, es vollende bis zum Tage Christi Jesu' (Phil. 1,6), so daß alle unsere Tätigkeit von Gott stets beginnt und durch ihn das Begonnene vollendet wird. Die acht Säulen also, die in diesem Tempel des Herrn stehen, werden passend den acht Seligkeiten verglichen, die der Herr selbst im Evangelium verheißt (Mt. 5, 3–10), so daß sie alle, indem sie diese zwei mal vier Worte Jesu erfüllen, in dieser Kirche Christi für die Stützen gehalten zu werden verdienen. Der Kreis der Kirche aber, der von keinem Ende begrenzt ist, scheint, indem er innen die Summe des Lebens birgt, d.h. die göttlichen Sakramente, nicht unpassend das Reich der immerwährenden Erhabenheit und die Hoffnung auf das ewige Leben und den sicheren Lohn zu bezeichnen, mit dem die Gerechten in der Ewigkeit verdient gekrönt werden." Hrabanus Maurus selbst hatte die Altartituli für die Kapelle verfaßt und die Kapelle als Grabeskirche Christi ver-

---

[66] G. BINDING, Zur Methode der Architekturbetrachtung mittelalterlicher Kirchen (43. Veröff. d. Abt. Arch. d. Kunsthist. Inst. d. Univ. zu Köln, ²1993), S. 33–37.
[67] MGH SS 15/1, S. 230 f.; UNTERMANN (wie Anm. 2), S. 55–57 mit Übersetzung. Vgl. O. ELLGER, Die Michaelskirche als Zeugnis der Totensorge (1989) und G. BINDING, Der früh- und hochmittelalterliche Bauherr als sapiens architectus (1996).

standen: der Hauptaltar war Christus geweiht, „dessen Grabbau hier unseren Grä-
bern hilft (*cuius hic tumulus nostra sepulchra iuvat*)", sowie dem Erzengel Michael
und Johannes dem Täufer; er enthielt unter anderen Reliquien einen Stein vom Berg
Sinai und Erde von der Geburtsstätte Christi[68].

Die Ausdeutungen des Brun Candidus für Fulda können als Beleg dafür dienen,
daß bei der Formfindung und Gestaltung von Kirchenbauten theologische Vorstellungen grundlegend waren, die die Formen zum Zeichen machten. Da diese zumeist
vom Bauherrn nicht schriftlich fixiert wurden und vielleicht auch nur in der Grundtendenz und wenig differenziert gedacht waren, mußten jüngere Autoren aus der
Kenntnis der Zeit und aus ihrer eigenen Vorstellung eine Interpretation für die Wahl
der Form und für die Bedeutung der gebauten Formen beibringen. So gibt auch Brun
Candidus aus seiner theologischen Kenntnis eine eigene Deutung, eine *post-factum-
interpretatio*. Da aber in karolingischer Zeit die Grundlage jeder Zeichensetzung,
Symbolik und Allegorie die allen bekannte und gegenwärtige Bibel und die patristi-
sche Literatur war, sind Übereinstimmungen zwischen den Gedanken des Bauherrn
und des Interpreten gegeben.

Auf dieser Basis ist natürlich eine Vielzahl von Vermutungen über die hinter einem Bauentwurf stehenden Gedanken möglich, so auch die von Untermann vorge-
schlagene, überzeugende Deutung der Aachener Pfalzkapelle, die aus der Kenntnis
der damals niedergeschriebenen Gedanken resultiert: „Sicher spielt er (der Hinweis
auf Salomo) an auf die Weisheit und Macht des Bauherrn, auf den Aufwand beim
Bau, die reiche Ausstattung und auch auf die zentrale Bedeutung des Bauwerks für
das fränkische Königtum, so wie all dieses den Jerusalemer Tempel und seine Erbauer auszeichnete. ... Der Aachener Bau entspricht dabei nicht der alttestamentlichen
Beschreibung des Tempels, die andernorts in gebauter Architektur nachgeahmt wurde. Es sei jedoch darauf hingewiesen, daß allgemeine Maßproportionen und manche
Einzelelemente des Jerusalemer Tempels z.B. in der Hagia Sophia in Konstantinopel
bewußt zitiert wurden, obwohl auch dieser Bau keine erkennbare Ähnlichkeit mit
dem 'Tempel Salomos' aufweist. Diese Bauten waren Zeichen für den Bund Gottes
mit dem erwählten Volk und seinem gerechten Herrscher"[69].

Damit wird aber letztlich deutlich, daß unmittelbar aus den Bauformen ablesbare
symbolische Deutungen kaum verbindlich möglich sind, da auch bei der Planung
einzelne erkennbare oder nur assoziierbare *similitudines* ausreichten, um die *auctoritas* und die *significatio* herzustellen und damit den in der Widmungsinschrift formulierten Wunsch erfüllt zu bekommen: „so wolle Gott, daß dieser Tempel, den
Kaiser Karl gegründet hat, durch dauerhaften Grund sicher sei (*sic Deus hoc tutum
stabili fundamine templum, quod Karolus princeps condidit, esse velit*)"; das ist nur
möglich, „wenn der Urheber (das ist Gott) das Vollendete schützen und bestimmen
möge (*si perfecta auctor protegat atque regat*)". Wie Salomo den Tempel, so hat Karl

---

[68] MGH Poet. Lat. 2, S. 209; UNTERMANN (wie Anm. 2), S. 57.
[69] UNTERMANN (wie Anm. 2), S. 100.

der Große die Aachener Pfalzkapelle als gottgefälliges Werk begonnen, vollendet und in die Heilsordnung eingebunden.

Postscriptum: Es war die Absicht, Ergebnisse der Auswertung der schriftlichen Quellen über die Ikonologie der Aachener Pfalzkapelle vorzulegen, die – zugegebenermaßen – einerseits bescheiden in ihrer Aussage, andererseits aber auch charakteristisch sind; es sollte aber dadurch nicht jede weitere Interpretation der Bauformen der Aachener Pfalzkapelle unterbunden werden, sondern im Sinne der Äußerungen des Brun Candidus zur Fuldaer Michaelskapelle sind auch weiterhin Interpretationen möglich und sinnvoll. Neuerdings liegt eine ausführliche Quellensammlung zu den theologischen Interpretationen vor: G. BINDING, Der früh- und hochmittelalterliche Bauherr als sapiens architectus (1996).

... pro utile firmiter tenenda sunt lege

Bemerkungen zur Brauchbarkeit und zum Gebrauch der Kapitulariensammlung des Ansegis[1]

von

Gerhard Schmitz

Dem heutigen Mittelalterhistoriker ist Ansegis vor allem als Verfasser einer Kapitulariensammlung bekannt[2]. Das war schon im Mittelalter so: Wenn etwa die Ende des 10. Jahrhunderts entstandenen Miracula SS. Waldeberti et Eustasii Ansegis rühmend erwähnen, dann vor allem deshalb, weil er die „Kapitel der Fränkischen Könige", *quae diversa fuerant acta conciliis, excepit et uno volumine contineri fecit*[3]. Und selbstverständlich findet sich Ansegis bei Sigebert von Gembloux (um 1030–1112) nur deshalb, weil er die Edikte des großen Kaisers Karl und seines Sohnes Ludwig – sofern auf das kirchliche Recht bezogen – in zwei Büchern geordnet und das weltliche Recht gleichermaßen in zwei anderen zusammengefaßt hatte[4]. Um so erstaunlicher mag es erscheinen, daß die nahezu zeitgenössische Hauptquelle, die *Gesta abbatum Fontanellensium,* mit keinem Sterbenswörtchen diese Sammlung erwähnt, und noch verblüffender ist es, daß sich im Verzeichnis der von Ansegis für seine Klöster getätigten Bücherschenkungen zwar Kanonessammlungen finden, aber eben keine *Collectio capitularium,* keine *Capitula regum Francorum* oder

---

[1] Dem Beitrag sind nur die nötigsten Belege beigegeben. Weitere Nachweise finden sich in der von mir vorbereiteten Neuedition der Kapitulariensammlung.

[2] Zur ersten Orientierung: R. BUCHNER, Ansegis, in: NDB 1 (1953), S. 309; J. LAPORTE, Saint Anségise (823–833), L'Abbaye S. Wandrille de Fontenelle 21 (1971/72), S. 5–17; W.A. ECKHARDT, s.v. Ansegis, HRG 1 (1971), Sp. 178 f.; J. WOLLASCH, s.v. Ansegis, LexMA 1 (1980), Sp. 677.

[3] MGH SS 15, S. 1174, 19 f. Zur (fraglichen) Autorschaft Adsos von Montieren-en-Der vgl. W. WATTENBACH/R. HOLTZMANN/F.J. SCHMALE, Deutschlands Geschichtsquellen im Mittelalter 1 (1967), S. 188 f. – Im übrigen rühmt der Autor vor allem die Bautätigkeit, die Ansegis als Abt von Luxeuil entfaltete, vgl. MGH SS 15, S. 1174, 17 ff.

[4] R. WITTE, Catalogus Sigeberti Gemblacensis monachi de viris illustribus (Lateinische Sprache und Literatur des Mittelalters 1, 1974), S. 78 Nr. 610 § 88 und S. 133: *Ansigisus abbas Lobiensis edicta magni Karoli imperatoris et filii eius Ludowici imperatoris ad ecclesiasticam legem pertinentia in duobus libris scripta digessit, et eorundem edicta ad mundanam legem pertinentia in duobus eque libris digessit.*

wie immer die Sammlung hätte bezeichnet werden können[5]. Hätte sich Ansegis in der Praefatio nicht selbst als Autor genannt – wir wüßten nicht, wer sie verfaßt hat.

Ende 826 oder Anfang 827 hatte er sein Werk abgeschlossen[6]. Wo er es zusammengestellt hat – ob in seinem Kloster oder am Hof –, wissen wir nicht, und ich möchte den ganzen Komplex der damit zusammenhängenden Fragen hier ausklammern[7]. Halten wir uns an das, was Ansegis selbst in seinem Vorwort sagt: Aus Liebe zum Herrscherhaus habe er die Sammlung verfaßt. Neben diesem ideellen gibt er einen zweiten Grund an, der ebenso praktisch wie einleuchtend ist: Die Kapitularien – so schreibt er – befänden sich zerstreut auf diversen Pergamentblättern und -blättchen: *in diversis sparsim ... membranulis*[8]. Dies wird von dem Wenigen, was wir von der Verbreitung und Vervielfältigung der Kapitularien wissen, voll und ganz bestätigt[9]. Ohnehin nur in begrenzter Zahl abgeschrieben und verbreitet, zudem auf losen Blättern und Zetteln, unbesiegelt und undatiert, oft von der Sache her nur für einen konkreten Anlaß und gar nicht auf Dauer gedacht: Die Möglichkeit, abhanden zu kommen und vergessen zu werden, war gerade für die Kapitularien groß, und manche sachlich wichtigen Stücke sind uns tatsächlich ja auch heute nicht mehr erhalten[10].

Ansegis hat diese Gefahr genau gesehen, ihr wollte er begegnen: Damit sie nicht in Vergessenheit gerieten, habe er alle *capitula*, die er habe finden können, in seinem Büchlein zusammengestellt[11]. Es läßt sich nicht leugnen: die archivarischen Motive sind deutlich und haben für Ansegis auch eine wichtige Rolle gespielt. Er hat eben

---

[5] Gesta sanctorum patrum Fontanellensis coenobii, hg. von F. LOHIER/P. J. LAPORTE (1936), S. 92 ff. (Gesta Ansegisi). Unter den verzeichneten Buchgeschenken findet sich ein *Liber canonum diuersorum conciliorum volumen I* (für das Kloster Fontenelle, S. 104), *Canones diuersorum patrum in codicibus II* (für das Kloster St. Germer de Fly bei Beauvais). Zwar erwähnt der Autor noch *alios plurimos (libros), quorum nunc nomina memoriae non occurrunt* (S. 110), doch dürfte sich darunter nicht ausgerechnet Ansegis' eigenes Werk befinden.

[6] MGH Capit. 1, S. 382–450. Das Abfassungsdatum findet sich in der Präfatio zum Gesamtwerk: *anno incarnationis ipsius DCCCXXVII, indictione V, anno vero XIII imperii gloriosissimorum principum domni Hludowici augusti ... et Hlotharii caesaris filii ipsius* (S. 394, 7 ff.), vgl. A. BORETIUS MGH Capit. 1, S. 382, der darlegt, daß die Sammlung *ante diem 28 mensis Ianuarii* fertiggestellt worden sein müsse.

[7] Vgl. dazu vorläufig G. SCHMITZ, Zur Kapitulariengesetzgebung Ludwigs des Frommen, DA 42 (1986) S. 478.

[8] MGH Capit. 1, S. 394, 19. Liebe zum Herrscherhaus: ebd. Zeile 10 ff., 20.

[9] H. MORDEK, Karolingische Kapitularien, in: Überlieferung und Geltung normativer Texte des frühen und hohen Mittelalters (1986), S. 33 f.

[10] Wieviele Kapitularien verlorengegangen sind, läßt sich natürlich auch nicht annähernd schätzen. *Daß* wir Verluste zu verzeichnen haben, ist jedoch in mehreren Fällen nachweisbar, vgl. F.L. GANSHOF, Was waren die Kapitularien? (1961), S. 105 f. So wichtige Kapitularien wie etwa die Reduktion der *placita* auf drei pro Jahr sind nicht erhalten.

[11] *...placuit mihi praedicta in hoc libello adunare quae invenire potui capitula* (MGH Capit. 1, S. 394, 22 f.).

nicht – und es ist wichtig, dies zu betonen – sein Material inhaltlich gesichtet und gewertet, er hat *nicht* Erhebliches von Unerheblichem getrennt, er hat *nicht* geprüft (und auch nicht prüfen wollen), welche normative Kraft ein ihm zugängliches Kapitular noch hatte, ja, ob es überhaupt noch sinnvoll war, sondern er hat alles, was auf kaiserlichen Befehl je niedergeschrieben worden war, was seiner Meinung nach in das Genre der Kapitularien gehörte und was er finden konnte, gesammelt und aufgeschrieben. Dafür im folgenden ein paar Beispiele:

Ansegis hat Stücke rezipiert, von denen er selbst feststellte, daß sie gewissermaßen als aide mémoire aufgezeichnet worden seien und, für sich genommen, keinen vollen Sinn ergäben[12]. Was sollte auch ein Leser anfangen mit Kapiteln wie *De lectionibus, De cantu, De notariis* usw.[13]? Abgesehen von der Tatsache, daß diese Themen irgendwann einmal beraten worden waren, konnte solchen ‚Kapiteln‘ niemand etwas entnehmen. Lediglich in Rubrikform mitgeteilt, waren sie praktisch sinnlos, zumal kein Mensch wissen konnte, was man denn von der Sache her zu den Lesungen, dem Gesang, den Notaren usw. beschlossen hatte.

Aber auch vollständige Texte sind teilweise unbrauchbar, und niemand hätte mit ihnen etwas anfangen können. Ein Beispiel bietet App. 1, 31, eine aus dem Jahr 810 stammende Bestimmung Karls, in der angeordnet wurde, daß „zu Weihnachten“ (*proximo natali domini*) Spendengelder zum Kirchbau nach Jerusalem zu schicken seien[14]. Ansegis hat den Termin getreulich wiedergegeben. Noch grotesker verhält es sich mit App. 2, 15: Wenn nichts dazwischenkomme, wolle er, Karl, am 24. Juni, am Fest des heiligen Johannes des Täufers, in Mainz oder Chalon-sur-Saône einen Reichstag abhalten[15]. Dies war eine eindeutig ad hoc getroffene Absichtserklärung Karls aus dem Jahr 803. Dem einen oder anderen mittelalterlichen Abschreiber muß das schon merkwürdig vorgekommen sein, denn die Terminsetzung wird schlicht weggelassen.

Deshalb läßt sich feststellen: Ansegis kam es nicht (oder jedenfalls nicht in erster Linie) auf den Sinngehalt der Stücke an, die er aufnahm. Hätte er sie auf ihre faktische Geltung hin überprüft, dann hätte er zumindest die Kapitel weglassen müssen, die er selber nicht für aussagekräftig hielt. Auch die inhaltlich obsolet gewordenen Stücke hätte er konsequenterweise ausscheiden müssen. Um was es ihm ging ist offensichtlich: um die Dokumentation alles dessen, was auf kaiserlichen Befehl als Kapitular niedergeschrieben worden war, unabhängig davon, ob die Regelung generell oder für einen bestimmten Einzelfall erlassen worden war und ob sie überhaupt noch Gültigkeit hatte oder haben konnte.

---

[12] Vgl. die Überschrift zur ersten Appendix: *Capitula ... quae ... quasi causa memoriae scripta fuerint et non videntur plenum explere sensum ...* (MGH Capit. 1, S. 446, 21 ff.).
[13] App. 1, 1–6 (aus dem Capitulare missorum von Diedenhofen vom Jahre 805, MGH Capit. 1, S. 121, 12 ff.).
[14] MGH Capit. 1, S. 447, 22 f.
[15] Ebd., S. 448, 18 ff.

Ansegis verdient vollen Glauben, wenn er versichert, er habe gesammelt, was er habe finden können: *quae invenire potui*[16].

Wer sich dies vor Augen hält, wird mit der Behauptung vorsichtig sein, Ansegis habe von vornherein nichts anderes im Sinn gehabt, als ein für eine optimierte Verwaltungspraxis dringend benötigtes Vademecum herzustellen. Wäre dem so, dann hätte seine Sammlung vermutlich anders ausgesehen, inhaltlich und auch formal.

Formal nämlich stellt sie einen schwer einzuordnenden Typ dar. Legt man als Kriterium die Arten von Sammlungen zugrunde, die wir aus dem kirchenrechtlichen Bereich kennen, so fällt die Zuordnung schwer, denn er hat keine Sammlung des historisch-chronologischen Typs geschaffen: Dem stehen systematische Elemente im Wege. Da ist einmal die – versuchte – Trennung von kirchlichem und weltlichem Recht, versucht, weil für einige Kapitel gar nicht richtig durchführbar, dann aber auch inkonsequent oder nur in Ansätzen durchgeführt und schließlich auch wieder konsequent unterlassen bzw. erst gar nicht angestrebt. Ein deutliches Beispiel etwa bietet die sogenannte *Admonitio ad omnes regni ordines*, die Ludwig 823–825 erlassen hatte. Dieses Kapitular enthält keineswegs nur kirchliches Recht, und Ansegis hätte es seinen eigenen Gliederungsprinzipien zufolge splitten und auf die Bücher zwei und vier verteilen müssen, hat sich in diesem Falle aber für eine vorlagengetreue Überlieferung entschieden[17]. Dieser Verstoß gegen die selbsterklärten Prinzipien ist sogar einem mittelalterlichen Benutzer aufgefallen und zu einem Kapitel, das von der Instandsetzung von Brücken handelt, hat er an den Rand geschrieben: *seculare est*, das ist weltlich, ganz offenbar doch nur deshalb, weil das Kapitel seiner Meinung nach innerhalb der *capitula ecclesiastica* nichts zu suchen hatte[18]. Zu solchen Randbemerkungen hätte zahlreiche Gelegenheit gehabt, wer ernstlich den Kapitelbestand der Sammlung nach kirchlichem und weltlichem Recht hätte durchforsten wollen, und es ist schon von F.L. Ganshof festgestellt worden, daß die Kriterien, nach denen Ansegis sein Material gegliedert habe, nicht immer nachvollziehbar seien[19]. Aber auch von einer systematischen Sammlung im eigentlichen Sinn kann man bei Ansegis nicht sprechen. Er hat eben *nicht* unter einem Rubrum alle einschlägigen Kapitel zusammengestellt. Um bei dem bereits genannten Beispiel zu bleiben: Wer sich informieren wollte, was Karl und Ludwig über den Brückenbau oder deren Instandhaltung verordnet hatten, der mußte nachsehen in Buch 2 c. 20 (worauf ein normaler Benutzer gar nicht kommen konnte), ferner in Buch 4 cc. 11–12, c. 41 und c. 58. Das Auffinden der einschlägigen Stellen

---

[16] Siehe oben Anm. 11.

[17] Buch 2, 1–24, MGH Capit. 1, S. 414–419.

[18] Vgl. G. SCHMITZ, Intelligente Schreiber. Beobachtungen aus Ansegis- und Kapitularienhandschriften, in: Papsttum, Kirche und Recht im Mittelalter. FS für Horst Fuhrmann, hg. von H. MORDEK (1991), S. 80 f.

[19] Vgl. auch F.L. GANSHOF, Kapitularien (wie oben Anm. 10), S. 109: „Die Grundsätze, denen Ansegis bei seiner Anordnung folgt, sind nicht immer deutlich erkennbar".

war mithin nicht ganz leicht. Benutzerfreundlich war die Sammlung des Ansegis in dieser Hinsicht nicht. Alles in allem: Wir haben ein *mixtum compositum* vor uns, das weder dem systematischen noch dem historisch-chronologischen Sammlungstyp entspricht. Grundsätzlich scheint Ansegis so vorgegangen zu sein: Er sammelte alles, was seiner Meinung nach ein Kapitular war, sortierte das Material nach Autor – Karl oder Ludwig – und nach der Materie – hauptsächlich weltlich oder hauptsächlich kirchlich – und sodann nach der vermeintlichen Chronologie.

Dabei sind ihm gravierende Irrtümer unterlaufen. Was die Zuweisung an Karl oder Ludwig angeht, so erinnere ich nur an den seit langem bekannten Fall, daß Ansegis das *Capitulare ecclesiasticum* von 818–819 in das erste Buch eingeordnet und mithin Karl dem Großen zugeschrieben hat: ein im Grunde schwer begreiflicher Irrtum, denn es ist ja eigentlich zu vermuten, daß er bei dem Erlaß von einem der bedeutendsten Kapitularien Ludwigs selber dabei war oder jedenfalls unmittelbar Kenntnis davon erhielt. Der Fauxpas hatte Folgen, und der fabulierfreudige Erzbischof Hinkmar belehrte etwa Ludwig den Deutschen, daß Karl dieses *edictum* erlassen habe und manche seiner Mitbischöfe noch gehört hätten, wie Ludwig es *viva voce* wiederholt habe[20]. Doch lassen wir das beiseite: In seinem Eifer, alles zu verzeichnen, erwischte Ansegis zwar lediglich einen recht bescheidenen Bruchteil der wirklich erlassenen Kapitularien[21], schoß aber doch bisweilen entschieden über das Ziel hinaus. Boretius – von der grundehrlichen Haut des Ansegis überzeugt – ist noch dem Zirkelschluß unterlegen: Alles, was bei Ansegis überliefert ist, ist ein Kapitular, denn sonst stünde es ja nicht da[22]. Neuere Forschungen haben indessen gezeigt, daß dem keineswegs so ist.

Schnell abgehandelt sind die Kapitel 29 und 30 aus Buch 2. Es besteht – vor allem seit Ganshofs Studie über das Römische Recht in den Kapitularien – Einigkeit darüber, daß diese beiden Stücke aus der *Epitome Iuliani* niemals ein Kapitular gewesen sind, nicht nur wegen der Quelle, sondern auch weil sie vom Inhalt her auf fränkische Verhältnisse nicht passen[23]. Was darauf im zweiten Buch weiter folgt, habe ich vor Jahren selbst noch für ein Kapitular gehalten – zwar nicht Ludwigs, sondern Karls, vor allem wegen der Parallelüberlieferung in einem Rotulus[24]. Indessen bin ich heute nicht mehr vom Kapitulariencharakter dieses Stückes überzeugt: im Gegenteil. Was Ansegis in Buch 2, c. 31–46 überliefert, ist ein – obendrein noch schlecht redigierter – Auszug aus den Reformkonzilien von 813. Nach dem Bericht der *Annales Regni Francorum* hat im September 813 zu Aachen *coram imperatore*

---

[20] Vgl. G. SCHMITZ (wie Anm. 7), S. 484 f.

[21] Insgsamt verzeichnet BORETIUS 29 Stücke (MGH Capit. 1, S. 383 f.), von denen jedoch mehrere nicht als Kapitularien anzusprechen sind.

[22] Vgl. MGH Capit. 1, S. 384, 31 ff.

[23] Vgl. F.L. GANSHOF, Droit Romain dans les Capitulaires (Ius Romanum medii aevi I, 2 b cc, α–ß, 1969), S. 28 f. Vgl. im übrigen SCHMITZ (wie Anm. 7), S. 479 ff.

[24] SCHMITZ (wie Anm. 7), S. 481 ff.

ein Vergleich, eine *collatio*, der Konzilskapitel stattgefunden[25], die in ein Kapitular hätte einmünden müssen. Ob es ein solches je gegeben hat, ist sehr fraglich. Wenn überhaupt, dann hätten wir es am ehesten in jenem Stück vor uns, das A. Werminghoff als *Karoli magni capitula e canonibus excerpta* gedruckt hat, nicht aber in den von Ansegis und dem Münchener Rotulus überlieferten Exzerpten[26]. Was an diesen Kapiteln stört, sind nicht nur inhaltliche Doppelungen: c. 4 und c. 5 (Ans. 2, 34–35) besagen inhaltlich dasselbe wie c. 15 und c. 14 (Ans. 2, 45, 44): die Kanones sind lediglich von verschiedenen Synoden formuliert, von der Sache her aber identisch[27]. Was vor allem irritiert, ist aber die Tatsache, daß an drei Stellen nur ein Mißstand artikuliert, nicht aber geregelt wird. Kann man wirklich annehmen, daß Karl der Große in einem *Kapitular* Sätze hätte stehen lassen wie: Wo man das aber anders geregelt findet, möge Eure Großmut entscheiden, was man mit solchen Leuten machen soll[28]? Schon Ansegis-Kopisten waren hier verunsichert und ersetzten – über die üblichen Schreibfehler hinaus – *vestra* durch *nostra*, ohne damit allerdings in der Sache viel zu ändern. Im übrigen besitzen wir ein Kapitular Karls aus seiner spätesten Zeit: und es nimmt sich anders aus. Hier wird entschieden, vorgeschrieben, verordnet[29].

Das aufgrund dieser Beobachtungen erzielte Resultat ist für Ansegis bedenklich: Die kirchlichen Kapitularien Ludwigs des Frommen, die Ansegis in Buch 2 sammeln wollte, bestehen ausschließlich aus der *Admonitio ad omnes regni ordines*, die ihrerseits fast zur Hälfte weltliches Recht regelt, und weiteren Exzerpten, die keine Kapitularien und – mit Sicherheit – jedenfalls nicht von Ludwig sind.

Aus genau dem gleichen Grund sind auch die sog. *Capitula ecclesiastica* nie ein Kapitular gewesen. Wären sie nicht bei Ansegis tradiert, und zwar ausschließlich –

---

[25] Annales regni Francorum a. 813: *et constitutionum, quae in singulis (sc. synodis) factae sunt, collatio coram imperatore in illo conventu habita* (MGH SS rer. Germ. 6, S. 138).

[26] MGH Conc. 2, 1, S. 294 ff., Capit. 1, S. 173 ff. Nr. 78, vgl. im übrigen SCHMITZ (wie Anm. 7), S. 482 f.

[27] Ein Beispiel: Ans. 2, 34: *Ecclesiae antiquitus constitutae nec decimis nec aliis possessionibus priventur, ita ut novis oratoriis tribuatur.* Ans. 2, 45: *Ut ecclesiae antiquitus constitutae nec decimis nec alia ulla possessione priventur.* (MGH Capit. 1, S. 422, 10 f. bzw. S. 423, 31 f.).

[28] Ans. 2, 32: *Ubicumque autem aliter inventum fuerit, factum hoc omnino emendetur per iussionem vestram.* Ähnlich Ans. 2, 31: *ut si forte extra officium nostrum alicubi inventum fuerit, ammonere vestram clementiam audeamus, ut emendetur* (MGH Capit. 1, S. 421, 36 ff. bzw. 44 f.). In Ans. 2, 41 heißt es: *Quamobrem vestra decernat mansuetudo, quid de talibus deinceps agendum est* (S. 423, 19 f.). Solche Sätze sind in einem Kapitular Karls des Großen nicht gut vorstellbar. Andererseits ist schwer erklärbar, welchen Charakter jener Münchener Rotel, der um das Jahr 813 entstanden ist, hat und weshalb sich bei Ansegis genau die gleiche Kapitelabfolge findet wie dort. Daß die Zusammenstellung am Hofe entstanden sein könnte und von hier aus in ganz verschiedene Teile des Reiches gelangte, ist jedenfalls nicht auszuschließen, vielleicht sogar wahrscheinlich. Ein ,offizielles' Kapitular war es deshalb jedoch nicht.

[29] H. MORDEK/G. SCHMITZ, Neue Kapitularien und Kapitulariensammlungen, DA 43 (1987), S. 363 ff. bzw. S. 396 ff. (Edition).

kein Mensch käme überhaupt auf die Idee, sie für ein Kapitular zu halten[30]. Auch hier erklären sich die Urheber partiell für inkompetent: *De adsumptione sanctae Mariae interrogandum relinquimus* heißt es bei der Regelung der fränkischen Feiertage. Ferner: *De iudicio poenitentiae ad interrogandum relinquimus* und ebenso: *...de incestibus, quibus liceat iungere, quibus non*[31]. Es ist schlechterdings kaum vorstellbar, daß Karl der Große ein solches Produkt als Kapitular verstanden hätte. Was wir hier vor uns haben, ist vielleicht eine Art Memorandum, partiell jedenfalls ein Tractandenkatalog von zu regelnden Problemen, also allenfalls die Vorstufe eines Kapitulars[32].

Vollends kein Kapitular sind auch die sogenannten *Capitula excerpta de canone* gewesen, denn hier handelt es sich um eine mechanisch gefertigte Teilabschrift des Kapitelverzeichnisses der *Vetus Gallica*[33]. Und darunter befindet sich Unsinniges: Ans. 1, 132 lautet: *Ut omnes fideles communicent et ad missas perexpectent sine alia deprecatione.* Es ist schleierhaft, was der zweite Teil des Satzes heißen soll. Sollte es wirklich vorgeschrieben worden sein, daß die Gläubigen ohne ein anderes (?) Gebet die Messe abwarten sollten? Natürlich nicht. Die richtige Rubrik der *Vetus Gallica* lautet: *Ut omnes fideles communicent et missas perspectent, sin aliud excommunicentur, et ut ieiuni communicent.* Wie ist nun der Text dieses angeblichen Kapitulars zustandegekommen?

Ich behaupte, durch die Schlafmützigkeit eines Schreibers, dessen Vorlage man sich so vorstellen muß: Bis *sin aliud* füllte der Text genau eine Zeile, der Rest – falls er nicht ohnehin schon fehlte – stand nicht in der Folgezeile, sondern in der vorherigen, wo noch Platz war. Als nächste Rubrik fand der Schreiber dann *De praedicatione* vor. In der Kombination ergab sich also – grammatisch leicht korrigiert, aber nicht sinnvoll berichtigt – die Ansegisversion. Dies ist niemals ein sinnvoller Kapitularientext gewesen – und man kann darüber meditieren, mit welcher gleichgültigen Gelassenheit oder aber mit welcher immensen Ehrfurcht ihrer Vorlage gegenüber mittelalterliche Kopisten solche Texte abschrieben. Die Texttreue des Ansegis – das erhellt dieses Beispiel – ist jedenfalls groß.

Ich wollte mit diesen Hinweisen auf die Unzulänglichkeiten der Sammlung nicht den Eindruck erwecken, sie sei für die Praxis eigentlich unbrauchbar gewesen und zudem von einem nicht recht bei Trost befindlichen Autor verfaßt worden. Dem stünde und steht ja ihr unglaublicher Erfolg entgegen, der sich nicht nur in den zahlreich erhaltenen Abschriften manifestiert. Wieso konnte eine solche Sammlung einen derartigen Erfolg haben?

---

[30] MGH Capit. 1, S. 178 f. Nr. 81.

[31] Ebd. c. 19 und c. 20, S. 179, 19–27. (Ans. 1, 158 und App. 1, 30).

[32] BORETIUS (wie Anm. 6), S. 178, 8 f. vermutete, die *capitula* seien *fortasse in imperatoris consilio vel conventu minori orta*.

[33] Vgl. dazu und zum folgenden G. SCHMITZ, Intelligente Schreiber (wie Anm. 18), S. 85 ff.

Ich glaube, aus zwei Gründen. Zum einen trat hier erstmals jemand auf, der behauptete, *alle* Kapitularien gesammelt zu haben, und zugleich proklamierte er deren Bedeutung: Zum Nutzen der heiligen Kirche, zur Bewahrung der Religion, zur Einhaltung von Frieden, Eintracht und Liebe entstanden, seien sie als Gesetz streng zu achten: *pro utile firmiter tenenda sunt lege*[34]. Es dürfte kein Zufall sein, daß Ansegis im Singular von einer *lex*, nicht aber von *leges* spricht: darin manifestiert sich, daß er die legislatorische Tätigkeit Karls und Ludwigs als Einheit sah, dadurch rechtfertigt sich, daß er alles sammelte und in seiner Collectio unterbrachte: Obsoletes und Aktuelles, Programmatisches und Praktisches. Und zum anderen und vielleicht noch wichtiger: Erstmals machte er das vorhandene Material verfügbar. Man braucht ja nur auf die Zitierweise innerhalb der Kapitularien selbst zu achten: es ist ein Riesenunterschied, ob man auf eine *alio anno* erlassene Bestimmung verweist und es dem Adressaten überläßt herauszufinden, worum es sich eigentlich handelt, oder ob man präzise zitieren kann: *in libro quarto capitulo quinquagesimo quinto*[35]. Damit – so meine ich – erzielte Ansegis den Durchbruch, und hierin lag die Bedingung für seinen Erfolg.

Wenn ich mich nun der Rezeption zuwende, so ist eine methodische Vorüberlegung am Platz. Eine Rezeptionskontrolle ist nur da möglich, wo sie einen schriftlichen Niederschlag gefunden hat, und sie ist nur da sinnvoll, wo erklärtermaßen Wirkung beabsichtigt war, sei es, daß man Ansegis als unmittelbare Norm gelten lassen wollte, sei es, daß man ihn zur Begründung in einem argumentativen Kontext benutzte. Dies schließt alle jene mehr oder weniger „sprachlosen", jedenfalls aus unerschließbarer Absicht entstandenen Rezeptionen aus: Ansegiskapitel sind in viele Handschriften geraten – und sie alle aufzuzählen, macht wenig Sinn. Ein Buch, das in nahezu jeder besseren Bibliothek gestanden hat, ist natürlich auch häufig rezipiert worden – oft wohl auch eher absichtslos, zufällig und ohne erkennbaren Zweck. Deshalb konzentriere ich mich im folgenden auf fünf Beobachtungsfelder: Konzilien und Kapitularien, die Bischofscapitula, Hinkmar von Reims und natürlich den Erzgauner Benedictus Levita.

Um bei letzterem zu beginnen: Als Fortsetzung der Sammlung des Ansegis hat er treuherzig sein Machwerk ausgegeben[36]. Was er, Ansegis, vielleicht nicht habe finden können oder auch nicht habe aufnehmen wollen, das habe er, Benedict, gesammelt. Auf verschiedenen Blättern (*in diversis scedulis*) und an verschiedenen Orten, vor allem aber im Archiv der Mainzer Kirche, habe er sein Material gefun-

---

[34] MGH Capit. 1, S. 394, 14; *ad sanctae aecclesiae profectum facta; ad christianam religionem conservandam atque concordiam pacis et dilectionis in aecclesia catholica tenendam edita* (Zeile 17 f.).
[35] Bekanntlich hat Ludwig der Fromme die Sammlung in seinen Wormser Kapitularien von 829 benutzt, was sicher zu ihrem Ansehen und Erfolg beigetragen hat. Zur Zitierweise vgl. G. SCHMITZ, Kapitulariengesetzgebung Ludwigs des Frommen (wie Anm. 7), S. 485 f.
[36] Zu Benedictus Levita immer noch grundlegend E. SECKEL, Pseudoisidor, Paulys Realencyclopädie der classischen Altertumswissenschaften 16 (³1905), S. 296 ff.

den[37]. Für Duplikate und Triplikate bat er vorausschauend um Entschuldigung, das habe er in der Kürze der Zeit nicht ausmerzen können, und überdies hätten etliche Kapitel die gleichen Initien, aber einen ungleichen Schluß, andere wiederum einen gleichen Schluß, aber ungleiche Anfänge usw.[38]. Solchermaßen den Benutzer einlullend, hat Benedict in über 1700 Kapiteln Echtes und Falsches ausgebreitet und seinen Vorgänger dabei vor allem im ersten Buch so geschickt benutzt, daß man streckenweise kaum unterscheiden kann, in welcher Collectio man sich eigentlich befindet[39]. Die Zeitgenossen haben die Sammlung dann auch als Fälschung nicht wahrgenommen und beide Werke ganz unbefangen gebraucht. Merkwürdigerweise – man möchte meinen, es sei Absicht – hat Benedict den Ansegis in den Büchern 2 und 3 nur sehr schwach oder auch gar nicht ausgebeutet[40]. Er macht es einem zudem nicht leicht, denn zum Schatz seiner Vorlagen gehörte nicht nur Ansegis, sondern auch andere Kapitularienhandschriften, und er hat bisweilen beides benutzt, ,Original' *und* Ansegis, hier und dort auch selber stilistische Retuschen und grammatische Änderungen vorgenommen. Deshalb kann man eine Ansegisrezeption oft nur dort sicher feststellen, wo Benedict seinen Vorgänger serienweise exzerpiert[41].

Es versteht sich im übrigen von selbst, daß Ansegis durch Benedict noch einmal einen Verbreitungsschub erfuhr, denn ohne seinen echten Vorgänger ist das Falsifikat anscheinend nicht an die Öffentlichkeit getreten.

---

[37] *Quapropter ea, quae ille aut invenire nequiverit, aut inserere fortasse noluit, et illa quae postmodum a fidelibus sanctae Dei ecclesiae et Pippini ac Karoli atque Hludowici didicimus in iamdictis libellis minime esse inserta, ... fideliter investigare curavimus ... Haec vero capitula ... in diversis locis et in diversis scedulis ... sparsim invenimus, et maxime in sanctae Mogontiacensis metropolis ecclesiae scrinio* (MGH LL 2, 2, S. 39, 38–47).

[38] *Monemus ergo lectores, ut si eadem capitula duplicata vel triplicata reppererint, non hoc nostrae imperitiae reputent; quia, ut diximus, diversis ea in scedulis invenimus et ob id tam cito haec emendare nequivimus, sed cunctis scientiae repletis lectoribus haec corrigenda dimisimus. Invenimus insuper quaedam ex his paria initia habentia et inparem finem; quaedam vero pares fines, sed non paria initia; in quibusdam autem minus et in quibusdam plus* (ebd. S. 39, 49–53).

[39] Den schnellsten Überblick über die Ansegisrezeption ermöglicht E. SECKEL, Studien zu Benedictus Levita VI, NA 31 (1906), S. 59–139 (erstes Buch); Studien VII, NA 34 (1909), S. 319–381, 35 (1910), S. 105–191, 433–539 (zweites Buch); Studien VIII, NA 39 (1914), S. 327–431 und ZRG Kan. 24 (1935), S. 1–112 (ergänzt und aus dem Nachlaß herausgegeben von J. JUNCKER; jeweils mit Indices am Schluß).

[40] Vgl. E. SECKEL, NA 35 (1910), S. 108: „Hervorgehoben zu werden verdient, dass Benedikt von den echten Kapitularien des II. Buches nicht ein einziges aus Ansegisus entnommen hat". Die Unterscheidung, ob Benedict auf das Originalkapitular zurückgegriffen, es konkurrierend zu Ansegis oder diesen benutzt hat, ist oft schwer und manchmal nicht eindeutig zu klären.

[41] Was vor allem im ersten Buch der Fall ist. Als Beispiel sei auf die Reihe Ben. Lev. 1, 39–58 verwiesen (MGH LL 2, 2, S. 48 f.), die nur durch eine Fälschung (1, 40) und einen afrikanischen Kanon (1, 50) unterbrochen ist, vgl. E. SECKEL, Studien VI, NA 31 (1906), S. 72 ff., ferner die Reihe 1, 63–97 (MGH LL 2, 2, S. 49 f., SECKEL S. 74 ff.)

Was die Konzilien betrifft, so machen sie von der Sammlung des Ansegis eher zurückhaltenden Gebrauch: die Pariser Synode von 829, das Aachener Konzil von 836 oder auch die große Synode von Meaux-Paris 845 – sie benutzen die Kapitularien nicht. Auf eine grundsätzliche Reserve freilich darf daraus nicht geschlossen werden, denn wo es sich anbot, hat man Ansegis durchaus beigezogen, so etwa im Konzil von Mainz 852, wo Ans. 1, 75 (Verbot der Sonntagsarbeit) zitiert ist[42]. Auch die Mainzer Synode von 888 kennt Floskeln wie *ut in capitularibus domni Caroli legitur*, hält sich im übrigen aber lieber an die Reformkonzilien des Jahres 813[43]. Grundsätzlich kann man sagen: Je enger die Verbindung Konzil-König ist und je stärker die Wirkungsabsicht der Dekrete auf den außerkirchlichen – sozusagen öffentlichen – Bereich zielte, desto eher und mehr werden Kapitularien zitiert: Hier sind richtige kleine Sammlungen entstanden und den Konzilsakten beigegeben worden: Die Synode von Quierzy[44] etwa oder das Konzil von Fismes[45] bieten Beispiele dafür.

Eine Ausnahme ist in gewisser Weise das Konzil von Trosly 909. Als ihre Zeit eigentlich schon vorüber war, preist die Synode die Kapitularien als den Kanones hinsichtlich ihrer Autorität auf dem Fuße folgend: *canonum ... instituta ... pedisse-qua capitularia*, und ganz unbefangen leiten die Bischöfe ein Kapitularienzitat mit

---

[42] C. 14, MGH Conc. 3, S. 250, 12–25. Die Rezeption des Ansegis erhellt schon aus der Rubrik, die sich in seiner Vorlage, der Admonitio generalis von 789, nicht findet, vgl. ebd. Anm. 82. Das Konzil hat noch einen weiteren Kanon aus der Sammlung des Ansegis bezogen: *XXV. IN CONCILIO CALCIDONENSE. Quod non oporteat episcopos aut quemlibet ex clero per pecunias ordinari, qui utrique deponendi sunt, et qui ordinet et qui ordinantur, nec non et qui mediator inter eos.* Das entspricht fast auf den Buchstaben genau c. 21 der Admonitio generalis bzw. Ans. 1, 20. Die Lesart *episcopos* (statt *episcopum* Ans.) ist wohl nicht so gravierend, daß ein direkter Rückgriff auf die Admon. gen. angenommen werden müßte, zumal die Benutzung des Ansegis durch die zuerst genannte Stelle eindeutig gesichert ist. – C. 18 der Synode von Mainz 847 dürfte aus Ansegis und nicht, wie MGH Conc. 3, S. 170 Anm. 78 angenommen, aus der Synode von Mainz 813 stammen. Auch hier ist die von Ansegis übernommene Rubrik *De rebus pauperum per malam occasionem non emendis* entscheidend.
[43] J.D. MANSI, Sacrorum Conciliorum nova et amplissima collectio 18A, Sp. 61 ff., Zitat in c. 24, Sp. 70E. Durch Inskriptionen nimmt das Konzil nirgendwo eindeutig auf die Kapitularien Bezug, wohl aber auf die Reformkonzilien des Jahres 813, vgl. z.B. c. 21, 22, 24 oder 25. Deshalb spricht alles dafür, daß auch c. 13 (= Ans. 2, 34) nicht aus diesem, sondern aus der Mainzer Synode direkt entnommen wurde. Dasselbe gilt für den völlig ungekennzeichneten Satz in c. 17: *Qui vero decimas post crebras admonitiones et praedicationes sacerdotum dare neglexerint, excommunicentur* (Sp. 69A). Auch hier ist ein Rückgriff auf Ans. 2, 37 denkbar, aber genauso gut (und sogar wahrscheinlicher) eine Übernahme aus den Konzilsakten von Chalon-sur-Saône c. 18, zumal das Konzil in c. 25 ausdrücklich zitiert ist.
[44] 14. Febr. 857 mit der sog. *Collectio de raptoribus*, MGH Conc. 3, S. 394 ff.
[45] 2. April 881, MIGNE, PL 125, Sp. 1077–1081, im Anschluß an c. 6 (*Admonitio ad regem et ministros reipublicae*).

der Bemerkung ein: *Prohibent quippe sacri canones* ...[46]. Kanones und Kapitularien sind hier zu einer geradezu ununterscheidbaren Masse verschmolzen.

Bei den Bischofscapitula ist die Rezeption des Ansegis unterschiedlich. Einige machen weidlich davon Gebrauch, manche, wie etwa Riculf von Soissons, verweisen zwar auf die *regum et imperatorum capitula*[47], rezipieren sie aber im Grunde nicht, und wieder andere lassen sie ganz beiseite. Eifrig benutzt hat Radulf von Bourges (853) die Ansegis'sche Sammlung, sie bildet eine der Hauptquellen seiner Capitula, wobei er sehr geschickt verschiedene Texte miteinander kombiniert hat[48]. Nicht ganz so meisterhaft, aber in der Sache ähnlich hat auch Walter von Orléans von Ansegis Gebrauch gemacht, und auch hier bildet dieser „die weitaus wichtigste Quelle Walters"[49]. Ein eigenes Kapitel ist Herard von Tours, der bei der Quellenanalyse besonders schwierig ist, weil er nicht präzise zitiert, vor allem Benedictus Levita exzerpiert und zudem noch dessen *duplicata* und *triplicata* miteinander kombiniert zu haben scheint. Daß er auch den Ansegis zur Hand hatte, ist sehr wahrscheinlich, läßt sich aber nur in Ausnahmefällen beweisen, in anderen muß es offen bleiben[50].

Wer die Rezeption des Ansegis in den Blick nimmt, der kann an Hinkmar von Reims nicht vorbei[51]. Natürlich kannte er seinen Ansegis – einmal hat er ihn gar namentlich als Sammler von Kapitularien zitiert und mit Blick auf die Eingangskapitel des *Capitulare ecclesiasticum* phantasiereich behauptet, Ansegis habe *causa brevitatis* das vollständige Edikt nicht aufgenommen, Karl der Große habe es durch Erzbischof Arno von Salzburg zusammen mit einer Anfrage über die Chorbischöfe Papst Leo zustellen lassen, auf dessen Rat hin ein anderes formuliert und das sol-

---

[46] In c. 3, MANSI 18A, Sp. 270E. Vgl. dazu G. SCHMITZ, Das Konzil von Trosly. Überlieferung und Quellen, DA 33 (1977), S. 373 ff.

[47] C. 1, MANSI 18A, Sp. 83C.

[48] MGH Capit. episcoporum 1, S. 227 ff. Die Rezeption des Ansegis ist in den Fußnoten nachgewiesen, lediglich in c. 28 ist das Ansegiszitat länger als angegeben: der Halbsatz *ne, dum nimium in longum differtur, ad perniciem animae pertineat dicente domnio: ,Nisi manducaveritis carnem filii hominis et biberitis eius sanguinem, non habebitis vitam in vobis'* (S. 255, 23 ff.) ist nicht aus Isidor von Sevilla direkt, sondern auf dem Umweg über Ans. 2, 38 in den Text geflossen. Vgl. ferner P. BROMMER, Die Quellen der „Capitula" Radulfs von Bourges, Francia 5 (1977), S. 27–43.

[49] So P. BROMMER in der Einleitung zur Edition MGH Capit. episcoporum 1, S. 186.

[50] Edition MIGNE, PL 121, Sp. 763–774. Ansegisbenutzung ist wahrscheinlich in c. 4, 6, 7, 12, 25, 90. An anderen Stellen ist sie möglich, konkurriert aber mit Benedict, der im ganzen wesentlich intensiver benutzt wurde als Ansegis. Insofern besteht die Vermutung, daß nur die Stellen aus Ansegis stammen, die ihm vom Wortlaut oder einzelnen Wendungen her deutlich näher stehen als Benedict.

[51] J. DEVISSE, Hincmar et la loi (Université de Dakar. Faculté des Lettres et Sciences Humaines, Publ. de la Section d'Histoire 5, 1962), S. 11 f. gibt einen Überblick über die Ansegisrezeption bei Hinkmar.

cherart durch päpstliche wie kaiserliche Autorität bekräftigte Kapitular allen Metropolitankirchen seines Reiches zur ewigen Beachtung zukommen lassen[52]. Mit ähnlich kühnen Bemerkungen hatte er schon 858 im Schreiben der Synode von Quierzy Ludwig dem Deutschen gegenüber aufgetrumpft[53]. Wie Hinkmar auf diese ganz und gar unzutreffende Idee gekommen ist, läßt sich allenfalls erahnen und bleibt ansonsten sein Geheimnis.

Nicht ganz leicht ist es, den Stellenwert zu bestimmen, welchen das weltliche Recht und mithin auch die Kapitularien bei Hinkmar einnehmen. Sicher ist zunächst, daß für ihn die Kanones an allererster Stelle standen: sie sind *spiritu dei conditi, totius mundi reverentia consecrati*, durch den Heiligen Geist diktiert und das Blut Christi bestätigt[54]. So oder so ähnlich streicht Hinkmar ihre Autorität heraus und stellt sie noch über die päpstlichen Dekretalen. Beim weltlichen Recht scheint er etwas vorsichtiger gewesen zu sein. Gut und richtig war es selbstverständlich, wenn es mit den kirchlichen Normen übereinstimmte. Dann gingen ihm Formulierungen über die Lippen wie: „Gesetze, durch die zugleich mit den heiligen Kanones die heilige Kirche geleitet wird", oder er machte Bemerkungen wie: *sicut canonica docet auctoritas et capitula avi et patris vestri praecipiunt*[55]. Da konnte sich dann eine synodale Ermahnung an den König und die öffentlichen Amtsträger der Kapitularienformulierung bedienen: C. 6 der Synode von Fismes ist eine *Admonitio ad regem et ministros reipublicae*. Etwas gespreizt und gravitätisch wird sie mit der

---

[52] In seiner im Juli 881 entstandenen Schrift „Quae exsequi debeat episcopus, et qua cura tueri res et facultates ecclesiasticas", MIGNE, PL 125, Sp 1090D: *Denique duo capitula quae sequuntur, ex edicto assumpta sunt ab Ansegiso abbate, capitulorum imperialium ex diversis synodis et placitis collectore, causa brevitatis in primo libro capitulorum, septuagesimo septimo et septuagesimo octavo, de non dividendis rebus ecclesiasticis, et episcoporum electione, ex suprascriptis excerpta, in praefato libro inveniuntur. Quod edictum ex integro domnus Carolus Magnus imperator, cum interrogatione de chorepiscopis, per Arnonem archiepiscopum ad Leonem papam direxit, et ad ejus consultum aliud edictum de non dividendis rebus ecclesiasticis, et de episcoporum causis edidit, et apostolicae sedis atque auctoritate sua confirmavit et per omnes metropolitanas ecclesias imperii sui perpetuo servanda direxit.*

[53] MGH Conc. 3, S. 416, 12 ff.: *Unde et domnus Carolus imperator adhuc in regio nomine constitutus edictum fecit, ut nec ipse nec filii eius neque successores huiusmodi rem agere adtemptarent; quod manu propria firmavit, cuius plenitudinem habemus, et de quo capitulum excerptum in libro capitulorum eius, quicunque librum illum habet et legere voluerit, invenire valebit.*

[54] Es sind dies fast stereotyp bei Hinkmar wiederkehrende Wendungen: *Et sanctus Leo sacros canones spiritu Dei conditos et totius mundi reverentia consecratos dicit* (MIGNE, PL 126, Sp. 98A), *in sacris canonibus, sancto Spiritu dictatis, et Christi sanguine confirmatis, scriptum est* (PL 125, Sp. 1089B aus der bereits oben zitierten Schrift „Quae exsequi debeat episcopus") oder ebd. Sp. 1093/4: *Qui sacri canones spiritu Dei conditi, et totius mundi reverentia consecrati ita decernunt.*

[55] So etwa in seiner 866/67 entstandenen Schrift „De presbyteris criminosis", MIGNE, PL 125, Sp. 1095A: *pleniter in canonibus et legibus, quibus una cum sacris canonibus sancta moderatur Ecclesia, reperire poterit.* Im Synodalschreiben von Quierzy 858 heißt es: *quae canones et capitula avi et patris vestri statuerunt* (MGH Conc. 3, S. 413, 25 f.), die oben im Text zitierte Stelle findet sich ebd. c. 10, S. 418, 25 f.

Bemerkung eingeleitet: *Regiam vero dignitatem ... episcopali auctoritate et Domini voce monemus*. Was dann aber folgt, ist nichts als ein ganz minimal angepaßter Auszug aus Ansegis 2, 6, der an seine Grafen gerichteten Mahnung Ludwigs des Frommen aus der *Admonitio ad omnes regni ordines*. Ein kaiserliches Wort kehrt hier, als bischöfliche Mahnung an den König gerichtet, wieder[56].

Andererseits aber scheint Hinkmar den weltlichen Gesetzen gegenüber doch gewisse Vorbehalte gehabt zu haben: *leges, quas servat Ecclesia* und *leges, quas probat Ecclesia*, so hat er gelegentlich schon beim Römischen Recht mit deutlich einschränkendem Sinn vermerkt[57]. Das Wormser Kapitulare von 829, anderenorts bedeutungserhöhend herausgestrichen[58], hat er mehrmals nachdrücklich kritisiert: Man lese zwar in den Kaiserkapiteln, die Kaltwasserprobe sei verboten worden: *Sed non in illis synodalibus, quae de certis accepimus synodis*[59]. Das Kapitularienrecht war jedenfalls irrtumsfähig und damit gelegentlich auch korrekturbedürftig. Hinkmar glaubte, dafür Beispiele zu haben: Solches sei auch Karl dem Großen passiert, in Kapitel 112 (=114) habe er verboten, daß sich freie Menschen ohne seine Erlaubnis zum geistlichen Leben bekehrten bzw. zum Eintritt ins Kloster entschieden. Dem aber habe die Kirche und die *respublica* nicht zugestimmt, weshalb er, Karl, dies später verbessert habe, wie man in Kapitel 134 sehen könne[60]. Das ganze ist

---

[56] MIGNE, PL 125, Sp. 1077C/D ist zu vergleichen mit MGH Capit. 1, S. 416, 10 ff.

[57] Vgl. z.B. MIGNE, PL 125, Sp. 1062D und Sp. 1063A (Quaterniones, Rotula vom August 868).

[58] Mehrfach in der *Collectio de ecclesiis et capellis* (MGH Fontes iuris 14, 1990): S. 83, wo die Teilnahme Kaiser Ludwigs und eines Legaten Papst Gregors IV. ebenso herausgestrichen wird wie die Tatsache, daß dieser Synode vier Teilsynoden vorausgegangen seien. Die Wormser Synode wird mit dem Etikett *generalis* versehen. S. 84 mit Bezug auf die *perfecta synodus*, vgl. dazu G. SCHMITZ, Concilium perfectum. Überlegungen zum Konzilsverständnis Hinkmars von Reims, ZRG Kan 66 (1979), S. 36 f. Ähnlich hat sich Hinkmar auch in seiner Schrift *De divortio Lotharii regis et Theutbergae reginae* geäußert, MGH Conc. 4 Suppl. 1 (1992), S. 138 (Erg. 9): alles zu dem Zweck, die Rechtsautorität dieser Synode zu erhöhen.

[59] Ebenfalls in *De divortio* (siehe vorige Anm.) S. 158, 25 ff. und wortgleich in einem Brief an Bischof Hildegar von Meaux, MIGNE, PL 126, Sp. 170B/C. Zu Recht betont L. BÖHRINGER in der Einleitung zu *De divortio* S. 56 f., daß „Hinkmar in auffallend unterschiedlicher Weise Rechtstexte aus derselben Vorlage" bewertete und daß er sich sein Material u.a. auch dadurch gefügig gemacht habe, „indem er seine Geltung nach Bedarf bestritt oder hervorhob".

[60] MIGNE, PL 126, Sp. 96: *Quod et divae memoriae avo vestro Carolo subripuit, sicut majorum traditione, et verbis et scriptis didicimus. Et in libro primo Capitulorum cap. 112 demonstratur, de liberis hominibus ad servitium Dei sine sua licentia non convertendis. Quod Ecclesia et respublica non consensit, quodque postea correxit; sicut in eodem libro cap. 134 monstratur.* Zuvor hatte Hinkmar ein ähnliches Beispiel aus dem römischen Recht angeführt, das er ansonsten mehr schätzte als Kapitularien oder Volksrechte, vgl. die Bemerkungen von L. BÖHRINGER (wie vorige Anm.) S. 82 und S. 138 Anm. 23: „Hinkmar billigt dem Römischen Recht vor dem fränkischen höheren Wert zu, weil es vielfach mit den kanonischen Normen übereinstimmt und wie diese universale Rechtsgeltung beansprucht" (mit weiteren Literaturverweisen). Vgl. auch MIGNE, PL 125, Sp. 1039 f., wo Hinkmar ebenfalls auf den Widerstand der Kirche gegen Maßnahmen Karls des Großen abhebt. Karl habe sich einsichtig gezeigt und ein entsprechendes Kapitular erlassen.

natürlich heller Unfug. Denn in dem ersten der zitierten Kapitel wird zwar in der Tat verboten, daß Freie ohne königliche Zustimmung ins Kloster gingen, weil manche sich auf diese Weise dem Heeresdienst oder anderen öffentlichen Funktionen entzogen oder aber auch von habgieriger Verwandtschaft zu einem solchen Schritt genötigt wurden. Das wollte der König verhindern. In dem angeblichen Korrekturkapitel ist von etwas ganz anderem die Rede. Hier flüchtet sich jemand vor seinen Verfolgern in die Kirche, und es wird verordnet, daß er schon im Atrium des Gotteshauses Frieden, d.h. Asyl, haben solle und nicht erst die Kirche selbst betreten müsse[61]. Es geht also um zwei ganz verschiedene Tatbestände, die Hinkmar hier zusammenbindet, und genausowenig trifft der nachfolgende Hinweis zu, wobei es sich wieder um Ans. 1, 77 handelt.

Erweist sich Hinkmar hier einmal mehr als kunstreicher Rechtsverdreher[62], so traf ihn ein Vorwurf seines Neffen m.E. zu Unrecht. Auch in dieser Auseinandersetzung nämlich spielte Ansegis eine Rolle, wenn auch nur auf einem Nebenkriegsschauplatz. Im Zusammenhang mit einer von Hinkmar von Laon vorgenommenen Ordination eines Reimser Unfreien verwies Hinkmar auf Ans. 1, 83, das sich mit der Ordinierung von *servi*, also von Unfreien, befaßt, und zitierte dessen zweiten Teil[63]. Prompt kam aus Laon geharnischter Protest und der Vorwurf, Hinkmar habe dieses Kapitel verkürzt wiedergegeben: „gewissermaßen gegen mich, wo es doch für mich spricht – lest es doch ganz". Und es folgt – überflüssigerweise – das ganze Zitat[64], ohne daß sich der Laoner Bischof die Mühe gemacht hätte, seinem Reimser Onkel argumentativ seine Tücke im Detail nachzuweisen.

Abschließend sei noch ein Blick geworfen auf den an sich interessantesten Rezeptionsstrang: auf die Kapitularien selbst. Hier ließe sich am eindrücklichsten zeigen, welchen Durchbruch Ansegis mit der Verfügbarmachung der Kapitularien erzielt und welchen Beitrag zu einer effektiveren Gesetzgebung und Verwaltung er geleistet hat. Leider ist unser Beobachtungsmaterial hier sehr beschränkt. Es ist bekannt, daß Ludwig der Fromme in seiner Gesetzgebungsaktion von 829 Ansegis benutzte und gleich neun Mal *nominatim* zitierte[65]. Gewiß hat er damit das Ansehen

---

[61] MGH Capit. 1, S. 410, 7 ff. und S. 411, 39 ff.

[62] H. FUHRMANN, Fälscher unter sich. Zum Streit zwischen Hinkmar von Reims und Hinkmar von Laon, in: Charles the Bald: Court and Kingdom. Papers based on a Colloquium held in London in April 1979, hg. von M. GIBSON/J. NELSON (British Archaeological Reports. International Series 101, 1981), S. 237–254.

[63] In einem Schreiben vom 27. April 870, MIGNE, PL 126, Sp. 543B–D. Zum Hintergrund vgl. W. DELIUS, Hinkmar von Laon (phil. Diss. Halle-Wittenberg 1924, masch.), S. 56; P.R. MCKEON, Hinkmar of Laon and Carolingian Politics (1978), S. 80 ff.

[64] MIGNE, PL 124, Sp. 988 f.: *Ergo capitulum quod ex Augustorum nostrorum libro, quasi contra me, quod agit pro me, detruncatum posuistis, integrum resumite* (folgt das Zitat mit einer kleinen Textlücke am Schluß).

[65] Capitulare Wormatiense 829 Aug., MGH Capit. 2, Nr. 191 c. 5: *Ita enim continetur in capitulare bonae memoriae genitoris nostri in libro primo, capitulo CLVII* (folgt Zitat von Ans. 1, 157). *Item in capitulare nostro in libro secundo, capitulo XXI* (folgt Ans. 2, 21, S. 13, 6–17); ebd. c. 9:

der Sammlung beträchtlich erhöht, und welcher Impuls zu einer hinfort geordnete-
ren Aufzeichnung der Kapitularien von seiner Sammlung ausging, läßt sich schon
daran erkennen, daß sich in etlichen Fällen die Wormser Gesetzgebung gleich im
Anschluß an seine Collectio findet[66]. Aber 829 bricht zugleich auch die Kapitulariengesetzgebung ab. Ludwig hat sich in den dreißiger Jahren zu keinen weiteren
Erlassen mehr aufraffen können, es sind jedenfalls keine mehr erhalten[67]. Für das
ostfränkische Gebiet war die Tradition mit 829 ohnehin zu Ende. Für Lothar I.
muß festgestellt werden, daß er Ansegis nicht benutzte. Zwar basiert das 832 in
Pavia erlassene Capitulare[68] auf älteren Bestimmungen – Lothar behauptet selbst, es
handele sich um *capitula, quae excerpsimus de capitulis bonae memoriae avi nostri
Karoli ac domni et genitoris nostri Hludowici imperatoris* –, und es läßt sich auch für
beinahe jedes Kapitel die ältere Bestimmung bei Ansegis finden[69]. Der Textvergleich
zeigt jedoch, daß er offenbar eine andere Sammlung zur Hand hatte[70]. Auch Ludwig II. blieb die *Collectio Ansegisi* unbekannt, oder sie kam wegen der doch recht
verschiedenen italienischen Verhältnisse nicht zur Geltung. So bleibt dann als einzi-

iuxta capitularem anteriorem, in quo de operibus ac nonis et decimis constitutum est, ... id est in
libro quarto, capitulo XXXVIII (folgt Ans. 4, 38, S. 13 f.); Capitulare missorum Wormatiense,
ebd. Nr. 192, S. 14 ff. c. 1: *quod in capitulare priori continetur, id est in libro quarto, capitulo
XXXVI* (folgt Ans. 4, 36); c. 8: *quod in priore capitulare nostro constitutum est, id est in libro
quarto, capitulo XXX* (folgt Ans. 4, 30); Capitulare pro lege habendum Wormatiense, ebd. Nr. 193,
S. 17 ff. c. 1: *sicut in capitulare priore constitutum est, id est in libro quarto, capitulo XIII* (folgt
Ans. 4, 13); c. 5: *in capitulare domni Karoli imperatoris continetur in libro III capitulo XL* (folgt
Ans. 3, 40); ebd.: *Item de eadem re in capitulari nostro libro IV capitulo LV* (folgt Ans. 4, 50); c. 8:
quod in capitulari nostro libro IV capitulo XXV continetur (folgt Ans. 4, 25). – Geht man davon
aus, daß Ansegis auch da zu Rate gezogen wurde, wo er zwar nicht nominatim zitiert ist, sich
aber sachliche Identitäten und auch wörtliche Assonanzen finden, ergibt sich eine wesentlich
intensivere Benutzung. Deshalb sei hier darauf hingewiesen, daß zu Capitulare Wormatiense c. 1
Ans. 1, 84, zu c. 2 Ans. 1, 104, zu c. 3 Ans. 1, 89 und zu c. 4 Ans. 1, 85 zu vergleichen wäre. Beim
Capitulare missorum Wormatiense ergeben sich Parallelen von c. 11 und Ans. 2, 20 und 2, 19.
   [66] Eine Übersicht in der Anm. 1 angekündigten Edition sowie in H. MORDEK, Bibliotheca capitularium regum Francorum manuscripta, MGH Hilfsmittel 15, 1995 – An dieser Stelle mag die
Mitteilung genügen, daß die Verbindung von Ansegis und der Wormser Gesetzgebung in ihrer
Häufigkeit ins Auge sticht, so daß man durchaus von einem „Ansegis-Worms-Corpus" sprechen
kann (H. MORDEK, Weltliches Recht im Kloster Weißenburg/Elsaß, in: Litterae medii aevi. FS
für Johanne Autenrieth, hg. von M. BORGOLTE/H. SPILLING, 1988), S. 74.
   [67] Dazu G. SCHMITZ, Kapitulariengesetzgebung Ludwigs des Frommen (wie Anm. 7), S. 514 ff.
   [68] MGH Capit. 2, S. 59 ff., Nr. 201. In der Überschrift zu diesem Kapitular heißt es: *Haec sunt
capitula, quae domnus Hlotharius rex una cum consensu fidelium suorum excerpsit de capitulis
domni Karoli avi sui ac serenissimi imperatoris Hludowici genitoris sui* (S. 60, 1 ff.), das oben im Text
wiedergegebene Zitat findet sich im Schlußkapitel (c. 14, S. 62, 22 f.). Diese beiden Formulierungen
legen eine Ansegisrezeption eigentlich nahe.
   [69] Als Beispiele seien genannt: c. 1 und Ans. App. 1, 28; c. 2 und Ans. 4, 14; c. 4 und Ans. 3, 38;
c. 5 und Ans. 3, 7; c. 6 und Ans. 3, 9; c. 7 und Ans. 1, 115; c. 8 und Ans. 4, 28 usw.
   [70] In c. 6 z.B. gibt es lediglich Lesarten, die nicht mit Ansegis übereinstimmen, keine einzige,
die seine Benutzung nahelegen würde.

ges Beobachtungsfeld die Gesetzgebung Karls des Kahlen, der die Tradition seines Vaters und Großvaters fortführte und zeitweise sogar intensivierte[71].

Immer wieder berief sich Karl auf die *ecclesiasticae et christianae leges atque progenitorum nostrorum capitula*[72], und er bemühte sich, die überkommene Gesetzgebung in Erinnerung zu rufen und ihr zur Gültigkeit zu verhelfen. Die Zahl der Verweise auf die *capitula avi et patris nostri* ist groß, und oft genug ist damit nicht oder nicht nur Ansegis gemeint, sondern auch sein falscher Bruder Benedict. Es ist deshalb nicht sicher, daß er ausschließlich Ansegis im Blick hatte, wenn er verordnete: „Diejenigen von unseren *missi*, welche die vorgenannten Kapitel unseres Großvaters und Vaters nicht haben und sie benötigen, um ihre Aufgaben wahrzunehmen, ...die sollen sie aus unserem Archiv oder von unserem Kanzler in Empfang nehmen, damit sie vernünftig und gesetzmäßig alles bessern und erledigen"[73]. Wäre es also nach Karl gegangen: Jeder *missus* hätte sich sozusagen mit dem Ansegis unter dem Arm auf Reisen begeben müssen.

Im Prinzip wurde die gesetzgeberische Tätigkeit des Königs wie auch die Aufgabe der *missi* durch die Existenz einer zitierfähigen Kapitulariensammlung beträchtlich erleichtert: auf ältere Bestimmungen ließ sich einfach verweisen, und Exzerptsammlungen, wie sie das Kapitular von Quierzy bietet, waren schnell hergestellt. Karl befahl, diese *capitula ... in unum collecta* allen bekannt zu machen[74]. Auch dies ein Beleg dafür, wie er sich um das Einschärfen der älteren Bestimmungen bemühte, und daß dies mindestens zum Teil auch durchgeführt wurde, zeigt eine Ansprache eines *missus* in Dijon[75].

---

[71] Vgl. für die Anfangsjahre (bis 851) Karls des Kahlen F. LOT/L. HALPHEN, Le règne de Charles le Chauve (Annales de l'Histoire de France à l'époque carolingienne, 1909), ferner P. ZUMTHOR, Charles le Chauve (1981) und neuestens J.L. NELSON, Charles the Bald (1992). Zur Gesetzgebung Karls des Kahlen vgl. den Entwurf von J.L. NELSON, Legislation and Consensus in the Reign of Charles the Bald, in: Ideal and Reality. Studies in Frankish and Anglo-Saxon Society. Presented to J.M. Wallace-Hadrill, hg. von P. WORMALD (1983), S. 202–227, Nachdruck in: J.L. NELSON, Politics and Ritual in Early Medieval Europe (History Series 42, 1986) S. 91–116 (zit.). Eine zusammenfassende Darstellung der Gesetzgebung Karls des Kahlen bleibt ein Desiderat.

[72] MGH Capit. 2, S. 156, 13 f.

[73] Capitulare missorum Silvacense von 853 c. 11: *Capitula autem avi et patris nostri, quae in praescriptis commemoravimus, qui ex missis nostris non habuerint et eis indiguerint, ut commissa per illa corrigere possint, sicut in eisdem capitulis iubetur* (vgl. Ans. 2, 24), *de scrinio nostro vel a cancellario nostro accipiant, ut rationabiliter et legaliter cuncta corrigant et disponant.* H. BRUNNER, Deutsche Rechtsgeschichte 1 (²1906, Systematisches Handbuch der Deutschen Rechtswissenschaft, hg. von K. BINDING, II, 1, 1), S. 553, bezieht dies ausschließlich auf die Sammlung des Ansegis, offenbar deshalb, weil nur diese und nicht auch Benedict in diesem Kapitular zitiert ist. Das kann allerdings nicht als entscheidender Grund betrachtet werden, zumal Karl kaum präzise zwischen Ansegis und Benedict hat unterscheiden, geschweige denn, daß er den Fälschungscharakter Benedicts hätte erahnen können.

[74] MGH Capit. 2, Nr. 266 c. 4, S. 286, 27 ff.

[75] MGH Capit. 2, Nr. 267, S. 291 f.

Erreichte die Wirksamkeit der älteren Kapitularien unter Karl dem Kahlen noch einmal einen Höhepunkt, so war und blieb es um die Durchdringungstiefe in der Praxis schlecht bestellt. Schon Karl der Große hatte am Ende seines Lebens bittere Bemerkungen darüber gemacht, daß seine Erlasse nicht befolgt würden[76], und später verfiel deren Geltungskraft in zunehmendem Maße. Auch Hinkmar hatte sich gegenüber dem König bereits einmal nachdrücklich beschwert: „Ich weiß, daß hier nicht nach den Kapitularien verfahren wurde, und ich weiß, daß die Kapitularienbestimmung nicht einmal am Königshof exekutiert wurde, während sie doch jeder Graf in seiner Grafschaft befolgen soll"[77]. Dieser Verfallsprozeß beschleunigte sich aber insbesondere in der Zeit von Karls Nachfolgern und deren Amtsträgern. Auf sie gemünzt beklagen sich die westfränkischen Bischöfe unter Federführung Hinkmars, sie spielten die *leges* und Kapitularien nach Belieben gegeneinander aus: „Wenn sie irgendetwas daran verdienen können, wenden sie sich zur *lex*, wenn sie durch diese aber nichts zu erwerben meinen, flüchten sie sich zu den Kapitularien. Und deshalb ist es mittlerweile so, daß weder die Kapitularien voll angewendet werden – man hält sie für nichts – noch die *lex*", so heißt es in einer 882 an Karlmann gerichteten Admonitio[78]. Wie heruntergekommen das Reich war, belegt 884 eindrucksvoll das Kapitular von Ver, in dem noch einmal – eher hilflos – die Renovatio der *capitula antecessorum nostrorum* eingeschärft und – zum letzten Mal – in einem Kapitular Ansegis zitiert wurde[79]. Aber das blieb ein wirkungsloser Appell. Die Zeit königlicher Autorität und geordneter Verwaltung war vorüber – und damit auch die Zeit der Kapitularien und der echten Effizienz des Ansegis. Für die letzten Karolinger gilt, was Engelbert Mühlbacher auf Ludwig den Frommen gemünzt formuliert hat: „Die Gesetzgebung bedarf der vollen Autorität ihres Trägers, ihre Durchführung fester Thatkraft und Ausdauer, williger Organe. Hier fehlte alles"[80].

---

[76] Vgl. das von H. MORDEK/G. SCHMITZ, Neue Kapitularien und Kapitulariensammlungen, DA 43 (1987), S. 361–439, S. 414 ff. edierte Kapitular aus der spätesten Zeit Karls des Großen, in dem es in c. 40 S. 423 heißt: *de istis autem capitulariis atque de aliis omnibus, quae a multis annis misimus per regnum nostrum, volumus nunc pleniter per missos nostros scire, quid ex his omnibus factum sit vel quis haec observet, quae ibi praecepta sunt, vel quis illa condempnat et neglegat, ut sciamus, quid de his agere debeant, qui tam multis annis dei praecepta et decretum nostrum contempserunt.* Vgl. auch die dazu ebd. gegebenen Nachweise.

[77] MIGNE, PL 126, Sp. 97A: *scio tamen quia sicut Capitula dicunt, inde actum non fuit. Nec tantum inde in palatio vestro fuit exsecutum, quantum capitulum jubet, ut quilibet comes in suo comitatu inde facere per auctoritatem debet* (in einem Schreiben an Karl den Kahlen).

[78] MIGNE, PL 125, Sp. 1016B/C: *Quando enim sperant aliquid lucrari, ad legem se convertunt: quando vero per legem non aestimant acquirere, ad capitula confugiunt: sicque interdum fit, ut nec capitula pleniter conserventur, sed pro nihilo habeantur, nec lex.*

[79] MGH Capit. 2, Nr. 287 S. 371 ff. *Placuit* – so verkündet Karlmann – *ut quaedam statuta sacrorum canonum necnon quaedam capitula antecessorum nostrorum renoventur* (S. 371, 22 f.).

[80] Deutsche Geschichte unter den Karolingern (1896, ²1959), S. 360.

Bischöfe und die handschriftliche Überlieferung des Rechts im 10. Jahrhundert

von
Rosamond McKitterick[*]

In diesem Beitrag möchte ich mich damit beschäftigen, wie Überlieferung und Rezeption von Texten einerseits und ihr Anspruch auf Gültigkeit und Anerkennung andererseits zusammenhängen[1]. Der Schluß, daß ein Bezug zwischen diesen beiden Bereichen besteht, drängt sich geradezu auf, sobald man sich näher mit den handschriftlichen Quellen beschäftigt. In verwirrender Vielfalt präsentieren sich hier altes Kirchenrecht, von frühmittelalterlichen Synoden verabschiedete Gesetze, gefälschte päpstliche Erlasse sowie Sammlungen, die unbekümmert, ohne weiter auf die Authentizität ihrer Texte zu achten, Echtes mit Falschem vermischen. Die Sammlung, die Pseudo-Remedius von Chur zugeschrieben wird, unterstreicht dies[2]. Um das Jahr 900 im ostfränkischen Reich entstanden, ist diese Sammlung ein frühes Zeugnis für die Rezeption der pseudo-isidorischen Erlasse, auf denen sie größtenteils beruht[3]. Sie besteht jedoch nicht gänzlich aus Fälschungen; auch können wir nicht ausschließen, daß der Sammler sehr wohl Echtes von Falschem zu unterscheiden wußte und die Benutzer seiner Sammlung absichtlich in die Irre führte. Regino von Prüm, ein Zeitgenosse, stellte eine für uns etwas besser überprüfbare Sammlung zusammen[4]. Sowohl Regino als auch Pseudo-Remedius erzielten eine beachtliche

---

[*] Vortragsstil ist beibehalten worden.

[1] Beginnen möchte ich damit, den Organisatoren dieser Konferenz meinen Dank für ihre Einladung zu diesen Feierlichkeiten auszusprechen, die stattfinden, um die Leistungen Josef Semmlers zu würdigen, der maßgeblich zur Geschichte der Kirche und des Mönchtums beigetragen hat. Auch unter englischen Gelehrten, die sich mit der Geschichte der Karolinger beschäftigen, wird sein Name hoch geschätzt, und es ist mir deshalb eine große Ehre, heute hier anwesend zu sein.

[2] Remedius of Chur, hg. von H. JOHN, Collectio canonum Remedio Curiensi episcopo perperam ascripta (Monumenta iuris canonici Series B.2, 1976).

[3] H. FUHRMANN, Einfluß und Verbreitung der pseudoisidorianischen Fälschungen 1–3 (Schriften der MGH 24, 1–3, 1973).

[4] F.W.H. WASSERSCHLEBEN, Reginonis abbatis Prumiensis libri duo de synodalibus causis et disciplinis ecclesiasticis (1840). Siehe auch die Diskussion bei H. HOFFMAN/ R. POKÓRNY, Das

Verbreitung oder wurden, was noch häufiger der Fall war, in der Folge von anderen
Sammlern früherer Konzilien– und Synodalbeschlüsse benutzt. Daneben finden sich
Erlasse einzelner Synoden von oftmals nur lokaler Bedeutung eingebettet in Sammlungen wie denen Reginos und Pseudo–Remedius' sowie bei dem Kompilator der
berühmten Wolfenbütteler Handschrift, die den Brief des Priesters Gerhard an den
Erzbischof von Mainz enthält, und in einer ganzen Anzahl weiterer Handschriften
des späten 9. und 10. Jahrhunderts[5].

Üblicherweise werden bestimmte Synodalerlasse – und das ist auch völlig folgerichtig und in der Tat als Vorarbeit unerläßlich – auf ihre Rezeption, Wirkung und
Verbreitung hin untersucht. Eine solche Methode ist nötig für unser Verständnis von
Kirchenrecht und der Rolle der Bischöfe. Zum Beispiel hat Wilfried Hartmann in
seiner herausragenden Untersuchung über die Handschriftenüberlieferung karolingischer Kirchenversammlungen darauf hingewiesen, daß die Synodalerlasse des
9. Jahrhunderts in unterschiedlichen Arten von Handschriftensammlungen des 9.
und 10. Jahrhunderts auftauchen, anstatt, wie die Beschlüsse westgotischer und
merowingischer Kirchenversammlungen, in chronologisch geordneten Sammlungen überliefert zu werden[6]. In einigen wenigen Handschriften von entscheidender
Bedeutung für diesen Zusammenhang – wie zum Beispiel Paris Bibliothèque Nationale, lat. 9654, oder Biblioteca Apostolica Vaticana Pal., lat 582, – wurde eine größere Anzahl fränkischer Synodalbeschlüsse zusammen mit königlichen Kapitularien
niedergeschrieben. In anderen Bänden erscheinen die Synodalbeschlüsse entweder in
Begleitung weiterer Schriften kanonistischer Natur oder von Bußliteratur oder auch,
wie im Falle der aus der Mitte des 9. Jahrhunderts stammenden Handschrift aus
Wien Österreichische Nationalbibliothek 751 in Begleitung der Bischofsstatuten
Theodulfs von Orléans und der Briefe des Bonifatius von Mainz[7]. Für die Synode
von Meaux–Paris von 846 wie auch für andere Synoden existieren Handschriften des
späten 9. Jahrhunderts[8], welche die 83 auf ihr aufgestellten kirchenrechtlichen Vorschriften in ihrer Gesamtheit wiedergeben, wohingegen Sammlungen des 10. Jahrhunderts, die nur einen Teil dieser Kanones enthalten, darauf hindeuten, daß „im 10.
Jahrhundert die Beschlüsse von Meaux–Paris verschiedenen Bearbeitungen unter-

Dekret des Bischofs Burchard von Worms. Textstufen – frühe Verbreitung – Vorlagen (MGH
Hilfsmittel 12, 1991).

[5] F. LOTTER, Der Brief des Priesters Gerhard an den Erzbischof Friedrich von Mainz (Vorträge
und Forschungen, Sonderband 17, 1975) und DERS., Ein kanonistisches Handbuch über die Amts-
pflichten des Pfarrklerus als gemeinsame Vorlage für den *Sermo synodalis Fratres presbyteri* und
Reginos Werk *De synodalibus causis*, ZRG Kan. 62 (1976), S. 1–57.

[6] W. HARTMANN, Die Synoden der Karolingerzeit im Frankenreich und in Italien (1989),
S. 11–27.

[7] M. TANGL, Studien zur Neuausgabe der Briefe des hl. Bonifatius und Lullus, in: DERS., Das
Mittelalter in Quellenkunde und Diplomatik. Ausgewählte Schriften 1 (1966), S. 68; MGH Capit.
episc. 1 (1984), hg. von P. BROMMER, S. 98 f.

[8] Die Konzilien der karolingischen Teilreiche 843–859, MGH Conc. 3 (1984), hg. von W. HART-
MANN, S. 64–69.

worfen [wurden]."[9] Ähnliches trifft auch für das ostfränkische Königtum zu, wo bestimmte Synoden, besonders die von Mainz (847), Worms (868) und Tribur (895), offenbar ein starkes Nachwirken und eine große Rezeption gehabt hatten, wie dies kürzlich Rudolf Pokórny für Tribur aufgezeigt hat[10].

Da uns der überwiegende Teil unseres karolingischen Bestandes größtenteils in Sammlungen des 9. und 10. Jahrhunderts überliefert wird, sind die Fragen, die man über die Gründe für eine Zusammenstellung so scheinbar wahllos vermischter Kirchenrechtssammlungen stellen kann, besonders wertvoll für Einblicke in die kirchlichen Entwicklungen des 10. Jahrhunderts. Von der Quellenlage des ostfränkischen Reichs ausgehend, kamen moderne Historiker zu dem Schluß, mag das nun der Realität des 10. Jahrhunderts Rechnung tragen oder nicht, daß dieses Jahrhundert eine Übergangsphase darstellte zwischen der intensiven Konzilstätigkeit (der Begriff 'Reform' wäre freilich unangemessen) der Karolingerzeit und den in der Ekklesiologie des 11. Jahrhunderts gewonnenen Gewißheiten[11]. Anzumerken ist hier, daß im 10. Jahrhundert zwar nicht besonders viele überregionale Versammlungen stattfanden, es jedoch eine beachtliche Anzahl von Versammlungen wenigstens auf Lokal- und Provinzebene gab, deren Aufzeichnungen vor allem im ostfränkischen Reich erhalten blieben. Darüber hinaus besitzen wir noch Notizen über die Einberufung einer ganzen Anzahl von Synoden, für die keine Aufzeichnungen erhalten sind. Anfang des 10. Jahrhunderts betrachtete man Synoden noch immer als eine Institution, die zur Leitung der Kirche und zur Beschlußfassung geeignet war[12]. Das zeigt sich nicht nur daran, daß im späten 9. und 10. Jahrhundert viele karolingische Synodalbeschlüsse in Sammlungen des Kirchenrechts eingegliedert wurden; auch kirchliche Versammlungen im 10. und den folgenden Jahrhunderten berufen sich auf Entscheidungen aus karolingischer Zeit. Daß man mit solcher Leichtigkeit Kontinuitäten feststellen kann, läßt Zweifel aufkommen, ob die Vorstellung von einer Übergangsphase zutreffend ist. Darüber hinaus legen diese feststellbaren Kontinuitäten nahe, daß Bischöfe der späten Karolingerzeit, was die von ihnen befolgten Vorgehensweisen und Traditionen angeht, kaum von denen der frühen Ottonenzeit zu unterscheiden sind.

Mit Sicherheit trifft es auch für das westfränkische Reich zu, daß die Anliegen karolingischer Kirchengesetzgebung noch immer aktuell für das waren, worüber man sich in der Kirche des 10. Jahrhunderts Gedanken machte. Die allgemeinen Belange, die sich in den Erlassen der Synoden der Jahre zwischen 888 und 987 widerspiegeln, sind nicht von den Anliegen ihrer Vorgänger im 9. Jahrhundert zu unterscheiden, selbst wenn sich die eine oder andere Zusammenkunft auf Orts- oder Provinzebene

---

[9] HARTMANN, Die Synoden der Karolingerzeit (wie Anm. 6), S. 19.

[10] E. SECKEL, Zu den Akten der Triburer Synode 895, NA 18 (1893), S. 365–409.

[11] C. MORRIS, The papal monarchy. The western church from 1050–1250 (Oxford History of the Christian Church, 1989) und G. TELLENBACH, Die westliche Kirche vom 10. bis zum frühen 12. Jahrhundert (1988).

[12] H. WOLTER, Die Synoden im Reichsgebiet und in Reichsitalien von 916–1056 (1988).

auch mit gerade aktuellen Problemen auseinandersetzte[13]; im Jahr 909 beispielsweise verzichtete man bei der Verurteilung von Übergriffen auf Kirchenbesitz, Ämter und Privilegien durch den König und die Großen des Landes (sowie von Laien, die sich Kirchenbesitz angeeignet hatten) darauf, gleichzeitig auf Probleme allgemeiner Natur einzugehen[14]. Nichtsdestoweniger wurden kirchliche Disziplin und Moral, Verantwortlichkeit von Priestern und Bischöfen sowie die Aufrechterhaltung der Kirchenorganisation als Bestandteil eines christlichen Reiches noch genauso betont wie zur Blütezeit der karolingischen Synoden unter Karl dem Großen und Ludwig dem Frommen[15]. Überdies vermittelt uns die westfränkische Handschriftenüberlieferung der großen karolingischen Konzilien das gleiche Bild, daß wir aus dem Osten erhalten.

Man kann die Übereinstimmung zwischen den Interessen der Geistlichen im 9. und im 10. Jahrhundert als ausreichende Erklärung für das fortlebende Interesse an karolingischem Kirchenrecht betrachten.

Den Weg von Zitaten und Auszügen aus bestimmten Synoden zu verfolgen ist ohne Zweifel wichtig, um die Nachwirkung einzelner Synoden– wie zum Beispiel der von Mainz 847 oder der von Worms 868 – verstehen zu können[16]. Man könnte jedoch die Sammlungen auch einer methodisch anders angelegten Untersuchung unterziehen, die zwar nicht weniger mühsam, aber für eine Rekonstruktion des Wesens und der inneren Organisation der Kirche genauso gut geeignet wäre. Anstatt aufzuzeichnen, wie häufig bestimmte Texte oder Auszüge aus ihnen in Codices des 10. und 11. Jahrhunderts auftreten, könnte man fragen, zu welchem Zweck und von wem die Sammlungen, die solche Erlasse enthalten, zusammengestellt wurden. Man könnte ihren Inhalt einer detaillierten Analyse unterziehen und eine Tabelle erstellen, in der sämtliche zitierten Texte sowie die Abhängigkeitsverhältnisse verschiedener Versionen untereinander aufgeführt werden, um zu sehen, ob sich ein Muster herauskristallisiert.

Nach dieser Methode wäre es möglich, die Unterschiede in der Verteilung und im Anliegen sowohl auf Lokal– als auch auf Regionalebene aufzuzeigen und festzustellen, ob sich noch mehr über das Thema sagen läßt als lediglich, daß es „ein kirchenrechtliches Interesse im Ostfränkisch–deutschen Reich" gab. So mag zum Beispiel

[13] I. SCHRÖDER, Die westfränkischen Synoden von 888 bis 987 und ihre Überlieferung (MGH Hilfsmittel 3, 1980).
[14] Ebd., S. 189–197 und G. SCHMITZ, Das Konzil von Trosly (909). Überlieferung und Quellen, DA 33 (1977), S. 341–434.
[15] R. McKITTERICK, The Frankish church and the Carolingian reforms 789–895 (1977); J.-M. WALLACE-HADRILL, The Frankish Church (Oxford History of the Christian Church, 1983); J. SEMMLER, Renovatio regni Francorum: Die Herrschaft Ludwigs des Frommen im Frankenreich 814–829/830, in: Charlemagne's Heir. New Perspectives on the reign of Louis the Pious (814–840), hg. von P. GODMAN/R. COLLINS (1990), S. 125–146 und die Bibliographie dazu.
[16] HARTMANN, Die Synoden der Karolingerzeit (wie Anm. 6), S. 21–22 und DERS., Das Konzil von Worms 868, Überlieferung und Bedeutung (1977).

die Handschrift in der Bayerischen Staatsbibliothek München, Clm 27246, welche
die Beschlüsse der karolingischen 'Reformsynoden' des Jahres 813 zusammen mit
denen von Hohenaltheim aus dem Jahr 916, Koblenz 922, Duisburg 929 und schließlich Erfurt 932 enthält, darauf hindeuten, daß derjenige, der diese Sammlung möglicherweise unter der Schirmherrschaft Bischof Abrahams von Freising erstellte, einen
Zusammenhang zwischen den beiden Gruppen von Synodalerlassen, die zwar zu
unterschiedlichen Zeiten verfaßt worden waren, sich in ihren Bestrebungen jedoch
nicht voneinander unterschieden, aufzuzeigen wünschte[17]. Es sollte hier vielleicht
angemerkt werden, daß, obwohl die vielen Anhänge dieses Codex von bayerischen
Händen verfaßt wurden, sein Hauptbestandteil nicht von einer bayerischen Hand
geschrieben worden ist[18]. Auf vergleichbare Weise komplettiert die Mitaufnahme von
Berichten über das *Concilium Germanicum* von 742/3 und das Konzil von Soissons,
d.h. zwei der ersten Synoden des Bonifatius, in die nach seinem Tode zusammengestellte Briefsammlung die Informationen über seine Karriere, die in den Briefen und
in seiner Vita zu finden sind[19]. Als Gesetz oder Recht kommt den Erlassen in diesem
Zusammenhang nur relativ geringe Bedeutung zu. Sie dienen vielmehr der Dokumentation und Bestätigung des Reformeifers des Bonifatius durch Rückgriff auf die
Geschichte. Die Tatsache, daß die Handschrift der Briefe Österreichische Nationalbibliothek Wien 751, wie bereits erwähnt, gleichfalls die *capitula* Theodulfs zusammen mit den karolingischen 'Reformsynoden' enthält, unterstützt die Vermutung,
daß dieser Codex von einem Verfasser aus der Kirchenprovinz Mainz stammt, wo
Bonifatius als Vorbild dienen konnte. Dieser Verfasser wollte seinen eigenen Bischof
mit einem Dossier über bischöfliche Pflichten, angemessenes Verhalten und Kir-
chendisziplin versehen.

Natürlich war jedes der Bücher, das unterschiedliche Vorschriften aus karolingischer und vorkarolingischer Zeit in kaleidoskopischer Verschiedenheit darbietet, zu
einem bestimmten Zweck und Zeitpunkt zusammengetragen worden. Fast alle dieser
Sammlungen sind anonym, und es wird vielleicht nie mehr möglich sein, die genauen
Umstände ihrer Herstellung zu rekonstruieren. Trotzdem können wir unserem heutigen Wissen über die von den Bischöfen und Geistlichen auf ihren Versammlungen
diskutierten Themen durch sie etwas hinzufügen, nämlich wie, warum, in welcher
Form und im Zusammenhang mit welchen anderen Texten die einzelne Sammlung
erhalten blieb. Dadurch kann eine Handschrift in sich (das Buch als Individuum für

[17] MGH Conc. 6,1, Die Konzilien Deutschlands und Reichsitaliens 916–1001. Teil 1, 916–960,
hg. von E.-D. HEHL (1987), S. 6–10.
[18] N. DANIEL, Handschriften des 10. Jahrhunderts aus der Freisinger Dombibliothek. Studien
über Schriftcharakter und Herkunft der nachkarolingischen und ottonischen Handschriften einer
bayerischen Bibliothek (Münchener Beiträge zur Mediävistik und Renaissance–Forschung 11,
1973), S. 107.
[19] München, Bayerische Staatsbibliothek Clm 8112, Karlsruhe, Landesbibliothek Rastatt 22 und
Wien, Österreichische Nationalbibliothek 751. Siehe TANGL, Das Mittelalter in Quellenkunde und
Diplomatik (wie Anm. 7), S. 63–68.

Individuen[20]) zum Mittel werden, das Denken, die Bestrebungen und Ideale von Einzelnen offenzulegen, und eine wichtige Rolle als historische Überlieferung spielen, statt nur ein *signum* unter vielen eines *apparatus criticus* zu sein.

Wie bereits betont, finden wir Synodal- und Konzilsbeschlüsse eingebettet in verschiedene Zusammenhänge. Wir müssen uns fragen, warum man lieber das eine als das andere Material wählte und welchen Status dieses Material besaß. Auch muß die Frage gestellt werden, ob es sich hierbei um eine Rezeption älteren Rechts handelt oder um eine Umwandlung dessen, was ursprünglich Recht darstellte, in eine neue Art von Text mit neuer Funktion.

Die erste Hürde, die sich bei der Beantwortung dieser Fragen stellt, ist das Problem, wie man beim Anlegen von Aufzeichnungen über eine Synode überhaupt vorging. Nur in einigen Fällen aus und vor dem 10. Jahrhundert haben wir das Glück, eine Originalschilderung zu besitzen, die uns in diplomatischer Form als Urkunde erhalten ist. Die Synode von Langres (903) ist beispielsweise in einer Originalurkunde mit eigenhändigen Unterschriften überliefert[21]. Beim Hineinkopieren solcher Aufzeichnungen in thematisch andersartige Sammlungen löste man sie aus ihrem diplomatischen Zusammenhang heraus und ließ in vielen Fällen das Urkundenprotokoll weg. Aber es mag noch andere Wege gegeben haben, auf denen die Aufzeichnungen von Synoden in Sammlungen des Rechts gerieten. Wie bei fränkischen Versammlungen müssen wir auch für spätere Zeiten die Rolle einzelner Bischöfe und Konzilsteilnehmer in Betracht ziehen, die ihre persönlichen Erinnerungen oder schriftlichen Notizen über das, was passierte, mit sich nahmen[22].

Wie entstand die Gewißheit, daß die Aufzeichnung eines Synodalbeschlusses eine wahrheitsgemäße Wiedergabe darstellt? Welches Verfahren verfolgte man, um diese Entscheidungen der Nachwelt zu erhalten und sich später auf sie zurückzubeziehen und welche Funktion kam ihnen dann zu? Welche Rolle spielten Individuen – nicht Institutionen – bei diesen Verfahren? Kann uns die handschriftliche Überlieferung etwas über den offiziellen Rang verraten, den der Bericht einer Synode genoß?

Erlauben Sie mir zwei Beispiele anzuführen, welche das Ausmaß der Probleme illustrieren, die sich bei der Erforschung der Rezeption von Synodalerlassen ergeben. Das erste stammt aus dem angelsächsischen England des 8. Jahrhunderts, das zweite aus dem Frankenreich des 9. Jahrhunderts. Einige Merkmale der Überlieferung früher englischer Kirchenversammlungen verdeutlichen das formelle Verfahren bei der Bestandsaufnahme am Ende einer Synode und weisen darauf hin, daß ein von den

---

[20] W. MILDE/W. SCHUDER, De captu lectoris. Wirkung des Buches im 15. und 16. Jahrhundert dargestellt an ausgewählten Handschriften und Drucken (1988), S. 25.

[21] Chaumont, Archives départmentales de la Haute-Marne 2 G 1166; vg. auch SCHRÖDER, Die westfränkischen Synoden (wie Anm. 13), S. 168 ff.

[22] H. MORDEK, Recently discovered capitulary texts belonging to the legislation of Louis the Pious, in: Charlemagne's Heir (wie Anm. 15), S. 437–454 und H. MORDEK, Karolingische Kapitularien, in: Überlieferung und Geltung normativer Texte des frühen und hohen Mittelalters, hg. von DEMS. (Quellen und Forschungen zum Recht im Mittelalter 4, 1986).

Teilnehmern anerkanntes Konzilsprotokoll in der Tat existierte[23]. Die Beschlüsse der Synode päpstlicher Legaten des Jahres 786 hingegen sind als Bericht an Papst Hadrian gestaltet und stimmen mit dem in England angefertigten Konzilsprotokoll nicht überein[24]. Dieser Gesandtenbericht gleicht eher einem im Voraus erstellten Programm, das lediglich von den Teilnehmern ratifiziert wurde, anstatt, wie dies bei vielen Synodalberichten der Fall ist, eine Antwort auf eine Diskussion oder gar eine schriftliche Niederlegung der Beschlüsse zu sein, die auf der Basis der vorausgegangenen Diskussion gefaßt worden sind. In diesem Bericht stellt demzufolge die Liste der Anwesenden, zu denen zahlreiche Geistliche und weltliche Große des Landes gehörten, angeführt von den päpstlichen Legaten und den anwesenden fränkischen Bischöfen sowie vom König, der dem Konzil vorstand, keine offizielle Zeugenliste dar. Dennoch wird aus ihr ersichtlich, welche gewichtige Autorität hinter der Übereinkunft über die vorgefertigten Bestimmungen stand. In den Aufzeichnungen dieser Gesandschaftssynode berief man sich andererseits auf vorausgegangene Synoden, insbesondere auf die des Jahres 747, sowie auf die fränkische Gesetzgebung. Die Synode hat somit den Charakter strikter Vorschriften, die auf theoretischer Basis ein Reformprogramm entwerfen, dessen Hauptanliegen die Lenkung der Kirche im Einklang mit den bischöflichen Lehren, die Ehrerbietung gegenüber der Kirche und das Fällen gerechter Urteile sind. Könige und ihre Berater sollen gleichermaßen dem Volk ein Beispiel an Tugend geben und weder die Armen noch die Kirche unterdrücken. Kanon 12 führt sogar aus, daß Könige von Priestern und weltlichen Großen zu wählen sind und der Sproß einer unehelichen Verbindung nicht gewählt werden darf, da der König den Priestern gleich ein Gesalbter des Herrn ist. Königsmord wird verurteilt, da Könige von Gottes Gnaden eingesetzt sind. Die Kirche darf keiner übermäßigen Besteuerung unterworfen werden; zwischen Königen und Bischöfen, Laien und Männern der Kirche soll Friede und Harmonie herrschen. Alle Christen werden in ihren Pflichten unterwiesen, die Zahlung des Zehnten und die Einhaltung von Eiden werden anbefohlen, illegale Heiraten und heidnische Bräuche werden verurteilt.

Was auch immer der ursprüngliche Zusammenhang dieser Bestimmungen, die als Synodalbeschlüsse präsentiert werden, gewesen sein mag, es ist nicht schwer zu verstehen, weshalb solche Äußerungen bei nachfolgenden Generationen von Sammlern erbaulicher und ermahnender Literatur beliebt waren, obwohl es sich bei ihnen nicht einmal um eine offizielle Aufzeichnung der Synode handelte.

---

[23] Diskutiert bei C.R.E. CUBITT, Anglo-Saxon Church Councils in the eighth century (1995). Vgl. H. VOLLRATH, Die Synoden Englands bis 1066 (1986).

[24] Obwohl es keine englische Handschrift gibt, kannte man den Text im 10. Jahrhundert in Canterbury: Alcuini epistolae, hg. von E. DÜMMLER, MGH Epp. Karol. Aevi 2 (1895), Nr. 3.; in: Councils and ecclesiastical documents, hg. von A.W. HADDAN/W. STUBBS (1971), 3, S. 447–482 ohne Rubriken und ersten Satz; vgl. auch N. BROOKS, The early history of the church of Canterbury Christ Church from 597–1066 (1984), S. 118.

Ferner kann auch der berühmte Bericht über die Umstände, die das Konzil von
835 und die Wiedereinsetzung Ludwigs des Frommen begleiteten, als Beweis herangezogen werden[25]. Es ist hier angebracht, den Bericht, wie er den Annalen von St.
Bertin zu entnehmen ist, in vollem Wortlaut wiederzugeben:

> „Den Wortlaut dieser feierlichen Erklärung legte jeder in einer besonderen Schrift
> nieder und bekräftigte sie mit Namenunterzeichnung. Zugleich aber wurde noch
> eine vollständigere und ausführlichere Schrift in Buchform (*libellus*) von der Ver-
> sammlung gemeinsam ausgearbeitet, in welcher der ganze Hergang der Angele-
> genheit dargelegt war, wie sie verhandelt, untersucht, befunden und schließlich
> durch Erklärung und Unterschrift von allen die Entscheidung aufs neue und fei-
> erlich bekräftigt wurde. Und sie zögerten nicht, diese in ergebenstem und auf-
> richtigstem Wohlwollen kraft des Ansehens, das der Stellung so vieler Väter ent-
> sprach, aufs deutlichste allem Volk zur Kenntnis zu bringen. Sie begaben sich
> nämlich nach der erwähnten Stadt [Metz] in die Kirche des Heiligen Erzmärtyrers
> Stephanus, und nachdem die Heilige Messe gelesen und darauf der ganze Hergang
> der Sache dem anwesenden Volke mitgeteilt worden war, nahmen die heiligen
> und verehrungswürdigen Priester eine Krone, das Sinnbild der Herrschaft, von
> dem geweihten Altar und setzten sie ihm unter dem größten Jubel aller Anwesen-
> den eigenhändig auf."[26]

Obwohl es gut möglich wäre, daß der Kompilator, der diese Konzilsbeschlüsse benutzte, eine Abschrift des *libellus* besaß, in der die Entscheidungen vollständig aufgezeichnet waren, könnte er sich auch auf den mündlichen Bericht eines Anwesenden, der dann später das von ihm Gehörte niederschrieb, bezogen haben.

Es ist verlockend, ähnliche Umstände hinter dem in der Wolfenbütteler Handschrift, Herzog August Bibliothek 83.21 Aug 2°, anzutreffenden Zitat, einer der
Synode von Tribur zugeschriebene Bestimmung über die Eheschließung, zu vermuten. In den vollständigen Texten der Synodalbeschlüsse von Tribur, die uns erhalten
sind, ist diese Version der Klausel nicht enthalten; man erhält den Eindruck, daß hier
der Kompilator im Zusammenhang mit einer Angelegenheit, in der Rat vonnöten
war, auf einen mündlichen oder sogar kurz zusammengefaßten schriftlichen Bericht
zurückgreift.

Es könnten noch viele weitere Beispiele angeführt werden. Eine kleine Anzahl
von Urkunden des 10. Jahrhunderts, die aus der Diözese von Sens stammen, deuten
zum Beispiel darauf hin, daß die Aufzeichnung einer Synode der Form nach anfangs
der in Gerichtsverfahren üblichen *notitia* glich, da in ihr sowohl die gefaßten Be-

---

[25] Für den historischen Kontext siehe M. DE JONG, Power and humility in Carolingian society: the
public penance of Louis the Pious, Early Medieval Europe 1 (1992), S. 29–52.
[26] Übersetzung nach Annales Bertiniani zu 835, hg. von R. RAU, Quellen zur karolingischen
Reichsgeschichte 2 (1972), S. 26–29.

schlüsse als auch die Anwesenden verzeichnet werden[27]. Sämtliche dieser Dokumente enthalten eine Übereinkunft der Teilnehmer, das Beschlossene aufrechtzuerhalten. Aber es gibt an sich keinen Grund, warum solche Entscheidungen ihre Autorität hätten beibehalten sollen, wenn sie erst einmal aus ihrem Umfeld der offiziellen Beurkundung herausgelöst und in Rechtssammlungen eingefügt worden waren, die für Zwecke, die es noch aufzuzeigen gilt, zusammengetragen worden waren. Dennoch können wir beobachten, daß viele von ihnen in nachfolgenden Sammlungen auftauchen oder sich zumindest Anklänge an sie finden. Zu guter Letzt werden dann einige entweder vollständig oder in Auszügen in die klassischen Kirchenrechtssammlungen eingegliedert. Wie ist das zu erklären? Ändern sich Funktion sowie Gewicht und Bedeutung eines Dokuments, sobald es in einen Codex eingegliedert ist, der eine Auswahl von Texten gleicher oder auch unterschiedlicher Thematik enthält?

Fest steht, daß die Aufzeichnung einer Synode, sobald sie einmal schriftlich niedergelegt ist, Autorität als Version des Gesagten besitzt. Wie wir nur allzugut von den Mißverständnissen und Dogmenstreitigkeiten der Konzile aus der Frühzeit der Kirche wissen, ist dies jedoch nicht zwangsläufig dasselbe, sondern vielmehr der schriftliche Text das, von dem man glaubte, es sei der Sinn des Gesagten. Wenn es sich bei dem auf der Synode besprochenen Gegenstand um eine die rechte Lehre betreffende Angelegenheit handelte, so kann der Vorgang der Rezeption als verbindlich und die Rolle der Kommentatoren stark abweichen vom Verfahren bei Disziplinarfragen. Meinungen konnten auseinandergehen. Bischöfe machten kritische Bemerkungen darüber, daß unterschiedliche Praktiken ausgeübt wurden. Zum Beispiel ersuchte Bonifatius von Mainz um Rat in Heiratsfragen und in der Frage der Ernennung eines Nachfolgers, weil er wußte, daß man in England einem Brauch folgte, der sich von dem in Frankreich gültigen unterschied[28].

Vorbilder für Diskussionen, Entscheidungen und Vorgehensweisen bei der Aufzeichnung wurden natürlich von ökumenischen Konzilien, und den Dekreten der ersten westgotischen, afrikanischen und gallo–fränkischen Konzilien des 4., 5. und 6. Jahrhunderts geliefert. In den Sammlungen des Dionysius Exiguus und anderer vorkarolingischer Sammlungen waren sie frei verfügbar, ebenso in Sammlungen wie der Dionysio–Hadriana aus der Karolingerzeit[29]. Als die Kirche noch in ihrer Anfangsphase steckte, waren Bischöfe zusammengekommen, um darüber zu entscheiden, was fortan die Basis des christlichen Glaubens ausmachen sollte. Ihre Entscheidungen wurden im Kirchenrecht und in den Glaubens– und Lehrgrundsätzen, die wir vom Glaubensbekenntnis her kennen, festgehalten und so zum Stoff der Erörterung bei vielen Kirchenvätern. Diese Entscheidungen erhoben den Anspruch auf Autori-

---

[27] Vgl. für ein solches Verzeichnis SCHRÖDER, Die westfränkischen Synoden (wie Anm.13), S. 37–40.

[28] Die Briefe des heiligen Bonifatius und Lullus, hg. von M.TANGL, MGH Epp. Sel. (1916), Nr. 32–34, 93.

[29] R. MCKITTERICK, Knowledge of canon law in the Frankish kingdoms before 789: the manuscript evidence, Journal of Theological studies 36 (1985), S. 97–117.

tät, indem sie sich auf Bevollmächtigung durch Gott, die Teilnahme relevanter
Gruppen und ihre Einstimmigkeit beriefen oder auch darauf, für einen Großteil der
Bischofssitze und der christlichen Welt stellvertretend zu sein. Jede nachfolgende
Synode, die über Fragen der kirchlichen Organistion, des Glaubens, der Disziplin
oder gerade anliegende Angelegenheiten diskutierte, reihte sich – teils offen, teils
unausgesprochen – in ihre historische Nachfolge ein.

Karolingische sowie angelsächsische Synodalbeschlüsse beruhten auf der Autorität verschiedener Quellen, die weltlichen oder kirchlichen Ursprungs sein konnten,
wie das zum Beispiel beim *Concilium Germanicum* (742/743) der Fall war, das sich
auf die Amtsgewalt Karlmanns und die des Bonifatius in seiner Eigenschaft als
päpstlicher Legat berief[30]. Die Zustimmung der Anwesenden war aber genauso
wichtig, um den Beschlüssen Autorität zu verleihen, und es oblag den Anwesenden
und den als Unterzeichneten Aufgeführten, in ihren jeweiligen Diözesen den Beschlüssen gemäß zu handeln.

Auf dem Hintergrund der soeben allgemein angesprochenen Thematik seien die
noch verbleibenden Seiten zwei Handschriften gewidmet, von denen eine aus dem
ostfränkischen, die andere aus dem westfränkischen Reich stammt. Die erste, Wolfenbüttel Herzog August Bibliothek Helmstedt 454, ist um das Jahrtausend herum
von einer Hildesheimer Hand verfaßt und, wie nebenbei bemerkt sei, auf Ziegenhaut
niedergeschrieben worden. Das erste Blatt fehlt und somit jeder Hinweis, den man
einer Präambel oder Überschrift hätte entnehmen können. Der erste Abschnitt beginnt mit der Überschrift *Quid presbyteris servandum sit* und behandelt dann die
Leitungspflichten von Priestern und deren Dienst an der Gemeinde. Die Handschrift
enthält einen Großteil der Sammlung des Pseudo–Remedius, sowie die Beschlüsse
der Koblenzer Synode von 922 und, zwischen anderen Abschnitten der Sammlung
verstreut, einen Auszug aus der römischen Synode des Jahres 965. Durch seine Auswahl stellt der Kompilator offensichtlich eine Beziehung zwischen den Beschlüssen
der frühchristlichen, westgotischen, angelsächsischen und karolingischen Kirche und
denen seiner eigenen Zeit her. Die Bestimmungen legen nämlich ein Zeugnis gerade
der alltäglichen Sorgen der Kirche ab, wie z.B. über die Rolle des Priesters, die Gesetzgebung der Bischöfe, den Aberglauben, Probleme der Gültigkeit von Heiraten
und den Inhalt von Predigten. Die Sammlung schließt eine Version der an Augustin
von Canterbury gerichteten *Responsiones* Gregors des Großen mit ein, was die Vermutung nahelegt, daß sie in Beziehung zu einer ursprünglich angelsächsischen
Gründung zu setzen ist.

So findet sich dann auch tatsächlich Material englischer Herkunft in der Handschrift, insbesondere der Tätigkeitsbericht der bereits erwähnten angelsächsischen
Legatensynode des Jahres 786. Der Text ist durchzogen mit Auszügen aus der Synode von Tribur sowie aus der Abhandlung des Sedulius Scottus über das einem Kö-

---

[30] MGH Conc. 2,1 , hg. von A. WERMINGHOFF, S. 1–4 und W. LEVISON, England and the
Continent in the eighth century (1946), S. 83–86.

nig angemessene Verhalten und enthält Teile einer von Hrabanus Maurus verfaßten Schrift über Ehebruch. Es ist offensichtlich, daß all diese Angelegenheiten vom Verfasser der Sammlung für zum Thema gehörig und für wichtig gehalten wurden. In gewisser Hinsicht stellt diese Handschrift eine bunte, gleichsam wie von einer Elster da und dort häppchenweise zusammengestohlene Sammlung von Lehrmaterial dar, die aus der Geschichte Präzedenzfälle für die Gegenwartssituation filterte, doch man kann ihr trotzdem nicht einen hohen Grad an Sorgfalt bei der Auswahl absprechen.

Die zweite in diesem Zusammenhang zu erwähnende Handschrift, Paris Bibliothèque Nationale MS lat. 4280A, präsentiert sich als eine womöglich noch buntere Sammlung als Wolfenbüttel, Herzog–August Bibliothek Helmstedt 454. Aus dem westfränkischen Reich und dem 10. Jahrhundert stammend, enthält sie unter anderem die *capitula* des Riculf von Soissons und *ordines,* die das Zusammentreten von Synoden regeln, sowie Angaben über Regionen und Kirchenprovinzen und das Verzeichnis der Blutsverwandtschaftsgrade des Isidor von Sevilla. Es ist klar ersichtlich, daß die Sammlung für den Gebrauch eines Bischofs zusammengestellt worden war, da sie vieles enthält, was sich auf das angemessene Verhalten von Priestern und ihre Pflichten bezieht und auch auf die Beziehung zwischen Bischöfen und Äbten eingeht.

Es ist gut möglich, daß solchen Sammlungen ursprünglich nur eine zweckgebundene Aufgabe von kurzer Dauer zugedacht war. Obwohl sich die allgemeine Nützlichkeit der unterschiedlichen in ihnen vorhandenen Kanones unschwer begreifen läßt, kann man eben, was zumindest die beiden letztgenannten Handschriften angeht, nicht genau feststellen, aus welcher Motivation heraus ihre Aufzeichnung veranlaßt wurde. Vielleicht stand nicht mehr dahinter als der Auftrag eines Bischofs, der einen Untergebenen anwies, Texte aus Bibliotheksbeständen zusammenzustellen, die etwas über die Ausübung des bischöflichen Amts aussagten. Aber vielleicht stand auch Dringlicheres dahinter. Aus Gründen, die wir heute nicht mehr rekonstruieren können, erlangten einige dieser Textsammlungen größere Autorität oder wurden für gültiger erachtet. Sie wurden zu Schriften, die zur Bestätigung kirchlicher und bischöflicher Gewalt dienten. Die Auswahl, die in einzelnen Sammlungen getroffen worden war, mag als Hinweis darauf gelten, welcher Teil der älteren Gesetzgebung, die dem Verfasser zur Verfügung stand, von ihm für wichtig oder nutzbar für ungewöhnliche und besondere Situationen erachtet wurde. So bildet z.B. in einer weiteren Wolfenbütteler Handschrift, Herzog August Bibliothek 83.21 Aug 2°, die für den Erzbischof von Mainz in der zweiten Hälfte des 10. Jahrhunderts zusammengetragen worden war, Regino von Prüms *De synodalibus causis et disciplinis ecclesiasticis* den Kern, um den sich verschiedene Entscheidungen über Angelegenheiten der Kirchenverwaltung, des Kirchenrechts und der kirchlichen Organisation gruppieren. Dies steht in direktem Bezug zu den Aufgaben, die ein Bischof in seiner Diözese zu erfüllen hatte[31]. Die Handschrift enthält gefälschte Beschlüsse, die Bischöfe betreffen,

---

[31] H. HOFFMAN, Buchkunst und Königtum im ottonischen und frühsalischen Reich (MGH Schriften 30, 1986), 1, S. 266.

welche die Amtsgewalt ihres Erzbischofs anfechten, sowie Isidors Verzeichnis der Blutsverwandtschaftsgrade. Lotter hat darauf aufmerksam gemacht, daß der Brief des Priesters Gerhard, „ursprünglich als kanonistisches Gutachten konzipiert, [dann] als kanonistische Lehrschrift Platz in diesem Sammelkodex fand."[32] Danach zu urteilen scheint der Verfasser der Sammlung folgenden Kriterien bei der Auswahl seines Materials gefolgt zu sein: das aufzunehmen, was erstens für den Bischof seiner Diözese von Belang war, und zweitens, was über das Zusammenrufen und den Ablauf von Synoden wissenswert war. Zu diesem Zweck wurden sowohl Reginos Schrift als auch die *ordines* über das Zusammentreten von Synoden in die Sammlung aufgenommen.

Alle hier erwähnten Handschriften hatten es sich zur Aufgabe gemacht, einen Entwurf der Kirche im Großen zu präsentieren. Graf Finckenstein hat schon den Beitrag betont, den Bischöfe zur politischen Integration des ostfränkischen Reiches leisteten[33]. Abgesehen davon sollte aber auch Beachtung finden, welches Selbstverständnis diese Männer in Bezug auf ihre Rolle als Priester und Bischöfe besaßen. Diese seltsamen kanonistischen Sammlungen des 9. und 10. Jahrhunderts, die den modernen Historikern so viele Rätsel aufgeben, dürften widerspiegeln, inwieweit die Bischöfe des 10. Jahrhunderts eine Rolle dabei spielten, ihre Diözesen und ihre augenblickliche Situation in der Tradition der Kirche zu verankern. Obwohl sich nur in den seltensten Fällen eine Sammlung mit einer bestimmten Person verbinden läßt, kann man festhalten, daß diese im Grunde genommen geschichtlich orientierten Sammlungen das Potential hatten, Bischöfe mit völlig anderen, regionenübergreifenden Verbindungen zu versehen, die nichts mit der aktuellen Situation zu tun hatten. Identität und Selbstwertgefühl der Bischöfe hingen somit davon ab, inwieweit es ihnen im Rahmen ihrer intellektuellen Fähigkeiten und der persönlichen Haltung ihrer Berufung gegenüber gelang, für sich einen Platz in den Traditionen der Kirche und in der Geschichte christlicher Bestrebungen und Institutionen seit der Zeit der Kirchenväter zu finden.

[32] LOTTER, Der Brief des Priesters Gerhard (wie Anm. 5).
[33] A. GRAF FINCK VON FINCKENSTEIN, Bischof und Reich. Untersuchungen zum Integrationsprozeß des ottonisch–frühsalischen Reiches (919–1056) (1989).

Beneficium
zwischen Landleihe und Lehen –
eine alte Frage, neu gestellt

von
Brigitte Kasten

Gab es Lehen, die den Lehnsinhaber nicht zum Vasallen des Lehnsgebers machten? Diese Frage möchte man bereits für die karolingische Zeit mit einem spontanen „nein" beantworten. Ein so klares Nein wird jedoch durch urkundliche Quellen, auf die noch einzugehen ist, ins Wanken gebracht. Sind erste Zweifel entstanden, fängt man an, über die gängigen Standardwerke zum Lehnswesen hinaus die Forschungsliteratur zu Rate zu ziehen. Dabei stellt man fest, daß die Fragestellung, ob es im 8. und 9. Jahrhundert Lehen ohne Vasallitätsverpflichtung gab, in eine längst vergessene, in der zweiten Hälfte des vorigen Jahrhunderts geführte Forschungsdiskussion zurückführt. Paul Roth hatte den Anstoß dazu gegeben, indem er – hier verkürzt dargestellt – behauptete, so wie es Vasallen ohne Lehen gegeben habe, sei auch der Lehnsbesitz ohne Vasallität möglich gewesen[1]. Georg Waitz war dieser Auffassung trotz einiger Zugeständnisse an Roth zuletzt in seiner Verfassungsgeschichte entgegengetreten. Seiner Ansicht nach war die „Verbindung von Vasallität und Beneficium" bereits in karolingischer Zeit „die Regel"[2]. Zur Unterscheidung von der prekarischen Landleihe sei der Begriff des *beneficium* auf solche Landübertragungen beschränkt worden, „bei denen zugleich eine Commendation statthatte", die also in vasallitischen Zusammenhängen erfolgte[3]. Dadurch fühlte sich Paul Roth zu einer umfassenden, der bis heute quellenreichsten Arbeit über die Unterschiede zwischen der prekarischen und der vasallitischen Landleihe herausgefordert. Obgleich seine

---

[1] P. ROTH, Geschichte des Beneficialwesens von den ältesten Zeiten bis ins 10. Jahrhundert (1850), S. 384 f. Sein Beleg aus dem 9. Jahrhundert reicht jedoch für einen Beweis seiner Behauptung nicht aus.

[2] G. WAITZ, Deutsche Verfassungsgeschichte 6, hier in der 2., von G. SEELIGER bearbeiteten Auflage (1896), benutzt, S. 48. Zur Geschichtsauffassung und Bedeutung von Roth und Waitz vgl. E.-W. BÖCKENFÖRDE, Die deutsche verfassungsgeschichtliche Forschung im 19. Jahrhundert. Zeitgebundene Fragestellungen und Leitbilder (Schriften zur Verfassungsgeschichte 1, 1961), S. 99–134 und S. 180–187; F. GRAUS, Verfassungsgeschichte des Mittelalters, in: HZ 243 (1986), S. 548 ff.

[3] WAITZ, Verfassungsgeschichte 4 (²1885), S. 258.

Schlußfolgerungen in mehreren Punkten überholt sind, so gelang es ihm doch, Widersprüche in Waitz' Darstellung offenzulegen und einige Fehleinschätzungen zu korrigieren‘. Roth blieb bei seiner Aussage, daß die „Beneficienverleihung" mit der Vasallität ursprünglich nicht rechtlich, sondern nur faktisch zusammenhing und die Vasallität keine besondere Voraussetzung für eine Benefizienverleihung darstellte[5]. Dem schloß sich auch Georg Seeliger an, der die zweite Auflage von Waitz' Verfassungsgeschichte herausgab und kommentierte[6]. Die vasallitischen Lehen hätten nur „eine – obschon die wichtigste – Gruppe der Benefizien gebildet". Seeliger sah erst im 12. Jahrhundert die Entwicklung abgeschlossen, die Waitz schon für das 9. Jahrhundert annahm, daß nämlich die vasallitische Kommendation die Vorbedingung für die Erlangung eines Lehens darstellte. Nach dieser Diskussion spaltete sich das Erkenntnisinteresse der Forschung auf zwischen der prekarischen Landleihe einerseits und der vasallitischen Leihe andererseits. Dabei stand zunächst die prekarische Leihe im Vordergrund, weil man hier die bäuerliche Landleihe vor sich zu sehen glaubte. Das *beneficium* hielt man bald für eine rein ritterliche Landleihe[7]. Als Heinrich Mitteis und François Louis Ganshof das Problem des Lehnswesens wieder aufgriffen, klammerten sie umgekehrt die prekarische Landleihe nahezu vollständig aus und beschäftigten sich schwerpunktmäßig mit den Quellenhinweisen, die sich aus-

[4] P. ROTH, Feudalität und Untertanenverband (1863), S. 129 ff.

[5] Ebd., S. 202.

[6] WAITZ, Verfassungsgeschichte 6 (wie Anm. 2), S. 48–50 Anm. 1. Dort kann auch der Verlauf der Forschungsdiskussion nach Roth und Waitz nachgelesen werden.

[7] A. HEUSLER, Institutionen des Deutschen Privatrechts 2 (1886), S. 154: „Nicht aus sachenrechtlicher Gesetzmäßigkeit ist daher die scharfe Trennung des Lehnrechts von den anderen Leiherechten hervorgegangen, sondern aus den socialen und ständischen Bedingungen der ritterlichen und bäuerlichen Leihe." Noch dezidierter formulierte G. VON BELOW, Geschichte der deutschen Landwirtschaft des Mittelalters in ihren Grundzügen, aus dem Nachlaß hg. von FR. LÜTGE (1937), S. 37: „Weiterhin tritt die Scheidung an Leiheverhältnissen höherer und niederer Ordnung hervor. Die höheren sind das Lehen im engeren Sinn, das die Gegenleistung des Reiterdienstes verlangt, und die kirchliche Pfründe. Die Leiheverhältnisse niederer Ordnung sind die bäuerlichen..." Dies glaubte er bis zum Ende der Karolingerzeit konstatieren zu können. Für die karolingische Zeit widerlegte jedoch bereits Roth, daß man die Prekarie und das Lehen nach dem Stand des Landleihenden unterscheiden könne. Differenzierter wollte sich offenbar U. STUTZ, Geschichte des kirchlichen Benefizialwesens von seinen Anfängen auf die Zeit Alexanders III. (1895, ergänzt durch H.E. FEINE ³1972) äußern. Das Kap. III, § 32 sollte Erläuterungen zur Leihe als *precaria*, als *beneficium*, als militärisches *beneficium* und als Lehen enthalten. Das Manuskript ist jedoch verloren. Vgl. dazu auch A. PÖSCHL, Die Entstehung des geistlichen Benefiziums, in: Archiv für Kirchenrecht 106 (1926), S. 3–121 und S. 363–471, der sich dagegen aussprach, in den geistlichen Benefizien die Hauptgruppe der nicht-vasallitischen Lehen zu sehen (S. 11). Die Untersuchung der sog. bäuerlichen Leihe stand im Vordergrund bei K. LAMPRECHT, Deutsches Wirtschaftsleben im Mittelalter. 1,2 (1886), S. 891 ff. und bei G. SEELIGER, Forschungen zur Geschichte der Grundherrschaft im früheren Mittelalter, Historische Vierteljahrsschrift 10 (1907), S. 305–354, insbes. S. 343 ff. Für die städtische Leihe interessierte sich S. RIETSCHEL, Die Entstehung der freien Erbleihe, in: ZRG Germ. 22 (1901), S. 181–244.

schließlich auf das vasallitische Lehen zu beziehen scheinen[8]. Mitteis bejahte zwar in einer kurzen Feststellung, daß es auch Lehen ohne Vasallitätsverpflichtung gegeben habe, verbannte diesen Fragenkomplex dann aber aus seiner Untersuchung, da dieser für seine Fragestellung, die auf dem Lehnsrecht begründete „Staatsgewalt", unerheblich sei[9]. Insbesondere Ganshof betonte, daß während der Karolingerzeit das *beneficium* oder Lehen „an erster Stelle die Bezeichnung für die Vasallenleihe" wurde und blieb[10]. Auch er meinte, die Lehen ohne Vasallität hätten keine Rolle für die Herrschaft gespielt, und schob die Frage ebenfalls beiseite. In seinen zahlreichen Aufsätzen zum Lehnswesen verlegte er den Zeitpunkt, ab wann Lehen und Vasallität unlösbar miteinander verbunden gewesen seien, immer weiter nach vorne und prägte die heute herrschende Lehre, wonach die Herrschaft Karls des Großen, spätestens aber Ludwigs des Frommen in erster Linie eine lehnsrechtlich begründete gewesen sei[11]. Aus der vor wenigen Jahren posthum veröffentlichten Arbeit von Walther Kienast geht hervor, daß der Verfasser die Existenz des „nichtritterlichen Lehens" oder des „unvasallitischen Benefiz" zwar anerkannte, doch untersuchte er diese Lehnsform gleichfalls nicht näher[12].

Die bisherigen Forschungsergebnisse sollen nicht grundsätzlich in Frage gestellt werden, denn hinsichtlich der spezifisch vasallitischen Landleihe mögen sie ihre Berechtigung haben. Doch soll im folgenden der Blick auf einige Problemfelder zurückgelenkt werden, welche die vorherrschende Auffassung relativieren können und zu einer Neubewertung des Stellenwerts einerseits der vasallitischen und andererseits der prekarischen Landleihe in der (früh)mittelalterlichen Gesellschaft auffordern. Solcherlei Bedenken werden hier keineswegs zum erstenmal geäußert. Bereits Alfons Dopsch warnte davor, das Lehnswesen hinsichtlich seiner Bedeutung für die

---

[8] H. MITTEIS, Lehnrecht und Staatsgewalt (1933), S. 107 f.; F.L. GANSHOF, Was ist das Lehnswesen? (1944, dt. [7]1989), S. 112.

[9] MITTEIS, Lehnrecht (wie Anm. 8), S. 129–131.

[10] F.L. GANSHOF, s.v. *beneficium*, weltlich, HRG 1 (1971), Sp. 369. Erst in diesem Artikel beschäftigte sich Ganshof wieder näher mit den nicht-vasallitischen Formen der Benefizienverleihung.

[11] Vgl. beispielsweise F.L. GANSHOF, Benefice and Vassalage in the Age of Charlemagne, in: The Cambridge Historical Journal 6 (1939), S. 147–175; DERS., L'origine des rapports féodo-vassaliques, in: I problemi della civiltà carolingia (Settimane di studio del centro Italiano di studi sull'alto medioevo 1, 1954), S. 27–69; DERS., Das Lehnswesen im fränkischen Reich. Lehnswesen und Reichsgewalt in karolingischer Zeit, in: Studien zum mittelalterlichen Lehenswesen (Vorträge und Forschungen 5, 1960), S. 37–49.

[12] W. KIENAST, Die fränkische Vasallität. Von den Hausmeiern bis zu Ludwig dem Kind und Karl dem Einfältigen, hg. von P. HERDE (Frankfurter Wissenschaftliche Reihe. Kulturwissenschaftliche Reihe 18, 1990), S. 140 ff., Zitate S. 143 und S. 145. Eine ausführliche Würdigung und Auseinandersetzung mit Kienasts Werk bietet A. KRAH, Die fränkisch-karolingische Vasallität seit der Eingliederung Bayerns in das Karolingerreich. Überlegungen zur Ausformung der Vasallität in karolingischer Zeit im Anschluß an die Darstellung bei Walther Kienast, in: Zeitschrift für bayerische Landesgeschichte 56 (1993), S. 613–633.

„Verfassung des Staates" überzubetonen[13]. Und nach Dopsch hat es weitere Einwände gegeben[14]. Regionalgeschichtliche Untersuchungen haben Schwierigkeiten, eindeutige Lehnsstrukturen vor dem Ende des 11. oder gar dem 12. Jahrhundert nachzuweisen[15]. In allerjüngster Zeit sind Arbeiten erschienen, die wie die vorliegende, teils in zeitlicher Parallelität entstandene, Studie zunächst die wirtschaftlichen Aspekte des *beneficium* genauer untersuchen, dann die darauf beruhenden Personenbeziehungen betrachten und schließlich das herrschaftliche Gefüge in seinen rechtlichen Implikationen neu – nämlich nicht vasallitisch – deuten. Cinzio Violante setzt sich in zwei kleineren Abhandlungen mit der von Piero Brancoli Busdraghi für die italienische Forschung geprägten Auffassung zum Lehnswesen differenzierend auseinander[16]. Susan Reynolds unterzieht in ihrem zeitlich und räumlich breit angelegten Werk zur Vasallität die vorherrschende Lehre und die von dieser zugrundegelegten Quellenbasis einer kritischen Untersuchung. Sie kommt zu dem meines Erachtens überzeugenden Ergebnis, daß die heutige Forschungsmeinung von der im 11. und 12. Jahrhundert entstehenden und später ausgearbeiteten juristischen Auslegung und Umdeutung der bis dahin primär wirtschaftlichen Verhältnisse zu nachfolgend herrschaftlich-hierarchisch verstandenen Beziehungen in wesentlichem Maße beeinflußt worden ist[17]. Eine Möglichkeit, die verengende juristische Sichtweise zu

---

[13] A. DOPSCH, Benefizialwesen und Feudalität, in: E. PATZELT (Hg.), Beiträge zur Sozial- und Wirtschaftsgeschichte. Gesammelte Aufsätze von Alfons Dopsch (1968), S. 149.

[14] Vgl. z.B. H. KRAHWINKEL, Zur Entstehung des Lehnswesens (1936, überholt); DERS., Untersuchungen zum fränkischen Benefizialrecht (Forschungen zum Deutschen Recht 2/2 1937); grundlegend W. EBEL, Über den Leihegedanken in der deutschen Rechtsgeschichte, in: Studien zum mittelalterlichen Lehenswesen (Vorträge und Forschungen 5, 1960), S. 11–36; KIENAST (wie Anm. 12), S. 140 gegen die Lehre von Waitz. Das Problem ist nur, daß alle Einwände gegen die herrschende Lehre nicht zu einem neuen geschlossenen Bild vom Lehnswesen führen und so selber immer angreifbar bleiben. Auf der anderen Seite führen die geschlossenen Systeme in der Schulmeinung dann leicht zu einem stark vereinfachten Bild von den Gegebenheiten, das mit der sozialen, politischen und rechtlichen Vielfältigkeit der Zeit nicht mehr zu vereinbaren ist und einer differenzierten Beurteilung der Quellen im Wege steht. Auch S. REYNOLDS (wie unten Anm. 17) sieht das Problem, daß ihre Ergebnisse im wesentlichen negativ formuliert werden müssen.

[15] Vgl. G. DUBY, La société aux XIe et XIIe siècles dans la région mâconnaise (²1971); J. JARNUT, Bergamo 768–1098 (1979), S. 193 ff.

[16] C. VIOLANTE, Bénéfices vassaliques et *livelli* dans le cours de l'évolution féodale, in: Histoire et société. Mélanges offerts à Georges Duby 2: Le tenancier, le fidèle et le citoyen (1992), S. 123–134; DERS., Un beneficio vassallatico istaurato con una carta livello (Cremona 8 novembre 1036), in: Cristianità ed Europa. Miscellanea di studi in onore di Luigi Prosdocimi, hg. von C. ALZATI, 1 (1994), S. 191–200. Kritisch äußern sich ferner T. REUTER, „Kirchenreform" und „Kirchenpolitik" im Zeitalter Karl Martells: Begriffe und Wirklichkeit, in: Karl Martell in seiner Zeit (Beihefte der Francia 37, hg. von J. JARNUT u.a., 1994), S. 44 und H. WOLFRAM, Karl Martell und das fränkische Lehenswesen. Aufnahme eines Nichtbestandes, ebd. S. 61–78.

[17] S. REYNOLDS, Fiefs and Vassals. The Medieval Evidence Reinterpreted (1994). Vgl. auch K.-F. KRIEGER, Die Lehnshoheit der deutschen Könige im Spätmittelalter (ca. 1200–1437) (Untersuchungen zur deutschen Staats- und Rechtsgeschichte N.F. 23, 1979), S. 27: „Während noch die Feudisten den Begriff des Lehnsverhältnisses sehr weit faßten und darunter eine Unzahl

durchbrechen, ist die erneute Betrachtung der prekarischen Landleihe. Die Erstellung einer modernen Monographie wäre ein dringliches Desiderat[18]. Mit dem von der älteren deutschen Forschung postulierten Lehen ohne vasallitische Bindung hat sich bisher niemand ernsthaft beschäftigt. Es soll daher im folgenden untersucht werden, ob nicht diese beiden Formen der Leihe – die Prekarie und das Lehen ohne Vasallität – doch eine größere Rolle bei der Ausübung von Herrschaft gespielt haben, als dies gemeinhin angenommen wird.

Zunächst zur Prekarie, über die wir zwar einiges an Literatur besitzen, deren variable Verwendungsmöglichkeiten jedoch noch nicht befriedigend ausgeführt worden sind! Bekannt ist, daß die Prekarie eine Landleihe war, die im ganzen Mittelalter existierte und schriftlich erfolgte. Nach den frühmittelalterlichen Formelbüchern wurden jeweils zwei Urkunden über dieses Rechtsgeschäft ausgestellt. Die eine ist die *precaria* des Landnehmers, von dessen Bitte (*preces*) um Bodenleihe sie wahrscheinlich ihren Namen hat[19]. Die andere ist die *praestaria* des Landverleihers[20]. In den Urkundenbüchern kommen sie allerdings selten in dieser reinen Form vor. Meist sind Prekarie und Praestarie, jedenfalls im 8. und 9. Jahrhundert, in einer Urkunde vermischt, wenn auch die beiden Teile teils abgrenzbar bleiben[21]. Die Prekarie war im

verschiedener Leiheverhältnisse verstanden, erkannte die historische Forschung – vielleicht unter dem Eindruck der Terminologie in den Rechtsbüchern – nur noch das vasallitische Leiheverhältnis im engeren Sinne als wirkliches und allein den Normen entsprechendes Lehnsverhältnis an." Zur Bandbreite der Lehnsformen vgl. auch G. RIPPE, Feudum sine fidelitate. Formes féodales et structures sociales dans la région de Padoue à l'époque de la première commune (1131–1236), in: Mélanges de l'École Française de Rome, Moyen Âge – Temps Moderne 87 (1975), S. 187–239.

[18] Ansatzpunkte finden sich bei É. LESNE, Les diverses acceptations du terme *beneficium* du VIIIe au Xe siècle, in: Revue historique de droit français et étranger, sér. 4,3 (1924), S. 5–56. Die älteren deutschen Forschungen zur Prekarie sind entweder auf ihre antiken Wurzeln gerichtet oder auf die bäuerliche Landleihe beschränkt gewesen. Es hat sich z.B. meines Wissens noch niemand mit der Frage beschäftigt, ob es eine Verbindung zwischen der frühmittelalterlichen Prekarie und dem spätmittelalterlichen Zinslehen gibt. Zum Zinslehen und seinen besonderen Konditionen vgl. KRIEGER (wie Anm. 17), S. 64 f. Kritisch zu überprüfen wäre dabei die von E. SCHUBERT, Einführung in die Grundprobleme der deutschen Geschichte im Spätmittelalter (1992), S. 71 zusammengefaßte Forschungsmeinung: „Diese Vielfalt war an die Stelle der relativ einheitlichen 'precaria' des frühen Mittelalters getreten, die damals ein 'Großbauerntum' betraf und schon vom Umfang des Besitzes nicht mit den – wie wir annehmen – genetisch neuen spätmittelalterlichen Formen der Leihe vergleichbar." Siehe dazu unten Anm. 22.

[19] W. OGRIS, s.v. *precaria*, HRG 3 (1984), Sp. 1885.

[20] Vgl. zur *precaria* und *praestaria* zum Beispiel Marculfi formularum liber II, MGH Formulae merowingici et Karolini aevi, hg. von K. ZEUMER (1889), S. 98–100, Nr. 39 und Nr. 40 und Cartae Senonicae, ebd. S. 191, Nr. 15 und Nr. 16. Darüber hinaus beinhalten beinahe alle erhaltenen frühmittelalterlichen Formulae Formulare für Prekarieverträge.

[21] Es sei hier nur auf einige Beispiele verwiesen: Recueil des chartes de l'abbaye de Stavelot-Malmédy, 1, hg. von J. HALKIN und C.-G. ROLAND (1909), Nr. 40 S. 101 f. von 880/81; UB der Abtei St. Gallen 1, hg. von H. WARTMANN (1863), Nr. 29 S. 33 von 761, Nr. 87 S. 83 von 778/779/781, Nr. 309 S. 286 f. von 827 etc.; C. WAMPACH, Geschichte der Grundherrschaft Echternach im Frühmittelalter, Bd. 1,2, Quellenband (1930), Nr. 40 S. 208 ff. von 832/33, Nr. 141

genannten Untersuchungszeitraum ein pachtähnlicher Vertrag, durch den Grundbesitz gegen einen Jahreszins verliehen wurde. Ihr wesentliches Merkmal – das Nießbrauchrecht des Beliehenen gegen Zinszahlung – und auch die Formel, daß der Landnehmer den geliehenen Grundbesitz nicht verkaufen, verschenken, tauschen, schädigen oder sonstwie veräußern dürfe, sondern alles nach der vereinbarten Zeit mit sämtlichen durch die Bewirtschaftung erzielten Besserungen und getätigten Investitionen (Meliorationen) an den Landgeber zurückfallen solle, finden Eingang in die spätmittelalterlichen und frühneuzeitlichen Pachtverträge[22].

Ein anderes, aus heutiger Sicht recht ungewöhnliches Merkmal der Prekarie dürfte weniger bekannt sein. Derjenige, der Grund und Boden leihen wollte, übertrug sehr häufig zuvor Land an denjenigen, der ihm Grund und Boden leihen sollte, und es ist fast die Regel, daß er dasselbe aufgelassene Eigengut dann zum Nießbrauch zurückerhielt[23]. Man hielt dies – mit Blick auf die spätantike kaiserliche Gesetzgebung – für eine spezielle Eigenheit der kirchlichen Prekarie, aus der die Forschung nahezu ausschließlich ihr Wissen über die frühmittelalterliche Landleihe bezieht[24]. Doch macht eine neuere Arbeit über die spätantiken Patronatsformen des weströmischen Reiches wahrscheinlich, daß es im 5. und 6. Jahrhundert auch im weltlichen Bereich weiter verbreitet war, wenn ein Klient seinem zukünftigen Patron

---

S. 210 ff. von 835/36; Die Traditionen des Hochstifts Freising 1, ed. TH. BITTERAUF (1905), Nr. 459 S. 391 von 822. Vgl. ferner die Formulae Sangallenses, 1. Sammlung, Nr. 23, MGH Formulae (wie Anm. 20), S. 389 f.

[22] LAMPRECHT (wie Anm. 7), S. 891 ff.; K.O. SCHERNER, s.v. Pacht, HRG 3 (1984), Sp. 1396; CH. REINICKE, Agrarkonjunktur und technisch-organisatorische Innovationen auf dem Agrarsektor im Spiegel niederrheinischer Pachtverträge 1200–1600 (Rheinisches Archiv 123, 1989), S. 87 f. mit den einschlägigen Literatur.

[23] Statt zahlreicher Belege aus den Urkunden des 8. und 9. Jahrhunderts sei hier auf ein typisches Beispiel aus den Cartae Senonicae Nr. 15, MGH Formulae (wie Anm. 20), S. 191 verwiesen. Es handelt sich hierbei um die sog. *precaria remuneratoria*. Die von der älteren Forschung vorgenommene Unterscheidung zwischen der *precaria remuneratoria*, der *precaria oblata* und der *precaria data* scheint mir zumindest für das 8. und 9. Jahrhundert zu systematisch und wenig praxisbezogen zu sein. Sie ist offenbar von juristischen Kriterien beeinflußt worden. Zur Definition der drei Prekariearten vgl. LAMPRECHT (wie Anm. 7), S. 891. ROTH, Feudalität (wie Anm. 4), S. 149 hält die *precaria remuneratoria* für die älteste Art der Prekarie. Vgl. ferner die sog. Brevium exempla ad describendas res ecclesiasticas et fiscales, MGH Cap. 1, hg. von A. BORETIUS (1883), Nr. 128 S. 252 f., wo der Besitz des Klosters Weißenburg an Prekarien und Lehen (*beneficia*) getrennt verzeichnet wurde. Die Prekarien sind samt und sonders die sog. remuneratorischen Prekarien, da sie unter der Überschrift aufgelistet wurden: *De illis clericis et laicis, qui illarum proprietates donaverunt ad monasterium quod vocatur Wizenburch et e contra receperunt ad usum fructuarium.* Zum Aufbau und zur Datierung dieser Quelle auf die 30er oder 40er Jahre des 9. Jahrhunderts vgl. W. METZ, Zur Entstehung der Brevium Exempla, in: DA 10 (1953/54), S. 396; K. VERHEIN, Studien zu den Quellen zum Reichsgut der Karolingerzeit II – Die Brevium Exempla, ebd. 11 (1955), S. 334 f., S. 346 ff. und S. 388.

[24] So H. VOLTELINI, Prekarie und Benefizium, VSWG 16 (1922), S. 271 f., der hier auf eine Konstitution der Kaiser Leo und Anthemius von 470 und die Novelle 7 Justinians verweist.

sein Land schenkte, um es dann als Nießbraucher (*usufructuarius*), Prekarist oder Pächter von diesem zurückzuerhalten[25].

Von diesen drei Formen der Landleihe – Nießbrauch, Prekarie und Pacht – kennen die Quellen des 8. und 9. Jahrhunderts nur noch die Prekarie, in der aber anscheinend der Name der antiken Prekarie mit den Merkmalen des antiken Nießbrauchs miteinander verschmolzen worden sind[26]. Der Nutzen der vorherigen Landübereignung des Prekaristen für den Landverleiher liegt auf der Hand, denn eine bessere Sicherheit konnte es für ihn nicht geben. Der Zins deckte das unternehmerische Risiko nämlich nicht ab. Er war frei aushandelbar und war in vielen Fällen nicht mehr als ein Anerkennungszins, der lediglich der ständigen Erinnerung an die Eigentumsrechte des Landgebers diente[27]. Regelmäßige Abgabenzahlungen waren ja überhaupt durch naturbedingte Unregelmäßigkeiten bedroht. Der Vorteil des Prekaristen lag vielleicht gerade in der relativ geringen Abgabenbelastung seines Grundbesitzes, insbesondere dann, wenn er ihn der Kirche übertrug. Weitere Anreize ergeben sich aus den nachfolgenden Beobachtungen.

Die Formulierungen der Prekarieverträge in den Formel- und Urkundenbüchern lassen vermuten, daß sich die Kirchen und Klöster dem Gesuch eines Prekaristen nicht verweigern konnten. Es ist durchgängig von ihrer Verpflichtung (*debere*) zur Landleihe die Rede, die auch dann noch bestand, wenn die Landübereignung des Bittstellers an die geistliche Institution schon längere Zeit zurücklag und ursprünglich gar nicht zum Zweck der Landleihe erfolgt war[28]. So können sich Rechtsgeschäfte wie Seelgerätstiftungen und Schenkungen auf den Todesfall hinter einer Prekarie verbergen, weil diese das lebenslange Nießbrauchrecht des Schenkers gut absicherten[29]. Weithin bekannt dürfte wiederum sein, daß neben dem Zins auch weitere

[25] Vgl. J.-U. KRAUSE, Spätantike Patronatsformen im Westen des Römischen Reiches (Vestigia. Beiträge zur alten Geschichte, 1987), insbes. S. 254–263. Der Autor verweist auch auf Parallelen hinsichtlich der Landschenkung und Rücknahme zu Nießbrauchrecht in der burgundischen und westgotischen Gesetzgebung (S. 258, S. 262) und auf die Schenkungsurkunden der Kirche von Ravenna aus dem 6. Jahrhundert (S. 262 f.).
[26] Mit den antiken Wurzeln der mittelalterlichen Prekarie beschäftigten sich ausführlich VOLTELINI (wie Anm. 24) mit Diskussion der älteren Literatur; E. LEVY, Vom römischen Precarium zur germanischen Landleihe, ZRG Rom. 66 (1948), S. 1–30; C. SÁNCHEZ-ALBORNOZ, El precarium en Occidente durante los primeros siglos medievales, in: DERS., Estudios sobre las instituciones medievales españolas (1965), S. 521–546. Vgl. ferner OGRIS (wie Anm. 19) und KRAUSE (wie Anm. 25).
[27] Zur schnellen Orientierung über den Anerkennungszins siehe W. OGRIS, s.v. Anerkennungszins, HRG 1 (1971), Sp. 166 f.
[28] Zur Verpflichtung der Kirche zur Landleihe siehe unten Anm. 29 und 47. Zum zeitlichen Auseinanderfallen von Landübertragung und Landleihe vgl. z.B. Cartae Senonicae Nr. 15, MGH Formulae (wie Anm. 20), S. 191; Formulae Salicae Bignoniane Nr. 21, ebd. S. 235 f.; Formulae Augienses, Collatio B, Nr. 15 und Nr. 16, ebd. S. 354 f.; Chartes de l'abbaye de Stavelot-Malmédy (wie Anm. 21) 1, Nr. 30; Traditionen des Hochstifts Freising (wie Anm. 21) 1, Nr. 402 S. 346 f.
[29] Vgl. Formulae Augienses, Collatio B, Nr. 5, Nr. 7 und Nr. 15, MGH Formulae (wie Anm. 20) S. 350–352 und S. 354; Marculfi formularum liber II, Nr. 40, ebd., S. 99 f.; WAMPACH (wie

Elemente der Prekarie frei aushandelbar waren, insbesondere die zeitliche Begrenzung der Landleihe. Manchmal mußte die Prekarie alle fünf Jahre wiederholt werden. In vielen Fällen galt sie auf Lebenszeit des Prekaristen. Nicht selten vereinbarten die Prekaristen jedoch eine begrenzte Vererbbarkeit auf die nächste oder auch übernächste Generation[30]. Einige Prekarieverträge beinhalteten gar keine Regelung über eine irgendwie geartete Befristung der Landleihe. Sie gehen offenbar von einer unbeschänkten Vererbbarkeit oder Übertragbarkeit des Landes aus[31].

Die ganze Vielfältigkeit der Prekarieverträge zeigt sich, untersucht man die Absichten und Zwecke, die zum Abschluß solcher Verträge führten. Prekarien konnten in erbrechtliche Zusammenhänge führen, wie bei der erwähnten Schenkung auf den Todesfall schon angedeutet[32]. Sie konnten außerdem dazu dienen, Land zu tauschen,

Anm. 21) 1,2, Nr. 150 S. 225 f. von 867/68. Die Kirche erkannte den Erbanspruch der Kinder bei prekarischen Seelgerätstiftungen ihrer Eltern faktisch an, vgl. das *Concilium Remense* von Mai 813, MGH Conc. 2,1, hg. von A. WERMINGHOFF (1906), Nr. 35, c. 36, S. 256 f. und das *Concilium Turonense* von 813, ebd. Nr. 38, c. 51, S. 293. Zur Prekarie in erbrechtlichen Zusammenhängen vgl. die Begünstigung eines Enkels durch die Großmutter (Formulae Augienses, Collatio B, Nr. 16, MGH Formulae (wie Anm. 20), S. 355) und auch die Art und Weise, wie Irmina, die Tochter des thüringischen Herzogs Heden II., das Kloster auf dem Marienberg in Würzburg in der ersten Hälfte des 8. Jahrhunderts stiftete (Vita Burchardi episcopi Wirziburgensis II, c. 4, hg. von O. HOLDER-EGGER, MGH SS 15, 1, S. 54 f.
[30] Die Fünfjahresfrist bei Landleihen scheint in der Antike üblicher gewesen zu sein als im Mittelalter (vgl. VOLTELINI (wie Anm. 24), S. 273). Für das 8. und 9. Jahrhundert finden sich hierfür relativ wenige Beispiele in den Chartae Senonicae Nr. 15 und Nr. 16, MGH Formulae (wie Anm. 20), S. 191 und in den Actus pontificum Cenomannis in urbe degentium, hg. von G. BUSSON und A. LEDRU (Archives historiques du Maine 2, 1901), S. 254–256 von 756/57; in den Chartes de l'abbaye de Stavelot-Malmédy (wie Anm. 21) 1, Nr. 55 S. 132 f. von 922. Gerade im letzten Fall wird deutlich, daß die fünfjährige Erneuerungsfrist nicht die lebzeitige Nutzung des Guts durch den Prekaristen und seinen Sohn störte. Ein Beispiel für die tatsächliche, wohl fristbedingte Rückgabe einer Landleihe (*beneficium*) mit anschließender Wiederverleihung findet sich in den Traditionen des Hochstifts Freising (wie Anm. 21) 1, Nr. 390 S. 330 f. von 818. 845/46 forderte das Konzil von Meaux-Paris jedoch energisch die Wiedereinführung des alten Brauchs, daß die Prekarie alle fünf Jahre erneuert werden müsse, MGH Conc. 3, Nr. 11, c. 22, ed. W. HARTMANN (1984), S. 96. Zur begrenzten Vererbbarkeit der prekarischen Landleihe im 8., 9. und 10. Jahrhundert vgl. zum Beispiel Chartes de l'abbaye de Stavelot-Malmédy (wie Anm. 21) 1, Nr. 40, Nr. 54, Nr. 55, Nr. 57, S. 101 f. und S. 129–138 etc.; UB St. Gallen (wie Anm. 21) 1, Nr. 17 S. 20 f., Nr. 32 S. 35, Nr. 87 S. 83, Nr. 375 S. 350 f.; ebd. 2, Nr. 686 S. 288; WAMPACH (wie Anm. 21) 1,2, Nr. 150 S. 225 f., Nr. 160 S. 245 ff.; Traditionen des Hochstifts Freising (wie Anm. 21) 1, Nr. 623 S. 531 f., Nr. 373 S. 317 f., Nr. 627 S. 535 f.
[31] UB St. Gallen (wie Anm. 21) 3, Nr. 780 S. 3 von 920 und Nr. 807 S. 24 f. von 959/60; Traditionen des Hochstifts Freising (wie Anm. 21) 1, Nr. 177 S. 170 f. von 799, Nr. 459 S. 391 von 822.
[32] Ganz eindeutig ist die erbrechtliche Motivation bei der Markulf-Formel Nr. 9, MGH Formulae (wie Anm. 20), S. 80 f. Ein Ehegatte hatte seiner Frau Dotalgüter zu Allodialbesitz überschrieben. Nach dem Tod der Frau beanspruchten die gemeinsamen Söhne aus dieser Ehe die Dotalgüter als sofortiges Erbe. Sie fanden sich jedoch gegen ein entsprechendes Schuldanerkenntnis des Vaters bereit, diesem das Land zum Nießbrauch durch Prekarie zu überlassen. Der Vater wurde so zum Prekaristen seiner Söhne. Sein Nießbrauchrecht wird als *usus beneficii* bezeichnet! Vgl. zu dieser Formel auch VOLTELINI (wie Anm. 24), S. 265 f. Vgl. ferner die Formulae Sangal-

indem der Landnehmer ein anderes als das von ihm aufgetragene Land zurückbe-
kam. Der Prekarist konnte seinen Grundbesitz vergrößern, wenn er aushandelte, daß
er zusätzlich zu dem von ihm übertragenen Eigengut auch noch mit anderen Gütern
beliehen wurde[33]. Die Prekarie eröffnete damit die Möglichkeit, mit Grund und Boden zu handeln. Mit ihrer großen Variabilität konnte sie mehrere Arten von Grund-
stücksgeschäften abdecken. Sie war zudem keinesfalls auf die kirchliche Landleihe
beschränkt, obgleich überlieferungsbedingt die Zahl der erhaltenen Landleihen zwischen weltlichen Personen, gemessen an der Anzahl der kirchlichen Prekarien, eher
gering ist[34]. Für die weite Verbreitung der Prekarie spricht, daß diese Art der Landleihe – wenigstens im 8. und 9. Jahrhundert – weder an den Rang noch an den Stand
des Bittstellers gebunden war, noch seine Rechtsstellung in Mitleidenschaft zog[35].
Die Hauptsache war, daß die betreffende Person über Allodialbesitz verfügte. Geistliche und Laien, Frauen und Männer, Freie, Edle und hochadelige Amtsträger sind
als vertragsschließende Partei sowohl auf der Seite des Landnehmers als auch auf der
Seite des Landgebers zu belegen[36].

---

lenses Nr. 13 und Nr. 14, MGH Formulae (wie Anm. 20), S. 405 und die in Anm. 29 und 47 genannten Belege.
[33] Landtausch mittels der Prekarie: UB St. Gallen (wie Anm. 21) 1, Nr. 309 S. 286 f. von 827;
WAMPACH (wie Anm. 21) 1,2, Nr. 160 S. 245 ff. von 901/2; Traditionen des Hochstifts Freising
(wie Anm. 21) 1, Nr. 177 S. 170 f. von 799 und Nr. 627 S. 535 f. von 837. Vergrößerung des Land-
besitzes des Prekaristen: Traditionen des Hochstifts Freising (wie Anm. 21) 1, Nr. 373 S. 317 f. von
817, Nr. 384 S. 326 f. von 817 und Nr. 390 S. 330 f. von 818. Nach MGH Conc. 3 (wie Anm. 30),
Nr. 11, c. 22, S. 96 konnte der Prekarist das Doppelte oder gar das Dreifache seines Besitzes zum
Nießbrauch von der Kirche zurückerhalten, je nachdem, ob er sein Eigengut auf den Todesfall
oder mit sofortiger Wirkung der Kirche übertrug.
[34] Dies hängt jedoch sicherlich mit der Art der erhalten gebliebenen Überlieferung zusammen,
denn die Urkunden weltlicher Herrscher enthalten genug Hinweise auf die schriftliche Fixierung
von Landleihen zwischen Weltlichen, die aber nicht mehr erhalten sind. Man beachte nur einmal
die Diplome karolingischer Könige, die zunehmend seit der 2. Hälfte des 9. Jahrhunderts die Prekarieverträge ihrer kirchlichen und weltlichen Amtsträger beurkundeten. Vgl. z.B. DD Ludwigs des
Deutschen Nr. 84 und Nr. 87, beide von 857, MGH DD Karol. 1, S. 121 und S. 124 ff.; D Lothar I.
Nr. 75 von 843, MGH DD Karol. 3, hg. von TH. SCHIEFFER (1966), S. 190 f.; D Lothar II. Nr. 26
von 866, ebd., S. 426 ff. Vgl. auch die Belege in Anm. 41 f. und zusätzlich D Lothar II. Nr. 15 von
860, MGH DD Karol. 3, S. 406 ff. Vgl. ferner die erbrechtliche Verfügung des Grafen Heccard aus
Burgund von 876, der einer Theutberga, vermutlich der verstoßenen Gemahlin König Lothars II.,
einen Teil seines Allodialbesitzes zur prekarischen Nutzung überlassen hatte, in: Recueil des chartes de l'abbaye de Saint-Benoît-sur-Loire 1 (Documents publiés par la Société Historique et Archéologique du Gâtinais 5), hg. von M. PROU und A. VIDIER (1900), Nr. 25 S. 63.
[35] Vgl. OGRIS (wie Anm. 19), Sp. 1886; ROTH, Feudalität (wie Anm. 4), S. 149.
[36] Berta, die Schwester Ludwigs des Frommen, besaß eine *villa* der Bischofskirche von Angers
in beneficio und ist sicherlich als Prekaristin und nicht als *vassae dominicae* zu betrachten, wie
KIENAST (wie Anm. 12), S. 201 (Beleg dort Anm. 632) dies tat und von KRAH (wie Anm. 12), S.
627 akzeptiert wurde. Weitere Beispiele für Frauen als Prekaristinnen finden sich bei WAMPACH
(wie Anm. 21) 1,2, Nr. 140 S. 208 ff. von 832/33; Traditionen des Hochstifts Freising (wie Anm. 21)
1, Nr. 402 S. 346 f. von 818 und Nr. 627 S. 535 f. von 837. Die letzteren enthalten außerdem mehrere Beispiele für Geistliche als Prekaristen, vgl. zum Beispiel Nr. 384 S. 326 f. Eine hochgestellte

Dazu einige wenige Beispiele aus den höchsten politischen Kreisen! Ein Karolinger konnte ein Prekarist sein. Karl der Große besaß – vielleicht noch als Prinz – riesige Ländereien der Bischofskirche von Reims durch eine prekarische Landleihe[37]. Als König vergab er dann das Kloster Saint-Germer-de-Fly im Beauvaisis an den Abt von Saint-Wandrille in prekarischer Leihe[38]. Später wurde der Bischof von Verdun der Prekarist König Lothars II.[39]. Eine Tochter König Ludwigs des Deutschen besaß die Abtei St. Felix und Regula in Zürich durch Prekarie und königliche *auctoritas*[40]. Aber nicht nur das Königshaus, sondern auch die Adelsfamilien bedienten sich der Prekarie, wollten sie Land leihen oder verleihen. Das wissen wir aufgrund der relativ häufigen Bestätigung solcher Prekarieverträge durch den König[41]. Es kam ferner vor, daß Vasallen und ihr Lehnsherr Prekarieverträge abschlossen[42]. Ganz

Persönlichkeit wie der Bischof von Verdun wurde ein Prekarist König Lothars II., vgl. die Gesta episcoporum Virdunensium, hg. von G. WAITZ, MGH SS 4, S. 45. Zur Besitzgeschichte dieses prekarischen Grundbesitzes vgl. W. HAUBRICHS, Die Urkunde Pippins des Mittleren und Plektruds für St-Vanne in Verdun (702), in: Francia 13 (1985) S. 11 f. Weitere Beispiele bei ROTH, Feudalität (wie Anm. 4), S. 166.

[37] Flodoard, Historia Remensis ecclesiae, ed. J. HELLER/G. WAITZ, MGH SS 13, S. 513. Obgleich es sich nur um eine *villa*, nämlich Douzy, ohne Kapellen handelte, muß Karl der Große für den Zins von 12 Pfund Silber sehr viel Land erhalten haben, denn für ein Pfund Silber besaß ein Gefolgsmann König Pippins acht *villae* von der Kirche von Le Mans (Gesta domni Aldrici Cenomannicae urbis episcopi a discipulis suis, hg. von R. CHARLES/L. FROGER (1889), S. 177–179). Zur karolingischen Prinzessin Berta als Prekaristin siehe oben Anm. 36.

[38] Gesta sanctorum patrum Fontanellensis coenobii, hg. von F. LOHIER/J. LAPORTE, (1936), S. 93.

[39] Siehe oben Anm. 36.

[40] D Karl III. der Dicke Nr. 7 von 878, MGH DD Karol. 2, hg. von. P. KEHR (1936), S. 11.

[41] D Ludwig der Fromme von 815 = BM² 579 (Prekarievertrag zwischen dem kaiserlichen *fidelis* Matfrid und dem Abt von Gorze); D Ludwigs des Deutschen Nr. 84 von 857, MGH DD Karol. 1, hg. von P. KEHR (1932), S. 121 f. (Prekarievertrag zwischen Bischof Esso von Chur und Waldrada); ebd., Nr. 87 S. 124 ff. von 857 (Prekarievertrag zwischen Abt Grimoald von St. Gallen und seinem Kapellan Adelhelm); ebd., Nr. 151 S. 213 ff. von 874 (Prekarievertrag zwischen Bischof Embricho von Regensburg und einem Diakon); D Lothar I. Nr. 75 von 843, DD Karol. 3, S. 190 f. (Prekarievertrag zwischen Bischof Noting von Verona und dem Vater eines seiner Vasallen); D Lothar II. Nr. 26 von 866, ebd., S. 426 ff. (Prekarievertrag zwischen dem Kloster Prüm und der Dame Gerhild); D Karl III. der Dicke Nr. 61 von 882, MGH DD Karol. 2, S. 103 f. (Prekarievertrag zwischen Graf Wido von Spoleto und dem Kanoniker Otbert, später Propst in Langres); ebd., Nr. 143 S. 229 f. von 886 (Prekarievertrag zwischen Abt Hugo von Saint-Aignan, Erzbischof Adalald von Tours und Bischof Raino von Angers); ebd., Nr. 154 S. 248 ff. von 887 (Prekarievertag zwischen dem kaiserlichen *fidelis* Dodo und Bischof Geilo von Langres); D Karl III. der Einfältige Nr. 66 von 911, Recueil des actes de Charles III le Simple, roi de France, hg. von Ph. LAUER (1949), S. 148 f. (Prekarievertrag zwischen Graf Hilduin und dem Kloster Saint-Denis); ebd., Nr. 5 S. 5 f. von 894 (Prekarievertrag zwischen Bischof Franco von Lüttich und Eva, der Witwe Konrads).

[42] D Karl von der Provence Nr. 3 von 858, Recueil des actes des rois de Provence, hg. von R. POUPARDIN (1920), S. 4 ff. (zwischen Erzbischof Egilmar von Vienne und seinem Vasallen Leo); D Ludwigs des Deutschen Nr. 92 von 858, MGH DD Karol. 1, S. 132 ff. (zwischen Bischof Gebhard von Speyer und seinen vier Vasallen); D Karl der Kahle Nr. 367 von 873, Recueil des actes de Charles II le Chauve, roi de France, hg. von G. TESSIER (1943), 2, S. 318 ff. (zwischen

selbstverständlich war es, wenn Inhaber von Lehnsgütern einen Teil des Lehens weiterverliehen, darunter auch in der Form der Prekarie[43]. Vasallen wurden übrigens auch im 9. Jahrhundert nicht immer mit Lehen, sondern durchaus noch mit Prekarien ausgestattet[44].

Festzuhalten ist also, daß die Prekarie noch weit im 9. Jahrhundert nicht auf die rein bäuerliche Bodenleihe beschränkt war. Sie begegnet vielmehr im Umkreis der politischen Führungsschichten und der Vasallen als eine Leiheform, die neben dem Lehen zu stehen scheint. Selbst ein ganzes Kloster konnte entweder als Lehen oder als Prekarie vergeben werden, und zwar durchaus auch an Frauen[45]. Für den hier vor allem interessierenden Zusammenhang zwischen Landleihe und Lehen ist die Tatsache wichtig, daß mit den Prekarien zugleich der Begriff des *beneficium* allgemein verbreitet war. Er findet sich in fast allen erhaltenen Prekarie- und Praestarieverträgen des 8. und 9. Jahrhunderts[46]. Das *beneficium* war die Rückgabe des aufgelassenen Landes durch den Landgeber an den Landnehmer. Der Begriff ist hier nicht undefiniert mit „Wohltat" zu übersetzen, zumal die Leihe des aufgelassenen Landes offenbar nicht eine Wohltat war, die nach freiem Belieben des Landgebers gewährt oder

Bischof Robert von Le Mans und seinem Vasallen Wido); D Karl III. der Einfältige Nr. 39 S. 82 f. von 901 (zwischen König Karl dem Kahlen und seinem *fidelis* Tedricus).

[43] Hier nur ein Beispiel: D Ludwig der Fromme von 819 Aug. 17, BM[2] 700: Ein Barbacianus erhielt von dem Lehen des Grafen Hagano von Arezzo ein unbebautes Grundstück *per libellum* zur Bebauung. Zum Libellarvertrag, der Ähnlichkeiten mit der nördlich der Alpen mehr verbreiteten Prekarie aufweist vgl. P.S. LEICHT, Livellario nomine (Studi Senesi 22 = Scritti giuridici e di scienze economiche pubblicati in onore de Luigi Moriani 1, Turin 1906); R.R. RING, The Lands of Farfa. Studies in Lombard and Carolingian Italy, Ph.D. University of Wisconsin (1972), S. 216 und S. 236; B. ANDREOLLI, Per una semantica storica delle „ius libellarium" nell'alto e nel pieno Medioevo, in: Bulletino dell'Istituto storico Italiano per il medio evo e Archivio Muratoriano 89 (1980/81), S. 151–191; VIOLANTE, Bénéfices (wie Anm. 16).

[44] D Karl von der Provence Nr. 3 S. 4 ff. von 856; D Karl der Kahle 2, Nr. 367 S. 319 f. von 873. Vgl. auch D Lothar I Nr. 75 S. 190 f. von 843.

[45] Dies ist nicht nur für Abt Ansegis von Saint-Wandrille und Berta, die Tochter Ludwigs des Deutschen, sondern auch für Abt Fulrad von Saint-Denis belegt (Konzil von Verberie vom 27. Aug. 853, MGH Conc. 3 (wie Anm. 30), Nr. 31, c. 2, S. 306 f.). Das Kloster Prüm besaß *precario more* das Kloster Süsteren vom Priester und Künstler Siginand (D Zwentibold Nr. 2 von 895, MGH DD Karol. 4, hg. von Th. SCHIEFFER (1960), S. 18 ff.). Der letztgenannte Quellenhinweis ist auch in anderer Hinsicht von großer Bedeutung, denn er belegt, daß die Institution Kloster als Prekarist auftreten konnte. Die allermeisten erhaltenen Quellen stellen die Kirchen und Klöster immer nur als die landgebende Vertragspartei dar.

[46] Schon in Salvians Schrift „Ad ecclesiam" trat der Begriff *beneficium* in eine inhaltliche Nähe zur Prekarie (vgl. KRAUSE (wie Anm. 25), S. 258), was man im allgemeinen mit der Unentgeltlichkeit der prekarischen Landleihe in der Antike erklärt (vgl. auch OGRIS (wie Anm. 19), Sp. 1885; VOLTELINI (wie Anm. 24), S. 263). Dennoch ist auch hier ein – allerdings übertragener – Sinnzusammenhang zwischen *beneficium* und Güterleihe auf Lebenszeit gegeben, wenn Salvian betonte, daß die Menschen nur *„precarii possessores* der ihnen von Gott gewährten Gaben seien" (bei KRAUSE S. 258; vgl. jedoch auch VOLTELINI S. 279 ff.).

verweigert werden konnte[47]. Er bedeutet vielmehr ganz konkret die Landleihe zum Recht des Nießbrauchs. Das geht aus Formeln hervor wie Verleihung oder Annahme von Grund und Boden *ad beneficium usufructuario ordine excolendum tenere*[48] und *sub uso beneficio vestro tenere et usare*[49] oder differenzierter *per vestro beneficio tenere et usufructuare faciam*[50] oder vereinfachend *ad usum beneficii tenere et excolere*[51]. Diese aus den Formularbüchern des 8. Jahrhunderts ausgewählten Formeln wurden in der Praxis der kirchlichen Landleihe tatsächlich so oder in weiteren Varianten angewandt. Aus den klösterlichen Urkundenbüchern geht sogar noch klarer hervor, daß die Landleihe *per beneficium* den Besitz von Grund und Boden zu Nießbrauch und in der Regel auf Zeit meinte[52]. Nichts anderes war jedoch das Lehen, betrachtet man es von seiner dinglichen wirtschaftlichen Seite her[53].

Es kommt im Untersuchungszeitraum zu neuen, bis dahin ungewöhnlichen sprachlichen Formulierungen, die offenlegen, wie verwirrend nahe Prekarie und Lehen beieinander stehen konnten. Der erwähnte Abt von Saint-Wandrille besaß zum Beispiel das Kloster Saint-Germer-de-Fly *iure precarii ac beneficii*, und er hatte sich Karl dem Großen kommendiert[54]. Als Vasall Karls des Großen wird er jedoch nie

---

[47] Zur Verpflichtung der Landleihe des vorher übertragenen Landes an den ursprünglichen Eigentümer vgl. beispielsweise die *praestaria* der Cartae Senonicae Nr. 16, MGH Formulae (wie Anm. 20), S. 191: *Postea ad petitione tua non denegavimus, nisi ut ipsas res ad prestitum beneficium tibi prestare deberemus; quod ita et fecimus; sic taliter, ut tempore vitae tuae ipsas res per nostro beneficio habere vel condirgere sive usurare debeas, et annis singulis ... illo censo ad lumen ... solvere facias.* Auch die oben erwähnten erbrechtlichen Implikationen einer Prekarie legen es nahe, einen gewissen Rechtsanspruch des Prekaristen und seiner Erben auf den Nießbrauch des einst aufgelassenen Landes zu vermuten. Zum Anspruch der Erben auf einen längst der Kirche übertragenen väterlichen Besitz vgl. auch die Traditionen des Hochstifts Freising (wie Anm. 21) 1, Nr. 402 S. 346 f. von 818 und Chartes de l'abbaye de Stavelot-Malmédy (wie Anm. 21) 1, Nr. 30 S. 75 f. von 842.
[48] Marculfi formularum liber II, Nr. 5, MGH Formulae, S. 78.
[49] Cartae Senonicae Nr. 32, MGH Formulae, S. 199.
[50] Formulae salicae Bignonianae Nr. 21, MGH Formulae, S. 236.
[51] Marculfi formularum liber II, Nr. 9, MGH Formulae, S. 81.
[52] Vgl. zum Beispiel Wampach (wie Anm. 21) 1,2, Nr. 140 S. 209 f. von 832/33: *per nostrum beneficium sub usu fructuario* und *tibi concedimus per nostrum beneficium, utque ad usum fructuarium ... diebus vitae tue usualiter tibi liceat tenere.* Traditionen des Hochstifts Freising (wie Anm. 21) 1, Nr. 390 S. 330 f. von 818: *in beneficium recepisset, ut ille et filius eius, quousque in hec fragili vita degerent, ad eorum usum et potestatem haberent.* Chartes de l'abbaye de Stavelot-Malmédy (wie Anm. 21) 1, Nr. 15 S. 41 von 720?: *pro benefitio ... usu fructuario ordine;* Nr. 30 S. 76 von 842: *usufructuario per benefitium;* Nr. 40 S. 102 von 880/81: *usitetis fructuario usu per nostrum benefitium* oder Nr. 54 S. 131 von 913–923 mit der Bitte des Prekaristen an die Mönche *benefitiare deberitis.* In den ältesten Prekarien des UB St. Gallen (wie Anm. 21) 1 heißt es in Nr. 17 S. 20 f. ohne Datum, daß der Abt ein Gut dem Prekaristen überlassen habe, *ut mihi usum beneficerem*, d.h. es soll, wie erläutert wird, ein *beneficium* sein *in usum fructuarium ordinem.* Vgl. auch ebd. Nr. 32 S. 35 ohne Datum: *ei per beneficium per cartulam istam precariam represtare deberemus.*
[53] Zum *beneficium*-Begriff der Prekarieurkunden vgl. vor allem ROTH, Feudalität (wie Anm. 4), S. 128 ff. und S. 174 ff. und WAITZ, Verfassungsgeschichte 6 (wie Anm. 2), S. 112 ff. mit Seeligers Ergänzungen.
[54] Gesta sanctorum patrum Fontanellensium (wie Anm. 38), S. 93 f.

bezeichnet. Hatte er das Kloster nun als vasallitisches Lehen, als Prekarie oder aber als ein Lehen ohne persönliche vasallitische Verpflichtung inne? Gleichgültig für welche der drei Möglichkeiten man sich entscheiden möchte, es bleiben Fragen offen. Es scheint allerdings so, als ob Karl der Große dem Abt den Nießbrauch an diesem Kloster mit der Auflage übertragen hatte, das baufällige und wirtschaftlich wie monastisch heruntergekommene Kloster wieder instandzusetzen. Von einer anderen – etwa einer militärischen – Gegenleistung des Abtes für das neu erworbene Kloster ist nicht die Rede, so daß man annehmen möchte: Der Abt besaß dieses Kloster zu prekarischem Recht.

Wie und wann es zu dieser engen Aneinanderlehnung von prekarischer Landleihe und Lehen kam, ist spätestens seit den Erläuterungen von Émile Lesne und Heinrich Mitteis zur *precaria verbo regis* des 8. Jahrhunderts bekannt und soll hier deswegen nicht weiter erläutert werden[55]. Es ist jetzt vielmehr auf einige urkundliche Quellen hinzuweisen, die Landverleihungen beinhalten, welche zwar in politischem Kontext stehen konnten, aber keine lehnsrechtliche Implikation haben mußten. Die erste stammt aus der Mitte des 8. Jahrhunderts. Wohl um 747 empfing der Abt von Stablo-Malmédy Land aus der Hand des Hausmeiers Karlmann, des älteren Sohnes Karl Martells. Der Hausmeier überließ dem Abt ad personam zehn *villae* zum Nießbrauch auf Lebenszeit, wofür dieser scheinbar nur zum Gebet verpflichtet wurde. Nach dem Tod des Abtes sollte dessen Neffe eine andere *villa ... per precariam* erhalten[56]. Nicht das Lehen, sondern die Prekarie ist zu dieser Zeit die gewöhnliche Form der Landleihe für ein noch regierendes Mitglied des Karolingerhauses. Aber sie erscheint hier in deutlich modifizierter Form, bedingt durch den politischen Zusammenhang. Hausmeier Karlmann bezeichnet die Leihe der zehn *villae* auf Lebenszeit des Abtes als Schenkung. Daraus ist wohl zu folgern, daß der Abt dem Hausmeier keine Sicherheit an Grund und Boden gestellt hatte und vielleicht auch keinen Zins zahlen sollte. Jedenfalls erwähnt die Urkunde von solchen, bei der Prekarie üblichen Konditionen nichts. Die eigentliche Verpflichtung des Abtes lag unausgesprochen darin, den Sohn Karlmanns, der diese Urkunde signierte, bei seinen Sukzessionsrechten zu unterstützen, denn Karlmann dankte nur kurze Zeit später ab. Auf den ersten Blick könnte man bei dieser Art von Landleihe an lehnsrechtliche Zusammenhänge denken, denn Karlmann dürfte den Abt nach einem so großzügigen „Geschenk", das zukünftiges Treueverhalten implizierte, sicherlich als zu seiner Gefolgschaft gehörig betrachtet haben, aber eben nur politisch und nicht juristisch. Der Neffe des Abtes sollte später einmal ein Prekarist Karlmanns bzw. des Karlmannsohnes werden. Der Abt selbst ist durch diese Abmachung weder ein Prekarist

[55] E. LESNE, Histoire de la propriété ecclésiastique en France 2,1 (Mémoires et travaux des facultés catholiques de Lille 19, 1922), S. 1–31 und 2,2 (1926), S. 192 ff.; MITTEIS, Lehnrecht (wie Anm. 8), S. 107–124.
[56] Chartes de l'abbaye de Stavelot-Malmédy (wie Anm. 21) 1, Nr. 17, S. 46 ff. = I. HEIDRICH, Titulatur und Urkunden der karolingischen Hausmeier, AfD 11/12 (1965/1966), S. 71–279, hier S. 242 Anm. 13.

noch ein Lehnsmann des Hausmeiers geworden. Die Urkunde ist ein seltener schriftlicher Beleg dafür, wie die Karolinger unter hochgestellten Persönlichkeiten auf gesetzmäßig-friedliche Art und Weise Anhänger rekrutierten. Vielleicht handelte es sich hierbei um ein Lehen ohne Vasallität.

Beim nächsten, hier zu erörternden Fall scheint ganz sicher ein Lehen ohne vasallitische Bindung des Lehnsinhabers vorzuliegen. 844 beurkundete König Ludwig der Deutsche, er besäße Güter des Klosters St. Emmeram von Regensburg *per beneficium*. Und er wiederholte: Der *rector* des Klosters habe ihn damit belehnt – *nobis beneficiavit*[57]. Nach der gängigen Auffassung zum Lehnswesen müßte man den karolingischen König als einen Vasallen des Regensburger Klosters betrachten. Bei näherer Betrachtung der urkundlichen Regelungen scheint jedoch das *beneficium*, das der König erhielt, zwischen einer Prekarie und einem vasallitischen Lehen mit der personenrechtlichen Implikation der Vasallität zu stehen. Der König berief sich nämlich als Basis für die Landleihe darauf, daß Karl der Große die betreffenden Güter einst dem Kloster tradiert hatte. Das war nichts anderes als der latente Anspruch des Erben, das einmal von seinen Erblassern der Kirche übereignete Gut zum Nießbrauchrecht zurückzuerhalten, den auch andere überlieferte Prekarieverträge kennen. Dazu paßt die Vereinbarung, daß die an den König verliehenen Güter nach seinem Tod definitiv an das Kloster zurückfallen sollten. Kein Sohn oder sonstiger Nachfolger durfte auf sie einen Besitzanspruch mehr erheben. Andererseits fehlen die aus der prekarischen Landleihe bekannten Konditionen der Zinszahlungen und des eindeutig formulierten Nießbrauchrechts. Der Verzicht auf diese Konditionen ist wiederum typisch für das Lehen.

Ein dritter Fall, bei dem es fraglich ist, ob die vertragschließenden Parteien eine lehnsrechtliche Bindung eingingen, betrifft die Markgrafen im bayrisch-slawischen Grenzgebiet und den Patriarchen von Aquileia. Der Patriarch trug Güter in Friaul und im angrenzenden Siedlungsraum der unterworfenen Slawen von den zuständigen Markgrafen zu Lehen[58]. Es ist schwer, sich vorzustellen, daß er deswegen der Vasall der beiden Markgrafen geworden war, zumal dies dann ein sehr frühes Beispiel für eine Doppelvasallität wäre.

Das Lehen ohne Vasallität des Lehnsnehmers könnte man sich so vorstellen, daß der Besitzer eines solchen Lehens zwar Sorge tragen mußte, die auf dem Grund und Boden lastenden militärischen Verpflichtungen zu erfüllen, ohne deshalb selber zum Vasallen werden zu müssen. Derjenige, der ein Lehen dieser Art vergab, mußte nicht auf der persönlichen Vasallität des oder der Begünstigten bestehen, wenn er seinen Nutzen – die militärischen Dienstleistungen – ohnehin hatte. Für den Begünstigten ergaben sich zwei Vorteile. Er konnte wie beim vasallitischen Lehen Grundbesitz erwerben oder vorhandenen Grundbesitz vergrößern, ohne Allodialbesitz einzusetzen, und er konnte wie bei der Prekarie sicher sein, seinen personenrechtlichen Rang

---

[57] D Ludwig der Deutsche Nr. 37, MGH DD Karol. 1, S. 47 ff.
[58] D Ludwig der Fromme von 824 = BM² 785.

und Stand ungemindert zu bewahren. Solche Bedingungen ermöglichten es sogar einem König, ein Gut zu Lehen zu tragen.

Die Existenz von Lehen ohne Vasallität ist zwar nie bestritten, wohl aber in ihrer Bedeutung für die frühmittelalterliche Herrschaftsstruktur meines Erachtens verkannt worden. Diese Form des Lehens bot attraktive Vorteile für seine adeligen Inhaber und hohe Amtsträger. Es begegnet in den höchsten politischen Führungsschichten des karolingischen Reiches einschließlich des Königshauses und nicht nur bei der niederen kirchlichen Benefizialleihe. Damit gehört es per se zu den für den Herrschaftsaufbau wichtigen Leiheformen. Das Lehen ohne Vasallität ermöglichte die Belehnung von Frauen[59]. Obgleich eine Frau keine *vassa* werden konnte, so besaß sie doch *beneficia*. Das Lehen ohne Vasallität war außerdem variabel, da es sowohl als bloßes Grundstücksgeschäft getätigt, als auch mit politischen Zusammenhängen befrachtet werden konnte. Muß man in den zahllosen Erwähnungen von *beneficia* in den karolingischen Urkunden des 9. Jahrhunderts, die sich allerdings meistens einer genauen vertraglichen Untersuchung entziehen, nicht doch häufiger, als bisher gedacht, auch Lehen ohne persönliche Vasallität der Inhaber vermuten? Es können sich außerdem, ebenfalls öfter als gedacht, auch noch Prekarien dahinter verbergen, denn diese blieben eine beliebte Form der Landleihe bei hohen Adeligen und sogar bei Mitgliedern der königlichen Familie[60].

Die Prekarieverträge reagierten im Untersuchungszeitraum nicht auf die Entfremdung des *beneficium*-Begriffs durch das Lehnswesen. Erst im 10. Jahrhundert beginnt der *beneficium*-Begriff, ganz allmählich aus den Prekarieverträgen zu verschwinden[61]; doch erstreckt sich dieser Prozeß bis weit ins 11. oder gar 12. Jahrhundert hinein[62]. Sowohl die Prekarie als auch die *precaria verbo regis*, d.h., man müßte

[59] Zum weiblichen Lehnsrecht vgl. S. BOVET, Die Stellung der Frau im deutschen und im langobardischen Lehnrecht (Diss. iur. Basel 1927). Es wäre zu untersuchen, ob nicht einige der von Bovet geschilderten Phänomene bereits in der Karolingerzeit existierten. Vgl. ferner KRIEGER (wie Anm. 17), S. 119 ff. zum Heerschildrecht des Sachsenspiegels, insbes. S. 122; N.I. RITTER VON GREIFFEN, Die Lehenserbfolge in weiblicher Linie unter besonderer Berücksichtigung der Libri feudorum (Europäische Hochschulschriften Reihe 2,2, 946, 1990), S. 31 ff. Die Annahme einer Belehnung von Frauen mit Lehen ohne Vasallität kann zur Klärung der sozialen und rechtlichen Stellung grundbesitzender Frauen in der Karolingerzeit beitragen.

[60] Belege dafür, daß in königlichen Urkunden das *beneficium* eine Prekarie sein kann, finden sich vor allem bei den DD Karls des Kahlen 1, Nr. 63, Nr. 71, Nr. 114, Nr. 200 und 2, Nr. 407, Nr. 427. Vgl. ferner D Karl III. der Einfältige Nr. 39 S. 82 f. von 901.

[61] Um 900 beginnen sich die Prekarieurkunden von dem mißverständlichen und mehrdeutigen *beneficium*-Begriff für die prekarische Landleihe zu trennen: Prekarieverträge ohne *beneficium*-Begriff stellvertretend für weitere Beispiele z.B. bei WAMPACH (wie Anm. 21) 1,2, Nr. 160 S. 240 ff. von 901/2; bei Chartes de l'abbaye de Stavelot-Malmédy (wie Anm. 21) 1, Nr. 54 S. 129 ff. von 913–923, Nr. 60 S. 142 f. von ca. 932 und Nr. 64 S. 149 ff. von 943. Vgl. auch ROTH, Feudalität (wie Anm. 4), S. 143–145.

[62] Vgl. dazu SEELIGER und LAMPRECHT (wie Anm. 7). Zu Recht wies außerdem T. VOGELSANG, Die Frau als Herrscherin im hohen Mittelalter (1954), S. 54 darauf hin, daß die Vita Meinwerci c. 39 ff., hg. von F. TENCKHOFF, MGH SS rer. Germ. (1921), S. 38 ff. aus dem 12. Jahrhundert in

dann fast von einer *precaria verbo ducis* oder *verbo comitis* sprechen, erlebten zudem um 900 beim politischen Aufbau der Herzogsgewalten und der nachkarolingischen Königsherrschaften geradezu eine Wiederbelebung[63]. Es wurden ganze Grundherrschaften und vollständige klösterliche Wirtschafts- und Herrschaftskomplexe, keineswegs immer nur einzelne Grundstücke, zu prekarischem Recht erworben und ausgegeben[64]. Eine Beschränkung der Prekarie auf die bäuerliche Landleihe hat also bis mindestens zur ersten Hälfte des 10. Jahrhunderts nicht stattgefunden. Gemäß Cinzio Violantes Beobachtungen ist der Zeitpunkt noch weiter hinauszuschieben. Er weist für das nördliche Italien auf einen Interessenswiderstreit im ausgehenden 10. Jahrhundert zwischen Gerbert von Aurillac als Abt von Bobbio und den Inhabern der klösterlichen *terra vassalorum* hin. Die Lehnsinhaber wollten ihre Landleihe lieber als Prekarie bzw. Libellar verstanden wissen, vermutlich weil diese ihnen eine größere Besitzsicherheit bot, während der Abt wegen der Entfremdungsgefahr sämtliche Libellarverträge gerne einer Überprüfung auf ihre Rechtmäßigkeit hin unterzogen hätte. Kaiserin Adelheid besaß klösterliches Land in beiden Formen: als Lehen (*beneficium*) und als Prekarie (*libellum*)[65].

Hochinteressant ist ferner der Vertrag zwischen Bischof Hubald und Graf Ardoin II. von Cremona von 1036, von Violante als ein „hybrides Dokument" bezeichnet, durch den ein vasallitisches Lehen (*beneficium*) in Form eines Libellarvertrags (*libellario nomine*) an den Grafen ausgegeben worden sei[66]. Andere oder ergänzende Deutungen sind allerdings möglich. Der Graf selbst wurde nämlich kein Vasall des Bischofs. Einer seiner Söhne, wenn er zwei hätte, sollte bischöflicher Vasall werden. Wenn er nur einen Sohn hätte, sollte dieser dem Bischof gegenüber den Treueid schwören, obschon mit Treuevorbehalt gegenüber dem König. Falls dieser eine Sohn

---

den sogenannten Traditionskapiteln mit Urkunden aus dem 11. Jahrhundert den Begriff *beneficium* häufig so verwandte, wie er in den Prekarien gebräuchlich war. Vgl. ferner KRIEGER (wie Anm. 17), S. 29 Anm. 9.

[63] Vgl. DD Karl III. der Einfältige Nr. 65 S. 146 ff., Nr. 84 S. 187 ff. und Nr. 111 S. 265 ff. Zur „*precaria verbo comitis* bzw. *ducis*" vgl. DD Zwentibold Nr. 20 f. S. 53 ff. von 898 und die Prekarieurkunden Giselberts von Lothringen, zugleich Laienabt von Stablo-Malmédy, Chartes de l'abbaye de Stavelot-Malmédy 1, Nr. 53, Nr. 55–58 S. 126 ff. von 915–927; dazu G. DESPY, Abbatiat laïc et manipulations foncières en Lotharingie vers 900: la „charte de précaire" du duc Gislebert de 928, in: La Belgique rurale du moyen âge à nos jours. Mélanges J.J. HOEBAUX (Faculté de Philosophie et Lettres 95, Brüssel 1985), S. 19–20. Zur gewöhnlichen Prekarie wie auch zur „*precaria verbo comitis* bzw. *regis*" vgl. die Urkunden der Rudolfinger, MGH Die Urkunden der burgundischen Rudolfinger, hg. von TH. SCHIEFFER (1977), Nr. 1 S. 91 ff. von 878 (an Kaiserin Angilberga), Nr. 11 S. 109 ff. von 910, Nr. 37 S. 151 ff. von 962, Nr. 44 S. 163 ff. von 968. Auch M. ZUFFEREY, Die Abtei Saint-Maurice d'Agaune im Hochmittelalter (830–1258) (Veröffentlichungen des Max-Planck-Instituts für Geschichte 88, 1988), S. 58 ff. bemerkte, daß die burgundischen Grafen und Könige aus dem Hause der Rudolfinger nur noch Prekarien ausgaben.

[64] Vgl. auch VIOLANTE, Bénéfices (wie Anm. 16), S. 129 f., der auf Libellarverträge über *pievi* hinweist.

[65] VIOLANTE, Bénéfices (wie Anm. 16), S. 125 f.

[66] VIOLANTE, Beneficio (wie Anm. 16).

aber kein *miles* des Königs sei oder werde, sollte er sich in die Vasallität des Bischofs begeben. Die gleichen Bedingungen sollten für Ardoins Enkel gelten[67]. Ein Graf und ein *miles regis*, der seinem Vater einmal als Graf nachfolgen konnte, durften oder wollten nicht in die Vasallität eines Bischofs eintreten! Das „Warum?" wäre noch zu klären – allerdings im Rahmen einer anderen als der hier vorgegebenen Fragestellung. Für Ardoin II. ist festzuhalten, daß der Graf ein Lehen ohne seine persönliche vasallitische Bindung an den Lehnsgeber besaß. Diese vertraglichen Regelungen aus der 1. Hälfte des 11. Jahrhunderts fordern dazu auf, einen Befund aus karolingischer Zeit ernst zu nehmen: Kein einziger Graf des 8. und 9. Jahrhunderts ist nach den erhaltenen Quellen jemals vom karolingischen Herrscher als Vasall bezeichnet worden oder hat sich selbst so genannt[68]. Mit Violante korrespondieren Susan Reynolds' Ausführungen, die für das Frankreich des 11. Jahrhunderts das Fortleben der Prekarie konstatiert[69].

Vor dem Hintergrund der oben dargelegten urkundlichen Quellen des 8. und 9. Jahrhunderts wäre es vielleicht lohnenswert, noch einmal den *beneficium*-Begriff in einigen erzählenden Quellen dieser Zeit zu beleuchten. Den monastischen Geschichtsschreibern dürfte manchmal der *beneficium*-Begriff der Prekarien geläufiger gewesen sein als derjenige aus den lehnsrechtlichen Zusammenhängen. Hier zum Abschluß nur ein Beispiel: Ungeklärt ist, wie man das Angebot des Hausmeiers Pippin im Jahre 748 an seinen Halbbruder Grifo aufzufassen hat, wonach Grifo mit zwölf Grafschaften in Neustrien ausgestattet werden sollte. Die sogenannten Einhardsannalen verglichen dieses Angebot mit einer Vergabe *more ducum* und nannten es auch ein *beneficium*[70]. Die Forschung hat sich zu diesem Fall meines Wissens nicht einschlägig geäußert. Bei dem vergleichbaren Fall Herzog Tassilos III. von Bayern schwankt sie bezüglich des *beneficium*-Begriffs zwischen der Übersetzung mit „Wohltat" und mit einem Lehen vasallitischer Natur[71]. Der Schreiber könnte sich aber ebenso gut an die prekarische Leihe erinnert gefühlt haben. Einer solchen Auffassung nach hätte eine Abmachung zustande kommen sollen, bei der Grifo seine eigenen Rechte – den Anspruch auf das Hausmeieramt, Erbbesitz und Herrschaft

[67] Vgl. dazu auch JARNUT (wie Anm. 15), S. 44 f., S. 203 und S. 205 f.

[68] Dieser Befund ist unterschiedlich gedeutet worden, und es gäbe einiges dazu zu sagen, was den Rahmen dieser Studie jedoch sprengen würde. Zuletzt äußerte sich REYNOLDS (wie Anm. 17) dazu, die auf S. 111 meint, daß die meisten *beneficia* von großen Amtsträgern wie Grafen keine Lehen, sondern Amtsgüter waren.

[69] REYNOLDS (wie Anm. 17) S. 134 ff. und S. 143 f. Zu Deutschland vgl. VOGELSANGs Beobachtungen (wie Anm. 62).

[70] Annales qui dicuntur Einhardi zu 748, hg. von F. KURZE, MGH SS rer. Germ. (1895), S. 9.

[71] Vgl. ebd. die Annales regni Francorum zu 748 betr. die Einsetzung des jungen Tassilo in Bayern, die zu diesen Interpretationsschwierigkeiten führt; vgl. dazu L. KOLMER, Zur Kommendation und Absetzung Tassilos III., Zeitschrift für bayerische Landesgeschichte 43 (1980) S. 297; ferner M. BECHER, Eid und Herrschaft. Untersuchungen zum Herrscherethos Karls des Großen (Vorträge und Forschungen, Sonderband 39, 1993), S. 25 ff.; kontrovers Ph. DEPREUX, Tassilon III et le roi des Francs: examen d'une vassalité controversée, Revue historique 593 (1995), S. 23–73.

kraft eigenen Rechts – dem Halbbruder übertrug und diese für ein bestimmtes Gebiet zu Nießbrauchrecht zurückerhielt. Er hätte deswegen kein Vasall Pippins werden müssen.

Der Königsforst (*forestis*) in den Quellen der Merowinger- und Karolingerzeit

Prolegomena zu einer Geschichte mittelalterlicher Nutzwälder

von

Sönke Lorenz

Schon seit längerem hat die Forschung die erhebliche Bedeutung der *forestes* für die Entwicklung der Landesherrschaft erkannt und für ihre Fragestellung nutzbar gemacht. Hier sei nur die von Theodor Mayer, Walter Schlesinger und Karl Bosl ausgehende und mit landesgeschichtlichen Methoden arbeitende Reichsgut- und Verfassungsgeschichtsschreibung genannt. Besonders betont wird der singuläre Charakter der umgrenzten Forste als flächenmäßig zu definierende Herrschaftsgrundlage[1].

So wird man heute in aller Regel aufmerken, wenn bei der Betrachtung bestimmter Wälder, Forste oder Wildbannbezirke in den spätmittelalterlichen und frühneuzeitlichen Quellen Termini wie beispielsweise *Sedelhof*, *decima porcorum* (*Dem*), *Forstgeding*, *magister forestarii*, *Medem*[2] oder ein Hinweis auf die Königsbannbuße begegnen. Was nun aber, wenn es einem gelingt, die Strukturen einer organisierten Waldnutzung zu ermitteln? Hat man dann einen alten fränkischen Königsforst gefunden, oder resultieren die ermittelten Verhältnisse aus jüngerer Zeit und gehen auf die Ottonen, Salier, Staufer oder gar einen an den Möglichkeiten des Wildbanns interessierten *dominus terrae* zurück? Leider fallen die Antworten keinesfalls leicht. In aller Regel sind äußerst schwierige und auch methodisch erheblich komplizierte und aufwendige Untersuchungen nötig, um sich ein Bild von den jeweiligen histori-

---

[1] E. SCHUBERT, s.v. Landesherrschaft und -hoheit, LexMA 5, Sp. 1654; DERS., s.v. Forst, ebd. 4, Sp. 659; ferner: R. WENSKUS, s.v. Forst (§ 2. Historisches), Reallexikon der germanischen Altertumskunde 9 (²1995), S. 348–350.

[2] Zur Begriffsgeschichte: R. KIENAST, *medum*-land. Entstehung und Bedeutung eines moselländischen Rechtswortes, in: Antiquitates indogermanicae. Studien zur Indogermanischen Altertumskunde und zur Sprach- und Kulturgeschichte der indogermanischen Völker, Gedenkschrift für Hermann Güntert, hg. v. M. MAYRHOFER u.a. (Innsbrucker Beiträge zur Sprachwissenschaft 12, 1974), S. 57–67.

schen Gegebenheiten zu machen. Wie wir wissen, war das Mittelalter kein von statischen Verhältnissen geprägter Zeitraum, sondern eine Epoche voll lebendiger Entwicklungen, reich an Umbrüchen, und – mit Blick auf die *forestes* besonders betont –
durch umfangreiche und lang anhaltende Rodungsunternehmen von enormen Veränderungen begleitet. Die umwälzenden und für die Zukunft so folgenschweren
Veränderungen im Bereich der mittelalterlichen Forsthoheit hat beispielsweise Josef
Semmler in seiner Arbeit über den „Forst des Königs" präzise verdeutlicht[3].

Die Schwierigkeiten einer zuverlässigen Quelleninterpretation hängen nicht zuletzt auch mit der Begriffsgeschichte von *forestis* zusammen, einem Terminus
technicus, der erstmals um die Mitte des 7. Jahrhunderts in den Diplomen der
Merowinger unstrittig faßbar wird. Im Archiv für Urkundenforschung erschien 1909
die Untersuchung von Hermann Thimme: Forestis, Königsgut und Königsrecht
nach den Forsturkunden vom 6. bis 12. Jahrhundert[4]. Diese von Karl Brandi betreute
Dissertation[5] erkannte, um es kurz anzudeuten, daß die *forestes* der Merowinger und
frühen Karolinger Grundbesitz kennzeichnen, dessen gesamte Nutzung dem König
zustand. Doch hat Thimme die Rechtsnatur des Begriffes *forestis* zu stark betont und
zu einseitig die Relevanz der Verbindung mit Wald abgestritten[6]. So rieb sich die
Kritik an manch ungeschickten und überspitzten Formulierungen sowie an Thimmes
Theorien zur Entstehung von königlichem Privatbesitz[7]. Als Kernstück des Forstbegriffs haben dann Uhlirz, Petit-Dutaillis, Prou und Glöckner den Wald, die Jagd und
den Fischfang herausgestellt[8]. Auf der Grundlage der Ergebnisse von Thimme und
seinen Kritikern hat der Rechtshistoriker Heinrich Kaspers im Rahmen eines einführenden Kapitels seiner 1957 erschienenen Dissertation „Comitatus nemoris. Die
Waldgrafschaft zwischen Maas und Rhein" die heute vorherrschende Auffassung
von *forestis* formuliert. Sie sieht in dem Ausdruck eine ganz bestimmte Rechtsvorstellung, die aus einem von der Rechtsgeschichte als *ius eremi* des fränkischen Königs
deklarierten Anspruch herrühren und in der königlichen Verfügungsgewalt über

[3] J. SEMMLER, Der Forst des Königs, in: J. SEMMLER (Hg.), Der Wald in Mittelalter und Renaissance (Studia humaniora 17, 1991), S. 130–147.
[4] H. THIMME, Forestis, Königsgut und Königsrecht nach den Forsturkunden vom 6. bis 12.
Jahrhundert, Archiv für Urkundenforschung 2 (1909), S. 101–154.
[5] K. BRANDI, Ausgewählte Aufsätze. Als Festgabe zum 70. Geburtstag (1938), S. 201, Anm. 48.
[6] H. TIEFENBACH, Studien zu Wörtern volkssprachiger Herkunft in karolingischen Königsurkunden (Münstersche Mittelalter-Schriften 15, 1973), S. 45.
[7] Vgl. H. KASPERS, Comitatus nemoris. Die Waldgrafschaft zwischen Maas und Rhein. Untersuchungen zur Rechtsgeschichte der Forstgebiete des Aachen-Dürener Landes einschließlich der
Bürge und Ville (Beiträge zur Geschichte des Dürener Landes 7 = Zeitschrift des Aachener Geschichtsvereins, Beiheft 2, 1957), S. 19 f.
[8] K. UHLIRZ, Ein Archiv für Urkundenforschung, Zweiter Artikel, Deutsche Literaturzeitung
Nr. 13, 30. Jg., 27. März 1909, Sp. 773–784, hier Sp. 775–782; Ch. PETIT-DUTAILLIS, De la signification du mot „forêt" à l'époque franque, Bibliothèque de l'École des Chartes 76 (1915), S. 97–152;
M. PROU, La forêt en Angleterre et en France, Journal des Savants 1915, S. 241–253, 310–320, 345–
354; W. GLÖCKNER, Bedeutung und Entstehung des Forstbegriffes, VSWG 17 (1923). S. 1–31.

herrenloses und unbebautes Land ihre konkrete Gestalt gewonnen haben soll: Mit *forestis* können sowohl der Wald wie bebautes und unbebautes Land, ferner auch Gewässer und zugleich die Nutzungsrechte an allen dreien bezeichnet werden[9]. Der Philologe Heinrich Tiefenbach hat es vorsichtiger formuliert und *forestis* als „Gebiet unter Königsrecht" übersetzt[10].

Wie die Forschung schon seit langem erkannt hat, erfährt der Begriff *forestis* im Zeitraum vom 9. zum 11. Jahrhundert entscheidende Veränderungen, die zu dem neuen Ausdruck *Wildbann* führen. Das königliche Jagdrecht dehnte sich aus, es wurden nun auch solche Gebiete eingeforstet, in denen das Grundeigentum nicht dem König zustand. „Allmenden und sogar im Sondereigentum einzelner Personen stehende Bezirke wurden mit dem *Wildbann* als einer Weiterentwicklung des wichtigsten Teiles des Forstbanns belegt – womit schon in der Bezeichnung die einschneidende Änderung der Rechtsqualität deutlich wird: Nicht mehr das unbewegliche Gut, der Grund und Boden, der Wald als Forst war gebannt, sondern das bewegliche Gut, das Wild in einem bestimmten Bezirk wurde vor fremdem Zugriff geschützt, im Interesse des Bannherrn exklusiv gemacht."[11] Seit dem Niedergang der karolingischen Herrschaft läßt sich die Verleihung, Schenkung und Verpfändung gebannter Wälder an die Großen des Reiches beobachten. Fortan als ein Regal des Königs verstanden, erwies sich der Wildbann angesichts der Entwicklungsmöglichkeiten – insbesondere im Zuge der Binnenkolonisation – als ein wichtiges, vor allem entwicklungsfähiges Herrschaftsrecht.

Der Historiker, der sich mit der mittelalterlichen Forstorganisation in einem bestimmten Gebiet befassen will, muß folglich in Rechnung stellen, daß die in den untersuchten Quellen auftretenden Begriffe aus dem Bereich der Waldaufsicht und

[9] KASPERS (wie Anm. 7), S. 23 ff.; H. WOLFRAM, Die Geburt Mitteleuropas. Geschichte Österreichs vor seiner Entstehung 378–907 (1987), S. 429 f.
[10] TIEFENBACH (wie Anm. 6), S. 46.
[11] H.W. ECKARDT, Herrschaftliche Jagd, bäuerliche Not und bürgerliche Kritik. Zur Geschichte der fürstlichen und adligen Jagdprivilegien vornehmlich im südwestdeutschen Raum (Veröffentlichungen des Max-Planck-Instituts für Geschichte 48, 1976), S. 27; m.E. nicht ganz zutreffend KASPERS (wie Anm. 7), S. 232 f.; J. JARNUT, Die frühmittelalterliche Jagd unter rechts- und sozialgeschichtlichen Aspekten, Settimane di studio 31: L'uomo di fronte al mondo animale nell'alto medioevo 1, Spoleto 1985, S. 765–798, hier S. 790–794; SCHUBERT, Forst (wie Anm. 1), S. 659; grundlegend demnächst T. ZOTZ, Beobachtungen zu Königtum und Forst im früheren Mittelalter (Vortrag am 22.9.1994 in Göttingen, erscheint in den Veröffentlichungen des Max-Planck-Instituts für Geschichte – Herrn Zotz danke ich für das mir freundlicherweise überlassene Manuskript); G. WAITZ, Deutsche Verfassungsgeschichte 8 (1878), S. 257–274; F. RANZI, Königsgut und Königsforst im Zeitalter der Karolinger und Ludolfinger und ihre Bedeutung für den Landesausbau (Volk in der Geschichte 3, 1939); wie sehr der Wildbann eine der wesentlichen Grundlagen der späteren Landeshoheit werden konnte, zeigt R. KIEß, Die Rolle der Forsten im Aufbau des württembergischen Territoriums bis ins 16. Jahrhundert (Veröffentlichungen der Kommission für geschichtliche Landeskunde in Baden-Württemberg B 2, 1958); siehe auch H. JACOB, Die Bedeutung des Forstregals für den Landesausbau im Hochmittelalter. Studien zur Geschichte der Kolonisation im mitteldeutschen Osten (Diss. phil. FU Berlin 1957).

Waldnutzung hinsichtlich Zeitraum und Landschaft sehr unterschiedliche Bedeutung besitzen können. Leider wird man rasch gewahr, daß an Hilfsmitteln ein erheblicher Mangel herrscht. Weder geben die Wörterbücher einen befriedigenden Aufschluß, noch ist die sehr zerstreute Sekundärliteratur in der Lage, den gewünschten Beistand zu gewähren. So ist dann oft mit dem Griff nach der erwähnten Arbeit von Heinrich Kaspers bereits ein Endpunkt in der Auseinandersetzung mit den Termini technici erreicht.

Dieser unbefriedigende Forschungsstand, der mit Blick auf die herausgestellte Bedeutung der mittelalterlichen Königsforste besonders schwer wiegt, ist nicht leicht zu beheben. Sind doch, um das Fundament schrittweise zu verbreitern, zu den meisten der vielen bisher bekannten Forsten erst noch Einzeluntersuchungen anzustellen, die sich – man denke beispielsweise nur an Ardennen, Vogesen, Harz, Schwarzwald und Hunsrück – rasch zu Arbeiten von monographischem Charakter ausweiten dürften. Um die dabei gewonnenen Ergebnisse vergleichen zu können, sind zwar methodische Vorüberlegungen nötig. Aber da solche Untersuchungen besonders auf Genese und Entwicklung der Strukturen von Verwaltung und Nutzung der Forste zu achten haben, scheinen mir hier keine unüberwindlichen Schwierigkeiten zu bestehen, zumal ja nicht an eine schematisierte Darstellungsform gedacht ist, wie sie z.B. das Pfalzenrepertorium entwickelt hat, sondern doch eher eine freiere Textgestaltung naheliegt. Gleichwohl ist der Arbeitsaufwand nicht gering und das Ziel, eine größere Anzahl von Forsten monographisch aufzubereiten, kaum in naher Zukunft zu erreichen. Mir ist jedenfalls bewußt, daß ein solches Unternehmen einen langen Atem braucht. Ich stelle seit einiger Zeit für zwei Nutzwälder, deren Qualität als *forestis* beziehungsweise königliche Wildbannbezirke entweder ausdrücklich bezeugt ist oder aber erschlossen werden kann, Material zusammen. Es sind der alte Reichswald Schönbuch[12] zwischen Stuttgart, Herrenberg und Tübingen sowie der von den Königshöfen Nagold, Dornstetten und (Ober-)Iflingen erschlossene Nordschwarzwald[13]. So meine ich, die Schwierigkeiten nicht zu unterschätzen, die mit der Erstellung eines Verzeichnisses der Forste im Gebiet ehemals fränkischer Herrschaft verbunden sind. Ohne an Vollständigkeit zu denken, glaube ich aber doch, daß bereits eine gewisse Zahl von Einzeluntersuchungen Vergleichsmöglichkeiten herstellt, mit deren Hilfe sich schließlich auch Kriterien gewinnen lassen, die uns über die zahlreichen offenen Fragen Aufschluß erlauben, die mit dem Begriff *forestis* und der Geschichte der Königsforste verbunden sind.

---

[12] S. LORENZ, Staufer, Tübinger und andere Herrschaftsträger im Schönbuch, in: Von Schwaben bis Jerusalem. Facetten staufischer Geschichte, hg. von S. LORENZ u. U. SCHMIDT (Veröffentlichungen des Alemannischen Instituts 61, 1995), S. 285–320.

[13] Vgl. S. LORENZ/ A. KUHN, Baiersbronn. Vom Königsforst zum Luftkurort (1992), S. 10–144; S. LORENZ, Die Königswart. Tübinger Pfennig und Silberbergbau im Nordschwarzwald zur Zeit der Pfalzgrafen von Tübingen, Blätter für deutsche Landesgeschichte 128 (1992), S. 85–115.

Um ein solches Vorgehen vorzubereiten, erscheint es notwendig, sich – soweit es die Quellen erlauben – über die allgemeine Entwicklung der Waldnutzung in fränkischer Zeit zu informieren, um damit bereits eine gewisse Arbeitsgrundlage für die Analyse von Genese und Struktur der einzelnen Forste zu erhalten.

In den Stammesrechten und Kapitularien sowie bei Gregor von Tours und anderen erzählenden Quellen des 6. und 7. Jahrhunderts, die für die Geschichte der Franken relevant sind, wird Wald in aller Regel als *silva* bezeichnet[14]. Die Nutzung des Waldes ist früh bezeugt, die Lex Salica kennt bereits die Entnahme von Bauholz, Brennholz und das Eintreiben der Schweine zur Eichelmast[15]. Die Jagd scheint jedem freigestanden zu haben und erfuhr vielleicht nur im Eigentumsrecht von dritter Seite eine Begrenzung[16]. Das Nutzungsgebiet hat in der Lex Salica noch keinen besonderen Rechtsschutz. Doch bereits die inhaltlich parallele Bestimmung in der Lex Ribuaria kennt drei verschiedene Formen des Nutzwaldes: *silva communis, seu regis vel alicuius*[17]. Das sind der Markwald, der Königswald und der Wald im Privatbesitz[18]. Dieser Zustand scheint auch schon im Pariser Edikt Chlothars II. (König 584–629) von 614 durch, wenn den Schweinehirten der königlichen Domänen untersagt wird, ohne Erlaubnis der *possessores* in die *silvas ecclesiarum aut privatorum* einzudringen[19]. Den mit Blick auf den Königswald wohl wichtigsten Beleg bietet Gregor von Tours in seiner Frankengeschichte zum Jahr 590. Childebert II. (König 575–596) war zur Jagd in den Vogesen. Das königliche Jagdgebiet wird als *silva regalis* bezeichnet

---

[14] Vgl. R. SCHMIDT-WIEGAND, *Marca.* Zu den Begriffen 'Mark' und 'Gemarkung' in den Leges barbarorum. Untersuchungen zur eisenzeitlichen und frühmittelalterlichen Flur in Mitteleuropa und ihrer Nutzung 1, hg. von H. BECK u.a. (Abhandlungen der Akademie der Wissenschaften in Göttingen, phil.-hist. Kl., 3. Folge Nr. 115, 1979), S. 74–91, zitiert nach der Aufsatzsammlung: R. SCHMIDT-WIEGAND, Stammesrecht und Volkssprache. Ausgewählte Aufsätze zu den Leges barbarorum, hg. von D. HÜPPER u. C. SCHOTT (1991), S. 335–352, hier S. 347; J. TRIER, Venus – Etymologien um das Futterholz (1963), S. 53 f.; THIMME (wie Anm. 4), S. 102; K. MANTEL, Wald und Forst in der Geschichte: Ein Lehr- und Handbuch (1990), S. 36.

[15] Pactus legis Salicae, ed. K.A. ECKHARDT, MGH LL nat. Germ. 4,1 (1962), Tit. 27 §§ 23–25, S. 105 f., Tit. 122, S. 265; SCHMIDT-WIEGAND, Marca (wie Anm. 14), S. 345; vgl. W. KASPERS, Forestis "Forst", Geschichte eines Namens und Begriffes, Wissenschaftliche Zeitschrift der Karl-Marx-Universität Leipzig, 7. Jg. (1957/58), Gesellschafts- und sprachwiss. Reihe 1/2, S. 87–97, hier S. 90; H. RUBNER, Wald und Siedlung im Frühmittelalter am Beispiel der Landschaften zwischen Alpen und Main, Allgemeine Forst- und Jagdzeitung (1963), S. 164–169, hier S. 166 f.

[16] Vgl. JARNUT, Jagd (wie Anm. 11), S. 770.

[17] Lex Ribvaria, ed. F. BEYERLE und R. BUCHNER, MGH LL nat. Germ. 3,2 (1954), Tit. 79, S. 128 f.

[18] Vgl. SCHMIDT-WIEGAND, Marca (wie Anm. 14), S. 345 u. 351; L. SÖLL, Die Bezeichnungen für den Wald in den romanischen Sprachen (Münchener romanistische Arbeiten 25, 1967), S. 60; R. HENNEBICQUE, Espaces sauvages et chasses royales dans le nord de la France, VIIème-IXème siècles, Revue du Nord 62 (1980), S. 35–57, hier S. 42.

[19] Chlotharii II. edictum (614), cap. 21: *Porcarii fescalis in silvas ecclesiarum aut privatorum absque voluntate possessoris in silvas eorum ingredere non praesumant*, MGH Capit. 1, S. 23; vgl. K. HASEL, Forstgeschichte. Ein Grundriß für Studium und Praxis (1985), S. 59.

und von einem *custos silvae* betreut[20]. Auch die Ardennen bezeichnet Gregor anläßlich des Aufenthalts von Childebert II. im Herbst 585 in der *villa* Besslingen/Belain[21] als *silva*[22]. Daneben begegnet ferner die spätrömische Bezeichnung *saltus* für die Wald- und Weidedomäne, die im Merowingerreich weiterlebte und zwar häufig, wie Rubner feststellte, in der technischen Bedeutung von herrschaftlichem Wald – allerdings mit dem bemerkenswerten grundsätzlichen Unterschied, daß im römischen Recht das Wild als *res nullius* angesehen wurde und darum dem freien Bürger das Recht auf einen ungehinderten Tierfang zukam[23].

In den Urkunden der Merowinger aus dem 7. und 8. Jahrhundert erscheint ein neues Wort: *forestis*. Bis heute hat die Sprachwissenschaft keine Einigkeit über seine Etymologie erzielt[24]. Doch überwiegen in der Literatur die Versuche, den germanischen Ursprung von *forestis* aufzuzeigen und seine romanische Herkunft zu verwerfen[25]. Als erste Erwähnung gilt eine Stelle in einem undatierten Diplom Sigiberts III. (König 633/4–656), dessen Niederschrift die Forschung in den Jahren 648 bis 650 vermutet[26]: der austrische König genehmigt die Errichtung der Klöster Stablo und Malmédy *in foreste nostra nuncupante Arduinna* und schenkt ihnen den Wald (*saltus*) im Umkreis von zwölf Leugen um die beiden Monasterien; diese abgegrenzte *forestis* soll fortan allein in der Verfügung der Mönche stehen[27]. Noch wenige Jahre

[20] Gregorii episcopi Turonensis decem libri historiarum, ed. B. KRUSCH et W. LEVISON, X 10, MGH SS rer. Mer. 1, ²1, S. 494; vgl. M. WEIDEMANN, Kulturgeschichte der Merowingerzeit nach den Werken Gregors von Tours, 2 Bde., Mainz 1982, hier 1, S. 95 und 102, unerwähnt: S. 326; JARNUT, Jagd (wie Anm. 11), S. 775 f.
[21] H. MÜLLER-KEHLEN, Die Ardennen im Frühmittelalter, Untersuchungen zum Königsgut in einem karolingischen Kernland (Veröffentlichungen des Max-Planck-Instituts für Geschichte 38, 1973), S. 134 f.
[22] Gregorii episcopi Turonensis decem libri historiarum, VIII 21 (wie Anm. 20), S. 387.
[23] H. RUBNER, Vom römischen Saltus zum fränkischen Forst, HJb 83 (1964), S. 271–277, hier S. 274 f.; HENNEBICQUE (wie Anm. 18), S. 42 f.; im *Liber de passione et virtutibus sancti Iuliani martyris* (c. 17) schildert Gregor von Tours, wie im *saltus* der Auvergne die *pascuaria*, der Zins für die Sommerweide der Schafe, an den *fiscus* gingen: *Accidit autem quadam vice, ut saltus montenses, ubi ad aestivandum oves abierant, circumiret atque pascuaria quae fisco debebantur inquereret*, MGH SS. rer. Mer. 1,2, S. 121.
[24] Vgl. J. TRIER, Wege der Etymologie, Nach der hinterlassenen Druckvorlage mit einem Nachwort hg. von H. SCHWARZ (Philologische Studien und Quellen 101, 1981), S. 126–137; R. SCHÜTZEICHEL, Bezeichnungen für 'Forst' und 'Wald' im frühen Mittelalter, Zeitschrift für deutsches Altertum und deutsche Literatur 87 (1956/57), S. 105–124; SÖLL (wie Anm. 18), S. 54–56, 64–83; KASPERS (wie Anm. 15), S. 91–97; TIEFENBACH (wie Anm. 6), S. 42–52; E. MEINEKE, s.v. Forst (§ 1: Sprachliches), Reallexikon der germanischen Altertumskunde 9, S. 345–348; HENNEBICQUE (wie Anm. 18), S. 44; SEMMLER, Forst (wie Anm. 3), S. 144.
[25] Vgl. H. RUBNER, s.v. Forst, HRG 1, Sp. 1170 f.; SCHUBERT, Forst (wie Anm. 1), S. 658.
[26] M. WERNER, Der Lütticher Raum in frühkarolingischer Zeit, Untersuchungen zur Geschichte einer karolingischen Stammlandschaft (Veröffentlichungen des Max-Planck-Instituts für Geschichte 62, 1980), S. 359, Anm. 27.
[27] Recueil des chartes de l'Abbaye de Stavelot-Malmédy publié par J. HALKIN et C.-G. ROLAND, XXX, 1, Nr. 2, S. 6–8; WERNER, Lütticher Raum (wie Anm. 26), S. 359 ff. Vgl. KASPERS (wie

zuvor, um 646/47, hatte Sigibert III. von den Ardennen als *in terra nostra silva Ardenense* gesprochen[28], wie er denn in derselben Urkunde einen anderen in seiner Verfügung stehenden Wald als *silva nostra Uriacinsis* bezeichnete – das ist der zu den Ardennen gehörende Wald von Orgeo unweit der späteren Pfalz Longlier[29] – und von *alia silva dominica* redete[30]. Es scheint also, wie bereits Petit-Dutaillis herausgestellt hat[31], daß der Begriff *forestis* für ein mit Wald bestandenes Gebiet verwendet wird, wie denn auch die Urkunde Sigiberts III. für Stablo-Malmédy die *forestis Arduinna* mit *in locis vaste solitudinis, in quibus caterva bestiarum germinat*, umschreibt[32].

Um 650 bestätigte Sigibert III. der Speyerer Kirche den Zehnten aus den Erträgen des *fiscus* im Speyergau[33]. Dazu gehörten besonders auch die Zehnten, die die *homines fisci* von den Schweinen, *qui in forestis insaginantur*, zu entrichten hatten. Dieser Schweinezehnt ist nach Metz ein den merowingischen Quellen geläufiger Begriff[34]. Wichtig ist aber vorrangig, wie das Diplom erkennen läßt, daß die Merowinger die von ihnen als *forestes* beanspruchten Wälder der Nutzung zugänglich machten, und

Anm. 7), S. 23; RUBNER, Saltus (wie Anm. 23), S. 273; Ch. HIGOUNET, Les forêts de l'Europe occidentale du Ve au XIe siècle, Agricoltura e mondo rurale in Occidente nell'alto medioevo (Settimane di studio del Centro Italiano di Studi sull'Alto Medioevo 13, 1966), S. 343–398, hier S. 375 f.

[28] HALKIN-ROLAND (wie Anm. 27), Nr. 1, S. 3, Z. 5; zur Datierung: WERNER, Lütticher Raum (wie Anm. 26), S. 356, Anm. 11.

[29] Der König verwendete drei Leugen Waldes zur Ausstattung des Klosters Cugnon an der Semois, vgl. WERNER, Lütticher Raum (wie Anm. 26), S. 356–367; MÜLLER-KEHLEN (wie Anm. 21), S. 100, 107 und 189–192; F. PRINZ, Frühes Mönchtum im Frankenreich. Kultur und Gesellschaft in Gallien, den Rheinlanden und Bayern am Beispiel der monastischen Entwicklung (²1988), S. 75 f. und 170; im Wald von Orgeo befand sich eine *venna dominica*, also ein herrschaftlicher Fischteich, der von Probardus, Babo *vel juniores eorum* betreut wurde, HALKIN-ROLAND (wie Anm. 27), Nr. 1, S. 4, Z. 3–5.

[30] HALKIN-ROLAND (wie Anm. 27), Nr. 1, Z. 6 f. – auch in diesem Waldstück befand sich ein Fischwasser (*venella*).

[31] PETIT-DUTAILLIS (wie Anm. 8), S. 114 f.

[32] HALKIN-ROLAND (wie Anm. 27), Nr. 2, S. 6, Z. 34 f.; ebenso in Nr. 4 (650/656), S. 12, Z. 14 ff., wo das Gebiet *ex foreste nostra* als *in vasta heremi Ardenensis* bezeichnet wird; WERNER, Lütticher Raum (wie Anm. 26), S. 360.

[33] A. HILGARD, Urkunden zur Geschichte der Stadt Speyer 1 (1885), S. 1; PETIT-DUTAILLIS (wie Anm. 8), S. 119; vgl. W. METZ, Die Urkunde König Sigiberts III. für das Bistum Speyer, Archiv für mittelrheinische Kirchengeschichte 22 (1970), S. 9–19; C. BRÜHL, Palatium und Civitas. Studien zur Profantopographie spätantiker Civitates vom 3. bis zum 13. Jahrhundert 2: Belgica 1, beide Germanien und Raetia 2 (1990), S. 140.

[34] METZ, Urkunde Sigiberts (wie Anm. 33), S. 11. In der Praeceptio Chlothars II. (König 584–629) ist c. 11 von *agraria, pascuaria vel decimae porcorum* die Rede, also von Ackerzins für das gerodete Land, Weidezins für die Viehweide und Schweinezehnt für die Eichelmast, MGH Capit. 1, S. 19; vgl. KASPERS (wie Anm. 7), S. 29; MÜLLER-KEHLEN, (wie Anm. 21), S. 101; W. METZ, Das karolingische Reichsgut (1960), S. 72.

zwar ausdrücklich der in ihren *fisci*[35] organisierten königlichen Grundherrschaft. So wird die Anbindung der *forestes* an Königshöfe schon früh deutlich. Ein Diplom Childerichs II. (König 662–675) von 669/70 läßt nähere Einzelheiten erkennen. Zutreffend wird geschildert, daß Sigibert III. dem Kloster Stablo-Malmédy aus der *forestis dominica* das als *saltus* bezeichnete Gebiet im Umkreis von 12 Meilen geschenkt habe[36]. Von dieser Schenkung nimmt Childerich 6 Meilen in Richtung auf die südlich von Stablo und Malmédy gelegenen Königshöfe (*curtes nostrae*) Amel/Amblève[37], Cherain[38] und Lierneux[39] zurück[40]. Kaspers sieht in dieser Stelle den Beleg, daß das betreffende Gebiet schon seit längerem von den drei genannten Königshöfen aus verwaltet wurde[41].

Die enge Verbindung von *forestis* und *fiscus* belegen auch einige weitere Stablo-Malmédy betreffende Diplome der Merowinger. Als Theuderich III. (König 673–690/1) um 681 dem Abt die Schenkung Sigiberts bestätigte, heißt es, das Kloster sei vom König *de foreste et fiscis nostris super fluvium Amblavam* errichtet worden[42]. Und in einem weiteren Diplom Theuderichs III., gleichfalls aus der Zeit um 681, wird die Formulierung verwendet: Sigibert habe die Doppelgründung *in foreste fisci Arduenna super fluvium Amblaua* bauen lassen[43]. Ähnlich drückt es auch ein Diplom Childerichs III. (König 743–751) mit den Worten aus, Stablo-Malmédy sei *in foresta nostra Ardinna vel super fisco nostro* errichtet worden[44].

---

[35] Zum Begriff: A. VERHULST, s.v. Fiscus, LexMA 4, Sp. 502; Th. ZOTZ, Beobachtungen zur königlichen Grundherrschaft entlang und östlich des Rheins vornehmlich im 9. Jahrhundert, in: Strukturen der Grundherrschaft im früheren Mittelalter, hg. von W. RÖSENER (Veröffentlichungen des Max-Planck-Instituts für Geschichte 92, 1989), S. 74–125, hier S. 80 ff.; DERS., Basilica in villa Helibrunna ... una cum appendiciis suis. Zur regionalen Verteilung und zu den Funktionen von Königshöfen im Frankenreich am Beispiel von Heilbronn, Region und Reich (Quellen und Forschungen zur Geschichte der Stadt Heilbronn 1, 1992), S. 193–215, hier S. 198.

[36] HALKIN-ROLAND (wie Anm. 27), Nr. 6, S. 20 f. – vgl. Nr. 2, S. 7 f.; WERNER, Lütticher Raum (wie Anm. 26), S. 100 f. und 105 ff.

[37] Vgl. MÜLLER-KEHLEN (wie Anm. 21), S. 120.

[38] Vgl. ebd., S. 146.

[39] Vgl. ebd., S. 170 f.

[40] HALKIN-ROLAND (wie Anm. 27), Nr. 6, S. 21: *[...] ut versus curtes nostras, id est Amblavam, Charancho, Ledernao, de ipsis mensuris duodecim milibus dextrorum saltibus sex milia subtrahere deberemus pro stabilitate operis [...]*; WERNER, Lütticher Raum (wie Anm. 26), S. 106, Anm. 25.

[41] KASPERS (wie Anm. 7), S. 28; so auch M. GOCKEL, Karolingische Königshöfe am Mittelrhein (Veröffentlichungen des Max-Planck-Instituts für Geschichte 31, 1970), S. 72, Anm. 298; WERNER, Lütticher Raum (wie Anm. 26), S. 101, Anm. 3; THIMME (wie Anm. 4), S. 107 f.

[42] HALKIN-ROLAND (wie Anm. 27), Nr. 10, S. 31, Z. 2 f. (= MGH DD Merov. 53, S. 48); vgl. PETIT-DUTAILLIS (wie Anm. 8), S. 115 f.

[43] HALKIN-ROLAND, Nr. 11, S. 34, Z. 5 f. (= MGH DD Merov. spuria 77, S. 193); vgl. W. LEVISON, Die Merowingerdiplome für Montiérender, NA 33 (1908), S. 745–762, hier S. 749; B. KRUSCH, Studien zur fränkischen Diplomatik (1937), S. 42.

[44] HALKIN-ROLAND (wie Anm. 27), Nr. 16 (Datum: Juli [744?]), S. 44, Z. 9 f. (= MGH DD Merov. 97, S. 87); vgl. PETIT DUTAILLIS (wie Anm. 8), S. 115 f.

In der schon erwähnten Urkunde Childerichs II. von 669/70 wurden Bischof Theodard von Tongern, der *domesticus* Hodo sowie die hier erstmals bezeugten *forestarii nostri* mit der Grenzkorrektur beauftragt[45]. Hodo gilt in der Literatur als der für die Königshöfe Amblève, Cherain und Lierneux sowie die Förster zuständige königliche Amtsträger[46]. Die *forestarii* erscheinen als königliche Dienstleute, die bei der Grenzziehung mithelfen und die – wie spätere Quellen eindeutig belegen – bestimmten Königshöfen zugehörig sind – in diesem Fall also Amel/Amblève, Cherain und Lierneux[47]. Ihre nicht unbedeutende Rolle als Verwalter der königlichen *forestes* scheint auch schon 669/70 durch, wenn das Diplom abschließend formuliert, das Kloster möge *absque ullius inpugnatione forestariorum vel cujuslibet personae* im Besitz der Schenkung bleiben.

Childebert III. (König 694/5–711) schenkte 697 dem Kloster Notre-Dame d'Argenteuil[48] (Dép. Seine-et-Oise) die *silva nostra* von Cormeilles, einen Wald zu beiden Seiten der Seine im Gau von Paris. Der Wald gehörte seit langem zum *fiscus* und wurde von den *forestariae* (!) des Königs gehütet (*defensare*)[49]. Das in barbarischem Latein geschriebene Diplom nennt den Wald des Königs also nicht *forestis*, sondern verwendet den älteren Begriff *silva*, um gleichwohl die Hüter des Waldes als *forestarii* zu bezeichnen. Was diese Urkunde noch nicht verrät, belegen eine ganze Reihe späterer Diplome: die Schenkungen der fränkischen Herrscher umfaßten neben den veräußerten Objekten oft auch die mit der Waldaufsicht betrauten *forestarii*. So erwähnen beispielsweise die *Gesta ss. patrum Fontanellensis coenobii*, daß König Childebert III. 703 oder 704 der Abtei St. Wandrille die große Domäne Le Pecq an der Seine (Saint-Germain-en-Laye) einschließlich der fünf Siedlungen *Nouitianus*, Courbevoie, *Albachahan*, *Nidum* und *Tremlidum* schenkte, und zwar *cum illis forestariis quinque*[50].

[45] KASPERS (wie Anm. 7), S. 32 f.; MÜLLER-KEHLEN (wie Anm. 21), S. 102.

[46] H. EBLING, Prosopographie der Amtsträger des Merowingerreiches von Chlothar II. (613) bis Karl Martell (741) (Beihefte der Francia 2, 1974), S. 64 f., Nr. 51; WERNER, Lütticher Raum (wie Anm. 26), S. 101 und 104, Anm. 18.

[47] So auch WERNER, Lütticher Raum (wie Anm. 26), S. 460, Anm. 267.

[48] L. FOSSIER, s.v. Argenteuil, LexMA 1, S. 923; M. ROBLIN, Le terroir de Paris aux époques gallo-romaine et franque, peuplement et défrichement dans la civitas des Parisii (Seine, Seine-et-Oise),²1971, S. 204 ff.

[49] MGH DD Merov. 71, S. 63, Z. 30–32: *[...] quod nus silva nostra, qui vogatur Cornioletus, super fluvium Sequena, in pago Parisiaco, quicquid ibidem a longo tempore fiscus fuit, aut in giro tinuit, vel forestariae nostri usque nunc defensarunt [...]*, Z. 41: *Ipsa silva ad integrum, sicut fiscus noster fuit, aut forestariae nostri defensarunt, [...]*; Chartae latinae antiquiores 17, hg. von H. ATSMA u.a. (1984), Nr. 654, S. 60 ff. (= Les diplômes originaux des Mérovingiens, Facsimilés phototypiques avec notices et transcriptions, hg. von Ph. LAUER und Ch. SAMARAN, 1908, Tafel 28); vgl. THIMME (wie Anm. 4), S. 104 u. 121; GLÖCKNER (wie Anm. 8), S. 4 u. 5 f.; PETIT-DUTAILLIS (wie Anm. 8), S. 120 f.; ROBLIN (wie Anm. 48), S. 200 ff.; HIGOUNET (wie Anm 27), S. 376: forêt de Cormeilles.

[50] Gesta ss. patrum Fontanellensis coenobii 2, 3, ed. F. LOHIER – J. LAPORTE (1936), S. 19: *uilla quae vocatur Alpicum, quae sita est in pago Pinciacensi super alueum Sequanam una cum adiacentiis*

Nähere Einzelheiten läßt die Schenkung der *forestis* von Rouvray im Jahr 717 an St. Denis erkennen[51]. Auf Intervention des neustrischen Hausmeiers Raganfred überließ Chilperich II. (König 715–721) der Abtei nicht nur den großen, zu beiden Seiten der Seine im Gau von Paris gelegenen Wald, sondern auch *ille forestarius* mit Namen Lobicinus[52]. Der *forestarius* wohnte *in fisco nostro Vetus Clippiaco*. Clichy – St.-Ouensur-Seine – war im 7. Jahrhundert die bedeutendste Pfalz Neustriens[53]. Lobicinus besaß in Clichy einen mit Land und Wiesen ausgestatteten *mansus*. Auch dieser Grundbesitz wurde vom König ausdrücklich in die Schenkung einbezogen.

Das Kloster Corbie (Dép. Somme) in der Picardie wurde von Königin Balthild[54] (gest. nicht vor 680), der Witwe Chlodwigs II. (König 640–657), im Einvernehmen mit ihrem noch unmündigen Sohn Chlothar III. (König 657–673) zwischen 657 und 661 gegründet[55]. Das Kloster lag auf Fiskalland[56] und erhielt zu seiner Ausstattung

suis Nouitianus, Curbauia, Albachahan, Nido, Tremlido cum illis forestariis quinque, vgl. F. LOT, Études critiques sur l'abbaye de Saint-Wandrille (Bibliothèque de l'École des Hautes Études, des Sciences historiques et philologiques 204, 1913), S. XXIII u. S. 10, Nr. 24; vgl. Vita Eremberti episcopi Tolosani, ed. W. LEVISON, c. 1, MGH SS. rer. Merov. 5, S. 654; WATTENBACH-LEVISON, Deutschlands Geschichtsquellen im Mittelalter, Vorzeit und Karolinger 1. H.: Die Vorzeit von den Anfängen bis zur Herrschaft der Karolinger bearbeitet von W. LEVISON (1952), S. 139; ROBLIN (wie Anm. 48), S. 126 u. 184.

[51] MGH DD Merov. 87, S. 77, Z. 30 ff.: *Ideo cognuscat hutiletas seo magnetudo vestra, quod nos foreste nostra Roverito cum omnem iure vel termene suo ad integrum, que est in pago Parisiaco super fluvium Sigona, una cum illo forestario nomene Lobicino, qui conmanit in fisco nostro Vetus Clippiaco, una cum mansus quod in ipso Clippiaco tenire viditur, vel terras ad ipsus mansus aspicientes ad integrum, ad* (St. Denis) *concessisse.* Z. 40 ff.: *ut ipsa foreste Roverito cum omnem iure vel termene suo ad integrum, una cum suprascripto forestario vel mansus suos, cum terras vel prata in ipso Clippiaco ad integrum,* an St. Denis; Chartae latinae antiquiores 16, hg. von H. ATSMA und J. VEZIN (1982), Nr. 593, S. 80 f. (= Les diplômes originaux des Mérovingiens (wie Anm. 49), Tafel 38); vgl. THIMME (wie Anm. 4), S. 114; GLÖCKNER (wie Anm. 8), S. 4 u. 10; PETIT-DUTAILLIS (wie Anm. 8), S. 121 f.; KASPERS (wie Anm. 7), S. 33; ROBLIN (wie Anm. 48), S. 210 ff.; SEMMLER, Forst (wie Anm. 3), S. 144, Anm. 99.

[52] EBLING, Prosopographie (wie Anm. 46), S. 184 f., Nr. 230.

[53] C. BRÜHL, Fodrum, gistum, servitium regis. Studien zu den wirtschaftlichen Grundlagen des Königtums im Frankenreich und in den fränkischen Nachfolgestaaten Deutschland, Frankreich und Italien vom 6. bis zur Mitte des 14. Jahrhunderts 1: Text, 2: Register und Karten (Kölner Historische Abhandlungen, Bd. 14/1,2, 1968), S. 13; E. EWIG, Descriptio Franciae, in: Persönlichkeit und Geschichte, hg. von H. BEUMANN (Karl der Große 1, 1965), S. 143–177, hier S. 151 f. – erneut abgedruckt in: E. EWIG, Spätantikes und fränkisches Gallien, Gesammelte Schriften 1 (1952–1973), hg. von H. ATSMA (Beihefte der Francia 3/1, 1976), S. 274–322, hier S. 288; ROBLIN (wie Anm. 48), S. 210 ff.; J. BARBIER, Le système palatial franc: genèse et fonctionnement dans le nord-ouest du *regnum*, Bibliothèque de l'École des Chartes 148 (1990), S. 245–299, hier S. 264 ff.

[54] E. EWIG, s.v. Balthild, LexMA 1, Sp. 1391 f.

[55] PRINZ, (wie Anm. 29), S. 173 f.; M. ROUCHE, s.v. Corbie, LexMA 3, S. 224–228; DERS., La dotation foncière de l'abbaye de Corbie (657–661), Revue du Nord 55, no. 218, Juill.–Sept. 1973, S. 219–226.

[56] L. LEVILLAIN, Examen critique des chartes mérovingiennes et carolingiennes de l'abbaye de Corbie (Mémoires et documents publiés par la Société de l'École des Chartes 5, 1902), Nr. 1, S. 213–217 (Diplom Chlothars III., 657 Oktober 10 – November 16 – 661 Dezember 23 = MGH DD

einen Streifen Wald in der *forestis nostra Widegonia*[57]. Das geschenkte Land in der Forêt de Vicogne (Dép. Somme) von ungefähr 12000 ha bildete den Ausgangspunkt für eine umfangreiche Rodungstätigkeit des Klosters[58].

Childerich II. (König 662–675) gründete in der Champagne das Kloster Montier-en-Der[59] (Dép. Haute-Marne), und zwar wie ein Diplom seines Bruders Theuderich III. (König 673–690/1) von 683 mitteilt, *in foreste Dervo*[60], heute Le Der genannt[61].

Die Abtei Jumièges (Dép. Seine-Maritime), in einer Seineschleife gelegen, wurde 654 von dem ehemaligen Hofbeamten Filibert gegründet[62]. Das Kloster erhielt seinen Namen vom *fiscus Gemmeticum*, auf dessen Grund und Boden es errichtet wurde[63]. Die Ausstattung schenkten Chlodwig II. und seine Frau Balthild, wie es die *Vita Balthildis*[64] festgehalten hat. Unter anderem ist die Rede von *silva magna ex fisco*[65]. Die Vita Lantberti, um 800 verfaßt[66], weiß zu berichten, daß um 673 ein anderer Teil des *saltus Gemmeticensis* an das von Wandregisel gegründete Kloster Fontanella (St. Wandrille, Dép. Seine-Maritime) geschenkt wurde[67]. Und ein Diplom Chilperichs II. von 716 bestätigt diesem Kloster die Schenkung der *foresta de Gemmetico*[68].

Merov. 40, S. 36 ff.), hier S. 214: *in loco qui dicitur Corbeia quem Guntlandus quondam possederat et ad fiscum nostrum pervenerat.*

[57] LEVILLAIN (wie Anm. 56), Nr. 1, S. 215.

[58] Vgl. ROUCHE, La dotation (wie Anm. 55); ferner THIMME (wie Anm. 4), S. 105; PETIT-DUTAILLIS (wie Anm. 8), S. 119 f.; HIGOUNET (wie Anm 27), Carte annexe, Nr. 3 (rouge).

[59] Vgl. PRINZ (wie Anm. 29), S. 182; J. SEMMLER, Episcopi potestas und karolingische Klosterpolitik, in: Mönchtum, Episkopat und Adel zur Gründungszeit des Klosters Reichenau, hg. von A. BORST (Vorträge und Forschungen 20, 1974), S. 305–395, hier S. 310 f.; I. EBERL, s.v. Montier-en-Der, LexMA 6, Sp. 808 f.

[60] MGH DD Merov. 55, S. 49, Z. 39; das leicht interpolierte Diplom diente dem Fälscher von D Merov. 31 vom 4. Juli 673 als Vorlage, wie W. LEVISON, Die Merowingerdiplome für Montiérender, NA 33 (1908), S. 745–762, ausgeführt hat. Vgl. PETIT-DUTAILLIS (wie Anm. 8), S. 120; THIMME (wie Anm. 4), S. 108; GLÖCKNER (wie Anm. 8), S. 3, Anm. 6.

[61] HIGOUNET (wie Anm. 27), S. 362 und Carte annexe, Nr. 4 (rouge).

[62] H. DONNAT, s.v. Jumièges, LexMA 5, Sp. 806 f.; vgl. PRINZ (wie Anm. 29), S. 131 f.

[63] EWIG, Descriptio (wie Anm. 53), S. 161 (= Gesammelte Schriften 1, S. 300).

[64] Vgl. WATTENBACH-LEVISON (wie Anm. 50), S. 128.

[65] Vita sanctae Balthildis, ed. B. KRUSCH, c. 8, MGH SS. rer. Merov. 2, S. 491 f.: *A Gemetico domno Filiberto viro religioso et silvam magnam ex fisco, ubi ipsum coenobium fratrum situm est, et multa munera et pastus de fisco dominico ad ipsum monasterium construendum concessit*; vgl. Vita Lantberti abbatis Fontanellensis et episcopi Lugdunensis, ed. W. LEVISON, c. 3 und 4, MGH SS rer. Merov. 5, S. 611 f.

[66] WATTENBACH-LEVISON (wie Anm. 50), S. 138 f.

[67] Vita Lantberti (wie Anm. 65), c. 3 und 4, S. 611 f.; LOT, St. Wandrille (wie Anm. 50), S. 4, Nr. 7: 673–675; RUBNER, Saltus (wie Anm. 23), S. 273.

[68] LOT, St. Wandrille (wie Anm. 50), Nr. 3, S. 27 f. (= MGH D. Merov. 85, S. 75 f.): *forestam de Gemmetico – totam ipsam forestam Gemmetic.* – S. 28: *vel pro quolibet cartarum de fisco nostro seu etiam forestam Gemmetic. [...];* GLÖCKNER (wie Anm. 8), S. 3 f.; RUBNER, Saltus (wie Anm. 23), S. 273.

Der Verfasser der bald nach 833 entstandenen *Gesta ss. patrum Fontanellensis coenobii* konnte auf eine gute urkundliche Überlieferung zurückgreifen[69]. So berichtet er von einem heute nicht mehr erhaltenen Diplom Dagoberts I. (König 623/29–638) vom 4. März 637/38, mit dem der Merowinger einem gewissen Rotmarus den *locum Bothmariacensem, saltum praecidendo* nebst einigem Zubehör überließ[70]. Mit einem Deperditum vom 4. Februar 639 bestätigte Chlodwig II. die Schenkung seines Vaters und ließ sowohl dem zuständigen *domesticus et custos saltuum villarumque regalium* namens Teutgisel[71] als auch dem Grafen des Roumois namens Radulf[72] anzeigen, *ut licitum foret ipsi Rotmaro easdem res quieto ordine possidere.* Dieser Besitz wird im *saltus* von Jumièges gesucht[73] und gelangte später an St. Wandrille.

Neben dem Hodo im Diplom Childerichs II. von 669/70 für Stablo-Malmédy wird hier ein weiterer *domesticus* faßbar, dem – jetzt allerdings ausdrücklich – die Aufsicht über bestimmte Königshöfe und den Königswald oblag. Brühl will die Stelle in dem Sinne verstanden wissen, daß es zur Amtspflicht des *domesticus* gehöre, der *custos saltuum villarumque regalium* zu sein[74].

Der Forêt de Jumièges benachbart ist die *forestis Arlaunum*, die heutige Forêt de Brotonne (Dép. Seine-Maritime) am linken Ufer der Seine, südlich von Caudebec-en-Caux und westlich von Jumièges. Die um 800 verfaßte *Vita Condedi*[75] berichtet für die Zeit um 675, daß König Theuderich III. im *saltus Arelaunensis* gejagt habe[76]. Childebert III. (König 694/5–711) schenkte St. Wandrille zwischen 701 und 707 den vierten Teil *de Arlauno foreste* – Dagobert III. (König 711–715) hat die Schenkung 715 bestätigt[77]. Diese *forestis* war sicher Bestandteil von Pfalz und *fiscus Arelaunus*, von denen 673 die Rede ist[78] und die auch die *Vita Condedi* und die *Vita Lantberti*

---

[69] WATTENBACH-LEVISON (wie Anm. 50), S. 344 f.

[70] Gesta ss. patrum Fontanellensis coenobii (wie Anm. 50), 1,7, S. 12; vgl. LOT, St. Wandrille (wie Anm. 50), S. IV f., XIII f. und S. 3, Nr. 1 und 2; vgl. PETIT-DUTAILLIS (wie Anm. 8), S. 113, Anm. 4; RUBNER, Wald und Siedlung (wie Anm. 15), S. 168; RUBNER, Saltus (wie Anm. 23), S. 272 f.; KASPERS (wie Anm. 7), S. 33.

[71] EBLING, Prosopographie (wie Anm. 46), S. 220 f., Nr. 287.

[72] Ebd., S. 205, Nr. 262.

[73] LOT, St. Wandrille (wie Anm. 50), S. xiii; EBLING, Prosopographie (wie Anm. 46), S. 205, Nr. 262, Anm. 3.

[74] BRÜHL, Fodrum (wie Anm. 53), 1, S. 78 f.

[75] WATTENBACH-LEVISON (wie Anm. 50), S. 139.

[76] Vita Condedi anachoretae Belcinnacensis, ed. W. LEVISON, c. 4, MGH SS. rer. Merov. 5, S. 647: *Theodericus [...] qui ipso in tempore in saltu Arelaunensi exercitio autumnalis venationis insistebat;* RUBNER, Saltus (wie Anm. 23), S. 273.

[77] LOT, St. Wandrille (wie Anm. 50), S. 9, Nr. 21; Gesta ss. patrum Fontanellensis coenobii 3, 4, S. 29 f.: *De arlauno silua. HUIC Benigno abbati largitus est Dagobertus rex iunior quartam partem de Arlauno foreste anno V regni sui, suggerente Theodaldo maiore domus regiae, per loca designata, id est [...] infra ipsam forestem Arlaunum [...];* LOT, ebd., S. 16, Nr. 50.

[78] LOT, St. Wandrille (wie Anm. 50), S. 23 f., Nr. 1 (= DD Merov. spuria 73, S. 189 f.): *[...] Que cum sit fisco Arelauno vicina [...] Arlauno palacio;* vgl. BARBIER (wie Anm. 53), S. 252, Anm. 20, u. S. 274 f. (mit Karte).

kennen[79]. Eine Stelle bei Fredegar läßt erkennen, daß die Merowinger bereits um 600 über die *Arelao uilla* verfügten: Bertoald, der Hausmeier Theuderichs II. (König 596–613), machte hier Station und ging auf die Jagd, als er den *fiscus* im Bereich der Seine inspizierte[80].

Wie Montier-en-Der wurde auch das Vogesenkloster Senones von Childerich II. gegründet[81]. Pertz hat das Diplom aus der Zeit um 661 unter die Spuria eingeordnet[82], während Sickel es für echt und lediglich sprachlich überarbeitet hält[83]. Die Urkunde bietet eine Grenzbeschreibung der königlichen Schenkung, die unter anderem über eine *Foreste abitatione* führt[84]. Da schon Gregor von Tours die Vogesen als *silva regalis* bezeichnet hat, kann es nicht mehr überraschen, daß auch hier der neue Begriff *forestis* Anwendung findet[85].

---

[79] Vita Condedi anachoretae Belcinnacensis (wie Anm. 76), c. 2, S. 647: *[...] Arelaunum regium predium pervenit [...] in portu eiusdem predii consedit*; Vita Lantberti (wie Anm. 65), c. 3, S. 611: *Edita est autem haec regia largitio Arlauno iocundo palatio [...]*; vgl. LOT, St. Wandrille (wie Anm. 50), S. XIV und S. 4 ff., Nr. 6, 8 sowie 10; EWIG, Descriptio (wie Anm. 53), S. 153, Anm. 48, und S. 161 (= Gesammelte Schriften 1, S. 290, Anm. 49, u. S. 300 f.).

[80] The Fourth Book of the Chronicle of Fredegar with its Continuations, Translated from the Latin with Introduction and Notes by J. M. WALLACE-HADRILL (1960), S. 16, c. 24 u. 25: *Vt Bertoaldus pocius interiret, eum ripa Segona usque Ocianum mare per pagus et ciuitates fiscum inquerendum dirigunt. Bertoaldus a Teuderico directus, cum trecentus tantum uiros illis partibus properauit. Cumque Arelao uilla uenisset et uenationem inibi exercit, [...]*; zur *Arelauno silva* siehe auch Liber historiae Francorum, ed. B. KRUSCH, c. 25 u. 38, MGH SS. rer. Merov. 2, S. 282 u. 307.

[81] H. BÜTTNER, Die politische Erschließung der westlichen Vogesen im Früh- und Hochmittelalter, ZGORh 50 (1936), S. 365–404, hier S. 378 ff.; PRINZ (wie Anm. 29), S. 180 f.

[82] MGH DD Merov. spuria 65 (cr. a. 661), S. 182 f.

[83] Monumenta Germaniae historica, Diplomatum imperii tomus I [hg. von K. PERTZ], besprochen von Th. SICKEL (1873), S. 66 f.

[84] MGH DD Merov. spuria 65, S. 182, Z. 38 f.; vgl. RUBNER, Wald und Siedlung (wie Anm. 15), S. 169.

[85] Die *Formulae Morbacenses* enthalten einen Hinweis auf die *forestis nostra in Vosaco*, MGH Formulae, S. 336, Nr. 26; die benutzte Vorlage könnte auf ein Diplom König Pippins für das Kloster Murbach zurückgehen, Regesta Alsatiae aevi merovingici et karolini 496–918, 1: Quellenband, bearbeitet u. hg. von A. BRUCKNER (1949), S. 130, Nr. 212; wie aus einer Schenkungsurkunde von 774 für das um 727 von dem Etichonen Eberhard, dem Bruder Herzog Liutfrieds, gegründete Kloster Murbach in den südöstlichen Vogesen hervorgeht, besaß das Leodegarskloster eine *forestis*, ebd., S. 145, Nr. 236; es wird aber nicht deutlich, ob sich dieser Besitz auf eine direkte königliche Schenkung stützen kann oder aus ehemaligem Fiskalgut herrührt, das in die Verfügung der Etichonen gelangt war; vgl. H. BÜTTNER, Geschichte des Elsass 1: Politische Geschichte des Landes von der Landnahmezeit bis zum Tode Ottos III. (Neue deutsche Forschungen 242, 1939), S. 78–84; H. SEIBERT, s.v. Murbach, LexMA 6, S. 939 f.; M. BORGOLTE, Die Geschichte der Grafengewalt im Elsaß von Dagobert I. bis Otto dem Großen, ZGORh 131 (1983), S. 3–54, hier S. 13 f.

Einen Beleg für die frühe Existenz der *forestis* von Crécy-en-Ponthieu (Dép. Somme), einer Pfalz der Merowinger[86], bietet die *Vita Richarii*. Dieses kleine Werk, in roher und unbeholfener Sprache verfaßt, stammt laut Poncelet vom Ende des 7. Jahrhunderts[87], aber Krusch setzt die Entstehung ein halbes Jahrhundert später an[88]. Auf Fürbitte eines *vir nobilis* namens Gislemarus und eines gewissen *palatinus Maurontus* schenkte Königin Nantilde (gest. 642), Witwe Dagoberts I., dem heiligen Richarius ein Stück Land aus dem *fiscus*[89]. Es lag im Pagus Ponthieu *in Crisciacense foreste*. Doch Maurontus, dem die zum Vergnügen des Königs angelegte *forestis* anvertraut war, überließ dem Heiligen lediglich ein Grundstück im Umfang von zwei oder drei *bonuaria*. Später änderte er seinen Sinn und begann mit der Errichtung eines Klostergebäudes. Diese *cella Forestis*, heute Forestmontiers (Dép. Somme), übertrug Karl der Große 797 dem Kloster Centulum[90], heute Saint-Riquier (Dép. Somme).

Mag die Erzählung vom Leben des heiligen Richarius auch fiktiv und vornehmlich von der Absicht geleitet sein, Besitzrechte an der etwa 20 km von Centulum entfernten *cella Forestis* zu begründen, so wird man den Hinweis auf die mit dem *fiscus* der Merowinger-Pfalz von Crécy-en-Ponthieu verbundene *forestis* nicht anzweifeln können. Auch die Nachricht über die Tätigkeit des *palatinus* Maurontus[91] als Beauftragter für die *forestis* erscheint verwertbar. Alcuin, der kurz nach 800 die

---

[86] BRÜHL, Fodrum (wie Anm. 53), S. 13; BARBIER (wie Anm. 53), S. 252, Anm. 20, S. 271, 274 f. (mit Karte) u. 286 (mit Karte).

[87] A. PONCELET, La plus ancienne vie de St. Riquier, Analecta Bollandiana 22 (1903), S. 173–194.

[88] B. KRUSCH, Die älteste Vita Richarii, NA 29 (1904), S. 13–48, besonders S. 35; vgl. WATTEN-BACH–LEVISON (wie Anm. 50), S. 135; PRINZ (wie Anm. 29), S. 128; zu Krusch und seinen (gelegentlich zu) späten Ansätzen der Entstehungszeit der von ihm untersuchten Quellen siehe H. ATSMA, Die christlichen Inschriften Galliens als Quelle für Klöster und Klosterbewohner bis zum Ende des 6. Jahrhunderts, Francia 4 (1976), S. 1–57, hier besonders S. 20.

[89] Vita Richarii sacerdotis Centulensis primigenia, MGH SS. rer. Merov. 7, S. 438–453, hier S. 449 f.: *[...], ut in fisci ditione haberet remotionem. Querebant in prope in ipso pago Pontivo in Crisciacense foreste, ubi construxerant tegurium vile satis et parvo nec de ligno cooperto, nisi de rauso exiguo; ubi aquam invenerunt prope de loco Argubio. Nam de ipso secreto Mauronto erat iniquo, propter quod illa forestis ad regis letitiam erat censita et ipsius Mauronto erat commendata. Non multa bonuaria consignavit in ipsa haria, nisi bina vel terna circa unam cisternam. Nam ipse Maurontus de ipsa foreste tunc non certavit, quod postea desideravit, quia ipse postea cenobio ibi incoavit construere.* Diese Quelle ist THIMME (wie Anm. 4), S. 104, unbekannt geblieben.

[90] D Karl der Große 182; vgl. B. KRUSCH, Die älteste Vita Richarii, NA 29 (1904), S. 13–48, hier S. 1 ff.; R. FOSSIER, La terre et les hommes en Picardie 1 (1968), S. 192 f.; HIGOUNET (wie Anm. 27), Carte annexe, Nr. 14 (rouge).

[91] R. HENNEBICQUE-LE JAN, Prosopographica Neustrica: Les agents du roi en Neustrie, in: La Neustrie. Les pays au nord de la Loire de 650 à 850, 1 (Beihefte der Francia 16/1, 1989), S. 231–269, hier S. 259.

Vita in eine lesbare Form brachte[92], bezeichnet den *vir nobilis Maurontus* als *terrarum vel silvarum ad regem pertinentium servator*[93].

Ohne in der Kürze weitere *forestis*-Belege der Merowingerzeit vorstellen zu können, darf ich folgende Beobachtungen zusammenfassen: Die mit Wald bestandenen *forestes* sind organisatorisch an einzelne Königshöfe angebunden. Die *forestarii*, mit der Aufsicht über die *forestes* beauftragt, gehören zum Personal der Königshöfe und erhalten als Gegenleistung für ihre Dienste einen *mansus*, also eine bestimmte Fläche Acker- und Weideland zur Bewirtschaftung zugewiesen. Der Grundbesitz der Förster scheint im frühen 8. Jahrhundert in aller Regel noch nicht in der *forestis*, sondern auf dem agrarisch genutzten Gebiet der Königshöfe gelegen zu haben. Verschenkt wurden entweder mehr oder weniger große Stücke aus der *forestis*, um hier ein Kloster anzulegen, oder – gegen Ende der Merowingerzeit – größere Fiskalkomplexe mitsamt Forst und Förstern.

Von den vielen Fragen, die sich aus den erhaltenen Quellen nicht beantworten lassen, sei hier nur die aufgegriffen, die um das Faktum kreist, daß der Begriff *forestis* erstmals ausgerechnet in Diplomen Sigiberts III. faßbar wird. Dieser austrische König, der anders als sein tatkräftiger Vater Dagobert I. die Herrschaft weitgehend den Hausmeiern überließ, scheint als Schöpfer der *forestes* nur schwer vorstellbar. Es liegt wohl eher an der desolaten Quellenlage, daß wir über keinen älteren Beleg verfügen. So wird man auch jene hochmittelalterliche Fälschung nicht unberücksichtigt lassen können, die Pertz in seiner Ausgabe der Merowingerurkunden als eine Kopie des 9. Jahrhunderts bezeichnet hat[94]. Es geht um den *fiscus qui vocatur Isciacus* (Issy[95]) an der Seine *in pagis Parisiorum*: Childebert I. schenkt ihn 558 der Abtei St. Vincent (Saint-Germain-des-Prés[96]). Besonders herausgestellt wird der Fischfang in der Seine, von dem es abschließend heißt: *Has omnes piscationes quae sunt et fieri pos-sunt in utraque parte fluminis sicut nos tenemus et nostra forestis est tradimus ad ipsum locum ut habeant ibidem deo servientes victum cotidianum per suadentia tempora*. Thimme hat zu dieser Stelle bemerkt: „Das Eigentum des Königs an Fischereien innerhalb eines abgegrenzten Gebietes wird hier entweder schlechthin als *forestis*

---

[92] WATTENBACH-LEVISON (wie Anm. 50), S. 135.

[93] Vita Richarii confessoris Centulensis auctore Alcuino, ed. B. KRUSCH, MGH SS. rer. Mer. 4, S. 396, Z. 18 f.; zu Alcuins Vorgehen bei der Bearbeitung siehe B. KRUSCH, Die älteste Vita Richarii, NA 29 (1904), S. 13–48, hier S. 40 ff.

[94] MGH DD Merov. 5, S. 7 (a. 556). Weitere Ausgaben: J. QUICHERAT, Critique des deux plus anciennes chartes de l'Abbaye de Saint-Germain-des-Prés, Bibliothèque de l'École des Chartes 26 (1865), S. 513–555, hier S. 514–516 (a. 558); R. POUPARDIN, Recueil des chartes de l'abbaye de Saint-Germain-des-Prés 1, Nr. 1; Cartulaire général de Paris, formé et publié par R. DE LASTEYRIE (1887), S. 3 f., Nr. 2 (a. 558).

[95] ROBLIN (wie Anm. 48), S. 262–266.

[96] L. FOSSIER, s.v. Paris (C. Abteien und Stifte), LexMA 6, Sp. 1714 f.; K.H. KRÜGER, Königsgrabkirchen der Franken, Angelsachsen und Langobarden bis zur Mitte des 8. Jahrhunderts. Ein historischer Katalog (Münstersche Mittelalter-Schriften 4, 1971), S. 103–124, besonders S. 107.

selbst, oder doch wenigstens als Bestandteil eines Forstes hingestellt."[97] Mir scheint allerdings eher, daß hier das einzelne Nutzungsrecht Fischfang als Teil der *forestis* betrachtet wird. Nun ist Thimme entgangen, daß Quicherat bereits 1865 die Urkunde als Fälschung des 11. Jahrhunderts eingeordnet hatte. Allerdings bewegt sich Quicherat mit seiner Analyse auf gefährlichem Boden, wenn er gerade die Verbindung von *forestis* mit den Nutzungsrechten am Fischfang als Indiz für eine Fälschung ansieht, mit der keinesfalls stichhaltigen Begründung, eine Ausweitung des Begriffs *forestis* zu Fischwasser sei nach den Urkunden erst etwa 300 Jahre später möglich[98]. Schon in Anbetracht der schlechten Quellenlage sollte man sich aber fragen, ob der Text der Urkunde nicht doch auf eine echte Vorlage hinweist[99].

Nicht unbeachtet lassen sollte man ferner jenes Diplom von 1158, das Friedrich Barbarossa für den Bischof von Konstanz ausgestellt hat und in dem bei der Beschreibung der Grenzen der Diözese Konstanz auch von König Dagobert und den *termini foresti Arbonensis* die Rede ist[100]. Die Forschung sieht in Dagobert jenen König, der zwischen 629 und 638 als letzter Merowinger eine dynamische Herrschaft ausüben konnte, und dies bekanntlich auch im Siedlungsbereich der Alemannen[101].

---

[97] THIMME (wie Anm. 4), S. 103.

[98] QUICHERAT (wie Anm. 94), S. 526 f.; diesen Einwand äußern bereits H. KASPERS (wie Anm. 7), S. 28, Anm. 61; W. KASPERS (wie Anm. 15), S. 87; SCHÜTZEICHEL (wie Anm. 24), S. 113, Anm. 4. In diesem Zusammenhang bleibt auf eine Weißenburger Urkunde von 717 hinzuweisen, die eine Waldhambach und Kirchberg im Elsaß betreffende Schenkung Hrodoins beschreibt, es heißt dort: [...] *quod ita et feci tam mansis casis campis pratis ecclesiis farinariis siluis mancipiis clericis ibidem deseruientibus aquis aquarumque decursibus cum foreste suo Ego ibidem appendente* [...], Traditiones Wizenburgenses. Die Urkunden des Klosters Weissenburg 661–864, eingeleitet und aus dem Nachlass von K. Glöckner hg. von A. DOLL (1979), S. 402, Nr. 196; wie JARNUT, Jagd (wie Anm. 11), S. 782, Anm. 30, erkannte, lag der älteren Forschung diese Stelle nur in Form von *aquis aquarumque decursibus cum foreste suo* vor und sie sah folglich bereits zu dieser Zeit eine abstrakte Konzeption von *forestis* bezeugt, vgl. z.B. PETIT-DUTAILLIS (wie Anm. 8), S. 123 u. 140 f., W. KASPERS (wie Anm. 15), S. 89.

[99] So schon L. UEDING, Geschichte der Klostergründungen der frühen Merowingerzeit (Historische Studien 261, 1935), S. 182; ROBLIN (wie Anm. 48), S. 263: „mais les faits qu'elle cite sont peut-être exacts, et rien ne nous empêche de voir dans *Isciacus* un domaine impérial, annexé par les rois mérovingiens, s'étendant le long de la Seine, depuis Lutèce jusqu'aux pieds des côteaux de Meudon" – ich denke, es hindert uns ebenfalls nichts daran, diesen möglicherweise frühesten Beleg für *forestis* erneut in die Überlegungen einzubeziehen, zumal C. BRÜHL, Das merowingische Königtum im Spiegel seiner Urkunden, in: La Neustrie (wie Anm. 91), S. 523–533, hier S. 528 (zu Karte 2 auf S. 531), D Merov. 5 jedenfalls nicht zu den „hoffnungslosen Fällen" rechnet, darunter versteht er „Empfänger, deren Urkunden insgesamt keinerlei Benutzung merowingischen Formelguts und Diktats zeigen und erst im Hoch- oder gar Spätmittelalter ohne zeitgenössische Vorlagen frei stilisiert wurden".

[100] MGH D Friedrich I. 128, hier S. 214; SEMMLER, Forst (wie Anm. 3), S. 143, Anm. 92.

[101] Vgl. statt vieler: H. BÜTTNER, Die Entstehung der Konstanzer Diözesangrenzen, Zeitschrift für Schweizerische Kirchengeschichte 48 (1954), S. 225–274, hier S. 225 f., 231, 233, 259 u. 262; F. PRINZ, Frühes Mönchtum in Südwestdeutschland und die Anfänge der Reichenau, in: Mönchtum, Episkopat und Adel zur Gründungszeit des Klosters Reichenau, hg. von A. BORST (Vorträge und Forschungen 20, 1974), S. 37–76, hier S. 45–49; H. KELLER, Fränkische Herrschaft

Dagobert I. verlegte die Grenze zwischen Burgund und Churrätien nach Osten und regelte anscheinend ebenfalls die Grenzziehung zwischen den Diözesen Avenches-Lausanne, Konstanz und Chur[102]. In diesem Zusammenhang ist ferner, um es mit der gebotenen Vorsicht zu formulieren, die Errichtung oder Aktivierung einer mit dem Königshof von Arbon verbundenen *forestis* denkbar[103]. Nur einen schwachen Anhaltspunkt für einen merowingerzeitlichen Forst bei Bregenz bietet die *Vita sancti Galli*, die berichtet, Herzog Gunzo habe den heiligen Columban und seine Jünger aus der Umgebung von Bregenz vertrieben, weil sie die *venatio publica*, die herzogliche Jagd, störten[104].

Von einigen Philologen wird die Tatsache, daß *forestis* zuerst in Austrien und erst später in Neustrien begegnet, als ein weiteres Indiz für eine germanische Herkunft des Begriffs gedeutet. Nicht zu übersehen ist aber auch, daß der Begriff *forestis* von den Quellen der Merowinger- und der Karolingerzeit häufig synonym mit *silva regis* verwendet wird. So darf man sich keinesfalls bei der Beschäftigung mit dem Königswald auf die Belege von *forestis* konzentrieren, sondern hat immer auch solche Begriffe wie beispielsweise *silva*, *saltus*, *boscus*, *nemus* und *waldus* in die Untersuchung

und alemannisches Herzogtum im 6. und 7. Jahrhundert, ZGORh 124 (1976), S. 1–30, hier S. 12–26, problematisch S. 20, Anm. 88; kritisch: Ch. WEHRLI, Mittelalterliche Überlieferungen von Dagobert I. (Geist und Werk der Zeiten 62, 1982), S. 271–276; M. BORGOLTE, Geschichte der Grafschaften Alemanniens in fränkischer Zeit (Vorträge und Forschungen, Sonderbd. 31, 1984), S. 23 f.; I. EBERL, Dagobert I. und Alemannien, Studien zu den Dagobertüberlieferungen im alemannischen Raum, ZWLG 42 (1983), S. 7–51.

[102] T. MAYER, Konstanz und St. Gallen in der Frühzeit, Schweizerische Zeitschrift für Geschichte 2 (1952), S. 473–524, hier S. 482–485.

[103] Ausführlich: MAYER, Konstanz und St. Gallen (wie Anm. 102), S. 502–510 und öfters, dabei geht es allerdings vorrangig um die Frage, ob Dagobert I. dem Bischof von Konstanz ein Forstprivileg verliehen habe, was Mayer in einer sorgfältigen Abwägung aller Umstände verneint; ein Argument wird, ebd., S. 509 f. wie folgt formuliert: „Wenn der Arboner Forst von König Dagobert verliehen worden wäre, wäre das die älteste Forstverleihung, von der wir überhaupt wissen. Die älteste, bekannte und echte Forstverleihung stammt aus dem Jahr 648. Auch dieser Umstand, der zwar keinen vollen Beweis bildet, spricht gegen die Annahme, daß schon König Dagobert I., der 639 gestorben ist, ein Forstprivileg an den Bischof von Konstanz verliehen haben soll"; nun geht es hier nicht um die besagte Forstverleihung, sondern um die Frage, ob es überhaupt eine *forestis Arbonensis* zur Zeit Dagoberts gegeben haben kann; in Anbetracht aller Umstände, der allgemeinen Entwicklung im Frankenreich und der besonderen im Raum um Arbon, wie sie für das 7. Jahrhundert belegt oder erkennbar sind, scheint mir eine solche *forestis* durchaus möglich; vgl. PRINZ, Südwestdeutschland (wie Anm. 101), S. 46, Anm. 32 f.; weitgehend überholt THIMME (wie Anm. 4), S. 147 ff.

[104] Vita Galli auctore Wettino, ed. B. KRUSCH, 1,8, MGH SS. rer. Merov. 4, S. 261: *propter illos advenas venationes publicas illis in locis fuisse desolatas*; Vita Galli auctore Walahfrido, ed. B. KRUSCH, 1,8, ebd., S. 290: *venationem publicam in eisdem locis propter illorum infestationem peregrinorum esse turbatam* – Herzog Cunzo/Gunzo bedrängt den hl. Kolumban, weil er die Jagd durch seine Tätigkeit störe; vgl. WOLFRAM, Mitteleuropa (wie Anm. 9), S. 430; F. GRAUS, Sozialgeschichtliche Aspekte der Hagiographie der Merowinger- und Karolingerzeit, in: Mönchtum, Episkopat und Adel (wie Anm. 59), S. 131–176, hier S. 153.

einzubeziehen. Das Nebeneinander von *silva* und *forestis* ist aber nicht nur kennzeichnend für die späte Merowingerzeit, sondern bleibt auch nach dem Herrschaftsantritt der Karolinger zu beobachten.

Während man die Strukturen der merowingischen Forstverwaltung aus Mangel
an geeigneten Nachrichten nur unscharf erschließen kann, liegen für die Karolingerzeit erstmals Quellen vor, die ein präziseres Bild entwickeln helfen. Das sind zum
einen eine ganze Reihe von Diplomen und anderen Urkunden, Urbaren und Schen-
kungsbüchern, vor allem aber die Kapitularien – erinnert sei nur an das *Capitulare de
villis* –, die uns über die Vorstellungen und Forderungen der Herrscher gewisse Aufschlüsse gewähren. Überblickt man die Nachrichten zur Waldnutzung und -aufsicht
aus der Zeit Karls des Großen und Ludwigs des Frommen, dann läßt sich folgendes
beschreiben: Der Wald des Königs, heiße er nun *forestis*, *silva* oder anders, war fest
in die königliche Grundherrschaft eingebunden. Die Königshöfe, als *fisci*, *curtes* oder
villae bezeichnet, waren die Aufsichts- und Verwaltungszentren der Forsten[105]. An
der Spitze der Verwaltung eines Königshofes stand ein *iudex*, *(ex)actor* oder *villicus*
genannter Amtmann[106], dem auch die Oberaufsicht über den Forst zukam[107] und der
von einer ganzen Reihe als *ministeriales* bezeichneter Spezialisten unterstützt wurde,
angefangen mit den Meiern (*maiores nostri*) und Förstern (*forestarii*)[108]. Dieses Personal verfügte als Äquivalent für seine Aufgaben und Dienste über eigene Hufen
(*mansi*), für deren Besitz sie nur geringe Abgaben zu entrichten hatten[109]. Die sorg-
fältige Aufsicht der *silvae vel forestes nostrae* gehörte zu den vorrangigen Aufgaben
der Förster. Im einzelnen wurde verlangt, an geeigneten Stellen Rodungssiedlungen
anzulegen, zu denen *mansi regales* und Fischteiche[110] gehören sollten. Der Amtmann
mußte dafür Sorge tragen, daß die Abgaben für die Waldnutzung pünktlich entrich-
tet wurden. Solche Abgaben – Forstzins genannt[111] – hatten besonders die Einwohner
nichtköniglicher Siedlungen zu entrichten, die – wie beispielsweise von Michael
Gockel für den *fiscus* Gernsheim aufgezeigt[112] – nicht über genügend Wald verfügten,
und für ihren Bedarf an Nutz- und Bauholz auf die Forsten der Königshöfe angewiesen waren. Mit Blick auf die von den Bewohnern eines Königshofes für den Ei-
genbedarf genutzte Waldmast wurde vom Amtmann und den *maiores* erwartet, daß
sie mit gutem Beispiel vorangingen und als erste den Schweinezehnten entrichteten.
Über diese und andere Einnahmen hat der *iudex* jährlich eine Abrechnung zu erstellen,

[105] GOCKEL, Königshöfe (wie Anm. 41), S. 72.
[106] METZ, Reichsgut (wie Anm. 34), S. 144; E. EWIG, Frühes Mittelalter (Rheinische Geschichte 1,2, 1980), S. 131 f.
[107] Vgl. Capitulare de villis, cap. 11, MGH Capit. 1, S. 84: *in forestes*, cap. 36, ebd. S. 86: *Ut sil-vae vel forestes nostrae bene sint* …; GOCKEL, Königshöfe (wie Anm. 41), S. 72, Anm. 299.
[108] Capitulare de villis, cap. 10, S. 84: *forestarii*, cap. 62, ebd., S. 88 f.
[109] Ebd., cap. 10, S. 84; EWIG, Frühes Mittelalter (wie Anm. 106), S. 132.
[110] Zu den Fischteichen auch Capitulare de villis, cap. 65, MGH Capit. 1, S. 89.
[111] Ebd., cap. 36, S. 86: *censa nostra*.
[112] GOCKEL, Königshöfe (wie Anm 41), S. 53–59; EWIG, Frühes Mittelalter (wie Anm 106), S. 132.

in der auch die eingezogenen Strafgelder für das in den Forsten ohne Erlaubnis erlegte Wild enthalten sein sollten.

Mit der erstmals um 800 faßbaren Erwähnung der Strafgelder für die unerlaubte Jagd wird ein Bereich berührt, der in den Quellen eine zentrale Stellung einnimmt: der Wildstand *intra forestes* unterlag der besonderen Aufmerksamkeit der Förster, seine Hegung gehörte zu ihren vornehmsten Aufgaben. Das Aachener Kapitular bringt dies mit folgender Formulierung knapp und präzise zum Ausdruck: *De forestis, ut forestarii bene illas defendant, simul et custodiant bestias et pisces.* Wilderei und unerlaubter Fischfang sollten streng geahndet werden. Sie galten als Verstöße gegen den Königsbann[113], der mit einer Buße von 60 *solidi* verbunden war. Diese gewaltige Summe, immerhin in der hier betrachteten Zeit 720 Silbermünzen (Denare) von jeweils über einem Gramm Silbergehalt, konnte einen Übertreter des Bannes an den Bettelstab bringen; durch ein Schreiben Einhards sind wir in einem Fall davon sogar unterrichtet[114]. Die Buße sollte ausdrücklich weder ermäßigt noch gar erlassen werden. Handelte es sich bei den Wilderern um königliche Vasallen, mußten sie dem Herrscher gemeldet werden. Selbst wenn der König jemandem die Jagd im Forst erlaubt hatte, war unbedingt eine bestimmte Obergrenze zu beachten[115].

Hier kann nicht auf alle Aspekte und Bereiche, die mit der Forstgeschichte zur Karolingerzeit zusammenhängen, eingegangen werden. So muß ich es u.a. bei dem Hinweis belassen, daß bereits seit merowingischer Zeit auch andere als der König Forste besaßen, beispielsweise mehrere *duces* und die Pippiniden-Arnulfinger[116].

[113] Pippini Capitulare Italicum (801/10), cap. 17, MGH Capit. 1, Nr. 102, S. 211: *Ut nemo pedicas* [Fußfallen] *in foreste dominica nec in quolibet loco tendere praesumant. Et hoc si ingenui perpetraverint, bannum dominicum solvant; si servi, domini illorum emendent sicut lex est*; Capitulare missiorum generale (802), cap. 39, MGH Capit. 1, Nr. 33, S. 98: *Ut in forestes nostras feramina nostra nemine furare audeat, quod iam multis vicibus fieri contradiximus; et nunc iterum bannanimus firmiter, ut nemo amplius faciat, sicut fidelitatem nobis promissa unusquisque conservare cupiat, ita sibi caveat. Si quis autem comis vel centenatius aut bassus noster aut aliquis de ministerialibus nostris feramina nostra furaverit, omnino ad nostra presentia perducantur ad rationem. Caeteris autem vulgis, qui ipsum furtum de feraminibus fecerit, omnino quod iustum est conponat, nullatenusque eis exinde aliquis relaxetur. Si quis autem hoc sciente alicui perpetratum, in ea fidelitate conservatam quam nobis promiserunt et nunc promittere habent, nullus hoc celare audeat.* Vgl. SEMMLER, Forst (wie Anm. 3), S. 141.
[114] Einharti epistolae 47 (MGH Epp. 5, S. 133).
[115] Capituare Aquisgranense (802/03), cap. 18, MGH Capit. 1, Nr. 77, S. 172: *Et si rex alicui intus foreste feramen unum aut magis dederit, amplius ne prendat quam illi datum sit.* Vgl. SEMMLER, Forst (wie Anm. 3), S. 141.
[116] Vgl. GLÖCKNER (wie Anm. 8), S. 27–31; W. METZ, Adelsforst, Martinskirche des Adels und Urgautheorie, Bemerkungen zur fränkischen Verfassungsgeschichte des 7. und 8. Jahrhunderts, in: Historische Forschungen für Walter Schlesinger, hg. von H. BEUMANN (1974), S. 75–85, besonders S. 79–82; RUBNER, Wald und Siedlung (wie Anm. 15), S. 169, Anm. 50; SEMMLER, Forst (wie Anm. 3), S. 142 f. u. 145 f.; kritisch zu den bayrischen Belegen: TIEFENBACH (wie Anm. 6), S. 44. Traditiones Wizenburgenses, S. 188, Nr. 12: Herzog Liutfrid traf sich zwischen 731 und 739 mit dem Abt von Weißenburg zu Unterhandlungen *in foreste dominico que dicitur Fasenburgo* (Wasenburg bei Niederbronn im Elsaß); vgl. BÜTTNER, Elsass (wie Anm. 85), S. 99 ff. Urkundenbuch zur Ge-

Wolfgang Haubrichs hat unlängst für das Verdunois wahrscheinlich machen können, daß es sich bei dem Besitz der Pippiniden-Arnulfinger in diesem Gebiet zum überwiegenden Teil um ehemaligen Fiskalbesitz gehandelt haben dürfte[117]. Aber im Bereich der Schenkungen an Kloster Weißenburg[118] im ausgehenden 8. und frühen 9. Jahrhundert und gelegentlich auch andernorts[119] wird doch deutlich, daß des öfteren Privatpersonen kleine Waldkomplexe besitzen, die als Forst bezeichnet werden. Man kann nicht auschließlich annehmen, daß es sich bei diesen Forsten um Schenkungen merowingischer Könige gehandelt habe, sondern wie andere königliche Besitzungen können auch solche Forste nach dem Verfall der merowingischen Herrschaft in der zweiten Hälfte des 7. Jahrhunderts von den Großen usurpiert worden sein[120]. Vorstellbar ist ebenso, daß dieser Personenkreis das Vorbild der Merowinger nachahmte und im Rahmen ihrer grundherrlichen Komplexe eigene Forste errichtete, wie es zur Zeit der Karolinger geschehen sein muß. Die Kapitularien Karls des Großen und Ludwig des Frommen behalten es nämlich ausdrücklich dem König vor, neue Forsten zu schaffen, und verbieten solches hingegen allen anderen Personen, vor allem aber den Grafen[121].

schichte der mittelrheinischen Territorien 1: Von den ältesten Zeiten bis zum Jahre 1169, bearbeitet von H. BEYER (1974), S. 10, Nr. 8: Bertrada d.Ä. und ihr Sohn Charibert schenken 721 dem Kloster Prüm *de foreste nostra*; ergänzend: W. LEVISON, Zur ältesten Urkunde des Klosters Prüm, NA 43 (1920), S. 383–385; zu Betrada d.Ä.: M. WERNER, Adelsfamilien im Umkreis der frühen Karolinger. Die Verwandtschaft Irminas von Oeren und Adelas von Pfalzel (Vorträge und Forschungen, Sonderbd. 28, 1982), S. 268–280 und öfters.

[117] W. HAUBRICHS, Die Urkunde Pippins des Mittleren und Plectruds für St. Vanne in Verdun (702), Toponomastische und besitzgeschichtliche Überlegungen zum frühen Besitz der Pippiniden-Arnulfinger und zum Königsgut im Verdunois, Francia 13 (1985), S. 1–46.

[118] Traditiones Wizenburgenses, S. 397, Nr. 192: Werald schenkt 713 der Abtei Weißenburg seinen Besitz in Waldhambach *cum mansis domibus seu mancipiis uel accolis ibidem commanentibus seu campis pratis pascuis siluis et forastis medietatem*; S. 170, Nr. 1: Haroin schenkt 742 u.a. in Wangen ein Ehepaar nebst *hoba* und allem Zubehör *et forste perfecta ad integro*; S. 423, Nr. 208: Helidmunt schenkt 788 in Gisselfingen u.a. *forastum unum*; S. 424, Nr. 209: Chrotger schenkt 790 in *Rimuwileri* u.a. *forastum meum*; S. 426, Nr. 211: Herimuat schenkt 798 zu Rimsdorf u.a. *forastum unum*. Den in der Literatur häufig verwendeten Beleg von 830 für eine von Wolfsint an Weißenburg tradierte *silva quae dicitur Berengeresforst* haben GLÖCKNER/DOLL als Fälschung des 12. Jahrhunderts eingeordnet, Traditiones Wizenburgenses, S. 237 f., Nr. 51 – vgl. GLÖCKNER (wie Anm. 8), S. 28 f.; K. LINDNER, Die Jagt im frühen Mittelalter (Geschichte des deutschen Weidwerks 1, 1940), S. 172; METZ, Adelsforst (wie Anm. 116), S. 79.

[119] Die Abtei Werden an der Ruhr (Essen) erhielt 816 von Erich und Ermenfrid *duas partes de illa foreste que est super fluuio arnapa*; T. LACOMBLET, Urkundenbuch für die Geschichte des Niederrheins 1, Düsseldorf 1840, S. 17, Nr. 32; diese *forestis* an der Erft lag im Pagus Nievenheim, die Schenker hatten ihren Anteil von ihrem Vater Amalrich geerbt, ebd., Nr. 33; vgl. GLÖCKNER (wie Anm. 8), S. 27; LINDNER (wie Anm. 118), S. 171 f.

[120] JARNUT, Jagd (wie Anm. 11), S. 779.

[121] Capitula per se scribenda (818/19), cap. 7, MGH Capit. 1, S. 288: *De forestibus noviter institutis. Ut quicumque illas habeat dimittat, nisi forte indicio veraci ostendere possit, quod per iussionem sive permissionem domni Karoli genitoris nostri eas instituisset: praeter illas quae ad nostrum opus pertinent, unde nos decernere volumus quicquid nobis placuerit*; Capitulare missorum (819),

Näher einzugehen bleibt aber auf jeden Fall noch auf das Nutzungsrecht der Jagd, das die Karolinger sich nicht nur, wie eben ausgeführt, unter Strafandrohung selbst vorbehielten, sondern – und hier erweist sich die Betrachtung der Quellen als schwierig – das sie anscheinend auch noch dann für sich beanspruchten, wenn sie oder ihre Vorgänger den Wald an Dritte veräußert hatten. Aufmerken läßt ein Diplom Karls des Großen von 774, mit dem der König dem Kloster St. Denis die Königshöfe Faverolles und Noronte sowie die zugehörige *forestis* Yvelines nebst Pertinenzien einschließlich der *forestarii* überließ[122]. Den Forst Yvelines nebst *diversa feraminum genera*, Förstern und deren Dienstgut hatte aber bereits König Pippin 768 dem Kloster geschenkt[123]. Und auch die beiden genannten Königshöfe waren dem Kloster von diesem Herrscher überlassen worden, wie man einem im Angesicht des Todes von König Karlmann ausgestellten Diplom von 771 entnehmen kann[124]. So erweist sich die Schenkung Karls im großen und ganzen als Besitzbestätigung. Man ist nun aber überrascht, wenn Karl in seinem Diplom dem Kloster die Jagd auf wilde Tiere, Hirsche und Rehe mit dem Hinweis gestattet, aus den Häuten Bücher zu binden und das Fleisch zur Speise von kranken Mönchen zu verwenden, hatte doch schon Pippin verfügt, daß nur mit Erlaubnis des Klostervorstehers gejagt werden dürfe. Löst sich dieser scheinbare Widerspruch etwa auf, wenn man unterstellt, daß den Herrschern auch in den verschenkten Forsten das Recht zu jagen gewahrt blieb?

Um die Antwort noch aufzuschieben, sei auf ein weiteres Diplom Karls verwiesen, das er im März 800 für St. Bertin (Sithiu) ausstellen ließ. Der König erlaubte dem Kloster die Jagd in dessen eigenen Wäldern – *in eorum proprias silvas* – und zwar zur Erquickung der Brüder, für Büchereinbände, Handschuhe und Gürtel, allerdings mit dem Vorbehalt *salvas forestas nostras, quas ad opus nostrum constitutas habemus*[125]. Ausgenommen vom Jagdrecht sind also die auf dem Boden des Klosters bestehenden königlichen Forste: hier will nur Karl der Große selbst jagen. Kurt Lindner, der in seinem Werk über „Die Jagd im frühen Mittelalter" von einer von Anfang an vorgegebenen rechtlichen Unterscheidung zwischen *silva* und *forestis* ausgeht und damit der Genese der Quellenbegriffe nicht gerecht wird, hat bei der Suche nach den Gründen für die merkwürdige Entscheidung Karls den folgenden

cap. 22, MGH Capit. 1, S. 291: *De forestibus nostris, ut, ubicumque fuerint, diligentissime inquirant, quomodo salvae sint et defensae, et ut comitibus denuntient, ne ullam forestem noviter instituant; et ubi noviter institutas sine nostra iussione invenerint, dimittere praecipiant;* vgl. SEMMLER, Forst (wie Anm. 3), S. 142.

[122] D Karl der Große 87.

[123] D Pippin III. 28: "*hoc est foreste nostra cognominante Aequalina cum omni merito et soliditate sua, quicquid ad ipsa silva aspicere vel pertinere videtur [...] ut iam dicta silva Aequalina [...] et forestarios cum ipsorum mansibus in ipsa foreste vel per diversa loca conmanente id est [...] Confinia vero de ipsa foreste haec sunt: [...]*; vgl. SEMMLER, Forst (wie Anm. 3), S. 141.

[124] D Karlmann 53.

[125] D Karl der Große 191, in der Zusammenfassung: *ex nostra indulgentia in eorum proprias silvas venationem exercere;* vgl. G. WAITZ, Deutsche Verfassungsgeschichte 4 (²1885), S. 130 f.; SEMMLER, Forst (wie Anm. 3), S. 141.

Gedanken geäußert: „Vielleicht beanspruchte der Kaiser für sich ganz allgemein das Recht, die Jagd zu erlauben oder zu untersagen, insbesondere, wenn es sich um Kirchenland und hier wiederum um Wälder handelte, die ehemals von einem seiner Vorgänger geschenkt worden waren."[126]

Ich meine, der Gedanke Lindners, daß den Herrschern auch in den veräußerten Forsten das Jagdrecht erhalten blieb, könnte uns auf die Spur führen. Ausgehend von der Beobachtung der Forschung, wie sie Josef Semmler im „Forst des Königs" zusammenfaßt, daß sich im Hochmittelalter in Deutschland die Forsthoheit von der Grundherrschaft gelöst hat, sind meines Erachtens die Anfänge dieses Prozesses bereits in karolingischer Zeit festzumachen. Wenn der König einen Forst vergibt, in die Vergabe aber nicht alle Nutzungsrechte einbezieht und sich – wie zu beobachten – vornehmlich die Jagd reserviert, dann wird eine Entwicklung eingeleitet, an deren Ende der von Semmler beobachtete Zustand begegnet. Dieser Prozeß läßt sich im übrigen exemplarisch an drei Schenkungen der Karolinger aufzeigen.

Als Karl der Große 774 der von Fulrad von Saint-Denis erbauten Zelle Fulradovillare/St. Pilt[127] eine fest umrissene *silva ex foreste nostra* schenkte, die zum Fiskus Kinzheim gehörte, da gestattete er den Mönchen Fisch- und Vogelfang und in der gesamten *forestis*, also auch außerhalb der bezeichneten Grenzen, das Weiderecht gegen Zins[128]. Er behielt sich demnach offenbar die Hochwildjagd vor. 851 überließ Karl der Kahle *ex fisco nostro* dem Kloster Saint-Denis einen wie folgt umschriebenen Komplex: *Leudelini curtis in pago Parisiaco, una cum silva quae vocatur Madan, cum omni integritate, excepta tantummodo venatione*[129]. Das Kloster erhält also den Fiskalwald *Madan* mit allen Nutzungsrechten ausgenommen die Jagd.

Die Entwicklung demonstriert besonders anschaulich das letzte Quellenbeispiel: Der *fiscus* Theux liegt in den Ardennen und grenzt an die südöstlich gelegenen Klöster Stablo und Malmédy. Einem Diplom Ludwigs des Frommen von 827 kann man entnehmen, daß das nachbarliche Verhältnis zwischen dem Königshof und den Königsklöstern nicht zum Besten stand. Streitpunkt war – wie so oft – die Waldnutzung. Es ging um eine *silva, quae in loco nuncupante Astanetum* (die Lage des Ortes ist umstritten). Sowohl der Königshof, präsent durch seinen *actor*, als auch die beiden Klöster, vertreten durch ihren Abt, beanspruchten den Wald, der Abt mit dem Argument die *silva* sei Stablo-Malmédy von früheren fränkischen Königen geschenkt worden, der Amtmann mit dem Hinweis auf die *consuetudo antiqua*. Auf die Berichterstattung durch die Königsboten entschied Ludwig, daß beide Parteien

[126] LINDNER (wie Anm. 118), S. 173.
[127] BÜTTNER, Elsaß (wie Anm. 85), S. 113 f.
[128] D Karl der Große 84: [...] *Ista omnia per loca denominata marcas et confinia totum et ad integrum infra ipsos finis tam piscatione quamque avis capiendo ad ipso sancto loco concedimus atque pro oportunitate ecclesiae indultum esse volemus et iubemus, ut per tota illa foreste nostra foras ipsos finis denominatas pastura ad eorum pecunia ex nostra indulgentia concessum habeat*; Bruckner, S. 152 f., Nr. 245; ZOTZ, Königtum und Forst (wie Anm. 11), S. 10.
[129] D Karl der Kahle 135 (Recueil des actes de Charles II le Chauve, publié par G. TESSIER).

nutzungsberechtigt seien und sich Viehweide, Schweinemast, Bauholz und Fischerei teilen sollten. Die Rodung wurde verboten, von der Jagd ist keine Rede[130].

Zwentibold schenkte 898 den Königshof Theux der Lütticher Kirche und zwar *cum omnibus iuste et legaliter ad eam pertinentibus, videlicet mancipiis utriusque sexus campis silvis pratis aquis aquarumque decursibus molendinis cambis piscationibus perviis exitibus et reditibus cultis et incultis mobilibus et immobilibus*[131]. Daß diese Schenkung aber nicht alle Rechte und Besitztitel enthielt, die mit dem *fiscus* Theux verbunden waren, offenbart eine Urkunde Karls des Einfältigen von 915. Das Diplom hat zu vielen Hypothesen Anlaß gegeben, die alle in einer unterschiedlichen Auffassung vom Begriff *forestis* wurzeln[132]. Karl schenkt nämlich der Lütticher Kirche die *forestis, quae olim pertinuerat ad Tectis villam*, die aber Zwentibold zurückbehalten habe[133]. Was es mit dieser *forestis* auf sich hat, sagt die Sanctio: wer sich untersteht, in dem Forst zu jagen, hat die königliche Bannbuße (*bannum regium*) zu zahlen. Mit anderen Worten, Zwentibold hatte zwar 898 den Königshof nebst Wald und anderem Zubehör verschenkt, aber nicht das Recht der Jagd.

In der Literatur hat besonders die mehr oder weniger präzise Grenzbeschreibung der *forestis* von Theux Beachtung gefunden. Der Jagdbezirk reichte nämlich im Norden, Westen und Süden weit über die Grenzen des *fiscus* Theux hinaus. Er griff beispielsweise im Süden tief in das Gebiet von Stablo und Malmédy hinein, bis vor die Tore der Klöster, nachweislich in einen Bereich, der 669/70 von Childerich II. ausdrücklich der Abtei geschenkt worden war.

Als Erklärung für dieses eigenartige Phänomen erscheint mir nach allem folgende Verallgemeinerung naheliegend: Die Merowinger und Karolinger haben vielen geistlichen Institutionen *ex fisco* Land zukommen lassen; sehr oft waren das vordem mit der königlichen Grundherrschaft verbundene und als *saltus*, *silva* oder *forestis* gekennzeichnete Waldungen – besser gesagt: Waldnutzungsrechte in einem bestimmten Bezirk. In diesen veräußerten, mit Wald bestandenen Bezirken haben sich die Herrscher gleichwohl weiterhin die Jagd vorbehalten – wenn auch nicht immer expressis verbis, so doch anscheinend in vielen Fällen de facto. Verwaltungstechnisch wurde der durch die Schenkungen bedingte Zustand dergestalt geregelt, daß die beschenkten Kirchen und Klöster den Wald durch eigene Förster beaufsichtigen ließen, daß aber der König durch seine Förster in Jagdangelegenheiten in den vergabten Forsten durchaus weiterhin präsent blieb. Die zu den Königshöfen gehörenden Förster hatten nunmehr zum einen den Wald ihres jeweiligen *fiscus* mit in der Regel allen Nutzungsrechten zu verwalten und zum andern zugleich die kirchlichen Wälder

---

[130] HALKIN-ROLAND, Nr. 29 S. 73 ff.; MÜLLER-KEHLEN (wie Anm. 21), S. 104 u. 214.
[131] D Zwentibold 24. Bestätigung: D Ludwig das Kind 57 (908).
[132] Vgl. E. FAIRON, Les donations de forêts aux Xe et XIe siècles en Lotharingie et en Allemagne, Revue belge de philologie et d'histoire 4 (1925), S. 91–107, 333–347.
[133] D Karl der Einfältige 81 (Recueil des actes de Charles III le Simple, publié par P. LAUER): *forestis, quae olim pertinuerat ad Tectis villam, quam dato fisco Zuendipolchus retinuerat ad manum regiam* [...].

mit einer auf die Jagd ausgerichteten Kompetenz zu observieren. So entstanden neu-
artige Verwaltungsbezirke, die hinsichtlich der Jagd über die Grenzen der Königshöfe hinaus in die in fremder Verfügung befindlichen Wälder – sei es Grundbesitz,
seien es Nutzungsrechte – der Kirchen und Klöster eingriffen. Ein solcher Verwal-
tungsbezirk – von der Quelle als *forestis* bezeichnet – begegnet jedenfalls 915 als
Zubehör des *fiscus* Theux.

Um abschließend wenigstens einige Linien aufzuzeigen: Wie die *silvae regales* so
sind auch die *forestes* zur Zeit der Merowinger Bestandteil des *fiscus*, des königlichen
Grundbesitzes. Die Bezeichnung *forestis* tritt seit dem 7. Jahrhundert immer stärker
neben *silva regalis*, manchmal als Synonym, wohl eher aber doch als ein neuer tech-
nischer Begriff, der die Nutzung durch den König sowie die damit verbundenen
Einnahmen zu betonen scheint. Gleichwohl, der Sprachgebrauch ist nicht immer so
eindeutig und präzise, wie wir es aus heutiger Erfahrung mit staatlichen Einrichtungen gerne unkritisch unterstellen möchten – die einst von Thimme abgeleitete Bestimmung von *forestis* als reiner Rechtsbegriff bietet ein Beispiel für eine solche viel
zu schematische und unhistorische Sicht. Statt dessen ist mit Schwankungen und
ständigen Veränderungen im Sprachgebrauch zu rechnen, gelegentlich wohl auch mit
einer bereits zur Zeit der Merowinger unzutreffenden Verwendung des Wortes.
Deutlich wird jedenfalls daneben der territoriale Charakter von *forestis* als ein bestimmtes in aller Regel mit Wald bestandenes und von Gewässern durchzogenes
Gebiet. Die Verwaltung der *forestes* wurde von den Organen des *fiscus* geregelt,
unter der Leitung von hochrangigen Adligen und Persönlichkeiten aus der Umgebung des Königs war sie einem bestimmten Personal anvertraut, den noch im 8. Jahrhundert der Sphäre der königlichen Grundherrschaft auf das engste verhafteten
custodes silvae und *forestarii*. Der Begriff *fiscus* bezieht sich vom 7. bis zum 9. Jahrhundert in steigendem Maße auf eine Gruppe von Königshöfen, also einer bestimmten
Anzahl von Siedlungen, heißen sie nun *curtes* oder *villae*, deren rechtlichen, wirtschaftlichen und sozialen Rahmen wir heute als königliche Grundherrschaft bezeichnen. Ein solcher *fiscus* besaß in aller Regel eine *forestis*, einen der königlichen
Nutzung offenstehenden Waldbezirk. Zu vermuten bleibt, daß der nur schemenhaft
erkennbare Prozeß, der unter der Herrschaft der Merowinger zu den als *forestes*
bezeichneten Nutzwäldern der *fisci* führte, mit der Ausbildung der „klassischen"
Grundherrschaft in Zusammenhang steht.
   Die Hauptformen der Nutzung waren die exklusive Jagd durch den König, die
Fischerei und die Viehweide, ganz besonders die Eichelmast und das Bucheckerich
für Schweine und Rinder. Lediglich aus der Sicht der überkommenen schriftlichen
Quellen, die – wenn überhaupt – nur ein verzerrtes Bild entstehen lassen, scheint die
Rodung erst in karolingischer Zeit größere Bedeutung gewonnen zu haben. Die Bau-,
Werk- und Brennholzentnahme wird zwar kaum erwähnt, aber mit Blick auf die von
der agrarischen Wirtschaftsweise bestimmten Lebensverhältnisse der Menschen im
früheren Mittelalter kann kein Zweifel an einer solchen Nutzung bestehen: Ohne

Holz war der Kampf ums tägliche Überleben nicht zu gewinnen! Offen bleibt, ob stets und überall sämtliche Säugetiere und Vögel des Waldes der königlichen Jagd vorbehalten blieben, oder nicht doch – von dem besonderen Fall der Wolfsjagd abgesehen – einzelne Gattungen und Spezies von den Bewohnern der Königshöfe gefangen werden durften.

Die Organisation der *forestes* im Rahmen einer sich entwickelnden königlichen Grundherrschaft erfuhr noch im 7. Jahrhundert erste Veränderungen, als die Merowinger und ihre Hausmeier begannen, im Wald Klöster zu gründen. So entstanden neue mit Waldnutzungsrechten ausgestattete Verwaltungsbezirke innerhalb der *forestes*, Forste in den Forsten. Diese neu eingerichteten Zonen von unterschiedlicher Qualität, je nachdem welche Einzelnutzungsrechte die Stifter den Monasterien überlassen hatten, bargen von der ersten Stunde an ein Konfliktpotential, das in der zeitgenössischen Hagiographie den Typ des feindseligen königlichen Försters oder Jägers schuf, den Bedränger und Bedrücker der frommen Mönche und Eremiten. Den Hintergrund bildet die Jagd, die in fast allen Fällen nicht in die Stiftung einbezogen war, sondern dem Schenker vorbehalten blieb – auch wenn dies nicht ausdrücklich gesagt wurde. Der königliche Förster, den Interessen seines Herrschers verpflichtet, vor allem also den Fragen der Jagd, stand für einen räumlich und sachlich übergeordneten Rechtskreis, für jene *forestes*, denen immer noch die Hegung und Pflege des Wildes zukam, auch wenn sonst alle anderen Nutzungsrechte ausgetan worden waren. So wurde im 9. Jahrhundert immer stärker die herrschaftliche Jagd zum Wesensmerkmal von *forestis* – der Weg zum flächendeckenden und fremden Grundbesitz übergreifenden *Wildbann* des Hochmittelalters deutet sich aber bereits im 7. Jahrhundert an.

Einige Überlegungen zu den Anfängen von Cluny

von
Rudolf Hiestand

Lange galt die Gründung von Cluny, wo vor 200 Jahren am 25. Oktober 1793 der letzte Gottesdienst in der wenig später zerstörten Abtei stattfand, als ein tiefer Einschnitt, ein plötzliches Hereinbrechen neuer Strukturen in die kirchliche Welt. In den letzten Jahrzehnten haben einerseits Kassius Hallinger, die Freiburger- und die Münsteraner-Schule eine Mehrzahl synchroner Reformbemühungen in weiten Teilen des einstigen Karolingerreiches aufgezeigt, andererseits Giles Constable, Constance Bouchard und Josef Semmler das Phänomen Cluny in den diachronen Zusammenhang des *'ordo monasticus semper reformandus'* gestellt, insbesondere eine Traditionslinie betont, die von Benedikt von Aniane über Saint-Savin-sur-Gartempe bei Poitiers nach Saint-Martin in Autun und dann über Gigny/Baume zur burgundischen Abtei führe[1]. Hundert Jahre nach Sackurs großem Werk[2] wird Cluny damit stärker in seine Zeit eingebettet und weniger als erratischer Block gesehen. Demgegenüber hat Dominique Iogna-Prat nach einer eingehenden Untersuchung der

---

[*] Im Sommer 1991 zeigte mir Hartmut Atsma (Deutsches Historisches Institut Paris) im Handschriftensaal der Bibliothèque Nationale die Gründungsurkunde von 909/910 und warf die Frage nach der Herkunft und Parallelen der auffälligen Begriffe auf, mit denen die Apostelfürsten und das Papsttum umschrieben werden. Dies gab die Anregung, in einem Hauptseminar, aus dem die Beiträge von Annett Becker, Susan Damati, Nicole Knapstein, Meike Kuhlmann, Britta Waitkus und Barbara Welz hervorgehoben seien, eine Reihe offener Probleme zu diskutieren. Herrn Kollegen Atsma sei auch an dieser Stelle für die freundliche Überlassung einer Ablichtung der Urkunde in Originalgröße herzlich gedankt.

[1] Vgl. K. HALLINGER, Gorze-Kluny. Studien zu den monastischen Lebensformen und Gegensätzen im Hochmittelalter (1950); J. SEMMLER, Das Erbe der karolingischen Klosterreform im 10. Jahrhundert, in: R. KOTTJE/H. MAURER (Hg.), Monastische Reformen im 9. und 10. Jahrhundert (Vorträge und Forschungen 38, 1989), S. 29 f.; DERS., Le monachisme occidental du VIIIe au Xe siècle: Formation et réformation, Revue Bénédictine 103 (1993), S. 86; C.B. BOUCHARD, Merovingian, Carolingian and Cluniac Monasticism: Reform and Renewal in Burgundy, Journal of Ecclesiastical History 41 (1990), S. 365–388; G. CONSTABLE, Cluny in the Monastic World of the tenth century, in: Il secolo di ferro: mito e realtà del secolo X (Settimane di Studio del Centro italiano di studi sull'alto medioevo 38, 1991), S. 397 ff.

[2] E. SACKUR, Die Cluniazenser bis zur Mitte des 11. Jahrhunderts 1–2 (1892–1894).

frühen Historiographie Clunys gezeigt[3], daß das einzige Zeugnis für die Filiationslinie von Autun nach Cluny im Quellenpaar Radulfus Glaber[4] und *Vita s. Hugonis Aeduensis* besteht[5], das in einem noch ungeklärten Abhängigkeitsverhältnis untereinander steht. Damit verbindet sich die Frage, ob Berno von einem durch ihn reformierten Baume aus auf eigenem Grund und Boden mit seinem Vetter Gigny im Surantal gründete[6] oder nach einem weltlichen Leben, gar als Graf[7], zuerst Gigny gründete und dann zwischen 888–890 von König Rudolf I. von Hochburgund Baume zur Reform erhielt[8].

Doch insgesamt sind nur neue Fragen gestellt worden, vor allem weil, wie Giles Constable unlängst wieder betont hat, „it is hard not to see Cluny during the first century of its history in the light of what it became later"[9]. Im wesentlichen auf die Jahre von der Gründungsurkunde Herzog Wilhelms von 909/910 bis zum feierlichen Privileg Johannes' XI. von 931 beschränkt, werden drei Fragenkreise im folgenden angesprochen: der Gründungsvorgang selbst, die Petrus-Übertragung, die entsprechenden Formulierungen der Gründungsurkunde und die rechtliche und historische Einbettung der Gründung.

An den Anfang gestellt werden soll jedoch eine Reihe von Desiderata: trotz einer fast uferlosen Literatur fehlen kritische Editionen sowohl der Gründungsurkunde Wilhelms von Aquitanien für Cluny[10] im Vergleich mit der Gründungsurkunde Eb-

[3] D. IOGNA-PRAT, La geste des origines dans l'historiographie clunisienne des XIe–XIIe siècles, Revue Bénédictine 102 (1992), S. 135–191. Die Vorbehalte gegen die fälschlich als Testament bezeichnete Urkunde Wilhelms und gegen das Testament Bernos sind nicht haltbar; die Viten des Johannes dürfen nicht erst unter dem Blickwinkel der Mitte des 11. Jahrhunderts betrachtet, vor allem aber die „Autohistoriographie" Clunys nicht isoliert werden, denn Einflüsse von außen sind seit Radulfus Glaber im Sinne einer Interaktion einzubeziehen.

[4] Radulfus Glaber, Historiarum libri quinque 3,5 (17–18), hg. von J. FRANCE (1989), S. 122.

[5] Vita s. Hugonis Aeduensis c. 13, AA. SS. April 2, Sp. 764F–765A; vgl. IOGNA-PRAT (wie Anm. 3), S. 146–150, der in ihr die Vorlage für Radulfus Glaber sehen möchte, doch die umgekehrte Filiation wird zu rasch verworfen (S. 149 Anm. 54), denn es wäre zu erklären, weshalb Radulfus Glaber Benedikt von Aniane getilgt hat.

[6] Für die Anknüpfung Clunys an Baume auch G. CONSTABLE, Baume and Cluny in the twelfth century, in: D. GREENWAY u.a. (Hg.), Tradition and Change. Essays in honour of Marjorie Chibnall (1985), S. 36 f.

[7] Vita, hg. von SACKUR, NA 15 (1890), S. 113 f.; Annales Laubienses, MGH SS 4, S. 16: *ex comite Burgundiae abbas Gigniacensis coenobii a se fundati*, vgl. auch Sigebert von Gembloux, Chronica, MGH SS 6, S. 344, beide zu 895.

[8] D Rudolf I. dep. Nr. 14. Während MOYSE (wie Anm. 65) und SEMMLER dem Weg über Autun zuneigen, erhebt IOGNA-PRAT (wie Anm. 3) zu Recht erhebliche Bedenken gegen diese These. Auch hier ist die den einzelnen Versionen zugrundeliegende Ideologie noch genauer zu prüfen.

[9] CONSTABLE, Cluny in the Monastic World (wie Anm. 1), S. 394.

[10] A. BERNARD/A. BRUEL, Recueil des chartes de l'abbaye de Cluny 1 (1876), S. 124 Nr. 112. Eine neue Edition künftig im ersten Band der von Hartmut Atsma und Jean Vezin vorbereiteten Monumenta medii aevi. IOGNA-PRAT (wie Anm. 3), S. 158–162 läßt offen, ob es sich in der überlieferten Form um einen Text von 1030 handle, doch kann dies nach den Untersuchungen von Atsma und Vezin ausgeschlossen werden.

bos für Bourg-Dieu von 917[11] und anderen Urkunden gleicher Provenienz als auch der *Vita Odonis* des Johannes von Salerno und der anderen Viten[12]. Ebenso stehen die ideengeschichtlichen Untersuchungen auch nach der wichtigen Untersuchung von Dominique Iogna-Prat erst am Anfang. Wo etwa ist die umfassende Monographie über Berno? Wie steht es mit den meist trotz Bedenken übernommenen Lebensdaten Odos: 30 Jahre beim Eintritt in Baume, 15 Jahre Mönch, dann Abt und wieder 15 Jahre später Begegnung mit Johannes, was förmlich nach Konstrukt „riecht"?[13] Was bedeutet es, daß die zweite *Vita* Odos statt von der *villa Cluniacum* von einer *vallis* spricht[14], was, daß die verlorene *Vita Ebbonis* die Gründung von Cluny, Bourg-Dieu und Aurillac auf eine gemeinsame Wallfahrt Wilhelms des Frommen, Geralds von Aurillac und Ebbos ins Heilige Land zurückführt?[15]

DER ANFANG

Am 11. September 910 setzte Odo *levita* in Bourges die Urkunde auf, mit welcher Herzog Wilhelm von Aquitanien und seine Gattin Ingilberga dem Hl. Petrus die *villa* Cluny aufließen und dem Abt Berno von Gigny und Baume unterstellten. Das Fehlen einer modernen Edition liegt vielleicht an der Länge von immerhin viereinhalb Seiten bei Bernard-Bruel, wahrscheinlich die längste Urkunde, die Cluny im 10. Jahrhundert bekommen hat. Dies entspricht unserem Bild eines bedeutenden Ereignisses. In Wirklichkeit steht die Länge in einem umgekehrt proportionalen Verhältnis zur materiellen Ausstattung der Stiftung. Während sieben Jahre später bei wört-

[11] E. HUBERT, Recueil historique des chartes intéressant le département de l'Indre, Revue archéologique du Berry (1899), S. 102 Nr. 5. Einige Ansätze zum Vergleich bei J. WOLLASCH, Königtum, Adel und Klöster im Berry während des zehnten Jahrhunderts, in: G. TELLENBACH (Hg.), Neue Forschungen über Cluny und die Cluniacenser (1959), S. 17–165, S. 89–92. Schon HUBERT hat als 'curieux' bezeichnet, daß die beiden Urkunden in den allgemeinen Aussagen und den Formeln fast wörtlich übereinstimmen. Abweichend sind nur Besitzliste und Zeugen. Zu Bourg-Dieu vgl. noch FAUCONNEAU-DUFRESNE, Histoire de Déols et Châteauroux 1–2 (1873).
[12] Vita Odonis, meist benutzt in der Edition bei MIGNE, PL 133, Sp. 43–80; z.T. abweichend: in M. MARRIER/A. DUCHESNE, Bibliotheca Cluniacensis (1614), Sp. 13–56. Vgl. M.L. FINI, L'Editio minor della 'Vita' di Oddone di Cluny e gli apporti dell'Humillimus. Testo critico e nuovi orientamenti, Archiginnasio 63–65 (1968–70), S. 132–205 und DIES., Studio sulla 'Vita Odonis reformata' di Nalgodo. Il Fragmentum mutilum del codice latino NA 1496 della Bibliothèque Nationale di Parigi, in: Atti dell'Accademia dell'Istituto delle Scienze di Bologna 63, fasc. 2 (1974–75), S. 33–147. Die als im Druck befindlich bezeichnete Edition der Vita Odonis des Johannes von Salerno ist meines Wissens nie erschienen.
[13] Erste Bemerkungen bei WOLLASCH (wie Anm. 11), S. 130–132. Die wichtigsten Stellen zum Lebenslauf Vita Odonis 1,3–4, Sp. 45; 1,11, Sp. 48; 1,16, Sp. 50; 1,23, Sp. 54; vgl. auch H. RICHTER, Die Persönlichkeitsdarstellung in cluniazensischen Abtsviten (Diss. Erlangen 1972), S. 23 und 26–65.
[14] Vgl. unten S. 294 und Anm. 48.
[15] WOLLASCH (wie Anm. 11), S. 93; vgl. J. DE LA GOGÜE, Histoire des Princes de Déols, in: GRILLON DES CHAPELLES, Esquisses biographiques du département de l'Indre 3 (²1865), S. 314 ff.

lich gleichem Formular die Liste der von Wilhelms Gefolgsmann Ebbo seiner Gründung Bourg-Dieu/Déols geschenkten Güter 57 Zeilen umfaßt[16], sind es in der Urkunde für Cluny bei einer Gesamtlänge von 125 Zeilen gerade 6 1/2[17]: dort macht sie
ein Drittel aus, hier ein Zwanzigstel! Ob mit dem größeren Gut auch die Verzehn-
fachung der Strafsumme von 100 Pfund Gold für Cluny auf fabulöse 1000 Pfund für
Bourg-Dieu zusammenhängt oder ob es sich um ein Beispiel jener 'bravade' handelt,
mit der im 12. Jahrhundert Heinrich II. bei jeder Gelegenheit seinen französischen
Lehensherrn zu übertrumpfen suchte, sei offengelassen[18]. Doch der für Déols auf
fünf *solidi* je fünf Jahre festgesetzte Zins an den Apostel gegenüber zehn *solidi* für
den gleichen Zeitraum für Cluny ist sicher nicht deswegen halb so groß, weil Déols
kleiner war, wie Lemarignier meinte[19]. Auch hier hat man sich von der späteren Bedeutung von Cluny in die Irre führen lassen. Zum Vergleich hatte Aurillac 10 *solidi*
alle zwei Jahre und Blesle fünf *solidi* jährlich zu zahlen[20]. Wie gering dieser Betrag
freilich war, zeigt die Nachricht, daß Odo zu Beginn seines Abbatiats aus Aquitani-
en 3000 *solidi* für den Bau des Klosters bekommen habe[21].

Für eine herzogliche Stiftung, die als Testament zur Sicherung der eigenen Memoria dienen soll, ist die Ausstattung Clunys bescheiden, ja kümmerlich, was Wilhelm
nicht hinderte, in der Urkunde für Cluny wie später Ebbo in der Urkunde für Déols
auf seinen übermäßig gewachsenen Besitz hinzuweisen, der ihm die Schenkung na-
hegelegt habe[22]. Nicht anders verhält es sich mit den ersten Schenkungen, die folgen.
Man darf sich vom 'Recueil des Chartes de l'abbaye de Cluny' mit den fast 6000
Nummern und der Tatsache, daß das Testament Bernos von 926 die Nummer 277
trägt, nicht täuschen lassen[23]. Neben vielen unrichtigen Datierungen ist ein großer
Teil der frühen Stücke erst nachträglich mit Güterübertragungen an die Abtei gekommen und hat noch nichts mit Cluny selber zu tun. Auf die siebzehn Jahre bis

[16] HUBERT (wie Anm. 11), S. 106 f. und vor allem WOLLASCH (wie Anm. 11), S. 61–73.

[17] Vgl. WOLLASCH (wie Anm. 11), S. 54–56 die Urkunden Johannes' XI. JL 3584 für Cluny, hg.
von H. ZIMMERMANN, Papsturkunden 896–1046 1 (²1989), S. 107 Nr. 64 und JL 3585 von März
931 für Bourg-Dieu, ebd. 1, S. 108 Nr. 65.

[18] Im 9. Jahrhundert betrug für Vézelay die Buße 300 Pfund; vgl. E. BOSHOF, Traditio Romana
und Papstschutz im 9. Jahrhundert, in: Studien und Vorarbeiten zur Germania Pontificia 6 (1976),
S. 12–17, 36–40.

[19] J.-F. LEMARIGNIER, L'exemption monastique et les origines de la réforme grégorienne, in:
A Cluny. Congrès scientifique (1950), S. 298, was WOLLASCH (wie Anm. 11), S. 89 anscheinend
übernimmt. Zum Zins für Cluny vgl. P. FABRE/L. DUCHESNE, Le Liber Censuum 1 (1910), S. 189
und Anm. 2.

[20] Odo, Vita s. Geraldi 1,4, hg. von MIGNE, PL 133, Sp. 673. Ebd. 2,17, Sp. 680, im Liber censuum (wie Anm. 19), S. 354 sogar zehn *solidi* jährlich. Zu Blesle vgl. BOSHOF (wie Anm. 18), S. 60
und Liber censuum, S. 201.

[21] Vita Odonis 2,2, Sp. 61.

[22] HUBERT (wie Anm. 11), S. 102 Nr. 5: *adeo in his videor excrevisse ..., ut ex rebus, quae mihi
temporaliter collatae sunt, aliquantulum impertiar ..., ut monastica professione congregatos ex propriis sumptibus sustentem.*

[23] BERNARD/BRUEL 1 (wie Anm. 10), S. 273 Nr. 277.

zum Tode Bernos entfallen nach den Untersuchungen von Chaume gerade etwa 30 Urkunden, d.h. im Durchschnitt zwei pro Jahr, davon 19 Schenkungen[24] – für das beginnende 10. Jahrhundert gewiß immer noch eine erstaunliche Zahl –, für den etwas kürzeren Abbatiat Odos von 927 bis 942 dann bereits 125 oder etwa acht pro Jahr[25]. Doch wie die Erstausstattung sind die Schenkungen bis 927 wie gesagt bescheiden: hier ein Acker, da eine halbe Wiese, dort ein kleiner Weinberg usw. Es sind bis 927 zehn Höfe, acht Mansen, fünfzehn Weinberge, sieben Wiesen, zwei Anteile *medium plantum*, zwei Mühlen, zwei *coloniae*, Hörige, etwas Wald[26]. Nichts kündet das spätere Cluny an! In seinem Testament bedenkt es Berno daher besonders, *quoniam locus ipse quasi posthumus morte Guillelmi quondam inclyti ducis atque nunc mea i m p e r f e c t u s deseritur et certe p a u p e r i o r est possessione et numerosior fraternitate*[27], und gibt ihm über seinen Teil hinaus eine Viertel Salzpfanne und gegen Zins das Gut von *Alafracta*, um das sogleich ein erbitterter Streit ausbricht[28].

Auch personell beginnt Cluny bescheiden und hatte 927 nach eigener Darstellung erst zwölf Mönche, nach Radulfus Glaber waren es deren zwölf zu Beginn[29]. Das war selbst für die Zeit nicht viel, wenn auch das Wachstum monastischer Gemeinschaften noch nicht die explosionsartigen Formen des 12. Jahrhunderts angenommen hatte. Dabei sollte die topische Zahl zwölf, wie später behauptet wurde, je sechs Brüder aus Baume und Gigny[30], als offenkundiges Konstrukt wohl beweisen, daß die kanonische Voraussetzung für ein eigenes *monasterium* erreicht war. Sie ist gegenüber der Wirklichkeit von 909/910 sicher übertrieben, denn noch 932–933 bezeichnen sich Odo und seine Brüder als eine *parvula societas*[31]. Man vergleiche wieder, daß die Mutterabtei Gigny um 930 zehn Mönche hatte[32], so daß die zwölf Cluny-Mönche in der Tat *numerosior* gewesen wären. Das Cluny, das 910 eine Urkunde Wilhelms

[24] M. CHAUME, En marge de l'histoire de Cluny, Revue Mabillon 16 (1926), S. 44–48; 29 (1939), S. 44–46, 81–89, 133–142; 30 (1940), S. 51–62. Zu den ersten Besitzungen von Cluny vgl. WOLLASCH (wie Anm. 11), S. 110 ff. B. ROSENWEIN, Rhinocerus bound. Cluny in the tenth century (1982) setzt erst bei Odo ein. G. DE VALOUS, Le domaine de l'abbaye de Cluny aux XIe et XIe siècles, in: Annales de l'Académie de Mâcon 3e série 22 (1920–1921), S. 303–481 gibt ein verzerrtes Bild, ebenso die Tabelle bei B. ROSENWEIN, To be a neighbour of St. Peter (1989), S. 15 f., weil an beiden Orten auch die nicht Cluny betreffenden Urkunden eingeschlossen werden.

[25] CHAUME (wie Anm. 24), S. 52.

[26] Radulfus Glaber 3,5 (18) (wie Anm. 4), S. 124 zählt 15 *terre, colonie*.

[27] Ich folge für den Text den Varianten bei BERNARD/BRUEL 1 (wie Anm. 10), S. 273 Anm. 1, doch handelt es sich möglicherweise bereits um Emendationen. Auch in der Vita Odonis wird die materielle Bedrängtheit Clunys noch zu 927 mit bewegten Worten geklagt, 2,2, Sp. 61: *Per illud namque tempus defecit omnis sumptus, quem secum detulerat in construenda monasterii officina.*

[28] Zu *Alafracta* vgl. unten S. 306.

[29] Vgl. Radulfus Glaber 3,5 (18) (wie Anm. 4), S. 124.

[30] T. MOLEMBERT, s.v. Gigny, in: Dict. d'histoire et de géographie ecclésiastiques 20, Sp. 1293 f.

[31] BERNARD/BRUEL 1 (wie Anm. 10), S. 394 Nr. 408.

[32] Ebd. S. 412 Nr. 425. Zur Datierung unten Anm. 114. Vgl. U. BERLIÈRE, Le nombre des moines dans les anciens monastères, Revue bénédictine 41 (1929), S. 255; CONSTABLE, Cluny in the Monastic World (wie Anm. 1), S. 406 und Anm. 45.

erhielt und 927 unter die Führung Odos kam, ist weit entfernt von dem Bild, das wir uns meist machen.

DER STIFTER

Cluny gilt als eine Gründung Wilhelms von Aquitanien[33]. Von ihm ist die Urkunde von 910 ausgestellt worden, auf ihn berufen sich Odo und später Radulfus Glaber und Adhemar von Chabannes[34]. Doch in den um das Jahr 1000 begonnenen Annalen von Lobbes, die sich auf ältere Lütticher Annalen stützen, heißt es: *Berno ... ex dono Avae comitissae construxit Cluniacum coenobium*[35] – Cluny als Geschenk einer Gräfin Ava, von Wilhelm kein Wort. Ob die Nachricht in die älteste Schicht der Annalen gehört oder ein späterer Zusatz ist, sie bildet eines der wenigen, vielleicht das früheste chronikalische Zeugnis für die Gründung. Die großen Geschichtsschreiber haben diese nicht für erwähnenswert gehalten oder konnten nicht ermitteln, wann sie erfolgt war. Otto von Freising nennt wie seine Vorlage Frutolf-Ekkehard Cluny zum ersten Mal im Zusammenhang mit Gregor VII., während die meisten Chroniken des 10. und 11. Jahrhunderts die Entstehung übergehen[36]. Martin von Troppau im 13. Jahrhundert kennt erst Odo *primus abbas*[37].

Neben der üblichen Wilhelm-Tradition, die chronikalisch von Radulfus Glaber und Adhemar von Chabannes getragen wird[38], gab es so eine zweite, die ohne Wilhelm auskam. Man könnte sie die Ava-Tradition nennen, die dann von Sigebert von Gembloux verbreitet wurde[39]. Die Vorgeschichte dieser Ava erwähnen weder die Annalen von Lobbes noch Sigebert. In der Urkunde von 910 selbst steht dagegen in

---

[33] Vgl. die erste Königsurkunde für Cluny König Rudolfs von Frankreich, hg. von R.-H. BAUTIER/J. DUFOUR, Recueil des Actes de Robert Ier et Raoul, rois de France 922–936 (1978), S. 47 Nr. 12: *Willelmus ... monasterium ... construxit*. Zu Wilhelm vgl. J. DHONDT, Etudes sur la naissance des principautés territoriales en France IXe–Xe siècle (1948), S. 293 ff.; C.B. BOUCHARD, Familiy structure and family consciousness among the aristocracy from the ninth to the eleventh century, Francia 14 (1986), S. 655–658 zur Familie Wilhelms mit einem Stammbaum S. 655.

[34] Odo als Petent für die Urkunde Raouls (vgl. Anm. 33) und für die Papsturkunden JL 3584 und 3605, hg. von ZIMMERMANN 1 (wie Anm. 17), S. 107 Nr. 64 und 137 Nr. 81; Radulfus Glaber (wie Anm. 4) und Adhemar von Chabannes, Chronique 3,26, hg. von J. CHAVANON (1897), S. 148.

[35] Annales Laubienses (wie Anm. 9), S. 15 f.

[36] Otto von Freising, Chronik VI 33, hg. von HOFMEISTER, MGH SS rer Germ (²1912), S. 300.

[37] Martin von Troppau, Chronica Pontificum, MGH SS 22, S. 431. Bei Adhemar von Chabannes (wie Anm. 34) ist Odo *secundus abbas*. Die Annales Nivernenses, MGH SS 13, S. 88, geben zur Gründung keine Namen, zu 918 den Tod Wilhelms mit dem Zusatz *fundator Cluniaci*, zu 926 *Berno primus abbas Clunciaci*.

[38] A.a.O., vgl. Anm. 4 und 34.

[39] Sigebert von Gembloux, Chronica (wie Anm. 7); auf ihn gestützt Jakob de Guisia, Annales Hanoniae, MGH SS 30/1, S. 173 und Johannes Longus, Chronicon monasterii s. Bertini, hg. von BOUQUET, Recueil des Historiens des Gaules et de la France 9, S. 73.

hervorhebender Weise, in Cluny solle außer für den Herzog, seine Gattin und seine Neffen fortan gebetet werden *pro Avanae nichilominus, quae michi easdem res testamentario iure concessit*. Wenn nicht näher gesagt wird, wer sie war, so nicht, weil es unterdrückt werden sollte, sondern weil alle es wußten! Wie so oft in einer schlechteren Position muß die Nachwelt anderen Urkunden entnehmen, daß Ava eine Schwester Wilhelms war, die im Jahre 893 als *humilis Christi famula* ihm oder seinen Söhnen oder Töchtern, falls er solche aus legitimer Ehe haben werde, *quandam villam m e a m nomine Clunciacum* mit allem, was dazu gehört, und zwar alles *de m e a potestate* mit freiem Verfügungsrecht vermachte, freilich erst auf den Zeitpunkt ihres Todes[40]. Als Gegenleistung erhielt sie auf Lebenszeit aus Wilhelms allodialem Besitz eine *Audioenis villa* in der Grafschaft Chaumont, die nach ihrem Tode an ihn und seine *propinqui* zurückfallen sollte[41]. Die immer wieder angeführte Schilderung der *Vita b. Hugonis Aeduensis* von einem einstigen Jagdgebiet Wilhelms, in der neueren Literatur gelegentlich zu einem Jagdhaus weiterentwickelt, wohin ihn der junge Odo, damals am aquitanischen Hof zur Erziehung, mit den Hunden begleitet haben soll[42], entlarvt sich als eine späte Konstruktion. Sie ist auszuschalten, denn es handelte sich im Jahre 893 um eine Schenkung auf den Todesfall, so daß Wilhelm gar nicht sogleich mit Hunden durch das Gebiet zu streifen beginnen konnte.

Woher Ava diese *villa de mea potestate* besaß, wird nicht gesagt. Die Annalen von Lobbes und eine Urkunde von 953[43] deuten mit der Bezeichnung *comitissa* an, daß sie einst verheiratet war, vielleicht mit dem Grafen von Nevers, so daß es auch kein Zufall wäre, unter den Zeugen der Urkunde von 910 außer dem Erzbischof von Bourges und dem Bischof von Clermont denjenigen von Nevers, Atto *peccator*, zu finden. Ihre Schenkung von 893 sicherte Ava ab gegen eigene Eingriffe und gegen solche ihrer Erben oder Nacherben[44]. Da in der ältesten erhaltenen Erwähnung Clunys, auf die noch zurückzukommen ist, der Bischof von Mâcon im Jahre 825 die ihm angeblich im Jahre 802 von Karl dem Großen überlassene *villa* einem Grafen Warinus und seiner Gattin *Albana sive Ava* übergab[45], legt die Namensähnlichkeit

---

[40] BERNARD/BRUEL 1,61 (wie Anm. 10), Nr. 53: *post peractum vitae meae praesentis cursum.*

[41] *ad usum vitae meae praesentis ... quendam alodium iuris tuae proprietatis ... in Calmontensi pago*. Weshalb CONSTABLE, Cluny in the Monastic World (wie Anm. 1), S. 400 diese *villa* nach Lothringen verlegt, ist unklar. Chaumont liegt nicht in Lothringen, sondern im südlichen Teil der Champagne. M. PACAUT, L'ordre de Cluny (1986), S. 63 verwechselt *Calmontensi* mit *Claromontensi* und meint die *villa* liege in der Auvergne, nicht weit von Sauxillanges.

[42] Vita b. Hugonis Aeduensis c. 13 (wie Anm. 5); vgl. CHAUME (wie Anm. 24), S. 44.

[43] BERNARD/BRUEL 1 (wie Anm. 10), S. 810 Nr. 856.

[44] Ebd. S. 61 Nr. 53: *ego ipsa aut ullus de heredibus meis vel proheredibus.*

[45] M.-C. RAGUT, Cartulaire de Saint-Vincent de Mâcon (1864), S. 40 Nr. 42: *villam Clunciacum Warino comiti et Albanae sive Avae uxori eius commutavit*; vgl. ebd. S. 42 Nr. 55 vom gleichen Jahr. Zu 802 vgl. BERNARD/BRUEL 1 (wie Anm. 10), S. 1 Nr. 1.

ebenso wie die Tatsache, daß Wilhelm einen früh verstorbenen Bruder Warin hatte[46], nahe, daß dies die Großeltern Avas und Wilhelms mütterlicherseits waren[47]. Cluny dürfte daher ein Erbgut gewesen sein.

Welche Absicht verfolgte Wilhelm im Jahre 910? Gewiß schreiben wir kaum mehr wie Sackur, Wilhelm soll „die Lust angewandelt haben, selbst ein Kloster ... zu gründen"[48], noch ohne weiteres: „Herzog Wilhelm von Aquitanien, nachdem er die Klöster ringsum geplündert hatte, ... schenkte um 910 sein burgundisches Jagdhaus Cluny den Mönchen. Um dem Heil seiner Seele zu dienen, gab er sein Hauskloster frei"[49]. Doch auch die Aussage „In der Erkenntnis, daß eine Hauptursache des kirchlichen Niedergangs im 9. Jahrhundert die Unfreiheit und Schutzlosigkeit der Klöster gegenüber geistlichen und weltlichen Mächten war, unternahm Herzog Wilhelm von Aquitanien um 908 ... die Neugründung Clunys in Burgund"[50] läßt Wilhelm ahistorisch ein umfassendes Programm konzipieren, als er die berühmte Urkunde ausstellte.

Viel unmittelbarer und zugleich menschlicher war die Gründung Clunys durch den Tod seiner Schwester hervorgerufen, noch verstärkt durch die Tatsache, daß die 893 erwarteten Söhne und Töchter nicht vorhanden und nicht mehr zu erwarten waren[51]. Wilhelm wollte das Seelenheil Avas sichern und das eigene. Damit entfällt auch die oft wiederholte Erklärung, es sei um die Sicherung anders nicht zu haltenden peripheren Besitzes gegangen, den der Herzog unter Petrus-Schutz gestellt habe[52]. Wäre nicht, so müßte man fragen, der allodiale Besitz in der Grafschaft Chaumont, den er Ava übergeben und nun zurückerhalten hatte, noch viel „peripherer"

---

[46] Vgl. Schenkung des Neffen Wilhelms Acfred für Sauxillanges, hg. von H. DONIOL, Cartulaire de Sauxillanges (1864), S. 47 Nr. 13.

[47] Damit fügt sich zusammen, daß ein Graf Leutbald, der offensichtlich Avas Verwandter ist, vgl. CHAUME, Revue Mabillon 29 (1939), S. 49 und Anm. 4, aber nicht zur Familie von Bernard Plantevelue und Wilhelm gehört, um 919–922 in eine Memorialstiftung an Cluny neben seinem eigenen Gebetsgedenken und demjenigen seines *senior* Wilhelm und dessen Neffen Wilhelm an erster Stelle dasjenige der Ava einschließt, BERNARD/BRUEL 1 (wie Anm. 10), S. 203 Nr. 214: *pro anima Avane et pro genitoribus vel ceteris parentibus nostris,* und nochmals in seinem bisher als Beleg übersehenen Testament von 930 September 2, ebd. S. 368 Nr. 387: *pro animabus Willelmi ducis et Avanae, Willelmi quoque domini mei* usw.

[48] SACKUR 1 (wie Anm. 2), S. 40. Vita Odonis altera c. 22 (= Vita Nalgodi), MIGNE, PL 133, Sp. 94: *consilium fuit illi* (i. e. Wilhelm) *monasterium construere monachorum* und *mysterium consilii sui esse, ut monasterium constituat in fundo suo.* Er ruft daher Berno und übergibt *in manu eius Clunciacum v a l l e m* – so wohl auch typisch 11./12. Jahrhundert – *cum adiacentiis.*

[49] A. BORST, Lebensformen im Mittelalter (1973), S. 500.

[50] R. BAUERREISS, s.v. Cluny, in: Lexikon für Theologie und Kirche 2 (²1958), Sp. 1239.

[51] Adhemar von Chabannes (wie Anm. 34) 3,21, S. 140: *cum non haberet prolem,* ihm folgend Richard von Poitiers, Chronica, MGH SS 26, S. 77 und Annales s. Benigni Divionensis, Codex 2, MGH SS 5, S. 42 zu 910*: cum non haberet heredem.*

[52] Die periphere Lage wird auch bei CONSTABLE, Cluny in the Monastic World (wie Anm. 1), S. 401 Anm. 34 betont „among many interesting questions concerning William are his holdings of land far from his power base".

und in dieser Gedankenlinie geeigneter gewesen? Man übersieht leicht, daß die Familie Wilhelms seit langem mit dem Raum verbunden war und die Bezeichnung als Herzog von Aquitanien täuscht.

Ein zweites kommt hinzu: ein mittelalterlicher Mensch wählt für eine *memoria* nicht gefährdeten Besitz. Er würde so selber seine Stiftung und damit seine *memoria* gefährden. Man braucht nur die anderen Gründungen der Zeit zu betrachten: Bourg-Dieu, Aurillac, Romainmôtier, Brioude lagen je im Zentrum des Machtbereichs des jeweiligen Stifters bzw. Begünstigten. Dies galt auch für Ava, deren Großeltern im Gebiet von Mâcon ansässig gewesen waren, so daß sich die *Vita b. Hugonis* mit ihrem Bericht über einen Streifzug auf der Suche nach einem geeigneten Ort für eine Klostergründung wiederum als Phantasieprodukt entlarvt.

Genau besehen verwendete Wilhelm – gewiß *de propria dominatione*, jedoch als frisch gewonnenes Eigengut – den testamentarisch an ihn gefallenen Besitz seiner Schwester für eine Memorialstiftung zu deren Gunsten. Zur Ausstattung diente, was sie ihm auf den Zeitpunkt ihres Todes zugesprochen hatte. Nicht einmal das ihr im Jahre 893 zu Nießnutz überlassene Gut wurde hinzugefügt, auch sonst keine *villa*, kein *mansus*, kein Acker. In den folgenden Jahren beschränkte sich Wilhelm darauf, entfremdeten Besitz für Cluny zurückzugewinnen[53], gestattete allerdings seiner Gattin, aus ihrer Mitgift einen *fiscus* zu schenken[54]. In Wirklichkeit hatte Ava ihre *memoria* selber bezahlt. Sechs Jahre später dagegen stattete der Herzog, nun dem eigenen Lebensende nahe, Sauxillanges in der Auvergne als *memoria* für sich und seine andere Schwester Alisendis und deren Kinder *de rebus propriis m e i s ... de m e o iure* mit einer *de m e i s sumptibus in m e o proprio fundo* erbauten Kirche aus[55]. Die Liste der von Wilhelm an Sauxillanges übertragenen Güter ist etwa anderthalb Mal, die Liste des von seinem Neffen Acfred im Jahre 927 geschenkten Besitzes[56] sechs Mal so lange wie die Liste in der Urkunde für Cluny. Der Eindruck, daß es sich bei dessen Stiftung materiell keineswegs um einen außergewöhnlichen Vorgang handelte,

---

[53] BERNARD/BRUEL 1 (wie Anm. 10), S. 179 Nr. 192. Ebenso werden (919–922), ebd. S. 202 Nr. 214 durch Leutbald und 953 Oktober 13, ebd. S. 810 Nr. 856, Güter zurückgegeben, die ein Hugo von seiner Mutter Dodona besaß und worüber er eine *carta* seines *senior* Leutbald vorweisen konnte, wohl des eben erwähnten Leutbald (vgl. Anm. 47), der sich als Verwandter der Ava kundtut. Später wird die materielle Ausstattung ganz anders gesehen, wenn etwa die Annales s. Benigni Divionensis, Codex 2 (wie Anm. 51), S. 42 zu 910 einfügen: *Willelmus ... magna de suis redditibus prefato loco iure dedit hereditario.*

[54] BERNARD/BRUEL 1 (wie Anm. 10), S. 193 Nr. 205: die *memoria* ist bestimmt für Ingilberga, Wilhelm, ihren Bruder Ludwig (den Blinden) und die beidseitigen Vorfahren.

[55] DONIOL, Sauxillanges (wie Anm. 46), S. 135 Nr. 146: *pro remedio anime mee .. pro absolutione animarum fratrum meorum et sororis mee Adalendis et filiorum eius.*

[56] Ebd. S. 47 Nr. 13: Sauxillanges wird nicht dem Apostel aufgelassen, sondern *omnipotenti Deo soli serviant et in nomine eius vivant ...* mit einer auch sonst auffälligen Formulierung: *subiecta sit neque spiritibus angelicis, sed ipsi soli Domino, qui in trinitate perfecta vivit et regnat, et ministri ecclesie ibidem deputati nullum mundiburdum sanctorum aut hominum vel rectorem expectant.* Zu Sauxillanges und Cluny vgl. H.E.J. COWDREY, The Cluniacs and Gregorian Reform (1970), S. 82 f.

verstärkt sich, wenn Wilhelm wohl gleichzeitig mit der Stiftung Bourg-Dieus durch seinen Gefolgsmann Ebbo dieses seinerseits aus eigenem Gut ausstattete[57], Cluny dagegen Besitz *ex dono Avae* erhielt.

Daß man in Cluny um die Zusammenhänge wußte, zeigt die Aufnahme der Urkunde von 893 in das sog. „Cartulaire de Bernon"[58]. Doch die Dorsualnotiz auf dem Original verkündet sachlich falsch *carta Guilelmi comitis, fundatoris monasterii Cluniacensis*[59]. Daß es eine Urkunde Avas war, verschwand; Ava war aus der Geschichte Clunys getilgt, Wilhelm der alleinige Gründer[60]. Auch die *Vita Odonis*, die Papst- und Königsurkunden und die meisten modernen Werke nennen sie nicht. Da wir kein Nekrolog von Cluny haben, wissen wir nicht, ob ihrer dort überhaupt gedacht wurde. Der Wahrheit steht freilich die Ava-Tradition in vieler Hinsicht näher.

Um noch die bereits von Constable gestellte Frage aufzunehmen, weshalb Wilhelm Berno als Leiter Clunys wählte[61], so sei der Ruf Bernos als der eines Reformers, was auch Odo kurz zuvor den Weg nach Baume hatte nehmen lassen, als *movens* nicht ausgeschlossen. Doch die Vermutung, auch Berno sei ein Enkel (oder ein Großneffe) jenes Grafen Warinus und seiner Gattin Ava gewesen und damit ein Vetter Wilhelms mütterlicherseits, würde den Kreis schließen[62].

CLUNYS RECHTLICHE STELLUNG

Mit dem Ausdruck „Gründung eines Klosters" ist in der religiösen Welt des Frühmittelalters für die Rechtsstellung der betreffenden Institution nicht viel gewonnen. Wieder zwingt die Ava-Tradition zu einer Überprüfung gängiger Meinungen. Sie lautet im vollen Wortlaut: *construxit Cluniacum coenobium in cellam Gigniacensem*, wobei der Akkusativ – nicht Ablativ – zu beachten ist. Es wäre also zu überlegen, ob wir Cluny nicht als eine *cella* sehen müssen, die von Berno seinem Kloster Gigny angegliedert wurde. Nicht ein eigenständiges *monasterium* als eigene Rechtspersönlichkeit, sondern eine *cella* am Anfang würde auch weit besser der

---

[57] *Res proprietatis nostrae*, hg. von HUBERT, Recueil (wie Anm. 11), S. 117 Nr. 7, falsch eingereiht zu 'vers 927'; es müßte sich so um Wilhelm den Jüngeren, den Neffen Wilhelms, handeln, doch steht durch die Nennung Ingelbergas als Gattin die Zuordnung fest.

[58] BERNARD/BRUEL 1 (wie Anm. 10), S. 61 Nr. 53. Ebd. S. 63 Anm. 6 zum Chartular A und auch ROSENWEIN, To be a neighbour (wie Anm. 24), S. 16 Anm. und IOGNA-PRAT (wie Anm. 3), S. 163–170. Der diesem eingefügte Bericht über die Anfänge Clunys, hg. von SACKUR 1 (wie Anm. 2), Beilage 1, S. 377 f., nennt wie die Vita Odonis des Johannes weder Ava noch Wilhelm.

[59] BERNARD/BRUEL 1 (wie Anm. 10), S. 61 Nr. 53.

[60] Auch die breit angelegte Studie von U. WINZER, Cluny und Mâcon im 10. Jahrhundert, in: Frühmittelalterliche Studien 23 (1989), S. 154–202, erwähnt Ava nicht.

[61] CONSTABLE, Cluny in the Monastic World (wie Anm. 1), S. 401 Anm. 34.

[62] PROST (wie Anm. 65), S. 49; GASPARD 1 (wie Anm. 77), S. 5 und Anm. 4. Was FAUCONNEAU (vgl. Anm. 11) 1, S. 54 dazu führt, von Berno zu schreiben, er sei 'élevé à la cour de Pépin et Charlemagne', ist unerfindlich.

spärlichen Ausstattung, der Verlegung von Mönchen aus Gigny und Baume und den klagenden Worten Bernos entsprechen, daß der Bau von Cluny weder beim Tode Wilhelms von Aquitanien 918 noch im Augenblick seiner eigenen Testamentserrichtung im Jahre 926 fertigerstellt gewesen sei[63]. Zwischen Kloster und *cella* waren zwar die Übergänge rechtlich und terminologisch fließend, die strikte hierarchische Ordnung des 12. Jahrhunderts Anfang des 10. Jahrhunderts noch nicht erreicht[64]. Eine Entwicklung von einer abhängigen *cella* zu einem eigenständigen *monasterium* hätte zudem eine Parallele im unmittelbaren Umfeld, war doch das bereits seit langem bestehende, wenn auch reformbedürftige Baume einst von Papst Formosus Gigny als *cella* zuerkannt worden[65]. Es gewann zwischen 903 und 927 Selbständigkeit, ohne daß wir diesen Schritt urkundlich oder chronikalisch fassen könnten. Auch für Cluny war der Vorgang spätestens bei Bernos Tode im Jahre 927 abgeschlossen. Daß er dort seine Sepultur wählte, zeugt von der *emancipatio*.

Ob *cella* oder *monasterium*, war Cluny nicht eine völlige Neugründung. In der Urkunde von 893 und einer anderen von 901, in der sie einen Tausch von Hörigen vornimmt[66], erscheint Ava als *abbatissa*. Auch dieser Ausdruck ist nicht eindeutig. Er braucht nicht eine Äbtissin im kirchenrechtlichen Sinn zu bezeichnen, sondern kann auch für eine sich dem geistlichen Leben widmende Frau verwendet werden. Ob Ava eine Gemeinschaft leitete, wie diese gegebenenfalls organisiert war, entzieht sich der Kenntnis. Zur *villa Cluniacum* gehörten nach der Urkunde von 893 Pertinenzen *in ecclesiis et in capellis*. Güter- und kirchenrechtlich war die Wurzel Clunys die einer *abbatissa* gehörende *villa* mit Kirchen und Kapellen.

Doch in jener ältesten Urkunde von 825 heißt es *in qua Cluniaci villa nobile coenobium ... constructum est*[67]. Dies ist nun eindeutig. Am Anfang des 9. Jahrhunderts war Cluny der Sitz einer geistlichen Gemeinschaft gewesen. Da Ava 893 die *villa* eigenrechtlich verschenken konnte, war es wohl ein Stift. Dieses *coenobium* scheint

---

[63] Testament Bernos (wie Anm. 23) und Vita Odonis 2,2, Sp. 2.

[64] Zur Terminologie vgl. jetzt A.M. BAUTIER, De *praepositus* à *prior*, de *cella* à *prioratus*. Evolution linguistique et genèse d'une institution, in: J.-L. LEMAÎTRE (Hg.), Prieurés et prieurs dans l'Occident médiéval (1987), S. 1–21.

[65] JE. 3499; hg. von B. PROST, in: Mémoires de la Société d'Emulation du Jura (1872), S. 89 Nr. 2. Baume-les-Messieurs ist weder eine Gründung Kolumbans oder Benedikts von Aniane oder seines angeblichen Schülers Euticus, sondern 869 zum ersten Mal sicher zu erfassen, als es durch Tausch an den Erzbischof von Besançon kam (D Lothar II. Nr. 33). Es wird öfter mit dem weiter nördlich gelegenen Baume-les-Dames bzw. Baume-les-Nonnains und mit Balmette in der Diözese Lausanne verwechselt. Zu Baume-les-Messieurs vgl. L. GENEVAUX, Les origines de l'abbaye de Baume, in: Mémoires de la société d'émulation du Jura (1959), S. 21–23; G. MOYSE, Les origines du monachisme dans le diocèse de Besançon (Ve–Xe siècles), BECh 131 (1973), S. 427–431; G. CONSTABLE, Baume and Cluny (wie Anm. 6) und G. MOYSE in: R. LOCATELLI (Hg.), L'abbaye Baume-les-Messieurs (1979), S. 24–34; künftig Gallia Pontificia, Diocèse de Besançon. Zu Gigny vgl. unten Anm. 77.

[66] BERNARD/BRUEL 1 (wie Anm. 10), S. 83 Nr. 74.

[67] Wie Anm. 45.

freilich um 910 nicht mehr bestanden zu haben, denn Ava sprach schon 893 nur von *villa, ecclesiae* und *capellae*, nicht von einer dort lebenden Gemeinschaft. Fest steht dennoch, daß Cluny keine Gründung in einem leeren Raum darstellte, vielmehr die Wiedererrichtung religiösen Lebens an einem Ort, der bereits eine fast hundert Jahre alte entsprechende Tradition besaß. *Construxit* bedeutet auch hier *reconstruxit*, nicht *fundavit*. Von neuem erweist sich die *Vita b. Hugonis*, wo Berno mit dem Heiligen suchend die Gegend durchstreift, bis sie als den schönsten Ort Cluny finden, als Phantasieprodukt[68]. *In cellam Gigniacensem*: noch späte Autoren, wie die Chronik von St-Bertin (14. Jh.), schreiben präzisierend und verschärfend zugleich: *Berno construxit ecclesiam Cluniacensem non ut proprie tunc monasterium, sed domum sive cellam, subiectam abbati et ecclesiae Gigniacensi.* Wie wir personell trennen müssen zwischen einer Wilhelm- und einer Ava-Tradition, so stehen institutionell eine *monasterium*- und eine *cella*-Tradition nebeneinander. Der Chronist von St-Bertin kannte freilich auch die Wilhelm-Tradition und verbindet sie unversehens und mit innerem Widerspruch, indem er fortfährt: *postmodum est exaltata et fundata in monasterium magnum et solemne per Hugelinum* (statt Wilhelm) *Burgundiae principem*[69].

DIE FRAGE DES PROGRAMMES

Wie sehr Cluny an Ideen des 9. Jahrhunderts anknüpfte, haben Constable und Semmler mit Nachdruck unterstrichen. Doch stärker noch müßte unterstrichen werden, daß, wie Gerard Moyse in seiner großen Arbeit über die monastische Entwicklung in der Diözese Besançon zu Recht hervorgehoben hat, die neue Ausrichtung des klösterlichen Lebens schon in Gigny/Baume vorhanden war[70]. Dort war die Rückkehr zu „unserem Vater Benedikt" programmatisch vollzogen worden. Nach der Gründungsurkunde Wilhelms soll nun die Person Bernos Gewähr leisten, daß der gleiche Geist in Cluny leite: *iuxta regulam s. Benedicti*.

Es gibt keinen Anhaltspunkt, daß Berno in Cluny liturgisch-monastisch etwas anderes vorgeschrieben hätte als in Gigny/Baume. Während er jedoch Baume reformieren, d.h. eine bestehende Struktur ändern mußte, konnte er in Cluny, das Wilhelm ihm allein übergab, völlig neu anfangen. Von einem sich auf Ava und/oder die einst an diesem Ort bestehende Kommunität berufenden Widerstand ist nichts zu hören, ganz anders als in Baume. Daß er dort auf Widerstand stieß, erklärt sich daher leicht. Dabei hebt die Vita Odonis auf Gegner Odos ab, die nach Bernos Tod das

---

[68] Vita b. Hugonis Aeduensis c. 2, Sp. 766E.
[69] Johannes Longus (wie Anm. 39).
[70] MOYSE, Origines (wie Anm. 65), S. 429 ff.

Kloster verlassen und als Kriegsleute die gerechte Strafe gefunden haben sollen[71]. Noch einmal: Cluny war keine programmatische Gründung auf einer neuen ideellen Basis.

DIE AUFLASSUNG AN DEN APOSTELFÜRSTEN

Einem Charakter Clunys als *cella* könnte die Auflassung an den Hl. Petrus entgegengehalten werden. Sie ist mit der totalen Exemtion von irdischer Gewalt, einschließlich derjenigen des Papstes, lange als das Besondere an der Gründung Clunys gesehen worden[72]. Man hat inzwischen erkannt, daß schon im 9. Jahrhundert Klöster wie Aurillac[73], Vézelay[74], Pothières[75], dem Hl. Petrus aufgelassen worden sind und auch eine Exemtion von jeglicher weltlicher Gewalt nichts absolut Neues war[76].

Daß Wilhelm Cluny unter den Schutz des Apostels stellte, war freilich keine geniale „Erfindung". Nach der Urkunde von 893 war die Kapelle von Cluny geweiht *in honore sanctae Mariae et sancti Petri*, laut Wilhelms Urkunde *in honore sancte dei genetricis Mariae et sancti Petri apostolorum principis*. Auch diese Tradition war älter, denn schon 825 hieß es *coenobium in honore beatorum apostolorum Petri et Pauli*, statt Maria noch mit Paulus als zweitem Patron. Weder spontaner Einfall, um angesichts schwacher Königsmacht den größtmöglichen Schutz gegen den Adel zu gewinnen, noch Scheingeschenk an eine weit entfernte, an Ort und Stelle machtlose Instanz, wurde Cluny dem aufgelassen, dem es seit jeher gehörte. Der Petrus-Bezug war vorgegeben.

Dem Apostel war freilich auch jene Abtei geweiht und aufgetragen, der Cluny 910 nach den Annalen von Lobbes *in cellam* geschenkt wurde, nämlich Gigny[77].

---

[71] Vita Odonis 1,38, Sp. 60, vgl. auch 1,34, Sp. 58. Wenn sie nicht die *mente et actione iuvenes*, sondern die *seniores* unter den Mönchen als Odos Gefolgsleute sieht, ist dies wie immer nicht auf das physische Alter bezogen.

[72] Vgl. CONSTABLE, Cluny in the Monastic World (wie Anm. 1), S. 418 f.

[73] Vita s. Geraldi (wie Anm. 20) 1,4, Sp. 672, vgl. auch Gallia christiana 2 (1720), Sp. 439; die Urkunde ist nicht erhalten.

[74] Vgl. Monumenta Vizeliacensia, hg. von R.B.C. HUYGENS (CC CM 42, 1976), S. 243 Nr. 1 f.; dazu R. LOUIS, De l'histoire à la légende. Girart, comte de Vienne (...819–877) et ses fondations monastiques (1946), 1, S. 59–66, 84–94, 205–208.

[75] Vgl. dazu H.E.J. COWDREY, The Cluniacs (wie Anm. 56), S. 13 f. und J. SEMMLER, in: Cahiers de civilisation médiévale 16 (1973), S. 158–161; E. BOSHOF, Traditio (wie Anm. 18), S. 12–18.

[76] CONSTABLE, Cluny in the Monastic World (wie Anm. 1), S. 414–418; vgl. auch A.H. BREDERO, Cluny et le monachisme carolingien. Continuité et discontinuité, in: W. LOURDAUX/D. VERHELST (Hg.), Benedictine Culture 750–1050 (1983), S. 64; zur Traditio allgemein BOSHOF (wie Anm. 18).

[77] Zu Gigny vgl. B. GASPARD, Histoire de Gigny (1843); MOYSE, Origines (wie Anm. 65), S. 433–437; V. PFAFF, Sankt Peters Abteien im 12. Jahrhundert, ZRG Kan. 57 (1971), S. 167. Das Buch von JOBIN, Gigny. Etude historique avec de nombreuses chartes (1902) konnte ich nicht einsehen.

Nach einem keineswegs über alle Zweifel erhabenen Privileg von Papst Formosus[78] hatte Berno die zusammen mit seinem Vetter Laifinus[79] *in honore b. Petri apostolorum principis* gegründete Abtei im Jahre 894 samt ihrem ganzen Besitz und ihrer Zelle Baume nicht nur unter den päpstlichen Schutz (*tuitio et defensio*) gestellt, sondern in *ius, potestas* und *ditio* des Apostels aufgelassen. Gigny war damit nicht nur päpstliches Schutzkloster, sondern *abbatia s. Petri*, Eigenkloster, wenn auch erstaunlicherweise ohne Zins[80]. Durch den Verbund mit Gigny erstreckten sich die diesem zugesprochenen Rechte auch auf die *cella* Cluny.

Dennoch (oder wegen des bereits bestehenden Bezuges über Gigny?) erfolgte die Übergabe an den Apostel in der Wilhelm-Urkunde mit den Termini *defensio* und *tuitio*, nicht aber *ius, ditio et potestas*. Dies wurde wettgemacht durch den Ausschluß von Interventionsmöglichkeiten selbst von seiten des Papstes. Wollasch und Constable haben die außergewöhnliche Bestimmung – negativ eine Entpersonalisierung bzw. positiv eine Institutionalisierung der Schutzinstanz – mit dem Versuch erklärt, sich nicht mit dem charakterlich umstrittenen Inhaber des Petrusamtes, Sergius III. (904–911), zu identifizieren. Wichtiger als die Lebensführung Sergius' III. war wohl der makabre Prozeß, der kurz vor der Jahrhundertwende dem Leichnam des Papstes Formosus gemacht wurde. Er war nicht nur ein allgemeines *scandalum*, sondern betraf Gigny und damit nun auch Cluny unmittelbar. Berno hatte, wie wir gesehen haben, seine Gründung Formosus aufgetragen und dessen Privileg nach Hause gebracht. Die Behauptung, daß Stephan VI. (896–897) die Formosus-Urkunde für Gigny widerrufen habe[81], beruht zwar ebenso auf einer unzulässigen Extrapolation allgemeiner Synodalbeschlüsse wie die angebliche Neuverleihung durch Johannes IX. (898–900). Doch Sergius III. verdammte Formosus von neuem[82] und teilte dies nach Uzès[83] und vermutlich auch an andere Empfänger in Gallien mit. War so nicht die Urkunde, von der man sich Schutz versprochen hatte, in Mitleidenschaft gezogen? Es wäre dann freilich eine Ironie der Geschichte, daß Cluny seine entscheiden-

---

[78] Vgl. MOYSE, Origines (wie Anm. 65), S. 29 betont: 'la critique de l'acte reste à faire'. Mindestens die Datierung *piissimo augusto Arnulfo a Deo coronato* ist für November 894 verderbt, da Arnulf erst im Februar 896 die Kaiserkrone erhielt. G. CONSTABLE, Cluniac Tithes and the controversy between Gigny and Le Miroir, Revue bénédictine 70 (1960), S. 592, ND in: DERS., Cluniac Studies (1980), erwägt eine Verfälschung im 12. Jahrhundert wegen des Zehntstreits, in den Gigny damals mit dem Bischof von Mâcon verwickelt war. Nach der Formosusurkunde erhielt Gigny erst von Gregor VII. wieder eine Papsturkunde 1075 Dezember 9 (nicht 1076, wie oft zu lesen ist), die es Cluny unterstellt, JL 4976, hg. von L. SANTIFALLER, Quellen und Forschungen zum Urkunden- und Kanzleiwesen Gregors VII. (1957), S. 103 Nr. 109.

[79] Zu diesem vgl. auch CHAUME, Revue Mabillon 29 (1939), S. 56–59.

[80] Vgl. dazu auch BOSHOF (wie Anm. 18), S. 50–58.

[81] Dictionnaire d'histoire et de géographie ecclésiastiques 20, Sp. 1293 f., wohl gestützt auf GASPARD 1 (wie Anm. 77), S. 9, der sich aber viel vorsichtiger ausdrückte und nur eine implizite Ungültigkeit der Formosusurkunde erwog.

[82] Vgl. H. ZIMMERMANN, Papstabsetzungen des Mittelalters (1968), S. 64.

[83] JL 3534, hg. von ZIMMERMANN 1 (wie Anm. 17), S. 33 Nr. 20 zu (904).

de Papsturkunde von 931 von Johannes XI. erhielt, der nach verbreiteter Auffassung ein leiblicher Sohn Sergius' III. war.

Doch es bleibt die Frage, ob der Ausschluß jeglichen Eingriffes auch seitens des Papstes weitblickende Zukunftsvorsorge war oder aktuelle Reaktion. In der Tat führt eine gewiß spät überlieferte, aber bisher nicht ernstlich in Zweifel gezogene Urkunde Sergius' III. für Lyon vom Mai 910 unter dem Besitz der Rhônemetropole, fast eingeschmuggelt zwischen anderen Gütern und als Erweiterung zu den Besitzlisten der karolingischen Diplome, *Gigniacum*/Gigny auf[84]. Mit einer totalen Exemtion war Cluny vor Ansprüchen Lyons gesichert, es durfte jedoch gleichzeitig unter keinen Umständen als mit Gigny verbunden oder gar als von ihm abhängige *cella* erscheinen. Nur angedeutet sei, daß damit die Datierung der Gründungsurkunde auf 909 oder auf 910 eine entscheidende Bedeutung erhalten würde.

DIE PETRUS-IDEOLOGIE

Erstaunlicherweise steht eine sprachliche und ideelle Interpretation der Urkunde von 910 aus. Mehr beiläufig hat Wollasch angemerkt, daß vor allem der dispositive Teil immer wieder von Abschnitten unterbrochen wird, die eigentlich mehr arengenhaften Charakter besitzen[85]. Denn Wilhelm beschränkte sich nicht darauf, den rechtlichen Vorgang mit den entsprechenden Formeln festzuhalten, sondern begleitete ihn mit einer Überhöhung des Papsttums, die für das 10. Jahrhundert ganz ungewöhnlich ist. Diese Sätze, die Iogna-Prat als 'déconcertant' bezeichnet hat[86], führen zu der unverhältnismäßigen Länge des Stückes.

Aus ihrem Kontext herausgelöst, lauten die auffälligsten Termini: zuerst in der Promulgatio *pro cunctis, preteritorum scilicet presencium sive futurorum temporum orthodoxis*; dann in der Dispositio *nec nostro nec parentum nostrorum nec fastibus regie magnitudinis nec cuiuslibet terrene potestatis iugo ... subiciantur monachi ibi congregati.* Es folgt in gebetsartiger Form: *Et obsecro vos, o sancti apostoli et gloriosi principes terre, Petre et Paule, et te, pontifex pontificum apostolice sedis.* Etwas später wird der Papst *als archiclavus totius monarchiae ecclesiarum* bezeichnet. Und auf einer allgemeineren Ebene liest man in der Sanctio, nur scheinbar gebräuchlich, in Wirklichkeit sonst kaum zu belegen, *secundum mundialem legem.*

Wer hat dies verfaßt? Auf wen gehen diese Ideen zurück? Daß das Konzept der weitgehend gleichlautenden Urkunden von 910 und 917 eher aus dem Umkreis Ber-

[84] JL 3545, hg. von ZIMMERMANN 1 (wie Anm. 17), S. 53 Nr. 31; vgl. dazu G. GUIGUE, Les possessions territoriales de l'église de Lyon d'après la bulle de Serge III et les diplômes carolingiens, Bulletin philologique et historique du comité des travaux historiques et scientifiques (1925), S. 13–45.
[85] WOLLASCH (wie Anm. 11), S. 90.
[86] IOGNA-PRAT (wie Anm. 3), S. 161.

nos als Wilhelms stammt, zeigt eine weitere Beobachtung. Während Constable auf Anklänge an die Urkunde Adelheids von Burgund für Romainmôtier aufmerksam gemacht hat[87], ist übersehen worden, daß Parallelen auch zum Testament Bernos bestehen. Dort folgt einer ebenfalls überlangen Arenga[88] eine Beschwörung des gleichen Typs: *obsecro vos ..., o principes et seniores, quicumque terrenarum rerum iudices estis ...* Ganz ähnlich werden in der wohl auf Empfängervorlage beruhenden Urkunde Johannes' X. von 927 die Apostelfürsten *m u n d i   i u d i c e s* genannt[89] – lange vor Innozenz III. und Bonifaz VIII.

Aufgrund des Schreibervermerks: *Ego Oddo levita ... scripsi et subscripsi* hat man früh den späteren Abt als „Diktator" erwogen, doch läßt sich die Identität bisher nicht mit Sicherheit beweisen[90]. Odo hatte seine wissenschaftliche Schulung in Paris bei Remigius von Auxerre vor allem in Dialektik und Musik erhalten, was ihm in Sigeberts von Gembloux *De scriptoribus ecclesiasticis* den Beinamen *musicus* einbrachte, nach der jüngeren Vita *in philosophiis, praecipue in Marciano*[91], und war über seinen Lehrer Remigius von Auxerre mit der seit einiger Zeit im Mittelpunkt des Interesses stehenden dortigen intellektuellen Schule verbunden[92]. Er kam, wie Johannes von Salerno in der *Vita* berichtet, mit hundert Bänden im Gepäck nach Baume, wo er sogleich als Lehrer der Klosterschule eingesetzt wurde[93]. Zweifellos gehörte er um 900 zu den gebildetsten Leuten nördlich der Alpen. Fügt man alles zusammen, so bleibt als Verfasser des Textes nur Odo.

Damit ist die Herkunft der Ideen nicht geklärt, sondern nur der Vermittler, denn es ist unwahrscheinlich, daß alles Odos „Erfindungen" sind. Erst für wenige Ausdrücke läßt sich eine Vorlage aufzeigen[94]. Freilich stehen ausreichende Wortindizes für große Teile der Überlieferung noch aus. So müssen wir uns auf einige Hinweise beschränken. Der ganze Satz mit *fastibus regiae magnitudinis* stammt fast wörtlich

---

[87] CONSTABLE, Cluny in the Monastic World (wie Anm. 1), S. 414, vgl. BERNARD/BRUEL 1 (wie Anm. 10), S. 358 Nr. 379.

[88] MARRIER, Bibliotheca (wie Anm. 12), Sp. 9: *Ex quo diuina dispensatio post diluuium constituit, vt homo homini praeesset, quicumque secundum Deum tam in veteri testamento quam in nouo aliis praefuerunt, quantum possibile fuit, procurarunt, vt consultum subditis in posterum esset ... quapropter tam regalis potestas quam sacerdotalis auctoritas sed et principum sublimitas necnon et reliquorum fidelium ... ignoscat vniuersitas.*

[89] JL 3578, hg. von ZIMMERMANN 1 (wie Anm. 17), S. 96 Nr. 58.

[90] Vgl. auch WOLLASCH (wie Anm. 11), S. 127 f.

[91] Vita Odonis 1,5, Sp. 45 f., 1,19, Sp. 52; Vita Nalgods c. 11, Sp. 89 f. und Sigebert, Liber de scriptoribus ecclesiasticis c. 124, MIGNE, PL 160, Sp. 573; WOLLASCH (wie Anm. 11), S. 133 f.

[92] Vgl. D. IOGNA-PRAT (Hg.), L'école carolingienne d'Auxerre. De Murethach à Remi 830–908 (1990), und unten Anm. 99; Abbaye Saint-Germain d'Auxerre. Intellectuels et artistes dans l'Europe carolingienne IXe–XIe s. (1991), S. 45.

[93] Vita Odonis 1,23, Sp. 54. Einen frühen Bibliothekskatalog für Baume besitzen wir nicht. Für Cluny jetzt V. VON BÜREN, Le grand catalogue de la bibliothèque de Cluny, in: Le gouvernement d'Hugues de Semur à Cluny (1990), S. 245–263.

[94] Vgl. auch IOGNA-PRAT (wie Anm. 3), S. 160 f.

aus dem Konzil von Sisteron 859, ohne daß dort eine Vorlage angegeben würde[95]. Andererseits stellt *principes terrae* eine beliebte Formulierung Nikolaus' I. dar, die er nicht nur auf die Apostelfürsten, sondern auf sich selber bezogen sowohl in Schreiben zum Rotgaud-Streit als auch gegenüber dem griechischen Osten verwendet[96]. *Monarchia ecclesiarum totius orbis* als Bild für die Stellung des Papsttums, freilich ohne die Verbindung mit *archiclavum*, findet sich in einem pseudo-hieronymianischen, im 9. Jahrhundert in Gallien kopierten Text[97], Hinkmar von Reims verwendet *leges mundiales*[98] und in der Vita Odonis ist von den Apostelfürsten ebenfalls in der Pluralform als den *principes ecclesiarum* die Rede[99].

Das ist nicht viel. Außer für *archiclavum* fehlt eine Vorlage für die Steigerung *pontifex pontificum*[100] und für *mundi iudices*. Im Dekret Gratians findet sich nichts, während die anderen Kriterien folgenden Register in Zimmermanns Edition der Papsturkunden *archiclavum, pontifex, monarchia, principes terrae, iudices mundi* nicht auswerfen[101]. Obwohl man wesentlich später läge, ist auch bei Gerbert von Aurillac und bei Gregor VII. nichts zu finden. Und doch: Nikolaus I., das Konzil von Sisteron und Hinkmar von Reims legen nahe, daß Odo kirchenrechtliche Texte des 9. Jahrhunderts zur Verfügung hatte, es sei denn die Ausdrücke entstammen auch dort einer älteren Sammlung. Wie es mit Hinkmar von Reims steht und vor allem mit Pseudoisidor, ist ohne umfassende Wortindizes der Werke nicht zu klären. Doch eines ist klar: man kann die ganze Gruppe von Texten – Urkunde Wilhelms, Urkunde für Bourg-Dieu, Testament Bernos, Testament Ebbos, Papsturkunde Jo-

---

[95] MGH Conc 3, S. 493.

[96] a) an Erzbischof Rudolf von Bourges, JL 2764: *Dei sumus gratia constituti in domo eius principes super omnem terram*, MGH Epp 6, S. 296 Nr. 29; b) wörtlich gleich an die Erzbischöfe Galliens, JL 2785, ebd. S. 392 Nr. 71; c) an den Basileus Michael III., JL 2796, ebd. S. 475: *Petrus et Paulus principes super omnem terram, id est super universam ecclesiam*.

[97] Hg. von G. MORIN, Revue Bénédictine 35 (1923), S. 121–124, wohl vor 600 entstanden, aus Cod. Berol. Phillips 1674 f. 293 s. IX: *Domino meo vere domino monarchiamque ecclesiarum totius orbis tenente papae Damaso episcopo Hieronymus*. Der Text gibt sonst nichts für unseren Vergleich.

[98] MGH Epp 8/1, S. 144 Nr. 169.

[99] Vita Odonis 1,7, Sp. 46.

[100] Lupus von Ferrières ep. 26, hg. von L. LEVILLAIN (1935), 1, S. 124, verwendet *rex regum sacerdos sacerdotum* für Christus, doch ist dies zu weit weg. In ep. 81, ebd. 2, S. 60 hat der Papst *primatum in omni orbe terrarum*. Doch war Odo über seinen Lehrer Remigius ein „Enkel" des Lupus, vgl. C. JEUDY, Notice biographique, in: L'Ecole carolingienne d'Auxerre (wie Anm. 92), S. 459 f.

[101] Eine Parallele zu Gerbert wäre natürlich aus chronologischen Gründen nur ein indirekter Weg, wenn man auch an die Kontakte Odos mit Gerald denken muß, dessen Vita er schrieb, wie er aus Aurillac kam, als er die Reform von Fleury übernehmen wollte, vgl. WOLLASCH (Anm. 11), S. 108. Daß Ausdrücke wie *archiclavum totius monarchie ecclesiarum* in einer die Gründungsurkunde als Vorbild nehmenden Urkunde des 11. Jahrhunderts aufgenommen werden, BERNARD/BRUEL 4 (wie Anm. 10), S. 182 Nr. 2983, vgl. auch ebd. S. 601 Nr. 3490, ist gegen IOGNA-PRAT (wie Anm. 3), S. 158 ff. kein Indiz, daß jene erst damals fabriziert wurde.

hannes' XI. – nicht auseinanderreißen und muß sie auch in bezug auf das *discrimen veri ac falsi* als Ganzes annehmen oder verwerfen.

(Kirchen-)Rechtliches Interesse und entsprechende Schulung – in Paris? in Tours? oder gar in Reims?[102] – kann umso weniger überraschen, als Johannes von Salerno berichtet, Odos Vater habe die Novellen Justinians auswendig gekannt und deswegen oft als Streitschlichter gewirkt[103]. Es ist schon von Wollasch darauf hingewiesen worden, daß sich eine Reihe der von Odo impetrierten Papsturkunden der Jahre 927–937 auf römisches Testierrecht beruft[104]. Dies gilt auch für das Testament Ebbos von Déols als einen weiteren noch nicht in den Vergleich einbezogenen Text. Wir stehen hier erst am Anfang.

VON DER GRÜNDUNG ZUR RECHTSPERSON

Cluny wird Cluny in dem uns bekannten Sinne nicht durch die Stiftung 910, sondern 927 oder besser in einem gestreckten Prozeß in den Jahren 910 bis 931. Dazu mußte eine Reihe von Bedingungen eintreten, die 910 nur zum kleineren Teil vorauszusehen waren. Vor allem biographische Zufälle wurden von Bedeutung und wiesen die Richtung.

War schon für die Gründung die Verfügung Avas von 893 und ihr Tod wohl unmittelbar vor 910 die Voraussetzung gewesen, weil Cluny auf diesem Wege in die Verfügungsgewalt Wilhelms kam, so konnte, selbst wenn wir vom einstigen *coenobium* absehen, Cluny gar nicht anders als das Petrus-Patrozinium weiterzuführen, das die dort bestehende *capella* trug. Es war dagegen ein Zufall, daß Bernos Gigny ebenfalls das Petrus-Patrozinium führte und zudem dem Apostel ins Eigentum aufgelassen war.

Zweitens hatte Wilhelm entgegen den Erwartungen des Jahres 893 beim Tode Avas keine Nachkommen oder diese waren bereits verstorben. Ein angeblicher Sohn Boso, von dem in der Literatur gelegentlich die Rede ist, wird weder 910 für Cluny noch sonst irgendwo in die *memoria* eingeschlossen. Es erscheinen nur Brüder, Schwestern und Neffen. In dieser Situation machte Wilhelm aus dem ihm zur freien Verfügung übergebenen Cluny eine Memorialstiftung für Ava und für seine eigene Familie. Dies war seine freie Entscheidung und nicht von Ava festgelegt.

Drittens: Während der kinderlose Tod Wilhelms 910 voraussehbar gewesen war, blieben seine Neffen Wilhelm der Jüngere († 926), der im Jahre 910 als Zeuge un-

---

[102] Zu den Studienorten Odos vgl. Vita 1,19, Sp. 52.

[103] Vita Odonis 1,5, Sp. 45 f.: *Iustiniani novellam memoriter retinebat.*

[104] Vgl. schon WOLLASCH (wie Anm. 11), S. 102 ff. Auch in JL 3603 für Bourg-Dieu, hg. von ZIMMERMANN 1 (wie Anm. 17), S. 138 Nr. 82 erscheint die *lex Romana.* Dagegen ist das feierliche Privileg Johannes' XI. von 931 März, JL 3585, hg. von HUBERT, Recueil (wie Anm. 11), S. 120 Nr. 8, hg. von ZIMMERMANN 1 (wie Anm. 17), S. 107 Nr. 64, ganz konventionell an Liber Diurnus Formular Nr. 64 und 89 angelehnt.

mittelbar nach Wilhelm und seiner Gattin unterschrieben hatte, und Acfred
(† Oktober 927), Söhne seiner anderen Schwester Adelinde, unvorhersehbar ebenfalls ohne Nachkommen, ja beide auch anscheinend unverheiratet[105]. So verschwand
nicht nur der Stifter als Person, sondern die ganze Familie als Traditions- und
Rechtsträger. Alle eigenherrlichen Ansprüche auf Cluny, die noch hätten geltend
gemacht werden können, verfielen. Ich formuliere bewußt so, denn es wäre nicht das
erste Mal gewesen, wenn Erben sich nicht an testamentarische Verfügungen gehalten
hätten: Bourg-Dieu blieb das Kloster der Familie Ebbos, Aurillac dasjenige der Familie Geralds usw.[106].

Viertens: Fast gleichzeitig mit den Neffen Wilhelms starb am 13. Januar 927 Abt
Berno. Dadurch war eine Vakanz auf beiden Seiten eingetreten. Während herrschaftliche Rechte von außen nicht geltend gemacht werden konnten, weil niemand
da war, um sie zu erheben, verlor Bernos Klosterverband im Inneren seine Integrati-
onsfigur.

Fünftens: Daß es zu einer Teilung zwischen den aus Familienbesitz stammenden
Klöstern Gigny, Baume, *Aethicense* und Saint-Lothain[107], auf die der Neffe Bernos
Wido Ansprüche besaß, und den Berno *ad personam* zugekommenen Klöstern
Cluny, Bourg-Dieu und Massay kommen würde[108], war 910 nicht vorauszusehen und
927 nicht zwingend. Berno hätte alles in einer Hand belassen können. Für eine
Nachfolge Widos brauchte er keine Zustimmung von wem auch immer, denn Wido
erfüllte das 895 festgelegte Kriterium „aus der Mitte des Konvents". Um dagegen
Odo in Gigny, Baume und der *cella* Saint-Lothain einzusetzen, bedurfte er der Zu-
stimmung Widos, da Gigny eine Gründung der gleichberechtigten Partner Odo und
Laifinus gewesen war[109]. Da Wido auf seine angestammten Rechte nicht verzichtete,
kam diese Lösung nicht in Betracht, so daß Berno teilte. Die aus dem Familienbesitz

---

[105] Im Jahre 926 scheint dies bereits absehbar gewesen zu sein, da Acfred seinen ganzen allodia-
len Besitz an Brioude überträgt gegen Nutzungsrecht bis zum Tode, hg. von H. DONIOL, Cartulaire de Brioude (1863), S. 319 Nr. 315.

[106] Vgl. das Testament Geralds, MIGNE, PL 133, Sp. 671 Anm. 102. Zu Gerald vgl. A.R. LEWIS,
Count Gerald of Aurillac and Feudalism in South Central France in the Early Tenth Century,
Traditio 20 (1964), S. 41–58; BOSHOF, Traditio (wie Anm. 18), S. 51 f.

[107] Zu *Aethicense* vgl. jetzt CONSTABLE, Baume and Cluny (wie Anm. 6), S. 36 und Anm. 7 und
MOYSE, Origines (wie Anm. 65), S. 437. Es wird in der Regel mit dem heutigen Mouthier-en-
Bresse gleichgesetzt. Nach der Vita b. Hugonis c. 14, S. 767 hätte ein *vir spectabilis* Leobald *En-
ziacus* an St. Martin d'Autun gegeben. Sollte dies etwa *Aethicense* sein? Leobaldus ist wohl der
mehrfach erwähnte Leutbaldus, vgl. oben Anm. 49 und 56, vermutlich ein Vetter Wilhelms.

[108] Über die alte Königsabtei Massay, die einst wie St-Savin in Poitiers durch Benedikt von
Aniane im Auftrage Ludwigs des Frommen reformiert wurde, wissen wir fast nichts. Das Chronicon Masciacense erwähnt zum Jahr 935 einen Abt Odo, der nicht mit Odo von Cluny identisch
sein kann und am 6. Juni 967 stirbt, MGH SS 3, S. 170. Vgl. G. DEVAILLY, Le Berry du Xe au
milieu du XIIIe siècle (1973), S. 155–158; SEMMLER, Das Erbe (wie Anm. 1), S. 32 und 75. Wie und
weshalb Massay an Berno gekommen ist, wird weder im Testament noch aus anderen Quellen
ersichtlich.

[109] BOUCHARD (wie Anm. 1), S. 381.

stammenden Teile gab er an Wido weiter, brachte dagegen die ihm *ad personam*
zugekommenen Klöster in einen zweiten Verband unter der Leitung Odos ein. Die
Teilung beweist zugleich, daß Berno nicht von Baume aus Gigny gegründet hatte,
sondern umgekehrt von dem mit Laifinus zusammen gegründeten Gigny aus Baume
übernommen hatte, denn Wido hätte sonst schwerlich Ansprüche auf Baume (und
Saint-Lothain) erheben können.

Wenn man zur Erklärung der Teilung von 927 den Teil Widos durch einen eigen-
kirchlichen Nexus verbunden gesehen hat[110], so waren es genaugenommen zwei ei-
genkirchliche Verbände verschiedener Natur: der erste baute auf dem Familienbesitz
Bernos und Widos auf, der zweite war schenkungsrechtlich entstanden und hatte
Berno allein als Eigenherrn. Hinzu kommt, daß der Wido zufallende Teil im Königg-
reich Hochburgund lag, der Odo zufallende Teil im westfränkischen Reich. Durch
die Teilung wurde die rechtliche Verbindung von Baume und Gigny mit Cluny gelöst, aus Cluny endgültig eine Abtei als eigene Rechtsinstitution und mit Bourg-
Dieu und Massay ein neuer Klosterverband[111].

Sechstens: um den Weg für Cluny endgültig freizumachen, mußte noch einmal
ein personaler Vorgang eintreten. Solange Wido an der Spitze von Baume und Gigny
stand, blieb die rechtliche Situation labil. Denn der gleich aufbrechende Konflikt um
die *villa Alafracta*, die Berno entgegen der grundsätzlichen Ausscheidung Cluny
zugewiesen hatte[112], wurde von Papst Johannes X. in einer für Cluny keineswegs sehr
günstigen Weise entschieden, da er einen *terminus ad quem* setzte, daß nämlich
Alafracta solange bei Cluny verbleiben solle, als dort noch jemand von den aus
Gigny stammenden Mönchen lebte[113]. Er erkannte in *Alafracta* damit gleichsam eine
Art spezieller „Aussteuer" der alten Mutterabteien für ihre Söhne. Der *terminus ad*
quem wäre nicht vor 942 eingetreten, da Odo die Profeß in Gigny/Baume gemacht
hatte. Doch dann verzichtete Wido auf einen Rückgabetermin, nicht aber auf das
Eigentum, wie meist zu lesen ist[114], denn der Zins blieb, und unter der Bedingung,

---

[110] SEMMLER, Das Erbe (wie Anm. 1), S. 75 f.

[111] Zum nun entstehenden cluniazensischen Klosterverband vgl. auch ZIMMERMANN 1 (wie
Anm. 17), S. 107 Nr. 64 mit Quellen und Literatur; Ph. SCHMITZ, Geschichte des Benediktinerordens 1 (1947), S. 129 ff.; A. CHAGNY, Cluny et son Empire (1949).

[112] Vgl. oben S. 291.

[113] JL 3578, hg. von ZIMMERMANN 1 (wie Anm. 17), S. 96 Nr. 58. Die Interpunktion muß geändert werden, denn statt *ut quandiu ex illis monachis, qui in Ginniaco professionem fecerunt vel*
oblati sunt apud Cluniacum, aliquis vixerit, ist zu lesen *quandiu ... ex illis ... qui ... oblati sunt, apud*
Cluniacum aliquis vixerit, weil sonst Alafracta auf alle Zeiten Cluny verbleiben würde, während
gerade ein *terminus ad quem* gesetzt wird. Bei WOLLASCH (wie Anm. 11), S. 99 f. ist die Schilderung zu günstig für Cluny.

[114] BERNARD/BRUEL 1 (wie Anm. 10), S. 412 Nr. 425 zu 935 Januar 21, hg. von MABILLON,
AA. SS. ord. s. Benedicti 5 (1685), S. 73 f. zu 928. Die Datierung *anno tercio regnante Radulfo rege*
muß geändert werden, denn das Jahr 925 scheidet aus, weil es vor dem Testament Bernos und vor
der Papsturkunde Johannes' XI. läge. WINZER (wie Anm. 60), S. 160, und DUFOUR (wie Anm. 33),
S. 49, doppeln die Urkunde wegen der abweichenden Datierung in den beiden Editionen, obwohl

daß Cluny nicht zu kanonialem oder weltlichem Leben zurückkehre. Als Wido nach 937 Gigny/Baume verließ, um in die Einöde – nicht in die Welt, wie die *Vita Odonis* suggerieren will – zu gehen, anscheinend wieder ohne einen Verwandten mit Erbansprüchen zu hinterlassen, war die Gefahr vorbei. Auch die zweite eigenherrliche Verflechtung war endgültig entfallen. Daß Wido, den die *Vita Odonis* als Haupt der Opposition in Baume suggeriert, nicht weltlicher als Berno ausgerichtet war, zeigt gerade sein Vorbehalt für den Fall, daß Cluny – nicht Gigny! – zu kanonialem oder weltlichem Leben zurückkehren sollte[115], und schon die Vita des 11. Jahrhunderts nennt ihn einen *monachus probabilis vitae*[116]. Noch ist Cluny in den Augen der Umwelt weit davon entfernt, eine gefestigte Institution zu sein.

Siebentens und letztens: In seiner großen Untersuchung hat Wollasch darauf hingewiesen, daß Cluny während siebzehn Jahren seit seiner Gründung keine Königs- und keine Papsturkunde erhalten hatte, beide Formen der Privilegierung jedoch mit dem Abbatiat Odos fast unmittelbar einsetzten. Bis 942 sind es je sieben Papst- und Königsurkunden[117]. Dies ist völlig ungewöhnlich. Mehr echte Papsturkunden als Cluny hat im ganzen Zeitraum zwischen 911 und 1046 kein Bistum und kein Kloster erhalten, und an absoluter Zahl wird Cluny nur von Fulda übertroffen, von dessen 18 Stücken aber acht Fälschungen sind[118].

Bedeutete dies eine neue Politik des neuen Abtes? Da Berno offensichtlich in Odo den geistigen Erben seines Werkes sah, würde die Frage aufbrechen, ob dennoch ein Dissens bestanden hatte, Berno bis zu seinem Tode bewußt auf einen Kontakt mit dem Papsttum verzichtete, Odo ihn dagegen ebenso bewußt suchte. Denn wenn Berno nach 910 eine Reise nach Rom aus Alters- oder Gesundheitsgründen nicht antreten wollte, so hätte er entweder Odo oder ggf. Odo und Wido zusammen an seiner Stelle entsenden können. Dies erfolgte nicht.

In Wirklichkeit waren es sachliche Zwänge, die nach 927 die andere Richtung wiesen. Solange es zu einem Verband mit Gigny gehörte, das ein auch den ihm verbundenen *cellae* Schutz gewährendes Papstprivileg besaß, hatte Cluny eines eigenen nicht bedurft. Dieses hätte nur „Spesen" verursacht. Im Gegensatz zu 894, als er Gigny absichern wollte, bestand für Berno nach 910 kein Anlaß, nach Rom zu ge-

BERNARD/BRUEL ausdrücklich als vorangehenden Druck Mabillon verzeichnen. Weil *Alafracta* bei Cluny bleibt, ist die Papsturkunde bis heute erhalten.
[115] Vita Odonis 1,34, Sp. 58. Baume verblieb vorerst noch bei der Reform und strahlte aus auf St-Augustin in Limoges, Uzerche, Eymoutiers, doch verfiel es Ende des 10. Jahrhunderts.
[116] Hg. von SACKUR (wie Anm. 7), S. 116.
[117] WOLLASCH (wie Anm. 11), S. 97.
[118] Vgl. BÖHMER-ZIMMERMANN, Papstregesten 911–1024 (1969), und H. ZIMMERMANN, Die Beziehungen Roms zu Frankreich im Saeculum obscurum, in: R. GROSSE (Hg.), L'Eglise de France et la Papauté (Xe–XIIIe siècle) (1993), S. 33–47. In absteigender Linie folgen Montecassino mit elf echten Stücken und vier Spuria, St-Benoît s/Loire, Subiaco und Trier mit je zehn usw. Zu den Papsturkunden für Cluny vgl. auch H. JAKOBS, Die Cluniazenser und das Papsttum im 10. und 11. Jahrhundert, Francia 2 (1974), S. 643–663, zu den Stücken für Fulda zuletzt DERS., Blätter für deutsche Landesgeschichte 128 (1992), S. 31–84.

hen, noch hielt der Gründer Wilhelm es für erforderlich, wie für das von ihm 912 gegründete Moissat eine päpstliche Bestätigung einzuholen[119]. Wieder wird der Vorgang von 910 redimensioniert.

Nach der Auflösung des alten Verbandes im Jahre 927 galt für Cluny der Gigny zugesprochene päpstliche Schutz nicht mehr, es war nun weder eine *cella* noch ein sonst Gigny unterstelltes Kloster. Cluny mußte sich um den eigenen Rechtsschutz bemühen. Nachdem die testamentarische Regelung für *Alafracta* wenigstens im Kern durch ein päpstliches Privileg bestätigt worden war[120], wollte der juristisch geschulte Odo, auch wenn er sich in einer ideellen Kontinuität von Gigny/Baume sah, seine Stellung bestätigt sehen, umso mehr als eine Leitung mehrerer Klöster gegen das reine Erbe Benedikts verstieß. Gewiß war dies schon bei Berno nichts absolut Neues gewesen, sondern hatte im 9. Jahrhundert Vorbilder wie den Abt von Pothières in Saint-Bénigne, der Abt von Saint-Bénigne seinerseits in Moutier Saint-Jean[121]. Sachlich wurde mit der zweiten Papsturkunde Johannes' XI. von 931[122] nur Bernos Verband-Struktur für einen Teil seines Erbes anerkannt und ein neuer Träger an dessen Spitze bestätigt, wenn auch Odo in der Folge die Zahl solcher verbundener oder unmittelbar unterstellter Klöster und Zellen weit über das Traditionserbe hinaus vermehrte – schon 937 waren es siebzehn. Das eigentlich Neue war jedoch die schriftliche Fixierung der Reformlizenz und damit die kirchenrechtliche Sanktionierung, die freilich aus der Urkunde Wilhelms die Abwehr auch von Eingriffsmöglichkeiten des Papstes nicht übernahm.

Während die Exemtion auch Bourg-Dieu und Fleury zugesprochen wurde und beide mit der passiven Reformlizenz ebenfalls Mönche aus nicht reformierten Klöstern bei sich aufnehmen durften, bis dort die Reform durchgeführt war[123], erhielt allein Cluny die aktive Lizenz, andere Klöster übernehmen zu dürfen, um sie zu reformieren. Sie findet sich sonst nie und trennte zugleich Cluny vom anianischen Erbe. Zusammen mit der später anders ausgelegten Exemtion wurde sie bekanntlich der eigentliche Schlüssel für Clunys Zukunft. Wieder bleibt die Frage, weshalb Johannes XI. den Reformparagraphen akzeptierte und vor allem schriftlich fixierte.

Kommen wir zum Schluß: Es ist deutlich geworden, daß Clunys Anfänge keineswegs die Zukunft voraussehen ließen, nicht einmal den Weg von 910 bis 931. Wilhelm von Aquitanien stattete in den Jahren 910 bis 918 neben Cluny Brioude und Sauxillanges aus, Ebbo von Déols gab Bourg-Dieu eine fast gleichlautende Stiftungs-

[119] JL 3574, vgl. ZIMMERMANN 1 (wie Anm. 17), S. 61 Nr. 35. Eine Schenkungsurkunde ist nicht erhalten.

[120] Vgl. oben S. 306.

[121] Vgl. BOUCHARD, Reform (wie Anm. 1), S. 371 zu Recht auf diese Parallelen weisend.

[122] JL 3584, hg. von ZIMMERMANN 1 (wie Anm. 17), S. 107 Nr. 64.

[123] Bourg-Dieu: JL 3603 von 938 Januar, hg. von ZIMMERMANN 1 (wie Anm. 17), S. 138 Nr. 82; Fleury: JL 3606 von 938 Januar 9, ebd. 1, S. 140 Nr. 83. Vgl. WOLLASCH, S. 100 ff.

urkunde, schon Gigny war wie Cluny dem Hl. Petrus zu eigen übergeben worden. Dennoch wurden keines von ihnen ein anderes Cluny.

Ebenso deutlich gibt es nebeneinander eine Gigny-Tradition und eine Autun-Tradition. Sie schliesen sich im Grunde gegenseitig aus, doch ist nicht mit Sicherheit zu erkennen, welche mehr Glauben verdient, weil die Echtheitskritik sowohl der Formosusurkunde für Gigny als auch der Sergiusurkunde für Lyon noch nicht abschließend erfolgt ist. In beiden Traditionen wird die Entstehungsgeschichte umgeformt. Ob eine Linie Benedikt von Aniane – Saint-Savin-sur-Gartempe – Saint Martin in Autun – Berno bzw. Gigny/Baume – Cluny in der Überlieferung um die mittleren Glieder gekürzt wurde, ja in Odilos *Vita sancti Maioli* selbst um die Zeit Odos und Aymards[124], ob bei Radulfus Glaber die Linie unter Ausschluß von Benedikt von Aniane über den legendären Maurus zu Benedikt von Nursia zurückgeführt wird[125], oder ob alle Ableitungen nachträglich aufgebaut wurden, wie die neueste Untersuchung von Iogna-Prat mit gravierenden Argumenten nahelegt, in jedem Fall trat Berno zurück und rückte sein Nachfolger nach vorn: *Odo primus abbas Cluniaci.*

Das gleiche widerfuhr noch radikaler Gigny, das weder in der *Vita Odonis* noch bei Radulfus Glaber oder anderen Cluny nahestehenden Quellen erscheint, obwohl es als einzige Filiation urkundlich belegt ist[126]. Die Schenkung der Ava, die Vorgeschichte Clunys als *capella* oder gar *coenobium*, vor allem der Zusammenhang mit Gigny störten; ob wegen des 926 festgesetzten Zinses[127] oder wegen des *cella*-Status, ist noch unklar. So wurde zum Teil weggeschnitten, was vor 910, und umgebogen, was vor 927 lag. Doch außerhalb Clunys blieb eine Ava- und eine *cella*-Tradition erhalten.

Als Ergebnis ließe sich formulieren „it is hard not to see Cluny during the first twenty years of its history in the light of what it became after 931". Oder allgemeiner: bei gleichen Voraussetzungen, gleicher Ideenwelt entsteht im historischen Geschehen oft etwas anderes. (abgeschlossen 1994)

---

[124] Vita Maioli abbatis, hg. von MARRIER, Bibliotheca (wie Anm. 12), Sp. 279–290, vgl. IOGNA-PRAT (wie Anm. 3), S. 138–145.

[125] Radulfus Glaber 3,5 (17–18) (wie Anm. 4), S. 122, vgl. IOGNA-PRAT (wie Anm. 3), S. 145 f.

[126] IOGNA-PRAT (wie Anm. 3), S. 150.

[127] MOYSE, Origines (wie Anm. 65), S. 436; CONSTABLE, Cluniac Tithes (wie Anm. 78), S. 36, doch handelt es sich nicht um einen 'cens d'ancienneté', wie Moyse meint, sondern einen Zins für die Cluny außerhalb der eigentlichen Ausscheidung zugekommenen Güter.

Karolingische und ottonische Kirchenpolitik[1]

von

Rudolf Schieffer

Das Thema des Symposions, das uns hier versammelt hat, lädt zu Betrachtungen über Kontinuität in dem weiten Zeitraum von 750 bis 1000 ein. Das entspricht einer derzeit in Fachkreisen verbreiteten Neigung, die traditionelle Zäsur zu Beginn des 10. Jahrhunderts zu relativieren oder sogar völlig in Zweifel zu ziehen[2]. Auf dem Felde der politischen Entwicklung und der Verfassungsgeschichte ist dies jüngst mit besonderer Entschiedenheit durch Carlrichard Brühl geschehen, der die Verflochtenheit der *regna Francorum* beiderseits des Rheins während des gesamten 10. Jahrhunderts herausgearbeitet und am Ende sogar offen läßt, wann sich nach der Jahrtausendwende die Wege Deutschlands und Frankreichs definitiv getrennt haben[3]. In der Debatte, die dadurch ausgelöst worden ist und gewiß noch eine Weile weitergehen wird, ist auch eine kirchengeschichtliche Komponente der Problematik zu beachten, bei der sich zudem die Argumentationslage ganz analog darbietet. Nachdem jahrzehntelang viel Eifer und Scharfsinn darauf verwandt worden ist, die folgenreiche Kirchenpolitik der Ottonen und frühen Salier als kennzeichnenden Zug des 10./11. Jahrhunderts zu beschreiben und gar als bedachtsames System zu deuten[4], hat Ti-

---

[1] Die Redeform ist beibehalten und nur mit den nötigsten Nachweisen ausgestattet worden. Für den weiteren Zusammenhang sei verwiesen auf meine im Druck befindliche Abhandlung: Der geschichtliche Ort der ottonisch-salischen Reichskirchenpolitik (Nordrhein-Westfälische Akademie der Wissenschaften. Geisteswissenschaften, Vorträge).

[2] Vgl. als Überblicksdarstellungen solchen Zuschnitts F. PRINZ, Grundlagen und Anfänge. Deutschland bis 1056 (Neue Deutsche Geschichte 1, 1985); E. HLAWITSCHKA, Vom Frankenreich zur Formierung der europäischen Staaten- und Völkergemeinschaft 840–1046. Ein Studienbuch (1986); T. REUTER, Germany in the early middle ages c. 800–1056 (1991); J. FRIED, Die Formierung Europas 840–1046 (1991); DERS., Der Weg in die Geschichte. Die Ursprünge Deutschlands. Bis 1024 (Propyläen Geschichte Deutschlands 1, 1994).

[3] C. BRÜHL, Deutschland-Frankreich. Die Geburt zweier Völker (1990), vgl. dazu vorerst B. SCHNEIDMÜLLER, Rheinische Vierteljahrsblätter 56 (1992), S. 359–363; J. EHLERS, HZ 256 (1993), S. 454–458.

[4] Vgl. L. SANTIFALLER, Zur Geschichte des ottonisch-salischen Reichskirchensystems (Sitzungsberichte der Österreichischen Akademie der Wissenschaften 229,1, ²1964); O. KÖHLER, Die

mothy Reuter vor gut zehn Jahren in einem vielbeachteten Aufsatz erhebliche Abstriche an der Vorstellung von einer originellen, bahnbrechenden Konzeption Ottos des Großen in seinem Umgang mit der Reichskirche gemacht und auf durchaus vergleichbare Erscheinungen in den anderen abendländischen Reichen der Epoche wie auch in der voraufgegangenen Ära der Karolinger hingewiesen[5]. Reuter hat mit seinen Thesen einigen Widerspruch gefunden[6], jedenfalls aber die Aufgabe neu gestellt, die Eigenart der ottonischen Kirchenpolitik, soweit es sie denn gibt, im synchronen Vergleich wie in diachronischer Perspektive präziser zu bestimmen, als dies zuvor üblich war. Ich plane dazu eine Publikation und möchte im Zuge von deren Vorbereitung nur eine Betrachtungsebene herausgreifen, eben diejenige, die unser Generalthema nahelegt: Welche Gemeinsamkeiten und welche Unterschiede lassen sich zwischen karolingischer und ottonischer Kirchenpolitik ausmachen und gegebenenfalls zur konkretisierenden Charakteristik eines Neubeginns im 10. Jahrhundert heranziehen? Schon aus Zeitgründen will ich mich auf vier Teilaspekte beschränken, die alle das Verhältnis von Königtum und Episkopat berühren, und dazu eher skizzenhaft einige Überlegungen ausbreiten, die hoffentlich in der Diskussion noch weiter entfaltet werden können.

*

Den Anfang sollen die gedanklichen und rechtlichen Grundlagen für die Dominanz der Herrscher gegenüber der Kirche und für die spezifische öffentliche Rolle der Bischöfe im Dienst des Königs bilden.

Es ist klar, daß die monarchische Kirchenhoheit als solche weit über die Frankenzeit hinausreichende Wurzeln hat[7] und bis zu Konstantin, dem Apostelgleichen, als erstem christlichen Kaiser zurückführt, dessen Verhältnis zu Bischöfen und Synoden auch bereits den Begriff „römische Reichskirche" sinnvoll erscheinen läßt[8]. Was die

ottonische Reichskirche. Ein Forschungsbericht, in: Adel und Kirche. FS für Gerd Tellenbach, hg. von J. FLECKENSTEIN/K. SCHMID (1968), S. 141–204.

[5] T. REUTER, The „Imperial Church System" of the Ottonian and Salian Rulers: a Reconsideration, Journal of Ecclesiastical History 33 (1982), S. 347–374.

[6] Vgl. J. FLECKENSTEIN, Problematik und Gestalt der ottonisch-salischen Reichskirche, in: Reich und Kirche vor dem Investiturstreit. Vorträge beim wissenschaftlichen Kolloquium aus Anlaß des achtzigsten Geburtstags von Gerd Tellenbach, hg. von K. SCHMID (1985), S. 83–98; differenzierend G. TELLENBACH, Die westliche Kirche vom 10. bis zum frühen 12. Jahrhundert (Die Kirche in ihrer Geschichte Lfg. F 1, 1988), S. 57 f. und öfter.

[7] Vgl. K. VOIGT, Staat und Kirche von Konstantin dem Großen bis zum Ende der Karolingerzeit (1936); A. ANGENENDT, Das Frühmittelalter. Die abendländische Christenheit von 400 bis 900 (1990).

[8] Vgl. O. TREITINGER, Die oströmische Kaiser- und Reichsidee nach ihrer Gestaltung im höfischen Zeremoniell (1938); J. GAUDEMET, L'église dans l'empire romain (IVe–Ve siècles) (Histoire du Droit et des Institutions de l'Eglise en Occident 3, 1958); A. DEMANDT, Die Spätantike.

karolingische und die ottonische Epoche von diesen (weiter wirksam gebliebenen) spätantiken Voraussetzungen, aber wohl auch noch der Merowingerzeit[9] abhebt, ist – neben dem Nimbus der sakralen Herrscherweihe[10] – die zusätzliche Bindekraft, die das fränkische Eigenkirchenrecht im Miteinander von Monarchie und Kirche entfaltete[11]. Schon der Aufstieg der Karolinger gründete, wie zumal Josef Semmler gezeigt hat, zum guten Teil auf dem Besitz und Erwerb von niederen Kirchen und erst recht von Klöstern, die dauerhaft der gleichsam privaten Herrschaft der Dynastie unterworfen blieben[12]. Im Zuge der politischen Schwerpunktverschiebung nach Osten fanden die karolingischen Hausmeier und Könige des 8./9. Jahrhunderts anders als ihre merowingischen Vorgänger reichlich Gelegenheit auch zur Gründung und erstmaligen Ausstattung von Bistümern[13], die sie dann weiter energisch in der Hand

Römische Geschichte von Diocletian bis Justinian 284–565 n. Chr. (Handbuch der Altertumswissenschaft 3,6, 1989), S. 437 ff.

[9] Vgl. G. SCHEIBELREITER, Der Bischof in merowingischer Zeit (Veröffentlichungen des Instituts für österreichische Geschichtsforschung 27, 1983), S. 128 ff.; O. PONTAL, Die Synoden im Merowingerreich (Konziliengeschichte A: Darstellungen, 1986), S. 225 ff.

[10] Vgl. E. EWIG, Zum christlichen Königsgedanken im Frühmittelalter, in: Das Königtum. Seine geistigen und rechtlichen Grundlagen (Vorträge und Forschungen 3, 1956); S. 7–73 (auch in: DERS., Spätantikes und fränkisches Gallien. Gesammelte Schriften, hg. von H. ATSMA, Beihefte der Francia 3,1 (1976), S. 3–71); J.L. NELSON, Inauguration rituals, in: Early Medieval Kingship, hg. von P.H. SAWYER/I.N. WOOD (1977), S. 50–71 (auch in: DIES., Politics and Ritual in Early Medieval Europe (1986), S. 283–307); DIES., The Lord's anointed and the people's choice: Carolingian royal ritual, in: Rituals of Royalty. Power and Ceremonial in Traditional Societies, hg. von D. CANNADINE/S. PRICE (1987), S. 137–180.

[11] Vgl. U. STUTZ, Die Eigenkirche als Element des mittelalterlich-germanischen Kirchenrechtes (1895); K. SCHÄFERDIEK, Das Heilige in Laienhand. Zur Entstehungsgeschichte der fränkischen Eigenkirche, in: Vom Amt des Laien in Kirche und Theologie. FS für Gerhard Krause, hg. von H. SCHRÖER/G. MÜLLER (1982), S. 122–140; W. HARTMANN, Der rechtliche Zustand der Kirchen auf dem Lande. Die Eigenkirche in der fränkischen Gesetzgebung des 7. bis 9. Jahrhunderts, in: Cristianizzazione ed organizzazione ecclesiastica delle campagne nell'alto medioevo: espansione e resistenze 1 (Settimane di studio del Centro italiano di studi sull'alto medioevo 28,1, 1982), S. 397–441.

[12] Vgl. J. SEMMLER, Episcopi potestas und karolingische Klosterpolitik, in: Mönchtum, Episkopat und Adel zur Gründungszeit des Klosters Reichenau, hg. von A. BORST (Vorträge und Forschungen 20, 1974), S. 305–395; DERS., Pippin III. und die fränkischen Klöster, Francia 3 (1975), S. 88–146; DERS., Mönche und Kanoniker im Frankenreiche Pippins III. und Karls des Großen, in: Untersuchungen zu Kloster und Stift, hg. vom Max-Planck-Institut für Geschichte (Veröffentlichungen des Max-Planck-Instituts für Geschichte 68, 1980), S. 78–111; H. ZIELINSKI, Die Kloster- und Kirchengründungen der Karolinger, in: Beiträge zu Geschichte und Struktur der mittelalterlichen Germania Sacra, hg. von I. CRUSIUS (Veröffentlichungen des Max-Planck-Instituts für Geschichte 93, 1989), S. 95–134.

[13] Vgl. H. BÜTTNER, Mission und Kirchenorganisation des Frankenreiches bis zum Tode Karls des Großen, in: Karl der Große 1. Persönlichkeit und Geschichte, hg. von H. BEUMANN (1965), S. 454–487; R. KAISER, Bistumsgründung und Kirchenorganisation im 8. Jahrhundert, in: Der heilige Willibald – Klosterbischof oder Bistumsgründer?, hg. von H. DICKERHOF u.a. (Eichstätter Studien N.F. 30, 1990), S. 29–67; R. SCHIEFFER, Papsttum und Bistumsgründung im Frankenreich,

behielten. Auch gegenüber den älteren, meist aus der Römerzeit überkommenen Bischofssitzen des linksrheinischen Gallien bedeutete die von den Karolingern mehr oder minder erzwungene Aufnahme in den Königsschutz (auf Kosten der regional dominierenden „Bischofsgeschlechter") und später die vereinheitlichte Privilegierung mit Verknüpfung von Schutz und Immunität einen sehr fühlbaren Zugewinn an konkreter Kirchenhoheit der Herrscher[14], auch wenn gewisse Statusunterschiede im Vergleich zu den jungen Gründungsbistümern rechts des Rheins sicherlich noch lange nachwirkten.

Im Anspruch, zu jeder einzelnen Bischofskirche des Reiches in einem spezifisch begründeten Herrschaftsverhältnis zu stehen, sind die Karolinger (seit Pippin dem Jüngeren und Karl dem Großen) zweifellos den Liudolfingern vorangegangen, die in der ersten Hälfte des 10. Jahrhunderts allenfalls Mühe hatten, diesen Teil des karolingischen Erbes in ihrer Hand zu monopolisieren, also anderen Nutznießern der Auflösung des Großreichs um 900 wieder zu entreißen[15]. Keinen prinzipiellen, aber doch einen gewichtigen graduellen Unterschied kann man darin sehen, daß in dem von den Ottonen übernommenen Ostfrankenreich der Anteil der gleichsam selbstbewußteren älteren Bischofskirchen vorfränkischen Ursprungs von vornherein geringer war und dann durch die Neugründungen von Eigenbistümern der Liudolfinger in Ostsachsen und am Obermain[16] relativ noch weiter zurückging. Anders als im karolingischen Großreich war sich die Mehrzahl der ottonischen Bischofssitze be-

in: Studia in honorem Eminentissimi Cardinalis Alphonsi M. Stickler curante R. J. Card. CASTILLO LARA (Studia et textus historiae iuris canonici 7, 1992), S. 517–528.

[14] Vgl. I. HEIDRICH, Die Verbindung von Schutz und Immunität. Beobachtungen zu den merowingischen und frühkarolingischen Schutzurkunden für St. Calais, ZRG Germ. 90 (1973), S. 10–30; J. SEMMLER, Iussit ... princeps renovare ... praecepta. Zur verfassungsrechtlichen Einordnung der Hochstifte und Abteien in die karolingische Reichskirche, in: Consuetudines monasticae. FS für Kassius Hallinger, hg. von J.F. ANGERER/J. LENZENWEGER (Studia Anselmiana 85, 1982), S. 97–124.

[15] Vgl. K. REINDEL, Die bayerischen Luitpoldinger 893–989. Sammlung und Erläuterung der Quellen (Quellen und Erörterungen zur bayerischen Geschichte N.F. 11, 1953), S. 183 ff. Nr. 93 und öfter; H. KELLER, Reichsstruktur und Herrschaftsauffassung in ottonisch-frühsalischer Zeit, Frühmittelalterliche Studien 16 (1982), S. 74–128, bes. S. 104 ff.; H.C. FAUßNER, Zum Regnum Bavariae Herzog Arnulfs (907–938) (Sitzungsberichte der Österreichischen Akademie der Wissenschaften 426, 1984).

[16] Vgl. H. BÜTTNER, Die christliche Kirche ostwärts der Elbe bis zum Tode Ottos I., in: FS für Friedrich von Zahn 1, hg. von W. SCHLESINGER (Mitteldeutsche Forschungen 50,1, 1968), S. 145–181; H. BEUMANN, Die Gründung des Bistums Oldenburg und die Missionspolitik Ottos des Großen, in: Aus Reichsgeschichte und Nordischer Geschichte. FS für Karl Jordan, hg. von H. FUHRMANN u.a. (Kieler Historische Studien 16, 1972), S. 54–69 (auch in: DERS., Ausgewählte Aufsätze aus den Jahren 1966–1986. Festgabe zu seinem 75. Geburtstag, hg. von J. PETERSOHN/R. SCHMIDT, 1987, S. 177–192); zu Bamberg jetzt: H. HOFFMANN, Mönchskönig und rex idiota. Studien zur Kirchenpolitik Heinrichs II. und Konrads II. (MGH Studien und Texte 8, 1993), bes. S. 85 ff.

wußt, von einem der Herrscher der letzten 200 Jahre ins Leben gerufen und seinen Nachfolgern Dementsprechendes schuldig zu sein.

Als qualitativer Neuansatz der Ottonenzeit in den rechtlichen Beziehungen von Königtum und Episkopat gilt nach verbreiteter Ansicht die Ausstattung der Bischöfe mit nutzbaren Hoheitsrechten, die über die karolingerzeitliche Immunität weit hinausgingen. Dieser Eindruck trifft sicher zu, wenn man als Betrachter einen weiten zeitlichen Blickwinkel wählt und etwa die Rechtslage unter Heinrich II. mit derjenigen unter Ludwig dem Frommen vergleicht[17]. Bei näherem Hinsehen hat freilich Hartmut Hoffmann zu zeigen vermocht, daß die vermeintlich ältesten Belege für die Verleihung ganzer Grafschaften an Reichsbischöfe nicht als solche gelten können und diese letzte, für das spätere geistliche Fürstentum fundamentale Steigerung der Einbeziehung von Bischöfen in die Ausübung öffentlicher Gewalt allenfalls spätottonische, im Grunde erst salische Praxis ist[18]. Umgekehrt liegt klar zutage, daß die Überantwortung von Markt- und Münzrechten an Bischöfe im Westen des Ostfrankenreiches schon unter den späten Karolingern einsetzt, um von den Zollprivilegien mit ihrer noch viel längeren Entwicklungsgeschichte ganz abzusehen[19]. Bei allen Unwägbarkeiten, die selbstverständlich mit dem Schicksal der einzelnen Urkundenarchive verbunden sind, darf aber insgesamt daran festgehalten werden, daß für die große Mehrzahl der ottonischen Bischofskirchen eben in diesem 10. Jahrhundert der Durchbruch zu wesentlich über bloße Immunität hinausweisenden Rechtstiteln erfolgt ist; allerdings brauchten die Ottonen dies weder völlig neu zu erfinden noch haben sie es mit erkennbarer Zügigkeit vorangetrieben. Die Entwicklung muß vielmehr als Bestandteil und Symptom übergreifender Vorgänge verstanden werden, die gar nicht in erster Linie kirchenpolitischer Natur waren. Ich meine einerseits die allmählich fortschreitende Angleichung der rechtsrheinischen an die älteren linksrheinischen Verhältnisse, die ja wohl auch hinter der Verteilung ottonischer Bischofswahlprivilegien zu erkennen ist[20], und zum anderen den unaufhaltsamen Aufstieg der gegenüber der karolingischen Grafschaftsverfassung außerordentlichen Gewalten wie der Herzöge, der Markgrafen und Pfalzgrafen, der ja ebenfalls schon vor 900 zutage tritt[21]. Die bewußte Einbeziehung auch der Bischöfe in diese Umver-

---

[17] So bereits SANTIFALLER, Geschichte (wie Anm. 4), S. 25 f., 35 f.

[18] Vgl. H. HOFFMANN, Grafschaften in Bischofshand, DA 46 (1990), S. 375–480.

[19] Das ergibt sich schon aus den Übersichten bei SANTIFALLER, Geschichte (wie Anm. 4), S. 97 ff.; vgl. auch F. HARDT-FRIEDERICHS, Markt, Münze und Zoll im ostfränkischen Reich bis zum Ende der Ottonen, Blätter für deutsche Landesgeschichte 116 (1980), S. 1–31.

[20] Vgl. die Übersicht bei SANTIFALLER, Geschichte (wie Anm. 4), S. 51 ff.; zur Deutung G. WEISE, Königtum und Bischofswahl im fränkischen und deutschen Reich vor dem Investiturstreit (1912), bes. S. 57 ff.

[21] Vgl. K. F. WERNER, La genèse des duchés en France et en Allemagne, in: Nascita dell'Europa ed Europa carolingia: un'equazione da verificare 1 (Settimane di studio del Centro italiano di studi sull'alto medioevo 27,1, 1981), S. 175–207 (auch in: DERS., Vom Frankenreich zur Entfaltung Deutschlands und Frankreichs. Ursprünge – Strukturen – Beziehungen. Ausgewählte Beiträge (1984), S. 278–310; H. KELLER, Zum Charakter der „Staatlichkeit" zwischen karolingischer

teilung der Gewichte war nicht im Prinzip gegen den Grafenadel gerichtet, dem ja
viele Bischöfe selbst entstammten und zeitlebens verbunden blieben[22], sondern ver-
breiterte eher dessen Machtbasis, zumal wenn man bedenkt, daß die Bischöfe einen
guten Teil der hinzugewonnenen Befugnisse an Vögte oder Laiengrafen aus eben
denselben Kreisen weitergaben[23].

✳

Längerfristige Kontinuität und darin kurzfristiger Wandel prägen auch den zweiten
Themenbereich, dem ich mich zuwenden möchte: den herrscherlichen Einfluß auf
die Besetzung der Bischofsstühle, der sich ja im Unterschied zu den bisher besprochenen Erscheinungen stets außerhalb des positiven Rechts abgespielt hat.

Wann und wo die von Kanones und Dekretalen idealisierte Bischofswahl durch
Klerus und Volk jemals gängige, unangefochtene Praxis gewesen ist, lasse ich dahingestellt. Politisch begründete Abweichungen schon in früher Zeit, wenn auch nicht
unbedingt von seiten der römischen Kaiser, belegt bereits der 31. angeblich Apostolische Kanon mit seiner Strafdrohung gegen Bischofskandidaten, die mit Hilfe der
saeculi potestates ihr Ziel zu erreichen suchten[24]. Aus der Merowingerzeit haben wir
dann bekanntlich klar bezeugte Beispiele dafür, daß dem Willen des Königs aus-
schlaggebende Bedeutung bei der Besetzung von Bistümern zukam, sei es, daß er
eine kanonische Wahl zuvor zu genehmigen oder ihr Ergebnis zu bestätigen hatte,
sei es, daß er von sich aus aktiv wurde und ortsfremde Kandidaten, zumal solche aus
seiner persönlichen Umgebung, zur Weihe verbindlich nominierte[25]. Nicht anders
ging die Ausbreitung und Festigung der Karolingerherrschaft einher mit resoluten
Zugriffen bei allen Gelegenheiten, die sich boten, um gegnerische Bischöfe zu verdrängen und eigene Verwandte oder Anhänger zu hohen kirchlichen Würden zu
bringen[26]. Karl der Große und seine nächsten Nachfolger hatten offensichtlich keine

Reichsreform und hochmittelalterlichem Herrschaftsaufbau, Frühmittelalterliche Studien 23
(1989), S. 248–264.
    [22] Vgl. R. SCHIEFFER, Der ottonische Reichsepiskopat zwischen Königtum und Adel,
Frühmittelalterliche Studien 23 (1989), S. 291–301.
    [23] Vgl. REUTER, „Imperial Church System" (wie Anm. 5), S. 362 f.; HOFFMANN, Grafschaften
(wie Anm. 18), S. 461 f.
    [24] Canon apostolorum 31, hg. von C.H. TURNER, Ecclesiae Occidentalis Monumenta Iuris an-
tiquissima 1,1 (1899/1939), S. 20 f.; zum Problem vgl. VOIGT, Staat (wie Anm. 7), S. 46 f.;
GAUDEMET, L'église (wie Anm. 8), S. 334 f.; P.G. CARON, L'intervention de l'autorité impériale
romaine dans l'élection des évêques, Revue de droit canonique 28, 2–4 (1968), S. 76–83.
    [25] Vgl. VOIGT, Staat (wie Anm. 7), S. 236 ff.; SCHEIBELREITER, Bischof (wie Anm. 9), S. 149 ff.;
M. WEIDEMANN, Kulturgeschichte der Merowingerzeit nach den Werken Gregors von Tours 1
(Römisch-Germanisches Zentralmuseum. Monographien 3,1, 1982), S. 115 ff.
    [26] Vgl. J. SEMMLER, Zur pippinidisch-karolingischen Sukzessionskrise 714–723, DA 33 (1977),
S. 1–36, bes. S. 25 ff.; DERS., Die Aufrichtung der karolingischen Herrschaft im nördlichen Bur-

Mühe, Männer ihres Vertrauens mit den angesehensten und bestdotierten *cathedrae* des Reiches wie natürlich auch den großen Abteien auszustatten[27].

Die herrscherliche Prärogative bei der Besetzung der Bischofsstühle, verbunden mit der Degradierung der kanonischen Wahl zur bloßen Formalie, kann also an sich kaum als ausgeprägt ottonisch gelten, doch ergibt sich ein anderer Blickwinkel, wenn man nach Konsequenz und Intensität bei der Praktizierung des Vorrechts fragt. Karl der Große, der sich am Ende seiner Tage rühmte, 21 Metropoliten (mit jeweils einer Anzahl von Suffraganen) in seinem Reiche zu haben[28], kann auf keinen Fall alle diese Inhaber bischöflicher Würden persönlich gekannt und auf ihre Bestallung bedachtsam Einfluß genommen haben, was wir von Otto dem Großen und zumal den folgenden Kaisern mit ihren etwa drei Dutzend Bischofssitzen nördlich der Alpen getrost annehmen dürfen[29]. Im Bestreben nach wirklich flächendeckender Hoheit über den Episkopat scheinen mir im übrigen bereits Ludwig der Deutsche oder Arnolf in ihrem ostfränkischen Teilreich den Ottonen näher zu stehen als dem großen Karl[30]. Das führt zu der Überlegung, daß es wohl nicht allein ein Quellenproblem ist, wenn wir aus hochkarolingischer Zeit über konkrete kaiserliche Einflußnahmen auf die Bistumsbesetzungen nur in relativ seltenen und dann meist recht prominenten Fällen unterrichtet sind, und daß anscheinend erst durch die Teilungen ab 843 politische Größenordnungen entstanden, die eine durchgängig den Episkopat prägende Personalpolitik des Königs wie die Ottos des Großen nach der Beseitigung der bayerischen Sonderrechte 938 denkbar machten. Berichte Thietmars und anderer über sächsische Bischofskandidaten, die auch eine mehrmonatige Reise zu Kaiser Otto nach Italien nicht scheuten, um dort die nötigen Voraussetzungen für ihre anschlie-

---

gund im VIII. Jahrhundert, in: Langres et ses évêques VIIIe–XIe siècles. Actes du Colloque Langres-Ellwangen. Langres, 28 juin 1985 (1986), S. 19–42; R. KAISER, Royauté et pouvoir épiscopal au nord de la Gaule (VIIe–IXe siècles), in: La Neustrie. Les pays au nord de la Loire de 650 à 850. Colloque historique international, publ. H. ATSMA, 1 (Beihefte der Francia 16,1, 1989), S. 143–160.

[27] Vgl. VOIGT, Staat (wie Anm. 7), S. 317 f., 369 ff.; F.J. FELTEN, Äbte und Laienäbte im Frankenreich. Studie zum Verhältnis von Staat und Kirche im früheren Mittelalter (Monographien zur Geschichte des Mittelalters 20, 1980), bes. S. 143 ff. Ein klassisches Beispiel ist Ebo, der *collactaneus* und *conscolasticus* Ludwigs des Frommen, der 816 Erzbischof von Reims wurde.

[28] Einhard, Vita Karoli c. 33, cur. O. HOLDER-EGGER (MGH SS rer. Germ., 1911), S. 38; vgl. BÜTTNER, Mission (wie Anm. 13) S. 485 f.

[29] Vgl. H. ZIELINSKI, Der Reichsepiskopat in spätottonischer und salischer Zeit (1002–1125) 1 (1984); A. GRAF FINCK VON FINCKENSTEIN, Bischof und Reich. Untersuchungen zum Integrationsprozeß des ottonisch-frühsalischen Reiches (919–1056) (Beiträge zur Mediävistik 1, 1989).

[30] Vgl. J. SCHUR, Königtum und Kirche im ostfränkischen Reiche vom Tode Ludwigs des Deutschen bis Konrad I. (1931); W. HARTMANN, Das Konzil von Worms 868. Überlieferung und Bedeutung (Abhandlungen der Akademie der Wissenschaften Göttingen, 3. Folge 105, 1977), bes. S. 92 ff.; J. LEHN, Die Synoden zu Mainz (888) und Tribur (895). Ihre Bedeutung für das Verhältnis Arnulfs von Kärnten zum ostfränkischen Episkopat im ausgehenden 9. Jahrhundert, Jb. für westdeutsche Landesgeschichte 13 (1987), S. 43–62.

ßende Weihe in der Heimat zu schaffen[31], haben aus inneren Gründen keine Entsprechung in der Karolingerzeit.

Zu den Wandlungen, die diesen Eindruck erklären, gehört sicherlich das Aufkommen der Investitur mit dem Bischofsstab, denn diese ostentative rituelle Verdeutlichung königlicher Verfügungsgewalt über die bischöflichen Stühle begründete ja vor Beginn jedes Pontifikats die Üblichkeit, ja Notwendigkeit einer persönlichen Begegnung, bei der sich keiner der beiden vertreten lassen konnte[32]. Gegenüber der älteren Praxis schriftlicher Einweisungsbefehle oder königlicher Bestallungsurkunden für den neuen Bischof, die wir aus den fränkischen Formularsammlungen kennen und die nach Ausweis dieser Quellengattung auch noch unter Karl dem Großen gebräuchlich waren[33], ist die nachmals so heftig angefeindete Investitur Ausdruck eines weniger bürokratischen Zeitalters, das sich mehr an personalen Bindungen und symbolischem Handeln orientierte und überdies ganz unbefangen dem geweihten Herrscher das geistliche Amtsabzeichen des Bischofsstabs in die Hand gab[34]. Die Prozedur resultierte aus konkludenten Umständen und brauchte darum auch nie ausdrücklich angeordnet oder gestattet zu werden (wie es die später gefälschten Investiturprivilegien glauben machen wollten), sondern kam gleichsam lautlos in Gebrauch. Allem Anschein nach geschah dies sporadisch schon im Ostfrankenreich des späten 9. Jahrhunderts[35], bevor sich die Investitur dann als fester Bestandteil eines insoweit zeitgerecht erneuerten Herrscherzeremoniells der Liudolfinger durchsetzte.

Zu den markanten Zügen der „neuen Bischofs- und Bistumspolitik der Ottonen, die sie" nach den Worten von Josef Fleckenstein „weit über die Karolinger hinausgeführt hat"[36], gehört fraglos auch die gesteigerte Rolle, die der Hofdienst und die Hofkapelle im Werdegang zwar nicht der meisten, aber doch beachtlich vieler Bischöfe, zudem auf den hervorragenden Sitzen, zu spielen begannen[37]. Neuartig war nicht die Institution der Hofkapelle an sich, die vielmehr bekanntlich Karolinger- und Ottonenzeit umspannt, sondern ihre zunehmende und bewußte Nutzung als Reservoir künftiger, im Königsdienst erprobter Bischöfe und ihre damit gegebene

---

[31] Prägnant Thietmar von Merseburg, Chronik 2,20–21, hg. von R. HOLTZMANN, MGH SS rer. Germ. N.S. 9 (1935), S. 60 f., über Hildeward von Halberstadt (968); weitere Beispiele bei G. WAITZ, Deutsche Verfassungsgeschichte 7 (1876), S. 283 Anm. 3.

[32] Vgl. O. ENGELS, Der Pontifikatsantritt und seine Zeichen, in: Segni e riti nella chiesa altomedievale occidentale 2 (Settimane di studio del Centro italiano di studi sull'alto medioevo 33,2, 1987), S. 707–766, bes. S. 757 ff.; H. KELLER, Die Investitur. Ein Beitrag zum Problem der „Staatssymbolik" im Hochmittelalter, Frühmittelalterliche Studien 27 (1993) S. 51–86, bes. S. 61 ff.

[33] Vgl. VOIGT, Staat (wie Anm. 7), S. 392.

[34] Zum frühen Gebrauch und Symbolgehalt vgl. P. SALMON, Mitra und Stab. Die Pontifikalinsignien im römischen Ritus (dt. 1960), S. 61 ff.; ENGELS, Pontifikatsantritt (wie Anm. 32), S. 754 ff.

[35] Vgl. R. SCHIEFFER, Die Entstehung des Investiturverbots für den deutschen König (Schriften der MGH 28, 1981), S. 11 ff.; ENGELS, Pontifikatsantritt (wie Anm. 32), S. 757 f.

[36] FLECKENSTEIN, Problematik (wie Anm. 6), S. 94.

[37] Vgl. J. FLECKENSTEIN, Die Hofkapelle der deutschen Könige 2: Die Hofkapelle im Rahmen der ottonisch-salischen Reichskirche (Schriften der MGH 16,2, 1966), S. 50 ff. und öfter.

Attraktivität für den geistlichen Nachwuchs aus den führenden Familien. Die so gewandelte Hofkapelle wurde nach der Konzeption, die Otto dem Großen und zumal seinem Bruder Brun zugeschrieben werden darf, zu einem Faktor der Integration des Hochadels in das Reichsgefüge, indem sie dessen Ansprüche auf Berücksichtigung bei der Vergabe der hohen Kirchenämter aufgriff und stärker als unter den Karolingern formalisierte[38]. Mit einer gewissen Deutlichkeit tritt dies im letzten Drittel von Ottos Regierung in Erscheinung, erreichte seine volle Wirksamkeit jedoch erst, wie man weiß, seit dem frühen 11. Jahrhundert.

*

Wesentlich anders bietet sich mein dritter Längsschnitt dar, bei dem es um den Einfluß gehen soll, den die Karolinger und Ottonen auf Recht und Praxis des kirchlichen Lebens nahmen.

Daß den christlichen Herrschern überhaupt die Befugnis oder sogar die Pflicht zukam, mit ihren Anordnungen in Fragen des Glaubens, der Gottesverehrung und der inneren Verfassung der Kirche einzugreifen, geht wiederum weit in die römische Spätantike zurück[39]. Das 16. Buch des Codex Theodosianus legt beredtes Zeugnis davon ab, in wie vielfältiger Weise die Nachfolger Konstantins den Bestand des bedrohten Reiches durch gesetzliche Vorkehrungen für Orthodoxie und Orthopraxie aller Untertanen sichern zu sollen glaubten[40]. Es war demnach ein Stück *imitatio imperii*, wenn sich die katholischen Merowingerkönige ihrerseits das Recht zu Kapitularien kirchlichen, wenn auch nicht theologischen Inhalts nahmen und dazu allenfalls teilweise durch synodale Beratungen ihrer Bischöfe angeregt wurden[41]. Zu einem erstrangigen politischen Thema geriet die von der Forschung so genannte Kirchenreform dann jedoch im Jahrhundert vom *Concilium Germanicum* bis zum Teilungsvertrag von Verdun, als sich die karolingischen Hausmeier, Könige und Kaiser die von den Angelsachsen angestoßene Erneuerung des kirchlichen Lebens im Frankenreich zur Aufgabe machten, weil sie darin nicht allein eine moralische Verpflichtung, sondern auch die Chance zur vereinheitlichenden Integration des wachsenden Reiches und zur weiteren geistlichen Legitimation der eigenen Autorität

---

[38] Vgl. FINCK VON FINCKENSTEIN, Bischof (wie Anm. 29), S. 65 ff.; SCHIEFFER, Reichsepiskopat (wie Anm. 22).

[39] Vgl. J. STRAUB, Constantine as ΚΟΙΝΟΣ ΕΠΙΣΚΟΠΟΣ, Dumbarton Oaks Papers 21 (1967), S. 37–55 (auch in: DERS., Regeneratio Imperii, 1972, S. 134–158); K. GIRARDET, Das christliche Priestertum Konstantins d. Gr., Chiron 10 (1980), S. 569–592.

[40] Vgl. VOIGT, Staat (wie Anm. 7), S. 22 ff.; K.-L. NOETHLICHS, Die gesetzgeberischen Maßnahmen der christlichen Kaiser des vierten Jahrhunderts gegen Häretiker, Heiden und Juden (Diss. phil. Köln 1971); E. HERRMANN, Ecclesia in Re Publica. Die Entwicklung der Kirche von pseudostaatlicher zu staatlich inkorporierter Existenz (Europäisches Forum 2, 1980).

[41] Vgl. VOIGT, Staat (wie Anm. 7), S. 252 ff.; PONTAL, Synoden (wie Anm. 9), S. 225 ff.

erblickten[42]. Charakteristisch für diese Phase sind das Wechselspiel reformbewußter kirchlicher Kreise (in Episkopat und Mönchtum) mit dem karolingischen Hof, ferner die häufige, aber keineswegs regelmäßige Einschaltung zentral gelenkter Synoden zur Erörterung und Bekräftigung dessen, was dann in der Kapitulariengesetzgebung seinen Niederschlag fand[43], und schließlich der beträchtliche administrative Aufwand, der für die praktische Verbreitung und Durchsetzung solcher Entscheidungen getrieben wurde[44] und die kirchliche Entwicklung zum ergiebigsten Feld bei der Erforschung der Effizienz herrscherlichen Wollens vor und nach 800 macht.

Unter den Ottonen ist von all dem kaum etwas geblieben. Zwar begegnet auch im 10. Jahrhundert die mit dem Phänomen der Reichskirche wohl notwendig verbundene Institution der Reichssynode, deren Zustandekommen, Thematik und Beschlüsse wesentlich vom Königshof vorbestimmt sind[45], aber der normative Ertrag ist im Vergleich zur karolingischen Epoche doch kümmerlich, und zu den früheren Kapitularien kirchlichen Inhalts findet sich eine Entsprechung überhaupt nicht mehr. Da der Rückgang längst schon im 9. Jahrhundert einsetzt und aus dem Ostfrankenreich Ludwigs des Deutschen und seiner Nachfahren gar keine Kapitularien gleich welcher Thematik mehr überliefert sind[46], ist es natürlich nicht falsch, zur historischen Erklärung auf einen allgemeinen Wandel in der Regierungspraxis und zumal einen drastischen Schwund an schriftlicher Administration hinzuweisen[47], der auch das relativ hoch entwickelte Feld der Kirchenpolitik nicht ausgespart habe. Allerdings kann diese Deutung nicht in jeder Hinsicht befriedigen, denn zumindest in einem traditionellen Bereich herrscherlicher Prärogative gegenüber der Kirche verhalten sich der karolingische und der ottonische Quellenbefund genau umge-

[42] Vgl. J. SEMMLER, Reichsidee und kirchliche Gesetzgebung, ZKG 71 (1960), S. 37–65; DERS., Renovatio regni Francorum. Die Herrschaft Ludwigs des Frommen im Frankenreich 814–829/30, in: Charlemagne's Heir. New Perspectives on the Reign of Louis the Pious (814–840), ed. P. GODMAN/R. COLLINS (1990), S. 126–146.

[43] Vgl. VOIGT, Staat (wie Anm. 7), S. 319 ff., 397 ff.; C. DE CLERCQ, La législation religieuse franque de Clovis à Charlemagne (1936) S. 109 ff.; DERS., La législation religieuse franque 2: De Louis le Pieux à la fin de IXe siècle (814–900) (1958), S. 1 ff.; W. HARTMANN, Die Synoden der Karolingerzeit im Frankenreich und in Italien (Konziliengeschichte A: Darstellungen, 1989), S. 405 f. und öfter.

[44] Vgl. J. SEMMLER, Zur Überlieferung der monastischen Gesetzgebung Ludwigs des Frommen, DA 16 (1960), S. 309–388; DERS., Die Beschlüsse des Aachener Konzils im Jahre 816, ZKG 74 (1963), S. 15–82; R. SCHIEFFER, Die Entstehung von Domkapiteln in Deutschland (Bonner Historische Forschungen 43, 1976), S. 242 ff.; R. MCKITTERICK, The Frankish Church and the Carolingian Reforms, 789–895 (Royal Historical Society. Studies in History, 1977).

[45] Vgl. H. WOLTER, Die Synoden im Reichsgebiet und in Reichsitalien von 916 bis 1056 (Konziliengeschichte A: Darstellungen, 1988).

[46] Vgl. F.L. GANSHOF, Was waren die Kapitularien? (dt. 1961), S. 154: HARTMANN, Synoden (wie Anm. 43), S. 299.

[47] Vgl. H. KELLER, Reichsorganisation, Herrschaftsformen und Gesellschaftsstrukturen im Regnum Teutonicum, in: Il secolo di ferro: mito e realtà del secolo X 1 (Settimane di studio del Centro italiano di studi sull'alto medioevo 38, 1991), S. 159–195, bes. S. 168 ff.

kehrt. Während bei den Bistumserrichtungen des 10. Jahrhunderts nördlich und
östlich von Elbe und Saale und später noch in Bamberg nicht wenig Pergament für
Gründungsurkunden und Synodalprotokolle verwendet worden ist[48], treffen wir bei
der Entstehung der bayerischen, mitteldeutschen und sächsischen Bischofssitze unter
den Karolingern nichts dergleichen an[49]. Damals war die kirchliche Organisation der
rechtsrheinischen Lande offenbar von den Hausmeiern und Königen sowie ihren
geistlichen und weltlichen Vertrauensleuten ohne alle Förmlichkeit, insbesondere
ohne Beteiligung von Synoden, geregelt worden mit dem Resultat, daß die Inhaber
der neuen Sitze irgendwann in der Überlieferung auftauchen und die konkrete Vorgeschichte in mehr als einem Fall Gegenstand kaum lösbarer wissenschaftlicher
Streitfragen geworden ist[50].

Daß Otto der Große von vornherein anders vorging (und zwar schon mit den
Gründungsurkunden für Havelberg und Brandenburg 946/48)[51], mag an mancherlei
gelegen haben: an dem höheren Formalisierungsgrad, den eine solche Entscheidung
nach einem Jahrhundert karolingischer Rechtserneuerung trotz inzwischen wieder
rückläufiger Schriftlichkeit erforderte, an dem gewachsenen Sekuritätsbedürfnis der
Bischöfe, die bei Rückschlägen buchstäblich etwas in der Hand haben wollten, aber
doch wohl auch an einem gewandelten Zuschnitt der königlichen Kirchenpolitik im
ganzen, die sich, nach Bedarf gewissermaßen, auf die Lösung akuter juristischer und
organisatorischer Einzelprobleme konzentrierte, von generellen Reformzielen jedoch
wie ehedem der Durchsetzung des Zehntgebots, der Eindämmung eigenkirchenherr-
licher Willkür, der verbindlichen Regulierung der geistlichen Gemeinschaften und so
fort völlig abließ. Eine allenfalls okkasionelle Rechtsbildung im Stil von Weistümern
und anderen Präzedenzentscheidungen, wie sie nach dem Erlöschen der Kapitularien
als gelegentlicher Ertrag ottonischer Hoftage beobachtet worden ist[52], wird man
kaum anders auch den vom Königtum dominierten Synoden der Zeit zu bescheini-
gen haben. Erst nach der Jahrtausendwende – und durchaus im Unterschied zur
Entwicklung des weltlichen Rechts – kommt dann ein neuer normativer Impuls in
die Reichskirchenpolitik, beginnend etwa mit den späten Jahren Heinrichs II. (Pavia
1022)[53] und natürlich massiv unter Heinrich III. In der ausgedehnten Zwischenzeit,
die das Regiment der drei Ottonen umspannt, im Grunde aber auch bereits in der

---

[48] S. oben Anm. 16.
[49] S. oben Anm. 13.
[50] Zu der exemplarischen Problematik bei den sächsischen Bistumsgründungen vgl. kontrovers
K. HONSELMANN, Die Bistumsgründungen in Sachsen unter Karl dem Großen, mit einem Aus-
blick auf spätere Bistumsgründungen und einem Exkurs zur Übernahme der christlichen Zeitrech-
nung im frühmittelalterlichen Sachsen, AfD 30 (1984), S. 1–50; R. SCHIEFFER, Die Anfänge der
westfälischen Domstifte, Westfälische Zeitschrift 138 (1988), S. 175–191, bes. S. 177 f.
[51] MGH DD Otto I. 76, 105.
[52] Vgl. H. KRAUSE, Königtum und Rechtsordnung in der Zeit der sächsischen und salischen
Herrscher, ZRG Germ. 82 (1965), S. 1–98.
[53] Vgl. HOFFMANN, Mönchskönig (wie Anm. 16), S. 50 ff.

zweiten Hälfte des 9. Jahrhunderts einsetzte, hatte es wahrlich nicht an geistlichen und sozialen Mißständen gefehlt, die regelnde Eingriffe genereller Art herausforderten, aber anscheinend am Zutrauen, dies im Rahmen eines Teilreichs der lateinischen Christenheit leisten zu können, nachdem die räumliche und politische Grundlage der umfassenden hochkarolingischen Reformpolitik zerbrochen war.

*

Verändert haben sich zwischen 750 und 1000 nicht bloß die Handlungsziele der Herrscher innerhalb und gegenüber der Kirche, sondern auch die Handlungsspielräume, und man gewinnt daher noch eine weitere, die vierte Vergleichsebene, wenn man nach den Konkurrenten und Widerständen fragt, auf die sie in den einzelnen Phasen dieses Zeitraums gestoßen sind.

Am wenigsten ist davon sicherlich in der Ära des karolingischen Großreichs zu spüren. Sobald die generellen Vorbehalte in der fränkischen Führungsschicht gegen das Erneuerungsstreben des Bonifatius und der Seinen beiseite geräumt waren[54], steuerten Pippin der Jüngere, Karl der Große und anfänglich auch Ludwig der Fromme in kirchlichen Dingen einen ziemlich autokratischen Kurs, der Grenzen seiner Wirksamkeit am ehesten in strukturellen Hemmnissen wie der weiten Ausdehnung und hergebrachten Vielfalt des Reiches, den prekären Kommunikationsbedingungen und überhaupt der Beharrungskraft des Bestehenden fand. Natürlich hatten sie geistliche Berater und Stichwortgeber, aber nach der relativ kurzen Phase Chrodegangs von Metz († 766)[55] tritt davon eine ganze Weile nicht mehr allzu viel faßbar in Erscheinung, und die Synoden namentlich der Jahrzehnte Karls wirken eher wie das Forum oder der Resonanzboden für die ratifizierende Promulgation der Entschlüsse des Herrschers und seiner engeren Umgebung[56]. Eigentümlich ambivalent ist auch das damalige Verhältnis zu Rom, dessen ehrwürdige apostolische Tradition mit Vorliebe zur Richtschnur bei der Vereinheitlichung der fränkischen Reichskirche genommen wurde, ohne daß daraus auch nur im Ansatz eine Richtlinienkompetenz der zeitgenössischen Päpste bei der Umgestaltung der kirchlichen

---

[54] Vgl. F. PRINZ, Der fränkische Episkopat zwischen Merowinger- und Karolingerzeit, in: Nascita (wie Anm. 21), S. 101–133, bes. S. 125 ff. (auch in: DERS., Mönchtum, Kultur und Gesellschaft. Beiträge zum Mittelalter, hg. von A. HAVERKAMP/A. HEIT (1989), S. 199–231, bes. S. 223 ff.); H. J. SCHÜSSLER, Die fränkische Reichsteilung von Vieux-Poitiers (742) und die Reform der Kirche in den Teilreichen Karlmanns und Pippins, Francia 13 (1985), S. 47–112, bes. S. 88 ff.

[55] Vgl. J. SEMMLER, s.v. Chrodegang von Metz, in: Theologische Realenzyklopädie 8 (1981), S. 71–74.

[56] Vgl. J.M. WALLACE-HADRILL, The Frankish Church (1983), S. 181 ff.: HARTMANN, Synoden (wie Anm. 43), S. 97 ff.

Zustände durch die Karolinger abgeleitet worden wäre[57]. Im Gegenteil, eine fühlbare Reformbedürftigkeit auch der stadtrömischen Verhältnisse dürfte den führenden fränkischen Kirchenmännern kaum entgangen sein.

Seit den späten 820er Jahren und bis zum Ende des Jahrhunderts verschoben sich dann die Gewichte merklich zugunsten des Episkopats, der mit eigenen Vorschlägen und Formulierungen hervorzutreten begann und sich auf manchen Synoden mahnend, warnend, modifizierend gegenüber den Vorstellungen der Herrscher und ihres Hofes zur Geltung brachte[58]. Dieser Wandel lag nicht allein daran, daß es mit der persönlichen Autorität der rivalisierenden Spätkarolinger immer schlechter bestellt war, sondern ist wohl auch als innere Konsequenz der vorausgegangenen Bildungserneuerung und Reformpolitik zu begreifen, die mit ihrer betonten Hinwendung zu Theologie und Kirchenrecht der römischen Spätantike andere Leitbilder von der Autonomie der geistlichen, zumal der bischöflich-synodalen, Gewalt vermittelt und verbreitet hatte[59]. Die Nachkommen Ludwigs des Frommen, geplagt von inneren Machtkämpfen und äußeren Bedrohungen, reagierten – in unterschiedlichem Maße – mit insgesamt nachlassendem Eifer für die permanente Aufgabe der kirchlichen Erneuerung, gewährten aber, so gut es ging, den Bischöfen darin Unterstützung, schon um des moralischen und materiellen Rückhalts willen, den sie sich mehr denn je von ihnen erhofften[60]. Der zeitweilig ganz unverkennbare Prestigegewinn des Papsttums in der zweiten Hälfte des 9. Jahrhunderts, der ideengeschichtlich in denselben Zusammenhang des Rückgriffs auf die Spätantike gehört[61], etablierte vornehmlich eine Appellations- und Beschwerdeinstanz für die geistliche Gerichtsbarkeit in den Frankenreichen und bei Konflikten unter den Bischöfen, scheint mir aber, abgesehen vom

---

[57] Vgl. H. FUHRMANN, Das Papsttum und das kirchliche Leben im Frankenreich, in: Nascita (wie Anm. 21), S. 419–456; R. SCHIEFFER, „Redeamus ad fontem". Rom als Hort authentischer Überlieferung im frühen Mittelalter, in: A. ANGENENDT/R. SCHIEFFER, Roma – Caput et Fons. Zwei Vorträge über das päpstliche Rom zwischen Altertum und Mittelalter (Gerda Henkel Vorlesung 1989), S. 45–70.

[58] Vgl. H.H. ANTON, Zum politischen Konzept karolingischer Synoden und zur karolingischen Brüdergemeinschaft, HJb 99 (1979), S. 55–132; R. SCHIEFFER, Freiheit der Kirche: Vom 9. zum 11. Jahrhundert, in: Die Abendländische Freiheit vom 10. zum 14. Jahrhundert. Der Wirkungszusammenhang von Idee und Wirklichkeit im europäischen Vergleich, hg. von J. FRIED (Vorträge und Forschungen 39, 1991), S. 49–66, bes. S. 60 ff.

[59] H. HÜRTEN, „Libertas" in der Patristik – „libertas episcopalis" im Frühmittelalter, Archiv für Kulturgeschichte 45 (1963), S. 1–14; H. MORDEK, Kirchenrechtliche Autoritäten im Frühmittelalter, in: Recht und Schrift im Mittelalter, hg. von P. CLASSEN (Vorträge und Forschungen 23, 1977), S. 237–255; B. SZABÓ-BECHSTEIN, Libertas ecclesiae. Ein Schlüsselbegriff des Investiturstreits und seine Vorgeschichte, 4.–11. Jahrhundert (Studi Gregoriani 12, 1985), S. 47 ff.

[60] Vgl. HARTMANN, Synoden (wie Anm. 43), S. 197 ff.

[61] Vgl. E. PERELS, Papst Nikolaus I. und Anastasius Bibliothecarius. Ein Beitrag zur Geschichte des Papsttums im neunten Jahrhundert (1920); J. HALLER, Nikolaus I. und Pseudoisidor (1936); H. FUHRMANN, Einfluß und Verbreitung der pseudoisidorischen Fälschungen. Von ihrem Auftauchen bis in die neuere Zeit 2 (Schriften der MGH 24,2, 1973), S. 237 ff.

spektakulären Sonderfall des lotharischen Ehestreits[62], nicht eigentlich auf die Balance zwischen Königtum und Episkopat eingewirkt zu haben und war insbesondere nicht mit eigenem römischen Bemühen um die Gestaltung der kirchlichen Verhältnisse nördlich der Alpen verbunden[63].

Die Rahmenbedingungen ottonischer Kirchenpolitik entsprechen weder dem hochkarolingischen noch dem spätkarolingischen Muster. Die Liudolfinger hatten es auf Synoden und Hoftagen mit einem im ganzen weniger selbstbewußten Episkopat zu tun als der späte Ludwig der Fromme, Karl der Kahle und wohl auch Ludwig der Deutsche. Spannungen und offene Zerwürfnisse mit einzelnen Bischöfen, die sich dadurch von ihren Amtsbrüdern isolierten, blieben zwar nicht aus, waren aber durchweg rein politischer Natur und erweisen den Episkopat nur erneut als Bestandteil der adligen Führungsschicht des Reiches[64]. Von einer Rückkehr zur unangefochtenen Kirchenhoheit Karls des Großen kann gleichwohl keine Rede sein, denn auf dem von den Ottonen bevorzugten Felde des Ausbaus der kirchlichen Organisation stießen sie fast regelmäßig auf den erbitterten und zähen Widerstand betroffener Bischöfe, der nur sehr schwer zu brechen war. Die Entstehungsgeschichte der Kirchenprovinz Magdeburg, die Aufhebung und Wiedererrichtung des Bistums Merseburg sowie die Gründung des Bistums Bamberg liefern einprägsame Beispiele für die unbedingte Identifizierung von sonst völlig königsloyalen Bischöfen mit der Rechtsposition der ihnen „angetrauten" Kirche[65], ein Phänomen, das zu den empfindlichsten Schranken der Herrschergewalt zählt, die wir im 10. Jahrhundert ausmachen können, und das unter den Karolingern nicht annähernd in gleichem Maße spürbar ist[66]. Hier liegt jedoch auch die Wurzel für einen bemerkenswerten Autoritätszuwachs der Päpste in ihrem „dunklen Jahrhundert"; sie wurden zwar weiterhin kaum

[62] Vgl. R. KOTTJE, Kirchliches Recht und päpstlicher Autoritätsanspruch. Zu den Auseinandersetzungen über die Ehe Lothars II., in: Aus Kirche und Reich. Studien zu Theologie, Politik und Recht im Mittelalter. FS für Friedrich Kempf, hg. von H. MORDEK (1983), S. 97–103; H. FUHRMANN, Widerstände gegen den päpstlichen Primat im Abendland, in: Il primato del vescovo di Roma nel primo millennio. Ricerche e testimonianze. Atti del Symposium storico-teologico Roma, 9–13 Ottobre 1989, a cura di M. MACCARRONE (Pontificio Comitato per le scienze storiche. Atti e documenti 4, 1991), S. 707–736, bes. S. 726 ff.

[63] Vgl. F. KEMPF, Primatiale und episkopal-synodale Struktur der Kirche vor der gregorianischen Reform, Archivum Historiae Pontificiae 16 (1978), S. 27–66.

[64] Vgl. F.-R. ERKENS, Fürstliche Opposition in ottonisch-salischer Zeit. Überlegungen zum Problem der Krise des frühmittelalterlichen deutschen Reiches, Archiv für Kulturgeschichte 64 (1982), S. 307–370, bes. S. 327 ff.; SCHIEFFER, Reichsepiskopat (wie Anm. 22); zur Darstellung auch religiös begründeter Vorbehalte O. ENGELS, Der Reichsbischof in ottonischer und frühsalischer Zeit, in: Beiträge (wie Anm. 12), S. 135–175.

[65] Vgl. H. BEUMANN, Entschädigungen von Halberstadt und Mainz bei der Gründung des Erzbistums Magdeburg, in: Ex ipsis rerum documentis. Beiträge zur Mediävistik. FS für Harald Zimmermann, hg. von K. HERBERS u.a. (1991), S. 383–398; HOFFMANN, Mönchskönig (wie Anm. 16), S. 85 ff.

[66] Vgl. REUTER, „Imperial Church System" (wie Anm. 5), S. 357 f.; H. KELLER, Grundlagen ottonischer Königsherrschaft, in: Reich und Kirche (wie Anm. 6), S. 17–34, bes. S. 22 f.

von sich aus aktiv, ließen sich aber gern für die urkundliche Absicherung der neuen Bischofssitze im Sinne der Herrscher gewinnen[67] und erteilten auch sonst auf Wunsch ihre Schutz- und Bestätigungsprivilegien für Kirchen jenseits der Alpen in viel reicherem Maße als vordem[68]. Wenn die gregorianische Doktrin später postulierte, nur mit päpstlichem Einverständnis dürften neue Bistümer eingerichtet und bestehende zusammengelegt werden[69], so hat dies die Praxis des 10. und frühen 11. Jahrhunderts in Magdeburg, Merseburg, Bamberg, Naumburg/Zeitz abweichend von der Karolingerzeit bereits vorweggenommen oder doch angebahnt.

*

Ich breche ab. Wie nicht anders zu erwarten, ergeben die angestellten Vergleiche, daß karolingische und ottonische Kirchenpolitik bei vielen gemeinsamen Grundbedingungen im einzelnen doch ein sehr verschiedenes Profil aufweisen. Bemerkenswerter scheint mir vor dem Hintergrund der gegenwärtigen Forschungsdiskussion, daß es kaum gelingen will, die beobachteten qualitativen Wandlungen auf einen eng bemessenen Zeitraum oder auch nur die Herrschaft Ottos des Großen einzugrenzen. Nicht weniges, was in Hand- und Schulbüchern als typisch ottonisch gilt, kommt eigentlich schon unter den späten Karolingern (jedenfalls in Ostfranken) zum Vorschein und könnte bedingt sein vom fortwährenden Zustand der Reichsteilung: der konsequentere Zugriff auf die Bistumsbesetzungen und seine sakrale Verbrämung durch die Investitur mit dem Stab, die Verleihung einzelner Hoheitsrechte, das Schwinden der Kapitularien als Instrument der Kirchenpolitik. Anderes erscheint in Wahrheit eher spät- oder nachottonisch wie die vollen bischöflichen Grafschaften, die Perfektionierung der stammesübergreifend integrativen Personalpolitik, übrigens auch die resolute Ausschöpfung des kirchlichen Potentials im *Servitium regis*. Soweit sich Otto der Große selbst als Neuerer gegenüber den Karolingern zeigt, hat er vor allem die Hofkapelle und den geistlichen Hofdienst für die Heranbildung künftiger Reichsbischöfe zu nutzen verstanden und das ferne Papsttum in die Verwirklichung seiner kirchlichen Organisationspläne einbezogen. Im übrigen scheint er im Verhältnis zum Episkopat eher beschleunigt und intensiviert zu haben, was vor ihm begonnen hatte und sich nach ihm fortentwickelte.

---

[67] Vgl. SCHIEFFER, Papsttum (wie Anm. 13), S. 527 f.

[68] Vgl. H. FICHTENAU, Vom Ansehen des Papsttums im zehnten Jahrhundert, in: Aus Kirche und Reich (wie Anm. 62), S. 117–124 (auch in: DERS., Beiträge zur Mediävistik. Ausgewählte Aufsätze 3 (1986), S. 98–107); G. TELLENBACH, Zur Geschichte der Päpste im 10. und früheren 11. Jahrhundert, in: Institutionen, Kultur und Gesellschaft im Mittelalter. FS für Josef Fleckenstein, hg. von L. FENSKE u.a. (1984), S. 165–177.

[69] Satz 7 des Dictatus Papae Gregors VII. (MGH Epp. sel. 2, S. 203).

Les Bénédictins en l'an Mil : un apogée?

von

Michel Parisse

Avec l'étude de la réforme de Benoît d'Aniane, Josef Semmler a jeté un large coup d'œil sur les monastères du début du IXe siècle, et par l'étude qu'il en a faite, il mériterait d'être appelé Benoît III. C'est en hommage à son œuvre, si souvent citée, que je voudrais jeter un coup d'œil sur les monastères bénédictins de l'Occident autour de l'an Mil, en gros de 950 à 1050, et lancer une hypothèse à défaut de faire un exposé documenté. Ce que je voudrais offrir à mon érudit collègue est la première phase d'une réflexion que je me propose d'approfondir dans les années à venir. Ce sera à titre d'essai; qu'il me pardonne de n'être pas encore au bout de ma recherche.

Une partie des remarques qui suivent ont été suggérées par la réalisation d'un atlas des communautés religieuses de France autour de l'an Mil[1]. Les observations qui seront faites sont susceptibles de recevoir de nombreuses corrections et d'être nuancées. Il convient donc de retenir avant tout les orientations générales.

Il est ici question bien évidemment des seuls grands établissements alors existants, de ces monastères bénédictins prestigieux, dont la grande majorité a été fondée dans les premiers siècles du Moyen Age. Quels que soient les pays concernés, ils se répartissent en trois groupes: abbayes royales, abbayes épiscopales, abbayes familiales, et ce qui vaut pour les unes ne vaut pas nécessairement pour les autres. Il faudra s'en souvenir en lisant ce qui suit.

---

[1] Atlas de la France de l'an Mil, par Michel PARISSE et Jaqueline LEURIDAN (1994).

I. LA PUISSANCE BÉNÉDICTINE

Une reprise formidable des fondations

La période qui suit la fin des invasions et des troubles, soit après 960[2], est marquée par une reprise en force du monachisme. On parle plutôt habituellement à ce propos de réforme, mais il serait trop simple de croire à une remise en ordre disciplinaire pour expliquer le vigoureux et soudain essor du monachisme. On assiste de fait à de nombreuses restaurations, mais aussi à de multiples fondations et à un regain des donations.

En France, la vague monastique de la fin du Xe et du début du XIe siècle est supérieure en ampleur à celle des temps mérovingiens. Le bilan des monastères était alors devenu plutôt négatif; on ne comptait plus les établissements détruits, ou très appauvris, ou vides de leurs occupants. Dans la moitié occidentale du pays, la plus touchée par les vagues normandes, les ruines étaient particulièrement nombreuses. Dans bien des cas la présence de moines ou de religieuses n'était plus qu'un souvenir.

Dans les cas les moins désespérés, les restaurations suscitées par les réformes consistaient à prendre trois mesures fondamentales: le choix d'un abbé régulier dont l'autorité serait indispensable pour la bonne marche de la maison, ensuite la reconstitution d'un temporel suffisant pour fournir des ressources suffisantes aux moines, enfin le retour à une discipline inspirée par la règle de saint Benoît et confortée par des coutumes réinventées ou empruntées. C'est par là que le renouveau monastique se fit sentir dans l'orbite de Cluny, de Fleury-sur-Loire, de Gorze, de Saint-Maximin de Trèves, de Brogne, et plus tard de Marmoutier et de Saint-Victor de Marseille, enfin de Saint-Bénigne de Dijon, de Saint-Vanne de Verdun et de Stavelot. Les grands, rois, évêques, ducs et comtes, faisaient appel à un abbé prestigieux ou à une maison réputée pour obtenir l'envoi d'un moine ou de plusieurs, à charge de relancer la vie monastique dans un établissement dont la dot initiale était reconstituée, voire augmentée. Les maisons touchées n'étaient pas seulement celles qui étaient réduites à néant; d'autres aussi étaient touchées, et dans ce cas il était seulement question de changements: remplacement des moines restants par des clercs, élimination des chanoines au profit de moines, mise en place d'hommes au lieu de femmes.

Parallèlement à cette relance, les fondations se firent nombreuses. Selon les régions, selon les responsables, selon la période, appel était lancé à des clercs pour former des chapitres ou à des moines pour peupler de nouveaux cloîtres. Dans les deux cas, les fondateurs étaient à la recherche d'un prestige renouvelé. Au premier abord, si l'on en croit les préambules des actes de fondation, il s'agissait surtout de

---

[2] 955 vit la fin des invasions hongroises avec la bataille du Lechfeld; 972 et la chute de la Garde-Freinet marquent la fin du danger sarrasin en Méditerranée. Les invasions normandes étaient arrêtées depuis les premières décennies du siècle.

répondre à des préoccupations spirituelles. A une époque où les coups de force destinés à mettre en place des seigneuries locales étaient nombreux et pesaient souvent lourd sur les temporels ecclésiastiques, il était bon d'acheter le pardon des excès et des péchés par de généreuses donations ou par une fondation, d'autant plus importantes que l'intéressé était plus puissant. C'est à ce moment-là que l'on vit naître autant de prieurés que d'abbayes, les petites *cellae* destinées à recueillir moins d'une dizaine de moines coûtant beaucoup moins cher à installer tout en offrant des avantages équivalents à ceux d'une abbaye.

Une grande richesse temporelle

Toutes ces maisons, anciennes et nouvelles, de ville ou de campagne, abbayes ou prieurés, disposaient d'un temporel solidement constitué de terres et de prés, de forêts et de rivières, de moulins et de viviers, de villages entiers ou de groupes de villages, ou encore simplement de vastes exploitations agricoles. Une cartographie globale de tous les temporels monastiques fait apparaître l'impressionnante occupation du sol confiée aux moines bénédictins. Dans bien des cas, il s'agissait de régions entières, vastes, où les seigneurs laïcs n'avaient plus que l'avouerie à exercer, une avouerie dont les limites étaient précisées. En Lorraine par exemple, les cinquante-deux bans des dames de Remiremont représentaient pour celles-ci l'équivalent d'un comté. Mais des exemples analogues pouvaient se trouver dans toutes les régions de l'Europe occidentale. La carte des prieurés de Saint-Victor de Marseille, celles des prieurés de Marmoutier, la cartographie des maisons clunisiennes, si elles étaient complétées par la représentation en surface - et non pas seulement sous forme de points de repérage - des terres possédées et des droits perçus, seraient encore plus impressionnantes. On citait déjà pour l'époque carolingienne le nombre énorme de manses, transformées en hectares, confiées aux mains de Saint-Denis, de Saint-Germain, de Saint-Riquier, comme de Fulda, de Corvey, de Herford, et de bien d'autres.

Un important potentiel économique

Une telle richesse temporelle représentait des revenues colossaux, une production considérable de céréales pour un nombre d'hommes réduit, des troupeaux en abondance. Certes, tout cela permettait de nourrir aussi, et surtout, la paysannerie qui cultivait le sol et élevait les bêtes, cette paysannerie que les moines recensaient dans leurs polyptyques, mais il en restait toujours beaucoup trop pour les propriétaires, qui gonflaient leurs greniers, ou vendaient pour emplir de pièces leurs coffres. Ces revenus agricoles sont difficiles à calculer, et on en a assez peu de traces. On devine mieux la réalité d'autres richesses.

Ainsi par exemple les droits banaux des moines comprenaient la perception d'amendes judiciaires, de péages et de tonlieux, de taxes monétaires (frappe elle-même ou droit sur les monnaies, le change). Surtout, et de façon assez systématique, marchés et foires se trouvaient liés la plupart du temps aux abbayes et aux prieurés. On voit ainsi dans l'ouest de la France fonder des prieurés auxquels est donné le droit de créer un „bourg", comme si seuls les moines pouvaient attirer ou susciter le renouveau commercial. On sait que les foires avaient lieu au jour de la fête d'un saint et aux portes de l'abbaye ou de l'église qu'il protégeait. Est-il paradoxal d'imaginer que bien des fondations monastiques ont eu pour fonction principale d'amorcer une initiative économique? Certes, à lire les diplômes ottoniens, on a plutôt le sentiment inverse, à savoir que la donation de *moneta, mercatum et teloneum* est là pour conforter les revenus matériels des moines. Mais le fait est que dans les deux cas, monastères et vie économique se trouvaient étroitement liés. Au total, le premier essor économique de la fin du Xe siècle fut parallèle à la relance monastique, et même lié étroitement à elle.

Un important potentiel culturel

Toute étude de la vie spirituelle et intellectuelle, voire même artistique, de cette époque passe nécessairement par l'évocation des monastères bénédictins. Certes, ici plus qu'ailleurs, on dira que nous sommes prisonniers de la documentation, que nous n'avons de sources que monastiques, que notre point de vue serait bien différent si les laïcs avaient parlé et laissé des traces écrites de leurs connaissances. Là encore, il ne faut pas conclure trop vite. Si les laïcs avaient eu des choses à dire, s'ils avaient eu une vie intellectuelle et artistique de valeur, nous l'aurions su, cela se serait su. Non, il faut bien admettre que les monastères, depuis le IXe siècle, et bien davantage que les chapitres, cathédraux ou non, étaient bien le refuge, le relais, l'abri, le centre de toute culture. Les moines écrivaient plus que les autres, recopiaient ou créaient, accumulaient les livres. Il y avait plus d'abbayes à le faire que de chapitres cathédraux. Les écoles étaient actives dans les abbayes, même s'il y en avait aussi dans les grands chapitres comme ceux qui dans l'Empire formèrent tant de bons évêques. Les cathédrales aussi avaient des luminaires, des croix, des tapis, des livres enluminés, des encensoirs, des coffrets d'ivoire, des châsses couvertes de pierres précieuses. Il n'empêche que l'impression dominante est que les monastères bénédictins étaient davantage disposés et prédisposés à une vie culturelle et artistique, à exercer un mécénat, à susciter une réflexion spirituelle, à commander des écrits, Annales, Chroniques, Vitae, Miracula. On le remarque en France surtout; le phénomène est moins marquant en Allemagne, où l'épiscopat a eu une telle importance.

Une place éminente dans la vie politique et sociale

C'est un lieu commun que de traiter de la place tenue par les grandes abbayes bénédictines dans la vie politique du Xe siècle. Les abbatiats laïcs nous rappellent que les temporels monastiques alimentaient la richesse des grands vassaux et des vassaux des grands. Un des principes de la réforme, des réformes, fut de retirer aux grands le contrôle des élections abbatiales, la mainmise sur les menses abbatiales. Les ducs, les comtes, les évêques, les seigneurs se comportaient en maîtres. Ils décidaient de la réforme, choisissaient l'abbé ou l'abbaye de référence, décidaient ou non d'abandonner la riche prébende monastique. Quand ils l'avaient fait, ils réapparaissaient sous la forme de grands avoués, afin de ne rien perdre de leur puissance et des sources religieuses de cette puissance, c'est ce que nous apprend l'étude de l'avouerie en Lotharingie autour de l'an Mil. Comme avoués, ils s'efforçaient d'obtenir des ressources, transigeaient en acceptant le versement de quelques sous et redevances par foyer, devaient supporter la limitation de leurs interventions en matière judiciaire. Cela veut dire que les grands du Xe siècle appuyaient leur puissance temporelle sur la possession d'abbayes et qu'ils ne pouvaient abandonner une telle ressource sans broncher. Il est donc clair que les monastères bénédictins, quelque soit leur importance, quelque soit leur caractère et leur maître reconnu, étaient un élément indispensable de la puissance seigneuriale et princière.

Les nobles trouvaient dans les monastères des prébendes pour leurs fils et leurs filles. La manière dont ils disposaient de ces facilités sans obstacle ajoutait donc à la remarque faite sur l'importance des monastères. Les abbés étaient puissants, mais aussi ils étaient tenus par leurs relations avec les laïcs, rois, comtes en train de consolider leur pouvoir, châtelains et seigneurs en train de se créer des seigneuries. Les abbés et les abbesses ne se laissaient pas imposer n'importe quoi, ils pouvaient accepter ou refuser ce que les laïcs tentaient de leur imposer, ils avaient donc un pouvoir social et politique.

II. L'APOGÉE BÉNÉDICTIN

Pour comprendre dans quelle mesure le monachisme bénédictin se trouvait à un apogée autour de l'an Mil, il faut voir ce qu'il en était auparavant et ce qu'il en devint après.

Les difficultés d'avant 950

A l'époque qui a beaucoup retenu Josef Semmler, au début du IXe siècle, les monastères bénédictins jouaient un rôle important; ils n'étaient pas aussi nombreux qu'autour de l'an Mil, mais ils étaient riches, convoités, mêlés à la vie politique de leur temps, chargés de la vie intellectuelle et spirituelle, et les abbés étaient cités avec les évêques avant les comtes. Mais les monastères demeuraient aux ordres du souverain, et l'on voit bien des conseillers de Charlemagne et de Louis le Pieux, non moines, gratifiés de prébendes abbatiales. C'est là un point négatif.

Vers l'an Mil, les abbés ont acquis plus d'autonomie et quand il y eut avouerie, les grands ont dû lâcher du lest et ils se sont vu contester leur emprise.

A la fin du IXe et au début du Xe siècle, le monachisme vécut une grave crise: les fondations se ralentirent ou disparurent en France, les envahisseurs normands ruinèrent par dizaines les grandes abbayes des campagnes et des faubourgs, les communautés de femmes furent parmi les plus touchées, les temporels ruinés, dilapidés, distribués, donnés en bénéfice, incendiés souvent, mal entretenus. C'était le temps des précaires, le temps des abbés non réguliers.

La situation des monastères au milieu du Xe siècle était donc catastrophique, et ce ne sont pas les réformes naissantes qui ont encore pu changer grand chose. En tout cas on ne peut mettre en doute l'immense essor des bénédictins à la fin du Xe siècle par rapport à l'époque précédente, grâce notamment aux trois mesures régulièrement prises et citées plus haut: élection d'un abbé régulier, rétablissement de la discipline, adoption de coutumes de qualité. Par rapport à l'époque précédente, les abbés avaient pris une importance nouvelle, car ils étaient moins dépendants, même s'ils l'étaient encore trop. L'enrichissement des monastères se fit de plus en plus net à cause de l'essor commercial. L'activité intellectuelle resta indéniablement entre leurs mains.

Situation après 1050

A partir du milieu du XIe siècle, les Bénédictins ne furent plus seuls à représenter la vie régulière. Ils subirent la concurrence des Chanoines réguliers, puis des Cisterciens. Ce sont les ermites qui les ont mis à mal en premier, en contestant vigoureusement leur vie facile et leur place dans la vie sociale, économique et politique au détriment de la religion. Ils ne furent plus les seuls vers lesquels on se tourna pour obtenir des prières, des intercessions, une place dans un cimetière.

Les abbés perdirent du terrain sur les évêques. Ces derniers étaient autrefois bien jugés, s'ils menaient une vie ascétique de moine; à présent ils se faisaient de plus en plus pasteurs. La réforme ecclésiastique, en arrachant aux laïcs leur élection, leur donna un peu plus d'autonomie. Ils virent s'éloigner l'exemption qui était la plus vigoureuse critique jetée contre eux.

En matière temporelle, les Bénédictins ne s'enrichissaient plus comme avant. Ils avaient obtenu toutes les donations possibles, disposaient de droits seigneuriaux larges; or en matière d'économie ils allaient voir les villes prendre de l'importance et leur enlever peu à peu les avantages fiscaux. Cela se fit lentement, mais cela se fit. Le marché n'était plus seulement aux portes de l'église, il se tenait au milieu d'une ville de bourgeois et d'artisans. La richesse, l'or, les stock des nourriture n'étaient plus l'apanage des moines, qui n'étaient plus seuls à recueillir les pauvres et les voyageurs (des maisons-dieu naissaient).

Dans le domaine de l'instruction, une place plus large fut faite aux chanoines, des églises cathédrales ou non. La prééminence monastique, dans ce domaine, ne disparut pas du jour au lendemain, mais il y eut rétraction. En outre, sur ce terrain-là aussi, les moines noirs étaient sérieusement concurrencés par les Chanoines réguliers, davantage penchés sur les livres, et les églises s'élevaient en grand nombre, qui ne laissaient plus isolées les tours des abbatiales bénédictines anciennes.

CONCLUSION

A partir du XIᵉ siècle, les Bénédictins ne furent par réduits à néant, et ils gardèrent leur prééminence en beaucoup de régions. Seulement, en données relatives, ils avaient perdu l'exclusivité qui était la leur. Il est donc important de fixer son regard sur le siècle monastique qui vient d'être évoqué, de part et d'autre de l'an Mil, car incontestablement il a été remarquable et il a pris une place déterminante dans l'évolution de l'Occident. Doit-on penser qu'il en est de même dans tous les pays de l'Europe chrétienne? La réponse est affirmative, à de degrés divers cependant. La baisse d'influence des Bénédictins fut peut-être moindre dans l'Empire qu'en France, mais cela mériterait un examen attentif et des exemples détaillés. En tout cas, comme l'essor économique démarra partout en même temps, on peut considérer que la courbe devait être identique aussi partout. Si cela se confirme, et comme je l'ai dit pour commencer, il reste à le vérifier point par point, on pourra bien dire que les Bénédictins ont connu l'apogée de leur histoire autour de l'an Mil, au moment où les laïcs leur rendaient leur indépendance et avant que l'église régulière vît surgir de multiples concurrents.

Verzeichnis der wissenschaftlichen Schriften
von Josef Semmler

1955   Die Klosterreform von Siegburg. Ihre Ausbreitung und ihr Reformprogramm im 11. und 12. Jahrhundert, 1955/56 (= Mainz, Phil. Diss.).

1956   Lampert von Hersfeld und Giselbert von Hasungen. Studien zu den monastischen Anfängen des Klosters Hasungen. In: Studien und Mitteilungen zur Geschichte des Benediktiner-Ordens und seiner Zweige 57 (1956), S. 261–276.

Sinsheim, ein Reformkloster Siegburger Observanz im alten Bistum Speyer. In: Archiv für mittelrheinische Kirchengeschichte 8 (1956), S. 339–347.

Das Stift Frankenthal in der Kanonikerreform des 12. Jahrhunderts. In: Blätter für pfälzische Kirchengeschichte und religiöse Volkskunde 23 (1956), S. 101–113.

1957   Studien zur Frühgeschichte der Abtei Weißenburg. „Regula mixta", pirminische und anianische Reform. In: Blätter für pfälzische Kirchengeschichte und religiöse Volkskunde 24 (1957), S. 1–17.

Zu den Anfängen des Augustinerchorherrenstiftes Bolanden. In: Blätter für pfälzische Kirchengeschichte und religiöse Volkskunde 24 (1957), S. 145–149.

Rez. zu: Leo Santifaller (ed.), Quellen und Forschungen zum Urkunden- und Kanzleiwesen Papst Gregors VII. I. Teil: „Quellen": Urkunden, Regesten, Faksimilia (= Studi e Testi 190), Rom 1957. In: Römische Quartalschrift für christliche Altertumskunde und Kirchengeschichte 52 (1957), S. 250–252.

1958   Rez. zu: Percy Ernst Schramm, Kaiser, Rom und Renovatio. Studien zur Geschichte des römischen Erneuerungsgedankens vom Ende des karolingischen Reiches bis zum Investiturstreit. 2. Auflage (Fotomechanischer Nachdruck der Ausgabe von 1929), Darmstadt 1957. In: Römische Quartalschrift für christliche Altertumskunde und Kirchengeschichte 53 (1958), S. 108–109.

Rez. zu: Ferrari Guy O.S.B., Early roman Monasteries. Notes for the history of the monasteries and convents at Rome from the Vth through the Xth century (= Studi di Antichità 23), Rom 1957. In: Römische Quartalschrift für christliche Altertumskunde und Kirchengeschichte 53 (1958), S. 109–113.

„Volatilia". Zu den benediktinischen Consuetudines des 9. Jahrhunderts. In: Studien und Mitteilungen zur Geschichte des Benediktiner-Ordens und seiner Zweige 59 (1958), S. 163–176.

Studien zum Supplex Libellus und zur anianischen Reform in Fulda. In: Zeitschrift für Kirchengeschichte 69 (1958), S. 268–298.

1959   Die Klosterreform von Siegburg. Ihre Ausbreitung und ihr Reformprogramm im 11. und 12. Jahrhundert (= Rheinisches Archiv 53), Bonn 1959.

Beiträge zum Aufbau des päpstlichen Staatssekretariats unter Paul V. (1605–1621). In: Römische Quartalschrift für christliche Altertumskunde und Kirchengeschichte 54 (1959), S. 40–80.

Traditio und Königsschutz. Studien zur Geschichte der königlichen monasteria. In: ZRG Kan. 76 (1959), S. 1–33.

Rez. zu: Paul Rabikaukas, Die römische Kuriale in der päpstlichen Kanzlei (= Miscellanea Historiae Pontificiae vol. 59), Rom 1958. In: ZRG Kan. 45 (1959), S. 318–320.

Rez. zu: Aloys Schulte, Der Adel und die deutsche Kirche im Mittelalter. Studien zur Sozial-, Rechts- und Kirchengeschichte, Darmstadt ²1958. In: Römische Quartalschrift für christliche Altertumskunde und Kirchengeschichte 54 (1959), S. 255.

Rez. zu: Paolo Grossi, La abbazie benedettine nell'Alto Medioevo Italiano. Struttura giuridica, amministrazione e giurisdizione (= Pubblicazione della Università degli Studi Firenze, Facoltà di Giurisprudenza, nuova serie, vol. I), Florenz 1957. In: ZRG Kan. 45 (1959), S. 346 f.

1960   Reichsidee und kirchliche Gesetzgebung. In: Zeitschrift für Kirchengeschichte 71 (1960), S. 37–65.

Zur handschriftlichen Überlieferung und Verfasserschaft der „Statuta Murbacensia". In: Jahrbuch für das Bistum Mainz 8 (1958–60), S. 273–285.

Zur Überlieferung der monastischen Gesetzgebung Ludwigs des Frommen. In: DA 46 (1960), S. 309–398.

Rez. zu: Ferdinand Pauly, Siedlung und Pfarrorganisation im alten Erzbistum Trier. Das Landkapitel Kaimt-Zell (= Rheinisches Archiv 49), Bonn 1957. In: ZRG Kan. 46 (1960), S. 569–571.

1961   Klosterreform und gregorianische Reform: Die Chorherrenstifter Marbach und Hördt im Investiturstreit. In: Studi Gregoriani 6 (Rom 1959–1961), S. 165–172.

1962   A.E. Verhulst und J. Semmler: Les statuts d'Adalhard de Corbie de l'an 822. In: Le Moyen Age 68 (1962), S. 91–123 und S. 233–269.

Rez. zu: Wilhelm M. Peitz S.J., Dionysius Exiguus-Studien. Neue Wege der philologischen und historischen Text- und Quellenkritik, bearb. und hrsg. von Hans Foerster (= Arbeiten zur Kirchengeschichte 33), Berlin 1960. In: ZRG Kan. 48 (1962), S. 382–386.

Rez. zu: Hermann Jakobs, Die Hirsauer. Ihre Ausbreitung und Rechtsstellung im Zeitalter des Investiturstreites (= Kölner Historische Abhandlungen 4), Köln/Graz 1961. In: ZRG Kan. 48 (1962), S. 405–410.

Rez. zu: Peter Classen, Gerhoch von Reichersberg. Eine Biographie über die Quellen, ihre handschriftliche Überlieferung und ihre Chronologie, Wiesbaden 1960. In: ZRG Kan. 48 (1962), S. 410 f.

1963   Corpus consuetudinum monasticarum. T. 1: Initia consuetudinis benedictinae. Consuetudines saeculi octavi et noni, hrsg. von Kassius Hallinger in Zusammenarbeit mit P. Becker, H. Frank, R. Hesbert, J. Laporte, Th. Leccisotti, Cl. Morgand, J. Semmler, M. Wegener und J. Winandy, Siegburg 1963.

Die Beschlüsse des Aachener Konzils im Jahre 816. In: Zeitschrift für Kirchengeschichte 74 (1963), S. 15–82.

Rez. zu: Adolf Schmitt-Weigand, Rechtspflegedelikte in der fränkischen Zeit (= Münsterische Beiträge zur Rechts- und Staatswissenschaft 7), Berlin 1962. In: Cahiers de civilisation médiévale 6 (1963), S. 72–74.

Rez. zu: Ferdinand Pauly, Siedlung und Pfarrorganisation im alten Erzbistum Trier. Die Landkapitel Piesport, Boppard und Ochtendung (= Veröffentlichungen des Bistumsarchivs Trier 6), Trier 1961. In: ZRG Kan. 49 (1963), S. 449–452.

Rez. zu: Bruno Schneider S.O.Cist, Cîteaux und die benediktinische Tradition. Die Quellenfrage des Liber usuum im Lichte der Consuetudines monasticae. Aus: Analecta s. ordinis Cisterciensis 16, fasc. 3–4 (1960) und 17, fasc. 1–2 (1961), Roma 1961. In: ZRG Kan. 49 (1963), S. 452–454.

Rez. zu: Wilhelm Janssen, Die päpstlichen Legaten in Frankreich vom Schisma Anaklets II. bis zum Tode Coelestins III., 1130–1198 (= Kölner Historische Abhandlungen 6), Köln/Graz 1961. In: ZRG Kan. 49 (1963), S. 455 f.

Rez. zu: Kaspar Elm, Beiträge zur Geschichte des Wilhelmitenordens (= Münstersche Forschungen 14), Köln/Graz 1962. In: ZRG Kan. 49 (1963), S. 457–460.

1964   Rez zu: Ferdinand Pauly, Siedlung und Pfarrorganisation im alten Erzbistum Trier. Das Landkapitel Kyllburg-Bitburg (= Veröffentlichungen des Bistumsarchivs Trier 8), Trier 1963. In: ZRG Kan. 50 (1964), S. 378–380.

Rez. zu: Ferdinand Pauly, Springiersbach. Geschichte des Kanonikerstiftes und seiner Tochtergründungen im Erzbistum Trier von den Anfängen bis zum Ende des 18. Jahrhunderts (= Trierer Theologische Studien 13), Trier 1962. In: ZRG Kan. 50 (1964), S. 380–386.

Rez. zu: Hans-Josef Wollasch, Die Anfänge des Klosters St. Georgen im Schwarzwald. Zur Ausbildung der geschichtlichen Eigenart eines Klosters innerhalb der Hirsauer Reform (= Forschungen zur oberrheinischen Landesgeschichte 14), Freiburg 1964. In: Rheinische Vierteljahrsblätter 29 (1964), S. 351 f.

1965   Karl der Große und das fränkische Mönchtum. In: W. Braunfels (Hg.), Karl der Große, 5 Bde., Düsseldorf 1965–68, Bd. 2 (1965): Das geistige Leben, S. 255–289.

Rez. zu: Hagen Keller, Kloster Einsiedeln im ottonischen Schwaben (= Forschungen zur oberrheinischen Landesgeschichte 13), Freiburg 1964. In: ZRG Kan. 51 (1965), S. 314–316.

Rez. zu: Dom Jean Leclercq, Aux sources de la spiritualité occidentale. Etapes et constantes, Paris 1964. In: ZRG Kan. 51 (1965), S. 316–317.

1966   Zu den bayrisch-westfränkischen Beziehungen in karolingischer Zeit. In: Zeitschrift für bayerische Landesgeschichte 29 (1966), S. 344–424.

Die Residenzen der Fürsten und Prälaten im mittelalterlichen Paris (XII.–XIV. Jahrhundert). In: Mélanges René Crozet, éd. Pierre Gallois et Yves-Jean Riou, Poitiers 1966, Bd. 2, S. 1217–1236.

Rez. zu: Études d'histoire du droit canonique dédiées à Gabriel Le Bras, I/II, Paris 1965. In: ZRG Kan. 52 (1966), S. 384–401.

Rez. zu: Ferdinand Pauly, Siedlung und Pfarrorganisation im alten Erzbistum Trier: Das Landkapitel Wadrill (= Veröffentlichungen des Bistumsarchivs Trier 10), Trier 1965. In: ZRG Kan. 52 (1966), S. 430–432.

Rez. zu: Tore Nyberg, Birgittinische Klostergründungen des Mittelalters (= Bibliotheca Historica Lundensis 15), o.O und o.J (1965). In: ZRG Kan. 52 (1966), S. 432–435.

Rez. zu: Jean-François Lemarignier, Le gouvernement royal aux premiers temps capétiens (987–1108), Paris 1965. In: ZRG Germ. 83 (1966), S. 354–360.

1967   Rez. zu: Erich Wisplinghoff, Urkunden und Quellen zur Geschichte von Stadt und Abtei Siegburg, Bd. 1 (948) 1065–1399, Siegburg 1964. In: Rheinische Vierteljahrsblätter 31 (1966/67), S. 501–503.

Rez. zu: Friedrich Prinz, Frühes Mönchtum im Frankenreich. Kultur und Gesellschaft in Gallien, den Rheinlanden und Bayern am Beispiel der monastischen Entwicklung dargestellt, München 1965. In: ZRG Kan. 53 (1967), S. 400–408.

Rez. zu: L'eremitismo in Occidente nei secoli XI e XII. Atti della seconda settimana internazionale di studio, Mendola, 30 agosto – 6 settembre 1962 (= Pubblicazioni dell'Università Cattolica del Sacro Cuore, Contributi, serie terza, varia 4 = Miscellanea del Centro di Studi Medioevali IV), Mailand 1965. In: ZRG Kan. 53 (1967), S. 409–414.

Rez. zu: Kaspar Elm, Die Bulle „Ea quae iudicio" Clemens' IV., 30. VIII. 1266. Vorgeschichte, Überlieferung, Text und Bedeutung. Aus: Augustiniana 14 (1964), fasc. 3–4; 15 (1965), fasc. 1–4; 16 (1966), fasc. 1–2. In: ZRG Kan. 53 (1967), S. 414 f.

1968   Rez. zu: Franz-Josef Heyen, Untersuchungen zur Geschichte des Benediktinerinnenklosters Pfalzel bei Trier (ca. 700–1016) (= Veröffentlichungen des Max-Planck-Instituts für Geschichte 15 = Studien zur Germania Sacra 5), Göttingen 1966. In: ZRG Kan. 54 (1968) S. 425–429.

Rez. zu: Ferdinand Pauly, Siedlung und Pfarrorganisation im alten Erzbistum Trier: Das Landkapitel Merzig (= Veröffentlichungen des Bistumsarchivs Trier 15), Trier 1967. In: ZRG Kan. 54 (1968), S. 442 f.

Rez. zu: Ludwig Falkenstein, Der 'Lateran' der karolingischen Pfalz zu Aachen (= Kölner historische Abhandlungen 13), Köln/Graz 1966. In: ZRG Germ. 85 (1968), S. 258–260.

1969   Das päpstliche Staatssekretariat in den Pontifikaten Pauls VI. und Gregors XV. 1605–1623. In: Römische Quartalschrift für christliche Altertumskunde und Kirchengeschichte, Supplementheft 33 (= Forschungen zur Geschichte des päpstlichen Staatssekretariats 2), Rom/Freiburg/Wien 1969.

1970   Corvey und Herford in der benediktinischen Reformbewegung des 9. Jahrhunderts. In: Frühmittelalterliche Studien 4 (1970), S. 289–319.

1972   Rez. zu: Odilo Engels, Schutzgedanke und Landesherrschaft im östlichen Pyrenäenraum (9.–13. Jahrhundert) (= Spanische Forschungen der Görresgesellschaft, 2. Reihe 14), Münster 1970. In: Historische Zeitschrift 214 (1972), S. 748–752.

1973   Chrodegang, Bischof von Metz, 747–766. In: F. Knöpp (Hg.), Die Reichs-abtei Lorsch. FS zum Gedenken an ihre Stiftung 764, Darmstadt 1973, Bd. 1, S. 229–245.

Die Geschichte der Reichsabtei Lorsch von der Gründung bis zum Ende der Salierzeit (764–1125). In: F. Knöpp (Hg.), Die Reichsabtei Lorsch. FS zum Gedenken an ihre Stiftung 764, Darmstadt 1973, Bd. 1, S. 75–173.

Rez. zu: Arthur J. Zuckerman, A Jewish Princedom in Feudal France 768–900 (= Columbia University Studies in Jewish History, Culture and Institutions 2), New York/London 1972. In: Historische Zeitschrift 217 (1973), S. 664–667.

Rez. zu: Ferdinand Pauly, Siedlung und Pfarrorganisation im alten Erzbistum Trier: Das Landkapitel Mersch, Trier 1970 (= Veröffentlichungen des Bistumsarchivs Trier 21). In: ZRG Kan. 59 (1973), S. 465–471.

Rez. zu: Ferdinand Pauly, Siedlung und Pfarrorganisation im alten Erzbistum Trier: Das Landkapitel Remich und Luxemburg (= Veröffentlichungen des Bistumsarchivs Trier 23), Trier 1972. In: ZRG Kan. 59 (1973), S. 465–471.

Rez. zu: Ferdinand Pauly, Siedlung und Pfarrorganisation im alten Erzbistum Trier: Das Landkapitel Perl und die rechts der Mosel gelegenen Pfarreien des Landkapitels Remich. Das Burdekanat Trier (= Veröffentlichungen des Bistumsarchivs 16), Trier 1968. In: ZRG Kan. 59 (1973), S. 465–471.

Rez. zu: Ferdinand Pauly, Siedlung und Pfarrorganisation im alten Erzbistum Trier. Das Landkapitel Engers und das Kleinarchidiakonat Montabaur (= Veröffentlichungen des Bistumsarchivs Trier 19), Trier 1970. In: ZRG Kan. 59 (1973), S. 465–471.

Rez. zu: Erich Wisplinghoff, Untersuchungen zur frühen Geschichte der Abtei St. Maximin bei Trier von den Anfängen bis etwa 1150 (= Quellen und Abhandlungen zur mittelrheinischen Kirchengeschichte 12), Mainz 1970. In: ZRG Kan. 59 (1973), S. 471–476.

Rez. zu H.E.J. Cowdrey: The Cluniacs and the Gregorian Reform, Oxford 1970. In: Cahiers de civilisation médiévale 16 (1973), S. 158–161.

1974   Episcopi potestas und karolingische Klosterpolitik. In: Mönchtum, Episkopat und Adel zur Gründungszeit des Klosters Reichenau (= Vorträge und Forschungen 20), Sigmaringen 1974, S. 305–395.

1975 Pippin III. und die fränkischen Klöster. In: Francia 3 (1975, ersch. 1976), S. 88–146.

Rez. zu: Wattenbach-Levison, Deutschlands Geschichtsquellen im Mittelalter. Vorzeit und Karolinger, 5. Heft: Die Karolinger vom Vertrag von Verdun bis zum Herrschaftsantritt der Herrscher aus dem sächsischen Hause. Das westfränkische Reich, bearb. von Heinz Löwe, Weimar 1973, S. 495–645. In: Historische Zeitschrift 220 (1975), S. 684–687.

Rez. zu: Gerd Zimmermann, Ordensleben und Lebensstandard. Die Cura corporis in den Ordensvorschriften des abendländischen Hochmittelalters (= Beiträge zur Geschichte des alten Mönchtums und des Benediktinerordens, Heft 32), Münster 1973. In: Historische Zeitschrift 221 (1975), S. 137–139.

Rez. zu: Matthias Werner, Die Gründungstradition des Erfurter Petersklosters (= Vorträge und Forschungen 12), Sigmaringen 1973. In: Hessisches Jahrbuch für Landesgeschichte 25 (1975), S. 405–407.

1976 Mönchtum und Reform. In: Das Münster 29 (1976), S. 44–49.

Rez. zu: Angelus Albert Häussling, Mönchskonvent und Eucharistiefeier. Eine Studie über die Messe in der abendländischen Klosterliturgie des frühen Mittelalters und zur Geschichte der Meßhäufigkeit (= Liturgiewissenschaftliche Quellen und Forschungen 58), Münster 1973. In: Historische Zeitschrift 222 (1976), S. 659–663.

Rez. zu: Horst Fuhrmann, Einfluß und Verbreitung der pseudoisidorischen Fälschungen von ihrem Auftauchen bis in die neuere Zeit (= Schriften der Monumenta Germaniae Historica 24, Bd. 1–3), Stuttgart 1973–1974. In: Historische Zeitschrift 222 (1976), S. 663–668.

Rez. zu: Germania Sacra, hrsg. vom Max-Planck-Institut für Geschichte, N.F. 6: Die Bistümer der Kirchenprovinz Trier. Das Erzbistum Trier 1: Das Stift St. Paulin von Trier, bearb. von Franz-Josef Heyen, Berlin 1972. In: ZRG Kan. 62 (1976), S. 407–410.

Rez. zu: Jacques Hourlier, L'âge classique (1140–1378): Les religieux (Histoire du Droit et des Institutions de l'Eglise en occident, publiée sous la direction de Gabriel Le Bras 10), Paris 1974. In: ZRG Kan. 62 (1976), S. 432–437.

1977 Zur pippinidisch-karolingischen Sukzessionskrise 714–723. In: DA 33 (1977), S. 1–36.

1979 Zur Frühgeschichte des Klosters Sinsheim. In: „Kraichgau" 6 (1979), S. 101–111.

Rez. zu: Carlrichard Brühl: Palatium und Civitas. Studien zur Profantopographie spätantiker civitates vom 3. bis zum 13. Jahrhundert, Bd. 1: Gallien, Köln/Wien 1975. In: Historische Zeitschrift 229 (1979), S. 124–127.

Rez. zu: Jean Devisse, Hincmar, archevêque de Reims 845–882, Genève 1975/76. In: ZRG Kan. 66 (1979), S. 360–366.

Rez. zu: Ferdinand Pauly, Siedlung und Pfarrorganisation im alten Erzbistum Trier. Zusammenfassung und Ergebnisse (= Veröffentlichungen der Landesarchivverwaltung Rheinland-Pfalz 25, Veröffentlichungen des Bistumsarchivs Trier 25), Koblenz 1976. In: ZRG Kan. 66 (1979), S. 383–387.

1980   Mönche und Kanoniker im Frankenreiche Pippins III. und Karls des Großen. In: Untersuchungen zu Kloster und Stift (= Veröffentlichungen des Max-Planck-Instituts für Geschichte 68), Göttingen 1980, S. 78–111.

Die Anfänge Fuldas als Benediktiner- und als Königskloster. In: Fuldaer Geschichtsblätter 56 (1980), S. 181–200.

Rez. zu: Rudolf Schieffer: Die Entstehung von Domkapiteln in Deutschland (= Bonner historische Forschungen 43), Bonn 1976. In: Rheinische Vierteljahrsblätter 44 (1980), S. 336–340.

Rez. zu: Egon Boshof und Heinz Wolter, Rechtsgeschichtlich-diplomatische Studien zu frühmittelalterlichen Papsturkunden (= Studien und Vorarbeiten zur Germania Pontificia 6), Köln/Wien 1976. In: ZRG Kan. 66 (1980), S. 489–495.

Rez. zu: Wolfgang Seegrün, Das Erzbistum Hamburg in seinen Papsturkunden (= Studien und Vorarbeiten zur Germania Pontificia 5), Köln/Wien 1976. In: ZRG Kan. 66 (1980), S. 495–498.

Rez. zu: Adalbert Mischlewski, Grundzüge der Geschichte des Antoniterordens bis zum Ausgang des 15. Jahrhunderts, unter besonderer Berücksichtigung von Leben und Wirken des Petrus Mitte de Caprariis (= Bonner Beiträge zur Kirchengeschichte 8), Köln/Wien 1976. In: ZRG Kan. 66 (1980), S. 502–506.

1980   Rez. zu: Kaspar Elm, Quellen zur Geschichte des Ordens vom Heiligen Grab in Nordwesteuropa aus deutschen und niederländischen Archiven (1191–1603), Brüssel 1976. In: ZRG Kan. 66 (1980), S. 506 f.

Rez. zu: Bibliographie zur Geschichte und Theologie des Augustiner-Eremitenordens bis zum Beginn der Reformation, bearb. von Egon Gindele unter Mitarbeit von Heiner Geiter u. Alfred Schuler (Spätmittelalter und Reformation: Texte und Untersuchungen 1), Berlin 1977. In: ZRG Kan. 66 (1980), S. 548 f.

1981   Chrodegang von Metz (um 712/715 – 766). In: TRE 8, Berlin/New York 1981, S. 71–74.

Rez. zu: Regesta Pontificum Romanorum iubente Academia Gottingensi congerenda curavit Theodorus Schieffer. Germania Pontificia vol. IV: Provincia Maguntiensis pars IV: S. Bonifatius, Archidioecesis Maguntiensis, Abbatia Fuldensis. Auctore Hermanno Jakobs uso Heinrici Büttner schedis, Göttingen 1978. In: ZRG Kan. 67 (1981), S. 403–406.

Rez. zu: Wolfgang Seibrich, Die Entwicklung der Pfarrorganisation im linksrheinischen Erzbistum Mainz: Das Archidiakonat St. Martin in Bingen. Die Landkapitel Sobernheim und Kirn im Archidiakonat des Dompropstes (= Quellen und Abhandlungen zur mittelalterlichen Kirchengeschichte 29), Mainz 1977. In: ZRG Kan. 67 (1981), S. 406–408.

Rez. zu: Herluf Nielsen (Hrsg.), Ein päpstliches Formelbuch aus der Zeit des großen abendländischen Schismas, Kopenhagen 1979. In: ZRG Kan. 67 (1981), S. 418–420.

Rez. zu: Jeffrey Richards, The Popes and the Papacy in the Early Middle Ages 476–752, London/Boston/Henley-on-Thames 1979. In: Historische Zeitschrift 232 (1981), S. 666 f.

Rez. zu: Rosamund McKitterick, The Frankish Church and the Carolingian Reforms, 789–895 (Royal Historical Society 21), London 1977. In: Historische Zeitschrift 232 (1981), S. 672–674.

Rez. zu: Peter Willmes, Der Herrscher-'Adventus' im Kloster des Frühmittelalters (= Münstersche Mittelalter-Schriften 22), Münster 1976. In: Historische Zeitschrift 233 (1981), S. 388–389.

1982   Iussit ... princeps renovare ... praecepta. Zur verfassungsrechtlichen Einordnung der Hochstifte und Abteien in die karolingische Reichskirche. In: Consuetudines monasticae. Eine Festgabe für Kassius Hallinger aus Anlaß seines 70. Geburtstages, ed. Joachim F. Angerer et Josef Lenzenweger (= Studia Anselmiana 85), Roma 1982, S. 97–124.

Mission und Pfarrorganisation in den rheinischen, mosel- und maasländischen Bistümern (5.–10. Jahrhundert). In: Cristianizzazione ed organizzazione ecclesiastica delle campagne nell'alto medioevo: espansione e resistenze (10–16 aprile 1980), 2 Bde. (= Settimane di Studio del Centro italiano di Studi sull'alto medioevo 28), Spoleto 1982, Bd. 2, S. 813–888.

Iren in der lothringischen Klosterreform. In: Die Iren und Europa im früheren Mittelalter, hg. von Heinz Löwe, 2 Bde. (= Veröffentlichungen des Europa-Zentrums Tübingen. Kulturwissenschaftliche Reihe), Stuttgart 1982, Bd. 1, S. 941–957.

1983   Zehntgebot und Pfarrtermination in karolingischer Zeit. In: Aus Kirche und Reich. Studien zu Theologie, Politik und Recht im Mittelalter. FS für Friedrich Kempf zu seinem fünfundsiebzigsten Geburtstag und fünfzigsten Doktorjubiläum, hrsg. von Hubert Mordek. Sigmaringen 1983, S. 33–44.

Benedictus II: una regula, una consuetudo. In: Benedictine culture 750–1050, hrsg. von W. Lourdaux und D. Verhelst. (= Mediaevalia Lovaniensia. Ser. I: Studia. Vol. 11), Leuven 1983, S. 1–49.

Benediktinisches Mönchtum in Bayern im späten 8. und frühen 9. Jahrhundert. In: E. Zwink (Hrsg.), Frühes Mönchtum in Salzburg (= Schriftenreihe des Landespressebüros. Serie: Salzburg Diskussionen 4), Salzburg 1983, S. 199–218.

1984   Ludwig der Fromme. In: H. Beumann (Hrsg.), Kaisergestalten des Mittelalters, München 1984, S. 28–49.

Gorze. In: TRE 13, Berlin/New York 1984, S. 588–590.

1985   Geistliches Leben in Salzburgs Frühzeit (5.–10. Jahrhundert). In: Heinz Dopsch und Roswitha Juffinger (Hg.), Virgil von Salzburg. Missionar und Gelehrter, Salzburg 1985, S. 362–380.

Eine Herrschaftsmaxime im Wandel: Pax und concordia im karolingischen Frankenreich. In: Frieden in Geschichte und Gegenwart, hg. vom Historischen Seminar der Universität Düsseldorf (= Kultur und Erkenntnis 1), Düsseldorf 1985, S. 24–34.

Facti sunt milites domni Ildebrandi omnibus ... in stuporem. In: Das Ritterbild in Mittelalter und Renaissance, hg. vom Forschungsinstitut für Mittelalter und Renaissance (= Studia humaniora. Düsseldorfer Studien zu Mittelalter und Renaissance 1), Düsseldorf 1985, S. 11–35.

1985   Rez. zu: Series episcoporum ecclesiae catholicae occidentalis ab initio usque ad annum MCXCVIII comitibus Quintin Aldea, Reinhold Kaiser, Gert Melville, Tore Nyberg coadiuvante Edgar Pack ediderunt Odilo Engels et Stefan Weinfurter: Series V Germania, Tomus I: Archiepiscopatus Coloniensis coadiuvantibus Helmut Kluger et Edgar Pack curaverunt Stefan Weinfurter et Odilo Engels, Stuttgart 1982. In: ZRG Kan. 71 (1985), S. 344–347.

Rez. zu: Franz J. Felten, Äbte und Laienäbte im Frankenreich. Studie zum Verhältnis von Staat und Kirche im Frühen Mittelalter (= Monographien zur

Geschichte des Mittelalters 20), Stuttgart 1980. In: ZRG Kan. 71 (1985), S. 352–354.

Rez. zu: Regesta pontificum Romanorum iubente Academia Gottingensi congerenda curavit Theodorus Schieffer, Germania Pontificia vol. VI: Provincia Hammaburgo-Bremensis, auctoribus Wolfgango Seegrün et Theodoro Schieffer, Göttingen 1981. In: ZRG Kan. 71 (1985), S. 362–364.

Rez. zu: Hermann Jakobs, Eugen III. und die Anfänge europäischer Stadtsiegel nebst Anmerkungen zum Bande IV der Germania Pontificia (= Studien und Vorarbeiten zur Germania Pontificia 7), Köln/Wien 1980. In: ZRG Kan. 71 (1985), S. 365 f.

Rez. zu: Germania Sacra, hrsg. vom Max-Planck-Institut für Geschichte, N.F. 12: Die Bistümer der Kirchenprovinz Köln: Das Erzbistum Köln 3: Die Reichsabtei Werden an der Ruhr, bearb. von Wilhelm Strüwer, Berlin 1980. In: ZRG Kan. 71 (1985), S. 366–373.

Rez. zu: Angelika Spicker-Wendt, Die Querimonia Egilmari episcopi und die Responsio Stephani papae. Studien zu den Osnabrücker Quellen der Karolingerzeit (= Studien und Vorarbeiten zur Germania Pontificia 8), Köln/Wien 1980. In: ZRG Kan. 71 (1985), S. 366 f.

Rez. zu: Germania Sacra, hrsg. vom Max-Planck-Institut für Geschichte, N.F. 14: Die Bistümer der Kirchenprovinz Trier: Das Erzbistum Trier 2: Die Stifte St. Severus in Boppard, St. Goar in St. Goar, Liebfrauen in Oberwesel, St. Martin in Oberwesel, bearb. von Ferdinand Pauly, Berlin 1980. In: ZRG Kan. 71 (1985), S. 373–376.

1986 Die Sorge um den kranken Mitbruder im Benediktinerkloster des frühen und hohen Mittelalters. In: Peter Wunderli (Hg.), Der kranke Mensch in Mittelalter und Renaissance (= Studia humaniora. Düsseldorfer Studien zu Mittelalter und Renaissance 5), Düsseldorf 1986, S. 45–59.

Das Kloster Blaubeuren zwischen Reform und Reformation. In: Blätter für württembergische Kirchengeschichte 86 (1986), S. 88–104.

Die Aufrichtung der karolingischen Herrschaft im nördlichen Burgund im VIII. Jahrhundert. In: Aux origines d'une seigneurie ecclésiastique. Langres et ses éveques, VIIIe–XIe siècle. Actes du colloque Langres-Ellwangen, Langres, 28. juin 1985, Langres Société historique et archéologique, Langres 1986, S. 19–42.

1987 Rez. zu Walter Ullmann: Gelasius I. (492–496). Das Papsttum an der Wende zum Mittelalter (= Päpste und Papsttum 18), Stuttgart 1981. In: Archiv für Kulturgeschichte 69 (1987), S. 231–236.

1989   Zur Frühen Missions- und Kirchengeschichte am Niederrhein. In: Spurenlese, Beiträge zur Geschichte des Xantener Raumes, hrsg. von Gundolf Precht und Hans–Joachim Schalles, Köln 1989, S. 235–248.

Pirminius. In: Mitteilungen des histor. Vereins der Pfalz 87 (1989), S. 91–113.

Das Erbe der karolingischen Klosterreform im 10. Jahrhundert. In: Monastische Reformen im 9. und 10. Jahrhundert, hrsg. von Raymund Kottje und Helmut Maurer (= Vorträge und Forschungen 38), Sigmaringen 1989, S. 29–77.

Saint-Denis: Von der bischöflichen Coemeterialbasilika zur königlichen Benediktinerabtei. In: La Neustrie. Les pays au nord de la Loire de 650 à 850. Colloque historique international, éd. par Hartmut Atsma, 2 Bde. (= Beihefte der Francia 16), Sigmaringen 1989, Bd. 2, S. 75–123.

1990   Francia Saxoniaque oder Die ostfränkische Reichsteilung von 865/76 und die Folgen. In: DA 46 (1990), S. 337–374.

Renovatio Regni Francorum. Die Herrschaft Ludwigs des Frommen im Frankenreich 814–829/830. In: Charlemagne's Heir. New Perspectives on the Reign of Louis the Pious (814–840), ed. by S. Godman and R. Collins, Oxford 1990, S. 125–146.

Der vorbildliche Herrscher in seinem Jahrhundert: Karl der Große. In: Hans Hecker (Hg.), Der Herrscher. Leitbild und Abbild in Mittelalter und Renaissance (= Studia humaniora. Düsseldorfer Studien zu Mittelalter und Renaissance 13), Düsseldorf 1990, S. 43–58.

1991   Der Wald in Mittelalter und Renaissance (= Studia humaniora. Düsseldorfer Studien zu Mittelalter und Renaissance 17), Düsseldorf 1991.

Der Wald. In: Ders., Der Wald in Mittelalter und Renaissance (= Studia humaniora. Düsseldorfer Studien zu Mittelalter und Renaissance 17), Düsseldorf 1991, S. 7–15.

Der Forst des Königs. In: Ders., Der Wald in Mittelalter und Renaissance (= Studia humaniora. Düsseldorfer Studien zu Mittelalter und Renaissance 17), Düsseldorf 1991, S. 130–147.

Réforme bénédictine et privilège impérial. Les monastères autour de Saint Benoît d'Aniane. In: Naissance et fonctionnement des réseaux monastiques et canoniaux (= Actes du premier colloque International du Centre Européen de Recherches sur les Congrégations et Ordres Religieux, Saint Etienne, 16–18 septembre 1985, 1), Saint Etienne 1991, S. 21–32.

Le souverain occidental et les communautés religieuses du IXe siècle. In: Le souverain à Byzance et en Occident du VIIIe au Xe siècle (= Actes du colloque international organisé par l'Institut des Hautes Études de Belgique, 27–28 avril 1990. Hommage à la mémoire de Maurice Leroy, éd. par Alain Dierkens et Jean-Marie Sansterre) (= Byzantion 61), Bruxelles 1991, S. 44–70.

1992   Benediktinische Reform und Kaiserliches Privileg. Zur Frage des institutionellen Zusammenschlusses der Klöster um Benedikt von Aniane. In: Institutionen und Geschichte. Theoretische Aspekte und mittelalterliche Befunde, hg. von Gert Melville (= Norm und Struktur. Studien zum sozialen Wandel in Mittelalter und früher Neuzeit 1), Köln/Weimar/Wien 1992, S. 259–293.

1993   Le monachisme occidental du VIIIe au Xe siècle: Formation et réformation. In: Revue Bénédictine 103 (1993), S. 68–89.

Navigatio Brendani. In: Peter Wunderli (Hrsg.), Reisen in reale und mythische Ferne. Reiseliteratur in Mittelalter und Renaissance (= Studia humaniora. Düsseldorfer Studien zu Mittelalter und Renaissance 22), Düsseldorf 1993, S. 103–123.

1994   Ein karolingisches Meßbuch der Universitätsbibliothek Düsseldorf als Geschichtsquelle. In: Rudolf Hiestand (Hg.), Das Buch in Mittelalter und Renaissance (= Studia humaniora. Düsseldorfer Studien zu Mittelalter und Renaissance 19), Düsseldorf 1994, S. 33–57.

Benediktinische Reform und kaiserliches Privileg: Die Klöster im Umkreis Benedikts von Aniane. In: Società-Istituzioni-Spiritualità. Studi in onore di Cinzio Violante, Spoleto 1994, S. 787–823.

Vom Sakramentar zum Missale. Bemerkungen zu drei liturgischen Handschriften der Universitäts- und Landesbibliothek Düsseldorf. In: Gert Kaiser (Hg.), Bücher für die Wissenschaft. Bibliothek zwischen Tradition und Fortschritt. FS für Günther Gattermann, München/New Providence/London/Paris 1994, S. 201–212.

Das Klosterwesen im bayerischen Raum vom 8. bis zum 10. Jahrhundert. In: Das Christentum im bairischen Raum: Von den Anfängen bis in das 11. Jahrhundert, hg. von E. Boshof u. H. Wolff, Köln/Weimar/Wien 1994, S. 291–324.

1995   Die Kanoniker und ihre Regel im 9. Jahrhundert. In: Studien zum weltlichen Kollegiatstift in Deutschland, hg. von I. Crusius, Göttingen 1995, S. 62–109.

Rez. zu: Gisela Muschiol, Famula dei. Zur Liturgie in merowingischen Frauenklöstern. (= Beiträge zur Geschichte des alten Mönchtums und des Benediktinerordens 41), Münster 1994. In: Historische Zeitschrift 262 (1996), S. 199–201.

1996   Administration und Schriftlichkeit im Dienste der Reform. In: Schriftkultur und Reichsverwaltung unter den Karolingern: Referate des Kolloquiums der Nordrhein-Westfälischen Akademie der Wissenschaften am 17./18. Februar 1994 in Bonn, hg. von Rudolf Schieffer (= Abhandlungen der Nordrhein-Westfälischen Akademie der Wissenschaften 97), Opladen 1996, S. 67–84.

Monasterium Suuarzaha. Zu einem neuen Buch. In: Zeitschrift für Kirchengeschichte 107 (1996), S. 90–99.

Instituta Sancti Bonifatii. Fulda im Widerstreit der Observanzen. In: Kloster Fulda in der Welt der Karolinger und Ottonen, hg. von G. Schimpf, Frankfurt a.M. 1996, S. 79–103.

LEXIKONARTIKEL

Lexikon für Theologie und Kirche, Bd. 1–10, Freiburg [2]1957–1967: Benedikt von Aniane, Bosa, Cagliari, Caltanissetta, Castellaneta, Cefalù, Chiusi-Pienza, Colle di Val d'Elsa, Fabrino-Matelica, Fano (Bistum), Feltre-Belluno, Ferentino, Fermo, Diaconos von Rom (genannt Hymmonides), Laurentius Illuminator, Leo II. (Papst), Ludwig I. der Fromme, Ludwig III. der Blinde, Odilo von Cluny, Odo von Cluny, Prüm, Siegburger Reform.

Lexikon für Theologie und Kirche, Bd. 1 ff., Freiburg [3]1993 ff.: Benedikt von Aniane, Chrodegang von Metz, Claudius von Turin, Dionysius von Paris, Ionas von Orléans.

Lexikon des Mittelalters, Bd. 1–8, München 1980–1995: Benedikt von Aniane (zusammen mit H. Bacht), Regula mixta.

Abkürzungs- und Siglenverzeichnis

AASS		Acta Sanctorum
AfD		Archiv für Diplomatik
BM²		Böhmer-Mühlbacher-Lechner, Regesta Imperii 1 (751–918), ²1908, ergänzter Nachdruck 1966
BZ		Böhmer-Zimmermann, Regesta Imperii 2, Papstregesten (911-1024), 1969
CC		Corpus Christianorum, Series latina
CC CM		Corpus Christianorum. Continuatio Medievalis
CCM		Corpus Consuetudinum Monasticarum
ChLA		Chartae Latinae Antiquiores
CDF		Codex diplomaticus Fuldensis, hg. von E.F.J. Dronke (1850)
DA		Deutsches Archiv für Erforschung (bis 1944: Geschichte) des Mittelalters
FUB		Urkundenbuch des Klosters Fulda
FS		Festschrift
Germ. Pont.		Germania Pontificia
HRG		Handwörterbuch zur deutschen Rechtsgeschichte
HJb		Historisches Jahrbuch
HZ		Historische Zeitschrift
Jb.		Jahrbuch
JE		Jaffé-Ewald, ~
JK		Jaffé-Kaltenbrunner, Regesta Pontificum Romanorum
JL		Jaffé-Löwenfeld, ~
JW		Bibliotheca rerum Germanicarum, hg. v. Ph. Jaffé, Bd. 6 hg. v. W. Wattenbach u. E. Dümmler
LexMA		Lexikon des Mittelalters
Lfg.		Lieferung
LThK		Lexikon für Theologie und Kirche
MGH		Monumenta Germaniae Historica
	Capit.	Capitularia
	Conc.	Concilia
	D, DD	Diploma, Diplomata
	Epp.	Epistulae
	Epp. sel.	Epistulae selectae
	Fontes iuris	Fontes iuris Germanici antiqui in usum scholarum separatim editi

Karol.	Karolinorum
LL	Leges (in Folio)
Poetae	Poetae Latini medii aevi
SS	Scriptores (in Folio)
SS rer. Germ.	Scriptores rerum Germanicarum in usum scholarum separatim editi
SS rer. Merov.	Scriptores rerum Merovingicarum
Migne, PL	Migne, Patrologia Latina
MIÖG	Mitteilungen des Instituts für österreichische Geschichtsforschung
NA	Neues Archiv der Gesellschaft für ältere deutsche Geschichtskunde
ND	Neudruck, Nachdruck
NDB	Neue deutsche Biographie
N.F.	Neue Folge
N.S.	Nova Series
RBP	Regesten der Bischöfe von Passau
UB	Urkundenbuch
VSWG	Vierteljahresschrift für Sozial- und Wirtschaftsgeschichte
WUB	Württembergisches Urkundenbuch
ZGORh	Zeitschrift für die Geschichte des Oberrheins
ZKG	Zeitschrift für Kirchengeschichte
ZRG Germ.	Zeitschrift der Savigny-Stiftung für Rechtsgeschichte, Germanistische Abteilung
ZRG Kan.	Zeitschrift der Savigny-Stiftung für Rechtsgeschichte, Kanonistische Abteilung
ZRG Rom.	Zeitschrift der Savigny-Stiftung für Rechtsgeschichte, Romanistische Abteilung

Orts- und Personenindex

Maximinus von Trier 35
Maximus, Heiliger 145
Meaux-Paris 222; 232 f.
Meerssen 20
Megingaud, Graf 93
Megingaudeshausen, Kloster 83; 93; 96
Megingoz (Megingaud), Bischof von
    Würzburg 80; 83; 87 f.
Meginhard 144
Meißen, Bistum 185
Merseburg, Bistum 174; 184 f.; 324 f.
Methodius 66–69
Metz; 46; 111; 116; 120; 150; 178; 185; 198 f.;
    238; 267; 322
–, St. Vinzenz 177 f.
Michael II., Kaiser 66
Michael III., Kaiser 66
Michelstadt 95
Milo von Trier 35
Milz, Kloster 85 f.
Mittelstadt 95
Moimir 63; 73
Moimir II. 71
Moissat, Kloster 308
Monheim, Kloster 95 f.
Montecassino 121; 307
Montiéramey, Kloster 163
Montier-en-Der, Kloster 271; 273
Montpellier 102
Moosburg 63; 65
Mosbach 84
Mösien 52
Mouthier-en-Bresse 305
Moutier, St-Jean 308
Mulinheim-Seligenstadt 95
Münstereifel 141; 157
Münsterschwarzach, Kloster 84; 88; 90; 93
Murbach, Kloster 273
Murrhardt, Kloster 87 f.

Nantilde, fränk. Königin. 274
Nathalia, Heilige 165
Naumburg, Bistum 325
Nebridius, Erzbischof von Narbonne 112
Neuhausen bei Worms 149 f.
Neustadt/Main, Kloster 80; 83–90; 93; 96
Neustrien 9; 17; 31; 259; 270
Neutra 73
Nevers, Grafschaft 293
Nicäa 28; 115

Niederaltaich, Kloster 16; 26; 61; 89
Nikolaus I., Papst 67; 116; 120–124; 130–132;
    152; 158; 160; 162; 303
Nîmes 191
Nimwegen 189
Nominoë 151
Nonnenschwarzach, Kloster 90
Nordhausen, Kloster 176
Norikum 53
Noting, Bischof von Brescia 139
Notker Balbulus, Mönch von St. Gallen 195
Notre-Dame d'Argenteuil, Kloster 269

Ochsenfurt, Kloster 88 f.
Oda, Frau Liudolfs von Sachsen 140
Odilo, Herzog von Bayern 12–20; 24–26; 33;
    41 f.; 81
Odo, Abt von Cluny 289–293; 298; 302–309
Odo, Baumeister 199
Osnabrück, Bistum 176
Otgar, Erzbischof von Mainz 147
Otger, Bischof von Speyer 183
Otloh 88 f.
Otto I. der Große, Kaiser 148; 172–178; 181–
    184; 312; 317; 319; 321; 325
Otto II., Kaiser 178; 185
Otto von Freising 292
Otto, Bischof von Lonsdorf 62

Paderborn 188; 201
Pannonien 51–53; 65; 67
Paris 119; 127; 201; 222; 269 f.; 302; 304
Paschalis I., Papst 145 f.
Passau 8; 14; 51–55; 58–62; 65; 71; 180
Paul I., Papst 134
Paul, Bischof von Ancona 69
Paulinus, Patriarch von Aquileja 57
Pavia 227; 321
Peregrinus, Heiliger 161
Petershausen, Kloster 176
Petrus, Heiliger 131; 142; 147; 202
Pfäfers, Kloster 111
Phyphylo, Bischof von Paussau 14
Pilgrim, Bischof von Passau 52–54; 74 f.
Pippin der Jüngere, Hausmeier, fränk. König
    4; 10 f.; 15 f.; 21 f.; 24–29; 31; 33–49; 80;
    84; 87; 114; 117; 125; 129 f.; 194; 197;
    259; 281; 314; 322
Pippin der Mittlere 4; 11; 19
Pippin, König von Italien 57

Walafrid Strabo, Abt von Reichenau 195 f.
Walburga 92
Waldhambach 276; 280
Waltrich von Passau 57
Wandelbert von Prüm 156–158
Warinus, Graf 293–296
Weißenburg, Kloster 21; 28; 96; 279 f.
Wendhausen, Kloster 85
Wenkheim, Kloster 83; 86
Werden an der Ruhr, Abtei 205; 280
Wichfrid, Erzbischof von Köln 181
Wiching, Bischof von Neutra 70; 72
Wido, Abt von Gigny/Baume 305–307
Widukind von Corvey 73; 140; 172
Wien 198
Wigfried, Bischof von Verdun 176
Wiggo, Bischof 14
Wildeshausen, Kloster 140; 145
Wilhelm, Herzog von Aquitanien 288–308
Wilhelm der Jüngere 296; 304
Wilhelm, Erzbischof von Mainz 46; 181; 184
Willibald, Bischof von Eichstätt/Erfurt 17 f.;
    23; 80 f.; 92
Willibrord, Erzbischof von Utrecht 5; 21; 27;
    36; 48; 78
Willigis, Erzbischof von Mainz 181
Witta, Bischof 18
Wolfsmünster, Kloster 82 f.
Wolvene 149
Worms 53; 80; 131; 140; 189; 220; 225; 233 f.
–, St. Cyriakus 149
Wulfad, Erzbischof von Bourges 121
Wunibald 81; 92
Würzburg 18; 22; 36; 38; 44; 78 f.; 86 –91; 96
–, St. Andreas 88; 179

York 37; 39

Zacharias, Papst 18; 22; 24 f.; 29–38; 41–43;
    47; 116; 125
Zeitz, Bistum 185; 325
Zellingen/Main, Kloster 96
Zosimus, Papst 126
Zürich, St. Felix und Regula 252
Zwentibold, fränk. König 283